일러두기

1. 이 책은 1부와 2부로 이루어져 있다. 1부에서《주역》의 전반적인 내용을 해설하고, 2부에서 64괘의 괘사와 효사를 자세히 다루었다.
2. 괘사와 효사 한자를 음으로 표기하고, 곧이어 한글 번역을 달았다. 한글 번역 다음에 괘사와 효사에 나오는 한자의 음과 뜻을 달고, 해당 한자를 일상에서 쓰는 용례를 괄호 속에 표시했다.
3. 괘사와 효사를 풀이한 뒤, 각 괘의 전체 내용을 한눈에 알 수 있는 요약을 붙였다.

한글로 쉽게 읽는

내 인생의 주역

DJ 래피 지음

윌링북스

삶을 바꾸는 책,
주역의 세계로

'늦'이라는 말이 있다. 앞으로 어떻게 될 것 같은 일의 근원, 또는 먼저 보이는 빌미를 뜻하는 우리말이다. 어떤 일의 '조짐, 기미, 낌새' 등으로 생각해도 좋다. 인생에서 늦이 사나운 사람이나 일을 만날 가능성은 언제나 열려 있다. 항상 좋은 일만 생기고, 항상 내 뜻대로만 흘러가는 인생이 있던가? 쉽지 않다. 그러므로 좋은 일이 생길 때는 어떤 자세로 맞아야 하며, 나쁜 일이 생길 때는 어떻게 헤쳐나가야 할지의 길잡이가 되어 주는 책이 바로 《주역》(이하 '주역'으로 표기)이다. 늦에 대한 바람(Wish), 그것이 바로 내가 이 책을 쓰게 된 이유다.

주역의 글자 '역'은 '바꿀 역', '바뀔 역'이다. 주역의 핵심은 음(--)과 양(—)인데, 이 세상에는 음만 계속되는 삶도 없고 양만 계속되는 삶도 없다. 상황은 반드시 바뀌게 되어 있으며, 이 세상에 영원한 건 아무것도 없다. 그러므로 우리는 겸손하게 살아가야 한다. 음과 양이 서로 계속 바뀌는 것, 이것은 인간 삶의 기본값이다. 하여 주역은 읽는 사람의 생각, 즉 삶에 대한 기본값을 바꾸는 책이다. 기본값을 바꾸면 인생이 바뀐다. 바꾸면, 바뀐다!

사르트르가 말했던가? 인생은 B(Birth)와 D(Death) 사이의 C(Choice)라고. 우리는 삶과 죽음 사이에서 좋든 싫든 끝없이 선택을 해야만 한다. 그러므로 그 선택에 대한 책임도 오롯이 나에게 있다. 늦을 미리 알아채지 못함도 잘못이라면 잘못이다. 그럴 때, 남을 탓해서는 도움 될 게 하나도 없다. 오히려 짜증만 더 날 뿐이고 절망만 커져가고, 싸움만 커져갈 뿐이다. 그 사람은 그저 그런 사람일 뿐, 보복을 한다거나 앉혀놓고 설교를 하더라도 아마 바뀌지 않을 확률이 높다. 사람은 여간해선 잘 바뀌지 않는다. 하여 우리는 늦을 파악하는 능력을 지녀야 한다. 사람에 대한 늦, 일에 대한 늦.

나는 DJ다. DJ와 파티는 떼려야 뗄 수 없는데, 사실 파티는 까마득한 고대에도 유행했던 문화다. 시계를 돌려 고대 어느 따뜻한 봄날, 강가에서 젊은 남녀가 모여 노래하고 춤추며 노는 파티를 상상해보자. 당시에는 하늘과 땅을 이불 삼아 '야합'하는 것은 부끄러운 일이 아니라 지극히 자연스러운 일이었다. 공자는 그렇게 부모님의 야합으로 태어났다. 그는 어린 나이에 부모를 잃고, 창고지기 노릇을 하며 틈만 나면 책을 읽었다. 그는 또 음악을 아주 좋아했는데, 좋아하는 음악을 들으면 석 달 동안 고기 맛을 모를 정도로 즐거워했다. 책벌레에 음악 마니아, 그것이 바로 공자의 모습이었으며, 나 래피가 나이 마흔, 더 이상 미혹됨이 없다는 '불혹'이 되면서부터 몰입하고 있는 삶이기도 하다.

나는 꿈에서도 공부를 할 만큼 몇 년째 주역이란 경전에 미쳐 있다. 사실 이 모든 일은 공자로부터 시작되었다. 공자가 누군가? 수천 년의 시간과 공간을 초월해 아직도 전 세계 사람들의 머릿속에 성인으로 남은 사람 아닌가? 지식이 귀족 전유물이었던 시절에 마른고기 한 묶음만 들고 가면 누구나 공자의 제자가 될 수 있음은 정말 매력적인 일이었다. 공자의 제자는 무려 3,000명이었다고 한다(2008년 베이징올림픽 개막식에서 공자의 3,000 제자를 뜻하는 수많은 사람들이 손에 죽간을 들고 나와《논어》의 첫 구절을 읊은 것은 그런 의미가 있다). 그런 공자조차도 죽을 때까지 손에서 놓지 않았다는 책이 바로 주역이다.

사마천의《사기》에 보면 "공자는 말년에 역을 좋아했다"라고 적고 있다. 또 마왕퇴에서 출토된《백서》〈요편〉에도 "선생께서는 역을 좋아하셔서 평소에는 자리에 두고 계시다가 길을 가실 때는 책자루에 역을 넣어 다니셨다"라고 되어 있다.

공자는 47세에 비로소 주역을 접하고는 책을 묶은 가죽끈이 세 번이나 끊어질 정도로 읽었다고 하는데, 이것이 바로 '위편삼절'의 고사다. 옛날 책은 대나무를 쪼개 글을 쓰고 가죽으로 엮은 죽간이었는데, 얼마나 많이 읽었으면 가죽끈이 닳아서 끊어졌을까?

도대체 왜 공자는 주역에 그렇게나 미쳤을까? 심지어 공자는 죽음을 앞두고 "하늘이 내게 몇 년 더 수명을 빌려준다면 주역을 다 배워 큰 허물을 면할 텐데"라고 했다 하니[1] 주역에 대한 궁금증은 결국 나로 하여금 수십 권의 주역 책과 씨름하게 만들었다.

주역에 조금씩 빠져들면서 주역에 미쳤던 사람이 공자뿐만이 아님을 알게 되었고, 나는 충격을 금할 수 없었다. 우주 만물의 생성과 그 변화의 패턴을 음양의 부호로 표시한 동양의 '역'철학은 현대 과학의 기본 원리가 되는 코드이론, 유전자 구조, 디지털 이론, 양자역학 등에서 그 흔적을 엿볼 수 있다.

아인슈타인은 주역의 핵심인 음(--)과 양(—)의 상대적 관점을 바탕으로 상대성이론을 완성했으며[2], 말년에는 태극의 원리인 통일장 이론에 매달렸다. 그는 평생 주역을 애독하여 머리맡에 항상 주역을 놔두었다고 한다.

양자역학의 아버지 닐스 보어가 남긴 '대립적인 것은 상보적'이라는 말은 '우주 만물은 태극에서 나와 음양이 되고 음과 양은 상보적'이라는 주역의 내용과 일맥상통한다. 보어는 음양의 이치를 담은 태극 문양에서 힌트를 얻어 양성자와 전자로 이루어진 원자의 모델을 발견하는 업적을 세웠고, 심지어 태극 문양을 가문의 상징 문장으로 삼았다. 보어는 그것도 모자라 노벨상 수상식에 참석하면서 주역 팔괘도가 그려진 옷을 요청해서 입었을 정도였다(당시 노벨상위원회에는 팔괘도를 아는 사람이 없어 차이나타운의 한 중국인에게 의뢰하여 급히 만들었다고 한다).

빅뱅 우주론의 거장 스티븐 호킹은 양자역학이 지금까지 해놓은 것은 동양철학의 기본 개념인 음양과 태극을 과학적으로 증명함에 지나지 않는다고 했다. 정신분석학자 칼 융의 정신분석 이론 역시 주역을 많이 응용했음이 알려져 있는데, 융은 서양에 처음으로 번역된 리하르트 빌헬름의 주역 책에 서문을 써서 주역에 대한 자신의 감동을 드러내기도 했다.

컴퓨터야말로 음과 양을 바탕으로 하는 문명의 대표작이다. 2진법을 발명하여 오늘날의 디지털 문명에 기여한 라이프니츠[3]도 주역의 음과 양을 딱 보자마자 0과 1의 2진법임을 알아챘다고 하며, 동양의 작가 바쇼나 소동파, 백거이는 물론 유럽의 작가 헤세나 괴테, 예이츠, 그리고 멕시코의 시인 옥타비오 파스와 아르헨티나의 소설가 호르헤 루이스 보르헤스도 주역을 애독했다. 보르헤스는 스페인어판 주역에 헌시를 쓰고 유럽 독자들에게 주역 읽기를 권했다. 특히 헤르만 헤세는《유리알 유희》에서 주역의 인문학적 정신과 산수몽괘, 화산려괘 그리고 화풍정괘를 차용해 작품의 근간으로 삼았다.

이뿐만 아니라 훈민정음의 제자원리 역시 주역의 상과 수의 원리, 즉 상수론과 연결되어 있다. 예를 들어 ㅇ·ㅎ은 수(물 수)이며 북쪽, ㄱ·ㅋ은 목(나무 목)이며 동쪽, ㄴ·ㄷ·ㄹ·ㅌ은 화(불 화)이며 남쪽, ㅁ·ㅂ·ㅍ은 중앙 토(흙 토), ㅅ·ㅈ·ㅊ은 서쪽이며 금(쇠 금)에 해당한다는 것. 이는 훈민정음 해례본의 '제자해'에서 "천지의 도는 음양오행일 뿐으로 사람이 발성하는 소리도 음양의 이치를 갖추고 있고, 그 소리에 따라서 그 이치를 다한 것이 훈민정음"이라고 밝히고 있다.

화가 정선은 주역 지산겸괘를 뽑아 '겸재'라 호를 짓고 겸손과 근면으로써 조선 팔도를 누빈 끝에 조선 최고 진경산수화가가 되었다. 그 밖에 상수학 대가 소강절(소옹), 손빈《손빈병법》의 손빈)의 미래를 점쳐 위험에서 제자를 구해준 귀곡자, "주역이란 눈으로 보는 것, 손으로 잡는 것, 입으로 읊조리는 것, 마음으로 생각하는 것, 붓으로 기록하는 것으로부터 밥을 먹고 변소에 가며, 손가락 놀리고 배 문지르는 것에 이르기까지 어느 하나도 주역 아닌 것이 없었다"라고 술회했던 다산 정약용, 임진왜란과 병자호란을 예언하며 나라의 안위를 걱정했던 토정 이지함, 화담 서경덕, 남명 조식 등도 주역의 열렬한 마니아였다.

주역은 일반적으로 점서(점을 치는 책)라고 알려져 왔다. 그러나 결코 주역을 단순한 점서로만 해석해서는 안 된다.[4] '주역이 점술서냐 아니냐?' 하는 논란만큼 쓸데없는 논란도 없다. 주역을 어떻게 잘 활용할 것이냐가 중요하지, '주역은 이러한 것이니, 이렇게만 사용해야 한다'라는 사고야말로, '모든 것은 변한다'라는 주역의 근본에 어긋나는 태도가 아닐 수 없다.

주역의 괘를 설명하여 상세하게 풀어 놓은 주석서인 《계사전》에 따르면, 주역은 네 가지 목적을 위해 활용되었다고 한다. "역에 성인의 도가 네 가지가 있다. 언어로 그 도를 따르는 자는 그 사(말씀)를 숭상했다. 행동으로 그 도를 따르는 자는 그 변화를 숭상했다. 도구 제작으로 그 도를 따르는 자는 그 상(모양, 형상)을 숭상했다. 복서(점 복, 점 서)로 그 도를 따르는 자는 그 점(점칠 점)을 숭상했다"라는 구절을 통해, 주역을 활용하는 방법에 언어의 길, 행동의 길, 도구 제작의 길, 복서의 길이라는 네 가지 방법이 있었으며, 복서는 그중 한 가지에 지나지 않았음을 알 수 있다. 특히 "기물을 제작하는 자는 그 상을 숭상한다"라는 구절은 '호모 하빌리스', 즉 도구제작자로서의 고대 인류의 한 모습을 보여준다. 이는 도구 제작을 위해 역의 기호가 어떤 형태로든 사용되었다는 점을 말해주고 있다.

주역은 3,000년 전에 씌었지만 시간과 공간을 넘어 적용할 수 있는 보편타당한 진리를 말한 책이며, 현실 속에서 일어나는 모든 문제에 대한 대처 방안을 얻기 위한 철학과 처세의 책이지, 장래의 개인적 일을 예견하는 책이 절대 아니다.

주역은 점을 치는 '역술'과 사상을 연구하는 '역학'으로 구분된다. 역학은 상수역학과 의리역학으로 분류되는데, 상수역학은 괘상과 역수를 바탕으로 인간의 길흉화복을 예측한다. 의리역학은 주로 도덕의 차원에서 주역을 재해석한다. 점은 고대 사고방식이며 생활양식이었다. 신화에서 신의 신탁을 받는 행위도 점을 치는 것이며, 구약성서에도 다양한 점술이 나타나고, 민간에 통용된 제비뽑기도 점의 일종이다. 칼 융은 심리적 사건과 물리적 사건 사이에 비인과적 관계가 있다는 동시성의 원리를 제시하여 점을 긍정적으로 검토한 바 있다.[5]

주역이 왜 '사서삼경의 끝판왕'이라는 타이틀을 가지게 되었는지는 주역을 수없이 반복해서 읽고 난 후에야 어렴풋이 알게 되었다. 인류 수천 년 역사는 기술, 경제, 사회, 정치 격변으로 가득했다. 그러나 딱 하나의 상수가 있었는데, 바로 인류 그 자체다. 우리의 도구와 제도는 성경시대와 전혀 다르지만, 마음의 심층 구조는 그때나 지금이나 같다. 그렇기 때문에 우리가 주역에서 우리 자신의 모습을 발견할 수 있는 것이다.

점술서로 출발한 주역은 춘추전국시대를 거치면서 심오한 사상서로 발전해갔다. 거기에는 당면한 난관을 헤쳐나가는 고대인의 지혜가 담겨 있다. 주역은 난해한 책이다. 암호처럼 문장 자체가 함축적이고 은유적이다. 아무리 뜯어봐도 그 의미를 전혀 이해할 수 없는 문장들이 즐비한 책이 바로 주역이다. 그렇다 보니 한두 번의 도전으로 주역을 끝까지 읽고 이해한다는 것은 어려운 일인데다, 시중에 나와 있는 주역 해설서들이 오히려 주역 자체보다 더 난해해지고 마는 아이러니 탓에 우리는 주역에서 더 멀어지게 되었다.

나는 깊은 고민에 빠졌다. 머리를 맞대고 이 문제를 해결해보려고 주역 독서 모임도 시도해보았으나 예상대로 지레 겁을 먹고는 사람들이 모이지 않았다. '어떻게 하면 주역을 쉽게 손에 잡을 수 있을까?'라는 고민을 계속하자 안개가 걷히듯 하나둘 길이 보이기 시작했다.

우선 한자를 없애야겠다는 충격적인 생각이 들었다. 책을 펼치는 순간 난무하는 한자의 압박에 일찌감치 무릎 꿇는 경우가 많기 때문이다. 사실 한자 없이 주역을 온전히 공부하기는 힘들다. 그러나 원문을 읽느라 힘들어하고 도중에 포기하기보다는 한자 없이 주역 전체를 통독하는 쪽이 훨씬 효율이 높다. 이렇게 하면 주역이라는 거대한 산을 넘는다는 부담감을 없앨 수 있고, 한자 한 글자 한 글자를 새기느라 집중력이 흐트러질 확률이 줄어들고, 내용의 본질을 이해하기 쉬워진다.

둘째로 책의 분량을 줄여야겠다는 생각이 들었다. 묵직한 주역 책은 무게감이 제법 있어 컵라면 덮개로 사용하기는 좋으나, 읽기에는 두려움이 먼저 엄습하는 대상이기 때문이다. 주역의 내용은 워낙 방대하고 깊어서 분량을 줄이는 데 한계가 있지만 최대한 간결하게 쓰려고 노력했다.

자, 지금부터 여러분을 주역의 세계로 안내하겠다. 한자가 안 나오는 주역, 한자를 몰라도 되고 한자 사전을 찾아보지 않아도 되는 주역, 내용을 오롯이 이해하는 데 중점을 둔 가벼운 주역의 길, 그 길로 함께 떠나자.

1 '시간이 좀더 주어진다면 주역을 공부할 수 있었으면 좋겠다'라는 공자의 바람은 평생 배우려는 자세를 견지해온 모습과 배우는 것의 즐거움을 담담하게 보여준다. 이렇게 화려하지 않으면서 진솔한 공자의 모습에서 우리는 인간적인 성숙함을 배우게 된다.

• 선생이 말했다. "하늘이 내게 몇 해를 더 빌려주어 마침내 주역을 다 배우도록 한다면, 큰 허물이 없을 것이다.《논어》'술이'편

• 공자는 만년에 주역을 좋아하여 책을 묶은 가죽끈이 세 번 끊어질 정도로 주역을 열심히 읽었다. 공자가 말했다. "내게 몇 년을 더 준다면 주역에 대해 통달할 수 있을 것이다.〈공자세가〉

2 시간(양)과 공간(음)이 대응하고, 물질(음)이 에너지(양)로 변하고 다시 에너지가 물질이 되는 음양법칙을 $E=MC^2$로 공식화했다.

3 주역 64괘의 숫자 64는 DNA 뉴런 구조와 일치한다. 우연의 일치인지는 알 수 없다. 주역을 굳이 과학적으로 증명할 필요는 없지만, 주역은 수학으로 보면 2진법으로 되어 있고 논리적으로는 음양의 논리로 되어 있다. 라이프니츠는 주역의 2진법적 성격을 실제로 수학에 적용시킨 바 있다. 그는 파리 과학 학술원에서 〈이진법 정수론 주해〉란 논문을 발표하는데, 그 부제를 '0과 1의 기호를 사용, 고대 동양 태호 복희의 괘상에 나타난 이진법 산술이 갖는 의미와 그 효용성에 관한 고찰'이라고 덧붙였다. http://www.leibniz-translations.com/binary.htm 참고.

4 충녕대군 시절의 세종대왕은 주역에 능통했다. 여진 북벌을 감행할 당시 세종대왕이 내린 교지가 왕조실록에 실려 있다. "점을 안 쳐도 안 되고, 점을 완전히 믿어서도 안 된다. 그러나 반드시 점을 참조하라!"
이순신의《난중일기》에는 주역점에 관한 사례가 약 20번에 걸쳐 나온다. 이순신을 제치고 삼도수군통제사가 된 원균의 앞날을 이순신은 이미 점친 상태였다. 원균의 괘는 수뢰둔(준)괘에 아주 많은 효가 동해서 천풍구괘로 변하는 괘였다. 수뢰둔(준)괘는 나가기 힘들다는 의미일 때는 준으로 발음하고 부동의 대기를 뜻할 때는 둔으로 발음한

다. 원균은 왜군의 도발에도 군대를 주둔하고 나가지 않아야 했는데, 결국 조정의 압박을 이기지 못하고 총공격에 나서게 된다. 이순신은 원균에 관한 괘를 '용극체'라고 해석했다. "용(쓸 용)이 체(몸 체)를 극(다할 극)했으니 너무 많이 동(움직일 동)했다"라는 뜻이다. 《난중일기》의 표현에 따르면 그야말로 '대흉(크게 흉함)'이었던 것이다. 결국 삼도의 모든 수군이 대패했고 총사령관인 원균도 죽게 된다.

5 칼 융은 취리히에서 기차를 타고 집으로 돌아가다가 어느 순간, 누군가 익사하는 무시무시한 장면이 눈앞을 퍼뜩 스쳐갔는데, 집에 들어서자마자 끔찍한 장면이 스쳐간 바로 그 순간에 눈에 넣어도 아프지 않을 손주가 집 앞 호수에서 거의 빠져 죽을 뻔했다는 사실을 깨달았다. 그는 이 경험을 '동시성'이라는 심리학 이론으로 발전시켰다. 동시성이란 "마음에 품고 있던 생각을 외부의 사건이 거울처럼 비춰주는 것"이다.

1부

우리는 왜
주역을 읽어야 하는가?

01

주역은 어떤 책인가?

고전의 의미, 주역의 의미

이 세상에는 70억의 다양한 사람들이 산다. 그 모든 사람은 사생활에 대해, 취향에 대해, 인격에 대해 당신의 이해를 필요로 하지는 않는다. 각자의 삶을 살다가 타인의 자유를 침해하거나 범죄를 저지르면 법에 따라 처벌을 받을 것이고, 누군가 차별을 받고 부당한 일을 당하면 같이 분개하고 싸워주면 된다. 그 과정에서 그 사람을, 또는 그 상황을 이해하려고 노력하는 것은 '멘붕'만 불러올 뿐이다. 살인범을 이해할 수 있는가? 술을 마시고 폭력을 휘두르는 사람을 이해할 수 있는가? 그 사람 자신도 자기가 이해가 되지 않는 마당에 어떻게 우리가 타인을 이해할 수 있겠는가?

주춧돌이 젖어 있으면 우산을 펼쳐야 한다(초윤장산). 상대의 작은 언행, 주변의 사소한 조짐에서 결과를 예측해야 한다. '그 사람이 주로 어떤 말을 하는지, 약속은 어떤 방식으로 지켜내는지, 그간 밟아온 이력은 어떻게 되는지, 술을 마실 때는 어떠한 변화가 있는지' 등의 몇 가지 지표만 주의 깊게 지켜봐도 그 사람의 다음 행동을 예측할 수 있다. 주춧돌이 젖어 있으면 비 맞을 확률이 높다. 나가려면 우산을 펼쳐들고 나가든지, 아니면 아예 나가지 말아야 한다.

우리는 왜 고전을 읽는가? 옛것을 배워 새로운 것을 깨닫고(온고지신), 옛것을 본받아 새로운 것을 창조하기(법고창신) 위함이다. 사마천은 〈보임안서〉라는 편지에서 불후의 명저인 《사기》를 저술한 목적을 다음과 같이 말했다. "하늘과 인간의 관계를 탐구하고(구천인지제), 고금의 변화에 통달하여(통고금지변), 일가의 말을 이루고자 한다(성일가지언)."

세계와 인간의 관계와 고금의 변화를 파악하는 것이 고전을 읽는 목적이다. 주역은 바로 '변화의 책'이다. 역사에 존재하는 단 하나의 위대한 상수는 '모든 것이 변한다'라는 사실이다.

당나라 재상 우세남은 "《역》을 읽지 않은 사람은 장상이 될 수 없다"라고 말한 바 있는데 그것은 변화를 알고 그에 대처할 능력을 기르라는 뜻이다. 한나라의 장량은 변화의 도리를 알아 진퇴를 잘 결정했기에 목숨을 부지할 수 있었으나, 한신은 그렇지 못하여 결국 토사구팽을 당했다. 임진왜란 때의 충무공 이순신도, 적벽대전에서 동남풍을 이용하여 조조군을 대파한 제갈공명도 역시 변화(역)의 지혜를 빌린 것이었다. 초윤장산, 주춧돌이 젖어 있으면 우산을 펼쳐야 한다. 상대의 작은 언행, 주변의 사소한 조짐에서 결과를 예측하려면 변화의 도를 알아야 한다.

주역[1]은 '주나라 시대의 역[2]'이라는 말이다('주'를 '주나라'로 해석하지 않고 '널리', '두루두루'로 보는 학자도 있다). 주역 전에도 하나라의 《연산역》, 은나라의 《귀장역》 등이 있었다고 하는데, 현존하는 것은 주역뿐이다. 따라서 일반적으로 《역경》은 주역을 가리킨다.

역은 경험과 현상을 근거로 관계와 변화를 다룬다. 우리나라의 국기인 태극기[3]에는 동양적 사유의 원천인 《역경》의 정수가 담겨 있으며, 훈민정

음의 창제 원리도 주역에 근거했다. 주역을 풀이한 '십익' 중 하나인《계사전》에는 '일음일양지위도'라는 말이 나오는데, 풀이하자면 '한 번 음하고 한 번 양한 것이 도'라는 말이며 음양의 끊임없는 순환이 바로 천지자연의 법도라는 뜻이다. '매일 이별하며 살고 있구나'라는 김광석 노래의 노랫말도, 그리스 철학자 헤라클레이토스의 "같은 강물에 두 번 들어갈 수 없다"[4]라는 말도 결국은 '세상이 끝없이 변화한다는 것'을 말한다.

태극, 음양, 팔괘, 64괘

태극[5]은 음양을 낳고, 음양은 사상을 낳고, 사상은 팔괘를 낳는다. 태극은 절대무 또는 궁극적 실재로서 사물의 잠재태다. 시간과 공간이 없는 상태인 태극에서 대칭을 파괴하는 양과 대칭 상태를 회복하려는 음이 나온다. 모든 사물과 사건은 양과 음이라는 두 범주로 구분되며, 음과 양이 조합하여 괘를 이룬다.

팔괘는 우주를 구성하는 기본 사물, 사건 및 개념과 속성을 상징한다. 예를 들면, 건(☰)은 하늘, 태(☱)는 연못, 리(☲)는 불, 진(☳)은 우레, 손(☴)은 바람, 감(☵)은 물, 간(☶)은 산, 곤(☷)은 땅의 속성을 나타내는 소성괘다. 소성괘인 팔괘가 중첩되어 64개의 대성괘를 만드는데, 대성괘는 사물과 사건의 시공간의 방정식이라고 할 수 있다. 상괘와 하괘가 만나서 시공 세계의 현상을 드러내는 것이다.

64괘는 갖가지 양태의 우주 현상과 인간사를 상징한다. 주역을 읽을 때 자주 실패하는 이유는 주역 텍스트의 이러한 기호학적 성격을 무시하기 때문이다. 한 번이라도 주역 책을 펼쳐본 사람이라면 주역에는 다른 책에 없는 독특한 특징이 있다는 것을 발견하게 되는데, 그것은 곧 64괘 384효라는 독특한 기호의 체계다.

주역의 '괘'는 '걸어놓고 본다'라는 뜻을 지니고 있다. 64괘는 인간의 삶에서 경험할 수 있는 사물이나 사건의 64가지 유형을 상징한다. 《역경》은 삼라만상의 현상을 64괘와 384효로 간단하게 나타낸 것이다(중천건과 중지곤괘의 용구와 용육을 제외하면, 각 괘마다 6개씩의 효가 붙어 있다).

64괘는 우리에게 자신과 세계를 보는 안목을 제공하는데, 그것은 타자의 위치에서 자기를 바라보면서 자신을 점검하고 조절하는 메타 인지를 의미한다. 우리는 위기에 봉착하면 당황하게 되고 눈앞이 캄캄해진다. 바로 그럴 때 당사자와 문제 사이에 거리를 두거나 관점을 바꾸는 것이 요구된다. 그래야 여유를 가지고 상황에 대처할 수 있게 된다.

변한다는 말의 뜻

일찍이 선험적 예지가 발달했던 동양에서는 계절의 변화나 달이 차고 기우는 것을 통해 '변화'가 우주의 본질임을 깨달았다. 주역은 음과 양, 두 개의 핵심적인 요소를 가지고 변화의 이치를 담아내고 있다. 즉, 음의 기운이 다하면 양의 기운으로 변하고, 양의 기운이 다하면 음의 기운으로 변한다.

주역의 변화는 궁(다할 궁), 변(변할 변), 통(통할 통), 구(오랠 구)가 그 핵심이다. 첫째, 궁은 양적 변화가 극에 달한 상태다. 바로 이 상태에서 변화가 일어난다. 변화가 일어나기 위해서는 무엇이든 궁극에 이르러야 한다는 의미다(궁즉변). 둘째, 변은 변화가 일어나 답을 찾는 단계다. 겨울이 가고 봄이 오는 것처럼 앞이 보이지 않던 문제도 궁극에 이르면 해답이 나타난다(변즉통). 셋째, 통은 새로운 국면으로 전환되어 안정을 찾는 단계다. 추운 겨울이 가고 따뜻한 봄날을 맞이하는 단계다(통즉구). 넷째, 구는 평화가 지속되는 단계다. 이 단계가 되면 사람들은 언제까지나 안락이 이어질 줄 알고 관성에 젖어든다. 그리하여 다시 궁의 상태로 이어진다.

그렇다. 세상 만물은 끝없이 변한다. '제행무상', 즉 인간과 자연을 포함한 모든 존재의 근본 양상은 변화다. 모든 존재는 변화하며 우리의 삶 역시 변화의 연속이다. 영원한 승리도 없고, 영원한 패배도 없다. 십 년 가는 권력 없고, 열흘 붉은 꽃이 없다(권불십년 화무십일홍). 해도 중천에 있으면 기울고 달도 차면 이지러지는 것이 자연의 법칙이다. 밤이 새면 낮이 오고 겨울이 가면 봄이 온다. 이러한 질서로 인해 천지자연이 유지되고, 인간과 세상 만물이 존재할 수 있는 것이다. 이렇듯 우주 자연은 질서가 정확하다. 주역은 곧 '변화를 읽는 기술'이다.

주역은 누가 썼나

주역의 저자에 대한 전설은 여러 가지다. 일단 기원전 29세기경 제왕 복희씨[6]가 황하에 나타난 용마[7]의 등에 있는 무늬를 보고 계시를 얻어

팔괘를 만들었다는 설이 있다. 또 다른 설에 의하면 복희씨가 팔괘를 만들고 신농씨가 64괘로 나눈 것에 주나라 문왕[8]이 괘사를 붙였으며, 그 아들인 주공이 효사를 지어 완성했다는 것이다.

한편, 서주 후기에 제사와 점을 담당하는 사관들이 역사자료와 생활경험, 인생철학 등을 모아 편찬한 점서가 주역이라는 설도 있다. 또 주역이 적어도 기원전 1100년쯤 형성된 《역경》과 춘추전국시대에서 한 대에 걸쳐 형성된 《역전》의 부분들이 섞여 있다는 의견도 있다. 《역경》과 《역전》 사이에는 적어도 600~800년이란 시간의 골이 존재한다. 《역경》은 처음에 점치는 책으로 편찬되었으나, 《역전》은 여기에 철학적 또는 음양오행설의 해석을 더한 것이다.

사마천은 복희씨가 팔괘를 만들고 문왕이 64괘의 괘사와 효사를 만들어 주역을 완성했다고 《사기》에 기록했다. 그러나 현재 우리가 보고 있는 주역은 고대부터 오랜 기간 동안 여러 사람들이 연구하고 정리한 것을 집대성한 책이며, 시간의 흐름과 함께 변화해왔다고 생각하는 편이 합리적이다.

주역의 구조

주역은 모두 64장으로 구성되어 있다. 인간이 살아가면서 만날 수 있는 모든 삶의 패턴을 64가지로 정리했다고 보면 되는데, 64괘는 3획괘(이를 '소성괘'라고 부른다)가 아래와 위로 중첩되어[9] 이루어졌다. 64는 팔괘를 두 번씩 사용해서 만들 수 있는 최대의 값이다. 양과 음의 두 가지

기호인 효(양효—, 음효— —)를 세 개씩 사용해서 만들 수 있는 경우의
수는 8이고, 이를 다시 두 개씩 사용해 만들 수 있는 경우의 수는 64인
것이다.

　각 장은 대개 7행의 본문을 중심으로 구성되어 있는데, 첫 행을 '괘
사'라 하고, 나머지 6행을 여섯 개의 효에 대한 개별 설명으로 이해하여
'효사'라고 한다.

　주역에서 '괘'가 전체적 상황(거시적 상황)을 상징한다면, 그러한 전체
상황 속에서 각기 다른 다양한 위치에 있는 사람들의 정황(미시적 상황)
을 상징하는 것이 바로 '효'다. 따라서 효사는 사회적, 정치적 맥락과 상
황 속에서 한 개인이 처한 정황과 그 속에서 취할 수 있는 가장 이상적
인 행위 방식을 설명하며, 괘의 전체적인 상황 속에서 하나의 특수한 경
우를 상징한다.

　하여 주역은 현실의 변화와 인간 마음의 변화를 읽어낼 수 있는 경전
이며, 현실 속에서의 주역의 이해는 곧 인간이 살아가는 삶의 모습을 이
해하는 것이다. 결국 효사에 등장하는 길, 흉, 회, 린 등의 점사는 해야
할 행위와 하지 말아야 할 행위에 대한 판별을 통해 바람직한 윤리적 실
천의 길을 제시하는 셈이다.

　'길'은 좋은 결과를 가져올 가능성이 높은 우호적 상황에 놓여 있음을
말해 주고, '흉'은 매우 좋지 않은 상황에 처해 있어서 좋지 않은 결과를
맞을 가능성이 높다는 것을 말해 준다. '회'는 잘못된 행위를 했지만 이
를 뉘우치고 올바른 길로 들어서는 것을 가리키며, '린'은 잘못된 행위
를 했음을 알면서도 그 잘못을 과감하게 고치지 못하는 것을 가리킨다.

괘사와 효사로 이루어진 본문 외에 '열 개의 날개'라는 뜻의 십익[10]이 붙어 있는데, 십익은 본문에 대한 각주이자 풀이에 해당하며, 《단전》(상, 하), 《상전》(상, 하), 《계사전》(상, 하), 《문언전》, 《설괘전》, 《서괘전》, 《잡괘전》가 있다. 주역이 어려운 이유 중 하나는 이렇듯 본문의 주석에 해당하는 십익이 본문보다 양도 많고 훨씬 복잡하다는 데 있다.

주역, 즉 《역경》은 말 그대로 경서다. 여기서 '경'이 나오는 이유는 사서삼경(논어, 맹자, 대학, 중용, 시경, 서경, 역경)에 나오는 《역경》이 바로 주역이기 때문이다. 말하자면 기독교나 불교의 경전처럼 최고 권위의 책인데, 강력한 중앙집정의 제국을 건설하려던 진시황의 분서갱유 때도 불온서적 명단에서 빠진 것을 보면 왕권 강화에 도움이 되는 책이었던 것은 분명해보인다. 그 뒤로도 왕들이 직접 명을 내려 《역경》을 쓰게 하고 최고 경전 대우하며 국가공무원 발탁시험 과목에 배정한 것을 보면 주역의 위상은 매우 높았다고 할 수 있겠다.

주역을 두 권으로 보아 30장까지를 상경, 나머지를 하경으로 구분하기도 한다. 상경 30개의 괘는 주로 우주 자연의 변화를 다루고, 하경 34개의 괘는 인간사를 묘사하고 있다.

1　주역의 영문 이름은 'The Book of Changes'다. 해석하면 '변화의 책'이다. 세상 만물은 변한다는 뜻을 담고 있는데, 나는 주역을 읽으면서 나 자신이 서서히 변화한다는 사실에 놀랐다. 하여 주역은 '변화의 이치를 담고 있는 책'인 동시에 '읽는 이를 변화시키는 책'이다.

주역을 세상에 널리 알린 사람은 동양인이 아닌 독일의 철학자이자 수학자 라이프니츠다. 그는 신학자였고 자연과학자이기도 했다. 라이프니츠가 주역을 알게 된 계기는 강희제의 개인비서였던 선교사 부베가 1700년 11월 말에 작성한 편지였다. 당시의 우편 절차를 생각하면 1701년이 넘어서야 주역의 존재를 알게 된 셈이다. 라이프니츠는 주역의 괘가 2진법으로 만들어진 것임을 알고 놀랐다. 동양의 음양이 서양의 수학자의 눈에는 2진법으로 보인 것이다.

이로부터 수백 년이 흐른 1910년대, 중국에서 선교사 일을 하며 한학을 공부한 리하르트 빌헬름이 주역을 번역해 본격적으로 서방에 알렸다. 1924년, 리하르트 빌헬름은 독일어 번역판 주역을 《변화의 책, 역경(I Ging Das Buch der Wandlungen)》이란 제목으로 출간했고, 이때 카를 융은 리하르트 빌헬름의 독일어판 주역에 서문을 썼다. 그리고 보셸만(D. J. Vozelmann)은 빌헬름의 독일어판을 스페인어로 번역하여 출간했고, 보르헤스는 스페인어판 주역에 헌시를 쓰며 스페인어권 독자들에게 주역 읽기를 권했다. 그러나 서양인의 눈으로 보고 해석한 주역은 솔직히 말하면 의미가 없다. 워낙 단편적이어서 문장을 해석한 것에 지나지 않기 때문이다. 그런 의미에서 현존하는 주역 관련 책 중 가장 훌륭한 것은 1802년부터 1806년에 걸쳐 쓴 정약용의 《주역사전》이다. 주역은 동양에서 최고의 지식인들이 보고 연구하던 책이다. 사서삼경에서 가장 마지막에 배우는 책이 《역경》, 즉 주역이다. 지금으로 따지면 대학원생들이 박사학위로 학문의 마지막 단계에서 배우는 것과 비교할 수 있다.

2　'역'은 '변한다'라는 뜻인데, 세상 만물이 변화하는 궁극의 가르침을 전하기 위해 기술된 책이 바로 역이다. '역'은 본래 도마뱀의 일종을 그린 상형문자인데, 도마뱀은 주위의 상황에 따라 색깔이 수시로 바뀐다. 여기에서부터 '바뀌다', 즉 '변화'라는 의미가 도출되었다. 이를 '석척설'이라고 하는데, '역'이 태양과 달을 의미한다는 일월설 등 다른 설도 있다.

3　우리나라에서 국기 제정을 처음 논의한 시기는 언제일까? 바로 1876년(고종 13) 1월이었다. 운양호 사건을 계기로 한, 일 사이에 강화도조약 체결이 논의되는 동안, 일본은 "운양호에는 엄연히 일본 국기가 게양되어 있었는데, 왜 포격했느냐?"면서 트집을 잡았는데, 이때 조선에서는 '국기'가 무엇을 뜻하는지 알지 못했다. 이 일이 계기가 되어 조정에서 비로소 국기 제정의 필요성이 논의되었고, 1882년 8월 9일 수신사 박영효 등이 인천에서 일본 배를 타고 도일할 때 당장 게양해야 할 국기가 있어야겠다고 생각한 나머지, 그전에 이미 조정에서 대체적으로 정해진 국기 도안을 약간 고쳐 태극과 사괘의 도안이 그려진 기를 만들었다. 이 일행은 8월 14일 고베에 도착하여 숙소 건물 지붕 위에 이 기를 게양했는데, 이것이 태극기의 효시다.

고종은 1883년 3월 왕명으로 '태극, 4괘 도안'의 태극기를 국기로 제정, 공포했다. 그러나 국기 제작 방법을 구체적으로 명시하지 않은 탓에 이후 다양한 모양의 태극기가 사용되어 왔고, 1948년 8월 15일 대한민국 정부가 수립되면서 태극기 제작법을 통일할 필요성이 제기되었다. 이에 따라 정부는 1949년 1월 국기 시정위원회를 구성해 그해 10월 15일 '국기 제작법 고시'를 확정, 발표했다. 이때 확정한 태극기가 현재까지 사용되고 있다.

4　'세상의 모든 것은 변화하며 영원한 것은 존재하지 않는다'는 표현으로, 한 사람이 같은 강물에 두 번 들어갈 수 없는 이유는 처음 발을 담갔을 때의 강물은 이미 흘러가 버렸고 나중에 발을 디딜 때의 강물은 다른 강물이기 때문이다. 즉, 만물은 쉴 새 없이 변화하고 있기 때문에 같은 시간에 제자리에 있는 것은 아무것도 없으며, 결국 흐르는 것은 강물만이 아니라 강물에 들어간 나 또한 흐르는 존재라는 의미다.

5　태극이란 모든 우주 변화의 기본 요소라고 할 수 있는 음(--)과 양(―)이 아직 나누어지기 전의 상태를 말한다. 우리나라 태극기에서 가운데 있는 원이 바로 태극을 상징하는 도형이다. 태극도를 보면 음의 꼬리가 양의 머리와 맞물려 있고 양의 꼬리가 음의 머리와 맞물려 있어 둘은 떼놓을 수 없는 것임을 알 수 있다. 이 우주는 음과 양으로 이루어져 있지만, 그것은 서로 완전히 모순 대립하는 것이 아니라 상호 보완적인 요소다.

권법 중에 '태극권'이라는 것이 있다. 이미 이름에서부터 '태극의 원리를 딴 권법'이라는 것을 알 수 있다. 동작이 유연하고 완만한 태극권은 상대의 공격에 힘 대 힘으로 대항하지 않고 그 힘을 이용해 공격한다. 즉, 맞받아치지 않고 들어오는 힘을 그 결대로 흘려버리는 것이다. 태극권의 기본 개념은 부드러움으로 강함을 이기려는 사상에서 나온 것이다.

6   복희씨는 전설 속에서 상고시대 동이족의 수령으로 '태호'로 불리기도 한다. 성은 '풍(바람 풍)'으로 전한다. 전설 속에서 복희는 사람 머리에 뱀의 몸통(일설에는 용의 몸통)을 하고 있다. 동이족은 모두 아홉 갈래로 나누어져 있었기 때문에 '구이'라고도 불렀다. 복희씨는 음양 변화의 이치에 근거하여 '팔패'를 만들었다고 한다.
흥미로운 주장도 있다. 사마천이 쓴 중국 역사《사기》는 황제로부터 시작된다(이 '황제'는 중국 건국 신화에 나오는 제왕의 이름으로 중국을 처음으로 통일한 군주이자 문명 창시자로 숭배되는 사람이다. 한자도 다르다. '임금 황' 자가 아니라 '누를 황' 자를 쓴다). 그러나 공자는 분명히 "황제 이전에 신농씨가 있었고 신농씨 이전에 복희씨가 있었다"라고 했는데 사마천은 왜 황제를 출발점으로 삼았을까? 그것은 복희를 한족의 시조로 보지 않기 때문이다. 명나라 사람 오명제가 쓴《조선세기》에는 "구이가 모여서 임금으로 추대한 것이 단군"이라고 했다. 동이가 구이로 나뉘려면 당연히 최초의 동이가 있어야 하는데, 그 최초의 동이가 조이(새 조+오랑캐 이)다. 이 조이가 점차 9개의 형제 국가 형태로 발전했고, 나중에 이들이 힘을 합쳐 고조선을 세운 것이다.
그들의 주장에 따르면 동아시아 인류 문명의 시조가 바로 복희씨다. 중국인은 시조로 여기는 황제를 4,600년 전의 인물로, 복희는 4,800년 전 인물로 간주한다. 아시아 인류의 시조인 복희는 성이 '풍'인데, 갑골문을 보면 '바람 풍'과 '새 봉'을 같이 통용했다. 그러니까 복희의 성은 사실 '봉' 즉, 봉황새가 되는 것이며, 봉황은 복희씨족의 새 토템이었던 것이다. 그것을 증명이라도 하듯 흙으로 빚은 중원의 제1봉, 즉 봉황새 중에 가장 오래된 봉황 유물이 바로 동이족의 터전인 홍산문화유적지(만주 지역)에서 발굴되었다고 한다. 용도 마찬가지다. 용과 봉이 황하 문명에서 시작한 것이 아니라, 동이지역 고조선 문명에서 나와서 황하 문명으로 전파된 것으로 봐서 최초의 동이는 조이이며, 고조선은 조이가 건국한 나라임을 증명할 수가 있다는 주장이다.

7   전설 속 '유니콘'이라고 생각하면 된다.

8   주 문왕은 서쪽 나라의 우두머리를 뜻하는 '서백'이라고 불렸으며 이름은 '창'이다. 그는 관대하고 어질며 인재를 아낄 줄 알았던 통치자다. 은나라 마지막 임금이자 주지육림의 주색과 폭군의 대명사인 은 주왕의 횡포가 갈수록 심해지자 문왕은 자세를 낮추고 때를 기다렸다. 그동안 문왕이 선행을 하면서 덕을 쌓아 제후들이 앞다투어 그에게로 달려가게 되자, 은 주왕은 문왕이 장차 은 왕조의 위협이 될 것이라 예감하고는 그를 유리성(지금의 허난성 탕인현 북쪽의 옛 지명)에 감금했다.

이 사이 은 주왕에 의해 문왕의 큰아들 백읍고가 가마솥에 삶기는 팽형을 당해 죽고, 문왕은 이 사실을 모른 채 아들을 넣고 끓인 인육탕을 다 먹었다고 한다. 은 주왕은 문왕이 인육탕을 다 먹고 나자 이 사실을 알렸고, 문왕은 그때까지 먹은 것을 다 토했다. 그때 토한 것이 작은 무덤 하나가 되어 지금까지 전해온다.

조금 다른 설도 있다. 은 주왕은 주위 사람들에게 "만약에 서백이 자식의 고기라는 것을 알고서 먹지 않는다면, 그것은 그가 성인이라는 증거이니까 죽이면 된다. 만일 자기 아들의 고기라는 것을 모른다면, 그는 평범한 인간에 불과한 것이니 살려 주어도 괜찮을 것이다"라고 말했고, 문왕은 후일을 기약하기 위해 울분을 삼키며 모른 척 아들을 삶은 곰탕을 다 먹었다는 설이다.

극심한 육체적, 정신적 고통 속에서도 문왕은 팔괘를 64괘로 풀이하여 주역을 짓는 놀라운 능력을 보여주었다. 문왕은 신하 굉요 등이 유리성으로 면회를 왔을 때, 표정과 손짓 등으로 주왕에게 뇌물을 먹이라고 명령했다. 그들은 미녀와 준마, 진귀한 보물 등을 구하여 주의 총신 비중을 통해 주왕에게 바쳤다. 주왕은 "이것(미녀) 하나면 충분한데 이런 보물까지 왜 가져왔는가?"라며 몹시 기뻐했다. 그러고는 문왕을 석방하고, 그에게 활, 화살, 도끼 등을 내려주며 말을 듣지 않는 제후를 징벌할 권리를 주어 서방 제후의 우두머리로 삼았다. 이렇듯 문왕은 치욕과 고통을 참아내면서 점차 민심을 얻어 갔고, 여기에 강상(강태공)이라는 걸출한 군사 전문가를 얻음으로써 천하 대권에 한 발짝 다가설 수 있었다. 문왕의 대업은 그의 아들 희발(무왕)이 완수했다.

9   ☰처럼 세 개의 효로 된 괘를 소성괘라고 하고, 이것이 중첩되어 ䷀처럼 여섯 개의 효로 된 괘를 대성괘라고 한다.

10   주역에 붙어 있는《단전》,《상전》등의 십익은 공자가 지었다고 해서 '공자십익'으로 알려졌지만, 전국시대에 이르러서야 그 대부분이 형성되었을 것으로 보는 견해가 우세하다. 십익에는 공자 이후 시대인 전국시대 후기나 진한시대와 관련된 내용이 많으며, 다른 중국 문헌과 마찬가지로 오랜 시기에 걸쳐 여러 사람들이 끼워넣었거나 순서를 바꾼 흔적이 곳곳에서 보인다.

02

주역의 기초

괘와 효의 기초

주역은 기본적으로 '괘'의 기호로 구성된 체계인데, 그 기호를 '상'이라 한다. 상이란 우주 만물을 본 따 만들어낸 형상으로, 그것을 괘의 이미지로 표현한 것을 '괘상'이라고 부른다. 상의 기호를 통해서 전달하고자 하는 것은 결국 의미다. 의미는 형상을 통해 드러나며 형상을 명확히 밝히려면 언어가 필요하다. 괘사와 효사가 바로 주역에서 쓰이는 언어다. 주역을 알기 위해서는 맨 먼저 주역에서 쓰이는 암호와도 같은 괘와 효를 알아야 한다.

괘와 효를 가장 쉽게 설명하는 도구는 우리에게 익숙한 태극기다. 태극기야말로 주역의 축소판이다. 태극기에는 음과 양의 태극과 우주의 가장 기본이 되는 하늘, 땅, 물(달), 불(해)이 다 들어 있다. 전 세계에서 주역의 괘를 국기로 사용하고 있는 나라는 우리나라가 유일하다.

태극기는 흰 바탕의 중앙에 태극을 배치하고 사방에 팔괘를 대표하는 '사정괘(네 가지 바른 괘라는 뜻으로, 건곤감리☰☷☵☲를 말함)'를 표시하고 있다. 태극은 음양이 생성하는 모양을 나타내는데 위가 '양'으로 빨강색이며, 아래가 '음'으로 파랑색이다. 네 개의 괘는 '건, 곤, 감, 리'라고 부른다. 건(☰)은 하늘을 의미하며 왼쪽 위에, 곤(☷)은 땅을 의미하며 오른쪽 아래에, 감(☵)은 물(달)을 의미하며 오른쪽 위에, 리(☲)는 불(해)을 의미하며 왼쪽 아래에 배치되어 있다. 사상으로 치면 태양(노양), 태음(노음), 소양, 소음이 된다(한의원에서 사상체질이라 부를 때의 그 '사상'이다).

《역경》의 64괘를 구성하는 것은 팔괘의 기본 요소이지만 팔괘 중에서도 핵심이 되는 것은 건곤감리의 4괘다. 왜냐하면 팔괘 중에서 진(☳), 손(☴), 간(☶), 태(☱)의 4괘는 건곤감리라는 기본적 구성요소에서 도출되는 이차적 요소이기 때문이다. 이처럼 건곤감리는 64괘 전체를 구성하는 핵심이 되기 때문에, 정약용은 〈주역답객난〉에서 이를 '역의 사유(네 개의 뼈대 줄거리)'라고도 불렀다. 그에 따르면, 풍뢰산택(진손간태)을 생성시키는 원인이 되는 것은 천지수화(건곤감리)이니, 이 사유를 팔괘 중의 나머지 네 괘와 병렬하여 늘어놓는 것은 온당하지 않다. 그것은 '사유'가 결코 나머지 네 괘와 평등한 지위를 지니는 것이 아니기 때문이다. 엄밀하게 말하면, 우주 조화의 원인으로는 단지 사유가 있을 뿐이다. 정약용의 분석을 요약하면 뇌풍산택의 생성과정은 다음과 같다.

"천이 화를 둘러싸서 뇌가 생성되고, 화가 천과 합세하여 풍이 생성되며, 수가 토를 깎아내어 산이 생성되고, 토가 수를 에워싸서 택이 생성된다."

세계에는 약 6,800여 종의 언어가 있고, 300여 종의 글이 있다고 한다. 그러나 그 어떤 문자도 한글처럼 목적과 이념, 철학을 토대로 창제

되지는 않았다. 대부분의 문자는 쐐기문지를 시작으로 그림문자, 상형문자의 과정을 거쳐 오랜 세월 동안 다듬어지고 발전되어 간다. 그러나 한글은 세종대왕에 의해 훈민정음(백성을 가르치는 소리)이라는 명칭으로 백성을 사랑하는 위민, 애민 정신을 담아 분명한 목적 하에 주역에 토대를 두고 소리의 구조를 파악하고 소리 오행에 입각하여 창제된 것이다.

《훈민정음》 해례본의 제자해[1]에서는 "물은 사물을 낳는 근원이 되고 불은 사물을 이루는 쓰임이 된다. 그래서 오행 중에는 수화(물과 불)가 중요하다"라는 말이 나온다. '수'는 역에서 감괘에 해당하고 선천팔괘도[2]에서 북쪽인 곤의 자리가 후천팔괘도에서는 감의 자리로 바뀌며, '화'는 리괘에 해당하고 선천팔괘도에서 남쪽인 건의 자리가 후천팔괘도에서는 리괘로 바뀌게 되는 것에서 알 수 있듯이, 건곤감리는 우리의 태극기에서도 표시하고 있는 사정괘(네 가지 바른 괘)에 해당한다.

태극, 사상, 팔괘

우주 공간이 없는 상황을 한 번 상상해보자. 우주 공간이 없다면 별이나 지구, 그 무엇도 존재할 수 없을 것이다. 이때 시간은 흐를까? 시간역시 존재하지 않는다. 시간이 흐른다는 것은 어떤 공간에서의 흐름을 말하는 것이다. 공간이 없는데 시간이 어디에서 흐를 수 있겠는가? 이번에는 시간이라는 것이 없다고 가정해보자. 시간이 없는데 공간이 있을까? 있을 수 없다. 공간이란 어느 시간의 한정된 공간을 말하는 것이다. 시간이 없다면 공간이 없고, 공간이 없다면 시간 역시 있을 수 없다.

이것이 바로 아인슈타인이 발견한 논리다. 아인슈타인은 시간과 공간을 '한 덩어리'라고 봤는데, 이는 시간과 공간은 떼어놓을 수 없다는 뜻이다. 그래서 과학에서는 우주를 '시공간'이라고 표현한다. 우리 인간의 의식은 시공간을 떠나서는 존재할 수 없다. 시공간이 없는 상태는 그저 말할 수 있어도 그 상태를 정확하게 그려볼 수는 없다.

주역에서는 시공간이 없는 상태를 '태극'이라 표현한다. 태극은 우주 만물이 생기기 전 카오스 상태의 큰 덩어리인 무극의 상태이고 거기서 '양의(두 개의 뜻)', 즉 '음양'이 태어나기 시작한다. 열역학 제2법칙에 따르면 모든 계들이 어우러져 있는 우주의 엔트로피 즉, 무질서도는 증가한다. 이와 마찬가지로 태극에서 최초로 양이 생기고 나면 이것으로 인해 깨진 균형을 바로잡기 위해 자연적으로 음이 생겨난다.

태극이 음양을 낳고 그 음양에 음과 양이 각각 또 더해지면 한의원에서 자주 볼 수 있는 사상, 즉 소음(==), 노음(태음, ==)과 소양(==), 노양(태양, ==)을 낳는다. 양과 음이 한 번 더 움직여서 변하면, 즉 재변하면 사상이 되는데, 음이 음으로 재변하면 음에 음이 한 번 더 쌓여서 ==이 되고 이를 '음이 늙었다'고 하여 태음 또는 노음이라고 한다. 음에 양이 쌓이면 음에 양이 조금 쌓였다고 하여 음중양, 즉 소양(==)이 된다. 마찬가지로 양에 양이 쌓이면 태양 또는 노양(==)이 되고, 양에 음이 쌓이면 양중음, 즉 소음(==)이 된다(동양학의 근본이 되는 체용으로 보았을 때, 소음의 근원은 양이 되므로 당연히 소음의 체는 양이 된다).

사상은 음양의 변화 활동에 의해 생기며, 오행으로는 목, 토, 금, 수가 된다. 이때 화는 만물의 주재이며 목, 토, 금, 수에 고루 내재되어 있다.

목은 나무, 토는 흙, 금은 쇠, 수는 물로 형체가 있다. 그러나 화는 불로서 형체가 없다. 기는 존재하되 고정된 형체가 없기 때문에 사상에서 제외된다.

사상은 크게 볼 때 천(하늘), 지(땅), 인(인간), 물(사물)이고, 인간의 사상은 사(일, 직업), 심(마음, 정신), 신(몸, 육체), 물(사물, 물건)이다. 우주적 관점에서 천, 지, 인, 물은 우주의 본질적 요소인 삼재(천, 지, 인)에다 물상인 사물을 더하여 사상으로 형성된 것이다. 따라서 사상은 삼라만상의 만물이 형체를 이룰 수 있는 기본적인 틀이며, 불변하는 원소다.

사상의 원리는 자연계 및 인체에 고루 편재되어 있다. 자연계로 볼 때 동, 서, 남, 북이나 봄, 여름, 가을, 겨울 등이 사상이다. 인체는 DNA의 유전자가 피리미딘과 퓨린이라는 두 가지 음과 양의 성분에 결정된다. 그리하여 이 두 성분은 A, T, G, C라는 아데닌, 티아민, 구아닌, 시토신에 속한다. 또한 대뇌반구도 전두엽, 후두엽, 측두엽, 두정엽이라는 사상으로 이루어져 있다.

이 밖에도 인체에서의 사상은 너무나 많다. 사지인 손과 발, 척추의 구조도 경추, 흉추, 요추, 선골로 사상이며, 이, 목, 구, 비도 그렇다. 양은 '심'으로 정신, 음은 '신'으로 육체다.

이제 그 사상에 또 각각 음양이 더해지면 팔괘를 낳는다[3]. 팔괘란 천하 만상을 여덟 가지로 나눈 것이다. 팔괘를 올바로 이해하려면 먼저 음양의 성질부터 알아야 한다. 음양의 이치란 마치 맞물려 돌아가는 톱니바퀴처럼 천지만물이 순환되면서 돌아가는 것이다.

가령, 태양은 양의 기운 그 자체다. 열은 끊임없이 움직이고, 지구에 양기를 만들어주어 생명을 주는 핵심적인 에너지원이다. 하늘과 태양은 양으로 구분하고 지구와 물은 음으로 구분된다. 하늘과 태양은 높고 밝은 양인 반면, 지구와 물은 낮고 어둡고 싸늘한 음이다. 양은 남자요 음은 여자를 뜻함이니 하늘과 태양은 남자요 양인 반면에 음은 달과 땅, 여자를 말한다.

정리하면, 음(－－)은 유연하고 치밀하며 꼼꼼하다. 소극적이고 음흉하며 어둡고 물질세계를 추구하는 성격을 가지고 있으며 욕심이 많다. 반면에 양(－)은 강건하고 적극적이며 밝고 명랑하고 건전하며 정신세계를 추구하나 엉성하고 빈틈이 많다. 음양은 성장하기 전에는 음은 음끼리, 양은 양끼리 어울려 경쟁하면서 성장하지만, 성장한 뒤에는 음은 양을, 양은 음을 찾아 서로 조화를 모색한다.

양과 음의 대푯값과 효 읽는 법

기본적으로 양의 값은 3이며 음의 값은 2이다. 음의 모양은 －－(크게 보면 ━ ━)이므로 '긴 막대기를 3등분 했을 때 중간이 비어 있는 상태'라고 해석하여 숫자 2가 되고, 양은 ━을 1로 보는 것이 아니라 '긴 막대기를 3등분 했을 때 3개가 꽉 차서 붙어 있는 모양(━━━)'이라고 해석을 한다. 그러므로 양의 값은 1이 아니라 3이다. 꼭 알아두기를 바란다.

이제 한 단계 더 나아가자. 노양(늙은 양, 태양)은 양을 대표하는 값이며 양이 세 개 쌓여 있는 것(☰, 3×3=9)이라고 해석하여 '구', 노음(늙은 음, 태음)은 음을 대표하는 값이며 음이 세 개 쌓여 있는 것(☷, 2×3=6)으로 해석하여 '육'이 된다.

양과 음의 대푯값이 중요한 이유는 주역의 괘에서 각 효의 이름을 지칭할 때 양효를 3이라 부르는 게 아니라 '구'로, 음효를 2라고 부르는 게 아니라 '육'으로 부르기 때문이다. 예를 들면, 맨 아래층에 양이 있을 때 이를 '초구'라고 읽고, 맨 아래층에 음이 있으면 '초육'이라 읽는다. 그 바로 위에 있는 효가 양이면 '구이'라 읽고, 그 자리에 음이 있으면 '육이'라 읽는다. 삼효, 사효, 오효는 두 번째 효와 읽는 방법이 동일하다. 다만 맨 위에 있는 효는 읽을 때 '상'을 붙이는데, 그 자리에 양이 오면 '상구'라고 읽고, 그 자리에 음이 오면 '상육'이라고 읽는다.

괘는 효로 구성되므로 괘의 의미는 효의 관계와 구조에 대한 분석으로 설명되며, 각각의 효는 시간적 순차성을 나타낸다. 왕필[4]은 효위[5], 중정[6], 응비[7] 등의 개념으로 효의 특성과 관계를 파악하여 이를 토대로 괘의 의미를 해석하고 각자의 상과 길흉을 설명했다. 효위, 중정, 응비 등을 종합적으로 고려하면 주역에서 괘효사의 길흉을 추론하는 방식을 대략 이해할 수 있다.

그러나 길흉을 논했다 하여 결코 주역이 미래를 점치는 책은 아니다. 주역은 '현재의 운세는 이렇고 이러하다'라고 말하는 단순한 점복서가 아니며, 미래를 예언해주는 참언('예언 참')이 아니다. 주역은 인간의 삶 속에 펼쳐지는 다양한 상황 아래에서 어떤 행동을 해야 그 상황을 벗어날 수 있는지, 또는 어떻게 해야 그 상황을 미연에 방지할 수 있는지의 경계를 담은 잠언('경계 잠')이다. 그리고 주역은 그 잠언들을 64괘와

384효를 통해 각 괘마다, 그리고 각 효마다 절묘한 비유와 스토리텔링으로 풀어나가고 있다.

다만 알아둘 것은 주역은 분명 주나라의 입장에서 최초에 기록되었다는 사실이다. 하여 주역에는 왕해가 양과 소를 잃어버린 고사, 고종의 귀방 정벌의 고사, 제을이 딸을 시집보낸 고사, 기자 명이의 고사, 강후의 고사의 내용이 다 접목되어 있다.

주역은 3,000여 년 전의 사람들이 기록한 것이므로 오늘날의 문장처럼 확실하지 않은 부분이 많다. 괘효사는 때로는 상대방의 입장에서 기록되기도 했다. 따라서 주역의 괘효사를 읽을 때는 문장의 주어가 누구인지 잘 가려서 읽어야 한다.

십이소식괘

이 세상에 존재하는 많은 것들은 순환을 한다. 우리 몸속에 피가 순환하는 것을 비롯하여 계절의 순환, 1년 12달의 순환, 일주일의 순환, 바닷물의 밀물과 썰물 등 순환은 세상의 기본 원리다.

순환은 사물이 존재하는 최선의 수단인데, 순환하지 못하는 것은 금방 사라지게 된다. 지구는 태양 주위를 돌며 1년 주기로 순환을 하는데, 만약 지구가 태양 주위를 돌지 않게 되면 지구는 우주 어딘가로 날아가 버릴 것이다. 지구는 태양을 순환하기 때문에 존재하고, 그로 인해 계절의 순환과 12개월의 순환체계가 이루어진다.

생물도 탄생 주기가 있고, 사업도 잘 되는 주기가 있으며, 우리 인생도 운명의 주기가 있다. 세상은 혼자 사는 게 아니라 얽혀 있다. 그렇기 때문에 순환만이 살아남을 수 있다.

세상을 알려면 그곳에 존재하는 순환을 살펴야 한다. 주역은 세상에 존재할 수 있는 수많은 순환을 체계적으로 다루고 있다. 다음의 괘열을 보자.

䷗ ䷒ ䷊ ䷡ ䷪ ䷀ ䷫ ䷠ ䷋ ䷓ ䷖ ䷁

순서대로, 지뢰복(음력 11월, 동지, 음의 기운이 극에 이른 후 드디어 아래에 양이 하나 생성되었다), 지택림, 지천태, 뇌천대장, 택천쾌, 중천건, 천풍구(음력 5월, 하지, 양의 기운이 극에 이른 후 드디어 아래에 음이 하나 생성되었다), 천산돈, 천지비, 풍지관, 산지박, 중지곤 괘다. 옛사람들은 1년 열두 달을 여기에 맞추어서 이해했다.

1년 12개월은 주역의 어떤 순환과 일치하고 있다. 이 괘열에서 (━)은 양이고, (━ ━)은 음인데, 괘상은 양이 점점 증가하다가 ䷀(중천건)에 이른 이후 음이 차차 증가한다. 즉, 12개의 괘상은 일정한 틀로 변화하고 순환함을 알 수 있다. 하여 옛사람은 이 괘열에 참가하는 괘상을 '십이소식괘(사라질 소, 자랄 식)'라고 불렀다(또는 '군주괘, 벽괘'라고도 부른다).

24절기 중 22번째 절기인 동지는 음력[8] 11월에 들어 있어 음력 11월을 동짓달이라고도 한다. 옛날의 태음력법에서는 입춘에서 시작하여 일 년을 24절기로 나누었으니 아래와 같다.

계절	봄			여름			가을			겨울		
월	1	2	3	4	5	6	7	8	9	10	11	12
절기	입춘	경칩	청명	입하	망종	소서	입추	백로	한로	입동	대설	소한
중기	우수	춘분	곡우	소만	하지	대서	처서	추분	상강	소설	동지	대한

하지가 1년 중에서 낮이 가장 길고 밤이 가장 짧은 데 비해 동지는 그와 반대로 낮이 가장 짧고 밤이 가장 길다. 그래서 옛 노래에 "동짓달 긴긴밤에" 하는 구절도 있다. 동짓날은 양력으로는 대개 12월 22일경이 된다.

1 《훈민정음》 해례편의 첫째 장 이름이며, 훈민정음의 제작을 풀이한 부분이다. 제자해에서 훈민정음의 제작이 상형(어떤 구체적인 사물의 형상을 본 뜬 글자)에 있음을 구체적으로 풀이했으며, 첫머리에서 "천지의 도는 오직 음양과 오행뿐이다"라고 선언하고, 초성 17자(ㄱ, ㅋ 등) 등을 만든 방법을 말했다. 초성 17자를 오행(목, 화, 토, 금, 수 / 나무, 불, 흙, 쇠, 물)·계절(봄, 여름, 가을, 겨울)·오음(궁, 상, 각, 치, 우)·방위(동, 서, 남, 북)에 결부시켰다. 중성은 11자(ㆍ, ㅡ, ㅣ, ㅗ, ㅏ, ㅜ, ㅓ, ㅛ, ㅑ, ㅠ, ㅕ)인데, 그중에 기본 글자인 'ㆍ, ㅡ, ㅣ'의 소릿값과 천지인(하늘, 땅, 사람) 삼재를 상형했다는 것을 밝혔으며, 중성의 배열을 음양으로 나누어 설명했고, 중성을 음양, 오행과 위수(수의 자리)에 결부시켰다. 'ㅣ' 중성만이 홀로 위수가 없음은 사람을 본뜬 것으로, 사람은 만물을 생성하는 근원이기 때문임을 밝혔다.

2 복희선천팔괘도와 문왕후천팔괘도를 말한다. 복희와 문왕은 이미 앞에서 말한 바 있다. 선천팔괘의 방위는 남쪽에서부터 건으로 시작하여 반시계 방향으로 태, 리, 진을 붙이고 다시 남서쪽에서 시계 방향으로 손, 감, 간, 곤을 붙인다. 선천팔괘는 우리 태극기에도 적용이 된 것인데, 태극기의 4괘를 형이상학적으로 표현하면 하늘과 땅, 물과 불이 되지만 형이하학적으로 보면 동서남북 사방을 의미한다. 리(동), 감(서), 건(남), 곤(북) 태극의 네 귀퉁이에서 사방(즉 우리 국토)을 뜻하는 것이다.

이름	표상	자연	성정	가족	선천팔괘	후천팔괘	동물	신체부위	기관	오행	이진법
건	☰천	하늘	굳셈	아버지	남	서북	말	머리	뇌	금	111
곤	☷지	땅	유순	어머니	북	서남	소	배	비장	흙	000
진	☳뢰	우레	움직임	장남	동북	동	용	발	심장	나무	100
손	☴풍	바람	따름	장녀	서남	동남	닭	넓적다리	간	나무	011
감	☵수	물	험난	중남	서	북	돼지	귀	콩팥	물	010
리	☲화	불	이별	중녀	동	남	꿩	눈	쓸개	불	101
간	☶산	산	그침	소남	서북	동북	개	손	위	흙	001
태	☱택	연못	기쁨	소녀	동남	서	양	입	허파	금	110

3 태극→양의 (양과 음)→사상 (노양, 소음, 소양, 노음)→팔괘 (건, 태, 리, 진, 손, 감, 간, 곤)

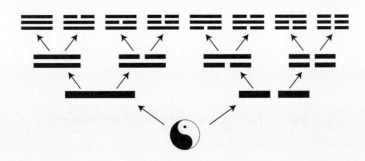

4 왕필은 삼국 시대 위나라 사람이다. 조조의 심복이었고, 승상장사를 지냈다. 당시 뛰어난 천재로 알려졌고, 도교 사상가로써도 이름을 날려 《도덕경》에 주를 달았는데 그 주가 본문보다 길다고 한다.

5 효위(효의 자리)는 맨 밑에서부터 차례대로 '초, 이, 삼, 사, 오, 상'이라고 부른다. 즉, 맨 아래 효는 초효, 그 위에 있는 효는 이효, 그 위는 삼효, 그 위는 사효, 그 위는 오효, 맨 위는 상효라고 부른다. 보통 다섯 번째 효, 오효를 왕의 위치라고 본다.

6 중정은 효가 가운데 자리했는가와 그 자리가 바른가를 나타낸다. '중'의 의미는 그 효가 '가운데 위치를 차지했느냐'를 말한다. 이효와 오효는 각각 내괘(대성괘 중에 아래에 있는 소성괘이며 하괘라고도 한다)와 외괘(대성괘 중에 위에 있는 소성괘이며 상괘라고도 한다)의 '가운데' 자리가 되므로 '득중'했다고 부르며 길하다고 해석하는 경우가 많다. 나머지 효는 일반적으로 모두 '부중'했다고 부르며 궁색한 것으로 본다. '정'은 효위(효의 자리)와 효성(효의 성질, '양이냐 음이냐')이 서로 맞는가로 판단한다. 양의 기본값인 3은 홀수이므로 양의 바른 자리는 홀수 자리(초, 삼, 오효), 음의 기본값인 2는 짝수이므로 음의 바른 자리는 짝수 자리(이, 사, 상효)다. 즉 초효, 삼효, 오효는 홀수이므로 기본값이 3(홀수)인 '양효(—)'가 오면 '득정'이라 부르고 기본값이 2(짝수)인 '음효(- -)'가 오면 '부정'이라 부른다. 마찬가지로 이효, 사효, 상효는 짝수

자리이므로 음효가 오면 득정이고 양효가 오면 부정이다. 일반적으로 득중득정하면 길하고, 부중부정하면 좋지 않다고 본다. 득중은 득정보다 강하므로 혹시 부정하더라도 득중하면 괜찮다고 본다.

주역은 중정 사상에 바탕을 두어 중과 정을 귀하게 여긴다. 세상의 이치와 인간의 덕성은 '중용의 도'를 얻음을 최상으로 치므로, 역의 중정사상에 바탕을 둔《중용》을《소주역(작은 주역)》이라고 일컫기도 한다.

7 응비(호응, 응답 응+비교, 비율 비)는 효의 위치에 따라서 길흉을 판단하는 중정과 달리, 효끼리의 관계를 보는 것이다.

'응'이란 초효와 사효, 이효과 오효, 삼효와 상효처럼 대성괘의 상, 하 괘에서 같은 위치에 있는 음양의 상응 관계를 말한다. 이 관계가 음과 양으로 짝이 맞으면 '정응'이라 하여 길하고, 음과 음, 양과 양으로 대치하면 '무응'이라 하여 정당한 배필이나 정식의 응원군이 없는 흉한 경우로 본다.

'비'는 초효와 이효, 이효와 삼효, 삼효와 사효, 사효와 오효, 오효와 상효처럼 바로 이웃하는 효 사이의 음양의 상응 관계를 말한다. 만약 양효와 음효가 이웃하면 서로 가까이하고 의지하려 한다고 본다.

'응'은 대개 공식적인 군신이나 정식의 배필 관계를 의미하며, '비'는 대개 사적인 소인들의 사귐이나 비공식적인 남녀의 관계로 해석하는 경우가 많다.

8 만약 우리가 수렵 단계를 벗어나 한곳에 정착해 농사를 짓고 살아야 한다면 무엇이 가장 필요할까? 바로, 언제 씨를 뿌리고 수확해야 하는지를 알기 위한 달력일 것이다. 하여 인류 최초의 달력은 농작물의 파종 시기를 정하는 데에 목적이 있었다. 고대의 어느 문명권이든 날짜를 헤아리는 가장 자연스러운 방법은 천문현상을 이용하는 것이었고, 그 가운데 가장 손쉬운 방법은 달의 모양을 관찰하는 것이었다. 이것이 바로 음력이다.

과거 우리 조상들은 음력을 사용했고, 음력 정월 초하루를 설날이라고 했다. '설날'이라는 단어의 유래를 살펴보면 '설'은 그 해 첫 번째로 만나는 날이기 때문에 '낯설다'라는 말에서 유래되었다고 한다(그밖에 '사린다', '섧다' 등의 유래설도 있다). 신라

시대부터 설은 존재해왔으며, 조선시대에는 4대 명절 중 설날이 가장 컸다. 그러다가 갑오경장 이후 고종이 음력을 버리고 양력을 채용하게 되면서 1895년 11월 17일을 1896년 1월 1일로 정했다. 그러니까 1895년 11월 17일과 1896년 1월 1일은 같은 날이 된다.

2부

_____

64괘 풀이

01

중천건

건상건하

위에 건괘 ☰, 아래에도 건괘 ☰인 대성괘
'건위천' 이라고도 부른다.

• 거듭할 중(중복)

괘사 건 원형리정

인간의 삶과 세상의 이치는 '원형리정' 딱 네 단어로 함축된다.

• 하늘 건, 마를 건(건조, 건전지, 건어물, 건곤일척) • 으뜸 원(원조) • 형통할 형(만사형통)

• 이로울 리(어부지리) • 곧을 정(정숙하다, 정절을 지키다)

풀이 주역 64괘는 건괘로부터 시작한다. 건괘의 긴 막대기(양, ━)
여섯 개는 양의 기운이 굳세게 펼쳐지는 모습을 뜻한다. 양은 에너지를
발산하며 활발히 움직이는데, 하늘이야말로 잠시도 쉬지 않고 움직여
낮과 밤을 만들고 봄, 여름, 가을, 겨울의 사계절을 만든다. 봄에는 만물
을 낳고 키우니 그 작용이 으뜸이고(원), 여름에는 아름답게 꽃을 피우
니 형통하고(형), 가을에는 열매를 거두니 이롭고(리), 겨울에는 감추니
바르다(정).

건을 통해 주역은 인간의 삶에 있어서 가장 중요한 요소인 시간과 공
간의 관계, 그리고 그 조화의 중요성을 강조함으로써 세상 사는 이치의
근본을 밝혀주고 있다. 역을 공부하는 사람들이 주역의 체계를 '일원수
육십삼합'이라 칭하며, 특히 첫머리의 '건'을 강조하고 나머지 63개의
장이 모두 여기에 바탕을 둔 것이라고 이해하는 것도 역시 이런 맥락이
다. 건괘야말로 주역의 핵심사상이다.

건은 때로 보면 초여름인 음력 4월로서 양기가 극성한 때이고, 오행
으로는 단단한 금에 속하며, 방위로는 서북방에 속한다. 건의 강건한 괘
상은 하늘로 대표되는데, 건괘는 만물을 주관하고 모든 괘를 낳는 부모
괘다. 건괘는 아버지 괘이고 다음에 나오는 곤괘는 어머니 괘다.

건괘의 모양을 한번 보자. 6개의 작대기 하나하나는 '효'라고 부르고 6개를 통틀어 '괘(대성괘)'라고 부른다. 건괘는 가장 아래에 있는 효부터 차례대로 '초구, 구이, 구삼, 구사, 구오, 상구'라고 읽는다(가장 아랫자리에 있는 효는 '초', 가장 윗자리에 있는 효는 '상'이 붙는다). '구'가 붙은 이유는 건괘의 효가 모두 양(—)이기 때문이다(39쪽 참고). 건괘는 6개의 양(—)의 이야기를 담고 있는데, 여기서는 그것을 용[1]으로 표현했다. 건괘에는 온갖 용의 향연이 펼쳐진다.

건은 크게는 천지창조에서 멸극의 시기에 이르기까지, 작게는 한 생명의 잉태, 성장, 왕성한 활동, 죽음의 단계에 이르기까지의 모든 시간에 관계되어 있다. 이때의 건은 한마디로 하늘의 절대성, 혹은 시간의 절대성을 상징하는 것이다. 시간의 절대성이야말로 하늘의 첫 번째 운행 원리이고, 우주 만물은 이 시간의 절대성에서 결코 자유로울 수 없다.

'원'은 씨앗이 땅에 뿌리를 내린 형상이고 봄의 시기, 즉 태어남을 의미한다. '형'은 씨앗이 땅 위에 올라온 형상이며 여름의 시기, 즉 태어나서 자라나 성인이 되기까지의 시기다. '리'는 열매가 익어 고개를 숙인 형상이니 가을의 시기, 즉 성인이 되고 돈을 벌어 결실을 맺는 시기다. '정'은 얻은 것을 다음을 위해 간직하니 겨울의 시기, 즉 죽음을 맞는 노년을 의미한다.

나무의 일생을 계절과 더불어 예로 든다면 '원'은 씨앗에서 싹이 나오는 봄과 같고, '형'은 나무가 무성해지는 여름과 같고, '리'는 자연의 조화로써 열매를 거두는 가을과 같고, '정'은 다시금 새로운 싹을 생하기 위하여 양기를 비축하는 겨울과 같다.[2]

건은 우주 자연의 시작이다. 모습을 드러낸 만물은 시간적, 공간적 상관관계 속에서 제각각의 본성을 가진다. 계절이 반복되듯 인간도 낳고 죽기를 반복하며 자연의 섭리와 변화의 틀 속에서 살아간다. 이것을 주역은 '원형리정'이라고 표현한다. 이러한 변화의 틀 속에 자리한 인간은 어떻게 살아가야 하는가?

성공한 인생을 살아가려면 '때'를 만나야 하고, '환경적 요소'가 갖춰져야 하고, '능력 있는 사람들'이 주위에서 도와야 한다. 즉, 천시, 지운, 인덕을 갖춰야 한다. 건괘는 이런 요소들을 중심으로 인생의 성공과 실패를 규명한다. 건괘뿐만 아니라 주역의 모든 괘에서 설명하고자 하는 것은 자연에 순응하는 삶이다. 다시 말해, 잘 나가는 사람은 혹 행동에 지나침이 없는지 돌이켜보고, 못 나가는 사람은 혹 행동에 비굴함이 없는지 돌이켜보아 항상 부끄럼 없는 인간이 되라는 것이다.

건의 괘사에는 '원형리정'이 전부 포함되어 있는데, 주역에서 이 네 단어는 64괘가 끝날 때까지 계속해서 나온다. 이 책에서는 앞으로 '원형리정'이 나올 때마다 때에 따라서는 점서적으로, 때에 따라서는 철학적으로 풀이할 것이다.

효사

초구　잠룡 물용

잠긴 용이니 쓰지 말라.

　•잠길 잠(잠재력, 잠수, 잠복수사) •용 룡 •말 물(물론, 물망초) •쓸 용(고용, 이용, 적용)

풀이 정치계에서 대권을 꿈꾸는 예비후보를 통틀어서 흔히 '잠룡'이라 부른다. 정치계뿐만 아니라 일상생활에서 주역의 용어를 알게 모르게 쓰고 있는 경우가 많은데, 그 대표적 용어가 '잠룡'이다.

잠룡은 용의 덕을 지녔으되 은둔한 자다. 명성을 얻지 못해 초야에 묻혀 살지라도 자신의 처지를 근심하지 아니하며, 세상 사람들이 자기를 알아주지 않아도 불만이 없다. 즐거운 일이라면 기꺼이 행하고 근심스러운 일이라면 곧바로 물러나는 확고한 도를 지키는 사람이다.

현명한 인물이 때를 만나지 못하고 은거하는 모습을, 흔히 제갈량이 유비에게 등용되기 전에 남양 땅에 은거하면서 스스로 '와룡선생'이라 했던 고사에 비유한다. 이처럼 포부는 원대하나 아직 잠룡의 단계에 머무는 시기는 곧 인생 수양의 단계다. 미묘한 차이지만 '불용'은 아예 쓸모없는 것을 쓰지 않는 것이고, '물용'은 쓸 수 있는 자격을 가졌으나 시의가 적절치 못하여 쓰지 못하는 것을 말한다.

초구에 나오는 잠룡은 아직은 미숙한 이무기 상태다. 이 상태로 밖에 나가면 위태롭다고 주역은 경고한다. 주역의 경고는 두 가지로 읽을 수 있다. 하나는 능력이 아무리 뛰어나더라도 때가 아니면 잠긴 듯 기다리라는 것이고, 또 하나는 아직은 능력이 부족하니 세상에 나아가지 말고 은거해서 실력을 쌓으라는 것이다. 주역은 능력과 때가 동시에 맞아야 함을 강조한다.

잠룡, 즉 양기가 잠복하고 있는 용은 일반적으로 아직 세상에 나타나지 않고 숨어 있는 성인, 또는 아직 기회를 얻지 못하고 속세에 묻혀 있는 영웅과 호걸, 또는 임금이 아직 왕위에 오르기 전의 상태 등을 비유하는 말로 쓰인다.

효위를 고려해서 초효를 해석해보면, 비록 양이 양의 자리(홀수 자리)에 있어 그 '위(효의 자리)'는 바르나, 하괘의 중을 얻지 못한 데다 가장 아래에 있는 까닭에, 조급히 움직이지 말고 학문과 수양을 쌓아야 할 때다. 초구는 첫 번째 효이므로 숫자 1, 즉 홀수 자리에 양이 왔으니 바른 자리에 왔다고 해석한다. 양의 기본값은 3이므로 홀수 자리가 양의 자리라고 했던 것을 다시 한 번 떠올리기 바란다. 또, 중을 얻지 못했다고 하는 것은 하괘의 가운데 자리가 아님을 말한다.

구이 현룡재전 리견대인

나타난 용이 밭에 있으니 대인을 보는 것이 이롭다.

• 뵈올 현, 볼 견 • 재전: 밭에 있다 • 대인: 군자[3] 를 뜻함

풀이 잠룡인 초구를 벗어난 상태로, 드디어 자신의 능력을 세상에 펼치는 때이므로 '현룡재전', 즉 용이 밭에 나타난 상이다. 잠룡의 시기에 은거하면서 때를 기다린 용이 마침내 자신의 기량을 발휘할 수 있는 좋은 자리를 얻었다는 것을 의미한다. 그러나 여기서 가장 중요한 것은 '앞으로 어떤 인물을 만나는가'이다. 덕망 있고 경력이 많은 대인, 즉 두고두고 자신을 이끌어줄 인물을 만나야 이롭다.

'현룡·재전'은 하늘의 뜻과 공간을 확보했다는 뜻이다. 그러나 그것만으로는 부족하고 사람까지 얻어야 완성된다는 것이 구이의 가르침이며, 그것을 '리견대인'으로 표현하고 있다. 여기에서 하늘, 땅, 사람이라는 '천지인(삼재)'의 중요성과 조화를 강조한 주역의 사상을 엿볼 수 있다. 시간과 공간 못지않게, 결국은 사람의 힘이 강조되고 있다.[4]

대인은 높은 지위에 있는 사람을 지칭하기보다는 소인과 상대적인 의미로서의 '군자'로 보는 것이 합당하다. '전(밭)'은 지상이다. 지상에 나왔다는 것은 용덕이 이미 드러난 것이다. 성인에 비유한다면 순 임금[5]이 임금이 되기 전에 평민으로서 농사짓고 고기 잡으며 살던 때와 같다. 신하는 덕이 있는 군주를 만나면 자신의 역량을 펼칠 수 있어 이롭고, 군주는 현신을 만나 함께 태평성세를 일구므로 이로우며, 천하는 훌륭한 지도자를 만나 은택을 입어서 이롭다.

구삼 군자 종일건건 석척약 려 무구

군자가 종일토록 자기의 본분에 충실하며, 저녁이 되면 반성하고 조심하므로 위태로운 자리에 있더라도 허물이 없다.

• 건건: 직역하면 '마르고 말랐다'가 되니 결국 이것은 '왕성한 활동과 강건한 덕으로 굳세게 노력

하다'라는 의미 • 저녁 석(추석, 석양) • 두려워할 척, 근심할 척: 몸가짐이나 언행을 조심하다

• 같을 약(만약) • 위태로울 려 • 무구: 허물이 없다

풀이 여기에서 군자는 현룡의 시기를 지나면서 때를 얻고, 재전을 통

해 환경을 획득하고, 마침내 대인을 통해 자신을 도울 인재를 모두 얻은 사람, 다시 말해 천지인의 삼재를 모두 갖춘 사람을 말한다. 구삼은 하괘의 가장 위에 있으므로 지나치게 강하여 자칫하면 경거망동하는 실수를 저지를 위험이 있기 때문에 '위태롭다'라는 경계를 두었다.

덕이 있는 사람은 항상 자신의 행실을 돌이켜 살피면서 삼가는 자세를 가진다. 남들에게 인정받고 인기가 있는데도 조심할 줄 아는 사람이라면 주변의 시기와 질투의 시선을 벗어날 수 있다. 밤낮으로 열심히 사느라 고생스럽지만 자신의 하루를 반성하고 새로운 다짐을 한다면, 무슨 일인들 못해내겠는가?

양이 세 번째 자리에 처한 구삼은 하괘의 가장 높은 곳에 있고, 중을 잃은 데다(중간 자리가 아님) 지나치게 강한 상태이므로 언제라도 추락할 수 있는 위태로운 처지다. 아침부터 저녁까지 굳세게 노력하고 또 저녁에 혹 잘못한 것이 있나 반성하는 태도로 나간다면 비록 위태로운 자리이나 허물을 면할 수 있게 된다. 건괘의 구삼은 선천(하괘의 건)에서 후천(상괘의 건)으로 넘어가는 과도기이므로 '종일건건'의 상이다.

주역의 삼효는 주로 노력을 많이 하고 바쁜 모습을 그리는 경우가 많다. 또 약간 위태롭기도 하다. 삼효는 하괘(내괘) 세 작대기의 맨 위에 있는데, 내괘의 맨 위에서 외괘로 옮아가는 과도기적인 역할을 하므로 삼효는 부지런해야 하고 동시에 위태로움을 내포하고 있다. 그래서 '종일건건'과 '려'가 붙어 있는 것이다.

'석척약(저녁에 두려워함)'은 하루 일과의 결실이 있는 저녁에 반성한다는 뜻이다. 구삼은 나타난 용이 교만하지 않고, 열심히 노력해야 한다고 말한다. 용이 밭에 나타났다고 끝난 게 아니다. 하루도 쉬지 않고 자신을 군건히 해야 비룡 상태로 넘어갈 수 있는 법이다. 효의 위치상 자칫 아래에 대하여 교만심을 가질 수 있으므로, 구삼은 오직 밤낮없이 수양하라는 경계다. 군자가 이러한 경계에서 자강불식(스스로 힘쓰고 쉬지 않음)하지 않으면 더는 발전을 기대할 수 없는 것이니, 인생의 초기에는 승승장구하던 사람들이 어느 단계에서인가 더 발전하지 못하고 좌절했던 수많은 사례들을 상기하면 구삼 효사의 의미가 더 쉽게 다가올 것이다.

구사 혹약재연 무구

혹 뛰어보고 상황이 불리할 때는 못에 다시 들어가면 허물이 없다.

• 혹 혹(혹시, 간혹) • 뛰어오를 약(도약) • 재연: 연못에 있다, 연못으로 들어가다

풀이 충분히 준비가 되었다면 이제 과감하게 물 위로 용솟음칠 필요가 있다. 군자의 용기와 결단, 도전정신을 요구하는 것이다. 비룡이 되기 위해 뛰어보는 것이다. 바로 눈앞에 화려한 도약의 관문이 보여서 이제는 도약해볼 만하다는 생각에 한번 뛰어본다. 그러나 아직 때가 아니고, 뛰어본 것은 시험의 단계라고 생각하면 실패하더라도 실망할 것이 없다. 다시 제자리에 돌아와 꾸준히 노력하여 다음 기회를 노리면 된다.

양이 네 번째 자리에 있는 구사는 하괘를 벗어나 상괘에 있고, 구오 바로 밑에 있는 까닭에 자신의 능력이 구오가 될 수 있는지 시험해보는 자리다. 한 번 뛰어보아서, 아직 그 역량이 부족하고 시기가 무르익지 않음을 알았을 때 제자리로 다시 돌아온다면 허물이 될 것은 없다.

구사는 중을 얻지 못했고(중간 자리가 아님), 중정한 구오에 견줄 수 없는 상태이며 상괘의 제일 아래 자리에 해당하므로 아직은 자신의 기량을 마음껏 발휘할 수 있는 자리가 아니다. 따라서 제자리로 돌아와 자신의 덕을 닦고 때가 이르기를 기다려야 한다. '혹'은 의혹한다는 뜻이다. 구사는 음의 자리에 양이 처했으니(4는 짝수, 즉 음의 숫자라서 음이 와야 하는데, 음의 자리에 양이 왔음) 실위한 상태다. 그래서 자신의 위치를 의심하는 것이다. 초구와 구사는 상괘, 하괘의 처음 효로서 그 상이 유사하다 (잠룡과 재연).

구사는 용의 도전을 적극적으로 유도하고 있다. 물론 도전한다고 성공한다는 보장은 없다. 그러나 낙담하지는 말라는 것이다. 기회가 주어졌으므로 스스로 역량을 시험해보고 도전에 실패하더라도 다시 못으로 돌아와 실력을 쌓으면서 때를 기다리면 된다. 노력과는 무관하게 아직 때가 아닐 수 있으니 결과에 구애받지 말고 새롭게 도전할 것을 주역은 권하고 있다. 혹약재연, 즉 때에 따라서는 오르기도 하고 때에 따라서는 제 자리에서 유유자적한다는 것은 멈춰야 할 때 멈추고 나아갈 때 나아가며, 머무를 데를 알아서 머무르고 이를 데를 알아서 이르는 것이다. 그러니 무슨 허물이 있겠는가?

구오 비룡재천 리견대인

날으는 용이 하늘에 있으니 대인을 보는 것이 이롭다.

• 비룡: 하늘을 나는 용 • 재천: 하늘에 있다

풀이 비룡은 하늘을 나는 용이니 최고의 기회를 만나 성공을 거두는 시기이자, 그런 때를 만난 사람의 상징이다. 사람으로 태어나 누구나 한 번쯤 꿈꾸어 볼 수 있는 대운을 만난 자다. 그러나 군주의 지위에 올랐어도, 결국에는 대인을 만나야 이롭다. 임금에게는 그 참모진이 어떤 인물인가 하는 것이 대단히 중요하기 때문이다.

구오는 건괘의 주효로서 득중득위하여(중간 자리에도 있고, 양의 자리에 양이 왔으므로) 강건중정한 덕을 갖추고 또한 군주의 자리에 있으므로 하늘로 승천하여 조화를 부리는 용의 상이다. 구오는 아래의 어진 구이 대인을 만나야 천하를 다스려나가는 것이 이롭다. 아래의 구이 대인도 위의 구오 대인을 만나야 이로우므로, 구이, 구오의 두 효사에 모두 '리견대인'을 말했다(즉, 군주는 덕이 있고 현명한 신하로서의 대인을 만나야 하고, 신하는 덕이 있고 현명한 군주로서의 대인을 만나야 이롭다는 뜻. 밭에 있는 용과 하늘에 있는 용은 효의 자리가 다르긴 하나 동덕으로써 이미 의기가 투합되고 있다. 그러므로 그 둘은 만나야 천하의 대의를 도모할 수 있고 천하의 사업을 성취할 수 있다).

이는 결국 사람들로부터의 도움과 신뢰가 있어야 꿈꾸는 세상을 얻을 수 있다는 말이며 하늘, 땅, 사람, 즉 천지인의 중요성을 다시 한 번 강조하고 있다.

구오는 덕을 실천하는 최고의 지위이므로 그만큼 큰 덕을 쌓은 자이 긴 하나, 그도 역시 혼자만의 힘으로 버티면 실수하기가 쉽다. 그러므로 덕망과 지혜가 출중한 현신들을 등용하여 도움을 받아야 이롭다. 같은 소리끼리는 서로 어울리고, 같은 기운은 서로 조화를 이루므로, 물은 습한 곳으로 흐르고, 불은 건조한 곳으로 번지며, 구름은 용을 쫓아 치솟고, 바람은 범을 쫓아 달린다.

상구 항룡 유회

높은 용이니 후회함이 있다.

• 높을 항, 지나칠 항 • 유회: 후회함이 있다

풀이 맨 위라서 더 나아갈 수 없어 항룡이다. 가장 윗자리에 처한 양인 상구는 지나치게 극한 데다, 부중부정하여(중간 자리도 아니고, 음의 자리에 양이 왔으므로) 더 나아갈 바가 없으니 뉘우침만 남는다. 항룡은 교만하고 무덕한 군주를 비유하며, 진퇴 존망의 시기와 정도를 살피지 못하고, 부질없이 과욕을 범한 것에 대한 후회가 막심한 사람이다. 물러날 때가 되었는데도 욕심으로 버티다가 후회할 일을 만들고 만다. 모든 것을 다 내려놓고 깃털처럼 가볍게 저무는 황혼 길을 걷는 일이 최선의 길이다.

상구는 용이 지나치게 높이 올라간 것을 경고한다. 비록 신분은 귀해도 용은 자신의 능력만으로 하늘을 난 게 아니다. 때가 맞고, 주변의 도움이 있어서 가능했다. 그런데 주변의 변화를 망각하고 자기 능력을 과

신한다면 반드시 후회[6]가 따르게 된다. 항룡유회란 군주가 지위에 너무 오래 있어서 극에 달했으니 후회하고 뉘우칠 바가 있다는 것이다. 즉 높은 지위에 있는 자도 삼가지 않으면 후회하게 된다는 의미다. 과욕으로 오르는 것만 알고 내려올 줄은 모르므로 후회가 따른다.

구이의 '현룡재전 리견대인'의 사례로 들었던 한신은 아이러니하게도 여기서 항룡의 사례로 다시 등장한다. 장량(장자방)은 유방과 항우가 천하 제왕의 자리를 두고 초한 대전을 벌이던 시대에 유방의 전략 참모로 등용되어 훌륭한 기량을 발휘하여 유방이 천하 패권을 잡는 데 큰 공을 세웠다. 그러나 장량은 '큰 공을 세우고 난 뒤에는 거기에 머무르지 아니하고 바로 일선에서 물러난다'는 뜻의 '공성신퇴'를 몸소 실천하여 도를 닦으며 은거했다. 반면에 한신은 교만하게 자신의 공을 뽐내다가 결국 토사구팽을 당하고 말았다. 구이의 주인공이 상구의 주인공이 되고 말았다.

상구는 상괘의 맨 위의 자리이므로 언제라도 아래로 떨어질 수 있는 자리에 해당하며, 지나치게 높이 올라 극한에 이르렀기 때문에 과도한 행실에 대하여 뉘우칠 바가 있다. '항'은 도를 넘어서는 것을 말한다. 극한에 이르면 변역하여 유순한 덕으로 나아가야 하는 진퇴의 이치를 벗어나는 것이 항이다.

극한에서는 전락이 있을 뿐이다. 이렇게 궁극에 도달하면 변하는 것이 주역의 법칙이다. 주역의 대원리는 '모든 것은 항상 변화한다'라는 것이다. 인생은 자기 뜻대로만 되지 않는다. 사람의 생애에는 기복이 있게 마련이다. 모든 사람이 행복하고 성공하기를 바라지만 세상이 언제 마음대로만 되어 주던가?

인생에는 분명 '운'이라는 것이 존재한다. 그러나 중요한 것은 마음 가짐에 따라 호운을 악운으로 전락시킬 수도 있고 악운을 전화위복할 수도 있다. 호운이 오면 조심조심 받아들이며 악운이 오면 자중하여 때를 기다리라는 것이 운명에 대처하는 주역의 가르침이다. 인생을 성공적으로 건설하느냐, 실패로 전락시키느냐 하는 가장 중요한 관건은 운명에 있는 것이 아니고 실은 각자의 마음 자세에 있다는 것이다.

항룡유회에 관한 이야기는 조선왕조실록《영조실록》에도 나오는데 1731년, 강직한 신하인 이덕수[7]는 영조에게 다음과 같이 직언을 한다.

"64괘의 모든 괘는 여섯 효에 길흉이 서로 섞여 있는데 다만 겸괘(주역 15번째 지산겸괘로, 상괘는 땅을 뜻하는 곤괘 ☷, 하괘는 산을 뜻하는 간괘 ☶로 이루어진 대성괘)만은 육효가 모두 길하여 흉함이 없으니, 겸손함이 하늘과 인간의 돕는 바가 된다는 것을 알 수가 있습니다. 군주는 신민의 위에 처해 있으니, 마땅히 겸에는 힘쓸 일이 없을 것 같지만, 만일 혹시 스스로 거룩한 체하고 스스로 자랑하여 여러 신하들을 깔보고서 마음을 비워 협조를 요구하기를 즐겨하지 않는다면, 과오는 날로 드러나 끝내 반드시 항룡유회에 이를 것입니다. 그렇다면 군주가 마땅히 경계해야 할 바는 오만함이며 마땅히 힘써야 할 바는 겸손함입니다."《영조실록》권제30, 15장)

이 말을 듣고 영조는 어떤 반응을 보였을까? 실록에는 "임금이 수긍하고 받아들였다"라고 기록되어 있다.

용구 견군룡 무수 길 (또는 현군룡 무수 길)

용의 무리를 보되 앞장서서 나대지 않으면 길하다.

• 군룡: 용의 무리 • 무수: 머리가 없다. 앞장서지 않는다 • 길할 길(길조)

풀이 다른 괘와 달리 주역의 근간을 이루고 있는 건괘와 곤괘는 모든 괘의 부모에 해당하므로 특별히 '용구', '용육'을 하나씩 덧붙여 놓았다. 구는 양의 수로서 권력을 포함한 모든 힘을 상징한다. 그래서 용구효란 이러한 강한 힘을 사용하는 방도를 말하는 효다.

군룡은 잠룡, 현룡, 비룡, 항룡이 다 모여들어 다투는 모양이다. 함부로 성급하게 머리를 내밀면 흉한 꼴을 당하므로, 과시하지 말고 겸손한 태도를 취하라는 것이다.

용구는 건의 여섯 양효 모두가 발동하는 상태를 말한다. 서로 머리가 되고자 앞다투는 때에 함부로 나서면 다른 용들에 의해 큰 피해를 입게 되므로, 부드럽게 대처함이 길하다. 용구는 여섯 양이 극성하여 날뛰는 상태이나, 극즉반(궁극에 다다르면 다시 본래로 돌아옴)의 이치로 음의 때가 오므로, 과시하지 않고 유연하게 순리에 따르는 것이 법칙이다.

요약 건괘를 종합적으로 정리하면, 맨 밑에 있는 초구는 물에 잠긴 용이니 쓰지 말라고 한다. 공부하고 힘을 기르는 시기다. 구이는 밭에 나타난 용이다. 대인[8]을 보아야 이롭다. 구삼은 종일 쉬지 않고 노력하는 군자다. 구사는 연못에서 뛰어노는 용이다. 용이 연못에서 뛰어논다는 것은 다음 단계로의 비약을 위해 힘을 비축하는 것이다. 구오는 하늘을 나는 용이다. 보위에 오른 왕이다. 그런데 여기에서 또 대인을 만나야 이롭다. 왕이 태평성대를 이루고자 하면 왕을 보좌하는 큰 선비들을 만나야 한다. 상구는 후회하는 용이다.

주역은 말한다. "달이 차면 기운다. 가득 차는 것은 오래가지 못한다." 건[9]괘 풀이의 맨 마지막 용구에는 더욱 의미심장한 글귀가 붙어 있다. "여러 용을 보건대 우두머리는 되지 않는 것이 좋다."

1 용으로 비유한 이유를 생각해보자. 용은 인간의 눈에 보이지 않는 변화무쌍한 동물이며, 용은 양(—)의 동물이다. 여기서 용은 결국 사람에 비유하면 성인을 가리킨다. 그렇다면 건괘의 이 상황들은 다름 아닌 은나라 타도의 발판을 마련한 주나라 문왕의 일생을 보여주는 것이다.

2 '원형리정'을 점서적으로 풀면 '크게 형통하고, 일을 맡아 처리함에 이롭다' 또는 '크게 형통하고 바르면 이로울 것이다'가 된다. '원형리정'을 '봄-여름-가을-겨울'과 같은 철학적 해석이 아닌 점서적인 표현으로 해석하는 경우도 많다. 주역은 원래 점치기 위해 쓰인 책이기 때문이다. 헤르만 헤세나 스위스의 심리학자 칼 구스타프 융, 퇴계 이황, 이순신 장군 같은 사람도 주역 점을 즐겨 쳤다.

이렇게 점서적으로 해석할 경우 원형은 '으뜸으로 형통하다'가 된다. 리정은 '이롭다는 점괘다' 또는 '곧아서 이롭다'가 된다(이럴 때 정은 '곧다'가 아닌 '점을 쳐서 묻다'라는 뜻이다). 정이천은 '정'을 '올바름'으로, 주희는 '올바르면서도 굳게 지킬 수 있는 것'으로, 정약용은 '일', '올바름', '견고함'의 세 가지 의미가 포함된 것으로 이해했다. 이렇게 '리정'을 풀이한다면 "일을 맡아 처리함에 올바름과 견고함으로써 한다면 이롭다"라는 뜻이 된다. 이러니 주역이 어렵다.

주나라 초기의 점치는 관리들은 주역을 점치는 책으로 편찬하면서 은, 주 시기에 실제 있었던 일들을 토대로 그 역사적 경험과 생활상의 경험 등을 64편의 이야기로 엮어서 이것을 점 풀이의 글로 삼았다. 주역에는 인간이 살면서 겪을 수 있는 거의 모든 패턴이 담겨 있으므로 그 누가 점을 쳐도 이미 겪은 비슷한 상황이 나오거나, 앞으로 겪게 될 위기의 상황이 마치 자기 일처럼 느껴질 수밖에 없다. 이는 사람들이 보편적으로 가지고 있는 성격이나 심리적 특징을 자신만의 특성으로 여기는 심리적 경향을 뜻하는 '바넘 효과'와도 일맥상통하는 부분이 있다. 그러니 주역을 점서가 아니라 철학서로 받아들일 경우 이미 이룬 일에 대한 자만을 방지하고 앞으로 겪을지 모르는 어려움에 대한 매우 훌륭한 잠언서가 된다.

사주 명리학에서 사람의 이름을 다루는 성명학은 '이름이란 나를 담고 있는 그릇'이라고 말한다. 그릇이 어떠냐에 따라 내가 빛을 내거나 인정을 받을 수도 있고, 힘들게 살아갈 수도 있다는 것이다. 그런데, 성명학을 보다 보면 낯익은 네 글자가 눈에 띈다. 바로 주역에 나오는 '원형리정'이다. 원격은 초년 운, 형격은 가정 운, 이격은 사회 운, 정격은 말년 운과 전체 운을 보는데, 이와 같이 이름으로 원형리정과 음 오행, 숫자 오행이 맞는 것인지, 숫자가 나쁜 것에 들지 않았는지를 살피는 게 성명학이다.

3 '성인 군자'의 '군자'다. 사전적 의미로는 학식과 덕행이 높은 사람을 의미하며, 매화 · 난초 · 국화 · 대나무 등을 고결한 지조와 아름다움을 가졌다고 하여 사군자라 하고 또 연꽃을 군자의 꽃이라 부르기도 한다. 군자는 유학에서 제시하는 이상적인 인간상이며, 공자는 《논어》에서 군자를 주제로 75회에 걸쳐 논했다.

《논어》에서 '군자'는 대체로 '소인'과 대비되어 언급되는데, 군자와 소인은 우선 다음 두 맥락으로 나뉜다.

첫째, 정치적 사회적 계급적 의미에서 '군자'는 통치자이고 '소인'은 피통치자다.

둘째, 도덕적인 의미에서 '군자'는 국가와 사회의 이익에 우선 관심을 갖는 도덕적인 인물을 지칭하고, '소인'은 자기 자신의 이익에만 관심 갖는 부도덕한 사람을 지칭한다.

군자는 수기치인, 즉 먼저 자신의 인격을 수양하고 정치에 나서서 나라를 바르게 이끄는 사람이다. 군자에 대해 《인조실록》에서는 다음과 같이 말하고 있다.

"아, 정도(바른 길)를 따르는 자를 군자라 하고, 임금의 말에 순순히 따르기만 하는 자를 비부(마음씨가 더럽고 못된 사내)라 하며, 몰래 영합하는 자는 소인이라 할 뿐이다. 신은 누가 군자이고 누가 비부이며 누가 소인인지는 모르겠다. 그러나 말이 입에서 나오면 그 마음을 숨길 수 없는 법이니, 그 말을 가지고 그 마음을 헤아려 보면 후세에 반드시 구분할 수 있는 자가 있을 것이다. 이 때문에 낱낱이 기록하여 모두 남겨두는 바이다." (《인조실록》 23년 윤6월 2일)

4 한신은 유방과 항우가 초한 대전으로 천하 패권을 다투던 시절, 훌륭한 능력이 있음에도 항우에게서 낮은 직책에 푸대접을 받자, 실망하고 그를 떠났다. 즉, 한신에게 초는 그의 밭이 아니었고, 항우는 그의 대인이 되지 못했던 것이다. 역발산기개세(힘은 산을 뽑을 만하고, 기운은 세상을 덮을 만함)의 항우는 인재를 쓰는 법과 사람을 다루는 데 미숙했다. 항우를 떠난 한신은 소하의 추천으로 유방을 만났는데, 유방은 한신의 훌륭함을 알아보고 크게 기용했다. 드디어 밭과 대인을 만난 격이다. 한신은 초

한 대전 최후의 해하 전투에서 훌륭한 지략을 발휘하여 사면초가에 몰린 항우를 제압하고 유방이 천하 패권을 잡는 데 큰 공을 세웠다. 이때의 한신은 '현룡재전 리견대인'의 적절한 사례가 될 수 있겠다.

5 순 임금은 전설상의 중국 상고 시대에 태평성대를 이끈 현명한 군주로서 성인으로 받들어지는 인물이다. 그는 요 임금의 두 딸을 부인으로 맞아들였으며, 요가 죽은 후 제위를 물려받아 태평성대를 이끌었고, 훗날 치수에 공을 세운 '우'를 발탁하여 제위를 물려주었다.

6 주역에 나오는 '회'는 과오를 범한 뒤에 뉘우침을 통하여 '길함'으로 나아가는 것이고, 앞으로 자주 나올 '린'은 허물을 고치는 데 인색하여 '흉함'으로 나아가는 것이다. 인간이라면 누구나 과오를 범하지 않을 수 없다. 그러나 과오를 범한 이상 그 과오를 고쳐서 선으로 나아가야 한다. 성인이 역을 만든 이유도 역시 허물을 고쳐서 의로움에 나아가는 데 있다.

7 영조는 아마도 이덕수를 매우 신임했던 듯하다. 1738년(영조 14년), 영조 임금은 청나라로 파견할 외교사절로 도승지 이덕수를 임명했다. 그러자 사헌부는 반대의 뜻을 전했다. 이덕수의 문학과 지조는 견줄 자가 없지만, 외교사절로서는 적임자가 아니라는 것이었다. 이덕수는 귀가 들리지 않는 증세, 즉 '중청'을 앓고 있었기 때문인데, 이에 대한 영조 임금의 대꾸가 걸작이다. "중국어에 대해서는 모두 귀머거리 아닌가. 어찌 이것이 병폐가 될 것인가?" 물론 사헌부의 지적을 받은 이덕수 본인이 고사해서 외교사절 임명은 불발로 끝났다고 한다.

8 《춘향전》,《흥부전》,《콩쥐팥쥐》 등 이른바 자수성가형 동화를 보아도 고난 극복과 신분상승은 결국 공통적으로 '외부 조력자'에 의해 이뤄진다. 이것이 바로 '리견대인'이다. 《춘향전》에서는 이몽룡이 대인이요,《흥부전》에서는 제비가 대인이요,《콩쥐팥쥐》에서는 두꺼비가 대인이다. 어차피 재능 있는 사람은 많고도 많다. 일이 되려면 기본적으로는 실력과 경험이 필요할 것이며, 다음으로는 퍼스널 브랜딩과 신뢰의 이미

지 메이킹이 필요할 것이다. 그러나 그것만으로는 부족하다. 모든 종류의 성공에는 시운과 사람이 그 어떤 조건들보다도 더 중요하다. 나머지 조건들은 노력으로 어느 정도 해결이 가능하지만 마지막 완결 과제인 시운과 사람은 때가 맞아야 하고, 혼자 힘으로는 이루기 어렵다.

9   일반 짜장면과 간짜장의 차이는 무엇일까? '간이 세서 간짜장인가?'라고 생각할 수 있지만, 간짜장의 간은 건식 사우나, 건조 과일 등의 '건'과 같은 한자다. 즉 건괘의 '건'과 같은 글자인데, 마르다는 뜻의 '건'이다. 여기서 '간'은 중국어 발음 [gān]과 비슷하며, 간짜장은 물 없이 볶기 때문에 일반 짜장과 차이가 난다. 중국 음식 메뉴를 보면 이렇게 이름 붙은 게 더 있다. 깐풍기, 깐쇼새우가 바로 그런 것들이다. 탕 종류와 달리 물기 없이 튀기거나 볶아 만드는 음식들인데, 머리글자인 '깐'이 바로 '건'이다. 술자리에서 잘 쓰는 말 '건배'에도 같은 한자가 들어 있다. 말 자체의 뜻은 '잔을 말리다', 곧 잔을 비우라는 것이다.

중지곤

곤상곤하

위에 곤괘☷☷, 아래에도 곤괘☷☷인 대성괘
'곤위지' 라고도 부른다.

괘사 곤 원형리 빈마지정 군자 유유왕 선미후득 주리 서남득붕 동북상붕 안정 길

곤의 원리, 즉 인간의 삶은 때가 되면 결국 죽음에 순종할 수밖에 없다(지극한 유순함은 크게 형통할 것이다. 잘 따르는 암말처럼 바르면 이로울 것이다). 어미 말이 새끼의 뒤를 따라가며 지원하는 것처럼, 앞서나가려고 하지 말라. 군자가 나아갈 때 앞서면 길을 잃지만 뒤에 서면 주인이 된다. 가까운 벗들을 돕고 상생하되 그들과 대립하지 말라. 군자는 넓고 후덕한 마음으로 만물이 자라도록 돕고 품어 안아야 길하다(바름을 편하게 여기면 길할 것이다).

• 땅 곤 • 빈마: 다 자란 암말 • 유유왕: '나아간다'라는 뜻으로 주역에서 지속적으로 나오는 말이다. '있을 유'+'바 유, 장소 유, 처소 유, 달릴 유'+'갈 왕(왕복)' • 미혹할 미(혼미, 미로)

• 벗 붕, 화폐 단위 붕: 고대에 보배로운 재물로 삼은 조개를 한 쌍으로 나란히 늘어뜨린 모양을 본뜸. 열 개의 조개를 일붕이라고 함 • 잃을 상(초상집)

풀이 중지곤괘는 위와 아래의 소성괘가 모두 음으로 구성되어 있다. 음은 조용히 쉬면서 에너지를 축적하는데, 조용히 쉬면서 세력을 쌓아 키우는 것으로는 땅만 한 것이 없다. 그래서 땅을 비유로 들어 곤을 설명했다.

곤[1]괘의 괘상은 온순한 암말의 상이다. 곤괘는 건괘와 더불어 64괘의 근원이 된다. 순수한 음으로만 이루어져 땅, 어머니, 아내를 상징하며 음류가 지켜야 할 바른 도를 설명한다.

곤은 땅, 대지로서 하늘의 기를 받아들여 만물을 소생시킨다. 곤이 없

으면 건의 힘이 발휘되지 않는다. 상사를 보좌하는 유능한 부하나 남편을 내조하며 자녀를 양육하는 현명한 부인과 같다. 즉, 포용력과 인내를 가지고 유순한 마음으로 맡은 일에 충실해야 한다는 의미다. 자신의 능력을 과시하여 명성을 얻으려 하면 틀림없이 불상사가 생긴다. 남을 돕더라도 남이 모르게 돕고 영광이 돌아오더라도 남에게 돌려야 한다. 그럼으로써 더 큰 보람을 얻을 수 있다.

건이 양의 세계라면 곤은 음의 세계이며, 건이 정신의 세계라면 곤은 물질의 세계이고 '인간이 살아가는 세상'을 의미한다. 하늘의 도를 알았으면 상생의 길로 나아가라는 가르침이다. 이 세상 모든 것은 일정 시간 동안 살아가다가 마침내 죽거나 흩어지게 된다. 건이 아버지라면 곤은 어머니다. 모정과 사랑이며, 만물을 품어 기르는 땅이다. 또한 건은 하늘의 섭리, 즉 시간과 인생의 원리를 설명하고 있으며, 곤은 인간 사회의 원칙을 풀어놓고 있다. 관심의 영역이 하늘에서 지상으로, 인간 사회로 좀더 구체화된 것이다. 욕심을 버리고 서로 도와야 한다고 가르치고 있다. 상생이야말로 평화와 번영으로 가는 지름길이다.

어머니 괘인 곤괘는 유순하고 어질며 포용하는 괘다. 하늘이 만물을 내면 대지가 그것을 품어서 잘 자라게 한다. 중지곤은 여섯 효가 모두 음인 괘이므로 부드러운 괘체와 순한 괘덕을 갖추고 있다. 때로 보면 초겨울인 음력 10월을 가리키며, 하루로는 오후 9시에서 11시인 해시에 해당한다. 음기가 극성한 때다. 중지곤괘는 육이가 유순중정(음의 자리에 음이 왔고, 하괘의 중앙을 차지)한 주효다.

'곤 원형리 빈마지정'이란 인간이 이 세상을 살아가는 가장 근원적인 원리는 원, 형, 리의 시절을 거쳐 암말의 정함, 즉 '정의 시절인 죽음에 이르러서는 암말과 같이 순응하라'는 의미다. 땅 위에서 살아가는 인간의 삶은 결국 언젠가는 죽음을 맞게 되어 있다. 모든 생물이 그러하듯 인간 역시 삶의 유한성에서 자유로울 수 없다. 세상 만물은 멸극의 순간, '정'의 시기에 이르면 순한 암말과 같이 땅의 섭리에 순응하여 땅으로 돌아가게 된다. 죽음의 철학을 가르치고 있다.

'군자 유유왕 선미후득 주리'는 군자가 나아감에 있어서 처음은 혼미하여도 나중에는 얻는 것이 있으니 '리'의 주인이 된다는 뜻이다. 곤괘는 '유(부드러울 유)'하고 '순(순할 순)'해야 한다. 결코 앞서서는 안 된다. 먼저 가면 반드시 길을 잃고 헤매며(선미), 늘 뒤에서 따라가야 얻는 것이 있어서(후득) 이로움을 주관할 수 있게 된다. 군자가 어떤 일에 목적을 두었으면 처음에 어렵더라도 굳세게 밀고 나아가면 주인이 될 것이라는 가르침이기도 하다. '유유왕'은 '살아가는 동안에', 또는 '나아감에'라는 의미다.

'서남득붕 동북상붕'[2]은 서쪽과 남쪽(상생의 방향)으로 가면 친구와 재물을 얻고, 동쪽과 북쪽(상극의 방향)으로 가면 친구와 재물을 잃는다는 뜻이다. 이것을 오행에 대입해보면 동북은 상극(목극토, 토극수)의 방향이므로 친구를 잃고, 서남은 상생(화생토, 토생금)의 방향이므로 친구를 얻는다는 해석이다(또 문왕후천팔괘도에서 서남은 곤괘의 방위, 동북은 간괘의 방위이므로, 곤은 상생을, 간은 막힘을 뜻하기도 한다). 붕은 벗을 의미하기도 하지만 고대의 화폐단위라는 점에서 재물을 의미하기도 한다. 살아가는 동안 상생의 방향으로 나아가라는 뜻이다. 상생의 방향이란 결국 다양성의 인정[3]을 말하며, 상대를 인정하고 서로 도우는 것을 의미한다. 주역은 욕심을 부리며 안하무인으로 남을 무시하고 홀로 나아가려는 것을 경계하고 있다.

'안정 길'은 '정'의 시절(마지막 죽음의 때)을 생각하며 욕심 부리지 말고 편안한 마음을 가져야 길하다는 뜻이다. '안정 길'은 '정'의 시절, 곧 죽을 때를 생각하여 항상 겸허하고 편안한 생각으로 인생을 살아가면 길하다고 했다. 모든 인간은 죽는다.

효사

초육 리상 견빙지

서리를 밟다 보면 단단한 얼음에 이른다. 작은 일이 누적되어 점차 커지게 된다.

- 신 리, 밟을 리(이력서), '과전불납리(오이 밭에서는 신을 고쳐 신지 않는다)' · 굳을 견(견과류)
- 이를 지(심지어, 동지, 하지)

풀이 겉으로는 쉽고 약해보여도 내면은 어렵고 강한 것이 현실의 세계다. 이는 '작은 변화를 감지하여 곧 다가올 큰 문제에 대한 대응책을 준비한다'라는 뜻으로 확장이 가능하다. 건괘 초구는 이제 양이 생기는 과정이니 '쓰지 말라'라고 하여 보호한 반면, 곤괘 초육은 비록 미미한 상태이나 필경 극성하게 됨을 경계했다. 늦가을과 초겨울에 서리가 내리면 머지않아 단단한 얼음이 어는 엄동설한이 들이닥친다. 서리를 밟으면서 추운 겨울을 단단히 대비해야만, 겨울이 되었을 때 고생하지 않는다.

초겨울 아침에 서리를 밟을 때는 오히려 기분이 좋다. 부드러운 착지감과 소리가 있어 발걸음을 가볍게 하기도 한다. 그러나 시간이 지나면 강한 얼음으로 변하여 힘들고 위험한 발걸음이 되고 만다. 현재는 부드러운 눈이나 서리로 보이는 것의 내면에는 튼튼한 음의 세계가 버티고 있다는 뜻이다.

상강이 되어 서리가 발에 밟히면 머지않아 단단한 얼음이 어는 겨울이 찾아온다. '리상 견빙지'는 서리가 내리면 곧 겨울이 오는 것처럼, 어떤 일의 징후가 보이면 머지않아 큰일이 일어난다는 사실을 의미하는 말이다. 이와 비슷한 것으로 '하인리히 법칙'이라는 게 있다. 1931년, 미국 보험회사의 직원이었던 하인리히는 수많은 사고 통계를 검토하다가 한 가지 법칙을 발견하게 된다. 대형 사고가 한 건 터지기 전에는 가벼운 사고가 29번 일어나고, 사고가 일어날 뻔한 위기는 300번이나 반복된다는 것이다. 하인리히 법칙은 큰 사고가 발생하기 전에는 반드시 크고 작은 조짐(늦)이 빈번하게 나타난다는 것을 의미한다. 서리가 내리면(서리를 밟다 보면) 머지않아 단단한 얼음이 된다는 '리상 견빙지'와 같은 뜻이라고 할 수 있다.

요즘에는 황혼 이혼이 점점 늘고 있다고 한다. 황혼 이혼 역시 하루아침에 욱해서 벌어지는 일이 아니다. 해묵은 감정과 사소한 갈등이 서리처럼 조용히 쌓인 결과, 인생의 겨울인 노년에 이르러 단단한 얼음처럼 변했기 때문이다. 서리를 밟으면 단단한 얼음이 되는 법, 늦기 전에 서로를 이해하려는 노력이 필요하다.

육이 직방대 불습 무불리

곧고 반듯하고 커서, 그 덕을 본받기만 한다면 힘들여 익히지 아니하여도 만사가 순조롭고 불리함이 없다.

• 직방대: 곧고 반듯하고 크다 • 불습: 배우지 않아도 • 무불리: 불리함이 없다

풀이 건괘에서는 강건중정한 구오가 주효가 되듯이, 곤괘에서는 유순중정한 육이(음의 자리에 음이 왔으며, 내괘의 가운데 자리를 차지)가 주효가 되니, 그 덕이 곧고 방정하므로 크게 되어 이롭지 않음이 없는 것이다. '직'은 순하고 바르다는 뜻이고, '방'은 밖으로 일정불변하고 법도에 맞아 반듯함을 말하며, '대'는 덕이 큼을 이른다. 따라서 직방대는 맹자가 말한 "지극히 위대하고 지극히 강건하고 곧다"라는 말과 같다.

정직하고 반듯하고 크며, 배우지 않아도 다 안다[4]는 것은 결국 땅(자연)이 지혜를 가지고 있기 때문이다. 세상 만물은 누가 가르쳐 주지 않아도 스스로 살아가는 방법을 이미 터득하고 있다. 우리의 삶도 기본적으로 우주와 자연의 섭리에 포함되어 있는 바, 이를 학문이나 과학으로 이해할 것이 아니라, 그 원리를 알아 순응하는 것이 옳다는 뜻이다.

삶은 기본적으로 누가 가르쳐서 되는 것이 아니고 태어나면 누구나

저절로 살아가게 되어 있다. 자연은 누가 가르치거나 깨우쳐준 것도 아닌데 제각기 나름의 방식을 찾아서 생명을 유지하고 보존한다. 니체의 표현을 빌리면, 자연은 스스로의 힘에 의해 돌아가는 바퀴다. 누가 시켜서 그렇게 하는 것이 아니라 저절로 그렇게 하는 것이다.

육삼 함장가정⁵ 혹종왕사 무성유종

안으로 아름다움을 머금어 가히 굳게 지킬 수 있으면, 혹 왕의 일을 좇아 하여도 자신의 공은 내세우지 않으면서 마침은 있을 것이다. 즉 '누구보다 앞서려고 하지 말고, 과시하지도 말고, 자신을 아름답게 가꿀 수 있으면, 왕이 명을 내려 일을 맡길 수도 있다. 비록 왕이 내린 명령을 제대로 잘 수행했더라도 그것을 자기 공으로 돌리지 말라'라는 뜻이다.

• 머금을 함(포함, 함축) • 글 장, 아름다운 광채 장, 밝을 장(문장, 훈장) • 옳을 가(가능성, 허가)

• 곧을 정(정숙하다, 정절을 지키다) • 혹 혹(혹시, 간혹) • 좇을 종(복종, 종업원)

• 왕사: 임금을 위하여 하는 나랏일 • 무성: 이룸이 없다 • 유종: 끝을 완전히 맺음(유종의 미)

[풀이] 함장은 문리를 품고 있다는 뜻이다. 하늘에는 천문이 있고 땅에는 지리가 있다. 여기서는 대지의 문리를 가리킨다. 공성신퇴, 즉 공을 이루었으면 으스대지 말고 몸은 물러나야 한다.

신하의 도리는 마땅히 자신의 지혜와 덕을 내세우지 않고, 잘된 것이 있으면 그 공은 군주에게 돌리는 것이 바르다. 그러하면 윗사람으로서는 시기하고 미워하는 마음이 없고 아랫사람으로서는 유순한 도를 얻는 것이다. '함장가정'은 '아름다움을 머금어 곧게 하는 것'이니, 혹 왕의 일을 좇아서 (내가) 이루는 바는 없으나 유종의 미를 거둔다. 음이 비록 아름다운 재능을 갖고 있어도 이것을 속에만 간직한 채 묵묵히 왕의 일을 좇을 뿐, 자기가 앞장서서 그 공적을 이루려 들지 않는다. 이것이 땅의 도이고, 부인의 도이며, 신하의 도이니, 땅의 도는 이렇듯 자기의 공적을 앞세우는 게 아니라 하늘(왕)을 대신하여 유종의 미를 남기는 데에 있는 것이다.

육사 괄낭 무구 무예

주머니를 꼭 매듯이 입을 닫고 말을 조심하여 신중하게 행동하면 비록 명예는 얻지 못하더라도 최소한 허물은 없게 된다.

· 묶을 괄(일괄, 총괄, 괄약근, 괄호) · 주머니 낭(배낭, 침낭, 낭중지추6) · 무구: 허물이 없다

· 무예: 명예가 없다

풀이 음으로서 상부 소성괘 맨 아랫자리에 위치하므로, 세력을 마음껏 쌓기에는 자리가 낮다. 말과 행동을 조심하면 비록 명예는 얻지 못하더라도 최소한 해를 입지는 않게 된다. 말과 행동을 조심해야 한다. 언행을 조심하는 것이야말로 곤괘의 도를 실천하는 첫걸음이다.

육사는 음의 자리에 음이 처하여 있으나, 하괘에서 상괘로 넘어가는 어수선한 때이므로 말 삼가기를 주머니 입구를 잡아매듯 하면 허물이 없고, 행동을 안 하니 명예로울 것도 없는 것이다. 아직 때가 무르익지 않았으므로 미리 조심하여 허물이 없도록 해야 한다.

육오 황상 원길

황색 치마는 으뜸으로 길하다.

• 황상: 황색 치마 • 원길: 으뜸으로 길하다

풀이 여기서 황색 치마가 의미하는 바는 중도를 지키며 스스로 낮추어 '아래로 베푸는 일'이 된다. 육오는 음으로서 상부 소성괘의 가운데 자리에 위치하여, 세력을 마음껏 쌓을 수 있는 좋은 자리를 얻었다. 그러므로 크게 길하다. 그러나 곤괘의 오효는 음효이므로 왕은 될 수 없다. 따라서 육오는 노란색의 치마를 입은 사람, 즉 중용의 덕을 갖추었음에도 겸손한 왕비나 신하로 해석함이 옳다. 육오는 음이지만 양이 할 수 있는 능력을 안에 가지고 임금을, 또는 남편을 내조하는 힘을 발휘한다. 더 큰 폭으로 감싸 안고 사랑의 조화로 아름다운 빛을 발휘한다.

황색은 오행의 중앙이고 토(흙)의 기운이다. 황은 중용의 덕을 의미한다. 치마는 아래로 두루 펼치는 것이다. 권력을 가졌든지 돈을 가졌든지 간에 자신을 낮추어 아래로 덕을 베풀라는 것이다. 그러므로 황상은 중용, 희생, 박애를 상징한다. 이것이야말로 성인의 길이며, 모든 사람이 추구해야 할 진정한 가치가 아닐 수 없다. 얄팍한 인간의 학문으로 득세하는 일이나 돈을 벌고도 사리사욕에 집착하는 불미스러운 삶이 아니라, 자기 자리를 지키면서도 타인에게 봉사하는 삶이 으뜸으로 길하다는 강조다.

용이 들판에서 싸우니 그 피가 검고 누렇다(낭자하다).

- 어조사 우(~에서, ~부터, ~까지, ~에게) • 들 야(야채, 야구, 야당)

- 그 기: 이미, 만약, 아마도, 어찌 기(급기야, 기간, 기타)

- 현황, '검을 현+누를 황': 검은 하늘빛과 누런 땅빛, 하늘과 땅

풀이 용이 싸우는 것은 곤의 마음이 다하여 마침내 음이 극성한 자리에 이르렀기 때문이다. 곤괘가 가진 순응하는 마음을 끝까지 지키지 못해 갈등과 투쟁이 시작된다. '야(들판)'는 음양의 경계를 뜻하므로 음기가 최고로 왕성한 시점과 양기가 최저로 미약한 시점의 경계이니, 건괘의 상구 효사인 '항룡유회'와 같이 곤괘의 상육 역시 과하게 나아감을 뜻한다. 상육이 극한에 이르렀음에도 그치지 않고 더 나아간다면 반드시 양과 세력을 다투게 될 것이므로 들에서 싸운다고 했다. 하늘은 끝이 없어 아득하므로 보이지 않는 색인 검은 빛이 되고 땅은 황금벌판의 누런빛이 되었다. 그래서 그 피가 검고 누렇다는 것이다.

음이 강성하여 양에 견줄 수 있는 경지에 이르면, 양은 반드시 음과 싸운다. 육효는 어떤 상황이나 기운이 극에 다다른 자리다. 좋은 것 중 영원한 것이 없고, 나쁜 것도 영원히 지속되지는 않는다. 그것이 주역의 이치요, 만물의 이치다. 곤괘의 상육이 내내 조신하고 경계하다가 어느 때엔가 초심을 잃었다. 그러나 음은 어디까지나 음, 아무리 강성할망정 음은 음의 무리에서 떠나지 못한다. 그래서 피를 말했다. 검고 누른 것은 천지가 섞인 것이니 검은 것은 끝이 없어 아득한 하늘이요 누른 것은

황금벌판의 땅이다. 상육은 음으로서 상부의 소성괘에서 제일 높은 자리에 위치하여 극에 도달했다. 음이 극에 도달하면 양으로 변화가 일어나는데, 상육이 양의 상징인 용으로 변했음을 비유했다.

용육 리영정

오래하고 바르게 함이 이롭다.

• 이로울 리(어부지리) • 길 영(영원, 영생) • 곧을 정(정숙하다, 정절을 지키다)

풀이 건괘에서 말했듯이, 다른 괘와 달리 주역의 근간을 이루는 건괘와 곤괘는 모든 괘의 부모에 해당하므로 특별히 '용구', '용육'을 하나씩 덧붙여 놓았다.

용육은 음을 사용하는 방도를 말하는데, 음의 도는 유약하여 지속하기가 힘들기 때문에 그 이로움이 오래도록 올바름을 굳게 지켜야 한다. 곤괘 용육 효사는 '길이 바름을 지켜 이로움', 즉 '오래하고 굳게 지키는 것이 이롭다'라는 뜻이다. 땅으로서, 어머니로서, 신하로서, 지어미로서 본분을 오래도록 지켜야 한다. 그래야 끝이 아름답다. 오랫동안 땅의 마음을 지키고 안분지족하여 정절을 지키면, 음이 극에 도달하여 양으로 변하는 것을 막을 수 있으니 이롭다.

요약 곤은 지극히 유순하여 땅이 하늘의 변화에 따라 만물을 양육하듯이 그 덕을 행한다. 모든 것을 품에 안는 모정의 성품이며 사랑의 근원이나, 어둡고 습함이 많은 것이 곤의 성질이다. 배우지 않고도 살아갈 수 있는 원초적인 힘이 그 안에 내재되어 있다.

초육은 서리가 발에 밟히면 앞으로 다가올 추운 겨울의 낌새, 즉 늦을 미리 파악하여 단단히 대비해야 한다고 했으며, 육이는 자리가 좋아서 행동이 바르고 의심할 것이 없다 했고, 육삼은 좋은 덕을 드러내지 않고 겸손하게 양을 잘 따른다 했고, 육사는 언행을 삼가라 했고, 육오는 아름다운 본성을 갖추어 힘찬 생명활동을 한다 했고, 상육은 음이 맨 위에서 극성하여 피를 흘리면서 싸운다고 했다.

곤괘를 종합적으로 정리하면, 앞으로 인간이 취할 태도는 분명해진다. 순응[7]의 덕과 상생의 원리에 기초하여 자연의 도를 터득할 것, 다른 사람을 위해 나누고 봉사할 것, 후손들을 위해 자연과 세상을 더욱 아름답고 살기 좋은 낙원으로 가꾸어나갈 것, 이것이 주역의 곤이 우리에게 주는 가르침이다.

1   주역의 《문언전》은 건괘와 곤괘에 대한 해설서다. 곤괘를 해설하는 글 가운데 "적선지가 필유여경", 줄여서 '적선여경'이라는 유명한 말이 나온다. "선을 쌓은 집안은 반드시 남는 경사가 있고, 불선을 쌓은 집안에는 반드시 남는 재앙이 있다. 신하가 그 임금을 죽이고, 자식이 그 아비를 죽이는 일이 벌어진 것은 하루 아침과 하루 저녁에 그렇게 된 것이 아니다. 그 유래는 점차적으로 이루어진 것이니, 변론해야 할 일을 변론하지 않은 데서 비롯된 것이다."

'여경'은 선한 일을 많이 행한 보답으로서 그의 자손들이 받는 경사를 의미하는 것으로, 음덕(조상의 덕)과 비슷한 의미다. 우리나라 속담에 '남향집에 살려면 3대가 적선해야 한다'라는 말이 있듯이, 취하기 어려운 일에 대하여 흔히 '3대가 적선해야 한다'라는 표현을 쓰는 것은 이 말과 관련이 있다.

2   '서남득붕 동북상붕'은 저자들마다 의견이 분분한 구절이다. 이 구절의 해석을 위해서는 음양오행의 기초 지식이 필요하다. 오행은 세상 만물의 탄생과 소멸 및 변화를 주관하는 다섯 가지 기초 원소, 즉 '목, 화, 토, 금, 수'를 말한다. 음과 양을 상징하는 '월'과 '일'에 이 다섯 가지가 합해지면 일주일이라는 시간 단위의 요일이 된다. 이 다섯 가지 요소들은 각각 특정한 방위를 상징하기도 하는데, 이를 그림으로 그려보면 다음과 같다.

위의 표는 오행의 이론을 대입하여 '서남득붕 동북상붕'을 풀어본 것이다. 서남방은 상생의 방향이고, 동북방은 상극의 방향이다(목극토, 토극수, 화생토, 토생금). 중앙의

토를 중심으로 하여 서쪽은 금이므로 '토생금(흙은 쇠를 낳음)'의 원리를 적용하면 상생을 의미하고, 남쪽은 화의 방향으로 '화생토(불은 흙을 낳음)'이므로 상생의 방향이다. 반면에 동쪽은 목의 방향으로 '목극토(나무는 흙을 뚫는)'로 중앙의 자신과 극의 방향이고, 북쪽도 수의 방향으로 '토극수(흙은 물을 막음)' 상극의 방향이다. 상극의 방향으로 나아가면 벗과 재물을 잃는다는 뜻으로 해석이 가능하고 상생의 방향으로 나아가면 필요한 것을 얻을 수 있다는 뜻이다. 욕심을 버리고 상생의 길로 나아가라는 지극히 기본적인 가르침이다.

3 이 세상에 반론의 여지가 없는 절대 진리는 오직 죽음뿐이다. 그 외의 모든 사안에는 '판단 중지'를 내려야 한다. 세상의 모든 명제에는 똑같은 진리의 값을 가지면서도 그와 정반대인 명제를 대립시킬 수 있다는 '대립 명제 등가성'을 나는 지지한다. 그러니 '판단 중지'를 통해 중립적이어야 한다. 이것을 공자의 《논어》 중, 그 유명한 '사십이불혹, 오십이지천명, 육십이이순'에 적용해보자.

"40세에 어떤 유혹에도 흔들리지 않았고, 50세에 천명을 알았고, 60세에 귀가 순해졌다."

과연 그럴까? 나이 40에 흔들림이 없다고? 나이 60에 귀가 순해져 누가 무슨 말을 하더라도 그때마다 마음 상하지 않고 편하게 듣게 된다고? 주변을 둘러보라. 나이 60에 다양성을 인정하지 않고 상대에게 폭언과 폭력으로 자신의 주장만이 옳다고 하는 사람들이 얼마나 많은지. 공자를 부정하는 것이 아니라, 공자의 저 말에 대한 해석을 달리 해보자는 것이다.

"나이 40에도 얼마든지 흔들릴 수 있으니 이에 주의하여 잘 판단하고 도전하라", "나이 60에도 남의 주장에는 귀를 막고, 내 주장만 옳다고 우기는 사람이 될 수 있으니, 다양성을 인정하고 귀가 순해지도록 노력하자"라고 해석을 해보면 어떨까? 마흔에 불혹, 즉 흔들림이 없다는 것은 확고부동한 신념을 갖게 되었다고 자랑하는 것이 아니라 "마흔이 넘으면 잘못된 것을 남 탓할 게 아니고 자기에게 책임을 돌려야 한다"라는 뜻으로 새겨야 할 것이다. 이것을 "나이 사십이면 불혹해야 하지 않겠는가"라는 당위로 해석해서는 안 된다. 마찬가지로 '오십에 지천명' 역시 지금 내가 하는 일이 천명이지 다른 하늘의 뜻이 있는 것이 아니라고 해석하는 것이 좋다.

4 나는 "배우지 않아도 다 안다"라는 대목에서 문득 칸트의 선험철학이 떠올랐다. 칸트도 주역을 읽었을까? 그러나 칸트가 살았을 당시에는 유럽에 주역이 번역되지 않았을 때다. 주역의 원문을 어디서 구해 읽지 않고는 접할 수 없는 일이다. 유럽에 주역을 처음으로 소개한 사람은 독일 선교사였던 리하르트 빌헬름이다. 빌헬름은 당시 독일이 지배하고 있던 칭따오에서 선교를 시작했다. 19세기 말, 20세기 초의 중국에 대한 서양의 인식은 미개한 사회를 계몽시킨다는 생각이 지배적이었고, 선교사들은 공격적인 포교 전략을 가지고 있었다. 그 의도 중에는 제국주의 침략의 계기를 만드는 것도 있었다. 다시 말해 서양은 중국을 무시했고 중국의 전통을 존중하지 않았다.

빌헬름은 20년이 넘게 중국에 머물면서 통상적인 의미의 선교 활동을 전혀 하지 않았다. 그는 일반 선교사들과 다른 관점을 가지고 있었는데, 중국 문화를 존중하고 자기가 잘 배워서 유럽에 중국 문화를 소개하여 동서양이 서로 융합된 생각의 틀을 만들어내는 것이었다. 그는 10여 년을 주역 공부를 한 뒤에 독일어로 주역을 번역한다. 이 책이 독일 사회에 미친 영향은 말로 다 할 수 없다. 칼 융, 헤르만 헤세 등의 독일 지식인들이 빌헬름과 같이 주역을 공부하게 된다. 독일인은 주역을 다양한 방식으로 재해석했다. 동아시아에서 주역이 점술서의 이미지가 강한데 비해 유럽에서는 심리학자 칼융을 통한 이해가 많았기 때문에 주역은 '무의식 탐구의 도구'라는 관점이 우위다. 또 독일인은 칸트의 철학을 통해 생각하는 방식이 있는데, 칸트의 12가지 카테고리 이론(범주론)은 주역 팔괘가 가진 범주 개념과도 서로 이어져 있어 독일인이 크게 거부감 없이 주역을 받아들일 수 있는 요소가 되었다.

5 함장을 '빛남을 머금다'가 아니라 '상나라(은나라)를 이긴다'로 해석하는 경우도 있다. 주역은 '은, 주 교체 시기'의 실제 역사적 사건들을 결부시켜 이야기를 풀어나가는 경우가 많다. 이 경우에 곤괘는 땅을 통해 무왕이 상나라를 정복한 전쟁 이야기가 된다.

6 사마천 《사기》의 '평원군전'에 나오는 말로, '주머니 속의 송곳'을 뜻한다. 진나라가 조나라의 수도 한단을 포위하자 조나라는 초나라에 구원을 요청하는 사절로 평원군을 보내기로 했다. 평원군은 자신의 빈객 중에서 수행할 사람 스무 명을 정해 함께

가기로 했는데 열아홉 명밖에 찾지 못했다. 이런저런 능력을 갖춘 사람 열아홉 명을 뽑았지만 마지막 한 명을 채우지 못했던 것이다. 이때 모수라는 빈객이 자신을 추천하며 나섰다. 평원군은 "선생은 우리 집에 얼마나 있었소?"라고 물었고, 모수는 "3년"이라고 대답했다. 그러자 평원군이 이렇게 말했다.

"무릇 현명한 자는 주머니 속의 송곳이 주머니를 뚫고 나오듯이 세상에 알려지는 법이오. 선생은 우리 집에 3년이나 있었지만 아무도 선생을 칭찬하지 않았고 나 역시 선생을 알지 못하오."

그러자 모수가 대답했다.

"저는 오늘에야 비로소 주머니 속에 넣어달라고 부탁하는 것입니다. 진즉에 주머니 속에 들어 있었다면 송곳 끝이 아니라 송곳 자루까지 주머니 밖으로 나왔을 것입니다."

모수는 이 고사에서 자신을 스스로 추천하는 한편 평원군의 사람 보는 눈이 없음을 은근히 나무라고 있다. '낭중지추'를 이야기하는 평원군에게 당신이 나를 알아보지 못해 주머니 속에 넣지 않았는데 어떻게 주머니를 뚫고 나올 수 있었겠느냐는 반문이다.

7　나는 중지곤괘를 공부하며 '구나 구나 법칙'이란 것을 만들었다. 누구나 일생을 살다 보면 일이 꼬이는 것, 잘 되다가 망가지는 것, 배신당하는 것, 기대한 대로 되지 않는 것 등을 여러 번 경험하는데, 보편적으로 사람들은 그럴 때마다 화를 내거나 낙심한다. 일이 척척 풀리고 기대했던 대로 미래가 열리면 얼마나 좋으랴.

그러나 세상은 우리 뜻대로 잘 되지 않는다. 사람 사이든, 일이든 매사에 너무 큰 기대를 하면 실망도 큰 법이다. 세상만사가 자기 뜻대로 될 거라고 과신해서는 안 된다. 무슨 근거로 미래가, 상대방이 꼭 자기가 원하는 대로 그렇게 된다고 확신을 하는가? 그러다가 생각한 대로 되지 않으면 화를 내고 싸우고 실망하고 슬퍼하는 것이다.

사람은 고쳐 쓰기 힘든 존재다. 자기 자식도 마음대로 안 되는 것이 세상일인데, 남편, 아내, 친구, 동료, 직장 상사가 자기 원하는 대로 바뀌겠는가? 사람도, 일도 '그러면 그러는 대로, 오면 오는 대로, 가면 가는 대로' 그대로 받아들이면 편하다. 모든 것이 다 내 마음대로, 내 생각대로 되어야 할 필연적인 이유는 전혀 없다. 세상은 뜻한 대로만 이뤄지는 그런 만만한 곳이 아니다.

중지곤 괘상은 순순히 따른다는 뜻이다. 한마디로 너그럽고 속이 깊은 마음이다. 일이 성사가 되지 않으면 '아, 그렇게 되었구나' 하면 그만이다. 저 사람이 나하고 스타일이 맞지 않으면 '아, 저 사람은 저런 스타일이구나' 이런 식이 되어야 한다. 순응하는 사람에게는 오히려 좋은 일이 자주 생기는 법이다. 미래를 위해 노력하는 것은 좋다. 그러나 노력했다고 해서 원했던 바가 꼭 이루어지리라 확신해서는 안 된다. 옛말에도 '진인사대천명'이라, 어떤 일이든지 노력하여 최선을 다한 뒤에 하늘의 뜻을 받아들여야 한다고 하지 않았던가.

03

수뢰둔

감상진하

위에는 감괘☵, 아래에는 진괘☳인 대성괘
'수뢰준'이라고도 부른다.

하늘과 땅이 생긴 뒤 최초의 창조가 시작되는 현상이 '둔'의 고난이며, 인간의 모든 일(원, 형, 리, 정)의 성취에는 고난이 선행조건이다. 그럴 때는 조급히 서두르지 말고, 경륜과 덕망을 갖춘 이를 앞세워 조언을 얻고 도움을 받아야 한다.

• 진 칠 둔, 어려울 준(주둔): 풀의 싹이 간신히 돋아난 모양을 나타냄. 어렵다는 뜻.

• 유유왕: 나아간다 • 세울 건(건설, 건축) • 제후 후

풀이 둔괘는 '험난함, 물, 구름'을 상징하는 감괘(☵)가 위에 있고, '움직임, 우레'를 의미하는 진괘(☳)가 아래에 있는 형태로 되어 있다. '어린싹이 땅을 뚫고 올라오는 건 쉽지 않다'라는 뜻도 되고, '우레가 구름 밑에 있어서 아직 진동할 만한 기세에 도달하지 못하고 있다'라는 뜻도 되며, '물속에 우레가 들어있는 상으로 험난함에 가로막혀 나오는 데 어려움을 겪고 있다'라는 뜻도 된다. 둔괘는 고난을 상징하는 괘이기는 하나 그것은 새로운 탄생을 위한 진통의 고난이요, 앞으로의 비약을 준비하는 머무름이다. 지금은 물 밑에 있지만 힘이 축적되면 반드시 하늘로 치솟을 것이다.

'둔'이라는 한자는 새싹이 꽁꽁 언 땅을 뚫고 나오느라 휘어져 있는 모습을 상형화한 것이다. 지금은 힘이 들지만 곧 싹을 틔울 맹아를 품고 있기 때문에 난괘이면서도 매우 희망적인 괘다. 이것은 고난의 시간이기보다는 준비의 시간이다. 새 생명의 탄생을 위하여 어머니는 10개월의 고난과 목숨을 건 분만의 진통을 겪어야 한다. 봄을 장식하는 꽃들도

어느 날 갑자기 피어난 것이 아니다. 기나긴 겨울 동안 얼어붙은 흙 속에서 부지런히 준비해 왔던 것이다. 이러한 천지자연의 이치를 보여주는 것이 바로 이 둔괘다.

《맹자》〈공손추장구 상〉편에는 '알묘조장(뽑을 알, 모 묘, 도울 조, 길 장)' 고사가 나온다. 내용은 이렇다. 송나라 사람 중에 벼 싹이 빨리 자라지 않음을 안타깝게 여겨 그것을 뽑아올려 놓은 자가 있었는데, 그는 집으로 돌아와 집안 사람들에게 자랑스럽게 말했다.

"오늘 나는 매우 피곤하다. 내가 벼 싹이 빨리 자라도록 도왔다."

이 말을 듣자마자 그의 아들이 밭으로 달려갔으나 벼 싹은 이미 말라 죽어 있었다. 우리 주변에도 알묘조장의 성급한 삶을 살아가고 있는 사람들이 적지 않다. 차근차근 단계를 밟아 노력하지 않으며 수단과 방법을 가리지 않고 더 빨리, 더 많이 움켜쥐려는 노력 역시 알묘조장과 같은 맥락이다.

수뢰둔괘[2]는 주역의 64괘 중에서 택수곤괘, 중수감괘, 수산건괘와 더불어 4대 난괘(네 가지 고난을 보여주는 괘) 중의 하나다. 현재는 혼란을 겪고 있지만, 절망적인 상황은 아니다. 고난 가운데에서도 희망을 가지고 때를 기다리면 된다. 초목의 어린 싹이 눈 속에서 봄이 오기를 기다리는 것과 같다. 이 고난[3]은 앞으로의 성공을 위한 시기이기에 이것을 극복하기만 하면 길한 운을 기대할 수 있다.[4]

초창기의 과정에는 조급히 서두르지 말고, 경륜과 덕망을 갖춘 이를 앞세워 이끌게 해야 한다. 가정에는 부모, 교육에는 스승, 사업에는 후견인이 필요하듯이, 초창기의 어려울 때는 경험 많은 대리인을 세워 도움을 얻어야 이롭다. 바로 이것이 '리건후'다.

효사

초구 반환 리거정 리건후

상황이 어려우므로 머뭇거리며 나아가지 못하니, 이럴 때 어디 가는 것보다는 자리를 지키는 것(또는 끝까지 안정되게 그 자리에 머무름)이 이로우며, 그 어려움의 초기에는 돌봐주고 이끌어줄 제후(지도자)를 세우는 것이 이롭다.

• 너럭바위 반, 머뭇거릴 반(반석) • 굿셀 환, 머뭇거릴 환(환웅, 제환공) • 살 거(거주, 칩거)

풀이   '반환[5]'은 '제자리에서 머뭇거리고 나아가지 못한다'라고 해석한다. 비록 나아가지 못하고 머뭇거리지만 뜻은 바름을 행하는 데에 있다. 초구는 내괘인 진괘에 있으며 양효인 탓에 앞으로 나아가려고 한다. 그러나 괘의 맨 밑에 있고 위로는 감괘가 가로막고 있기 때문에 제자리에서 빙글빙글 맴도는 격이다(반환).

초구가 처음엔 이웃에 있는 유순중정[6]한 육이에게 마음이 끌려 좀 머뭇거리지만 결국 유혹을 뿌리치고 정응[7]인 육사와 손을 잡아 주변을 안정시키므로 이롭게 된다. 비록 '반환'하나 뜻이 바른 것을 행하며, 귀한 신분이면서도 자신을 낮추어 겸양하므로 크게 민심을 얻는다.

둔여전여 승마반여 비구혼구 여자 정 부자 십년내자

둔의 시절에는 어렵게 여겨 나아가지 못하고 머뭇거리며 방황한다. 말을 타고 서성거리다 내리는데, 도적이 아니라 결혼을 하고자 하는 것이다. 여자가 곧아서(정절을 지켜) 자식을 낳아 기르지 못하다가 10년 만에야 자식을 낳아 기르게 된다.[8]

• 진 칠 둔, 어려울 준(주둔): 풀의 싹이 간신히 돋아난 모양을 나타냄. 어렵다는 뜻.

• 같을 여(백문이 불여일견, 여전) • 머뭇거릴 전, 떠돌아 다닐 전

• 나눌 반, 서성거릴 반, 돌아올 반 • 아닐 비, 떼지어 다니는 도적 비(무장공비) • 도둑 구(왜구)

• 글자 자, 기를 자, 양육할 자, 낳을 자: 사람의 이름을 소중히 여겨 본 이름 외에 부르기 위하여 짓는 이름(흔히 장가든 뒤에 본이름 대신으로 부름. 별명)

풀이 육이는 음으로서 아래 소성괘의 가운데 자리에 위치하고 ('중'을 얻음), 아래의 초구와 이웃해 있는 여성이다. 이 여성은 지금 초구와 구오라는 두 남자 사이에서 갈팡질팡하고 있다.

육이가 초구의 양위에 올라탄 모양을 '승마'에 비유했는데, 주역에서 여섯 개의 효들은 각자의 짝이 있고 짝끼리는 '응'이라고 부른다. 초효와 사효, 이효와 오효, 삼효와 상효가 서로 '응'을 위한 짝이다. 그렇다면 수뢰둔괘에서 원래 육이의 정해진 짝은 구오에 해당한다.

그러나 보다시피 육이와 구오는 멀찌감치 떨어져 있다. 게다가 육이 바로 밑에는 훌륭한 초구가 가까이 있으니 육이가 마음을 초구에게 빼앗기는 것이다. 그래서 '어렵게 왔다 갔다 하며 말을 타고 맴돈다' 했다. 육이의 제짝이 아닌 초구는 도적에 비유했고, 육이가 제짝인 구오를 만나는 상황을 '도적이 아니라 구혼한다' 했다. 육이가 제짝을 만나기까지

의 어려움을 '여자가 곧아서 자식을 낳아 기르지 못하다가 10년 만에야 자식을 낳아 기르게 된다'라고 비유했다.

'둔여전여'는 초구와 구오의 사이에 끼어서 나아가지 못하고 제자리를 맴도는 상태이며, 육이가 양단 간에 뜻을 정하지 못하는 어려움에 봉착하여 나아가지 못하는 상태를 말한다. 육이의 경우는 정응인 구오와 초구의 사이에서 마음이 흔들리는 어려움 때문에 '승마반여', 즉 '나아가려다 다시 내려서다' 또는 '서성이며 돌아온다'라는 표현을 사용했다. '십년내자'의 '십 년'은 수가 모두 갖추어진 완전한 수이므로 조건이 모두 갖추어짐을 뜻한다(십년내자는 완전무결하게 준비하고 모든 조건이 성숙한 뒤에 청혼을 받아들인다는 뜻도 된다. 이 경우 '자'는 여자가 정혼하는 것을 허락할 때 비녀를 꽂고 예를 갖추는 것을 말한다).

육삼 즉록무우 유입우림중 군자기 불여사 왕 린

안내인(몰이꾼) 없이 사슴을 뒤쫓아 숲속에 들어가는 형국이니, 군자는 기미(낌새)를 알아채고 그만두는 것이 낫다. 그럼에도 불구하고 간다면 궁색해진다.

- 곧 즉, 만약 즉, 나아갈 즉 • 사슴 록 • 염려할 우, 경험이 많아 숙달한 사냥꾼 우

- 생각할 유(사유) • 군자: 학식과 덕행이 높은 사람 • 기미 기, 낌새 기

- 집 사, 버릴 사 • 갈 왕(왕복) • 인색할 린: 인색하여 '흉함'으로 나아가는 것.

풀이 육삼은 음으로서 아래 소성괘의 제일 높은 자리에 위치하여, 음

의 세력이 극에 도달해 있으며, 주변의 위와 아래가 모두 음효다. 그리고 위에는 육삼과 음양응으로 호응하는 짝이 없다. 수뢰둔의 시기에 육삼이 음의 세력을 더 쌓으려고 무리하게 욕심부리는 것을 '사슴을 쫓아 몰이꾼도 없이 깊은 숲속으로 들어간다'라고 했다. 그리고 육삼이 욕심부리는 것이 좋지 않음을 '군자가 기미를 보아 그만두는 것만 못하니, 가면 궁색해진다'라고 했다.

몰이꾼이 없다는 말은, 일을 완결시키는 데 필요한 사람이나 환경의 준비가 되어 있지 않음을 말한다. 그런데도 욕심이 앞서 사슴을 잡으러 숲으로 들어간다면, (한 번 들어가면 쉽게 포기하고 떠날 수도 없기에) 돌아오는 것은 고생뿐이다.

육삼은 중을 지나친 데다 정위가 아니며, 상육과도 상응하지 못하여 고립무원의 상태다. 어려울 때의 음이므로 양을 의지하고자 하나, 구오는 이미 육이와 합하고 초구 또한 육사와 만나므로, 마치 사슴 사냥을 나가는데 몰이꾼 없이 홀로 심산유곡에 빠져드는 격이다. 더구나 바로 위에 감괘의 험난한 과정이 있으므로 마땅히 그 조짐을 살펴 제 자리에 그쳐야 한다. 그치지 않고 나간다면 뜻도 이루지 못하고 어려움에 빠져 궁하게 되는 것이다.

육사 승마반여 구혼구 왕 길 무불리

말을 탔다가 내리니, 혼인을 구해서 간 것이다. 그리하면 길해서 불리함이 없다.

• 나눌 반, 서성거릴 반, 돌아올 반

풀이 육사도 육이와 마찬가지로 승마반여, 말을 탔다가 내렸다. 육사는 음효이고 구오는 양이므로 음이 양과 만나는 것을 말을 타는 것으로 표현한 것이다. 육사는 가까운 구오를 보고 반해서 말을 탔지만 구오의 원래 짝은 육이다. 그러니 육사는 빨리 구오가 자신의 짝이 아니라는 것을 알고 말에서 내려야 한다. 육사의 짝은 멀리에 있는 초구이므로 육사가 제짝인 초구를 만나러 가서 화합하는 것에 대하여 '혼인을 구해서 간 것이다'라고 했다.

육사는 구오에게 가려고 말을 탔다가 다시 내려 정응인 초구에게 청혼을 구하여 가면 길하여 불리함이 없다. 육사는 감괘의 험난함에 처해 있고 구오 아래에 자리하여 바름을 지키기 어려우나 그 '위'가 바르고 (음의 자리에 음이 자리함) 아래의 어진 초구와 상응하므로, 현인인 초구를 기다려 구오 인군을 도우면 크게 길하여 이롭게 된다. 어려울 때이므로 유약한 육사 홀로는 구오를 돕지 못하고 강직하고 밝은 초구와 더불어 돕는 것이다.

구오 둔기고 소정 길 대정 흉

고택(기름진 은택)이 어려우니, 작은 일은 길하고 큰일은 흉하다.

• 기름 고, 살진 고기 고, 은혜 고(고택(남의 은혜나 덕택. 즉 은택))

풀이 둔기고는 '물 위에 뜬 기름처럼 밑을 침투하지 못하는 상태, 즉 구름이 아직 비가 되어 내리지 못하는 상태' 또는 '지도자의 은택을 입기가 어려운 상황'을 뜻한다.

　구오가 군위에 처하여 있고 강건중정한 상태이나, 수뢰둔은 처음 만
물이 화생하는 때이므로 혼란기의 난관이 있는 데다 민심이 모두 초구
에게 쏠리니 초구의 힘이 강하다. 하여 구오가 백성에게 그 혜택을 베풀
기가 어렵다. 이러한 때에는 마땅히 일을 점진적으로 꾀해야 하고, 자신
의 능력과 지위만을 믿고 너무 나만 옳다고 주장하면서 무리하지 말아
야 한다. 우선 백성을 위한 내실을 쌓는 것으로 소박한 정치를 하는 데
주력해야 한다.

상육　승마반여 읍혈련여

탄 말이 나를 버리고 떠나는 것과 같으니 피눈물이 이어진다.

• 울 읍 • 잔물결 련

풀이　심한 어려움 속에 의지할 곳 없이 눈물만 흘러내린다. 상육은
음으로서 상부 소성괘의 제일 높은 곳에 위치하여, 그 세력이 이미 험난
함의 극에 달해 있다. 상육은 바로 아래의 가까운 구오를 타고 있으나,
자기 상대가 아니므로 다시 내려온다(승마반여). 상육은 현재 하부 소성
괘에서 음양응으로 호응하는 자기 짝도 없다. 주역은 음과 양의 조화를
중요하게 여긴다. 음양이 맞아야 응을 이룰 수 있는 것이다. 그러나 육
삼과 상육은 보다시피 '육+육', 즉 음과 음의 결합이니 응이 될 수가 없
다. 이러한 상육의 상황에 대하여, '말을 탔다가 내려서 피눈물이 흐른

다'라고 했다.

상육은 아래에 있는 구오 양을 탔으나 정응이 아닌 까닭에 다시 내려야 하는 형국이며, 둔의 극에 처했고 아래로는 육삼과도 음과 음이라서 정응을 이루지 못하므로 그 형상이 마치 피눈물을 흘리는 격이다. 육삼은 위태로운 기미를 보고도 그만두지 못하고 나아가 후회가 막심하니 자신의 일도 감당 못 하는 처지라서 상육의 응원군이 되지 못한다. 하여 상육은 어디 의지할 곳도 없이 회한의 눈물만 흘리는 것이다.

언제나 주역의 논리는 극에 달하면 변한다는 것이 그 핵심이다. 그런 면에서 상육을 해석하면 피눈물이 줄줄 흐르는 상황까지 이르지 않아야 함을 경계하는 것이며, 만약 이미 그런 상황이 되어버렸다면 이제 그 상황은 곧 끝날 것이라는 희망을 보여주는 것이다.

요약 둔은 천지가 열린 뒤에 만물이 어렵게 나온다는 뜻이며 출산의 진통과 어려움에 비유된다. 시작의 단계라 쉴 새 없이 편안하지 못하다.

초구는 현명하고 유능한 남자로 겸손하여 대중과 어려움을 함께 나눠 민심을 얻는다. 육이는 이웃 남자(초구)의 청혼을 물리치고 10년이란 세월이 지난 후 어렵게 결혼하니 이도 쉬운 일이 아니다. 육삼은 몰이꾼도 없이 사냥을 갔다가 곤경에 빠지고, 육사는 두 남자를 놓고 망설이다가 제 짝을 선택하고, 구오는 높은 자리에 있으나 실권과 인기는 신하인 초구에게 있다. 상육은 아무도 찾아주지 않아 외롭고 무력하여 눈물만 흘린다.

둔괘를 요약하면, 고난은 인간에게 성취를 가져다주는 위대한 존재다. 다만 인간이 이에 굴복하지 않고 극복할 만한 인내와 노력이 있느냐 없느냐가 문제일 뿐이다. 시험에 통과하려면 공부라는 고난을 참아야 하며, 훌륭한 운동선수가 되려면 고된 수련의 고비를 넘겨야 하는 것이다. 그리고 인내와 노력보다 더 중요한 일은 '때를 기다리는 일'과 '안내자의 도움을 받는 일'이다. 때를 기다린다는 말은 성숙의 시기를 기다린다는 말이다. 아무리 고난과 인내의 시간이 지루할지라도 그 성숙의 시기를 기다려야 한다. 벼는 가을이 와야 익고, 물은 온도가 영하로 내려가야 얼음이 된다.

1 '둔'을 '둔'으로 읽는 사람도 있고, '준'으로 읽는 사람도 있다. 수뢰둔(준)괘는 나가기 힘들다는 의미일 때는 준으로 발음하고 부동의 대기를 뜻할 때는 둔으로 발음한다. 주자는 반드시 '어려울 준'으로 읽으라고 했다고 한다. 왜냐하면, 1괘인 중천건(하늘)과 2괘인 중지곤(땅)이 처음 만나 생명의 씨앗을 잉태하는 과정이 곧 3괘라고 보았는데, 번개와 벼락과 우레와 구름과 비가 하늘땅 사이에 가득하여 땅에 잉태된 만물의 씨앗들이 그 싹을 틔우고 나오기에는 상황이 너무 안 좋으므로, 싹을 틔우려는 그 의지를 잠시 눌러 당장의 어려운 때를 피해야 화를 면할 수 있을 것이라고 보았기 때문이다.

2 수뢰둔의 다른 해석 : '수'는 물이요, '뢰'는 우레요, '둔'은 진을 치는 것이다. 수뢰둔은 물 아래 우레가 있는 것인데, 만약 물 아래에 꿈틀거리며 진동을 일으키는 어떤 것이 진을 치고 있다고 하면 그럴듯해 보인다. 그것은 아마도 하늘로 승천하기 위하여 물속에서 때를 기다리는 이무기가 어울린다. 그런 면에서 수뢰둔은 중천건괘의 초구 효사인 '잠룡 물용'과 일맥상통한다. 태아는 어머니 자궁 속에서 세상 밖으로 나올 때까지 열 달 동안 자궁의 물바다 속에서 진을 치고 헤엄치며 성장한다. 사업을 하는 사업가도 보통은 사업 초기에 반드시 성장하기 위한 시련통을 겪는데, 이처럼 고난 속에서 진을 치고 성장하는 것이 바로 수뢰둔이다.

3 '고난'이란 말에서 《맹자》〈고자 하〉의 구절이 떠오른다.
"그러므로 하늘이 장차 큰 임무를 사람에게 내리려 할 때는 반드시 먼저 그 마음을 괴롭게 하고, 그의 근골을 수고롭게 하며, 그의 몸을 굶주리게 하고, 그의 몸을 곤궁하게 하고, 어떤 일을 행함에 그가 하고자 하는 바를 뜻대로 되지 않게 한다. 이것은 그의 마음을 분발시키고 성정을 참을성 있게 해, 그가 할 수 없었던 일을 해낼 수 있게 도와주기 위한 것이다."

4 수뢰둔괘를 음양오행으로 살펴보면, 위의 감괘는 물에 해당하고 아래의 진괘는 나무에 해당한다. 물의 성질은 나무를 낳고 키운다. 수뢰둔괘에서는 위에 있는 물의 세력이 우세하고 물은 아래에 있는 나무를 키우며 돌보고 있다. 마치 어린 태아가 어머니

자궁의 양수 속에서 성장하는 경우와 같다. 하여 어머니처럼 어린 양을 보살필 사람이 필요하므로 '제후를 세우는 것이 이롭다'라고 했다.

5 도연명의 〈귀거래사〉에 '무고송이반환', 즉 '외로운 소나무를 어루만지며 서성거린다'라는 표현이 있다. 그러므로 여기에서는 반환을 '머뭇거린다'로 해석했다.

6 중정: 육이를 보면, 효가 하괘(☳)의 가운데 자리를 얻었으므로 '중'이라고 했다. 육이, 즉 2번째 자리는 짝수 자리다. 짝수 자리는 음의 자리인데, 육이는 음이 음의 자리에 왔으므로 '정'으로 표현했다.

7 정응: 육사를 보면, 효가 상괘(☵)의 맨 처음, 즉 4번째 자리이므로 짝수 자리다. 짝수 자리는 음의 자리인데, 육사는 음이 음의 자리에 왔으므로 '정'이라 표현했고, 하괘(☳)의 초구와 음과 양으로써 서로 짝이 맞으므로 응이다.

8 이 효사는 두 개의 사건으로 구성된 것으로 해석하는 경우도 있다. 즉 "둔여전여, 승마반여, 비구혼구"와 "여자정, 부자, 십년내자"로 나뉘는 것이다. 이렇게 해석하면 앞부분은 "모여서 돌며 말을 타고 선회하니, 도둑이 아니라 혼인하려는 것이다"라는 뜻이 된다. 이것은 이 효사가 약혼지사, 즉 약탈혼에 관해 언급한 것이라고 보는 것이다. 인류학적 관점에서 본다면 약탈혼은 고대의 원시사회에서 빈번하게 자행되던 사건이었다. 따라서 말을 타고 와서 주위를 선회하던 무리들은 재물을 훔치려고 온 도둑의 무리가 아니라, 아내를 구하러 온 혼인의 상대다. 그리고 뒷부분은 "여자가 허혼하지 않는 점은 10년이 되어야 허혼한다"라는 의미다.

04

산수몽

간상감하

위에는 간괘☶, 아래에는 감괘☵인 대성괘

몽 형 비아구동몽 동몽구아 초서고 재삼독 독즉불고 리정

몽은 내가 아는 것을 남에게 전달하니 좋고, 내가 모르는 것을 남에게서 배워 알게 되니 형통하다. 스승이 제자를 찾아다니는 것이 아니고 제자가 스승을 찾아가 배움을 청해야 한다. 처음 점치거든 알려주고 두 번 세 번 하면 모욕하는(더럽히는) 것이라, 더럽힌즉 일러주지 않는다. 바르게 함이 이롭다.

- (사리에)어두울 몽, 어리석을 몽, 어릴 몽(계몽) • 아닐 비, 떼지어 다니는 도적 비(무장공비)
- 동몽: 어려서 아직 사리에 어두운 아이. 미성년의 소년 • 처음 초(최초, 시초) • 점 서, 점칠 서
- 고할 고, 뵙고 청할 곡, 국문할 국: 고하다, 알리다, 아뢰다, 발표하다, 안부를 묻다, 고발하다, 하소연하다, 가르치다, 깨우쳐주다, 국문하다, 조사하다 • 두 재, 거듭할 재(재건축)
- 도랑 독, 더럽힐 독, 구멍 두(신성모독) • 법칙 칙, 곧 즉

풀이 초서는 처음으로 점을 친다는 것인데 어린아이가 자신에게 펼쳐질 세상에 대하여 처음으로 교육을 받는다는 뜻이다. 교육은 피교육자의 자발적 의욕을 유도해야 한다. 지도자의 일방적인 강요가 있어서는 안 된다. 두 번 세 번 묻는다는 것은 '의심하고 업신여기는 것'이다. 배우는 자가 가르치는 자의 가르침을 믿지 않고 의심하게 되면 이것은 벌써 교육의 모독인 것이다. 그래서 제자가 처음 물어보았을 때는 가르쳐주지만 두 번 세 번 거듭해서 물어본다면 단호하게 알려주지 말라고 하는 것이다. 제자가 스승을 의심하고 믿지 못할 때는 어떤 배움도 일어날 수 없다.

점을 치는 것도 스승에게 가르침을 구하는 것과 크게 다르지 않다. 처음 점쳐서 길하지 않다고, 원하는 점괘가 나올 때까지 계속 점을 친다면

그것은 사술이나 미신으로 점을 이용하는 것이다. 이처럼 무언가를 의심한다는 것은 사제 간의 신뢰와 천지자연의 법칙을 어지럽히는 것과 같다.

몽괘는 몽매함을 깨우친다는 데서 교육의 뜻이 있다. 먼저 깨우친 사람은 뒤에 깨우칠 사람을 깨우쳐 주는데, 어리석은 사람이 밝음을 찾아야 스승의 도가 확립된다. 스승의 도가 바로 서면 선한 사람이 많아지고, 그러한즉 천하가 바르게 되어 잘 다스려진다. 앞서 살펴본 '둔'은 만물의 태어남이다. 만물이 처음 생겨나면 어려서 무지몽매하기 때문에 다음 괘를 몽괘로 받았다. 아버지인 건괘와 어머니 곤괘 사이에서 만물은 힘겹게 탄생하게 된다. 아직 어리석고 무지몽매한 상태이므로 교육해서 잘 길러야 한다. 즉 몽괘는 이제 갓 태어나서 세상 물정 모르는 둔을 교육한다는 의미가 담겨 있다.

둔괘가 나라를 세워 정치를 하는 것이라면, 몽괘는 학교를 세워 교육을 하는 것에 해당한다. 율곡 선생이 지은 글 중에도 몽매함을 쳐서 깨우친다는 《격몽요결》이 있다. 박세무의 《동몽선습》의 '몽'도 마찬가지다. 만물이 이제 막 생겨서 자라나려고 하는 것과 마찬가지로, 사람도 많은 시행착오와 실수, 잘못을 저지르게 되어 있으며, 그 실패를 발판 삼아 완성의 길로 들어선다. 어린 새가 처음에는 날지 못하고 자꾸 바닥에 떨어지다가 결국에는 하늘로 날 수 있는 것처럼 어린 아기도 수없이 넘어진 다음에야 두 발로 늠름하게 걸을 수 있다. 바로 그러한 단계를 설명한 것이 산수몽괘다.

몽괘의 상은 산 아래에서 솟아나는 샘물의 모습이며 유방의 장군이었던 한신이 전쟁 중에 물을 찾은 점괘이기도 하다. 모든 물의 발원은 작은 샘물이다. 이것이 작은 개울, 작은 강, 큰 강이 되어 이윽고 바다로 들어간다. 만물의 시작은 어리고, 무지몽매하다. 큰 강도 그 근원을 따라가면 술잔 하나를 겨우 띄울 만한 세류에 불과하다. 이처럼, 인간도 지류에서 큰 강으로 가려면 교육이 필요하다.

몽은 앞의 둔괘의 도전괘[1]다. 건과 곤이 상교하여 처음으로 둔이 싹이 터오는 형상이라면, 몽은 싹튼 직후의 형상이니 몽매하고 아직은 어리다. 사람이 어리면 반드시 무지하고 무지하면 반드시 우매한 일을 저지른다. 그러므로 몽괘의 주제는 바로 '우매 무지한 사람을 어떻게 가르치고 대우할 것인가'다. 칸트는 "사람은 교육에 의해서만 인간답게 된다"라고 했다. 인간은 자연 상태 그대로는 단지 가능성을 지닌 존재에 불과한 것이다. 태어난 그대로의 인간은 몽매하다. 그대로 방임하면 동물 이상으로 발전하지 못할 것이다.[2]

효사

초육   발몽 리용형인 용탈질곡 이왕 린

몽매함을 깨우쳐주는 계몽은, 사람을 형벌로써 다스리는 데 이롭고, 질곡을 벗겨주는 데도 이롭다. 형벌로써만 계속하면 인색하게 되어 흉해진다.

• 발몽: 계몽 • 형인: 사람에게 형을 가함. 형벌을 받은 사람 • 벗을 탈. 나올 탈(탈출)

• 질곡 차꼬와 수갑. 속박 • 써 이: ~써, ~로, ~를 가지고, ~를 근거로

몽매함을 깨우쳐주되, 사람에게 형을 내려 몽매한 질곡을 벗겨주는 것이 이롭다. 그러나 그러한 방식으로 계속 나가면 인색하게 되어 흉해진다. 교육이 시작될 때에는 엄격함이 필요하다. 우매한 사람을 깨우치기 위해 위엄을 갖추어 죄인을 다루듯 엄하게 가르치다가 점차 칭찬과 격려를 해야 교육 성과를 거두게 된다는 것이다. 한결같이 엄하게만 대한다면 어린이의 몽매함을 깨우쳐주는 도리가 아니다. 이런 교육을 하면 역효과가 날 수 있다.

초육은 음으로서 어두운 데다 아래에 처했으니 심히 무지한 상태이며, 구이의 바로 밑에 있는 까닭에 구이가 스승으로서 초육을 계몽, 교화하게 된다. 우매한 초육을 깨우치려면, 처음에는 위엄을 갖추고 엄격하게 가르치다가, 점차 부드러운 방식을 취해 나가는 것이 올바른 교육법이다. 계속하여 엄격하게 가르치면 비록 두려워하여 따르는 듯하나, 참다운 교육 성과를 거둘 수 없게 된다. 이처럼 처음 제자에게 형벌에 가까우리만큼 엄격하게 대하는 것은 스승에 대한 의심을 막고, 정진케하기 위한 스승의 전략인 것이다. 그런데 계속 엄격하기만 하다면 제자가 공부에 흥미를 잃고 심하면 짐을 싸서 떠날 수도 있으니 적절하게 운용의 묘를 펼쳐야 한다.

구이 포몽 길 납부 길 자극가

몽을 감싸면(품어 안는 부드러운 사랑으로 가르치니) 길하고 지어미를 들이면 길하리니, 자식이 집을 다스린다.

• 쌀 포, 주머니 포, 아이를 밸 포(포장, 소포) • 들일 납, 장가들 납(용납, 반납)

• 며느리 부, 지어미 부, 아내 부, 시집갈 부(부부) • 아들 자, 사람 자, 남자 자 • 이길 극(극복)

• 집 가, 가족 가, 집안 가

풀이 산수몽괘는 구이가 몽매함을 벗겨주고 깨우쳐 주는 주체인 스승이자 현인을 뜻하며, 육오인 임금(어린 임금, 또는 어리석은 임금)이 아래에 있는 현인에게 몸을 굽혀 지성으로 가르침을 구하는 상이다. 포몽은 포용의 공부다. 상대를 편안하게 껴안아 다스리는 도리를 공부하는 것을 말한다. 이런 도리로 가정을 다스리면 길할 수밖에 없다. 교육은 학문을 연구하는 것뿐만 아니라 가정을 이루는 부부, 세대를 잇는 부모 자식에게는 가정교육으로 이어진다.

구이는 하괘의 중을 얻은 상태이므로, 강건하고 밝은 재능과 중용의 덕을 갖춘 스승이라 할 수 있다. 구이는 강중한 덕으로써 육오와 정응하므로 몽의 때에 홀로 몽을 계발하는 군자다. 구이가 육오를 잘 포용(납부)한다면 곧 군주를 도와 천하의 공을 이루어낼 수 있는 것이니, 자식이 집안을 잘 다스리는 것과 같다. 육오가 음유하므로 발몽의 공은 구이에게 있다. '납부'라 함은 구이가 육오에게 가는 것이 아니라, 육오를 맞아들이는 것이니, 시집가고(부) 장가드는(납) 이치가 몽괘에 있는 것이다.

오효는 군주의 지위이나 음이기 때문에 존귀한 지위에 있는 여자, 또는 유약한 군주다. 따라서 군자(구이)가 존귀한 여자, 도는 유약한 군주(육오)를 포용하면(납부), 능히 그 지위로써 몽매한 귀인을 깨우쳐서 천하를 교화할 수 있다. 지위적 상하의 관계로 보면 그러하며, 이를 가정의 위계에서 본다면 현명한 아들(구이)에게 어머니(육오)가 전권을 신임하여 집안을 다스리는 바와 같은 것이다.

육삼 물용취녀 견금부 불유궁 무유리

돈은 많으나 덕이 없는 나쁜 남자를 보고 몸가짐을 바르게 하지 못하는 여자는 취하지 말라.

• 가질 취(섭취) • 금부: 돈 있는 사내 • 몸 궁, 활 궁 • 불유궁: 몸가짐을 바르게 하지 못하다

풀이 돈을 밝히는 여자는 공부하는 남자에게서 결국은 떠나게 되고 상처를 주게 되어 있다. '불유궁'은 있어야 할 장소를 벗어난다는 뜻이다. 그러니 이로울 것이 없다.

육삼의 주인공은 음이 제자리를 찾지 못하여 부중부정하므로 행실이 바르지 못하고 경거망동하는 여자다. 본래의 짝은 상효인데 그를 배신하고 돈 많고 힘 좋은 남자(구이)를 좋아하는 지조 없는 여자다.

정응이 위에 있으나 멀어서 따르지 못하는데, 가까이 있는 구이는 몽매한 자들이 모두 따르므로 따라서 정응을 버리고 구이를 따르는 모양이 곧 여자가 금부를 보는 형상이다. 이러한 여자를 부인으로 맞이하면 이로울 바가 없다. 그런 탓에 다른 효들의 효사에는 몽자를 붙여 설명했지만 육삼효만은 몽자를 붙이지 않았다. 배우려는 태도가 이미 없기 때문이다.

공자가 천하를 주유할 때 제자들과 길을 가는데 한번은 길가 나무 뒤에서 똥 누는 사나이를 보았다. 공자는 그 사나이를 잡아다가 사람 다니는 곳에서 그러면 되느냐고 크게 나무랐다. 그리고 얼마 뒤 이번에는 길 한복판에서 대놓고 뻔뻔히 똥을 누고 있는 사내를 만났는데 공자는 그 사나이를 꾸짖기는커녕 피해서 갔다. 의아하게 여긴 제자들이 그 이유를 물어보자 공자는 "저자는 일말의 양심도 없는 자다. 길가에 싼 자는 그래도 한 가닥 양심이 있으니 가르치면 되겠지만, 아예 길 가운데서 싸는 자는 그것조차 없는 자이니, 어찌 가르칠 수 있겠는가?"라고 했다. 육삼은 이를테면 길 가운데 똥을 누는 자로 보면 될 것이다. 아예 배우려는 마음이 전혀 없는 싹수가 노란 사람이다.

육사 곤몽 린

곤궁한 몽이니 궁색하다.

• 곤할 곤(곤란, 빈곤) • 인색할 린: 인색하여 '흉함'으로 나아가는 것

풀이 이 효는 교육의 혜택을 받기가 어려운 곤궁한 처지다. 가르쳐 줄 스승이 없어 독학을 하거나 집안 사정으로 고학을 하는 경우다. 공부가 싫거나 적성에 맞지 않는데 억지로 하는 것과 경제적으로 어려운 상황인데도 공부에 집착하는 것 모두가 곤몽이다.

오늘날의 학부모들은 자녀의 개성을 잘 살피는 것이 아이들로 하여금 곤몽에서 벗어나게 하는 길일 것이다. 자신들이 이미 겪은 고통을 자녀들에게 다시 강요하는 일은 없어야 한다. 공부로 성공할 수 있는 사람

은 공부를 하고, 운동이 좋은 사람은 운동을 하고, 끼가 많은 사람은 끼를 살려야 하는데, 부모나 타인에 의해 강요된 공부를 하는 것도 이 곤몽에 해당될 수 있다.[3]

육사는 제 위(음이 음의 자리에 옴)를 얻고 있으나, 초육과 응하지 못하고(초육이 구이로부터 교육을 받고 있음) 양효인 구이, 상구와도 멀리 떨어져 있는 관계로 곤궁한 처지다. 공부하는 과정으로서는 스승 없이 독학하거나, 가계가 어려워 고학하는 경우가 이에 해당한다.

육오 동몽 길

어린 몽이니 길하다.

• 아이 동, 어릴 동, 어리석을 동(아동, 동화)

• 동몽: 어려서 아직 사리에 어두운 아이. 미성년의 소년

풀이   동몽은 목적이나 실용성과 관계없이 세상 이치의 궁금증으로 가득찬 순수한 공부의 세계를 말하는 것이다. 자연과의 일체를 추구하는 학문이라고 할 수 있다. 주역이 말하는 참교육은 자연과 인간이 융화되어 배려와 조화로 행복하게 살아가는 인간상을 목표로 한다.

육오는 높은 자리에 있으나 유약하고 몽매하니 스승인 구이의 가르침을 받아야 한다. 어린 임금이 유능한 신하에게 가르침을 받는 모습이 그려진다. 자신이 물정에 어둡고 답답할 때는 몸을 낮추고 스승을 따르면 교육 효과를 얻을 수 있다. 동몽이란 배우는 사람의 가장 바람직한 자세다.

오효는 원래 왕의 자리이며, 괘의 주인공이다. 그러나 산수몽괘의 육오는 음인 까닭에 강건한 구이의 가르침을 받아야 한다. 이를테면 현자에게 배우는 왕세자라고 할 수 있다. 그러나 높은 신분으로 아랫사람에게 배우는 게 쉬운 일은 아니다. 쉽게 오만해져서 스승을 의심할 수 있다. 산수몽 괘사가 경계하는 말을 잘 새겨야 할 것이다. 그렇다면 육오는 아직 어린 몽(동몽)으로 구이 스승에게 잘 배우면서(포몽) 인군의 자질을 키워나가야 무럭무럭 자랄 수 있다.

상구 격몽 불리위구 리어구

몽을 침이니 몽매한 것을 쳐서 일깨워주는 것이며(몽매함을 격파함), 도적질을 할 수가 없다. 격몽은 도적을 예방하고 범죄를 막음에 이롭다.

• 칠 격(공격, 격투기) • 할 위, 위할 위(행위, 당위, 무작위) • 도둑 구(왜구) • 막을 어(방어)

풀이 몽매함을 쳐서 일깨워주면 국민은 도적이 됨이 불리함을 알게 되므로, 도적이 됨을 막음에 이롭다. 사회와 국가를 유지하고 발전시키기 위해서는 구성원들의 교육이 반드시 필요하다. 이때의 교육이 격몽이다. 질서와 준법을 가르치는 의무교육과 같은 것이다. 나라가 가르치지 않으면 국민이 다 도적이 될 수 있으므로, 교육을 실시하여 도적이 되는 것을 막음이 이롭다고 했다.

상구는 강한 양이 가장 윗자리에 있고, 외괘인 간괘의 주효이므로 '그치는 덕(멈춤의 덕)'이 있다. 상구는 산수몽괘가 끝나는 경계로 밖으로는 도적들이 들어오지 못하게 방비하고 안으로는 유약한 음들이 도적에 물들지 않게 지킨다. 그래서 격몽이 된다. 스스로 나쁜 사람이 되지 말아야 함은 물론 남들이 나쁘게 되는 것을 막아야 한다. 구이가 음들을 훈육하는 담임 선생님이라면, 상구는 음들이 외부의 유혹에 물들지 않도록 행동을 규제하여 바르게 지도하는 학년주임 선생님 역할인 셈이다.

그러나 엄하게 하더라도 선을 넘어선 안 된다. 너무 지나치게 강직한 방법으로 깨우치도록 하면 차라리 해를 끼칠 수 있으므로 이롭지 못하다. 상구는 몽괘의 끝이므로 몽극이니 사람의 몽매함이 극에 달했다. 교사가 성질이 무섭고 과격하면 자칫 학생도 폭력적이 되고야 마는 사례가 적지 않다. 교사가 무서워서 피하고 학교에 가기 싫다면 교육은 더욱 역효과가 난다. 어디까지나 정도에 맞게 학생의 천성을 살려가면서 이끌어가야 하는 것이다. 격몽의 원래의 의미는 악한 마음을 고쳐서 착한 심성을 심어준다는 것이다. 사사로운 욕심을 억제하고 사회질서를 해쳐서는 안 된다는 기본적인 인성교육이다.

가르치는 자는 몽매한 자를 멸시하거나 억압하지 말고, 자신이 먼저 말과 행동 모두를 참되고 바르게 하여 정신적 교육이 되도록 해야 한다. 교육자 또한 인격 함양과 행동 습관을 길러야 하며 이것이 바로 '교학상장(가르치고 배우면서 서로 성장함)'의 기본이다.

요약 주역의 네 번째 장에서는 배우고 가르치는 교육을 이야기했다.

교육의 형태에는 발몽, 포몽, 곤몽, 동몽, 격몽이 있음을 열거했다.

초육은 발몽으로 시작은 엄하게 하다가 차츰 부드럽게 가르치는 것이고, 구이는 포몽으로 몽매한 자를 포용하는 교육의 주체이고, 육삼은 교육할 가치마저 없는 자다. 육사는 곤몽으로 독학이나 고학으로 어렵게 공부하는 것이고, 육오는 동몽으로 인격을 갈고닦으며 공손하게 학업에 열중하여 바르게 성취하는 최상의 교육이다. 상구는 격몽으로 모든 국민에게 반드시 필요한 교육인데, 그 목적이 사회생활을 위한 기초질서 교육에 있음을 말했다.

오늘날 사람들은 인격을 연마하는 공부는 등한시한 채, 오직 논리와 기술을 갈고닦는 일에만 매진한다. 이 때문에 배운 사람으로서 마땅히 갖춰야 할 도덕성을 찾아보기 어렵고 오히려 못 배운 사람들보다 사회적인 책임감이나 도덕성이 더 희박한 지식인이 생겨난다. 주역은 산수몽괘[4]에서 이런 지식 위주의 교육이나 돈벌이의 수단으로만 전락해버린 공부 대신에 화합과 중용의 덕을 먼저 가르칠 것을 제안하고 있다.

1 도전괘란 괘를 180도 돌려세워서 보는 것이다. 둔괘는 수뢰둔, 즉 감괘☵가 위에 있고 진괘☳가 아래에 있는 모양인데 이것을 그대로 180도로 돌려세우면 진괘☳가 위로 올라가면서 뒤집어져 간괘☶가 되고, 감괘☵는 아래로 내려오면서 뒤집어져도 모양이 그대로 감괘☵이므로 산수몽괘가 된다.

2 사람은 선한가, 악한가? 먼저, 맹자는 성선설을 펼쳤다. "어린아이가 우물에 빠지려고 하는 것을 보면 누구나 깜짝 놀라게 되니, 긍휼히 여기는 마음이 없으면 사람이 아니며(측은지심), 부끄러워하는 마음이 없으면 사람이 아니며(수오지심), 겸손히 사양하는 마음이 없으면 사람이 아니며(사양지심), 옳고 그름을 가리려는 마음이 없으면 사람이 아니다(시비지심)." 이것이 이른바 '사단'이다.

이번에는 맹자의 성선설과는 반대 입장을 펼친 순자를 보자. 순자는 인간이 만약 천성적으로 선하다면 예의, 법도, 형벌 등이 있을 필요가 없다며 인간은 '굶주리면 배불리 먹으려 하고 추우면 따뜻하게 입으려'는 본성과 욕망을 타고난다고 보았다. 《채근담》에도 다음과 같은 말이 나오는 것으로 보아 참으로 인간의 본성이란 시대를 막론하고 비슷한가 보다.

"배고프면 달라붙고, 배부르면 떠나가며, 따뜻하면 몰려들고, 추우면 버리나니, 이것이 바로 널리 퍼져있는 인정의 폐해다(기즉부 포즉양 욱즉추 한즉기 인정통환야)."

순자는 그래서 인간은 이득을 탐하고 타인을 미워하며 아름다운 소리나 색을 추구하는 기질이 있어 천성적으로 악하다고 했다. 하여, "사람의 본성대로 따른다면 반드시 범절을 어기고 도리를 어지럽혀 포악한 상태로 돌아갈 것이다"라고 주장한다.

자, 그래서 어쩌자는 건가? 인간의 본성이 이토록 악하니 씨를 말려야 하는가? 아니다. 정작 중요한 것은 이제부터다. 성악설의 핵심은 '위'다. 이는 후천적인 교육과 인간의 의지를 가리키는데, 순자는 인간은 악하지만 '의도적인 노력으로 선을 추구할 수 있다'라고 주장한다. 즉, 누구나 꾸준히 '위'를 일으켜 법도를 지키고 선을 실천하며 꾸준히 학문에 힘쓰면 악한 본성을 선하게 닦을 수 있다는 얘기다. 맹자와 순자는 인간의 본성에 대한 입장은 다르지만 이렇듯 교육의 필요성은 동일하게 주장했다. 맹자는 내재된 선한 본성을 바깥으로 표출하고자 교육이 필요하다고 주장했고, 순자는 욕망과 본성을 억제하고자 교육을 강조했다.

마지막으로 한 분 더 모시겠다. 인간은 존재 자체로 이미 폭력적이라고 주장했던 프랑스 철학자 모리스 메를로 퐁티다. 그는 《휴머니즘과 폭력》에서 이렇게 말했다. "우리는 순진무구함(비폭력)과 폭력 중 하나를 선택하는 것이 아니다. 어떤 폭력을 행사할 것인가를 선택할 수 있을 뿐이다. 우리가 신체를 가지고 있는 한 폭력은 숙명이다." 우리는 실제로 많은 폭력을 무의식적으로 저지르며 살아간다. 내가 몸을 가지고 있다는 사실만으로도 나는 어떤 세계를 파괴하며 살아가야 한다. 다만 그 폭력의 종류와 정도만 달리할 수 있을 뿐이다. 이것은 먹는 데만 국한되는 이야기가 아니다. 우리는 끊임없이 말을 하며 살고 누군가는 그 말로 인해 상처를 입는다. 하여, 우리는 때때로 우리의 의지와는 전혀 관계없이 존재 자체로 누군가에게 폭력을 행사할 수 있음을 꼭 알아야 한다.

우리는 타인에게 상처 줄 가능성을 내포한 존재들이다. 불편하지만 받아들여야 하는 진실이다. 그러니 누군가에게 피해를 줄 수도 있다는 경계심과 이미 부지불식간에 피해를 주었을 수도 있다는 부채감을 가지고 살아야만 타인에게 상처 줄 가능성을 최대한으로 줄일 수 있다. 이렇게 폭력의 숙명성을 받아들여야 비로소 우리는 '의도적으로' 가장 적은 폭력을 행하고자 노력하게 될 것이다.

사회의 질서유지를 위해서는 위, 즉 '의도적인 노력'이 반드시 필요하다. 자유에 관해서는 누구보다도 전문가인 존 스튜어트 밀도 《자유론》에서 깔끔하게 정리했지 않은가. "개인 상호 간의 이익을 침해하지 않아야 하며, 남에게 해를 끼친다든가 남의 행복에 대한 정당한 고려를 하지 않는다면 벌을 받아 마땅하다."

3   요즘 아이들은 '꿈이 무엇이냐'고 물으면 자신 있게 대답할 수 있는 아이가 별로 없다. 뭘 하고 싶은지, 잘하는 게 뭔지 아이 스스로 잘 알지 못하기 때문이다. 아이들이 아는 직업은 많아야 20개 정도에 불과한데, 그나마 알고 있는 직업도 의사, 디자이너, 연예인처럼 TV에 자주 등장하는 것들이다. 문제는, 그렇게 청소년기를 보내고 힘들게 들어간 직장에서도 진정한 의미의 '꿈'은 실현되지 못한다는 것이다. 2016년 글로벌 리서치 기업인 스웨덴의 Universum이 전 세계 57개국의 젊은 직장인 20만 명을 대상으로 '직장인 행복지수'를 조사한 결과 한국은 (55위에 오른 인도를 제외한) 아시아 국가 중에서 가장 낮은 순위인 49위에 머무른 것으로 조사되었다. 직업 자체가 꿈이

되어버리니까 막상 직업을 가진 후에는 꿈이 없어져버린 것이다.

윌리엄 서머셋 몸은 천재 화가 폴 고갱의 생애에서 모티프를 얻어서《달과 6펜스》를 썼다. 이 책에 보면 화자가 주인공인 스트릭런드에게 "이제부터 노력해서 화가가 되기에는 너무 늦었다"라고 말하는 장면이 나온다. 그러자 스트릭런드는 "내가 말하고 있지 않소. 그림을 그리지 않고는 견딜 수가 없단 말이오. 나도 도저히 어쩔 수가 없소. 물에 빠진 사람은 수영을 잘하건 못하건 허우적거리며 헤엄을 칠 수밖에 없소. 그렇게 하지 않으면 그대로 물에 빠져 죽을 수밖에 없기 때문이오"라고 말한다. 여기서 스트릭런드에게는 '그림을 그리는 것' 자체가 중요하다는 것을 알 수 있다.

리처드 바크는《갈매기의 꿈》도입부에서 갈매기 떼를 이렇게 묘사했다.

"대부분의 갈매기들에게 문제가 되는 것은 날아오르는 것이 아니라 먹는 것이다."

이들은 매일 아침 부둣가에서 사람들이 던져주는 빵 부스러기를 받아먹는다. 그러나 '조나단 리빙스턴'이라 불리는 한 특별한 갈매기에게 중요한 것은 먹는 것이 아니라 나는 것이다. 조나단은 날개가 단순히 빵을 받아먹기 위해 존재한다고는 생각지 않았고, 날개를 통해 할 수 있는 여러 비행술을 혼자 연습했다. 조나단의 아버지는 오히려 그를 나무란다.

"네가 나는 이유는 먹기 위해서라는 것을 잊지 마라."

그러나 조나단은 막무가내였다.

"먹지 못해서 뼈와 깃털만 남아도 상관없어요. 전 다만 공중에서 제가 무엇을 할 수 있는지 알고 싶을 뿐이에요."

조나단은 급강하, 공중제비, 저공비행 등 자신이 할 수 있는 모든 비행 방법을 시도해본다. 그의 비행을 보며 동료들도 모두 부질없는 짓이라 손가락질했다. 조나단은 결국 동료들에게 외면을 당한다. 오히려 더 담대하게 높은 하늘로 올라가게 된 조나단 리빙스턴은 깨닫는다. '가장 높이 나는 새가 가장 멀리 본다'라는 사실을.

4   헤르만 헤세의《유리알 유희》에도 산수몽괘가 나온다. 이 소설에서 노형이 몽괘에 대한 판단을 하는 장면이 나오는데, 헤세는 리하르트 빌헬름이 독일어로 번역해 놓은 몽괘에 대한 괘사를 약간 고쳐 인용했다. 헤세가 참조했던 빌헬름의 산수몽괘의 괘사 해석은 다음과 같다.

"젊은 시절의 어리석음이란 하등 나쁜 것이 아니다. 젊음이란 성공을 거둘 수 있는 것이다. 다만 노련한 스승을 찾아내어 그의 올바른 가르침을 따라야 한다. 여기에는 우선 자기 자신의 미숙함을 느끼고 스승을 찾는 것이 중요하다. 이러한 겸손과 이러한 관심만이 없어서는 안 될 수용 자세를 보장해 주는 바, 이는 경외심으로 가득 찬 스승을 인정하는 마음에 나타난다. 그렇기 때문에 스승은 제자가 찾아올 때까지 조용히 기다려야만 한다. 스승이 스스로 제안을 해서는 안 된다. 이렇게 해야만 적절한 시기에 올바른 방법으로 성공적인 가르침이 이루어질 수 있다."

05

수천수

감상건하

위에는 감괘☵, 아래에는 건괘☰인 대성괘

때를 기다린다는 것은 굳은 믿음이 있어야 한다. 믿음으로 기다리면 크게 형통하고 마침내 길하다. 큰 강을 건너는 것이 이롭다.

• 기다릴 수, 기를 수, 구할 수, 공급할 수(성수기, 수요, 필수) • 미쁠 부: 믿음성이 있다

• 건널 섭(교섭, 간섭, 섭외)

풀이 기다림에는 할 수 있다는 믿음과 자신감이 있어야 하며, 목표가 분명해야 한다. 그러한 기다림이라면 그 과정에 약간의 어려움이 있을지라도 무섭거나 두려울 것이 없다. 그러니 어둠 속의 빛처럼 거침없이 기다림을 향해 나아갈 수 있다. 이것이 광형이다. 혹은 믿음이 생기는 순간, 기다림에도 광명의 빛이 보인다고 해석해도 좋다.

이렇게 기다릴 수 있다면 그 끝이 좋지 않을 수가 없다. 리섭대천은 '큰 내를 건넘이 이롭다'라는 뜻으로 모험정신을 강조하기 위해 주역에 자주 나오는 표현이다.

주역의 64괘 가운데 5번째 괘는 수천수괘다. 이 괘는 물, 구름, 험난함을 나타내는 감괘☵가 하늘을 나타내는 건괘☰ 위에 자리하는데, '구름이 하늘에 있으니 지금 당장 비가 되지는 않지만 기다리면 비가 되어 내릴 것이다'라는 뜻이다.

하늘 위의 물은 구름이다. 구름이 비가 되려면 때와 조건이 맞아야 하듯이, 기다림은 내실을 기하는 시간이다. 기다림의 경지 중에서도 최고의 기다림은 '즐겁게 기다림'이다. 이는 곧 능동적인 기다림을 말한다. 뚜렷한 목적 설정을 하고, 성실한 마음으로 힘과 기운을 기르면서 때를

기다리면 언젠가는 기회를 얻을 수 있다.

어머니 뱃속에서 열 달을 기다려 이 세상에 나오는 순간부터 모든 것을 내려놓고 죽는 순간까지 우리 인생은 기다림의 연속이다. 누구나 태어나서 죽을 때까지 자기의 뜻이나 목표가 이루어지기를 기다리며 산다. 아마도 우리 삶에 기다림이 없다면 희망이 없는 삶, 의미 없는 삶이 되고 말 것이다.[1]

앞서 살펴본 산수몽은 몽매하고 어림을 말한다. 어린 것은 반드시 기르지 않으면 안 되므로 그다음 괘를 수천수괘로 받았으며, 수는 음식의 도다. 무릇 만물이 어리면 반드시 길러져야 성장하게 되는데, 양육에 필요한 것이 음식이므로 수를 음식의 도라 한 것이다. 음식은 사람을 자양하여 윤택하게 한다. 그러므로 수가 음식의 도로써 몽괘의 뒤를 이은 것이며, 괘의 큰 뜻은 '마땅히 기다리는 것'이다. 강태공이 문왕을 기다리는 심정이나, 제갈량[2]이 유비를 기다리는 형상과 같다.

`효사`

`초구` 수우교[3] 리용항 무구

들(교외)에서 기다림이다. 변함없는 마음, 항심을 가져 이로우니 허물이 없다.

- 쓰일 수, 기다릴 수, 기를 수, 구할 수, 공급할 수(성수기, 수요, 필수)

- 들 교, 성 밖 교, 시골 교(교외, 근교)

풀이 초구는 험난함(감괘)으로부터 가장 멀리 있기 때문에 교외에서 기다리는 것이다. 교외에서 기다린다는 건 어렵고 위험한 일을 함부로 하지 않는다는 뜻이다. 항심을 가져 허물이 없는 것은 자기가 지켜야 할 자리, 일상적인 상태를 잃지 않았기 때문이다.

기다림에 돌입했다는 것은 목표를 정하고 준비를 마쳤거나 준비하는 과정에서 때가 오기를, 혹은 제도나 환경이 마련되기를, 사람이 오기를 기다리는 것으로 압축할 수 있다. 원대한 꿈을 갖고 인생의 목표를 실행할 때는 급하게 서둘러 빨리 이루려고 하면 문제가 발생할 수 있다. 다분히 소극적으로 보이지만 소극적이 아니라 매우 적극적인 은근함과 끈기를 요구하고 있다. 그래야 허물도 없고 성공에 이를 수 있다. 조급하게 생각하지 말고 평상심을 가지고 느긋하게 기다려야 한다. 만약 서둘러 나가면 항구성을 벗어나 실수를 하게 된다. 꾹 참고 건널 수 있을 때까지 기다려야만 한다. 조용하게 기다릴 터이고 변함없이 늘 그러한 모습이라 허물이 없다.

구이 수우사 소유언 종길

모래밭에서 기다림이다. 약간의 구설수가 있으나 끝내는 길하다.

• 모래 사 • 소유언: 조금 말이 있다. 약간의 구설수가 있다 • 종길: 끝내 길하다

풀이 구이는 위험에 조금 가까워진 것으로, 모래톱에서 기다림이 된다. 위험에 점차 접근하지만 아직 환난의 해를 입지는 않은 상태이므로

구설수가 있음이다. 모래밭은 초구에 나왔던 들판이랑은 분위기가 사뭇 다르다. 구이는 기다림의 과정에서 겪는 작은 어려움을 말한다. 발이 쑥쑥 빠지기 때문에 한 치 앞도 내다볼 수 없는 모래 늪에 선 것처럼 자신의 기다림에 의심이 생기고 구설수가 있을 수도 있다. 특히 자신의 길을 가려고 기다리는 사람은 주위 사람들에게 작은 말을 들을 수밖에 없다. "언제까지 그렇게 살 거냐?", "남들처럼 평범하게 살아야 되지 않겠냐?" 등이 그것이다. 그러나 자신만의 믿음이 확고하다면 작은 말에 흔들리지 않을 것이다. 그렇게 모래 늪을 무사히 건널 수 있을 때 마침내 길하게 된다고 구이의 효사는 말한다.

구삼 수우니 치구지

진흙밭에서 기다림이니, 도둑을 이르게 하는 것이다.

• 진흙 니 • 이를 치, 도달할 치(납치, 일치) • 도둑 구(왜구) • 이를 지

풀이 스스로 적을 불러들인다. 구삼은 강하기는 하나 중이 아니고, 굳센 상위에 있어서 지나치게 움직여 나아가는 상이다. 그러므로 환난을 자초하는 것이니, 만약 삼가고 조심하지 않으면 화를 당할 것이다. 모래밭에서 한발 더 나아가 진흙밭에 이른 상태다. 험한 물이 바로 눈앞에 있다. 겁나는 장소에서 기다리다 보면 조급한 마음이 생겨 범죄와 타협하는 상태를 초래할 위험도 있다. 이런 때일수록 신중하고 경건한 자세로 대처해야 한다.

수천수괘는 감괘와 건괘로 이루어졌다. 감괘는 험난함을 표현한다. 즉, 어려운 상황(물)에 한발 한발 나아가고 있는 것이다. 비유하자면 구이가 바닷가의 모래사장이라면 구삼은 갯벌쯤 되겠다. 이처럼 기다림은 단순하고 지루한 과정이 아니라 온갖 고행의 장이다. 그러나 그 덕분에 치열한 수행의 장이 되기도 한다.

수행을 견뎌내는 것은 말처럼 쉬운 일이 아니다. 자신의 뜻을 접고 중도에 그만두는 경우도 허다하다. 구삼의 효사에서는 그럴 경우를 도적을 불러들이는 것에 비유했다. 그 진흙 구덩이가 끝나도록 바다에 빠지지 않고 기다리는 끈기가 필요하다.

육사 수우혈 출자혈

피 칠갑을 하고 기다렸다가, 험난한 구멍으로부터 나온다.

• 구멍 혈, 동굴 혈

[풀이]   육사는 험난함에 직면하여 혈거에서 숨을 죽이고 기다리다가 때를 만나 나오는 것을 말한다. 험한 사지에서 기다리다가 스스로 사지에서 빠져나온다. 육사는 득중은 못했지만 음이 음의 자리에 왔으므로 득위했으며, 대신의 자리에 있고 초구와 정응이 되므로, 바름을 지키고 구오 인군을 따름으로써, 어려움을 벗어나게 되는 것이다.

육사의 감괘는 물이 피로 변한다. 피를 보는 자리에 육사가 있는 것이다. 그러나 음이 제자리에 순하게 있기 때문에 피를 보는 자리에서 기다리지만 결국 피를 보지는 않게 된다. 순한 음으로 남의 옳은 말을 귀담아듣고 그대로 따르기 때문이다. 그렇다면 비록 피밭에서 기다리는 입장에 처해도 후방의 강력한 응원군의 도움을 받아 그 구덩이에서 탈출하게 된다. 위험을 무릅쓰고 참고 견디어야 위험에서 벗어난다.

모래 늪, 진흙탕을 거쳐서 이제 피바다까지 이르렀다. 그러나 육사는 피바다 속에서도 피를 보지 않는다. 어떤 해도 당하지 않고 탈출구로 쏙 빠져나온다. 그것은 단순히 육사가 운이 좋아서가 아니다. 육사는 음으로서 세상에 순응하고 정직하게 행동하기 때문이다. 육사가 이러한 음덕을 발휘할 수 있었던 것은 전적으로 초구에서 말한 일상을 지켜나가는 항심 덕분이다.

정직하고 바른 마음은 하루아침에 이루어지는 게 아니다. 항상 자신을 갈고 닦을 때 마치 자신의 습관처럼 몸에 각인된다. 그래서 피바다와 같은 절체절명의 순간에도 자신을 보존할 수 있는 것이다. 아무리 힘든 상황에도 바른 마음으로 기다려야 함을 주역은 알려준다.

구오 수우주식 정길

술과 음식에서 기다림이니 곧고 길하다.

• 주식: 술과 음식

풀이 마음 편하게 즐기면서 기다린다면 끝내 길하다. 가정이 안정되고 자신의 활동도 잘 유지하며 기다린다는 것은 충실한 기다림으로 끝이 길하다. 멋진 기다림이다. 어떠한 경우든 군자는 자신과 가족이 먹고 사는 문제를 해결하고 움직여야 한다. 가족을 팽개치고 욕심에 찬 움직임은 성공하더라도 남는 것이 없다.

구오는 인군의 자리이므로 인군의 기다림이다. 인군이란 백성을 다스리는 자리다. 백성을 다스리기 위해서는 백성들이 배불리 먹을 수 있도록 좋은 정치를 베푸는 게 중요하다.《맹자》에도 나오듯 백성들은 생업이 있어야 항심이 생기기 때문이다. 그래서 구오의 효사에서 '술과 음식에서 기다린다'고 한 것이다. 백성들에게 일상을 영위하게 하라, 이것이 구오 인군의 임무이다. 기다림이 성취되는 시점은 기대보다 늦다. 그래서 자기의 평소생활을 즐기며 잊은 듯이 느긋하게 기다려야 한다는 것이다.

상육 입우혈 유불속지객삼인래 경지 종길

구멍에 들어감이니 청하지 않은 손님 셋이 찾아오는데, 공경하면 마침내 길하다.

• 유불속지객: 부르지 않은 손님 • 삼인래: 세 사람이 찾아오다

풀이 상육은 이제 기다림이 끝난 자리다. 기다림은 무언가를 간절하게 원할 때 발생한다. 그러나 상육은 더 원하는 것 없다. 그래서 상육은 세상사에 미련을 두지 않는다. 초구에서 구오까지 긴 기다림을 겪으면서 욕망에 휩쓸리지 않게 된 것이다. 하여 상육은 모든 기다림의 세월을

마치고 깊은 산 속으로 들어간다. 이 세상에서는 더 기다릴 일이 없는 것이다.

수레바퀴 소리 하나 들리지 않는 한적한 곳에 뜻밖의 손님 세 사람이 찾아온다. 여기에 나오는 '객삼인'은 천, 지, 인을 뜻하는 것이다. 때가 이르고 환경이 무르익고 도와주는 사람이 생긴다는 의미로 새길 수 있다.

편안하게 거처하므로 (뒤를 따라) 스스로 찾아오는 사람들이 있을 것이니 공경하여 맞이하면 결과가 길하다. 상육은 이미 기다림 끝에 안식처를 얻은 바이므로, 삼양이 무리 지어 오는 것을 꺼려 하거나 시기하며 경쟁하려는 마음을 두지 말고 지성으로 공경하며 맞이해야 한다.

기다림에도 원칙이 있다. 첫째는 믿음이다. 둘째는 현실에 대한 적극적인 자세다. 셋째는 마침내 도래한 타이밍을 정확히 판단하여 일을 추진하는 능력이다. 이것을 알아야 진정으로 기다림의 미학을 깨닫고 때를 만나 큰일을 이룰 수 있다.

요약 연암 박지원의 소설 《허생전》에 나오는 허생은 방에 앉아서 글공부만 하는 가난한 선비다. 아내의 눈에는 아무짝에도 쓸모없는 공부만 하는 무능력한 가장으로 비친다. 그러나 허생은 당당하게 말한다. "아깝다! 내가 본래 10년을 기약하고 글을 읽어 이제 7년이 되었건만."

10년이라는 긴 세월을 어떤 의심 없이 기약할 수 있는 여유, 그것은 자신에 대한 믿음이 굳건하기 때문에 가능하다. 여기서 믿음은 근거 없는 자신감이 아니라 삶을 바꾸는 원동력이 된다. 허생은 글공부를 통해서 세상의 이치를 깨우친다. 그리고 때가 이르자 세상 밖으로 나가서 한

양 최고의 부자인 변승업을 찾아가 1만 냥을 빌린 뒤 자신의 지혜와 기지를 마음껏 발휘한다.

자신을 믿는 마음은 어디서 나오는 것일까. 허생이 10년 동안 기다릴 수 있었던 것은 비가 오려면 먼저 구름이 형성되어야 한다는 것을 알았기 때문이다. 비는 그냥 오지 않는다. 대기 중의 수증기가 하늘로 올라가 물방울이 될 때까지 기다려야 세상을 적시는 단비가 될 수 있다. 허생은 천지의 이치를 꿰뚫었기 때문에 기다릴 수 있었다.

수천수는 기다림의 괘다. 어떤 상황이 닥치더라도 바른 마음으로 꿋꿋이 기다리라는 것. 그렇게 될 때 구름은 단비가 될 수 있다. 단비가 되어 천하를 적시고 싶다면 기다려야 한다. 이것이 수천수괘의 조언이다.

1 기다림의 대명사로는 강상(강태공)을 으뜸으로 치는데, 3,000여 년 전 강태공은 위수에서 빈 낚싯대를 드리운 채 세월을 낚으며 대인을 기다렸다. 70세에 이르러서야 인재를 찾아 천하를 돌던 문왕에게 발굴되어 문왕과 무왕을 도와 은나라를 멸하고 주 나라를 창건하는 데 큰 공을 세웠다. 주나라가 창건되자 강태공은 천자인 무왕으로부 터 제나라의 왕으로 임명되어 제나라의 시조가 된다.

그러나 강태공이 아무리 뛰어난 능력을 지녔다 해도 자기 능력을 발굴해 줄 문왕을 만 나지 못했다면 그저 평생을 기러기와 벗하며 살았을 것이다. 강태공은 언젠가는 자기 뜻을 펼칠 수 있는 때가 올 것을 알고 인내로써 그 긴 세월을 기다린 것이다.

2 《삼국지》의 스타 제갈량은 남양 땅의 시골집에 있을 때, 문설주에 '담박이명지, 영 정이치원(담박하게 뜻을 가다듬고, 깊은 사려로 내일 벌어질 일을 생각함)'이라는 문 구를 걸어놓고 천하의 형세를 담담하게 관찰하면서 지냈다. 신라시대 최고의 지성인 이었던 최치원의 이름은 제갈량의 문설주에 있던 문구에서 따왔다. 제갈량처럼 세상 을 담백한 눈으로 바라보았지만 최치원은 현실에 참여하지 못했다. 시대와 환경이 달 랐던 것이다. 제갈량은 당시의 심경을 다음과 같은 시에 담았다.

"초당 안에서 늘어지게 낮잠을 자고 있는데 창밖에는 봄날의 해가 한없이 길구나. 큰 꿈을 누가 먼저 깨달을 것인가? 내 평생의 일은 내가 스스로 이미 다 짐작하고 있다네 (초당춘수족 창외일지지 대몽수선각 평생아자지)."

천하를 주름잡을 만큼 큰 역량과 경륜을 가슴에 간직하고 있으면서도 때가 오기를 기 다리며, 초조하거나 동요함이 없이 시골의 초가집에서 늘어지게 낮잠을 자고 있는 그 유유자적한 심경이 얼마나 담담한가. 그는 때가 무엇인가를 아는 현명을 지니고 있 던 것이다. 모든 준비가 이미 다 되었건만 아직도 신중히 시기의 성숙을 기다리는 자 신만만하고 여유 있는 기다림, 이것이 바로 수괘가 상징하는 기다림인 것이다.

3 주왕의 포학함이 더욱 심해져서 왕자 비간을 죽이고 기자를 감금했다는 소문이 들리자, 무왕은 제후들을 동원하여 주왕의 정벌에 나섰다. 군사인 여상(강태공)의 계 획에 따라 무왕은 군대를 상나라 교외의 목야에 집결시킨 후 진을 치고 천명을 기다 렸다. 정약용은 수괘 초구의 "수우교"가 바로 이 점괘에 해당된다고 말한다. 목야 전

투는 고대 중국 역사상 가장 규모가 컸던 전쟁이었다. 이때 무왕이 동원한 병력은 전차 300승, 장교 3,000명, 전투원 4만5,000명이었으며, 주왕은 이를 70만 대군으로 맞섰다고 한다.

06

천수송

건상감하

위에는 건괘☰, 아래에는 감괘☵인 대성괘

• 소송할 송

괘사 유부질척 중길종흉 리견대인 불리섭대천

송은 (구오가 중정을 얻어) 믿음이 있으나 (감의 험한 데에) 막혀서 두려우니, 중간은 길하고 끝은 흉하여 대인을 봄이 이롭고 큰 내를 건넘은 이롭지 않다.

• 막힐 질, 멈출 질(질소, 질식) • 중길종흉: 중도에 멈추면 길하고 끝까지 가면 흉하다

• 불리섭대천: 큰 내를 건너는 것이 이롭지 않다

풀이 괘사를 의역하면 '소송을 할 때 내가 옳다는 믿음이 있더라도 서로 대립하는 것은 숨막히고 두렵다. 중간에 그만두면 길하나 끝까지 가면 흉하다'라는 것이다. 하여 군자는 일이 어긋나서 소송이 생기지 않도록 일을 시작할 때부터 깊이 생각해야 한다.

송괘는 소송, 재판 등의 다툼을 이야기한다. 서로 자기의 의견만 고집하기 때문에 불협화음이 생겨 싸움이 벌어지고 소송이 일어나게 된다. 이럴 때, 아무리 자신에게 타당한 이유가 있다 하더라도 끝까지 자신의 뜻을 관철시키려고 하면, 오히려 상대방을 노하게 하며 불리한 결과를 초래하게 된다. 또한 상대방을 너무 공격해도 안 되며 싸워서 이긴다 해도 득이 되지 않는다. 오히려 인심을 잃고 원망만 듣게 된다. 항상 겸손과 양보로 상대방과의 대립을 피하는 것이 좋다.[1]

공자는 《서괘전》에서 "어렵고 몽매한 때에 음식이 나오니 반드시 다툼이 있게 된다"라고 했다. 그래서 둔괘, 몽괘 다음에 수괘, 송괘를 놓은 것이다. 사람이 기다리는 것이 음식이고, 이미 기다린 바가 있었다면 이로써 쟁송이 일어나게 되는 것이다. 괘가 '건상감하'이므로 상으로 말하

면 건의 양은 위로 오르고, 수의 성질은 아래로 흐르는 것이므로[2] 서로의 향하는 바가 다르기 때문에 쟁송이 일어난다.

송은 앞의 수천수괘의 도전괘다. 다툼이란 실력이 대등할 때 생기는 것이다. 서로 이길 자신이 있기 때문에 자기 의사를 고집하여 의사 불통하여 싸움이 생긴다.[3] 끝없는 대립은 금물이다. 구이가 말썽이다. 구이는 부정위면서 득중을 했다 하여 구오를 넘보고 대립하는 형상이다.

'신(믿을 신)'은 서로가 믿는 것이요, '부(미쁠 부)'는 자신의 마음을 믿는 것이다. '송'이란 분쟁하는 것이다. 상괘 건은 구오가 득중하고 하괘 감은 구이가 득중하니, 각자 자신을 믿는 것(유부)이다. 서로가 자신을 믿으므로 송사가 쉽게 끝나지 않고 잘잘못도 판별되지 않는 상태이니, 꼭 송사에 이긴다는 보장이 없어 두려운 것이다. 이에 각기 중정한 덕으로 분별하여 화해하면 길하고, 끝까지 송사를 벌이면 흉하다. 따라서 송사를 잘 분별하여 양자 간의 충돌을 원만하게 해결해 줄 훌륭한 지도자(대인)를 만나는 것이 이로우며, 송사같이 험하고 빠지는 곳에 나아가지 말고 편안한 곳을 택하는 것이 좋다.

효사

초육 불영소사 소유언 종길

일삼는 배(송사)를 길게 하지 않으면 조금 말이 있으나 끝내는 길하리라.

• 길 영(영원, 영구) • 배(일의 방법이나 방도) 소(장소, 소문)

• 소유언: 조금 말이 있다. 약간의 구설수가 있다.

한마디로 송사는 오래 할 것이 못 된다. 적당한 시기에 그쳐야 한다. 그렇게 하면 다소의 말썽은 있을 것이나 결국은 길하다. 초육은 맨 밑으로 유약하고 지위가 낮은 백성의 자리다. 그래서 축적하는 힘이 아직은 미약한 어린 음이다. 그런데 지금 초육은 구사의 양과 상대하고 있다. 구사는 고위직으로 막강하다. 이럴 때에는 송사를 길게 끌지 않아야 한다. 사태를 살피고 그만둔다면 길하다. 그러나 세상사가 전부 송사다. 싸움 아닌 것이 없다. 이길 때도 있고 질 때도 있다. 상대를 잘 살펴서 무모한 싸움은 멈추는 것이 상책이다. 다음을 도모해야 하는 것이다. 그래서 인생은 일진일퇴다.

구이 불극송 귀이포 기읍인삼백호 무생

송사를 이기지 못해 시골로 도망쳐 숨으니, 그 읍의 사람이 삼백 호 정도이면 재앙(탈)이 없다.

• 불극송: 소송을 이기지 못하다 • 돌아갈 귀(복귀, 귀국, 귀환, 귀가) • 말 이을 이(형이상학, 이립)

• 도망갈 포(세금포탈) • 기읍인: 그 읍의 사람 • 집 호, 사람 호(호적, 가가호호)

• 흐릴 생, 눈에 백태낄 생, 재앙 생 • 무생: 재앙이 없다. 탈이 없다.

풀이 구이가 송사의 주가 되나, 중덕이 있으므로 인군인 구오의 중정한 덕을 이기지 못할 것을 알고, 화해하고 물러나 삼백 호 정도의 작은 주인이 되어 인군에 대항할 뜻이 없다는 것을 알리니 재앙이 없게 되는 것이다. 구이는 구오 인군과 직접 응해서 송사를 하고 있다. 그러나 구오는 막강하다. 너무 강한 상대를 만났다. 아랫사람이 도리어 윗사람과 항쟁하니 화를 초래하는 것은 당연하다. 고로 얼른 자기 갈 데로 도망쳐야 한다. 그렇다고 도망가서 큰 나라를 세우려고 하면 안 된다. 주역이 적당하다 알려주는 곳은 읍사람이 삼백 호쯤 되는 그런 고을이다. 더 욕심내면 탈 난다.

이기지 못하는 상대임을 안다면 '귀이포(돌아가 도망함)'하라. 도망이 부끄러운 것은 아니다. 36계 주위상(도망가는 것이 상책)이다. 지기 위해 싸워서는 안 된다. 그렇다고 무서우니 피하라는 말은 더더욱 아니다. 싸움의 전략을 배치에 맞춰 바꾸라는 말이다. 앞뒤 안 가리고 갔다가는 싸움은커녕 마주하자마자 상대에게 당하고 만다.[4]

루쉰은 《자명등》이라는 소설에서 그 반대 상황을 극명하게 보여준다. 마을 사람들은 자신의 힘을 유지하기 위해 전통이라는 미명 아래 별 의미도 없는 등불을 계속 켠다. 이를 보고 광자는 마을 사람들과 적이 되어 등불을 끄려 하지만 마을 사람들에게 잡혀 방에 영원히 갇혀버리고 만다. 적은 온갖 곳에 숨어 있다. 그래서 오히려 더 힘이 세다. 그는 상대를 뒤집을 방도를 더 연구하기 위해 잠시 피했어야 했다. 준비 없이 즉자적으로 행동에 나섰다가 결국 역공에 영원히 갇혀버리고 만 것이다. 필요하면 도망가야 한다.

육삼 식구덕 정 려 종길 혹종왕사 무성

옛 은덕으로 먹고살아, 곧아도 위태롭지만 끝내 길하리니, 혹 기회가 생겨 왕을 따라 일을 하더라도 이루는 것은 없다.

• 옛 구(친구, 복구) • 큰 덕, 덕 덕, 은덕 덕 • 혹 혹(혹시, 간혹) • 좇을 종(복종, 종업원)

• 왕사: 임금을 위하여 하는 나랏일 • 무성: 이룸이 없다

풀이 육삼은 부중, 부정하고 음유한 효로서 감괘의 험난함에 처해 있고, 강한 구사와 구이의 사이에 있으니 위태한 처지다. 따라서 송사를 일으키지 말고, 자신의 처지를 알아 조상이 남긴 유업이나 유산을 지키며 바르게 하면 비록 양강한 구이를 타고 있어 위태로운 처지이나 끝내는 길하게 된다.

'혹종왕사 무성'은 중지곤괘의 육삼효에서 '혹 왕의 일을 좇더라도 (내가) 이루는 바는 없다. 왕의 일을 좇을 뿐, 자기가 앞장서서 그 공적을 이루려 들지 않는다'라고 해석했음을 상기하기 바란다. 이렇게 해석할 경우, '왕이 명하는 일이나 왕이 하는 일에 따라야 하지, 혹시나 제멋대로 뭔가를 이루려고 하면 안 된다'라는 뜻이다. 피하지는 않지만 상대에게는 순응하라는 말이다.

육삼도 초육과 같은 음이다. 고로 이 효도 약하다. 그럼에도 불구하고 상구(맨 위의 효)와 송사를 해야 하는 처지다. 물론 상구는 양이므로 무척 강하다. 그래서 육삼은 구덕(옛 은덕)을 먹으라 했다. 기약 없는 송사일랑 때려치우고 예부터 내려온 조상 덕이나 먹고살라는 것이며, 절대 욕심을 내지 말라는 말이다. 또는 '가능한 한 부딪치지 않고 부모로부터 받은 것을 가지고 조용히 살아라. 문제가 있더라도 부딪치고 나서는 것을 싫어하고 주어진 대로 사는 삶이므로 공적인 일을 하더라도 큰 성과를 내지는 못한다'라고 해석할 수도 있다.

불극송 복즉명 유 안정 길

송사를 이기지 못하고, 명령에 따라 자기 삶으로 돌아와 변하여(반성하여) 끝까지 편안히 하면 길할 것이다.

• 회복할 복, 돌아올 복, 다시 부(회복, 반복, 복원, 복구, 광복절, 부활)

• 불극송: 소송을 이기지 못하다 • 목숨 명, 명령 명 • 변할 투, 변할 유

풀이 구사는 강건한 양인데다 중정이 아니므로 본시 다툼이 있는 자인데, 구오와 육삼 사이에 끼어서 초육과 정응하고 있다. 구오는 군주이므로 의리상 이길 수 없고, 육삼은 유약하기 때문에 다툴 수 없으며, 초육은 정응으로 순종하니 다툴 수 없다. 구사가 비록 강건하여 다투려는 마음은 있지만 상대할 자가 없으므로 의리상 송사를 일으킬 수 없음이 곧 '불극송'이다. 다투려는 강한 집념을 스스로 이겨내고 천명으로 복귀하여 편안한 마음을 회복하면 길할 것이다.

구사는 구오 바로 밑에 있어서 자꾸 구오와 한판 대결을 해보고 싶다. 구사가 보기에 자신이 그만한 힘이 있는 것처럼 느껴진다. 그러나 그것은 망상인 경우가 대부분이다. 구사는 자기 직책, 즉 신하의 도리를 잃지 않으려고 해야 한다. 분수를 지켜 구오의 명에 복종해야 하는 것이다. 물러나 제 분수를 지키며 천명을 쫓아 지금까지의 태도를 고쳐 바른 길에 안정하고 있으면 길하다.

구오 송 원길

송사에 크게 길함이다.

• 소송할 송 • 원길: 으뜸으로 길하다

풀이 구오는 중정한 군주로 곧 송사를 다스리는 자다. 중정하므로 곧 원길이다. 원길은 대길이면서도 최고의 '선'임을 말한다. 구오는 막강하다. 강한 괘인 건괘에서 중을 얻고 있고 양이 양 자리에 바르게 있기 때문에 강하다. 아무도 구오와 송사할 엄두를 못 낸다. 송괘에서 유일하게 송사를 낙관하는 괘다.

상구 혹석지반대 종조삼치지

혹 반대(허리띠)를 상으로 하사받더라도, 아침나절 동안 세 번 빼앗길 것이다.

• 주석 석, 줄 석, 하사할 석 • 반대: 허리띠 • 마칠 종 • 아침 조 • 빼앗을 치

풀이 효사를 의역하면 '끝끝내 소송해서 이기고 상을 받는 일이 있을 수도 있지만, 소송을 통해 얻은 것은 존경받지 못하고, 그 결과가 뒤집힐 수도 있다'라는 뜻이다. 반대는 장식을 한 허리띠를 말하는 것으로, 이는 관직을 하사받는다는 말이다. 상구는 지극히 강건하며 송극이므로 송사를 최후까지 끌고 나간 사람이다. 송사를 궁극에까지 몰고 가면 결국은 화를 부르고 몸을 망친다. 혹 송사에 이겨서 그 대가로 관직과 포상을 받는다 하더라도 역시 원수는 남아 있는 것이니 그것을 안전하게

보전하기는 어렵다. 그러므로 아침이 지날 때까지 세 번이나 탈취당할 것이라고 했다.

상구는 구오 인군에게 자기와 응하는 육삼을 모함해 자기가 큰 공을 세운 양 내세운다. 구오 천자가 이런 사정도 모르고 처음엔 상구의 말만 듣고 큰 상(반대)을 준다. 그러나 천자가 나중에 그 전모를 알고, 조회가 끝날 무렵까지 상으로 줬던 반대를 세 번이나 빼앗는다. 임금의 노여움을 곱절로 되돌려받은 것이다. 임금과 가까이할 기회가 많은 신하들은 모두 이런 위험에 처해 있다. 임금을 현혹시킬 수는 있어서 처음엔 운 좋게 많은 것을 소유하게 되지만, 나중에는 임금이 반대를 빼앗듯이 하루아침에 다 빼앗아간다.

요약 송괘의 특이점은 어떻게 잘 싸우느냐를 말하지 않는다는 점이다. 오히려 싸움을 피하라고 가르친다. 괘상으로 보면 건괘가 '상대'이고, 아래 감괘가 '나 자신'이다. 물론 자신이 뭔가 믿음이 있어 싸울 만하다고 생각하니까 송사를 하는 것일 것이다. 그러나 구이처럼 자신이 처한 처지를 잘 알아야 한다. 그는 가운데에 꼭 막혀 있다. 배치를 보면 상대를 이길 가망이 별로 없다. 그래서 중도를 잘 지켜 중간에 그만두면 길하다고 말하는 것이다. 그러나 상구처럼 고집을 부려 끝까지 나가면 흉하다. 원래 송사는 되도록 피하는 것이 가장 좋은 것이다. 물론 대인을 만나 힘을 합치면 간혹 이기는 경우도 있다. 그러나 송괘는 기본적으로 험한 물이 당장 앞에 있어 대천을 건너기 어려운 상황을 말한다.

1 《논어》에서 공자는 "나도 다른 사람과 다름없이 송사를 재판한다. 그러나 송사는 반드시 없어져야 할 것이다(청송 오유인야 필야사무송)"라고 했다. 근본 문제는 재판에 있지 않고 소송 사건이 일어난다는 데 있는 것이다. 국민끼리 시비를 다투고 이익을 다투게 되는 근본 이유를 밝혀서 그 원인을 제거하는 것이 재판보다 어려운 것이다. 인생의 교사는 법정에 나가서 송사 듣는 것이 능사가 아니고 법정이 비어서 할 일이 없도록 인생의 근본 악을 다스리는 것이 목적이다.

2 하늘은 위에만 있는 성질의 것이다. 하늘은 땅으로 내려오지 않는다. 또 물은 아래로만 흐르는 성질의 것이다. 물은 위로는 흐르지 않는다. 그러니 하늘과 물은 서로 그 지향하는 방향이 반대다. 하늘과 물은 그 사이가 서로 가까워질 수 없으며 서로 호응하고 화합할 수 없다. 서로의 행동이 배반하게 되면 거기에는 반드시 다툼이 생기고 소송이 일어나곤 하는 것이다. 송은 이러한 상태의 상징이다.

인간에게 쟁송이 일어나는 까닭도 이와 같다. 위에 있는 사람은 아랫사람을 내려다보는 자세로 아랫사람의 인격을 존중하지 않고, 아랫사람은 윗사람의 의사나 명령을 무시하고 제 의사를 고집하는 경우에, 윗사람의 횡포와 독단이 생기고 아랫사람의 하극상 문제가 생기게 된다. 그렇게 되면 어쩔 수 없는 귀결로 쟁투와 소송이 벌어지게 마련이다.

쟁송이란 것은 좋은 일이 못 되니 서로 반성하여 잘못을 저지르지 않으려고 조심하는 마음으로 타협하고 조정하여 쟁송을 그치는 것이 좋다. 끝까지 싸워보겠다고 고집하다가는 종말에는 비참하고도 헤어날 수 없는 곤경에 빠지고 말 것이니 스스로 경계하라는 것이 이 괘의 교훈이다.

3 역사 이래 인간 사회에서 쟁송이 끊긴 적이 없다. 인류 역사는 쟁송의 기록이다. 이것이야말로 진정한 인간의 불행이며 치욕이다. 이 불행하고도 치욕적인 싸움의 역사 속에서도 가장 뼈저리고도 치명적인 상처를 입은 것은 우리 민족이다.

예컨대 조선 영조 때 조정에서 끊임없는 당파싸움을 전개한 조정 신하들이 그렇다. 15세기 이후 조선 왕조의 말기에 이르기까지 약 360년에 걸쳐 일어난 사화와 당쟁이 바로 그것이다. 부귀와 권력을 위해서는, 자기 당파의 이익을 위해서는, 수단과 방법을 가리지 않았다. 비굴하고 간악하고 음험하고 잔인한 방법으로 반대파를 모함하고 무고하여 허위 날조로 반역죄를 조작하는 데 조금도 주저함이 없었던 것이다. 반대파를 역적으로 몰아 하루아침에 어린이와 노인에 이르기까지 소위 삼족을 몰살시키고 그들과 조금만 친분이 있던 사람도, 사돈의 팔촌도 씨를 말렸으며 재산은 몰수하고 처첩을 종으로 만들고는 쾌재를 불렀던 것이다. 그리하면 살아남은 빈대당은 복수를 노리고, 복수하는 날이 오면 받은 박해를 몇 배로 갚았다. 이러한 잔인하고도 비인간적인 복수와 살육이 반복되는 동안 역적으로 몰리는 것은 번번이 지는 편의 죄명이었다.

이 사람들의 눈에 나라의 성패가 보일 리 없고 겨레의 흥망이 관심이 될 수 없었다. 마침내 나라는 망하여 남의 식민지가 되게 만들었던 것이다. 그들이 조금만 진실한 마음으로 주역의 이 교훈을 읽었더라면 윗자리에 있는 군자가 뛰어난 인품으로 아랫사람을 감화시키든가 아니면 아랫사람이 사심을 버리고 윗사람의 충고를 받아들여 모두가 패망하는 결과를 초래하지는 않았을 것이다.

4 사마천은 한 무제 시절의 역사가이며, 이릉 사건을 변호하다가 궁형을 당했다. 이릉 사건이 일어났을 때, 신하들 대부분이 이릉을 비난하고 이릉의 가족들을 모두 능지처참할 것을 주장했으나, 사마천은 이릉의 충절과 용감함을 찬양하고 두둔했기 때문에 한 무제의 노여움을 사게 되었다. 사마천은 태사령의 직책에서 파면을 당하고 감옥에 갇히는 신세가 되었다.

사마천은 사형을 받게 되었는데, 당시 사형을 면하려면 두 가지 방법이 있었다. 즉, 어마어마한 벌금을 내거나 생식기를 거세하는 궁형을 받는 것이었다. 당시에는 궁형을 받느니 죽음을 택하는 것이 옳다고 생각하는 사회 풍조였으나, 사마천은 궁형을 받고 죽음을 모면한 뒤 아버지 대부터 편찬 중이었던 역사서 《사기》의 편찬을 완료했다.

07

지수사

곤상감하

위에는 곤괘☷, 아래에는 감괘☵인 대성괘

사 정 장인 길 무구

전쟁[1]은 곧 멸망[2]이니, 전쟁터에 나가는 대장은 지모와 용맹이 뛰어난 백전노장(장인)[3]으로 군을 구성해야 길하고 허물이 없다.

• 스승 사, 군사 사, 군대 사, 벼슬 사 • 장인: 백전노장

풀이 '사'라는 말은 흔히 스승이라는 의미로 읽는다. 그런데 주역의 지수사괘에서는 스승은 스승이되, 제갈공명 같은 군사전략가다. 사 앞에 군(군사 군)이라는 말이 붙으면 조금 더 의미가 명확해진다. 그래서 지수사괘는 군사전략가, 군대, 전쟁 등 다양한 의미를 적용할 수 있다. 전쟁은 될 수 있으면 피해야 한다.

《손자병법》에도 비위부전, 즉 위급한 상황이 아니면 싸우지 말 것을 권한다. 고수는 자주 싸우지 않는다. 싸움은 이긴다 하더라도 엄청난 희생을 치러야 하며 자칫하면 승자도 패자도 없는 공멸만을 가져온다. 군사전략가는 매사에 있어 주도면밀한 계획과 준비가 필요하며, 일단 일을 시작하면 끝까지 밀고 나가야 한다. 그리고 병사를 지휘하는 장수답게 지(슬기 지, 지혜 지), 인(어질 인), 용(용감할 용)을 갖추어야 한다. 장수가 죽으면 아무리 잘 훈련된 병사라 할지라도 오합지졸이 된다.

다투게 되면(송사, 천수송) 반드시 군중이 일어나므로 다음을 지수사괘로 받았다. 지수사는 전쟁의 괘다. 사는 군사가 하나가 되어 나간다는 의미다. 사괘는 땅 아래로 흐르는 물의 모습을 상징으로 가지고 있다. 땅속에 작은 물줄기가 모여 큰 지하수 줄기가 되는 모양이며 영웅이 여러 군졸을 거느린 상이다. 군대에서는 병사들에게 진을 치는 법, 행군하

는 법, 공격로나 퇴로를 확보하는 법 등을 가르치는데, 땅 아래에 있는 물을 잘 관찰하면 땅 아래에서 수로를 뚫어 나아갈 길을 확보하거나, 아니면 함께 모여 진을 치는 데 있어서 군사가 하는 것처럼 능수능란하다는 것을 알 수 있다.

여섯 효 가운데 구이만이 강건한데다 하괘(☵)의 중을 얻었으니, 무리[4]를 이끄는 중심인물이 된다. 다섯 음은 구이를 좇아 무리를 짓는 상이며, '장인'은 곧 구이를 이른다. 전쟁은 혹독하다. 그러므로 아무때나 해서는 안 된다. 그러나 전쟁을 할 수밖에 없는 부득이한 상황을 백성이 이해한다면 혹독함을 마다하지 않고 따르게 될 것이다.

전쟁을 하려면 백성을 이해시키는 것이 우선이다. 즉 명분이 중요하다. 명분 없는 전쟁에 백성의 마음이 움직일 리 없다. 목적이 확실한 전쟁은 아무리 혹독할지라도 백성들이 목숨을 버리면서까지 따르므로 길하고 허물이 없다.

효사

초육 사출이율[5] 부 장 흉

군대의 출정(군의 통솔)에는 엄격한 군율이 있어야 한다. 만약 그렇게 하지 않는다면('부') 아무리 좋은 군대라도 흉하다.

• 날 출, 나갈 출 • 법칙 률(율)(법률, 운율) • 아닐 부, 막힐 비 • 착할 장, 좋을 장

풀이 군대는 군율을 지키며 나아간다. 사람의 마음이 착하더라도 위

계질서가 없으면 흉하다. 초육은 지수사괘의 처음을 도모하는 때다. 군사를 씀에 먼저 출사에 대한 대의명분이 있어야 하고, 행함에 있어서는 군율을 엄히 시행함으로써 병사들의 문란함과 포악함을 막아야 한다. 이 두 가지 법도가 없다면 비록 승리하는 바가 있더라도 백성에게 허물을 짓게 되니 흉한 것이다.

구이 재사 중 길 무구 왕삼석명

장수가 중군에 있으니(민중 가운데서 함께하니) 길하고 허물이 없다. 왕이 세 번이나 명을 하사할 것이다(후한 상을 받는다).

• 있을 재 • 왕삼석명: 왕이 세 번의 명령을 하사하다

풀이 구이를 두 가지로 해석할 수 있다. 첫째 해석은 이렇다. 군사를 동원하는 대장이 인군의 총애를 받아 여러 군사들이 복종한다. 인군이 세 번이나 훈장을 내려준다. 처음에는 임명하는 것이고, 두 번째는 사기를 북돋아 격려함이요, 세 번째는 승리를 비는 것이다. 전쟁에서 이기고 돌아와 온 나라를 포용하고 평화를 이루고자 하는 뜻이다.

둘째 해석은 이렇다. 전쟁에서는 싸우지 않고 이기는 외교전[6]이 최상이다. '재사'는 '전쟁 중에', 혹은 '전쟁에 임할 때에'라는 말이고, '중'은 좌도 아니고 우도 아닌 중간에서의 역할, 곧 외교를 말한다. 이렇게 해야 길하고 허물이 없다는 말이다. '왕삼석명'은 이러한 외교전에 능한 장수에 대해서는 임금이 세 번이나 상을 하사하는 명령을 내린다는 뜻이니, 그 중요성을 거듭 강조한 것이다.

구이는 앞에서도 언급했듯이 전체 괘에서 홀로 있는 양으로 리더의 역할을 수행한다. 위치도 내괘에서 가운데에 있다. 하여 구이에게 모든 음이 귀의하고, 또한 육오는 군주의 지위에서 음이므로 자신은 힘이 약하기 때문에 구이와 상응하여 모든 권한을 구이에게 주었다. 구이는 득중득정이므로 능히 공을 이루어 천하를 편안케 할 수 있어 왕의 하사함이 후하다.

지금은 전쟁을 피할 수 없는 상황이다. 백성을 살리기 위한 선택을 해야 한다. 그때 왕은 자신의 전권을 장수에게 이양하는 것으로 모두를 살리는 길을 걷게 된다. 이런 선택은 생각보다 위험하다. 전권을 가진 장군이 언제든지 왕을 위협할 수 있기 때문이다. 그러나 왕은 애민하는 마음으로 장수를 총애해야 한다. 이런 전제에서 왕은 장수를 임명하고, 독려하고, 승리를 빌며 전쟁터에 보내는 세 번의 명을 주게 되는 것이다.

육삼 사혹여시[7] 흉

군사가 혹시 수레에 시체를 싣게 될 수도 있으니, 흉하다.

• 수레 여, 명예 예 • 주검 시, 시체 시

풀이 군사를 통솔하는 데에 일사불란한 전임 체제가 아니고, 장수가 여럿이 된다면 틀림없이 패망을 초래할 것이다. 육삼은 부중부정하여 유약한 재질이나, 하괘의 윗자리에 처했고 양의 자리에 있으니 뜻만은 강하다. 그래서 욕심대로 주장하여 군사를 이끌면, 분수에 넘쳐 패하게 되니 어찌 공이 있겠는가?

육삼이 삐딱한 것은 양 자리에 음이 있어서다. 이것은 두 가지로 볼 수 있다. 육삼이 자기 자리를 모르고 엉뚱한 곳을 차지하고 있음을 뜻하기도 하고, 아니면 어쩔 수 없는 자리에 있으므로 만족할 수 없는 조건에 있다는 것이다.

육사 사좌차[8] 무구

군사가 진영으로 물러나니(후퇴하여 진영을 지키니) 허물이 없다.

• 좌차: 후퇴하여 진영을 지키다

풀이 육사는 음유하므로 능히 나아가 승리를 거둘 수 있는 자가 아니다. 따라서 나아갈 수 없음을 알기에 후퇴하여 진영에 머무는 것이다. 진퇴를 헤아려서 마땅한 바를 따르므로 허물이 없다. 전투는 진격, 멈춤, 후퇴의 세 가지 전술에 바탕을 두고 행해진다.

우리는 흔히 진격만이 의미가 있다고 생각하지만 무리한 공격은 오히려 패배의 원인이 되곤 한다. 사정이 여의치 않을 때에는 물러날 줄도 알아야 하며, 때로는 한곳에 멈출 줄도 알아야 한다. 전투에서의 후퇴나 멈춤은, 그것 자체로 허물이 되는 것이 아니다. 결국 전쟁에서 중요한 것은 한두 번의 후퇴와 같은 전술상의 문제가 아니라, 최종적인 승리임을 강조한 것이다.

밭에 새가 있거든 잡으라고 말하는 것(명령을 받는 것)이 이로우니 허물이 없다. 장자가 군사를 거느려야 하는데, 제자가 출사하게 되면 이는 수레에 시체를 싣고 오는 것과 같다. 이렇게 되면 일을 맡아 처리한 것이 흉하다.

• 전유금: 밭에 새(날짐승, 짐승)가 있다 • 잡을 집, 가질 집, 처리할 집, 두려워할 집(집권, 집착,

집행유예, 옹고집): 쇠고랑을 채우다, 죄인을 잡다 • 말씀 언, 계책 언, 호령 언

• 장자: 맏아들, 바르고 큰 장수 • 솔사: 군대를 잘 통솔하다

• 제자: 작은아들, 가르침을 받는 사람, 어리석은 장수 • 여시: 수레에 시체를 싣고 돌아오다

[풀이]　육오는 구이에게 출사의 명령을 내리는 주체다. 유순하면서 중도를 취하므로 스스로 싸움의 단서를 만드는 것이 아니고, 적이 침범하기 때문에 부득이하게 대적하는 것이다. 농사를 지으면 백성들이 먹어야 하는데, 그 밭을 해치는 새가 있다면 마땅히 잡아야 한다.

누가 새를 잡으라고 할 것인가? 이런 명령은 왕만이 할 수 있다. 따라서 왕은 백성들을 위해 해로운 날짐승을 잡는 것이 이롭고, 그리함에 허물이 없는 것이다. 그러나 아무에게나 새를 잡을 권한을 주면 안 된다. 왕의 뜻을 모르는 졸개를 잘못 선택하면 새를 잡기는커녕 밭만 망치게 된다. 왕의 뜻을 제대로 아는 자를 잘 선별하는 것이 중요하다.

장자는 구이이며 제자는 육삼과 육사. 만약 군자에게 위임을 하고 또다시 소인으로 하여금 출사에 참여하게 하면, 이는 시신을 수레에 싣고 돌아오는 것과 같다. 그러므로 결국 흉을 면할 수가 없는 것이다.

상육 대군유명 개국승가 소인물용

큰 임금이 명을 내리니, 나라를 열고 가문을 잇는다. 소인은 쓰지 말라.

• 대군유명: 큰 임금이 명을 내리니 • 개국: 나라를 열고 • 승가: 가문을 잇는다

• 소인: 간사하고 도량이 좁은 사람

풀이 상육은 사괘의 마지막 효요, 상괘인 곤괘의 유순한 덕이 지극한 곳으로 전쟁에 이긴 후 논공행상(공이 있고 없음이나 크고 작음을 따져 거기에 알맞은 상을 줌)을 하는 때다. 따라서 공에 따라 제후와 경대부로 삼되, 소인에게는 벼슬을 내려 나라를 어지럽게 하지 말고, 대신 금은보화로 상을 주는 것이 국가를 위해 좋은 것이다. 공이 있더라도 사사로운 욕심이 있는 사람을 써서는 안 된다. '개국승가'를 하는 데 소인을 임용하면 나라를 어지럽힌다. 교만함을 억제하지 못하기 때문이다.

요약 초육은 무리를 이끌고 출사함에는 엄정한 군율을 세우고 잘 지켜야 한다는 기본 룰을 밝힌 것이며, 구이는 천자로부터 신임을 받고 강중한 도를 실행할 수 있는 군자다. 육삼은 구이와는 달리 하괘의 상에 위치하여 위태로운 처지다. 따라서 군대를 통솔할 수 있는 적임자가 아니다. 만약 이러한 처지를 깨우치지 못하고 높은 지위를 이용하여 군대를 통솔하고자 한다면 군대의 기강이 바로서지 못하여 일사불란한 통솔이 불가하므로 패전하게 될 것임을 말한다.

육사는 승산이 없는 것을 기미로서 알아내는 현인으로 적당한 시기에 군사를 퇴각시켜 무리를 온전하게 보호하는 장수다. 육삼은 스스로

자신이 적임자가 아님을 망각하는 자임에 반해, 육사는 스스로 적임자가 아님을 알기 때문에(자신의 지위가 구이보다 높음에도 불구하고) 후퇴하여 진영을 지키는 것이다. 육오는 유순하고 바른 정치를 하는 천자로, 구이를 신임하는 명군이다. 상육은 전후에 논공행상을 가려서 포상하고 나라에 쓰임이 될 인재를 잘 골라서 등용해야 함을 말하고 있다.

1   전쟁을 승리할 수 있는 가장 기본적인 요건은 그것이 정의를 위한 전쟁이어야 한다는 것이다. 뚜렷한 대의명분이 서야 한다. 맹자는 이렇게 말했다. "군자는 좀처럼 전쟁을 하지 않는다. 그러나 전쟁을 하게 되면 반드시 승리한다(군자불유전 전필승의)." 이 말은 군자는 정의가 아니면 싸우지 않는 것이며, 정의를 위하여 부득이 싸움을 하게 되면 정의는 반드시 이긴다는 논리다.

정의는 불의에 이긴다는 것을 우리는 믿는다. 그러나 원칙에 예외가 없는 것은 아니다. 인류가 가진 수많은 전쟁의 역사는 반드시 정의가 승리한 기록만 있는 것이 아니다. 그 불의한 전범들은 그때마다 그 불의가 정의임을 표방해왔다.

그러나 불의의 전쟁이 승리를 거둔 것은 일시적인 현상이다. "불가능이란 말은 내 사전에 없다"라고 외치던 나폴레옹은 유럽을 정복했지만 마침내는 워털루 전투를 마지막으로 외딴 섬 세인트헬레나의 죄수가 되고 말았다. 침략 전쟁을 벌였기 때문이었다. 진시황은 6국을 통일하고 만리장성을 쌓아 약육강식의 승리가 자손만대에 미치기를 믿었건만, 그 불의의 승리는 바로 다음 세대에 멸망하고 말았다. 정의는 반드시 이긴다. 비록 한때 예외가 있더라도 언젠가는 이기고야 만다.

2   원형리정의 시기 중 '정'을 의미한다. 마지막 시기이자 멸망이다. 전쟁이 벌어지면 쌍방이 다 피해를 입는다. 하여 전쟁은 절대적으로 피해야 하지만 부득이 전쟁을 치러야 한다면 어떻게 준비해야 하는지를 괘사에서 설명하고 있다. 부대 구성의 원칙이자 승리의 첫째 요건을 말한 구절이다. 어쩔 수 없이 전쟁에 휘말리게 되면 군대를 구성하되 부녀자, 노약자, 어린이는 제외하고 건강한 장정으로 군을 구성해야 한다는 의미다. 오합지졸의 군대는 만들지도 말라는 경계다.

3   공자는《논어》에서 "윗사람의 몸가짐이 바르면 명령하지 아니하여도 행하고, 그 몸가짐이 부정하면 비록 호령하여도 따르지 않는다(기신정 불령이행 기신부정 수령부종)"라고 했다. 필승의 신념이 있고, 정의를 위해서는 언제든지 한 몸을 바칠 각오가 있고, 국민을 사랑하고, 부하를 아끼고 어려운 일에 솔선수범할 수 있고, 공정하고, 정당하고, 의젓하고, 용기가 있는 인격자라면 모든 장병은 그의 통솔 아래 기꺼이 죽을 각오를 할 것이다. 죽음을 겁내지 않는 군대보다 더 강한 군대는 없다. 그다음으로 충

분한 역량이 있어야 할 것이다. 군대의 통솔자로서, 전쟁의 지휘자로서 지혜, 식견, 전략, 현명한 판단, 과단성 있는 실행력을 갖춘 탁월한 장수라면 손무가《손자병법》에서 "승리하는 군대는 먼저 이겨놓고 싸운다(승병 선승이후구전)"라고 했듯이, 싸우기도 전에 이미 승리는 얻어놓은 것이나 다름없는 것이다.

4 사람은 사회적 동물이다. 따라서 무리를 이루지 않을 수가 없다. 자연히 무리의 집단에는 지도자가 필요하고, 지도자의 능력 여하에 따라서 그 집단 사회의 특성과 번성의 정도가 달라진다. 고대에서 이와 같은 집단 사회 간의 갈등은 전쟁을 야기하고, 그 결과로 통일과 분열의 순환을 반복하여 왔다. 따라서 군사를 다스리는 임무가 무엇보다도 중요하지 않을 수 없었다.

오늘날의 사회생활에서도 군사 행동적 집단체제의 변모는 그 외양을 달리할 뿐 근본적 속성은 마찬가지다. 가정이건 회사건 더 큰 사회집단이건 간에 관리자(지도자)가 누구이며, 어떻게 집단을 관리할 것인가 하는 문제는 매우 중요하다.

5 군대의 통솔에는 기율을 엄격하게 하라고 강조하고 있다. 집단생활에 있어서 가장 중요한 것은 질서의 확립이다. 질서의 확립은 기율에서 온다. 기율이야말로 군대의 생명인 것이다. 그러기에 '군령여산'이라고 한다. 군령은 태산같이 무게가 있고 움직이지 말아야 한다는 말이다. 또 만일 전쟁에 승리한 뒤, 전승 기분에 취하여 기율을 해이케 하면 그 결과는 비록 한때 승리했더라도 반드시 패할 것이라고 경고하고 있다.

6 국난의 위기에 처했을 때 뛰어난 협상으로 고려를 구한 역사적인 협상이 있다. 바로 서희의 거란족과의 담판이다.

거란이 송나라를 공격하기에 앞서 고려를 침범하기에 이르렀다. 고려 조정에서는 거란에 맞설 힘이 없으니 차라리 땅을 일부 떼어주자는 주장까지 등장하고 있었다. 이때, 거란의 방어를 담당하고 있던 중군사 서희는 왕에게 거란의 적장과 담판을 짓고 오겠다고 밝혔다. 거란의 적장 소손녕은 서희에게 다음과 같이 말했다.

"너희의 나라는 신라 땅에서 일어난 좁은 나라요, 우리는 고구려의 땅을 지키고 있는 사람들인데, 너희가 고구려 땅을 넘어와 군진을 펼쳤으니 고구려 땅을 침범한 것이 아니겠느냐? 또 고려는 우리 거란과 맞닿아 있음에도 불구하고 바다 건너 송을 섬기고 있지 않느냐? 이에 우리는 너희를 벌하고자 하는 것이다. 만일 고려가 우리에게 땅을 바치고 국교를 맺기를 원한다면, 전쟁을 취소할 수 있다."

그러자 서희는 이렇게 설득했다.

"천만의 말씀. 우리 백성은 고구려 옛 땅을 터전으로 예로부터 지금까지 살아왔다. 그래서 우리는 고구려의 기상을 닮고자 국명을 고려라 명하고, 고구려의 수도였던 평양에 도읍을 정했다. 땅의 경계를 논하는데, 귀국의 동경도 예전에는 우리의 영역에 있던 땅인데 어찌하여 우리가 침범했다고 하는 것인가? 또한 압록강 안팎도 역시 우리의 땅이었는데 여진이 훔쳐 살면서 간사하게 길을 막으므로 바다 건너 송나라와 사귀는 것보다 힘드니 우리 고려가 지금 그대 나라와 교역하지 않는 것도 다 여진 때문이다."

소손녕과 협상 테이블에 마주 앉은 서희는 먼저 상대가 원하는 의중을 정확히 간파했다. 거란의 임금은 고려 침공의 명분으로 자신이 고구려의 후예이므로 고구려 옛 땅인 고려를 지배하는 것이 당연하다고 주장했지만 실제는 송나라의 광대한 대륙을 차지하는 것이 목적이었다. 그러나 섣불리 송나라를 침공했다가는 송나라와 화친을 맺고 있는 고려가 배후에서 기습을 하여 뒤통수를 맞을까 두려웠다. 그래서 송나라를 침공하기 앞서 후환을 없애기 위해 그들의 배후에 있는 고려를 먼저 침공한 것이다. 즉 고려를 침공하는 것은 진정한 목적이 아니었다.

서희는 그들의 의중을 꿰뚫어보고는 '송나라와 단교하겠다'라는 카드를 내밀었다. 사실 거란은 송나라와 총력전을 대비하고 있는 마당에 굳이 고려와 전쟁을 벌여서 전력을 낭비하는 것이 좋을 리 없었다. 그래서 소손녕과 서희는 이른바 누이 좋고 매부 좋은 '윈윈 게임'을 성사시켰던 것이다. 소손녕이 협상을 마무리 짓고 말을 타고 말머리를 돌리려고 하는데 서희 장군이 소손녕의 말고삐를 잡았다.

"아직 협상이 끝난 것이 아니오. 장군은 이제 돌아가면 그만이지만 나는 이대로 개성에 들어가면 맞아죽을지도 모르오. 지금 우리 조정에는 친송파가 득세하고 있는데 장군에게 송나라와 동맹을 끊겠다고 했으니 그들을 설득하는 것이 문제 아니겠소?"

소손녕은 서희의 말을 듣고 일리가 있다고 생각하고는 말했다.

"그럼, 내가 어떻게 해주면 좋겠소?"

"강동 6주를 주시오. 옛 고구려 땅인 강동 6주를 돌려받는다면 이번 협상 결과에 대해 아무도 왈가왈부하지 않을 것이오."

사실 강동 6주는 명목은 거란의 땅이었지만 실제로는 여진족이 살고 있었다. 그러니 송나라라는 거대한 영토를 목표로 하는 거란으로서는 그까짓 6주쯤이야 얼마든지 돌려줄 수 있었다. 그리하여 서희는 강동 6주까지 돌려받았다. 서희는 거란의 진영에서 7일 동안이나 머물러 있다가 돌아왔다. 더불어 소손녕에게서 낙타 10마리와 말 100필, 양 1,000마리, 비단 500필을 선물로 받았다.

합리적인 주장을 펼친 서희의 협상 외교력 덕분에, 고려는 전쟁을 피할 수 있었다. 이처럼 협상에 있어서 자신의 주장을 논리 정연하게 밝히고 상대방을 설득시키는 것은 무엇보다 중요하다. 제대로 협상을 성사시키려면 무엇보다 설득을 잘해야 한다. 또한 상대편의 주장을 열린 마음으로 받아들이고 이해하는 것도 무엇보다 필요하다. 이때는 상대를 위한 양보도 협상의 한 조건이며, 협상에서 가장 중요한 것은 '요구'와 '욕구'의 파악이다. 거란의 요구는 전쟁이었지만, 실제 욕구는 우리가 송과 손잡을까봐 두려워 사전에 차단하려고 했던 것이다.

7   지수사괘의 육삼효에 딱 들어맞는 사람이 바로 원균이다. 원균은 임진왜란 당시 조선 수군 장수들 중의 한 사람이며, 칠천량 해전에서 왜군에게 대패했다. 선조는 이순신을 의심하고 믿지 못하여 원균을 삼도수군통제사 자리에 앉혔다. 원균은 1597년 음력 7월 15일, 칠천량 해전에서 삼도 수군을 이끌고 왜군과 싸우던 중에 대패하여, 삼도 수군의 병력을 대부분 잃고, 배설 등과 함께 육지로 피신했다. 원균은 거제도로 피신했는데, 왜군의 칼에 맞고 전사하고 말았다. 당시 그의 나이 향년 58세였다. 이순신은 훌륭한 명장으로 추앙하는 반면 원균은 조선 수군을 매장한 최악의 무능한 제독으로 역사에 오명을 남겼다.

8   '사좌차'는 '사좌'와 '사차'를 합친 말이다. 사좌는 전쟁 중의 후퇴를, 사차는 나아가거나 물러나지 않는 멈춤의 상태를 말한다. 좌가 후퇴의 의미를 갖게 된 것은 전쟁 시에 기수를 후방의 높은 곳에 보내 왼손에는 청색 깃발을, 오른손에는 붉은색 깃발을 들게 한 것에서 비롯되었다. 청색 깃발을 흔들면 후퇴, 붉은색 깃발을 흔들면 공격하

라는 신호로, 청색 깃발을 들던 왼쪽 손이 후퇴를 뜻하는 단어로 현재까지도 그 의미가 통용되고 있다. 차는 머무는 장소, 집결지의 의미로 쓰인다.

또 다른 해석도 있다. 병례에서는 병사들은 오른쪽에, 장수는 왼쪽에 기거한다고 했다. 이렇게 해석하면 사좌차는 장수의 막사를 병례에 맞게 왼쪽에 배치하는 것을 말한다.

또 다른 해석도 있다. 병례에서는 병사들은 오른쪽에, 장수는 왼쪽에 기거한다고 하였다. 이렇게 해석하면 사좌차는 장수의 막사를 병례에 맞게 왼쪽에 배치하는 것을 말한다.

08

수지비

감상곤하

위에는 감괘☵, 아래에는 곤괘☷인 대성괘

비는 길하다. 처음 점을 치되, '원'하고 '영'하고 '정'하면 허물이 없으리라. 편치 못해야 바야흐로 오니, 뒤에 하면 장부라도 흉할 것이다.

• 견줄 비, 나란히 할 비(비유, 비교): 두 사람이 나란히 서 있어 비교하는 모양 • 점 서, 점칠 서

• 길 영(영원, 영생) • 편안할 녕(영), 편안할 령(영) • 모 방, 방위 방: 바야흐로

• 지아비 부: 남편, 사내, 일군, 군인, 선생, 다스리다

풀이 지수사괘는 구이가 내괘의 중에 앉아서 군사를 지휘하는 것인데 반하여 수지비괘는 구오가 외괘의 중에 앉아서 선정을 베푸는 것이다. 군주를 중심으로 여러 음이(백성과 신하) 모여드는 것이 곧 나랏일을 위하여 서로 가까이하며 돕고 돕는 관계를 형성하는 것이다.[1]

나라가 평안하기 위해서는 군왕과 백성 간에 거리감이 없어야 한다. 즉 서로 가까이하고 화목하여 일심동체의 마음으로 평화롭고 정의로운 사회를 건설할 수 있는 것이다. 지도자는 항상 자신의 밝은 덕을 온 천하에 드러내어 백성을 포용하고 어루만지며 가까이해야 하고, 백성은 충성으로 자신의 능력을 제공함으로써 군주를 도와야 한다.

사괘와 비괘는 흔히 '전쟁과 평화'로 읽는다. 오랜 전쟁이 끝난 뒤에 전쟁에 괴로웠던 백성들이 평화를 갈구하는 마음으로 서로의 마음과 힘을 모아 협력하는 상태를 보여주는 것이 수지비괘다. 괘가 감상곤하이니, 체로써 보면 물이 땅 위에 있는 상, 또는 대지가 그 위에 물을 담고 있는 상이다. 대지는 물을 안아주고, 물은 땅을 적셔주면서 친애하고 협력하여 만물을 생성한다. 땅 위에는 물이 있어야 모든 생물이 살 수

있다. 앞에서 공부한 사괘는 양 하나가 아래에 있어 대장이 되는 것이고, 수지비는 양이 윗자리에 있어 왕이 되어 모든 음들을 거느린다.

현대어에서 '비'는 '견주다, 비교하다'라는 의미로 많이 쓰이지만, 수지비괘에서 '비'의 의미는 '가까이하다, 좋아하다, 돕다'로 푸는 것이 적절하다. 지수사는 전쟁의 괘라고 했다. 사괘의 마지막 효는 전쟁에서 승리를 거둔 후 논공행상을 공명정대하게 시행하는 장면이었다. 그런 연후의 국면이 수지비괘이니, 전후의 혼란한 나라를 재건하기 위해 왕으로부터 백성까지 온 힘을 결집하는 모습을 만나게 된다.

비괘는 사괘의 도전괘다. 구오는 양이고 강하고 중정하여 다섯 음효가 구오를 따르는 형상이다. 많은 사람들로부터 친해지고 도움을 받는다. 인간 사회는 반드시 상부상조해야 편안해질 수 있는 것이니, 사회집단이 발생하면 반드시 가까이하며 돕는 바가 있다.

비는 길한 것이니 처음부터 꾸준하게 끝까지 변함이 없으면 허물이 없다. 점을 치는 사람은 구오의 인군이다. 괘체로 보면 왕의 자리인 오효가 유일무이한 양효로서 양강하니, 올바른 자리와 실력을 겸비했다. 구오의 덕은 중과 정을 얻은 데서 비롯한다. 전후에 백성들은 안녕치 못하다. 그리하여 다섯 음들이 양인 구오에게로 오는 것이다. 실력 있는 인군의 도움을 받기 위해서다. 이러한 일에 즉시 임하지 않고 상육처럼 뒷전에만 머물러 있다면 여자라도 흉한데 대장부가 그와 같이 행동한다면 말할 필요도 없다는 것이 '후부 흉'이다.

가장 중요한 것은 인간관계에서의 화목과 인화다. 새로 이루어진 군신관계를 탄탄한 결속력으로 안정시키는 일이 무엇보다도 필요하다. 그 중에서도 특히 전쟁에 나가서 죽음의 고비를 넘기고 막심한 고통을 받은 무리들이 편안하지 못하게 와서 친애하니 상하가 서로 굳게 손을 잡는 것이다. 사람이 서로 친하는 데도 도가 있다. 친해지고 싶을 때는 늦추지 말고 바로 다가가야 한다. 뒷전에서 방관만 하고 있으면 친한 사람을 놓칠 수 있다.

효사

초육 유부비지 무구 유부영부 종래유타 길

믿음을 두고 도와야 허물이 없으리니, 믿음을 둠이 질그릇을 가득 채우면 마침내 육사가 아닌 구오가 와서 길함이 있을 것이다.

• 찰 영: 가득하다. 남다 • 질그릇 부: 두레박, 물동이, 양철통 • 다를 타: 남, 다른 사람

풀이 믿음으로 따르니 허물이 없다. 믿음으로 항아리가 가득 찬다. 기대치 않았던 일들이 있어서 길하다. 음양으로 응하지는 않으나 초육은 정성스러운 믿음으로 신하인 육사를 돕되, 질박한 질그릇같이 순박한 마음으로 정성을 다하여 믿으면, 육사 아닌 인군인 구오로부터 길함이 온다.

이 효는 백성의 자리다. 나라에 충성한 마음이 질그릇에 가득 차는 듯하다. 인간관계를 처음 맺는 경우에는 진실과 믿음이 기반이다. 빈

형식이 아닌 내용물로 가득 찬 항아리로 묘사되는 것은 '교언영색(상대
방을 현혹시키기 위해 꾸미는 교묘한 말과 꾸민 얼굴빛)'의 겉모습과 대비된
다. 이러한 백성이 많을수록 정치가 잘 이루어질 것이니 임금의 은혜가
은연중에 찾아온다. 백성과 임금의 친함은 바로 이런 것이다. 백성은
자기 일에 충실하여 의무를 다하고 임금은 선정을 하여 은택을 베푸는
것이다.

　초육은 전쟁 직후이며 유약한 음이다. 비괘에서 백성은 믿음을 갖고
인군을 따를 수밖에 없다. 그 믿음이 질그릇을 가득 채울 만큼이 되면
다른 데 있는 길함이 절로 찾아들지 않겠는가. 여기서 '타길'은 구오의
우로지택('이슬과 비의 덕택'이라는 뜻으로, 왕의 넓고 큰 은혜를 이르는 말)을
의미한다.

육이　비지자내 정 길

돕는 것을 안으로부터 하니, 끝까지 길하다.

풀이　육이는 하괘에서 중정하고 구오와 응하므로 안에서부터 돕되,
먼저 구하러 가지 말고, 구오의 구함이 있을 때까지 수양하며 기다렸다
도우면 길한 것이다. 육이는 중과 정을 얻은 선비다. 모름지기 선비는
스스로 공을 내세워 벼슬을 도모하지 말고, 자기 자리에서 최선을 다하
며 때를 기다려 부름을 받아 나아가야 한다. 중정한 선비인 육이는 그러
한 본분을 망각하지 않고 속마음에서 우러나오는 성심을 다하여 인군

을 돕고 있으니 위로 높은 자리에 있는 상관(구오)의 신임은 물론 주변 사람들의 신뢰를 한 몸에 받게 된다.

육삼 비지비인

나쁜 사람과 어울리는 것.

• 비적 비, 아닐 비(무장공비): 떼지어 다니는 도적

풀이 따를 만하지 않은 사람, 도둑 같은 놈을 따르니 어찌 상처를 받지 않겠는가? 음이 양 자리에 있어 속에 강한 것을 품고 있으면서 떠들기만 하는 것이다. 부당한 처신을 한다. 매사에 반감을 갖고 있어 인군을 돕지도 않는다. 나중에는 나쁜 사람이나 사귀다가 몸을 상한다. 육삼은 '돕는데 사람이 아님이라'라는 뜻도 있다. 친함을 구하는데 사람이 없다. 친화하고 협조하려는 마음을 가졌건만 주변의 이웃에 그럴 만한 사람이 없다. 가엾은 일이다.

육삼은 내괘가 끝나고 외괘로 넘어가는 자리이므로 자칫 잘못하면 위태로운 자리가 바로 삼효다. 그런데다 비괘의 육삼은 육사가 음이므로 바로 위와도 짝이 맞지 않고, 육이 역시 음이므로 바로 아래도 짝이 맞지 않으며 '중'도 '정'도 '응'도 얻지 못했다. 사면초가다. 그래서 백성 중에 숨어 있는 나쁜 사람(비인)이라고 했다. 주자는 '비지비인'을 '돕는데 사람이 아니다'라고 해석하여 '비'를 부정의 '비'로 보았다. 육삼이 돕기는커녕 도둑놈 심보라고 보기는 매한가지다.

육사 외비지 정 길

밖으로 도우니 끝까지 길하다.

• 바깥 외: 남, 타인, 겉

풀이 밖으로 친하니, 길하도다. 밖으로 따른다. 바깥에 있는 현명한 사람을 따라 위로 간다. 육이의 선비는 안으로부터 돕는다면, 외괘의 시작인 육사의 선비는 벼슬에 나아가 인군을 돕는다. 그것이 '외비지'다. 나아가야 하는 때에 나아가 어려운 시절의 임금을 돕게 된 것이다. 이 효는 처음 효와 친하지만 관계를 끊고, 현명하고 똑똑한 구오를 만나 친하게 따른다. 힘을 가진 사람과 친하게 된다는 것이다.

64괘 중에서 육사효가 길하다는 말이 있는 괘는 비괘뿐이다. '외비'는 구오를 따름이다. 구오는 강명하고 중정한 현인으로 군주의 지위다. 육사가 이에 가까이 있으므로 곧 현인과 친하고 또한 윗사람을 따르기 때문에 길하다.

구오 현비 왕용삼구² 실전금 읍인불계 길

현명하게 도움이니(가까이 함을 밝게 드러내는 것이니), 왕이 짐승을 삼면에서 포위했으나, 자신의 앞으로 온 짐승(또는 앞으로 나가는 짐승)은 놓아준다. 이에 읍인들이 경계하지 않으니 길하다.

• 나타날 현: 드러나다, 뚜렷하다, 명성이 있다, 지위가 있다, 밝다

• 왕용삼구: 천자가 사냥할 때, 다 포위하지 않고 삼면으로만 사냥감을 몰아, 앞으로 향하는 짐승은 살길을 터서 놓아주는 것을 말함

- 잃을 실: 놓아주다, 풀어놓다, 잘못하다 • 새 금: 날짐승

- 고을 읍, 아첨할 압: 마을, 도읍 • 경계할 계: 경계, 경고

풀이 이 효는 유일한 양이어서 모든 음들이 다 따른다. 왕이 백성을 돕고 가까이 함에 있어서는 하늘의 태양처럼 다 드러내놓아야 하고 불편부당함이 없어야 한다. 그것이 바로 '현비'다. '현'은 '밝게 드러내다' 혹은 '현명하다'로 모두 해석이 가능하다. 이 효는 강압적이지 않고 자유롭게 하여 반대하는 자의 의견도 들어주고 순히 따르는 자도 막지 않는다. 왕이 사냥에서 삼구의 예를 쓰는 바와 같이, 중용의 덕을 실천하므로 모든 백성이 그 덕에 경계심을 갖지 않으니 길하다.

상육 비지무수 흉

따르지만 머리가 없다. 흉하다.

- 무수: 머리가 없다. 앞장서지 않는다.

풀이 '머리 없음'을 따른다는 것은 구오를 믿고 빨리 가서 돕지 못했으니 시작이 없는 것이며, 시작이 잘못되었으니 끝이 좋을 리가 없는 것이다. 상육은 유약한 성격으로 위에 있으나 아랫사람과 친할 능력이 없다. 윗사람 노릇을 할 만한 덕도 없다. 뒷전에서 방관만 하고 있으니 흉하다. 상육은 어려운 때에 뒷전에서 거저먹으려는 자다.

요약　비는 물과 땅이 서로 뗄 수 없는 것과 같이 온 국민이 일체가 되어 나라를 세우고 화합을 이루어 번영함을 말한다.

　백성 자리인 초육은 순수한 마음으로 정부를 믿고 협조하며, 선비 자리인 육이는 벼슬보다는 내면을 닦으며 애국심을 가지고 은근히 인군을 돕는다. 육삼은 부당하게 처신하다가 몸을 크게 상하며, 육사는 인군을 확실하게 도와 열심히 일하고, 구오는 중정한 덕이 있는 임금으로 삼구법을 써 현명한 정치를 한다. 상육은 비협조적이고 유약하여 의지할 곳 없어 흉하다.

1 원래 사람이란 고립하여 살지 못한다. 옛사람이 사람 '인' 자를 서로 의지하여 일어서는 모습으로 만들어 놓은 것은 인간의 본성을 잘 파악한 것이다. 서로 의지해야만 살 수 있는 것이 인간이다. 이 의지하고 산다는 것이 바로 '인화'라는 것이다.

맹자는 백성의 마음을 얻으면 천하를 얻은 것이며 백성의 마음을 잃으면 천하도 잃는다고 하여 천하의 얻고 잃는 것도 인화의 힘이라는 것을 갈파했다. 그는 또 천시가 지리만 못하고 지리는 인화만 못 하다고도 했다. 역사상 훌륭한 통치자는 신하와 백성의 마음을 모을 줄 알았으며, 훌륭한 장수는 부하와 사졸의 힘을 단결시킬 줄 알았다. 그러기에 주역에서는 인화를 이룩하는 데는 여러 사람의 마음을 한 곳에 집중시킬 수 있는 구심력의 중심체인 훌륭한 군주가 있어야 한다고 말한다. 그 군주는 정도로 천하를 다스리는 신조를 가졌으며 또 자신의 백성과 신하를 아끼고 사랑하여 그들의 마음을 집중시킬 만한 힘을 가진 인물이라야 한다. 그리하면 어진 신하들이 마음을 다해 그를 보필하고 협력하게 되며, 백성들도 흠모하는 마음을 일으켜 심복하여 온다. 그리고 인화를 실천하는 과정에는 항상 성실을 지녀야 하며 윗사람은 교만하지 말고 겸허한 태도와 관대한 도량을 가질 것이며, 아랫사람은 충심을 가지고 바른 방법으로 보필하고 협조하며 지도에 따르라고 가르치고 있다. 이 또한 현대인에게도 좌우명이 될 수 있는 훌륭한 잠언이 아닐 수 없다. 인간은 사회적 동물이다.

2 어진 임금은 사냥에 나가도 '삼구'를 사용한다. 삼구는 사방 가운데 한 곳을 열어 놓고 사냥감을 모는 방식이다. 주변의 사냥감을 몰살시키지 않는, 어질고 아량이 넘치는 사냥 방식인 것이다. 예전에 탕 임금이 '삼구법'을 써서 사냥을 했으니 그물로 사면을 포위하지 않고 한 쪽을 터놓아 짐승이 도망갈 자리를 남겨 놓는 것을 말한다. 그러나 그 방식에 대해서는 두 가지 이견이 있는데, 하나는 달아나는 짐승은 쫓지 않고, 돌아오는 짐승은 잡는다는 것이고, 다른 하나는 왕을 향해 돌아오는 짐승은 놔두고 달아나는 것을 잡는다는 것이다. 어찌 되었든 이것은 동물의 번식을 도와주는 사냥법이다. 예전에는 작은 물고기는 잡지 않았고, 봄여름에 나무가 한창 자랄 때는 벌목을 금하는 등 자연을 살리는 법칙이 있었다.

09

풍천소축

손상건하

위에는 손괘☴, 아래에는 건괘☰인 대성괘

소축은 형통하니, 구름이 빽빽하나 비가 오지 않음은 내가 아직 서쪽 교외에 있기 때문이다.

• 짐승 축, 쌓을 축: 가축, 저축하다, 쌓다, 비축 • 밀운: 구름이 빽빽하다 • 불우: 비가 오지 않음

• 자아: 내가 • 서교: 서쪽의 교외

풀이 때는 전설적인 폭군인 은나라 주왕의 시대. 주왕의 폭정에 지친 민심은 서쪽 땅의 제후 서백 창(이하 문왕)에게로 향한다. 그러자 주왕은 문왕을 시기하고 두려워하여 그를 유리(지금의 허난성 탕인현 북쪽에 있는 옛 지명)옥에 가둔다. 평범한 사람 같으면 주왕에 대한 원망과 복수로 이를 갈고 있을 시간에 문왕은 생사를 가늠할 수 없는 감옥 안에서 초연하게 64괘를 만들었다. 지금 우리가 살펴볼 풍천소축 괘는 문왕 자신의 일을 이야기한 것이다.

하늘에서 바람이 불어 구름을 쫓는 상이 소축이다. 소축은 육사 음 하나가 다섯 양을 움직이지 못하도록 제어하고 있는 구조다. 음 하나가 나머지 양을 저지시키는 것은 그 구속력이 적다는 의미에서 소축이다. 축은 '축적, 정지'의 뜻이 있다. 서로 친하면 서로의 뜻이 모여 쌓이게 되므로 소축이 수지비괘의 다음이 되었다. 괘의 모양은 손상건하다. 건은 본래 상위에 있어야 할 것인데 손괘의 아래에 있다. 강건하게 나아가는 것을 그치게 할 수 있는 방법은 유순한 도로서 감화시키는 것 이상의 방법은 없다.

구름은 음양의 기운이다. 음양이 조화를 이루어 서로 쌓여서 굳으면 비가 된다. 양이 선창하고 음이 화답하는 것은 순리로써 화합하는 것인데, 음이 선창하는 것은 순리가 아니기 때문에 조화를 이루지 못함이다. 한 음이 다섯 양을 축지하고 있으나 결집한 바가 견고하지는 못하므로 마치 구름이 빽빽하지만 비를 만들지 못하는 바와 같다. 소축은 그 이름처럼 조금 쌓이는 것이다. 그래서 '원-형-리-정'의 단계로 치면 '형'이다. 무언가 일을 도모하기에는 아직 힘이 약하니 기다려야 한다. 그것을 괘사에서는 '밀운불우'라고 표현했다.

풍천소축은 결국 '자기가 뜻한 바를 힘차게 밀고 나가면 음의 괘가 있어서 딱 한 번 막히게 된다. 가다가 한 번 막히면 거기서 너무 큰 것을 바라지 말고 성실하게 있는 자리를 구축해서 조금씩 저축하듯이 지켜라. 그러다 보면 언젠가 또 다른 기회가 온다. 그때까지는 일단 자제하며 여건의 성숙을 기다려야 한다'라는 의미다.

효사

초구 복자도 하기구 길

회복함을 자기 스스로 바른 도로부터 함이니(또는 제 길로 돌아오니) 무엇이 그 허물이리오. 길하다.

• 길 도: 도리, 이치, 방법 • 어찌 하: 어느, 어떤, 무엇 • 허물 구, 큰북 고

풀이 풍천소축괘의 형상을 보자. 외괘는 손(☴, 바람)괘이고 내괘는

건(☰ 하늘)괘다. 주역에서는 손괘는 겸손하고 유순한 음괘이고, 건괘는 강건한 양괘다. 그래서 풍천소축은 위에 있는 유순한 음이 아래의 강건한 양을 누르고 있는 모습이다. 이렇듯 음이 양을 그치게 해서 조금씩 쌓고 있다고 해서 소축이라고 한다.

하괘 삼효는 다 양으로 뜻이 위로 올라가는 데 있으나, 육사 음에 이끌려 자신의 성질을 잊고 머무는 것이다. 그러나 초구는 강건하고 바름을 얻었으므로(득정), 정응인 육사에 사사로이 매이지 않고, 스스로 자신을 지켜 위로 나아가 회복하니('복자도'), 무슨 허물이 있겠는가? 하여 길한 것이다.

초구는 자리가 바르고 육사 음효와 서로 호응하여 올라가는 길이 순탄하다. 초구는 육사와 혼인의 상대일 수도 있고, 동업자일 수도 있다. 만나러 가는 것이 제 길을 가는 것이니 허물이 있을 리 없고 길하다. 양은 그 성질이 동적이다. 게다가 초구는 제일 첫 자리에 위치한 탓에 일단 움직이고 본다. 그러다 '아직 내가 세상 물정 모르는 애송이구나. 함부로 움직이면 안 되겠다'라고 생각하고 본래 자리로 돌아오니 길하다고 하는 것이다. 초구는 천방지축 어린아이와도 같다. 그런데도 본래 자리로 돌아오는 영특함을 발휘하는 것은 올바른 짝을 두었기 때문이다.

주역에는 절대 홀로 있는 건 없다. 짚신도 짝이 있다는 말처럼 모든 것은 파트너가 있다. 하여, 효를 해석할 때도 파트너와의 관계를 잘 살펴보아야 한다. 초구의 파트너는 바로 육사다. 육사는 그 이름에서 알 수 있듯 음효다. 고로 초구와 육사는 음양 '응'하는 환상의 커플이다. 그래서 초구가 육사를 만나기 위해 올바른 길로만 갈 뿐 옆길로 새지 않으니 길하다고 말한다.

구이 견복 길

이끌어 회복함이니 길하다.

• 이끌 견(견인차, 견제구)

풀이 구이는 구오와 뜻을 같이하여 서로 손을 잡고 올라간다. 그 형세가 강하지만 중도를 지켜 실수 없이 전진한다. 길하다. 구이는 초구와 함께 서로 얽히어 도를 회복하므로 길하다. 구이는 득중했으므로 중도를 행한다. 따라서 '복자도'인 초구를 이끌고 위로 나아가 회복하는 것이니 길한 것이다. 한편, 구이를 '소를 잃어버렸다가 다시 찾아서 고삐를 잡고 끌어옴'으로 해석하는 책도 있다.

구이는 자신의 짝인 구오와 음양응이 되지 않는다. 그런데도 구이를 길하다고 한다. 그 이유는 무엇일까? 구이는 그 자리가 특별하다. 내괘(건괘)의 중앙에 위치하기 때문이다. 알다시피 이것을 '중을 얻었다'라고 한다. 이렇듯 득중한 자리인 만큼 심성 바른 구이는 초구를 잘 이끌어서 육사와 만나게 하는 후견인 역할을 잘 수행하니 길하다.

구이에 대한 또 다른 해석도 있다. 앞서 괘상에서 보았듯 구이는 음(손괘)에 의해 머물러서(기다리면서) 쌓이고 있는 양(건괘)의 맨 가운데에 위치한다. 즉 머무름의 주체가 되는 효다. 그래서 멋모르는 초구와 막무가내로 뛰쳐나가는 구삼을 잘 다스리면서 때를 기다린다. 혹은 음이 양을 누르는 것처럼 구이의 짝인 구오(어른)가 구이(아이)를 붙잡아서 기다리게 한다는 의미도 있다. 아직은 세상으로 나갈 때가 아니기 때문이다.

구삼 여탈복 부처반목

수레의 바큇살이 빠져나가듯, 부부가 반목한다.

• 수레 여, 명예 예 • 반목: 아예 얼굴을 돌려 상대에게 눈길조차 주지 않는 행위. 서로 미워함.

풀이 구삼은 양이 양 자리에 있으나 막무가내로 나아가다가 중을 넘어선 상황이며, 양이 세 번째 자리(홀수는 양의 자리)에 위치하여 더욱 강해졌으니, 육사와 정응이 아님에도 괜한 치기로 육사를 탐내고 도전하여 들이대는 것이다. 구삼과 육사, 이 두 효는 서로 정응이 아니고 이웃 관계일 뿐이다. 음양이 사귐에 바른 도로써 하지 않고, 또 육사가 구삼의 위에 있으니, 육사는 풍천소축괘의 나머지 양들을 다 상대할 만큼 외유내강한 여장부라서 구삼이 접근조차 할 수 없도록 구삼이 타고 다니는 수레의 바퀴살을 빼버린다. 발을 묶어 버린 것이다. 하여 구삼에 순종하지 않고 반목하는 형상이다.

육사 유부 혈거척출 무구[2]

믿음이 있어야 피가 없어지고(재앙을 물리치고) 두려움에서 나와 허물이 없을 것이다.

• 갈 거(제거, 과거)

풀이 육사는 약한 음으로 다섯 양을 막아야 한다. 어려운 일을 하고 있다. 육사의 유약한 음이 강건한 다섯 양을 그치게 하는 데는 손순(순하게 따라감)한 도만이 가능할 뿐이다. 이것을 모르고 힘으로써 그치게 하고자 한다면 반드시 상해를 입게 된다. 때로는 위험한 경우를 당하여 공포를 느끼기도 한다. 여기서 허튼 수작이나 얕은꾀를 부리면 양들이 반격한다.

일단 양 가운데 힘이 있는 구오의 신임으로 힘을 받아 다른 양들을 저지해야 한다. 오직 정성된 믿음으로써 하면 구오, 상구 두 양이 도우니, 구오 인군의 신임을 얻게 되어 상해를 입지 않게 되고, 위태함을 면하게 되어 허물이 없게 되는 것이다. 이것은 오로지 구오와 뜻이 합치된 까닭이다.

육사의 '유부'는 자신의 사심을 비움으로써 타인을 받아들이는 유부이고, 구오의 '유부'는 내실을 믿는 것이다. 육사는 구오 인군 밑의 대신의 자리여서 아래 백성을 직접 다스리므로 그 책임이 크나 다른 신하들의 감시와 질시의 눈길을 피할 수 없어 항상 두려움 속에 있다. 피 흘리는 공포의 위험도 따른다. 그래서 더욱이 신의를 얻어야만 위험을 막을 수 있다.

유부 련여[3] 부이기린

믿음을 두는지라 결속이 되어 그 이웃과 더불어 부유해진다.[4]

• 걸릴 련(연), 경련할 련(연): 연관되다, 이어지다 • 부유할 부, 부자 부

• 이웃 린(인)(인근, 인접, 근린공원)

구오가 중정의 덕을 갖추고 존귀한 자리에 있으니, 능히 상구를 이끌고 육사를 도와 하괘 건을 그치게 함으로써 부를 함께하는 형상이다. 주역에서는 오효를 '군주(인군)의 자리'라고 말한다. 풍천소축괘에서는 육사에 비해서 그 비중이 적지만, 어쨌든 풍천소축괘의 인군은 구오다. 구오는 축(쌓음)이 끝날 무렵이다. 믿음을 두고 신하와 백성들을 이끄니 나라가 저절로 부강해진다. 그런데 만약 구오가 이 부를 혼자서 누리려고 한다면 어떨까? 흉하다. 함께한 고생한 그 이웃들과 나누어야 한다.

구오는 인군의 자리에서 선정을 베풀어 백성에게 신망을 받는다. 만약 축적한 부를 혼자서 누리면 모두가 흩어지므로, 그 이웃에 골고루 나누어 주어야 믿음의 정치를 할 수 있다. 문왕이 제후들과 부를 나누며 동고동락했다는 고사는 모두가 알고 있다. 문왕의 이러한 덕행의 결과로 은나라 제후의 3분의 2가 문왕을 지지했다.

기우기처 상덕 재 부 정 려 월기망 군자 정[5] 흉

이미 비 오고 이미 그침은(비가 내리고 그치는 시절을 겪고 나면) 덕을 숭상하여 가득함이니, 지어미가 지나치게 고집을 부리면 위태하리라. 달이 거의 보름이니(음이 왕성하니) 군자가 정벌을 하러 가면 흉하다.

• 이미 기, 쌀 희: 벌써, 이전에, 원래, 그러는 동안에, 이윽고 • 곳 처: 때, 시간, 처소, 지위, 휴식하다, 머무르다 • 오히려 상, 숭상할 상, 높일 상(고상, 숭상, 가상(갸륵하게 여김))

• 실을 재, 떠받들 대: 머리에 이다, 오르다, 이루다, 완성하다 • 며느리 부: 지어미, 아내, 여자, 정숙하다 • 갈 려(여), 나환자 라(나): 위태롭다, 사납다 • 월기망: 달이 거의 보름에 가까워졌다는 말 • 칠 정, 부를 징: 때리다, 정벌하다, 토벌하다, 가다, 순시하다

풀이 위에서 말했던 문왕의 덕이 힘을 발휘하여 사회가 어느 정도 안정되어 그토록 바라던 비가 내렸다. 그러나 아직 안심하고 있을 때만은 아니다. 주의 세력이 아직 사회의 곳곳에 만연하고 있다. 함부로 정벌하러 가지 말고 주의 무리를 의심해보면서 조심해야 한다.

(쌓임이 지극하여 음양이 화합했으나, 강건한 성질을 제어한 음이 이제 커질 대로 커져서 계속 그대로 나가면 위태롭다. 부인이 끝까지 남편을 제재하고 신하가 군주를 제재하면 결코 편안하지 않은 일이 생긴다.)

괘사에서는 밀운불우라고 해서 비가 오지 않는다고 했는데 효사에서는 상구에 이르면 드디어 비가 온다. 세상을 타들어 가게 했던 주왕의 폭정이 끝나고 새로운 시대가 열린 것이다. 그러나 아직 세상이 안정된 것은 아니다. 비 온 뒤 땅이 단단하게 굳기 전까지는 흙탕물이 일어나기 때문이다. 아직 주왕을 달처럼 우러러보고 문왕을 적대시하는 소인배들이 남아 있다('월기망'). 이때 문왕('부')이 시세를 고려하지 않고 일을 너무 곧이곧대로('정') 처리한다면 반발을 살 수도 있다. 충분히 심사숙고하고 사리에 맞게 행동해서 대업을 마무리지어야 하는 것이다.

말 한마디 행동 하나에도 목숨이 날아가는 무도한 세상에서 염증을

느낀 사람들은 폭군 주왕에 맞서거나 깊은 곳으로 은거했다. 그러나 문왕은 그 혼란의 한가운데서도 꿋꿋하게 참고 견뎠다. 문왕의 마음이 담겨 있는 게 바로 '풍천소축'괘다. 외괘인 손괘는 겸손함과 유연함, 내괘인 건괘는 강건함을 나타낸다. 문왕은 외부로는 겸손과 하심으로 주왕을 위시한 적대자들을 대함으로써 자신을 지켰다. 그리고 내부로는 어떤 어려움에도 굴하지 않고 자신을 성찰하면서 언제 올지 모를 적당한 때를 기다리는 데 한 치의 흔들림도 없었다. 그 덕분에 문왕은 기회가 왔을 때 자신의 덕을 천하에 펼칠 수 있었던 것이다.

요약 소축괘에서 비가 오지 않는다고 끝까지 안 오는 것이 아니고 난세라고 끝까지 난세인 것은 아니다. 하늘의 기운이 화합하여 비를 만들어내듯이 서로가 노력하고 합심하면 평화도 이루게 된다.

초구는 도덕성을 회복하고자 했으며, 구이는 서로 이끌어 주었고, 구삼은 이웃 남자에게 접근하다 미움을 받고, 육사는 뭇 양을 상대하는 처지에서 믿음으로 화합을 이루었고, 구오는 정당하게 지도자가 되었고, 상구는 꾸준한 덕을 쌓아 오지 않던 비가 오게 되었다. 그러나 아직 옛 잔당들이 남아 있을 터이니 조심하라고 했다.

1 은나라 말 주왕이 폭정을 할 때 문왕은 서쪽에 있었다. 주의 폭정에 시달리던 백성들은 메마른 하늘에 비를 바라듯이 사회가 안정되기만을 기대하고 있었다. 문왕이 서쪽에 있는 유리옥에 갇혀서 못 나오고 선정을 베풀지 못하고 있었다는 것이 바로 자아서교, 즉 '문왕이 현재 서쪽에 있기 때문에 아무런 일도 되지 않는 것'이다. 당시 문왕은 소축의 상을 보고 '내가 서쪽에 있기 때문에 아무 일도 할 수 없고, 서쪽 변방에서부터 구름은 점점 빽빽하게 모여지지만 아직은 비가 내리지 않는구나. 유리옥에서 허송세월을 보낼 수는 없으니 고통을 참으며 주역의 괘사를 지어 세상에 내놔야겠다'라고 했다. 안으로 굳센 마음을 갖고 자신의 고통의 세월을 글을 쓰면서 이겨낸 것이다. 문왕은 자신의 근거지인 서쪽을 떠나 주왕이 있는 동쪽을 쳐야 이 혼란을 끝낼 수 있다고 보았다. 학자들에 따르면 문왕의 영토는 이미 은나라의 3분의 2를 차지할 정도였기 때문에 힘으로는 충분히 주왕을 칠 수 있었다고 한다. 그러나 문왕은 아직 구름만 빽빽하게 뒤덮었을 뿐 비가 오는 때에 이르지는 않았음을 알고 있었다. 때가 이르지 않았는데 섣불리 행동했다가 일을 그르칠 수도 있다고 본 것이다. 문왕은 가뭄에 단비가 될 때까지 자신을 갈고닦으면서 덕과 지혜를 조금씩 쌓아 나갔다.

2 육사는 풍천소축괘에서 유일한 음효이고 주인공 문왕을 대변해주는 효이기도 하다. 처음 괘사를 설명할 때 풍천소축이 문왕의 이야기라고 말했다. 육사는 매우 위험하고도 힘든 상황이다. 자칫 잘못하면 목숨을 잃을 수도 있다. 강건한 양들을 음유한 음 혼자서 감당하기가 어디 쉬운 일이겠는가. 그런데 육사가 나머지 양효들과 맺는 관계가 뭔가 남다르다. 고양이 앞에 쥐처럼 있는 힘을 다해 발악하지 않는다. 구삼의 효사에서처럼 반목하는 것도 아니다. 육사는 부드럽고 겸손한 음의 덕성으로 양에게 대처하고 있다.

문왕이 유리옥에 갇혔을 때를 보자. 그때 문왕은 육사와 같이 절체절명의 상황이었다. 그러나 문왕은 폭력으로 주에게 대항하지 않았다. 언젠가는 이 환란이 끝날 것임을 믿고 그 이후를 대비해 자신이 할 수 있는 바를 행했다. 세상의 이치를 담은 64괘를 만든 게 바로 그것이다. 즉, 문왕은 기다림의 시간을 허송세월로 보낸 것이 아니라 64괘라는 자신의 처지에 맞는 '소축'을 이룩한 것이다. 이를 토대로 그 아들 무왕은 장대비가 대지를 휩쓸 듯이 폭군 주를 멸하고 천자의 자리에 오르는 '대축'을 이룩할 수 있었다.

3 항우와 유방의 결정적 차이는 '유부 련여'의 차이: 한 고조 유방은 항우를 꺾고 한나라를 개국한 초대 황제다. 한 고조 유방은 패현의 정장으로 있다가 진나라에 맞서는 봉기에 가담했는데, 유방은 소하, 장량 등의 걸출한 인재를 얻어, 진의 수도 함양을 함락시키고 관중을 차지했다. 그러나 기원전 206년, 유방은 항우에 의하여 서부 한중에 좌천되면서, 한왕으로 봉해졌다. 얼마 후 유방이 항우에 항거하면서 초한 대전이 벌어지게 되었다. 기원전 202년 유방은 해하 전투에서 항우를 꺾고 한나라의 황제가 되었다. 유방은 황제가 되어 가신들과 함께하는 술자리를 열었는데, 신하들에게 이렇게 물었다.
"나는 천하를 잡고 항우는 천하를 잃었는데, 그 이유를 말해보라."
그러자 고기와 왕릉이 이렇게 대답했다.
"폐하께서는 공적이 있으면 아낌없이 영지를 주어 천하 사람들과 이익을 나누었습니다. 반면에 항우는 현명한 자를 시기하여 공적이 있는 사람에게 은상을 주려고 하지 않았습니다. 이것이 천하를 잃은 이유이겠습니다."
그러자 유방은 이렇게 말했다.
"귀공들은 하나만 알고 둘은 모른다. 나는 장량처럼 교묘한 책략을 쓸 줄 모른다. 소하처럼 행정을 잘 살피고 군량을 제때 보급할 줄도 모른다. 병사들을 이끌고 싸움에서 이기는 일 역시 한신을 따를 수 없지만, 나는 이 세 사람을 제대로 기용할 줄 아는데 항우는 단 한 사람, 범증조차도 제대로 기용하지 못했다. 이것이 내가 천하를 잡은 이유다."

4 간혹 '유부'를 무조건 '믿음이 있다'로 해석해서는 안 되고 상황에 따라 여러 해석이 있다고 주장하는 학자도 있다. 예컨대 구오의 '유부'를 '전쟁 중에 잡은 포로나 노획품이 있다'라고 해석하는 경우도 있으나, 본 책에서는 '믿음이 있다'로 통일하기로 한다.

5 주역에는 '정길'이니 '정흉'이니 하는 점서례들이 자주 보이는데, 이는 정벌에 나서기 전에 그 길흉을 먼저 점쳤음을 확인시켜 준다. 전쟁은 국가의 흥망을 결정하는 중대사였기 때문에 실행에 옮기기 앞서 반드시 점서로 결정하는 것이 관례였다. 여기서 정은 상대방을 정벌하는 것을 가리킨다.

10

천택리

건상태하

위에는 건괘☰, 아래에는 태괘☱인 대성괘

• 연못 택, 늪 택

리호미[1] 부질인 형

호랑이 꼬리를 밟더라도 사람을 물지 않음이다. 형통하다.

• 밟을 리(이)(이력서) • 호미: 호랑이 꼬리 • 깨물 질

풀이 리괘는 상하의 질서를 존중하고 그 질서를 유지하기 위하여 예의를 지킬 것을 설명한 괘다. 하늘을 상징하는 건괘가 위에 있고 연못을 상징하는 태괘가 아래에 있다. 하늘은 높은 곳에 있어서 아래로 내려오는 일이 없다. 양은 언제나 위로 오르려는 성질이 있다. 연못물은 아래에 있어서 하늘과는 그 거리가 너무 멀다. 하늘은 높은 것이지만 때로는 비를 보내어 연못물을 도와주어야 하고 때로는 그 자신의 마음과 모습을 맑은 연못물 속에 내려보내어 담아보기도 해야 한다. 그래야 비로소 하늘과 연못물 사이에는 서로의 상관성이 생기고, 호응이 있고, 협력하는 존재가 되는 것이다.

사람에 있어서도 윗사람은 윗사람대로 자기의 높은 지위에만 스스로 높아하고, 아랫사람은 아랫사람대로 윗사람을 돕고 협조하려는 생각이 없이 먼 거리에 따로따로 떨어져 있다면 이것은 상하의 뜻이 괴리하는 것일 뿐이다. 상하의 질서를 존중하는 본질은 서로 간의 긴밀한 관련과 협조인데, 다만 그 방법에 있어서 각자가 지켜야 할 한계가 있고 예의가 있어야 한다. 하여 세상을 살아가는 것은 호랑이 꼬리를 밟는 것과 같이 위태로운 일이다.

천택리괘는 예절괘다. 공자가 《서괘전》에 말하길 "소축괘와 리괘는 서로 반대 괘이며 또한 물건이 쌓이고 모이는 곳에는 반드시 예가 있어야 하기 때문에 소축괘 다음에 리괘를 놓았다"라고 했다. 리는 질서를

말한다. 질서를 잘 지키려면 '예'가 바탕이 된다. 물건이 많아지면 크고 작음, 높고 낮음, 강함과 약함, 예쁜 것과 미운 것 등의 구별이 생기므로 그에 따라 먼저 함과 나중에 하는 등의 예절이 만들어지고, 그 예절을 실천해 나간다는 뜻으로 '리(밟아 나감)'를 설정했다고도 할 수 있다. 리 괘에서는 범의 꼬리를 밟았을 때 어떻게 처신하는 것이 좋은 방법인가 를 설명했다.

천택리괘에서 우리에게 제시하는 가르침은 '부드러움으로 강함을 헤 쳐나가라'는 것이다. 그러나 한없이 부드럽거나 나약하라는 말은 아니 다. 때로는 굳센 의지로 주인의식을 가지며 흔들리지 않아야 밝은 미래 를 맞이할 수 있다. 즉 모질고 험한 상황에서는 일단 부드러운 자세로 주위나 상대방에게 적응하면서도, 내 안에는 굳센 의지를 가지고 중심 을 잡아나가는 자세를 고수함이 흔들리지 않는다면 결국에는 밝은 미 래가 도래한다는 것이다.

아무리 흉포한 자라고 해도 예를 다하여 자신을 믿고 따르는 사람에 게는 해를 끼치지 않는다. 하늘이 위에 있고 못이 아래에 있음은, '유(부 드러울 유)'로 강함을 따르며 밑바탕이 되는 것이다. 이는 상하에 모두 '의(의리)'가 있는 것으로 일의 지당한 순리이며 이치의 지극히 당연함 이다. 사람의 행실이 이와 같으면 비록 위험한 처지를 만나더라도 해가 없을 것이다. 그러므로 호랑이 꼬리를 밟아도 물리지 않는 바와 같아서 형통한 것이다.

여기서 호랑이는 모두가 양으로 막강한 건괘다. 이 강한 하늘괘의 꼬리를 약한 태괘가 밟고 있다. 범의 꼬리를 밟고 있으면 물리기 쉬운 것과 같이, 강하고 무서운 세상을 사는 것은 위태로운 일이다. 그러나 안으로 늘 기쁜 마음으로써(태괘의 괘덕이 '기뻐하는 것'이다.) 세상살이에 응하면 물리지 않으니 형통하다. 이것은 또한 천리를 기꺼이 순응한다는 의미도 된다.

초구 소리 왕 무구

소박하게 밟아 가면 허물이 없다.

• 본디 소(평소, 검소): 바탕, 성실, 평소, 처음, 희다, 질박하다

• 갈 왕(왕래, 왕복): 가다, 보내다, 향하다, 과거, 옛날, 이따금, 뒤

풀이 초구는 가장 낮은 지위이니 본래 아래에 있어야 하는 신분이나, 양이므로 위로 나아갈 수 있는 능력이 있다. 만약 비천한 자신의 신분을 저버리지 않고 소박한 마음가짐으로 나아간다면 허물이 없을 것이다.

원래 예는 소박하게 행해진다. 부자면 부자인 대로 가난하면 가난한 대로, 내가 하고 싶고 또 해야 할 일을 하려고 하는 것뿐이다. 유능한 자는 소박하게 밟아나가는 가운데 만족할 줄을 안다. 머물러 있는 것이 아니라 느리더라도 전진하는 것이다. 거북이가 뚜벅뚜벅 한 걸음씩 걸어 나가듯, 벽돌을 한 장 한 장 쌓아 올려나가듯 진행시켜 나가는 것이 중요하다. 당장의 눈부신 업적이나 눈에 보이는 결과물들을 위해 노력하기

보다는 작더라도 '본디의 모습'을 실천해나가는 것이 중요한 것이다.

구이 리도탄탄 유인 정 길

밟는 도가 탄탄하니, 유인(자신을 내세우지 않고 숨어 사는 사람)이라야 바르고 길하다.

• 평탄할 탄, 너그러울 탄 • 그윽할 유: 멀다, 아득하다, 피하여 숨다

풀이 구이는 양으로써 동하는 성질이 있는 데다 육삼이 음효이므로 앞이 트여 있어 그 밟는 도가 훤히 트여 넓고 넓다('리도탄탄'). 그러나 득중은 했어도 정위가 아니므로, 자기의 강한 것만을 믿지 말고 수양하라고 경계하기를 '유인과 같이 처신하라'라고 했다. 어지럽지 않은 것은 구이가 중도를 얻어 육삼음에 끌리지 않고 굳게 바름을 지켜나가기 때문이다.

'탄'은 평평하고 너그럽고 편안하다는 말이니, '탄탄'은 좌나 우로 치우치지 않는 중도, 부드러워서 누구나 좋아하는 포용력과 유연성, 지극히 편안한 것을 의미한다.

구이는 중용의 길을 밟아 앞길이 순탄하다. 임금을 등진 은자(산야에 묻혀 숨어 사는 사람)의 상이다. 가까운 초구나 구오가 같은 양이어서 서로 친하지 않다. 바깥세상을 떠나 은둔 세계에서 학문을 연구하거나 교육계에서 제자 양성에 몰입하며 자기 자신에게 충실하고 탄탄한 길로 늠름하게 살아간다. 스스로 만족한 채 운명을 거역하지 않기 때문에 세

상사에 휩쓸리지 않고 자유로울 수 있다. 누구로부터 뭔가를 바라지 않는다. 구이는 중심이 흔들리지 않아 마음을 늘 곧게 하고 바르게 나아가므로 나쁜 일이 없이 길하다.

구이는 내괘에서 중을 얻어 예절을 지키는 데 있어서는 좋은 자리에 있다. 그런데 성인은 구이가 바로 옆에 있는 육삼에게 마음을 두고 한눈을 팔아 예절을 행함이 혹시 잘못될까봐 구이에게 경계하라고 한다. 선비 자리인 이효는 유혹이 있더라도 수도하는 마음으로 흔들리지 않아야 가는 길이 탄탄하니 자기의 모든 욕심을 이겨 예를 회복하는 '극기복례'와도 같다.

육삼 묘능시 파능리 리호미 질인 흉 무인위우대군

소경이 능히 보려 하고 절름발이가 능히 밟으려 하는지라, 호랑이 꼬리를 밟아 호랑이가 사람을 무니 흉하고, 무인이 득의하여 마치 대군인 것처럼 횡포하는 것이다.

• 애꾸눈 묘 • 능할 능: 할 수 있다 • 볼 시 • 절름발이 파, 비스듬히 설 피: 절룩거리다 • 질인: 사람을 물다 • 무인 : 무사, 무관의 직에 있는 사람 • 할 위: 위하다, 다스리다, 되다, 생각하다 • 대군: 임금의 정궁의 아들(왕자대군), 군주의 존칭

풀이 육삼은 음으로서 유약한데 자리가 양으로 강하니, 재질은 약한데 뜻만 강해서 보지 못하면서 보려고 하고 걷지 못하면서 걸으려 하는 분수 넘는 짓을 한다. 유약한 몸으로 기질만 강하여 호랑이 꼬리를 덥석

밟았으니 범에게 물려서 흉한 것이다. 자질과 능력이 부족하면서도 공을 세우려는 공명심만 강하면 뜻을 이루기는커녕 오히려 화를 입게 된다. 자신의 서툰 재주로 호랑이를 다룰 수는 없는 법이다. 아무리 높은 이상과 뜻을 지녔더라도 그것을 현실에서 이룰 수 있는 자질과 능력을 갖추지 못했다면 경거망동하지 말아야 한다.

육삼은 또한 외직신하의 자리로 볼 수 있다. 구오 인군에서 가까운 사효는 내직신하, 삼효는 외직신하라고 보는 것이다. 외직신하는 지방관리 혹은 변방을 맡고 있는 무인으로도 볼 수 있으므로, 여기서는 무인으로 해석했다. 무인은 외적을 막는 임무에 충실해야 하는데, 부당한 자리에서 뜻만 강하면 군대를 이끌고 와서 정권을 찬탈하여 대군이 되려는 역심을 품는다.[2]

구사 리호미 색색 종길

호랑이 꼬리를 밟음이니, 조심하고 조심하면 마침내 길하다.

• 두려워할 색

풀이 '색색'은 두려워하는 모양으로, 만약 구사가 자신의 행실을 두려워하고 삼가면 길하게 마칠 수 있다. 육삼과 구사가 같이 부중정한 상태인데 육삼은 '흉'하고 구사는 '종길'이라고 한 것은, 육삼은 음이므로 본래의 질이 '불선'한 것이고, 구사는 양이며 굳건한 건체에 있어서 본래의 질이 선한 것이니, 그 위태한 처지를 깨달아 잘 처신해 나가기 때문에 '종길'이라 한 것이다.

구사는 임금의 명령을 받아 처리하는 대신의 역할이다. 세력은 강하지만 항상 조심스러운 자리다. 언제나 공손한 자세로 경계하고 두려워하면 그 뜻을 펼칠 수 있다. 내면적으로 취약하지만 돌진형인 육삼과는 다르다. 내면의 힘이 조심성으로 결합되어 결과적으로 성공이 확실해진다.[3]

구사는 내직신하로서 구오 인군 밑의 대신이다. 한 나라의 대신은 쉬운 자리가 아니다. 조심스럽게 행하지 않으면 자칫 목이 달아날 수 있는 자리다. 그러나 구사는 극히 조심해가면서 구오의 명을 받아 일을 처리해나가므로 길한 것이다.

구오 쾌리 정 려

흔쾌하게 밟음이니(결단해서 밟아나가니) 바르더라도 위태하다.[4]

• 터놓을 쾌: 정하다, 나누다

풀이 구오는 양강한 건체로서 군주의 지위이므로, 과단성 있는 결단력으로 나아가는 자다. 너무 과단하면 비록 정도라도 위태로움이 따른다. 최고위의 자리인 구오는 유능하고 때도 잘 만났지만 너무 강직하여 남의 말을 듣지 않고 독단적으로 일을 처리하므로 위태롭다.[5] 자신감이 넘치고 사람들이 기쁘게 호응해주니 자신이 지나치게 과격하다는 것을 깨닫지 못할 위험이 있다.

다른 괘는 중정한 구오가 좋지만 이괘에서는 경계를 하고 있다. 정당한 자리에서 모든 사안을 결단해 이행하니 바르더라도 늘 위태로움을 지니고 있다. 강한 양이 자리까지 바르기 때문에 거침없는 자리다. 때문에 오히려 조심하라고 말하는 것이 주역의 지혜.

상구 시리 고상 기선 원길

밟아온 것을 보아서(시리) 조짐을 살펴보되(고상), 되돌면(기선) 크게 길하다(원길). 즉 '밟아온 것을 보아서 상스러운 것을 상고하되 두루 잘했으면 크게 길하다.'

- 생각할 고, 살필 고: 깊이 헤아리다, 관찰하다

- 상서 상: 조짐, 복, 상서롭다: 신이 내려 주는 좋은 일, 곧 행복을 뜻함

- 돌 선(알선, 주선, 선회, 선풍적, 개선문): 물이 돌며 흐르다, 돌아오다

풀이 상구는 리도의 끝이다. 종국에 이르러 자신이 걸어온 길을 돌아보고 선악과 화복을 상고하되, 여러모로 두루 살펴서 힘을 쓴 바가 있었다면 선이고 또한 길함이다. 리괘의 자리마다 살아가는 이력이 각양각색인데 상구는 리괘의 마지막에 처해서 자기가 살아온 한평생의 발자취를 더듬어보는 것이다. 평생을 두루두루 잘 살았으면 크게 길하다.

요약 사람이 한평생 살아가는 길이 리괘다. 모든 일을 잘 이행하여 실천해 가면 어려움 속에서도 이루는 바가 있을 것이다.

초구는 처음이라 꾸밈없이 순수하게 나아간다. 가식 없이 본심대로

살아야 함을 말했고, 구이는 수도하는 마음으로 흔들리지 말고 욕심을 이겨 예로 돌아가라고 했고, 육삼은 분수를 모르고 함부로 굴다가 호랑이[6] 꼬리를 밟아 물리는 꼴이라 흉하다고 했다.[7] 구사는 역시 호랑이 꼬리를 밟고 있으나 더욱 조심하여 뜻을 펴 나가면 길하다고 했다. 구오는 명석한 판단으로 결단성 있게 이행하여 탈이 없고, 상구는 지난 삶을 돌이켜 한 점 부끄러움 없이 올바르게 살았다면 크게 길하다고 했다.

1 '리'가 들어가는 고사성어 중에 유명한 것이 있다. '과전불납리 이하부정관', 참외
밭에서 신발을 다시 신지 말고, 오얏나무 밑에서 머리에 쓴 관을 고쳐 쓰지 말라. 참외
를 따거나 오얏을 따는 혐의를 받기 쉬우므로 괜히 의심을 사는 행동을 하지 말고 조
심하라는 뜻.

2 드라마 〈정도전〉에서 신진사대부 정도전이 부패하고 혼탁한 고려말 정치에 대해
분개하며 체제 개혁을 꿈꾸는 장면이 나온다. 흔히 조선을 '사대부의 나라'라고 한다.
조선을 세운 태조 이성계는 무인이었지만 조선의 정신적 토대를 만든 것은 신진사대
부 정도전이었다. 그가 있었기에 이성계의 위화도 회군은 '무인 위우대군'이 아닌 새
로운 천하를 여는 사업이 될 수 있었다.

3 주나라 주공이 먹던 밥을 세 번이나 뱉고 감던 머리칼을 움켜쥐어 가면서 친절하
게 방문객을 접견했다는 '토포악발'의 고사가 전해진다. 훌륭한 대신의 태도다. 이런
정신으로 하면 천하의 인재들을 다 끌어들여서 서로 힘을 모아 정책을 풀어갈 것이며,
호랑이같이 무서운 왕이라도 총애를 받게 된다('리호미 색색 종길').
주나라를 세운 문왕의 넷째 아들이자 은나라를 멸망시킨 바 있는 주공은 주나라의 통
치체제와 문물제도 전반에 걸쳐 지대한 영향을 미친 인물이었고, 탁월한 능력과 정치
적 감각으로 왕국의 틀을 짰던 위대한 왕이었다. 공자가 가장 이상적인 지도자이자 성
인으로 칭송한 주공은 머리를 감다가도 누가 찾아오면 감던 머리를 움켜쥐고 물을 흘
려가며 나가서 손님을 만나는 '일목삼착', 밥을 먹다가도 누가 찾아오면 먹던 음식을
입에서 뱉고 바로 나가서 만나는 '일반삼토'의 자세를 보여 현재까지도 중국 역사상
가장 존경받는 지도자로 평가받고 있다.
주공과 같은 지도자나 경영자는 수많은 사람과의 약속이 넘쳐나게 마련이라 한정된
시간을 선별적으로 약속하고 상대를 만날 법도 하다. 그러나 그는 자신을 찾는 사람들
은 누구나 소중하게 여기고 만났다. 이처럼 소통은 동서고금을 막론하고 한 사회나 조
직의 흥망성쇠를 좌우하는 매우 중요한 덕목이다. 그가 그렇게 위대한 지도자가 될 수
있었던 것은 이러한 그의 남다른 경영 능력이었다. 그리고 그는 남의 머리와 능력을
제대로 활용할 줄 알았던 인물이었다. 그가 얼마나 인재를 귀하게 여기는가를 알 수

있는 대목이 사마천의 《사기》에 나온다.

"나는 문왕의 아들이자 무왕의 동생이며 지금 왕인 성왕의 숙부다. 어느 모로 보나 나는 천하에 결코 천한 사람이 아니다. 그러나 나는 '일목삼착, 일반삼토' 하면서까지 인재를 우대했다. 오로지 천하의 현자를 잃을까 걱정되어서였다. 노나라로 가더라도 결코 사람들에게 교만하지 않도록 신중해야 할 것이다!" (사마천, 《사기》 권33 '노주공세가')

4 쾌를 '터놓다, 찢어지다'로 해석하여 '떨어지고 구멍 난 신발을 신고 가니 발을 다칠 수 있다. 앞으로 위태하리라'라고 해석하는 학자도 있다.

5 수지청즉무어 인지찰즉무도: 물이 너무 맑으면 물고기가 살지 않고, 사람이 너무 따지면 따르는 사람이 없다.

6 《장자》에는 호랑이를 길들이는 호랑이 사육사에 관한 일화가 있다. 그 호랑이 사육사는 호랑이에게 절대로 먹이를 산 채로 주지 않는다. 이유는 산 동물을 물어 죽이는 호랑이의 '살기' 때문이다. 또한 먹이를 통째로 주지도 않는다. 호랑이는 그것을 찢어 발기려는 '노기'를 가지고 있기 때문이다. 그래서 호랑이의 그 노기를 거스르지 않도록 호랑이가 굶주렸을 때와 배부를 때를 잘 이용하여 노기를 조절하고 잘 인도해야 한다. 그러면 호랑이도 인간의 말을 잘 따르며 유순해지는 것이다. 호랑이가 사람이 아닌데도 자기를 길러 주는 사육사를 잘 따르는 것은 바로 사육사가 호랑이의 본성을 잘 파악하여 그 본성에 따라 조절했기 때문이다. 만약 호랑이가 사육사를 죽인다면 그것은 호랑이의 본성을 거역했기 때문에 일어난 일이다.

이 우화가 우리에게 전하는 메시지는 아마도 호랑이의 본성을 파악하지 못하고 호랑이를 대했을 때 발생하는 재앙과 또 그 재앙을 자초하는 인간의 어리석음일 것이다. 호랑이의 본성을 아는 것은 이치를 안다는 것이며, 호랑이의 이치를 따라서 호랑이를 다룰 줄 아는 것이다. 호랑이가 상징하는 것은 무소불위한 군주이며 호랑이 사육사란 '역린'을 가지고 있는 군주를 다루는 신하일 것이다. 결국 신하가 군주를 대하는 태도를 말하고 있다. 호랑이의 노기를 건드리지 않기 위해서는 호랑이의 본성의 이치를 잘 알고 다루어야 하듯이, 군주의 역린을 건드리지 않기 위해서는 군주의 이치를 잘 알고서 처신해야 한다. 그것은 군주를 다루는 방식이기도 하지만 동시에 자신을 보호하는 지혜이기도 하다.

한비자는 전국시대의 유명한 법가사상가다. 한비자가 쓴 글을 접한 진시황이 "그를 만날 수만 있다면 한이 없겠다"라고 할 만큼 한비자는 뛰어난 인물이었다. 그가 쓴 책 이름은 《한비자》다. 그 가운데 역린과 관련된 글이 있는데, 글의 소제목은 〈세난〉이다. '유세의 어려움'이란 뜻이다. 그중 한 대목을 보자.

"옛날 미자하란 미소년이 위나라 왕의 총애를 받고 있었다. 어느 날 어머니의 병이 위중하다는 말을 들은 미자하는 임금의 명을 사칭하여 임금의 수레를 타고 집에 다녀왔다. 위나라 법에 따르면 이는 다리 절단에 해당하는 죄였다. 그러나 후에 이 사실을 안 왕은 이렇게 말했다.

'미자하의 효성이 얼마나 지극한가! 그는 자신의 다리보다 어머니를 더 중하게 여겼도다.'

또 어느 날인가는 임금이 복숭아밭에 산책을 갔는데 복숭아 하나를 먹던 미자하가 나머지를 왕에게 바쳤다. 그러자 왕이 말했다.

'미자하가 나를 사랑하는 마음이 지극하구나. 자신이 먹던 것이란 사실조차 잊고 내게 바치다니!'

그 후 세월이 흘러 미자하의 용모가 쇠하고 임금의 사랑 또한 식게 되었다. 그러자 왕은 이렇게 말했다.

'미자하는 내 명령을 사칭하고 내 수레를 훔쳐 탔을 뿐 아니라 제가 먹던 복숭아를 나에게 준 녀석이다. 용서할 수 없다.'

미자하의 행동은 처음과 나중이 다르지 않았으나 처음에는 칭찬을 받았고 후에는 벌을 받았으니 이는 군주의 사랑이 변한 까닭이다. 신하가 군주의 총애를 받을 때는 그의 지혜 또한 군주의 마음에 들 것이지만 총애가 사라지고 나면 뛰어난 지혜마저도 벌을 받게 된다. 왕에게 유세를 하고자 할 때는 우선 왕의 마음을 살펴야 한다. 용은 길들이면 타고 다닐 수도 있다. 그러나 그 목에는 '역린'이라 해서 거꾸로 난 비늘이 있으니 그것을 만지는 자가 있으면 반드시 죽음에 이르게 된다. 군주에게도 역린이 있으니 그에게 유세하고자 하는 자는 역린을 건드리지 않도록 각별히 조심해야 한다. 그렇게만 한다면 유세는 대체로 성공할 것이다."

7 공자의 제자였던 자로는 협객 출신답게 정의감에 가득 차 있는 의리파이지만 순진한 동시에 현실적 감각이 부족한 사람이었다. 공자가 안연을 극구 칭찬했을 때, 자로는 질투심인지 아니면 정의감인지 공자에게 질문한다.
"선생님께서 삼군을 통솔하신다면 누구와 함께 하시겠습니까?"
그러자 공자는 대답한다.
"맨주먹으로 호랑이를 잡으려 하고 맨몸으로 강물을 건너려다가 죽어도 후회가 없는 사람과는 함께하지 않을 것이다. 나는 반드시 큰일을 맡아서 두려워할 줄 알고 미리 계획을 도모하기를 좋아하여 공을 이룰 수 있는 사람과 함께할 것이다."
공자는 이미 자로의 됨됨이를 파악하고 그 성질이 불러올지도 모를 불길함을 느꼈는지도 모른다. 그래서 야박한 말로 그의 성질을 누그러뜨리려 했을 것이다. 그러나 공자의 이러한 염려와 충고에도 불구하고 후에 자로는 비운의 죽음을 맞이하고야 만다. 자로는 지나치게 우직하고 현실과 타협할 줄 모르는 인물이었다.

11

지천태

곤상건하

위에는 곤괘☷, 아래에는 건괘☰인 대성괘

태¹ 소왕대래 길 형

태는 작은 것(음)이 (올라)가고, 큰 것(양)이 (내려)오니, 길하여 형통하다.

• 클 태(태연, 태평): 심하다, 편안하다, 교만하다, 너그럽다

풀이 음은 작은 것이다. 양은 큰 것이다. 외괘는 모두 음효로 이루어져 있다. 반면 내괘는 모두 양효로 이루어져 있다. 그래서 작은 것은 (위로)가고, 큰 것은 (아래로)온다. 원래 땅인 곤은 아래에 있어야 하고, 하늘인 건은 위에 있어야 한다. 그러나 그렇게 되면 양은 계속 위로 오르려 하고 음은 계속 아래로 향하여 서로 절대 만나지 못한다. 그래서 뒤집혔다. 땅의 기운은 올라가고 하늘의 기운은 내려왔다. 상하가 서로 사귈 수 있게 된 것이다. 군자인 양이 아래로 내려오고(래), 소인인 음이 위로 올라간다(왕). 이 괘가 길하고 형통한 것은 이 때문이다.

태괘는 하늘의 마음과 땅의 마음이 화합하여 서로 통하는 괘라서 주역 64괘 중에서 가장 이상적인 괘다. 땅이 위에 있고 하늘이 아래에 있어 모양 자체는 자연스럽지 않지만 주역에서의 해석은 다르다. 하늘의 기운은 언제나 위로 향하고 땅의 기운은 아래로 향하는 것이기 때문에 (땅이 위에 있고, 하늘이 아래에 있는 모양이니) 교감이 이루어지고 서로 만난다는 것이다. 지천태괘는 역지사지와 같은 의미다. 차별받고 소외받던 힘이 위로 가고, 지배하던 힘이 아래로 내려와 약하고 소외된 것을 지지하고 보호하는 모습이다.

태괘는 태평한 세상을 형상하며 태평시대는 반드시 작은 것이 가고

큰 것이 와야 이루어진다. 이는 작은 것을 투자하고 희생하여 큰 것을 얻어야 한다는 뜻이다. 태평한 세상은 기본적으로 사회정의가 실천될 때 이루어진다.

천택리의 리도(예의)가 원만하면 마음이 편안하고 기분이 좋아지므로 다음을 태괘로 받았다. 태는 곧 편안함이다. 괘는 곤(음)이 위에 있고 건(양)이 아래에 있다. 곧 천지의 음양 기운이 서로 화합하면 만물을 낳아 이루기 때문에 태가 되는 것이다.

'왕'은 안에서 밖으로 나가는 것이고 '래'는 밖에서 안으로 들어오는 것이다. 양이 아래로 내려오고 음이 위로 올라 음양이 서로 화합하여 통하게 되면 만물이 이루어지므로 곧 천지가 상통하는 바다. 대는 군주이고 소는 신하다. 군주가 중도로서 성의를 다하여 아랫사람을 신임하고, 신하는 성의를 다하여 군주를 섬겨서 상하의 의지가 상통하는 것은 곧 조정이 태평함이다. 양은 군자이고 음은 소인이다. 그러므로 군자가 안으로 들어오고 소인이 밖으로 나가는 것은 곧 군자가 지위를 얻고 소인은 아래에 처하는 것이므로 곧 천하가 태평함이니, 태의 도는 길하고 또한 형통하다.

태는 11번째 괘로서 마치 열 달 뒤에 아기가 태어나는 이치와도 통하며, 앞의 리괘가 10번째 괘로서 천간을 다하고 효수 또한 60을 다하여 기본 주기가 끝나니, 태로부터 새로이 시작하는 것이다. 안으로는 건의 굳세고 건장한 덕이 있고 밖으로는 곤의 순한 덕이 있으니, 강건한 체로써 유순히 행하여 나가는 상이다. 건괘가 아래에 있어 하늘의 기운은 올라가고, 곤괘가 위에 있어 땅의 기운은 내려오게 되어 교류하여 통함이 태니, 정치에 있어서도 임금(☰)의 덕이 아래의 백성(☷)에게 내리고 백성의 뜻은 위로 통해야 태평한 세상이 되는 것이다. 또한 태는 정월괘로서 새봄이 되는 때이니, 모든 생명이 움터 나와 태평함을 이룬다. 음효와 양효가 각기 셋으로서 음양의 기운이 고루 교합된 이치가 있고, 안이 견실한 상이니 지극히 안정된 상이다.

초구 발모여 이기휘 정 길

띠풀을 뽑듯이 함께 정벌하여 나아감이 길하다.

• 뽑을 발, 무성할 패(선발, 발췌) • 띠(여러해살이 풀) 모 • 먹을 여: 채소

• 무리 휘, 고슴도치 휘(어휘) • 칠 정: 때리다, 정벌하다, 토벌하다

풀이 고통받던 세상이 지나가고 태평의 시대가 왔다. 이렇게 태평한 때가 왔으니, 그동안 배운 것을 세상에 펴기 위해 벼슬자리를 구하러 나간다. 어지러운 세상을 등지고 숨어 살던 지식인들이 번영하는 시대에는 드디어 세상에 모습을 나타내기 시작한다. 아래의 건괘 세 양효가 동지가 되어 함께 정벌하러 나간다. 띠풀을 뽑으면 뿌리가 한꺼번에 뽑히는 것처럼 동지들이 뭉쳐서 함께 나가면 좋은 일을 할 수 있다. 서로 다투어 선을 행함을 즐거워하며 서로 의지한다.

초구는 띠풀을 뽑듯이 함께 가야 길하다는 뜻이다. 띠풀은 뿌리가 서로 연결되어 있는 풀인데, 한 포기를 뽑으려 하면 연결되어 있는 줄기가 함께 뽑힌다. 모든 시작은 이렇게 여럿이 함께 해야 한다. 국가의 창건이든, 회사 설립이든 많은 사람들의 뜻을 결집해서 시작해야 한다는 것을 의미한다.

초구는 재능이 있으면서도 아랫자리에 있는 상이다. 군자는 때가 적절하지 않으면 물러나 은둔하고, 때가 태평하면 나아가 뜻을 펼친다. 군자가 나아감에는 반드시 동지들과 붕당을 이루어 서로 돕는데, 그 모습이 마치 띠풀의 뿌리가 엉켜 있어서 하나를 뽑으면 전체가 연결되어 뽑히는 것과 같다. 하괘의 세 양은 나아가고자 하는 뜻이 모두 같다.

구이 포황 용빙하 불하유 붕망 득상우중행

거친 것(변방의 오랑캐들)과 황하를 걸어서 건너는 사람도 포용하며, 먼 것을 버리지 않으며, 붕당이 없으면, 가운데 행함에 높임을 얻는다.[2]

• 쌀 포, 주머니 포, 아이를 밸 포(포장, 소포) • 거칠 황(황무지, 황폐화) • 성씨 풍, 업신여길 빙: 걸어서 물을 건너다 • 멀 하, 어찌 하 • 남길 유, 버릴 유, 따를 수(유감, 후유증, 유전자)

• 벗 붕(붕당): 무리, 패거리, 마을, 화폐 단위, 떼를 짓다 • 망할 망, 없을 무(사망, 도망, 망신): 멸망하다, 도망하다, 잃다, 죽다 • 다닐 행, 항렬 항: 가다, 행하다

풀이 구이는 음의 자리이지만 양이 왔으므로 강하고 현명하다. 더군다나 중의 자리다. 그런 구이이기에 육오 인군과 잘 '응'하여 중책을 맡

아 태평한 세상을 다스린다. 따라서 구이는 비록 신하의 지위이지만 군주의 신임으로 태의 도를 주관하는 자다. 지천태괘가 말하는 구이의 정치법은 다음과 같다.

"거친 자들(또는 능력이 뛰어나지 않은 사람이나 먼 변방의 오랑캐들)도 너그럽게 포용하고(포황), 걸어서 황하를 건너는 사람도 포용하고(또는 맨발로 황하를 건너갈 만한 용기가 필요하며), 멀리하거나 버리지 않으며(또는 먼 곳에 숨어있는 현자도 찾아내어 등용하며, 불하유), 파벌정치와 붕당이 없도록 하면(붕망), 중도의 정치를 행함에 짝(또는 숭상함)을 얻으리라(득상우중행)."

구삼 무평불파(피) 무왕불복 간정무구 물휼 기부 우식유복

평탄하기만 하고 비탈지지 않은 평지는 없으며, 가기만 하고 되돌아오지 않는 과거는 없다. 어렵지만 마음을 곧게 가지고 그 믿음을 근심하지 마라. 먹는 데에 복이 있으리라.

• 평평할 평　• 방죽 피, 비탈 파: 연못, 기울어지다. '비탈지다'의 뜻으로 쓰일 때는 '파'라고 읽는다.

• 어려울 간　• 곧을 정(정숙하다, 정절을 지키다)　• 물휼: 근심하지 마라　• 기부: 그 믿음

풀이 세상에 평평하기만 한 길은 없다. 멀리 보이는 지평선도 가까이 가서 보면 실은 비탈과 언덕길이 이어진다. 인생도 마찬가지다. 평지만 계속되는 인생이 없고, 비탈만 진행되는 인생도 없다. 마냥 탈 없고 행복해보이는 사람들도 그 나름의 고난과 어려움을 안고 살아간다.[3] 무엇보다도 자기 인생에 대한 신념과 긍지가 가장 중요하다.

세상이 계속해서 태평할 수는 없다. 이제 내괘가 끝나고, 외괘로 넘어가는 순간, 세 양효의 맨 위라 평평하던 길이 내리막길이 된다. 걱정이 앞선다. 우주 만물은 쉬지 않고 순환하니 차면 기울고 성하면 쇠하게 마련이다. 낮이 끝나면 밤이 오는 것처럼, 소인이 다시 돌아온다. 그러므로 방심하며 편히 살려고만 해서는 안 된다. 소인의 세상을 항상 두려워하며 분수를 지키며 살아야 한다는 말이기도 하다. 그리하여 안일에 빠지지 말고, 항상 어렵고 위태로울 때를 생각하여 정도를 행한다면 허물이 없을 것이며, 어려움이 있더라도 정도를 고수해야 오래도록 편안함을 지킬 수 있다.

육사 편편[4] 불부이기린 불계이부

새들이 오락가락 흩어지듯 그 세가 약화되는 것은 부를 그 이웃과 함께하지 않았기 때문이며, 믿음으로써 경계하지 않았기 때문이다.

• 나부낄 편 • 불부이기린: '부이기린'은 풍천소축 구오효에서 나왔던 단어로, '부를 그 이웃과 함께한다'라는 뜻이므로, '불부이기린'은 '부를 그 이웃과 함께하지 않는다'라는 뜻. • 불계: 경계하지 않다 • 이부: 믿음으로써

풀이 육사는 상괘의 첫 효이며, 흥망성쇠의 사이클이 하향으로 기울기 시작하는 시점이다. 그동안 상향 곡선을 그려온 과정에서 그 성과를 공정하게 나누지 않았고, 초심을 잃어 퇴색하고 있다는 지적이다. 오락가락 흩어지는 새들처럼 군자의 시대가 지나고 이제 다시 소인이 판치는 시대가 오고 있다. 소인들이 정권을 되찾고자 노리는 것이다.

육오 제을귀매[5] 이지 원길

제을이 누이동생을 시집보내는 것이니, 이로써 복이 되며 크게 길하다.

• 제을: 왕 이름 • 귀매: 누이동생을 시집보내다 • 복 지, 행복 지(보건복지부, 사회복지)

풀이 육오는 태평한 세상을 계속 유지해야 하는 인군의 자리다. 그래서 인군이 몸을 낮춰 신분은 낮지만 유능한 신하인 구이 신하에게 공주를 시집보낸다는 것이다.

'제을귀매'는 옛날 은나라 주왕의 윗대 선왕인 '제을'이 딸 태사를 문왕에게 시집보낸 일을 말한다(태사의 어머니는 유신 씨이며, 태사는 무왕의 어머니다). 제을 이전에는 왕족끼리만 혼인을 했었는데 제을 시대에 처음으로 신분이 낮은 신하와 혼인을 하여 오히려 민심을 얻었다 한다. 인군이 왕족끼리만 혼인하면 위화감 때문에 민심을 얻기가 힘들다. 그래서 몸을 낮춰 신하에게 공주를 시집보내는 것이다. 태평한 시대가 무너지지 않게 하기 위한 지혜다.

딸을 시집보내는 기득권자는 신흥세력을 배경으로 현상 유지를 보장받기 때문에 길하고, 신부를 받아들이는 신흥세력도 이 혼인으로 존귀한 영예를 얻기 때문에 역시 길하다. 이를 통해 태평치세가 이어지기 때문에 백성도 길하다. 서로에게 윈윈게임이다.

상육 성복우황 물용사 자읍고명[6] 정린

성이 무너져 내려서 해자로 되돌아갈 것이니, 군대를 움직이지 마라(전쟁을 일으키지 마라). (전쟁을 지휘하는 장군이 사망하니) 고을 입구에서 부

고를 고하게 될 것이다(왕명이 널리 통하지 못하여 자기 마을에만 명을 고한다). 일을 맡아 처리함에 허물을 고치지 않아 순조롭지 않다.

• 성복우황: 성곽이 무너져 다시 해자를 메우는 꼴. 성이 무너짐 • 목숨 명: 생명, 운, 명령, 천명, 명령하다

풀이 낮이 가면 밤이 오듯이 언제나 태평한 시대만 계속될 수는 없다. 태평한 시대는 다 가고 혼란에 빠지고 나라가 망해간다. 그러나 전쟁을 일으켜서는 안 된다. 전쟁으로 해결될 일이 아니다. 군사를 일으키면 혼란만 더해지고 피만 흘린다. 한 나라를 다스리는 도읍은 곧 사람으로 말하면 마음이다. 사람마다 마음속에서 해결책을 찾아야 한다. 모든 백성은 스스로 잘못을 반성하여 새로운 다짐을 해야 한다. 마음을 고쳐먹고 새롭게 출발한다 해도 이미 늦었다. 인색하여 흉함으로 나아간다.

상효는 태의 종국인데 상육이 소인으로 머물러 있으니 장차 운이 막힐 때다. 군주가 무리를 동원할 수 있는 것은 상하 간에 정이 통하여 마음으로 따르기 때문에 가능하다. 그러나 지금은 태평성대가 다하여 쇠운의 조짐이 보이는 때로서 태의 도를 잃었기 때문에 상하 간에 뜻이 상통하지 않는다. 민심이 떠나가고 윗사람을 따르지 않는데 어떻게 무리를 동원할 수 있겠는가? 쓴다면 어렵게 된다. 무리를 쓸 수 없는 지경이라면 이제 가장 친근한 곳으로부터 명을 내려야 하는데 비록 이와 같이 하여 정도를 회복한다 하더라도 역시 수치스러운 일이다.

요약　태괘에서는 평화를 이루는 과정과 저마다의 역할을 말했고, 태평함 속에서 혼란한 세상이 싹트고 있다는 경계의 말을 가르쳐 주었다.

초구는 띠풀을 뽑으면 뿌리가 한꺼번에 뽑혀 올라오듯이 온 국민이 새 시대에 동참하고, 구이는 포용력으로 민심을 감싸고 용기로 개혁을 추진한다 했고, 숨어 있는 인재까지 발탁[7]하는 중도정치를 한다. 구삼은 경계를 늦추지 않고 겸손하게 바르게 나아가면 복된 생활을 누리고, 육사는 새들이 오락가락 흩어지듯 그 세가 약화되는 것은 부를 그 이웃과 함께하지 않았기 때문이며, 육오는 신분이 낮은 신하와 혼인하여 흩어지는 민심을 화합하려고 노력하며, 상육은 번성하던 성이 허물어지듯 태평한 세월이 기울어진다. 정신을 바르게 하여 새롭게 출발해야 한다.

1 경복궁에 가보면 중전 마마가 거처하는 곳인 '교태전'이 있다. 흔히 중전이 교태를 부려 임금과 침소에 드는 곳이라고 오해하지만, 경복궁 교태전은 바로 주역의 지천태 괘에서 이름을 딴 것이다. 천지 교태, 즉 '천과 지가 서로 교통하여 태평하다'는 뜻이다.

2 구이는 시간적으로 아직도 초기에 해당한다. 따라서 그 세를 계속해서 불려나가야 하는 단계라 할 수 있다. 구이효는 여러 가지 해석이 있다. 예를 들면 '여러 오랑캐 족속을 포섭해서 맨몸으로 황하를 건너간다. 먼 데 남은 사람까지 버리지 않고, 친구를 잃어버리는 일이 있으면 중용의 덕행을 숭상함으로써 그를 얻는다'라는 해석도 있고, '속이 빈 박을(포황) 뗏목으로 만들어 배 없이 강을 건넌다(빙하). 물에 빠져 죽지 않고 일행을 잃지 않았다(불하유 붕망). 길을 가는 중도에서 상을 받으리라(득상우중행)'라는 해석도 있다. 주역이 이래서 어렵다. 그러나 어차피 중요한 것은 디테일이 아니라 핵심 내용이므로 효가 뜻하는 바의 본질적인 흐름만 읽으면 된다는 목표로 접근하는 것이 스트레스를 덜 받는 방법이다.

3 톨스토이의 《안나 카레니나》에 나오는 유명한 첫 문장 "행복한 가정은 모두 비슷하다. 그러나 불행한 가정은 제각각의 이유로 불행하다"도 '무평불파 무왕불복'과 일맥상통하다.

4 고구려 제2대 유리왕이 지은 가요인 〈황조가〉에도 이 '편편'이 등장한다. 《삼국사기》에 실려 전하는 유래는 다음과 같다.
유리왕은 왕비 송씨가 죽자 화희와 치희 두 여인을 계실(다시 얻은 처)로 맞았는데, 이들은 늘 서로 사랑을 다투던 끝에 왕이 기산에 사냥을 가 궁궐을 비운 틈에 화희가 치희를 모욕하여 한나라로 쫓아 버렸다. 왕이 사냥에서 돌아와 이 말을 듣고 곧 말을 달려 뒤를 쫓았으나 화가 난 치희는 돌아오지 않았다. 왕이 탄식하며 나무 밑에서 쉬는데, 짝을 지어 날아가는 황조(꾀꼬리)를 보고 감탄하여 이 노래를 지었다.
"꾀꼬리 오락가락 암수 서로 노니는데 외로워라 이 내 몸은 뉘와곰 돌아가랴(편편황조 자웅상의 염아지독 수기여귀)."
〈황조가〉는 단순한 사랑노래가 아니라 그 이면에는 고구려 건국 초기의 정치적 세력

다툼의 상황이 깔려 있다. 치희와 화희의 다툼은 결국 외래세력과 토착세력의 권력 다툼이며 〈황조가〉는 왕권을 강화시키려다 좌절한 유리왕의 심정을 보여주는 서정시이다. 우리나라 최초의 서정시라는 의의가 있다.

5   제을은 주왕과 미자계의 아버지라고 한다. 누이동생을 이웃나라로 시집보낸 다른 사례들을 보자. 《춘추전》에 따르면 환왕은 진나라 헌공의 딸이자 자신의 누이동생인 백희를 제나라 양공에게 시집보낸 일이 있었으며, 삼국시대 오나라의 손권이 자신의 누이동생을 촉의 유비에게 시집보낸 일도 있었다.

6   정약용은 고대에 군대가 출전했다가 패배하고 지휘하던 장군이 사망하면 고을 입구에서 그 부고를 알리는 예가 있었는데, '자읍고명'이란 그 예를 가리킨다고 말했다. 《예기》 '단궁'에 "전쟁에서 지고 돌아오면 소복을 입고 고문 밖에서 곡을 하니, 사상자가 있음을 알리는 수레에는 전대와 활집을 싣지 않는다"라고 한 것이 바로 그것이다.

7   구이효를 음미하고 있노라면 유비가 융중의 초가집에 은거하던 와룡, 제갈량을 영입하려 삼고초려하는 모습이 자연스레 떠오른다. 유비는 삼국시대 촉한의 초대 황제였다. 유비는 탁군 탁현 출신으로, 후한 영제 말, 황건의 난이 일어나자 관우, 장비와 함께 모집한 의병들을 이끌고 난을 진압하여 그 공적으로 중산국 안희현위에 임명되었다. 이후 유비는 공손찬, 조조, 원소 등의 당대 군웅들의 휘하에서 산전수전을 다 겪으며 자신의 세력을 키웠다. 유비는 삼고초려하여 천하의 기재인 제갈량을 얻고, 제갈량의 천하삼분지계 헌책을 받아들여, 오나라의 손권과 손을 잡고 적벽에서 조조의 대군을 크게 무찌르고 위, 촉, 오 삼국을 정립했다.

12

천지비

건상곤하

위에는 건괘☰, 아래에는 곤괘☷인 대성괘
어떤 책에서는 '천지부' 라고도 함.

비지비인 불리군자정 대왕소래

교감이 끊어져 서로 사귀지 못한다. 군자의 일에는 이롭지 않다. 큰 것(양)이 가고 작은 것(음)이 온다.

• 막힐 비(비운), 아닐 부(거부, 왈가왈부)

• 비적 비, 아닐 비(무장공비): 떼지어 다니는 도적, 아니다, 나누다

풀이 지천태괘와는 그 모양이 반대다. 하늘이 위에 있고 땅이 아래에 있는 형상이므로, 언뜻 보기에는 자연스럽다. 하지만 이 괘는 '비'괘라 이름하고 그 뜻을 '막힌 것'으로 풀이하며 비색, 즉 소통되지 않고 막혀 있는 상태로 풀이한다. 왜냐하면 하늘의 기운은 올라가고 땅의 기운은 내려가기 때문에 천지가 서로 교감하지 못하고 만나지 못하기 때문이다. 하늘은 저 혼자 높고 땅은 하늘과 아무 상관없이 저 혼자 아래로 향해있으니 소통이 아닌 불통의 대표적인 모습[1] 아니겠는가.

'비인'이라고 하는 것은 서로 교감이 끊어졌음을 의미한다. 인(사람 인)의 의미에는 글자의 모양처럼 서로 기대고 돕는다는 뜻이 있다. 비괘의 경우 그렇지 못하기 때문에 비인, 즉 인이 아니라고 한 것이다.

'대왕소래'의 대는 양이고 소는 음이다. 천지비에서는 내괘가 음이고 외괘가 양이므로 내심은 유약하면서 겉으로는 강함을 가장하는 것이다. 권력의 핵심은 소인들의 차지가 되고 군자는 변두리로 밀려난다. 양심적인 지식인은 사라지고, 비도덕적인 소인배들이 판을 치며 소인의 도는 장성하고 군자의 도는 소멸한다.

지천태의 시기가 극에 달하면 반드시 비색해지므로 비괘가 태괘의 다음이 되었다. 지천태가 만물의 소통이라면 천지비는 불통의 괘다. 주역은 이러한 시대를 살아갈 때는 재능을 감추고 혼란기를 피하라고 한다. 역사 속에도 폭군이 등극한 후 대인군자는 때가 오기를 참고 기다려야 했다. 이런 시기에 국가의 녹을 받아먹고 영화를 누리면 오히려 후환이 크다. 이럴 때일수록 뜻이 같은 동지들이 서로 연대하여 인내하면 막힘이 풀리는 날은 찾아온다.

지천태괘와 천지비괘에서 공통적인 것은, 둘 다 교(사귈 교)와 통(통할 통)이라는 관점에서 해석하고 판단하고 있다는 사실이다. 이 '교'와 '통'이 곧 '관계'다. 관계란 다른 것을 향하여 열려 있는 상태이며 다른 것과 소통되고 있는 상태다.

효사

초육 발모여 이기휘 정길 형

띠풀을 뽑음이다. 그 무리로써 일을 맡아 처리한 것이 길해서 형통하다.

• 뽑을 발, 무성할 패(선발, 발췌) • 먹을 여: 채소 • 무리 휘, 고슴도치 휘(어휘)

• 곧을 정(정숙하다, 정절을 지키다)

풀이 초육은 가장 아래 효로 백성을 뜻한다. 띠풀은 뿌리가 서로 이어진 풀인데, 한 포기를 뽑으려 하면 연결된 줄기가 함께 뽑힌다. 이런 줄줄이 사탕 같은 모습을 띠뿌리 뽑는 것에 빗대었다. 비색한 세상에서 살기 힘든 백성들이 서로 손을 잡고 똘똘 뭉친다. 그들의 소망은 난세를 구제해줄 훌륭한 지도자가 나타나는 것이다.

초육은 같은 음인 육이, 육삼과 더불어 바르게 하고자 하니 길하고 형통한 것이다. 군자가 절도를 지키면서 아래에 처하는 것은, 나아가지 않으려는 독선을 좋아해서가 아니라 비색한 때에는 나아갈 수가 없기 때문에 편안하게 처하고 있을 따름이다. 어지러운 시대에는 뿌리가 덩어리지듯이 한마음 한뜻으로 훌륭한 지도자의 출현을 소망해야 한다.

육이 포승 소인 길 대인 비 형

포용하여 이음이니, 소인은 길할지라도 대인은 (그러한 포승을) 거부해야 형통하다.

• 쌀 포, 주머니 포, 아이를 밸 포(포장, 소포) • 이을 승(승인, 계승)

풀이 공자도 《논어》 〈위령공〉에서 "가는 길이 같지 않으면 함께 도모하지 말아야 한다"라고 했지 않은가. 불의한 세상에서 소인은 포승하여 길할지라도 대인은 타락한 도를 바로잡기 위해 자기 갈 길을 가야 한다.

육이는 음효로 소인이다. 육이는 군주의 잘못을 바로 잡기는커녕 왕이 원하는 것을 다 감싸준다. 그러나 대인이라면 백성을 위해 힘써야 한다. 대인이 비색함, 즉 막힘에도 불구하고 형통한 이유는 소인의 무리에 섞여들지 않기 때문이다. 천자는 백성을 자기 몸처럼 여겨야 하는 자다.

그러나 천자의 도가 땅에 떨어진 지 오래되었다. 이때 대인이라면 도의 회복을 위해 준비해야 한다.

소인배는 인군에게 개혁을 말하지 않고 아부하기 때문에 정권을 쥐고 이득도 챙기게 되어 좋은 입지를 얻는다. 반면 대인은 혼탁한 세상에서 살기 어려운 상황이라도 절대 굴복하지 않는다. 소인처럼 포승[2]하지 않는다. 그러므로 삶이 곤궁해도 마음은 이상사회를 꿈꾸기 때문에 도가 형통하다. 이들은 어떠한 유혹이나 위협에도 쉽게 굴하지 않는다.

육삼 포 수

감싸는 것이 부끄럽다.

• 부끄러울 수(수치)

풀이   육삼은 수단과 방법을 가리지 않고 온갖 부정부패를 자행한다. 이 사람의 가슴속에는 부끄러운 것만 가득 차 있다. 절의가 있는 선비는 궁색함 속에서도 끝까지 지조를 지키지만, 세속적인 사람은 궁해지면 변질하기 쉽다. 그래도 양심의 가책은 느낀다. 자신이 부끄러워한다는 것만으로도 상태가 호전되는 시발점이다.

육삼은 '중'이 아니고, 홀수 자리에 양이 오지 않고 음이 왔으므로 '정'도 아니면서 비색한 때에 윗자리와 가까우므로 정도를 걷지 못하여 어려움에 처하면 처세를 바르게 할 수 없는, 전형적인 소인의 상이다.

마음속에 품고 있는 계책과 생각에 간사함이 지나쳐 이르지 않는 바가 없으니, 가히 수치스러울 만하다.

구사 유명 무구 주리지

명을 두면(자신의 공으로 뽐내지 말고 권위와 위엄을 군주에게 돌려 군주로부터 명이 나오게 한다면) 허물이 없으니, 같은 무리가 서로 따르며 복에 걸리리라(복을 받을 것이다).

- 이랑 주, 누구 주(범주): 때, 무리, 짝('주'는 밭의 경계가 되는 두둑을 말하기도 하고, 밭의 가지런한 이랑을 뜻하기도 하여 '절도를 지킴'으로 해석하기도 한다.)

- 떠날 리(이), 걸릴 리, 붙을 려(거리, 분리, 이탈, 이혼, 격리, 이별, 이산가족)

- 복 지: 하늘에서 내리는 행복

풀이 '주'는 같은 짝을 이르니 초육을 이른다. '리'는 '걸림'으로 해석해서 구사가 초육에게 명을 내림에 자신이 이미 허물이 없고 초육이 이미 명을 받아서 복에 걸리고 의지함을 말한 것이니, 초육이 복을 얻음을 말한 것이다.

구사부터는 음의 시대가 가고 양이 시작된다. 지금까지는 의로움을 지키며 참았지만 세상을 바꿀 때가 도래했다. 이제 뜻이 맞는 자들과 합심하면 세상을 바꿀 수 있다. 도저히 풀릴 것 같지 않던 어둠의 세월을 함께 해온 동지들이 서로 힘을 모으며 이날을 기다려 왔다.

비색함을 그치게 한다. 대인이 길하니 그 망할까 망할까 해야 포상에 메어진다. 뿌리가 깊고 견고한 뽕나무에 매리라.

• 쉴 휴(휴가, 휴식, 휴지통) • 기망기망: '망하면 어쩌나' 하는 염려의 마음을 두다

• 맬 계(연계, 계류) • 뽕나무 상

풀이　구오를 "혹시 망할까 망할까 하는 심정으로 조심해야만 열매가 뽕나무 떨기에 간신히 매달려 있는 듯할 것이다", 즉 위기가 없을 때에도 항상 위기의식을 잃지 않아야 지혜로운 처신이 될 것이라는 경계로 해석하기도 한다.

구오는 간신히 다른 세상을 열었음을 의미한다. 그러나 그것을 유지하기는 쉽지 않다. 망하지 않기 위해서 뽕나무에 붙들어 매듯이 근본적인 개혁을 해야 한다.

구오는 중정의 덕을 가진 군주이므로 천하의 비색함을 구제하여 종식시킬 수 있다. 대인이 정위(홀수 자리에 양이 왔으므로 바른 자리)에서 천하의 비색을 종식시켜 태평세월이 다시 오게 되지만, 아직 비색한 상태에서 완전히 떠난 것은 아니므로 경계심을 잃지 말라고 했다.

드디어 막힌 세상이 풀리지만, 망하지 않을까 늘 마음이 놓이지 않아서 질긴 뽕나무 뿌리에 국가를 붙들어 맨다는 것이다(국가를 반석 위에 올려놓아 망하지 않도록 보존한다는 것). 구오는 위가 바르고 육이와 호응이 잘되어 막힌 세상을 풀어가는 대인의 상징이다. 뽕나무 그루터기에 묶

는 식의 안전조치를 해야만 성공을 굳힐 수 있다. 어려웠던 때를 생각하여 되찾은 안정을 더욱 확고히 다지는 것이다.[3]

상구 경비 선비 후희

비색한 것이 기울어짐이니, 먼저는 비색하고 뒤에는 기뻐한다.

• 기울 경(경향, 경사면, 경도) • 먼저 선(우선, 선생, 선배)

풀이 상구는 비괘의 마지막이다. 비색함이 극에 달했으므로 비의 도가 전복되어 변하게 된다. 비색이 종극에 이르면 반드시 변하는 것인데, 어찌 영원히 비색하기만 하겠는가? 궁극에 이르면 변하는 것이 주역의 도다. 막혔던 것이 뚫리고, 어둠이 가고 밝음이 온다. 이제 불통의 시대는 끝났다. 통의 시대가 도래한 것이다. 천지비 다음에는 천화동인 괘가 기다린다. 천화동인은 함께하는 괘다. 막힌 세월이 끝났으니 서로 통해야 한다.

새벽이 밝기 직전의 어두움은 이제 지나간 일이 되었다. 새로운 상황으로 변화가 시작될 것이다. 언제나 긍정적으로 사고하고 좋은 일을 전망하면 된다. 어두운 터널을 참고 견디어 온 결과다.

요약 국가와 사회가 혼란기에 처하여 사람들이 힘들고 괴로웠으나 난세의 끝에는 다시 치세가 오게 마련이다. 그러는 과정에서 희생된 자들도 많을 것이고 고난 끝에 빛을 본 자들도 있을 것이다.

초육은 한마음 한뜻으로 훌륭한 지도자를 찾아 모였다. 육이는 독재정치에 아부하여 이득을 챙기는 소인배들과, 곤궁하게 살면서 정의의 편에서 민주사회를 이루는 데 기여하는 대인으로 나뉜다. 육삼은 극도의 이기적인 행동으로 부정을 저지르는 난세의 협조자들이다. 이들도 양심의 가책은 느껴 부끄러워할 줄 안다. 구사는 이제 분연히 떨치고 힘을 모아 혁명의 대열에 가담하고, 구오는 안정을 찾고서도 망하지 않을까를 염려하여 뽕나무에 붙들어매는 안전장치이고, 상구는 새벽이 밝아지고 태평한 아침을 맞이하고 있다.

1 항우는 문무를 겸비하여 무용도 뛰어나고 지혜도 뛰어났는데, 항우의 부하들은 좋은 계책이 있어도 항우에게 자신의 의견을 말하면 핀잔이나 듣지 않을까 두려워하면서 말을 아꼈다. 그리하여 항우와 부하 간에는 서로 소통이 되지 않았는데, 그 바람에 항우는 실력이나 재능이 자기보다 못한 유방에게 천하의 패권을 잃고 말았다.

2 1919년 3·1운동 과정에서 무수한 사람들이 죽고 다쳤지만 일본의 지배가 무너질 가능성이 없다고 판단한 조선 민중은 일본의 식민지배 전략이 문화통치로 바뀌자 빠른 시간 안에 자기를 바꾼다. 독립을 간절히 원하던 조선 민중들이 조선총독부의 공무원과 경찰이 되는 걸 '성공'으로 받아들이게 되었는데, 그들은 독립이 불가능하다면 현 상태에 참여하는 게 차라리 낫다고 생각하게 된 것이다. '포승, 소인 길'의 전형적인 사례다.

3 이 말은 《계사전》에서 공자의 말씀으로 다시 언급된다. "위태로울까 하는 자는 그 자리를 편안히 하는 것이요, 망할까 하는 자는 그 자리가 보존된다."

13

천화동인

건상리하

위에는 건괘☰, 아래에는 리괘☲인 대성괘

들에서 같이하면 형통하리니, 큰 내를 건너는 것이 이로우며, 군자의 일에 이롭다.

• 한가지 동(공동, 동료): 무리, 함께, 합치다, 화합하다, 같이하다 • 들 야(평야, 야구)

풀이 들은 탁 트인 곳이며, 비밀이 없고 만인이 볼 수 있는 공개적인 장소다. 그렇게 공공연하게 볼 수 있는 곳에서 공명정대하게 동인한다면 누구나 자연스럽게 모일 수 있다. 그렇게 되면 뜻을 같이하는 사람들의 힘이 모아져 형통할 것이고, 그 힘으로 큰 내를 건너는 것에 이로움이 있다. 세상을 살아가면서 뜻을 같이한다는 것은 매우 중요한 일이다. 모든 사람을 공정하게 대한다면 바른 동인이 된다.[1]

세상이 꽉 막히고 희망이 없이 비색한 때에는 반드시 뜻있는 사람들과 함께 힘을 합쳐야 벗어날 수 있으므로 천화동인이 천지비괘의 다음이 되었다. 천지비를 타개하는 데에는 여러 사람이 뜻을 같이하는 것, 즉 대동단결이 필요하다.

천화동인괘는 하늘에 해당하는 건괘(☰)가 위에 있고 불에 해당하는 리괘(☲)가 아래에 있다. 하늘의 기운은 항상 위로 향하고, 불의 기운도 항상 위로 향한다. 아래에 있는 불은 훨훨 타올라 위로 올라가니, 위에 있는 하늘괘인 건괘와 뜻을 같이한다.

'동인'은 '뜻을 같이한다, 또는 동지를 구하여 함께 한다'라는 뜻이다. 사람은 혼자 살아갈 수 없다. 서로 기대어 살아가는 존재다. 그래서 인간은 공동체를 이루고, 네트워크를 만들어 교류한다. 이렇게 '동인' 하는 것은 인간이 가지고 있는 기본적인 속성이다.

천화동인의 효를 보면 육이효 하나만이 음이고 초구, 구삼, 구사, 구오, 상구의 다섯 양이 모두 음효 하나와 같이한다. 이렇게 뜻을 같이하니 동인의 의미가 되는데, 육이는 중정한 자리에 있으며 구오와 응하고 있다. 즉 육이가 자리를 잘 지키면서 중도를 행하고 있는 것이다. 중도를 행한다는 말은 하늘이 모든 만물에 어떤 의도를 가지고 사사로이 대하지 않듯, 육이도 다섯 양에게 공정하게 대한다는 말이다.

효사

초구 동인우문 무구

문에서 동인함이니 허물이 없다.

풀이 모든 사람이 보는 앞에서 떳떳하게 만난다. 공평하고 폭넓게 사람을 사귄다. 문 밖에서 사람을 만난다는 것은 모든 것을 공개해서 투명하게 함이요, 문을 활짝 열고 혈연 지연에 얽매이지 않고 널리 사람을 불러 모은다는 것이다. 그래서 허물이 없다.

육이 동인우종 린

종당(같은 종족이나 혈연집단)에서 동인함이니 인색하여 흉함으로 나아간다.

• 마루 종: 일족, 사당, 종묘, 파, 교파, 갈래 • 린: 인색하여 흉함으로 나아가다

풀이 동인괘의 다섯 양들이 모두 육이와 같이하고자 한다. 육이는 음이 음 자리에 있어 바르고 내괘의 중을 얻어 중정하기에 유순하고 무난한 성격이어서 인기가 대단하다. 그런데 육이는 위의 중심 효인 구오와 이미 정응의 관계다. 따로 좋아하는 사람이 정해져 있다는 것은 구속력을 의미하기 때문에 모든 사람과 화합하는 데는 오히려 방해가 된다. 모든 사람과 공평하게 동인해야 할 위치에 있는 육이가 유독 구오하고만 동인하는 것이다. 이는 지연, 학연에 매이는 동인이므로 정당하지 못하고 치우쳐서 동인의 시대정신에 어긋난다.

구삼 복융우망[2] 승기고릉[3] 삼세불흥[4]

우거진 숲에 군사를 매복시키고 그 높은 언덕에 올라 멀리까지 정세를 살피는데, (적이 막강하여) 삼 년 동안 일어나지 못한다.

• 업드릴 복(매복, 항복, 굴복, 잠복) • 병장기 융: 군사, 병사, 전투

• 우거질 망: 숲이 우거지다, 숲 • 오를 승(상승) • 언덕 릉(울릉도, 강릉) • 일어날 흥(흥분, 흥행)

풀이 구삼은 강하기만 하고 중을 얻지 못했다. 구삼은 이웃으로 아래에 있는 육이와 만나고 싶지만 육이는 이미 구오와 정응, 즉 '썸을 타는' 상황이다. 하여 구삼은 산의 덤불 속에 군사를 매복시켜 막강한 구오와 한번 붙어볼 생각이지만 3년 동안 나아가지 못한다. 자신이 강하다고 생각하여 힘만 믿고 분수에 넘는 짓을 한 것이다. 군사들은 뿔뿔이 흩어지고 말았다.

구삼은 중을 얻지 못하고, 하괘의 가장 위에 있으며 양이 양 자리에 있어 지나치게 강한 자다. 중정한 덕을 갖춘 육이와 상비관계(위 아래가 음양으로 짝이 맞음)에 있으므로, 육이와 정응인 구오를 치고 육이를 빼앗고자, 육이와 구오가 만나는 길목에 군사를 매복시키고 넘보는 것이다 (복융우망 승기고릉). 구오 인군을 치는 것이 의리상으로도 그릇되고 힘도 약하기 때문에 결국 강건 중정한 구오를 이길 수 없다.

구사 승기용 불극공 길

담을 오른다. 그러나 힘이 못 미침을 알고, 마음을 되돌려 제 분수를 지키니 길하다.

• 담 용: 담장, 벽 • 이길 극(극복, 극기): 참고 견디다 • 칠 공(공격, 침공): 때리다. 공격하다

풀이 구사 역시 구삼과 마찬가지로 육이에게 마음이 있으므로, 구오를 치려고 담을 오른다. 자신의 힘을 믿고 높은 담장까지 올라갔으나 구삼보다는 집요하지 않아 싸움은 걸지 않아 다행이다. 포기하는 마음은 쓰리지만 싸움을 포기하고 제자리로 돌아왔으니 길한 것이다. 구사가 현명하게 욕심을 버리고 자기 중심을 찾았듯이 자기 위치, 자기 자리에서 원칙을 찾는 것, 이것 역시 동인의 윤리다.

구오 동인 선호도이후소 대사극 상우

동인은 먼저 부르짖어 울고 후에 웃음이니, 큰 군사로 이겨야 서로 만난다.

• 이름 호, 부르짖을 호(번호, 구호, 신호) • 울 도: 울다, 노래하다 • 웃음 소: 웃다, 꽃이 피다

• 서로 상(상대, 상호) • 만날 우(예우, 조우, 경우)

풀이 　구오는 육이와 음양응으로 화합한다. 누가 뭐래도 하늘이 정해
준 배필이다. 그런데 아래의 두 양효가 방해하여 서로 못 만나서 때론
호소도 하고 울부짖기도 한다. 그러나 결국에는 만나고 만난 후에야 입
가에 미소를 짓는다. 이런 만남과 협상이 그냥 되는 것은 아니다. 구삼
이 군사를 매복시켜 싸움을 걸어오니 군사를 크게 일으켜 싸워 이긴 셈
이다. 구오와 육이의 만남은 이렇게 방해물을 물리치고 겨우 만난다. 이
렇게 만날 수 있는 건 두 사람(구오와 육이)의 마음이 서로 통해 그 어떤
난관도 뚫고 이겨냈기 때문이다. 이것은 천지만물이 감응하는 것과 같
이 서로가 공감하는 능력이 남다른 것이다. 공감의 능력을 배양하라는
교훈이다.

상구 　동인우교 무회

성 밖에서 동인함이니 후회가 없다.

• 들 교: 근교, 성 밖, 시골, 야외 • 뉘우칠 회(후회, 참회, 회한)

풀이 　상구는 구오와 싸워서 이길 생각은 아예 접었다. 정치하는 자리
를 떠났고, 자연과 더불어 유유자적하면서 산다. 사람이 드문 성 밖에서
뜻이 맞는 사람과 동인하여 풍월을 읊으며 산다. 세상에서 출세를 하거
나 뜻을 펼치지는 못했어도, 제도권 밖에서 한 점 후회 없는 삶이다. 그

어떤 목표도, 목적도 없이 천지만물과 사귀는 동인이다.

요약 사람은 서로 어울려 산다. 좋은 사람을 만나는 일보다 더 복된 것이 없다.

초구는 떳떳하게 모든 것을 열고 투명하게 사람을 만나서 좋고, 육이는 유일한 음으로 다섯 양의 관심을 끌지만 친한 사람하고만 친하여 동인괘의 참뜻을 어기는 것이고, 구삼은 이웃 여자를 탐내어 힘을 겨루다가 실패하고, 구사도 여자 때문에 중심 효와 싸우려다가 그래도 포기하는 바람에 길하고, 구오는 둘째 효를 빼앗기지 않으려고 두 효와 싸우고 울고 웃으며 세월을 보낸다. 상구는 그 어떤 의도 없이 천지만물과 사귀며 교외에서 한가롭게 사는 즐거움으로 잘못될 일이 없다.

1 동지를 규합할 때는 각각 그 사람의 장점을 존중하고 단점을 따지지 말아야 한다. 사람에게는 누구나 장점과 단점이 있다. 사람의 장점을 살릴 줄 아는 사람은 사람을 쓸 줄 아는 사람이다.

세종 29년, 과거시험 문제를 왕이 친히 출제했다.

"왕이 인재를 쓰지 못하는 세 가지 경우가 있다. 첫째가 인재를 알아보지 못함이요, 둘째가 인재의 필요성을 절실하게 느끼지 못해서요, 셋째가 왕과 인재의 뜻이 맞지 않아서다. 이처럼 인재 활용의 핵심은 왕의 태도에 달려 있는데, 인재를 구해 쓰는 방법에는 무엇이 있겠는가?"

이 시험에서 강희맹이 장원 급제를 했다. 그의 답안은 이렇다.

"흥성하는 시대는 반드시 인물이 있기 때문이고 쇠퇴하는 시대는 그만한 인재가 없기 때문입니다. 세상에 완벽한 사람은 없으니 합당한 자리에 기용해 기르고, 전능한 사람도 없으니 일을 맡겨 능력을 키우도록 해야 합니다. 인재를 구하는 원칙은 단점은 버리고 장점을 취하는 것입니다. 이렇게 하면 탐욕스러운 사람이든 청렴한 사람이든 부릴 수가 있습니다."

인재 영입의 제1원칙은 '기단녹장'이다. 단점은 버리고 장점을 취해야 한다.

2 동서양을 막론하고 매복은 고대의 병법 중 가장 흔히 쓰이던 전술 중의 하나였다. 매복은 상대편의 동태를 살피거나 불시에 공격하려고 일정한 곳에 몰래 숨는 전술을 가리킨다. 서양에서는 기원전 217년 제2차 포에니전쟁에서 한니발이 이끄는 카르타고군이 트라시메누스 호수에서 매복전술을 사용하여 가이우스 플라미니우스가 이끄는 로마군을 괴멸시킨 것이 매우 유명한 사례다.

매복에 대한 언급은 중국의 가장 오래된 병법서인 《손자병법》에서도 발견된다. 매복은 제나라의 전략가 손빈이 위나라의 장수 방연을 상대로 마릉의 싸움에서 사용한 전술이다. 기원전 342년 위나라 군대가 한나라를 침공하자 한나라는 제나라에 긴급히 구원을 요청해왔다. 손빈은 거짓 계략을 써서 일부러 도망가며 적을 유인했다. 위나라의 사령관인 방연은 전세를 희망적으로 판단하여 적진 깊숙이 공격해 들어갔다. 손빈은 마릉이라는 곳에서 매복하면서 적이 오기만을 기다렸다. 마릉의 지형은 좁은 골짜기에 도로가 굽어져 있고 양측에 수목이 우거졌기 때문에 매복에 유리한 지형이었다.

손빈은 숙련된 궁수들을 거기에 배치한 다음에, 도로 근처의 큰 나무의 껍질을 깎아내고 거기에다가 "방연은 이 나무 아래서 죽는다"라고 쓰도록 시켰다. 그리고 명령하기를 "어두워지면 적군이 도착하여 나무에 쓰인 글을 읽고자 불을 밝힐 것이니, 그때 집중적으로 활을 쏘아 전멸시켜라"라고 했다. 과연 손빈이 예측한 바대로 방연이 도착하여 큰 나무에 쓰인 글을 읽으려고 횃불을 밝히니, 그것을 신호로 해서 화살이 빗발치듯 날아와 위나라 군대가 전멸했다.

3 '승기고릉'은 높은 언덕에 올라가 적의 동태를 살피는 것을 가리킨다.《손자병법》제7편 '군쟁'에는 "용병의 법은, 고지의 구릉에 있는 적을 향해 공격하지 말 것이며, 언덕을 등지고 있는 적을 공격해서는 안 된다"라는 말이 나온다. 제9편 '행군'에서는 군대를 주둔시킬 때 '시생처고'의 위치를 확보해야 한다고 했는데, '시생'이란 산의 남쪽을 향해 앞쪽에 출구를 마련하여 넓게 펼쳐진 들을 볼 수 있어야 한다는 뜻이며, '처고'란 산의 북쪽을 등져 뒤쪽에 의지할 곳을 마련하여 높은 곳에서 아래를 내려다보아야 한다는 뜻이다. '시생처고'라는 앞이 낮고 뒤는 높으며 앞은 사지이고 뒤는 생지이기 때문에, 형세에 순응하는 것이다.
산 정상은 주변이 두루 내려다보여서 적의 활동을 살피기에 적합한 장소이기 때문에, '승기고릉'은 감제고지를 확보한다는 의미를 지닌다. 서구의 전략가 중에서 감제고지의 중요성을 특별히 강조한 사람은 클라우제비츠였는데, 그에 따르면 감제고지에는 세 가지 전략적 이점이있다. 첫째로 적을 막기 편해서 적이 지나가지 못하게 할 수 있고, 둘째로 산 아래의 적이 시야에 모두 들어와서 한꺼번에 전체를 관찰할 수 있으며, 셋째로 산 아래에서 위로 사격하는 것은 산 위에서 쏘는 것보다 사정거리가 짧기 때문에 위에서 아래를 공격하기는 쉽고 아래에서 위를 공격하기는 어렵다.

4 이 부분에서 정약용의 해석은 좀 다르다. 정약용에 따르면, 높은 언덕에 오르는 것은 군사를 매복시키는 것이 아니라 단지 적의 동태를 파악하기 위한 정탐행위일 뿐이다. 그리고 3년 동안 군사를 다시 일으키지 못하는 것은 아군이 아니라 적군이 된다.

14

화천대유

리상건하

위에는 리괘☲, 아래에는 건괘☰인 대성괘

대유는 으뜸으로 형통하다.

• 대유: 많다. 많이 있다. 큰 부유함

풀이 대유[1]는 크게 소유함을 이른다. 앞에서 본 천화동인은 아래에는 불(리 ☲)을, 위에는 하늘(건 ☰)을 품고 있는 형상이었다. 이번에 볼 괘인 화천대유는 위아래가 바뀌어서 아래에는 하늘, 위에는 불이 떠 있는 형상이다. 화천대유는 해가 이미 떠 있고 하늘 가운데 걸려 천하를 비추고 있는 모습인 것이다. 겸허하여 사람들과 협동하는 자에게는 천하가 돌아온다. 사람과 더불어 함께하면 자연히 큰 성과를 거두게 되므로 동인괘 다음에 대유괘를 두었다.

앞 괘인 동인에서 뜻이 맞는 사람들이 모여 많은 일을 하게 되므로, 여기에서는 무언가 생산되고 그것들이 모이니 이롭다. 대유는 다섯 번째 효만 유일하게 음이다. 다섯 번째 효의 자리는 군주의 자리다. 여기서는 부드러운 것이 높은 자리를 얻어 한가운데 위치했기 때문에 다섯 번째 효를 여왕이라고 본다. 음은 발산보다는 수렴하는 방향을 가진다. 그래서 여왕은 다섯 양효들의 보좌를 받아 영토를 확장하고 재물을 불린다고 해서 괘의 이름이 대유가 된 것이다.

불은 무언가를 밝혀준다. 이처럼 군주(여왕)가 정치를 밝게 한다는 의미다. 정치를 밝게 하면 물질이 풍요롭고 살기 좋은 시절이 된다. 그러나 밝을수록 그림자도 짙어지는 법이다. 풍요로운 가운데 빈부의 격차가 많이 나면, 없는 사람은 가지려고 죄를 짓고, 있는 사람은 더 갖기 위해 죄를 짓기 때문에 악을 막아야 하고, 선을 북돋아야 한다.

초구 무교해 비구 간즉무구

해로움을 사귐이 없으니(사귐에 해가 없으니) 허물이 아니나, 어렵게 하면 허물이 없다.[2]

> • 사귈 교(교섭, 외교) • 해로울 해(방해, 손해, 침해) • 어려울 간(간난, 간곤)

풀이 어렵게 하면 허물이 없다는 의미는, 욕심을 부리거나 유혹을 조심하라는 뜻이다. 초구는 맨 처음 나온 양으로 아직 순수하다. 부자 한 명이 나오려면 여러 사람이 손해를 봐야 한다는 말이 있으나 초구는 아직 남을 사귀는 데 피해를 주지는 않는다.

당장은 허물이 없으나 방심하지 말아야 한다. 돈이 있다고 아무나 사귀지 말고, 부유함을 누리면서도 마음속에 가난을 잊지 말고, 조심하고 두려운 마음을 갖고 대처하면 교만한 인상은 주지 않게 됨으로 허물이 없다. "가난하여서 원망하지 않기는 차라리 쉬우나 부자가 되어 교만하지 않기는 어렵다"라고 한 옛 성인의 말을 깊이 음미해야 한다.

구이 대거이재 유유왕 무구

큰 수레로 실음이니 적극적으로 나서는 바가 있으면 허물이 없다.

> • 수레 차, 수레 거(거마비, 인력거) • 실을 재(게재, 등재, 탑재, 적재, 연재)

풀이 풍요의 경제를 어깨에 짊어지고 나아간다. 큰 수레에 짐을 실어 멀리까지 갈 수 있다. 구이가 중을 얻었고 위로 육오와 정응이 되니 군주의 신임을 받는다. 그래서 중요한 임무를 맡아 수레로 짐을 싣고 떠나는 모습이다. 큰 재물을 운용하여 감당할 만한 사업 능력을 가진 자다. 강하고 현명한 자격을 갖추었고, 중을 얻었으니 지나치거나 모자람이 없어 허물이 없다.

구삼 공용향우천자 소인불극

공이 향연을 베풀어 천자에게 공물을 바침이니, 소인은 능히 감당하지 못한다.

• 공평할 공, 제후 공(공무원, 공연, 공직자) • 형통할 형, 드릴 향, 제사 올릴 향, 바칠 향

풀이 구삼은 하괘의 가장 위에 있다. '공'이라는 표현이 나왔는데, 제후의 위치로 보면 된다. 형은 여기에서는 '향헌하다'라는 의미이므로 '향'이라고 읽는데, 제후들이 일정한 양의 세금이나 공물을 군주에게 바치는 것을 뜻한다. 재물이 많으면 욕심이 생기는 법, 그러므로 소인이 이 자리에 있으면 자기의 욕심을 채우느라 부를 독점하여, 윗사람을 섬기고 받들어야 하는 의리를 망각해 버릴 수 있다고 경계했다. 그러므로 '소인은 향헌하는 도를 실천할 수 없다'라고 했다.

구사 비기팽 무구

그 화려함을 보이지 않으니 허물이 없다.

• 부풀어 오를 팽, 불룩해질 팽

풀이 팽은 요란하게 치장하고 거창하게 행동하는 것을 말하는데, 대유자는 겉으로 드러나는 몸가짐과 행동을 이렇게 성대하고 요란하게 해서는 안 된다는 것이다. 겸손해야 한다. 지혜로운 사람은 사물의 이치를 밝게 분별하므로, 성대하면 장차 허물이 다가올 것을 안다. 그러므로 극성하지 않도록 조심하는 것이다.

부드럽고 인자한 인군 바로 밑의 신하인 구사는 인군의 가까이에서 보좌하는 최측근이며 대유의 시대에 엄청나게 많은 것을 제 손에 넣고 주무르는 막강한 자리다. 이럴 때 자칫 잘못하여 탐욕을 부린다면 그 죄도 또한 크기 때문에 매우 위태롭다. 원래 네 번째 자리는 음의 자리다. 그런데 음의 자리에 양이 있으므로, 군주인 육오의 눈에 벗어나지 않도록 조심해야 한다. 그래서 자신을 따르는 사람들과 어울려 잔치를 하거나 화려한 의상을 입고 세력을 과시하는 것을 경계라는 것이다.

육오 궐부교여 위여 길

그 믿음이 서로 사귀니, 위엄이 있으면 길하다.

• 그 궐(돌궐족) • 위엄 위(시위대, 위세, 위력, 권위자, 위풍당당)

풀이 풍요의 시대를 다스리는 지도자다. 높은 자리에서도 부하를 믿고 믿음을 나누는 부드러움이 대유를 보존하는 데 절대 필요하지만, 인군이 믿음만 있고 위엄이 없다면 체통을 잃어서 명령 체계가 안 잡힌다. 대유괘에서의 군주는 음이기 때문에 더욱 그렇다. 음은 부드럽고, 양은 강하다. 그래서 약해보이는 외형 때문에 자칫 업신여김당하거나 신하들이 쉽게 보아 태만해지고 능멸히 여기는 자가 나올 수 있다. 결국 대유의 세상을 다스리기 위해서는 신뢰와 위엄을 겸비해야 한다.

상구 자천우지 길무불리

하늘이 스스로 돕는 것이니, 길하여 이롭지 않음이 없다.

• 복 우, 도울 우

풀이 상구는 군왕의 자리를 지낸 뒤의 상왕, 고문의 자리라 할 수 있다.[3] 군주의 존경을 받고는 있으나 세력도 없고 힘도 없다. 그러니 자신을 억제하고 아래의 유약한 인군을 말없이 돕는다. 군자의 길이며, 하늘의 법칙에 맞는 길이다. 그래서 하늘로부터 도움을 받는 것이다.

요약 사람들이 하나가 되어 서로 뜻을 함께하면 이루지 못할 일이 없어 대유의 세상에 이른다.

초구는 재물을 모으다 보면 남에게 손해를 입히는 일도 있으나, 처음 단계이므로 당장은 허물이 없다. 부유함을 누리면서도 마음속에 가난을 잊지 말고, 조심하고 두려운 마음을 갖고 대처해야 한다. 구이는 큰 재물을 운용하여 감당할 만한 사업 능력을 가진 자다. 구삼은 제후들이 일정한 양의 세금이나 공물을 군주에게 바치는 것을 뜻한다. 구사는 대신의 위치에서 큰 재산을 관리하므로 오직 청렴한 자세가 중요하며, 육오는 유약한 부드러움으로 다섯 양을 거느려야 하는 통치자이므로 무엇보다도 믿음과 위엄을 보여야 하며, 상구는 하늘이 도와 크게 가진 것이 보존된다.

1 대유는 주역의 14번째 괘로서 기망(음력으로 매달 열 나흗날 밤, 14일)에 대한 뜻도 있으니, 달이 보름이 되면 이미 기울어지게 되므로 풍대한 대유괘를 14번째에 둔 것이다. 안으로는 강건하고 밖으로는 밝은 상으로, 모든 만물을 비추는 상이다.

2 초구를 '무교, 해비구, 간즉무구'로 읽어 해석하는 책도 있다. 이때 효사는 '재물에 관여하지 않음이(무교) 해로움이지 어찌 허물이 아니겠는가?(해비구) 가난과 고생을 이겨내면 허물이 없다(간즉무구)'로 해석한다. 대유를 이룩하려면 처음부터 재물에 관여하지 않으면 안 된다. 그러므로 지금 초구가 대유에 관여하지 않고 있는 것은 오히려 허물이다. 따라서 재물에 관여하되 가난과 고생을 잊지 않고 삼가면 허물이 없다는 것이다.

3 중국 역사에서 주나라 주공이 어린 조카 성왕을 업고서 섭정을 한 일은 훌륭한 업적으로 남는다. 무왕이 죽고 무왕의 아들 성왕이 아직 어릴 때 무왕의 동생인 주공이 어린 조카 성왕을 천자의 자리에 앉히고 그를 도와 나라를 다스렸다. 형인 무왕의 유언을 받들어 신의를 지켜 천리에 순응하여 성왕을 도왔는데 성공적인 섭정으로 끝을 맺었고 하늘이 도와 주나라는 번영했다.

15

지산겸

곤상간하

위에는 곤괘☷, 아래에는 간괘☶인 대성괘

겸은 형통하니, 군자는 마침이 있다.

• 겸손할 겸(겸손, 겸허, 겸양) • 마칠 종(최종, 종료, 종말)

풀이 천화동인은 천지만물이 모여서 함께 한다는 뜻이 담겨 있었다. 만물이 모이면 필연적으로 무언가가 생성될 수밖에 없다. 무엇이 만들어져도 크게 만들어진다. 이것이 바로 화천대유였다. 주역에서는 화천대유한 이후에 생기는 오만함을 경계하기 위해 겸손을 얘기하는 지산겸괘를 놓았다. 겸손한 군자는 자기 자신을 잘 관리하기에 모든 일에 형통할 뿐만 아니라 마지막까지 편안하다.

겸손과 겸양만큼 기분 좋은 단어가 또 있을까?[1] 64괘 중에서 한 효도 흉하거나 인색하지 않은, 즉 나쁘지 않은 괘가 겸괘다. 언제나 겸손하니 각 효가 좋을 수밖에 없다. 괘의 형태를 보면 땅 위에 우뚝 솟아 있어야 할 산이 땅 밑에 있다. 높은 산이 낮은 땅에 허리를 굽혀 겸손한 자세를 취한다는 뜻도 되지만 산을 헐어 땅의 패인 곳을 메워 평평하게 한다는 뜻도 된다.

군자와 소인은 따로 있는 것이 아니다. 그 사람의 언행과 겸손함의 정도에 따라 군자도 되고 소인도 되는 것이다. 높은 지위에 있고 많은 것을 소유하게 되면(대유) 교만해지기 때문에 반드시 겸손해야 한다. 그러므로 대유의 다음으로 겸괘를 받았다.

하늘의 기운은 차면 반드시 기울게 하고 기울면 반드시 채워준다. 높은 산도 바람과 비에 깎여서 낮아지며, 낮아져서 움푹 들어간 데는 어김 없이 물이 흘러들어 가서 내를 이룬다. 교만한 자에게는 재앙과 손해가 있고, 겸손한 자에게는 복과 길함이 있다. 인간은 교만하고 부유한 자를 꺼리고 미워하며, 겸손한 자에게는 호감을 느껴 친하고 싶어한다. 겸손함은 높은 지위에 있을 때에는 겸손해서 더욱 빛이 나고, 낮게 처해 있을 때에는 겸손해서 자기를 낮추어도 누구도 무시하지 않는다. 겸손한 자에게는 끝이 있으니, 그것은 곧 '원하는 일이 모두 형통하고 처음에 운이 막혀도 뒤에는 열린다'라는 뜻이다.

달도 차면 기울고(월만즉휴) 그릇도 차면 넘친다(기만즉일). 그러니 교만한 것은 오래가지 못하고, 겸손한 것은 오래간다. 겸손하다는 것은 내 몸을 낮추고 뒤로 물러설 줄을 알며, 남을 높이고 앞세워 주는 아름다운 덕이요, 삶의 질을 높이고 인간다운 삶을 사는 행복인 것이다.

효사

초육 겸겸군자 용섭대천 길

겸손하고 또 겸손한 군자이니, 큰 내를 건너는 모험을 이용해도 길하다.

· 겸겸: 겸손하고 또 겸손하다

풀이　초육은 겸손으로 가득한 지산겸괘에서도 제일 아래에 있어 또 자신을 낮추니 최고로 겸손한 군자다. 맨 밑바닥에서 자기를 낮춤으로써 자기 수양을 하는 자다. 이런 겸겸군자는 그 인물의 마음 씀씀이나 능력을 볼 때 큰 내를 건너는 것과 같은 모험도 잘 헤쳐나갈 수 있기에 길하다고 한 것이다.

육이 명겸 정길

소문난 겸손이니 곧고 길하다.

• 울 명(비명, 자명종, 공명): 이름을 날리다

풀이 육이는 음이 음 자리에 '정'을 얻었고, 겸손한 지산겸 하괘의 중앙에 있으니 역시 지극히 겸손하다. 겸손한 덕이 쌓여 저절로 세상 밖으로 명성이 드러나는 것이니(명겸), 바르면서도 길하다. 한마디로 소문이 자자하여 겸손의 명성이 울려 퍼지는 사람이다. 이 경지에 이른 사람은 인간관계를 이끌어나가는 능력이 탁월하여 만사를 잘 헤쳐나갈 수 있다. 당연히 길하다.

육이에서 '명겸'을 '소리에서 드러나는 겸손' 또는 '명성이 있음에도 겸손함'으로 해석할 수도 있다.

구삼 노겸 군자유종 길

공로가 있는데도(수고하면서도) 겸손하니, 군자가 마침을 둘 수 있어 길하다.

• 일할 로(노)(노조, 근로자, 노동자): 애쓰다, 노고, 공로, 공적, 수고롭다

노겸은 '수고로워도 자랑하거나 원망하지 않고 겸손하다'라고 풀이할 수 있다. 구삼은 겸괘에 있는 유일한 양이고 양이 양 자리에 왔으므로 바른 자리를 얻었으니, 위로는 인군이 신임하여 임무를 맡기고 아래로는 모든 약한 음효를 위해 헌신하면서 자신의 노력을 아끼지 않는다. 자기가 해야 할 도리를 다하면서도 결코 자신을 내세우지 않는 멋진 사람이다. 이런 구삼에게 사람들이 모여들고 따르는 것은 당연한 것이다. 이런 군자는 끝이 좋아 천하 사람들이 모두 따르게 된다.

공자는 《계사전》에 "수고로워도 자랑하지 아니하며 공이 있어도 덕으로 여기지 않음은 지극한 후덕이니 공로가 있어도 남에게 낮추는 자를 말한다. 그 덕은 지극히 성대하고 예는 지극히 공손하니 겸손함이란 공손함을 지극히 하여 그 지위를 보존하는 것이다"라고 했다.

육사 무불리 휘겸

지휘함이 겸손하니(또는 겸손을 발휘하여 두루 베푸니) 이롭지 않음이 없다.

- 찢을 휘: 가리키다, 휘두르다, 손짓하다

풀이 육사는 음이 음 자리에 있어 득정하여 대신의 자리에 있다. 공로는 구삼에 미치지 못하나 지위는 그보다 높다. 인군의 명령을 직접 받아야 하는 대신의 자리인지라 부하뿐만 아니라 일반 백성 누구에게나 차별 없이 더욱 겸손한 덕을 발휘하여 자중해야 한다.

휘겸은 자신을 낮추는 수준을 넘어, 힘써서 다른 사람을 높여주는 겸손을 말한다. 위로는 겸손한 인군이 있고 아래로는 노겸군자가 있어 잘 다스리며, 또 자신도 마치 손가락으로 지휘하듯 이르는 곳마다 누구에게나 겸손함으로써 하니 이롭지 않음이 없는 상태다.

육오 불부이기린 리용침벌 무불리

이웃과 더불어 부를 누리지 않는 자들(이웃의 부를 탐내거나 도적질하거나 질서와 평화를 깨는 자들)은 침략하여 응징해도 불리할 것이 없다.

• 침노할 침(침해, 침략, 침범, 침식) • 칠 벌(토벌, 정벌, 벌목공)

• 불부이기린 : 부를 그 이웃과 함께하지 않는다. 풍천소축 구오효, 지천태괘 육사효 참고.

풀이 주역에서 오효는 임금의 자리다. 군주의 자리이지만 지산겸에서는 부드럽고 온화하며 유약한 음이 임금의 자리에 있다. 인군이 정치를 잘하려면 자기 혼자만 부자가 되려고 하지 말고, 부의 분배를 백성들에게 골고루 나누어야 한다(부이기린). 백성들이 모두 잘살게 되어야 나라도 잘살 수 있는 것이니 이것이 인군의 겸양이다. 그런데 군주가 유약한 음이라고 하여 만만하게 보고 '불부이기린' 하려는 자가 있다면, 즉 이에 복종하지 않는 부류가 있다면 가차 없이 정벌을 해야 한다는 것이다.

복종하지 않는데도 위엄과 권세를 쓰지 않고 겸손하기만 하다면 어떻게 천하를 태평하게 통치할 수 있겠는가? 이는 군주의 중도가 아니고 겸손이 지나친 것이다. 군주는 마냥 겸손하기만 해서는 안 될 자리다. 겸손하게 정치를 하는데 자신을 따르지 않는 무리가 있다면 가차 없이 정벌하여 바로잡는다. 주역의 겸손은 이렇게 정의와 평화를 지키기 위해서 때로는 무력을 사용할 수 있는 힘과 대응력을 갖춘 실력자의 겸손을 요구한다.

상육 명겸 리용행사 정읍국

소문난 겸손함이니(겸손의 명성이 멀리 드날리니) 군대를 움직여 주변 국가들을 정벌하는 데 이롭다.

・고을 읍(도읍, 읍내)

풀이 상육의 '명겸'에 대해서는 위 해석과는 다른 해석도 가능하다. 다른 해석에서 명겸은 육이 효사에서의 명겸과 그 뜻이 다르다. 육이에서 명겸은 육이가 중도의 겸손을 행하니 천지에 명성이 울려 퍼진다는 뜻이었다. 그러나 상구에서 명겸은 남들이 자신의 겸손을 알아주지 않아서 원망하며 울고 있는 것이다. 같은 단어가 이렇게 다른 뜻으로 해석되기도 하니 주역이 어렵다.

상육은 지산겸괘의 맨 위에 있다. 임금보다도 높은 자리다. 이것만으로도 이미 겸손을 잃었다고 볼 수 있다. 상육은 사람들이 자기가 겸손한 것을 알아주지 않기에 자괴감이 들어 울고 있다.[2] 남이 알아주지 않는 것이 고통스러워 울고 있다는 것은 이미 겸양의 덕은 사라지고 욕심으로 가득 채워진 상태다. 실제로 자신이 겸손하지 못하면서 남이 겸손하다고 알아주기를 바라는 마음은 욕심이다.

여기에 나오는 '군사를 써서 읍국을 치라'는 말은 고도의 비유다. 정읍국의 경우에는 그 정벌의 대상이 밖에 있는 것이 아니라 자신의 읍국이다. 결국 여기서 읍국이란 내 마음속에 똬리 틀고 있는 욕심과 인정 욕망을 말한다. 즉 마음을 잘 수양해서 내 마음속에 삿된 망상을 쳐부수라는 말이며, 나의 정신적인 군사를 총동원하여 나의 욕심을 모두 씻어내어 깨끗이 하라는 것이다.

요약　겸양은 군자의 덕목 중에 가장 중요하다.[3] 똑똑하고 출세한 사람일수록 겸손함까지 갖추기는 참으로 어려운 일이다.

초육의 겸겸은 겸손함에 대해서도 겸손한 군자의 겸손함이다. 겸손의 최고의 경지다. 육이의 명겸은 현실정치에 필요한 생활 속의 겸손함이다. 인간관계를 잘 이끌어나가는 능력이 탁월하여 만사를 잘 헤쳐나갈 수 있다. 구삼의 노겸은 공로가 있어도 남에게 낮추는 자를 말한다. 육사의 휘겸은 고관의 지위에서 두루두루 겸손한 자유롭고 능숙한 겸손함이다. 육오는 복종하지 않는데도 위엄과 권세를 쓰지 않고 지나치게 겸손하기만 하다면[4] 천하를 태평하게 통치할 수 없으니 정의와 평화를 지키기 위해서 때로는 무력행사도 필요하다고 했다. 상육은 겸손한 체만 하면서 남의 인정을 받고자 몸부림치면서 슬퍼하니 자신의 마음을 깊게 반성하라고 했다.

1 율곡과 퇴계의 만남: 율곡이 조선의 지식체계인 성리학을 넘어 자유로운 생각을 할 수 있었던 것은 어머니를 통해 죽음이라는 문제를 깊이 성찰하며 깊어졌기 때문이었다. 율곡은 늘 만나고 싶었던 퇴계 선생을 찾아 안동으로 갔다. 이미 알고 있던 대로 퇴계 선생은 마음이 가난하고 겸손한 분이었다. 조선 최고의 지식인으로 한양에서 최고 수준의 인재들을 가르쳐도 될 분이었지만 퇴계 선생은 고향 마을에 세 칸 초가집을 짓고 아이들을 가르치고 있었다. 두 사람은 사흘 밤낮을 같이 먹고 자며 한 방에서 지냈다. 50대의 대학자 퇴계는 20대 청년 율곡에게 배운다는 마음을 가졌다. 쉽지 않은 일이다. 율곡은 퇴계 선생과 이야기를 나누며 스스로 마음을 내려놓고 따르고 싶은 사람이 어떤 사람인지 느낄 수 있었다.

퇴계 선생이 집중하는 공부 과제는 지식인들이 나아감과 물러섬을 동시에 쓸 수 있어야 한다는 것이었다. 나갈 줄만 알고 물러설 줄 모르기에 권모술수와 권력 투쟁에 휘말리고, 정치가 폭력이 된다고 생각했던 것이다. 호를 '퇴계'라고 지은 것도 '물러섬'을 강조하는 것이었다.

서당에 아이를 맡기는 부모들의 요구는 오직 과거시험 준비였다. 나아가는 것만 요구했다. 퇴계 선생과 학부모들 사이에는 늘 긴장과 갈등이 맴돌았다. 퇴계 선생은 과거시험을 목표로 하지 않는 공부, 성리학의 본성 공부를 가르치고 싶었다. 채우는 것이 아니라 비우는 공부, 존경받길 원하면 겸손하게 자기를 낮추고 실력을 연마하는 공부, 사람다운 사람으로 성장하는 공부를 가르치고 싶었지만 선생의 뜻을 이해하는 사람이 많지 않았다. 그런 중에 만난 20세 청년 율곡은 50대의 퇴계 선생을 놀라게 했고, 그와 며칠 함께 이야기를 나눈 뒤 그 기쁨을 노래한 시가 〈율곡의 방문〉이다. 50대의 대학자가 갓 20세 청년 율곡의 이야기에 깊이 귀를 기울이고, '그와 이야기하고 나니 새로운 게 보였다'고 말하는 건 겸손이 몸에 배어 있기에 가능한 일이다.

"예로부터 공부는 세상이 놀랄 질문을 찾아내는 길, 이익을 좇아가는 경서 공부에 길은 더욱 멀어지네. 고맙구나 그대여, 홀로 뜻을 세워 깊이까지 가겠구나. 그대와 나눈 대화 속에서 새로운 가능성을 찾았다네."

2 《논어》〈학이편〉에는 "인부지이불온 불역군자호"라는 구절이 있다. 풀이하면 '남이 나를 알아주지 않더라도 성내지 않으면 또한 군자가 아니겠는가'라는 뜻이다. 그렇

다. 우리가 이제껏 살펴봤던 효들은 모두 남이 자신을 알아주지 않아도 성내거나 원망하지 않고 내면에 겸손의 덕성을 잘 닦아나가는 군자였다. 그러나 상육은 자기를 좀 봐달라고 칭찬해달라고 울고 있으니 군자라고 할 수 없다. 결국 상육은 위치로 보나, 그 행실로 보나 여러모로 소인이다.

3 옛날 은나라의 폭군 주왕은 어진 신하의 말을 듣기 싫어했다. 그는 자신의 포악무도한 횡포와 그칠 줄 모르는 방탕에 대하여 충간(웃어른이나 임금에게 옳지 못하거나 잘못된 일을 고치도록 충성스러운 마음으로 간함)하는 신하의 바른말이 너무나 듣기 싫었다. 주왕은 어진 이를 높일 줄 모르고 선비를 학대하는 교만한 군주의 전형적 존재였다. 그의 주변에는 '기자'나 '비간' 같은 현명한 신하들이 있었다. 왕의 사나운 꼴을 보고 한탄하는 기자에게 주위 사람들은 차라리 떠나는 것이 낫지 않겠느냐고 하자, 기자는 "군주가 충고를 듣지 않는다 하여 신하가 떠나버리는 것은 군주의 잘못을 부추기는 꼴이 되고, 나 자신도 백성들의 기쁨을 뺏게 되니 차마 그럴 수 없다"라며 머리를 풀어헤치고 미친 척하다가 잡혀서 노예가 되었다. 비간은 죽음을 각오하고 왕에게 간언했는데, 귀찮게 생각한 주왕은 "내 들으니 성인의 심장에는 일곱 개의 구멍이 있다니 정말인가? 내 그것을 보리라" 하고 비간을 죽여 그 가슴을 갈라놓았다. 이렇듯 교만이 하늘을 찌르던 주왕은 마침내 주나라 무왕에게 토벌되어 몸이 죽고 나라가 망했던 것이다.

우리나라에도 선비를 미워하고 바른말을 싫어하다가 쫓겨난 교만한 군왕이 있었다. 조선 왕조 제10대 임금 연산군이다. 연산군은 너무나 지나친 포학과 방탕한 행동을 견제하려고 번번이 들고일어나는 사간원의 사관들과 성균관의 유생들이 꼴 보기 싫었다. 그는 마침내 사간원을 관제에서 삭제하여 폐쇄하고, 각도에 채홍사를 파견하여 미녀를 구해오라고 하고, 성균관을 폐지하여 기생 양성소로 만들었다. 세상에 영원한 것이 어디 있으랴? 그는 그러한 자기가 저지른 죄과에 대하여 결국 응보를 받았다. 겸손할 줄 모르는 자, 임금이면 무슨 짓이라도 할 수 있다고 생각한 교만 탓에 왕위에서 쫓겨난 것이다.

4 겸손이 정도를 넘으면 '과공(지나칠 과, 공손할 공)'이 되는 것이다. '과공비례'라는 것이다. 지나친 겸손, 그것은 벌써 겸손이 아니다. 그것은 아첨이 아니면 비굴인 것이다.

16

뇌지예

진상곤하

위에는 진괘 ☳, 아래에는 곤괘 ☷인 대성괘

제후를 세우고 군대를 출정함이 이롭다.

• 미리 예, 기뻐할 예, 즐길 예(예정, 예상, 예측, 예보): 코끼리 '상'과 음을 나타내는 '미리 예'가

합쳐서서 이루어진 글자로, 코끼리[1] 가 자신이 죽을 때를 미리 알고 무덤을 찾아가는 모습.

• 리건후: 제후를 세움이 이롭다

풀이 '예'는 여기서 '미리 예'보다는 '즐거울 예'자로 본다. 땅 위의 모든 생물들이 우레와 함께 소리치며 기뻐하듯, 온 천하의 백성들이 함께 평화와 행복을 즐거하는 큰 기쁨을 의미한다. 뇌지예괘의 이전 괘들은 화천대유괘와 지산겸괘였다. 대유하면 겸손해야 한다는 뜻이고, 겸괘 다음에 예괘를 놓은 것은 많은 것을 소유하고 있으면서 겸손하면 '즐겁지 않을 리 없다'라는 것이다.

다섯 음 속에서 하나의 양이 세 번째에 있으면 안에서 산괘를 이루어 산이 땅 아래에서 겸손하고 있다는 겸괘가 된다. 그리고 다섯 음 속에서 하나의 양이 네 번째에 있으면 땅 위에서 우레가 움직이는 모습이며, 위에서 동하고 아래에서 순종하는 것은 제후가 천자를 따르고 백성과 군사가 명령에 순종하는 상이다. 만방에 군림하고 백성을 크게 모음에 있어서는 화목의 기쁨이 아니면 감복시키지 못한다. 조직을 강화하고 군사훈련을 시켜 국방을 튼튼히 한 다음에야 안심하고 즐거워하는 것이라는 해석이다.

상으로써 말한다면, 우레가 지상으로 나오는 모습이다. 즉 양이 땅속

에 숨어 있다가 때가 되어 지상으로 나올 때 내는 우렁찬 소리가 마치 음양이 합창하여 즐거워하는 상으로 비치기 때문에 '예'라 한 것이다. 그러나 즐거운 '예'괘라고 하여 춤을 추면서 시끌벅적하게 즐기는 것이 아니다. 자연의 흐름 혹은 이치에 따르는 즐거움이다.[2]

효사

초육 명예 흉

즐거움으로 비명을 지르면 흉하다.

> • 울 명(비명, 자명종, 공명): 이름을 날리다

풀이 다섯 음 중에서 유독 초육 음만이 '예'의 주체인 구사의 양과 응하고 있다. 유약하고 철없는 초육은 중정하지 못한 소인이 '예'의 때에 윗사람으로부터의 후원을 크게 믿은 나머지 득의양양하여 그 즐거움을 이기지 못하고 자만심에 차서 소리를 질러 비명을 지르는 것이다. 처세의 경박스러움이 이와 같으면 반드시 흉을 부르게 된다. 모든 음이 구사에게 매여 있는 판국에 혼자만 구사에 직접 응한다고 해서 구사에게 빌려온 즐거움을 제 것인 양 설쳐대는 꼴인 것이다.

육이 개우석 부종일 정길

돌에 끼인 절개라(절개가 돌 같음이니), 하루를 마치기를 기다릴 필요 없이 신속하고도 올바르게 일을 처리하면 길할 것이다.

- 낄 개(소개, 개입, 매개, 중개인)

- 개우석: 돌에 새겨 맹서한다.(대만 총통이었던 장개석의 본명은 '중정'이었는데, 대만으로 물러

  나면서 본토 수복의 맹서를 새삼 다지기 위해 이름을 '개석'으로 바꿨다고 한다.)

풀이 모든 효가 즐거움에 빠져 있지만 육이만은 구사와 관계가 없는
데다 중정을 얻었으니, 그 절개를 지킴이 돌과 같이 확고한 것이다. 따
라서 모든 일에 그 기미를 미리 판단하여 행하니, 바르고 길하다.

다섯 음 모두 구사의 매력에 푹 빠져 즐거워하고 있는 것이 뇌지예다.
그런데 육이는 정중하기 때문에 자신의 배필이 아닌 구사를 넘보지 않
는다. 그래서 날이 마치기를 기다릴 것도 없이 분연히 일어나 일을 처리
하는 것이다.

공자는《계사전》에 "군자가 그 옳고 그름의 조짐을 보고 옳은 일이면
분연히 일어나는 데 해가 떨어질세라 곧바로 행동에 옮긴다. 절개가 돌
같으니 어찌 해를 넘기리오, 알고 결단하는 것이다. 이 때문에 군자는
은미한 것을 보고 그것이 드러날 때를 미리 알며, 부드러운 것을 보면
서 그것이 강해질 것을 안다. 이래서 세상의 모든 사람이 높이 우러러본
다"라고 했다.

육삼 우예 회 지 유회

(눈을 위로 치켜뜨고) 바라보는 예라 후회가 있으며, 더디게 하여도 뉘우
침이 있으리라.

풀이   육삼은 음으로써 양의 자리에 있고, 중을 얻지 못했으니 진퇴를 모르는 자다. 위로 이웃한 구사와 음양의 짝이 맞아 상비관계이니 같이 기뻐할까 하고 바라보지만, 구사가 중정하지 못한 육삼 소인을 취하지 않으므로 후회가 있게 된다. 빨리 미련을 버리고 자리를 떠나야 한다.

   육삼의 입장에서는 즐거움의 원천인 구사가 (자기 짝은 아니지만) 바로 이웃에 있기 때문에 부러움이든 아부든 위를 쳐다보지 않을 수 없는 것이다. 그럴 때는 빨리 그 자리를 벗어나는 것이 상책이다. 자리가 마땅치 않기 때문에 뉘우침밖에 남지 않는다고 주역은 경고한다.

구사   유예 대유득 물의 붕 합잠

말미암아 즐거움이다. 크게 얻음이 있으니 의심치 않으면 벗이 비녀를 합한다.

• 말미암을 유(이유, 자유, 사유, 유래) • 의심할 의(혐의, 의혹, 의문, 의심) • 덮을 합, 합할 합

• 비녀 잠, 꽂을 잠

풀이   구사는 예괘의 중심인물이다. 구사는 군주의 신임을 받는 대신의 지위인데 육오(군주)가 음이라 유약하므로, 강직한 구사가 윗사람의 신임을 받는 것이다. 구사로 말미암아 모두가 즐거우니 '유예'라고 했고, 모든 음효 또한 구사를 따르니 '대유득'이다. 자연히 민심이 하나로

모이는데 마치 헝클어진 머리를 비녀로 한곳에 묶듯이 똘똘 뭉친다(붕합잠). 구사가 부중, 부정이므로 혹 스스로 의심할 수 있으나, 믿음을 갖고 행동하면 모든 벗이 믿고 따르게 된다.

육오 정질 항불사

영원한 고질병이나 항상 죽지는 않는다.

• 병 질(고질병, 질환)

[풀이]   예괘에서는 상하의 마음이 모두 구사에게 귀의한다. 육오는 인군의 자리에 있고 득중했다. 그러나 양의 자리에 음이 왔으므로 정을 얻지 못하고 유약한 재질인데다, 아래로 정응이 아닌 구사에 마음을 두니, 인군으로써 '예'에 빠지는 병에 걸린 것이다(정질). 그러나 중을 얻어 행하므로 죽는 것에 이르는 것은 아니다(항불사).

　육오는 음이라 유약한 임금인데 똑똑하고 훌륭한 구사가 백성들의 신뢰를 한 몸에 모으고 막강한 권력을 행사하기 때문에 인군으로서 매우 위태로운 형세다. 잘난 구사 대신 때문에 신경이 쓰여서 고질병을 앓고 있는 상황이다. 이럴 때 육오는 힘든 상황이지만 중을 얻었기 때문에 망할 지경에는 이르지 않으니 군이 구사를 의식하지 말고 자신에게 집중하면서 끝까지 힘을 내는 것이 좋다. 죽지 않는다는 것은 중심을 잃지 않아 군주의 권위가 아주 망하지는 않는다는 뜻이다.

상육 명예 성 유투(유) 무구

어두워지는 즐거움이니 비록 이루었으나, 변함이 있어야 허물이 없다.

• 어두울 명(명복, 명왕성, 명상) • 이룰 성

풀이 상육은 음이 맨 위에 있는 것이다. 지나치게 즐거워하다 캄캄한 어둠이 밀려왔다. 모두가 즐거움에 빠져 살림이 어떻게 되어가는지 모르고 제 정신이 아니다. 상육이 음유한 재질로 중정을 얻지 못하고 예 (즐거움)의 극에 처했으니, 이미 어둡고 혼탁한 것이다. 지금이라도 마음을 바꾸면 허물은 없을 것이다.

요약 초육은 유일한 양효인 구사와 응하게 되어 그 강한 배경만 믿고 마구 즐거워하면 흉하고, 육이는 홀로 제 자리를 지키며 의연하게 행동하여 길하고, 육삼은 위를 바라보고 되지도 않을 짝사랑하다가 후회만 하고, 구사는 모든 음들이 화합하여 즐거움을 다 함께 누린다. 육오는 넷째 효의 그늘에 치여 병이 나고, 상육은 어둠 속에 빠져들어 이제라도 마음을 고쳐먹지 않으면 안 된다고 했다.

1   주역의 16번째 괘인 뇌지예괘에 나오는 '예'라는 글자는 상당이 많은 뜻을 품고 있는데, '미리, 머뭇거리다, 큰 코끼리' 등이다. 예는 은나라 때의 갑골 문서에도 나오는 글자인데, 사람이 코끼리를 끌고 가는 모양의 상형 글자다. 의미부인 '코끼리 상'과 소리부인 '나 여, 줄 여, 미리 예'가 결합해, 큰 코끼리를 뜻하게 된 것이다. 코끼리는 상당히 신중한 동물이어서 행동하기 전에 반드시 먼저 생각을 해본다고 하는데, 이러한 특성 때문에 예상하다는 말도 생겼다.

혹자는 "중국에 코끼리가 있었단 말인가?"라고 물을지도 모르겠다. 있었다. 코끼리뿐만 아니라 물소, 악어도 있었다. 중국뿐만 아니라 우리나라에도 열대성 동물이 살았다 (울산 전천리 벽화 등을 보면 물소 사냥을 하는 모습이 새겨져 있다). 지금부터 3,000년 전 지구의 평균온도는 지금보다 2도에서 3도 정도 높았다고 하는데, 그래서 황하 지역은 아열대성 기후를 나타냈고 은나라의 청동기를 보면 코뿔소, 하마, 악어, 코끼리 등의 형태를 본뜬 것들이 매우 많다.
은나라의 수도인 은허가 위치한 곳이 현재 중국의 하남성(허난성) 안양 부근인데, 하남성을 나타내는 글자에 코끼리가 들어간다(허난성을 줄여서 '예'라 부르고, 그곳의 상징 동물도 코끼리다). 이 글자가 점점 시대가 흐르고 황하 유역에서 코끼리가 없어지면서 '즐기다'라는 뜻으로 변해가고 나중에는 음이 같은 '예'(미리 예, '일기예보'의 '예')의 뜻으로도 쓰이게 된다.

코끼리는 무리를 지어서 다니는 동물이지만 자신이 죽을 때가 되면 그것을 알고 무리에서 떨어져 나와 물가 같은 데서 혼자 죽음을 맞는다고 한다(또, 코끼리는 수명이 길기 때문에 죽기 전에 이빨이 다 닳아버려서 씹어 먹지 않아도 되는 연한 풀을 찾다가, 그런 풀들이 많은 늪 속에 빠져 기력이 다해 죽게 된다는 설도 있다). 코끼리가 죽음이 다가옴을 알게 되면 무리에서 떨어져 밀림 속 깊은 곳, 인간이 모르는 코끼리들의 무덤으로 향한다고 보편적으로 알려져 있다. 그리고 무덤에 도착하면 산처럼 쌓여 있는 뼈와 상아 위에 저 홀로 고요히 몸을 누인다고 하는데, 여기서 '상아탑'이란 단어도 생겼다(코끼리는 죽을 때 자기들만 아는 비밀스러운 지역으로 가서 죽어 아름다운 상아의 탑을 이룬다는 의미에서, 이 사회와는 조금 떨어져 진리 탐구에만 힘쓰는 대학의 특성을 지적한 표현이다).

이 얼마나 신비한 장면이며, '삶이 있으면 죽음이 있다'라는 자연의 운행 원리에 순응하는 아름다운 모습인가. 하나라도 더 가지려 아등바등하고, 한 명이라도 더 낙오시켜 남의 머리를 밟고 오르려고 온갖 부정한 일까지 저지르는 인간 군상에 비하면 숭고하기 그지없는 모습이다.

노자의 《도덕경》 제15장 〈서청〉에 "예혜, 약동섭천, 유혜 약외사린"이라는 말이 나온다. 직역하면 "머뭇거리네! 겨울에 살얼음 냇길을 건너는 것 같고, 망설이네! 사방의 주위를 두려워 살피는 것 같다"가 된다.

여기서 '예'는 '거대한 코끼리'와 '머뭇거린다'라는 뜻이다. 거대한 코끼리가 겨울 냇가 앞에서 신중하게 살얼음을 밟아가는 모습을 연상하면 된다. 아둔한 듯이 보이지만 명석하고 사려 깊은 코끼리의 모습이 그대로 담긴 구절이다.

'유'는 '원숭이'와 '망설인다'를 뜻하는 글자다. 원숭이는 겁이 많아서 주변을 살피기를 잘하고 두려워하기를 잘한다. 둘 다 긍정적인 '조심'을 뜻하기는 하지만 '예'는 사려 깊음이고 '유'는 두려워한다는 이미지와 관련되어 있어 그 뉘앙스가 조금 다르다.

2　자연스러운 정치란 무엇일까? 이에 대한 이해를 위해 도가의 텍스트를 잠깐 빌려보자.

"샘물이 말라 물고기가 메마른 땅 위에 모여 서로 축축한 물기를 끼얹고, 서로 물거품으로 적셔 줌은 물이 가득한 드넓은 강이나 호수에서 서로의 존재를 잊고 있는 것만 못하다." 《장자》

"최상의 덕을 가진 왕은 백성들이 왕이 있다는 사실만 알 뿐이요, 그다음의 왕은 백성들이 그를 친근하고 자랑스럽게 여기고, 그다음의 왕은 백성들이 그를 두려워하며, 그다음은 백성들이 그를 업신여기나니, 왕이 믿어주지 않으므로 아랫사람이 믿지 않게 된 것이다." (왕필,《노자주》)

장자는 자연스럽다는 것은 물고기가 물에서 노닐 듯이 서로의 존재를 잊고 지낼 수 있는 것이라 했다. 그리고 노자는 최상의 덕을 가진 왕은 백성들이 왕이 있다는 사실만 알고 있을 뿐 평소에는 왕의 존재를 자각하지 못하는 것이라고 말한다. 물고기가 물을 의식할 수 없듯이 좋은 정치란 백성들이 왕의 통치를 느끼지 못할 만큼 자연스러워야 한다는 것이다.

정치에서도 이러할진대 예괘에서 즐겁다는 것을 시끄러운 음악을 틀어놓고 기를 쓰면서 춤추는 것이라고 이해하면 곤란하다. 편안하고 즐거운 상황, 그것이 '예'다.

17

택뢰수

태상진하

위에는 태괘☱, 아래에는 진괘☳인 대성괘

수 원형리정 무구

수는 언제나(원–형–리–정의 단계를 통틀어서) 허물이 없다.

• 따를 수(수괘, 수필집)

괘사를 점서적으로 '수는 크게 형통하고, 일을 맡아 처리함에 이롭다'라고 해석하기도 한다.

'수'는 장남(진괘, ☳)과 소녀(태괘[1], ☱)가 서로 즐겁게 따르는 상이다. 하여 택뢰수는 서로가 서로를 따르는 법에 대해 이야기하는 괘다. 즐거움(예)에는 반드시 따름이 있다. 그러므로 뇌지예괘 다음을 택뢰수괘로 받았다.

사람들이 서로 따르게 된다면 무슨 일인들 이루지 못하겠는가. 역은 '변하고 바뀌는 것'인데, 변역하되 함부로 하지 않고 원칙을 따라야 한다. 택뢰수는 때를 따라야 한다는 뜻도 담겨 있다.

'수'는 못 속에 우레가 움직이니 우레의 소리에 따라서 못의 물이 출렁거리면서 따라 움직인다. 기뻐하며 출렁이고, 움직이며 기뻐하는 것이 서로가 서로를 따르는 것이다. 남을 따르게 하는 것은 어렵고 힘든 일이다. 그러나 남을 바르게 따르는 일도 그다지 쉬운 일은 아니다. 따를 줄 모르는 사람은 따르게 할 줄도 모르는 것이다. 남을 자기에게 따르게 하는 사람은 그 자신이 먼저 남에게 따를 줄 아는 사람이다. 먼저 남의 옳음에 따를 줄 알아야 남이 자기의 옳음에 따라 오는 것이다.[2]

앞에서 이미 공부했던 천지비괘는 상괘인 건괘가 끝없이 올라가고 하괘인 곤괘는 아래로 향해 하늘과 땅이 서로 교감을 못하고 사귀지 못해서 절대 결과물이 생성되지 못한다. 그래서 안 되겠다 싶으니 서로 움직여본다. 서로 하나의 효를 아래위로 주고받는 것이다. 천지비의 맨 위에 있는 양은 맨 밑으로 내려오고, 맨 밑에 있는 음은 맨 위로 올라간다. 천지비 때는 서로 섞이질 못하니 아무것도 만들지 못하다가, 아래위로 한 효씩 바꿔서 주고받고 나니 택뢰수가 되었다. 서로 고개를 숙여 따라간다. 이래야 교감이 생긴다. 서로 섞여야 하는 것이다.

효사

초구 관유투(유) 정 길 출문교 유공

관이 변함이 있으니 바르게 하면 길하다. 문밖에 나가 사귀면 공이 있다.

• 벼슬 관(장관, 관료, 비서관) • 공 공(성공, 공로)

풀이 관직(벼슬)에 변동이 생겼다. 크게는 정권이 바뀌었다거나, 작게는 다니는 회사의 상사가 교체되었다거나 해서 자리에 변동이 생겼다는 뜻이다. 이제는 고집스러운 태도를 바꾸어 변역해야 한다. 이런 경우, 문을 닫고 있으면 안 된다. 문을 열고 나가서 새로운 '관'을 따라야 하는 것이다. 새로운 사회적 관계를 받아들이고, 그 속에서 자기의 능력과 소신을 펼치면 공을 세우게 된다.

육이 계소자 실장부

소인에 얽매이면 장부를 잃는다.

· 맬 계(관계) · 잃을 실(실패, 손실, 상실, 실업, 실망, 실수) · 장부: 어른 장, 지아비 부

[풀이] 육이는 음이다. 원래 육이는 구오와 응한다. 그런데 바로 아래를 내려다보니 초효도 양효다. 그래서 육이는 이웃 아랫자리에 가까이 있는 초구에게 슬쩍 끌린다. 그러나 정작 육이의 본래 짝은 윗자리의 정응인 구오 대장부다. 하여 만약 육이의 마음이 초구에 얽매여 버리면 정응인 구오(장부)를 잃게 되니 양다리를 걸쳐서는 안 된다.

육삼 계장부 실소자 수 유구 득 리거정

장부에 매이고 소자를 잃으니, 따름에 구함이 있음을 얻으나, 안정되게 머무름이 이롭다.

[풀이] 육삼이 바로 위를 올려다보니 좀 잘나 보이는 남자인 구사가 떡하니 버티고 있다. 그런 구사와 가까운 이웃이므로 육삼은 그만 구사에 마음이 끌린다. 육삼은 바르지 못한 자리에 있으나 운이 좋게도 가까이서 좋은 사람을 만나 '누구를 따라야 하지' 하는 설렘마저 얻게 된다. 그래서 자신이 지금 잘 가고 있는지 늘 돌아봐야 한다. 그렇지 않으면 이러한 따름이 화를 초래할 수도 있다.

육삼은 음이 양의 자리에 있어 바르지 못할 뿐 아니라, 중을 못 얻었기 때문에 '리거정'의 경계사를 두었다. 구사와 따름을 이룰지라도 역시

정응은 아니니, 바름으로 제자리를 지키라는 것이다. '리거정'은 수뢰둔 괘의 초구 효사에서 나왔던 단어로, '끝까지 안정되게 그 자리에 머무름'을 뜻한다.

구사 수 유획 정흉 유부 재도 이명 하구

따름에 얻음이 있으니 일을 맡아 처리한 것이 흉하다. 믿음을 두고 도에 있고 밝음으로써 하면 무슨 허물이 있겠는가.

• 얻을 획(획득, 포획, 어획고) • 어찌 하(육하원칙, 여하, 하등, 기하학)

풀이 구사는 대신의 자리다. 조직의 이인자다. 인군에게 가는 모든 사람과 재물이 일단은 이 자리를 통해서 인군에게로 간다. 그래서 '따라온다'라고 표현했다. 모두가 자기를 따르고 또 모든 것을 다 얻는다는 것은 위험하고 항상 의심받고 구설수에 오를 수 있다는 것이다. 소득이 많다는 것 그 자체가 흉한 것을 내포하고 있으니 잘못하면 목이 달아날 수 있다. 이인자 자신도 유혹에 빠질 수도 있으니, 언제나 자신을 경계해야 한다.

이러한 위치에서 잘 처신하려면 무엇보다도 모두에게 믿음을 심어 줘야 한다. 그리고 하나하나가 다 옳고 투명하고 정당해야 한다. 그래서 명석한 판단력으로 시비선악을 분별해야 한다.

구오 부우가 길

아름다운 데에 미더우니 길하다.

• 미쁠 부, 믿음성 있을 부: 새가 알을 발로 위치를 바꾸면서 품는 모양 • 아름다울 가

풀이 구오는 인군이고 신하인 육이와 호흡을 맞추며 서로 따르고 있다. 최고 결정권자도 올바르게 결정하고 처리하기 위해서 누군가를 따라야 한다. 인군이 신하를 믿고 신하가 인군을 믿게 하니 아름다울 따름이다.

상육 구계지 내종유지 왕용향우서산

얽어매어 꼼짝 못하게 하니, 왕이 서산에서 하늘에 제사를 지낸다.

• 잡을 구(구속, 구치소, 구금) • 벼리 유(섬유): 그물코를 꿴 굵은 줄, 밧줄

• 용향: 향연을 베풀어 공물을 바치다. 화천대유괘 구삼효 참고.

풀이 너무 기뻐하여 이리저리 따르다 보니 얽히고설켜서 남녀라면 불륜관계가 되고 관직이라면 패거리 정치가 난무하니 세상이 혼탁해졌다. 문왕이 이 얽힌 세상을 풀기 위하여 서산에서 하늘에 제사를 지낸다. 풍천소축괘사를 설명할 때, 문왕과 서쪽의 의미에 대해 이미 이야기한 바 있다.

요약 택뢰수괘는 따르는 것이다. 세상은 서로가 모두 따르고 있다.

초구는 세상이 바뀌면 때를 따라 밖으로 나가야 한다고 했다. 육이는 소인을 사귀다가 대인을 놓치면 안 되니 잘 분별하여 선택하라고 했다. 육삼은 자기보다 나은 사람을 따르고 있어서 좋으나 바르게 처신할 것을 명심하라고 했다. 구사는 대신의 자리에서 권력과 재물이 자신을 따라오지만, 바른 마음으로 투명하게 처리하라고 했다. 구오는 최고 결정권자가 되더라도 부하직원들을 따라야 한다고 했고, 상육은 너무 기쁘게 따른 뒤 끝은 역시 부정과 비리의 온상으로 변하고 말아 혼탁한 사회가 되었다 했다.

주역은 섞이는 것이 무조건 좋다고 말하지 않는다. 섞이는 것이 심화되면, 결국 얽히고설켜서 꼼짝 못하게 된다. 따름에도 일정한 한도가 있는 것이다. 결국 새로운 길로 다시 나서야 한다. 다시 주역의 근본 테마로 돌아간다. 섞이지만 극에 다다르면 다시 막힌다.

1 고양이, 호랑이의 성질은 태(☱)로 표현할 수 있다. 고양이는 크기만 작을 뿐, 호랑이를 닮은 동물이다. 할퀴고, 나무를 잘 타고, 밤에 돌아다니고, 육식을 하고, 몸이 부드러우며, 동작이 빠르고, 두려움이 없고, 높이 뛰어오르는 등 속성이 일치한다. '태'는 이를테면 연못을 상징하는데, 그릇도 연못과 닮았다. 연못은 물을 담고 있고 그릇도 무언가를 담는 데 쓰인다. 그러므로 담는다는 성질로 볼 때 상자, 가방, 주머니, 아기를 안고 있는 엄마의 품도 다 같은 뜻이다. 이 모두를 태(☱)로 표현한다.

우리의 마음도 연못과 같다. 연못은 물을 담아놓고 넘치지 않게 한다. 침착한 사람도 같은 이치다. 평정은 바로 마음이 태(☱) 상태를 유지하는 것을 뜻한다. 무술의 달인이 가장 먼저 갖추어야 할 능력은 바로 평정이다. 넘치지 않는 법, 이것은 우리가 살아가는 데 있어 매우 중요한 요소다.

고양이는 좀처럼 당황하는 법이 없고, 언제나 태평하고 침착하다. 사람도 연못 같은 사람, 즉 태(☱)인 사람은 생명력을 안에다 간직할 수 있으나 그렇지 못한 사람은 기운의 낭비가 심하다. 사고를 잘 치는 사람은 태(☱)의 기운이 부족한 경향이 있다.

우리 삶의 본질은 상처다. 삶은 상처투성이임을 인정하고 받아들여야 편하다. 똑같이 안 좋은 일을 당해도 어떤 사람은 상처를 입고 어떤 사람은 상처를 입지 않는다. 그 차이는 있는 그대로의 나를 사랑하는 마음, 즉 자존감에 달려 있다. 자신을 사랑하는 사람은 상처가 인생을 망치도록 내버려 두지 않는다. 자존감이란 자신이 사랑받을 가치가 있는 소중한 존재임을 아는 마음이다. 1등이 아니어도, 빼어난 외모를 갖추지 못했어도 있는 그대로의 자신을 사랑하고 긍정할 수 있다면 건강한 자존감을 가졌다고 말할 수 있다.

고양이는 자존감의 화신이다. 고양이는 불러도 오지 않는다. 고양이는 다른 고양이를 부러워하지 않는다. 고양이는 자기를 오롯이 사랑할 줄 아는 존재이며 오직 현재에만 집중하며 산다. 매일 열심히 털을 그루밍하고, 똑같은 사료를 꼬박꼬박 먹고, 시원하게 똥을 누고 열심히 모래로 덮는다. 기분이 좋으면 우다다다 뛰어다니며 날렵함을 자랑한다. 고양이는 결코 우울해하지 않는다. 진정한 자존감과 행복을 나는 고양이에게서 발견한다.

한 독일 일간지에 영화배우 모건 프리먼의 인터뷰 기사가 실렸다. 내가 볼 때 모건 프리먼도 태(☰)의 기질을 가진 사람이다.

기자: "내가 당신에게 '니그로'라고 하면 무슨 일이 일어납니까?"

프리먼: "아무 일도 일어나지 않아요. 당신이 나를 '니그로'라고 부르면 문제는 당신에게 있지 나한테 있는 게 아닙니다. 나는 관심을 끊어 버림으로써 문제를 갖고 있는 당신을 혼자 내버려 둘 겁니다."

수처작주(택뢰수괘에 나오는 '따를 수') 입처개진. "장소에 따라 어디서든 주체적일 수 있다면 그 서는 곳은 모두 참된 곳이다"라고 했다. 어디를 가나 주인이 되어야 한다. 고양이처럼. 오해하지 말자. 남을 지배하라는 게 아니라 내 삶의 주인이 되라는 말이다. 그렇게만 된다면 어떤 일이 닥친다 해도 능히 헤쳐나갈 수 있을 것이다.

2 옛사람 중에 주공, 제갈량 등은 그들의 덕을 백성들이 따랐으나, 그 신망을 자기 자신이 누리지 않고 군주의 공으로 돌려 군주를 높게 하여 나라를 편안하게 했다. 아랫사람들이 믿어주고 윗사람의 의심을 받지 않으니, 그들의 위세가 온 나라를 흔들었어도 뒤에 과오를 남기지 않았다. 명철한 자가 아니면 이와 같을 수 있겠는가?

18

산풍고

간상손하

위에는 간괘☶, 아래에는 손괘☴인 대성괘

고 원형 리섭대천 선갑삼일 후갑삼일

고(부패 [1], 음란함, 무질서, 혼란)는 (이겨낼 경우) 크게 형통하다. 큰 내를 건너는 것이 이롭다. 주의 깊게 신중히 대처하여 병폐를 바로잡을 방법을 알아야 하고, 앞일을 염려하여 대비해야 한다.

• 뱃속벌레 고(고혹): 기생충, 벌레

풀이 주역의 핵심 키워드는 변화다. 고정된 것은 아무것도 없다. 처음이 있으면 끝이 있고, 좋은 일이 다하면 나쁜 일이 온다. 택뢰수괘는 '따르는' 괘였다. 그런데, 서로가 잘못된 길을 따르게 되면 비리와 불륜 관계가 성행해 사회가 온통 부패해지므로 택뢰수괘 다음에 산풍고괘를 놓았다. '어지럽고 썩어빠진 세상'을 어떻게 하면 바로잡을 수 있을지 알려주는 것이 주역의 64괘 중 18번째 [2] 괘인 산풍고다.

괘상을 보면 위에 산이 있고 아래에 바람이 있어 산에 바람이 부니 단풍 들고 벌레가 좀 먹어 썩어들어간다. 시간이 흐를수록 썩어서 부패하여 망하는 것이다. '고'를 파자하면 그릇 위에 벌레 세 마리가 좀먹는 상이 된다. 어린 남자가 위에 있고, 늙은 여자가 아래에 있는 상이니 비유하자면 이는 나이 많은 여성이 어린 남성을 유혹하는 상이다.

상괘의 산은 머물며 쉬고 있는 상이며, 하괘의 바람은 순종하는 상으로 상괘와 다투는 일이 없다. 즉 위에 있는 군주는 쉬고 일을 하지 않으며, 아래에 있는 신하는 오직 윗사람에게 유순하기만 하여 직언하는 일이 없는 상이다. 이렇게 두면 국가의 기강은 점점 문란해지고 정치는 날로 어지럽게 된다.

산풍고괘가 처한 상황은 흉하다. 회사의 총무가 윗사람 몰래 회사 자금을 횡령하여 도박을 하다가 돈을 날리는 것이 이에 해당하며, 매국노 이완용이 고종을 속이고 이토 히로부미에게 조선을 팔아넘긴 것이 이에 해당한다. 이처럼 겉모습은 멀쩡한데 속에 벌레가 생겨 몸이 상하는 것이 산풍고다.

그러나 주역은 사람을 절망시키지 않는다. 세상의 모든 상태는 항상 변한다. 하여 이 괘가 나오면 지금의 고난을 전화위복의 계기로 생각해야 한다. 자업자득, 즉 문제의 원인이 자신에게 있다는 겸허한 마음으로 자신을 반성하고 문제점을 근본적으로 제거해야 한다.

'고'가 흉한 뜻을 품고 있음에도 불구하고 역설적으로 '크게 형통하다'고 말한 이유는 이 세상에는 난관이 없을 수가 없으니 그것을 적극적으로 해결하는 자세(리섭대천)에서 좋은 결과를 가져오게 된다는 것이다. 그러므로 군자가 큰 내를 건너는 것처럼 위태롭고 힘든 상황에서도 자신을 수양하고 백성을 다스리면 오히려 으뜸으로 형통한 상황이 펼쳐진다.

'선갑삼일, 후갑삼일'은 주의 깊게 신중히 대처하라는 뜻인데,[3] '정일'에 정성스럽게 제사를 올린다는 의미로도 해석이 된다. '정'을 우리는 일반적으로 '성할 정', '일꾼 정' 정도로 알고 있다. 그러나 옥편에 제일 먼저 나온 뜻은 '넷째 천간 정'이라 되어 있다. 즉 '갑을병정'으로 시작하는 10개의 천간 중 네 번째라는 뜻이다. 이 '정'의 위치는 소서(24절기의 11번째. 7월 7일 무렵으로, 하지와 대서 사이에 있음)에 해당하고 하루 중에서는 미시(하루를 12시로 나눈 여덟째 시. 오후 1시부터 3시까지의 동안)에 해당하는데 이 무렵이 이르면 일광이 매우 뜨거워 양산으로 일광을 가리기 때문에 '정'이라는 문자의 생김새가 만들어졌다.

'정'은 장정의 '정'으로 쓰고 정월의 '정'으로도 쓴다. 정은 선제(산 밑에 흙을 평평하게 하여 단을 만들어서 땅을 받드는 제사)를 지내는 날로 택일되는데, 정일의 일진(우리가 보통 "오늘 일진이 좋네, 나쁘네" 할 때의 일진)을 택해서 시행한다. 선갑삼일 후갑삼일에 해당하는 '신'일과 '정'일, 그리고 57번째에 나오는 손괘[4] 구오의 '선경삼일 후경삼일'에 해당하는 '정'일과 '계'일은 길일로 고대에 행사, 제사, 기우제, 학습일, 장례일로 사용했다(청나라 훈고학자 왕인지의 주장).

효사

초육   간부지고[5] 유자 고 무구 려 종길

아버지의 폐단을 주간하여 다스리니(잘못을 바로잡는 것이니) 자식이 있으면 죽은 아비가 허물이 없으리니, 위태하게 해야 마침내 길하다.

• 줄기 간(근간, 간사(단체의 사무를 처리하는 사람)): 근본, 몸, 담당하다, 맡다

풀이   초육은 음이 양의 자리에 있고 아랫자리에서 아비의 일을 하는 것이니, 마땅히 조심해야 길할 수 있다. 죽은 아비의 잘못한 일을 아들이 이어받아 잘 처리한다는 뜻이다. 자식이 일을 잘 처리해 내면 아버지가 허물을 씻고 편안히 눈을 감을 수 있다. 이런 일에서 자식은 더욱 조심스럽고 위태롭게 여겨야 깔끔하게 일을 처리할 수 있다.

구이 간모지고 불가정

어머니의 일을 주간하여 다스리니 가히 고집스럽게 할 수 없다(즉 '어머니가 잘못한 일을 자식이 해결하되 어머니의 잘못을 따지며 대들지 말라'는 뜻).

풀이 구이는 육오와 정응이다. 이것은 양강한 덕으로 아래에서 위에 있는 음유한 자의 일을 주관하여 다스리는 것이다. 그러므로 아들이 어머니의 고를 주관하는 뜻으로 삼았으며, 이는 또한 강직한 신하가 유약한 군주를 보필한다는 의미와도 상통한다. 아직 건재하고 있는 모친에 대하여 폐습이라고 단호하게 엄단하는 것은 불효를 자초하는 일이다. 오직 자신의 몸을 굽히고 뜻을 낮추어 공손히 받듦으로써, 몸을 바르게 하고 뜻을 이룰 따름이다. 그러므로 '불가정'이라고 했다. 즉 너무 곧아서 강건한 덕으로만 다스리지 말아야 함을 말한 것이니, 이와 같이 행하는 것이 바로 중도다.

구이를 아들로 보면 육오는 음으로서 어미로 볼 수 있다. 위에 있는 어미가 중도를 지키고 있음에도 불구하고 아들이 어미의 정절을 의심하는 격이다. 때문에 '가히 바르게 못한다(불가정)'라고 했다.

구이는 산풍고의 내괘인 손괘에서 중을 얻은 만큼 어머니의 뜻을 거스르지 않으면서도 어머니의 잘못을 고쳐나가는 지혜로운 아들이 되어야 한다고 말한다. 어머니의 잘못을 해결하는 데는 지나치게 정의만 내세워도 안 된다. 모자 사이의 애정에 금이 가기 때문이다.

구삼 간부지고 소유회 무대구

아버지의 일을 주간함이니(아버지의 잘못을 대신 해결하니) 다소 후회가
있어 어려우나 허물은 없다.

풀이 주역에서 대부분 삼효의 자리는 위태롭다. 그 이유는 삼효가
이미 내괘에서 중을 넘어서 끝자리에 위치하기 때문이다. 게다가 산풍
고괘의 구삼은 강건한 양으로 그 정도가 더욱 심하다. 그러니 아버지
의 일을 맡아서 하면서도 자기의 성질대로 하다가 조금 후회를 하는
것이다.

구삼은 하괘의 윗자리에서 고를 주관하므로 아들이 아버지의 고를
주관하는 것이다. 양으로 정위에 있고 중이 아니므로 강성을 지나치게
쓰는 자다. 아버지의 잘못한 일을 해결하는 아들이 자기의 강한 힘만 믿
고 지나치게 과감하게 나가다가 후회를 한다. 아버지의 잘못을 그냥 두
고만 볼 수 없어 조금 과했지만 부모의 일인지라 가슴이 아프다는 것이
다. 그러나 허물은 없다.

앞의 두 효에서는 부모님의 뜻을 상하게 하지 않는 데 무게를 두었다
면, 구삼에서는 아버지의 뜻을 조금 상하더라도 일을 잘 마무리하라고
조언한다. 일을 잘 마무리 짓는 결단성 덕분에 아버지도 '고'에서 벗어
나니 마침내 허물이 없는 것이다.

아버지의 잘못을 너그럽게 함이니 그대로 나가면 인색함을 보리라(즉 '빨리 처리해야 할 아버지 일에 결단을 못 내리고 미적거리니 인색하여 흉함으로 나아간다'는 뜻).

• 넉넉할 유, 너그러울 유(여유, 부유층)

풀이 육사는 유약하고 게을러서 일처리를 제대로 하지 못하고 자꾸 미루면서 게을리한다. 과단성이 없어 일처리 능력이 약하다. 가정에서만이 아니고 어느 조직에서든지 전임자가 잘못한 일을 맡았으면 과감하게 처리해 나가야 한다. 유약하게 미루면 안 된다.

 육사는 음이 음 자리에 있어 바름을 얻었으나, 재질과 뜻이 모두 유약하니 강하게 주장할 수 없어서 '유부지고'라 했다. 이러한 재질과 뜻으로 '고'의 어려움을 처리하니, 우유부단하고 나태해서 결과가 좋지 않은 것이다. 이럴 때는 현인의 도움을 받아 처리해야 하는데 그렇지 않고 계속해서 나간다면 흉의 시작인 인색함을 당하게 될 것이니, 이것은 얻고자 하는 것을 못 얻는 것이다.

아버지의 일을 주간함이니 명예로움을 사용함이라.

• 기릴 예, 명예 예(영예, 불명예)

육오는 군주의 자리에 있으나 음이라서 그 재질이 유약하니, 큰 일을 하는 것은 어렵다. 그러나 아래로 중정한 구이 신하의 보필이 있고, 자신도 유중한 덕을 쓰니 명예롭게 되는 것이다. 구삼의 간부지고는 과격하게 지나치게 간섭하는 것이며, 구오의 간부지고는 맞서지 않고 적절히 잘 행동하는 것이다.

육오는 고괘의 문제 해결에 가장 적절한 위치에서 가장 적절한 해결 방책을 제시하여 영예로운 결과가 있음이다. 자식이 훌륭하여 아버지의 일을 처리하니 잘못은 다 묻히고 아들로 인해 세상에서 칭송까지 듣게 된다. 좋은 자식을 둔 덕을 톡톡히 보는 셈이다.

상구 불사왕후 고상기사

왕후를 섬기지 않고 그 일을 높이 숭상함이다.

풀이 상구는 부패를 일소하고 새 세상을 이루는 데 큰 공을 세웠으면서도 벼슬하지 않고 은둔하니 뜻 높은 선비다. 상구는 고괘의 끝이다. 아래에는 상응하는 자가 없고 자신은 지위가 없으므로 해야 할 일이 없다. 이는 현인군자가 때를 만나지 못하여 조용히 수신하며 세상물정에 연연하지 않는 것과 같다. 그러므로 왕후를 섬기지 않으며 스스로 의연함을 즐긴다고 했다.

상구는 왕을 도와서 대업을 완수했으니 더 힘을 쓸 이유가 없다. 이 때 상구는 대업에 따른 부귀나 명예는 바라지 않고 물러나 세상에 관여하지 않는다. 자신이 맡은 바 일에는 최선을 다하면서도 어떠한 과보를 바라지 않는 마음, 그것이 공자가 안회와 더불어 자처했던 '등용해 주면 실행하고 버리면 은둔하는' 지조 있는 선비의 처세 태도다. 부패한 세상을 살기 좋은 세상으로 만드는 데 공을 세웠지만 벼슬자리나 재물을 탐낸 것이 아니었다. 그의 뜻은 옳은 일을 하기 위한 것이었고 일을 이루고 나서는 몸은 물러나는 것이었다(공성신퇴). 그 뜻이 두고두고 본받을 만하다.

요약 부패한 세상은 마땅히 개혁하여 좋은 세상으로 바꾸어야 한다. 초육은 아버지의 일을 아들이 조심스럽게 해결하고, 구이는 어머니의 일을 처리할 때는 바른 것만을 주장하다가 어머니의 마음을 상하게 하지 않도록 해야 한다. 구삼은 아버지한테 지나치게 강하게 대들어 후회가 남고, 육사는 마음이 약하고 게을러 일을 해결하지 못하고, 육오는 아버지의 일을 해결하면서 동시에 명예까지 얻는다. 상구는 새로운 세상을 이루는 큰 공을 세우고도 몸은 물러나 고고한 삶을 사는 은사다.

1   오왕 부차는 아버지의 원수인 월왕 구천에게 복수하기 위하여, 원수를 갚아 달라는 부왕의 유언을 매일 반복해서 듣고, 잘 때는 장작을 쌓아놓고 그 위에서 잠을 자며, '와신상담' 했다. 오왕 부차는 오자서와 손무(《손자병법》의 저자)의 도움으로 국력을 착실히 키우면서 보복전을 준비하여, 마침내 월왕 구천과의 보복전에서 승리했다.

월왕 구천이 항복을 해오자, 오자서는 오왕 부차에게 월왕 구천을 죽여 후환을 없애야 한다고 주장했지만, 오왕 부차는 월나라의 뇌물을 먹은 재상 백비의 권유로 월왕 구천을 살려주고 말았다. 또한 백비는 오자서가 모반을 꾀한다고 모함하여, 오왕 부차와 대신 오자서를 이간질하여 결국 오자서는 부차로부터 자결을 명받고 촉루검으로 원통하게 자결하고 말았다. 뿐만 아니라 부차는 대규모 토목공사와 잦은 전쟁을 일으켜 백성들을 피폐하게 만들어 오나라의 국력을 소진시켰다.

마침내 오왕 부차가 수도를 비운 틈을 타고 월왕 구천이 기습 공격을 하자 오왕 부차는 싸움에서 패배하고 자결하고 말았다. 결국 오나라가 월나라에 멸망하자, 매국노 백비는 월왕 구천에게 무릎 꿇고 목숨을 구걸했다. 그러나 월왕 구천은 백비를 손가락질하며 '천하가 모두 아는 간신을 어떻게 그냥 살려두겠느냐'며 백비를 즉시 처형했다.

2   다산 정약용에겐 18이란 특별한 숫자가 따라다녔다. 국왕 정조와 함께 조선의 개혁을 위해 노력했던 시간이 18년이었고, 정조의 죽음 이후 유배를 갔던 시간이 18년이었다. 그리고 유배지 강진에서 풀려나 고향으로 돌아와 살다가 죽을 때까지의 시간이 18년이었다.

3   '선갑삼일 후갑삼일'에 대해서는 학자마다, 책마다 의견이 분분하다. 아래와 같은 해석도 있다. 종합해보면 결론적으로는 '주의 깊게 신중히 대처한다'라는 뜻으로 해석할 수 있다.

'갑'은 '갑을병정무기경신임계'의 그 갑이다. 선갑삼일은 '갑의 앞 세 번째 글자'인 '신'을, 후갑삼일은 '갑의 뒤 세 번째 글자'인 '정'을 각각 의미하는 표현이다. 그렇다면 '신'과 '정'은 또 각각 무엇을 상징하는가?

천간의 '신'은 음의 한가운데에 있다. 열매가 익어 떨어지고 잎이 마르는 것이며 고충스럽고 끙끙 앓는 일이 생기는 것이 '신'이다. 맵고 괴롭다는 말이니, '고'가 시작되면 그만큼 힘들고 어렵고 고통스럽다는 뜻이다.

'정'은 꽃이 활짝 피어나는 기운을 말한다. 하여 갑보다 사흘 전은 일이 붕괴되는 때이니 마음을 새롭게 해서 큰 붕괴를 막고 새 출발을 하며, 갑보다 뒤는 새 출발을 시작한 때이니 만큼 과거의 실패를 되풀이하지 않도록 해야 한다.

선갑은 병폐의 까닭을 연구하면 바로잡을 방법을 알게 될 것이고, 후갑은 장차 그렇게 될 것을 염려하는 것이니, 대비할 방법이 나온다는 것이다. 부패한 사회가 처음부터 부패한 것이 아니고 애초에는 태평한 세상에서 시작된다. 나라가 태평하다고 방심하여 무절제하게 대비하지 않으면 사회가 병들게 된다는 것이다.

선갑후갑, 선경후경에 대해 《성종실록》을 참고해보자. 사헌부 대사헌 이세좌 등이 이미 세운 법을 새로 고치는 것이 부당함을 상소하는 장면이다. 이세좌 등이 상소하기를 "주역 산풍고괘에 이르기를 '선갑삼일 후갑삼일'이라 했고, 중풍손괘의 구오에 이르기를 '선경삼일 후경삼일'이라고 했으니, 성인이 정교(정치와 교화)를 제작할 적에 그 선후를 잘 생각하여 폐단을 구제하고 행할 만한 도가 되면 명령을 발하여 시행하고, 그 변경하는 것을 잘 헤아려서 뒤에 이롭고 오래 행할 만한 방법으로 삼았으니 지극하다고 하겠습니다. 만약 한 사람의 말로써 오늘에 한 가지 법을 세웠다가 한 사람의 말로써 내일 한 가지 법을 허물어뜨리면 성인의 '선갑후갑 선경후경'의 뜻이 아닙니다. 전하께서 백성들이 역(병역, 노역)을 피하여 중이 되는 것을 지극히 우려하여 별도로 금령을 세웠으니, 진실로 행할 만하고 오래 전할 만한 군국의 큰 계책인데, 뜻밖에 간사하고 아첨하는 무리가 자기들에게 불리함을 싫어하여 인심이 소요스러움을 핑계대어 말하여 대내(임금이 거처하는 곳)에 전해지게 하고 듣게 하여, 마침내 이미 이루어진 법을 폐해 조정의 정령이 번복되는 것이 무상하기가 아이들의 장난과 같음이 있으니, 어찌 국가 체면에 손상됨이 있지 아니하겠습니까?" 했는데, 전교하기를, "천천히 짐작하는 것이 마땅하겠다" 했다.

이 상황에서 법령을 새로 만드는 것을 '갑'이라 하면, 백성들이 익숙하지 않기 때문에 새로운 법령을 선포하기 앞서 3일 동안 은근하게 말하고 법령을 선포한 뒤에도 3일

동안 다시 정녕(틀림없이)하게 말한다는 뜻으로 선갑삼일 후갑삼일이 된다. 즉 주의 깊게 신중히 대처한다는 것이다. 또한 법령을 펴는 것을 '경'이라 하면, 백성들이 암미(어둡고 미혹됨)한 지 오래되어 법령을 갑자기 펼 수 없으므로, 앞서 3일 동안 거듭 알리고 편 뒤에 다시 3일 동안 알린 뒤에 위반자를 처벌한다는 뜻으로 선경삼일 후경삼일이 된다. 즉 주의 깊게 신중히 대처한다는 뜻이다.

4 닭은 주역에서는 손괘(☴)에 해당하는 동물이며 동남 간방에 위치하며, 새벽을 알린다는 뜻에서 잡귀를 물리치는 벽사의 의미도 지닌 동물로 알려져 있다.

옛날 중국에서는 정월 초하루를 '닭의 날'로 정해 시작했다. 초이틀은 '개의 날', 초사흘은 '돼지의 날', 초이레가 '사람의 날'이 된다.

《한시외전》에서 말하길 닭은 다섯 가지의 덕이 있다고 했다. 머리에 관을 쓴 볏은 학문을 하는 '문', 발에 갈퀴를 가진 것은 '무', 적에 맞서서 죽을 때까지 용감히 싸우는 것은 '용', 먹을 것을 보면 상대를 부르는 것은 '인', 밤을 지켜 때를 잃지 않고 알리는 것을 '신'. 이렇게 오덕을 갖춘 덕이 있는 날짐승으로 애호되었다. 무엇보다 사람과 가까운 동물들 중에 모두 사람의 부림에 의해 인간이 이익을 취하게 되지만 닭만은 시키지 않아도 정확히 하루의 시작을 알리는 시간 역할을 해 주는 유일한 동물이다.

닭의 피는 대부의 직급에서 하늘에 맹세할 때 쓰는 것이었다. 닭뼈는 대체적으로 큰일을 점칠 때 썼다. 날개나 깃털은 관을 장식하는 데 사용하여 위용을 과시했는데, 그 유명한 공자의 제자 자로가 공자를 처음 만났을 때 공자를 굴복시켜 보겠다고 그 닭의 깃털로 된 관을 쓰고 공자 앞에 나타났다 하여 '웅계관을 사용했다'라는 기록도 있다.

문헌상의 기록에 의하면 인간이 닭을 기른 건 최소한 3,000년 이상이라 할 수 있는데 《시경》에는 새색시가 조정에 근무하는 신랑에게 "새벽닭이 울었으니 빨리 일어나라"라고 하는 대목이 있다. 옛날에 궁궐의 관리는 새벽에 입궐을 하여 업무를 봤는데, 그래서 아침 '조'를 써서 '조정'이라 했고, 임금 앞에서 '조례'를 보는 일부터 했다.

전국시대에는 닭싸움이 크게 유행하여 여러 폐단을 낳기도 했는데 유명한 이야기가 전한다. 주나라 선왕이 닭싸움을 좋아해서 '기성자'라는 닭싸움 훈련 전문가에게 자신의 싸움닭 훈련을 맡기게 된다. 열흘 후 기성자에게 "이제 싸움을 시켜도 되겠는가?"
하고 묻는다. 그는 "이 닭은 아직 어딘가 모르게 거만하고 상대를 무시하고 거들먹거
리며 으스대는 측면이 있어서 더 훈련을 시켜야 한다"라고 답한다. 또 열흘 후 다시 물
으니, 이때 대답은 상대를 너무 무시하거나 기가 너무 왕성해서 아직 안 된다고 한다.
다시 열흘 훈련이 끝나게 되었는데, 이제는 상대 닭이 소리를 질러도 동요하지 않아
마치 나무로 만든 닭처럼 그 어떤 표정도 감정의 동요도 없는 최상의 상태가 되었다고
했다. 여기서 만들어진 말이 '목계'라 하여 《장자》 〈달생편〉, 《열자》 〈황제편〉에 실려
있다.

5 잘못된 것을 처리하는 고괘는 부모의 잘못을 처리하는 자식의 행동에 비유해 풀이
된다. 동양사회에서 임금과 스승과 아비를 군사부일체라 하여 같이 보았으나 그 섬기
는 방법은 조금씩 차이가 있다. 즉 "임금에게는 잘못은 간하되 감추는 게 있어서는 안
되고, 스승에게는 간하는 것도 감추는 것도 있어서는 안 되며, 아비에게는 탓하는 것
은 안 되지만 그 대신 감추는 것은 된다"라는 게 미덕이었다.
《논어》에 공자와 섭공이 대화를 나누는 장면이 나온다.
"저희 고을에는 아주 솔직하게 행동하는 '궁'이라는 자가 있습니다. 그의 아버지가 다
른 사람의 양을 훔치자 그 사실을 관가에 나가 증언했습니다."
섭공이 이렇게 말하자 공자가 이렇게 답한다.
"우리 동네의 강직한 사람은 그와 다릅니다. 아버지는 자식을 위해 숨겨주고 자식은
아버지를 위하여 숨겨주는데 강직함이 바로 그 안에 있게 되는 것입니다."

19

지택림

곤상태하

위에는 곤괘☷☷, 아래에는 태괘☱☱인 대성괘

림 원형리정 지우팔월 유흉

림은 크게 형통하고, 일을 맡아 처리함에 이로우니 팔월에 이르러서는 흉함이 있다.

• 임할 임(림)(임시국회, 군림, 왕림, 임박)

풀이 산풍고의 부패한 세상과 혼란을 해결하고 나면 이제 다시 윗사람이 아랫사람에게 임하여 잘 다스려 크게 이루어야 하므로 다음을 지택림괘로 받았다.

괘는 못 위에 땅이 있는 모양이다. 못 위에 있는 땅이란 곧 강 언덕인데, 물과 서로 맞닿은 경계이기 때문에 '임하는' 뜻이 있다. 못이 땅속에 있음은 또한 못의 깊음[1]을 의미한다. 그러한 못을 물가 언덕 위에 서서 내려다보고 있는 상태가 림괘다. 하여 지택림은 윗사람이 아랫사람(백성)에게 임한다는 뜻으로 높은 곳에서 낮은 곳을 대하거나, 내려다본다는 의미를 담고 있다.

하나의 양이 맨 아래에서 자라나기 시작하는, 즉 양의 기운이 회복하기 시작하는 동짓달(음력 11월)의 괘가 지뢰복괘이며, 음력 12월을 나타내는 지택림은 그림에서 두 번째다.

림은 '윗사람이 아랫사람(백성)에게 임한다'라는 뜻이며, 원형리정은 '시작해야 할 때 시작하고, 적극적으로 나서야 할 때 나서며, 거두어야 할 때 거두고, 마무리해야 할 때 마무리해야 한다'라는 것으로 8월이 되면 흉함이 있다고 했다.

여기서 8월은 실제 8월(지택림의 도전괘, 즉 거꾸로 돌려세운 괘인 풍지관 괘)을 의미하기도 하고 일정한 시간이 흐른 것을 뜻하기도 한다. 8월은 양이 생겨나기 시작한 뒤의 8월이므로, 지뢰복괘에서 일양이 생겨나 천산돈에 이르기까지가 모두 8개월이니, 음력 11월로부터 6월에 이름이다.

8월에 이르면 흉함이 있으리라고 한 것은 양이 자라기 시작한 때로부터 계산하여 다시 음이 자라기 시작하는 때까지 8개월이 걸린다는 말이다. 바야흐로 군자의 도가 자라나는 때에 성인이 경계를 둠으로써, 성대함이 극에 이르면 흉이 닥친다는 이치를 알도록 하여 미리 대비할 수 있게 하는 것이다. 그리하여 성대함의 극에 이르지 않도록 함으로써 흉을 방비하려는 것이다.

효사

초구 함림 정길

느껴서 (감동으로) 임함이니 일을 맡아 처리한 것이 길하다(또는 '바르게 해야 길하다').

• 다 함: 여기서는 '느낄 감'으로 해석

풀이 땅(괘)과 연못(괘)이 만나듯 처음 만남에 있어 기쁘고 순수하게 임하는 것의 중요함을 강조하고 있다. 초구는 육사와 응이고 서로가 좋은 영향(감동)을 준다. 육사는 군주와 가까운 대신의 지위에 있는 자인데, 초구가 바른 자리를 얻어 육사와 감응하므로 이는 정도로써 지위를 맡고 있는 대신으로부터 신임을 얻어서 자신의 뜻을 실현하는 것이다. 따라서 윗사람으로부터 신임을 받고 정도를 행할 수 있기 때문에 길하다.

초구를 '순수한 마음으로 펼치는 다스림은 끝까지 길하다'로 해석하기도한다.

구이 함림 길 무불리

감응시켜 임함이니 길해서 이롭지 않음이 없으리라.

풀이 강압적인 명령에 의해서가 아니라 느낌에 의해서 다가와 임하고 있다. 이 효는 중도를 지키는 군주인 육오와 상응하여 감응한다. 따라서 군주의 신임을 받아 뜻을 행하므로 지위에 임하는 바가 길하고 이롭지 않음이 없다. '길하다'는 것은 이미 그러함이고(구이와 육오가 모두 중덕으로써 정응하므로, 그 조화는 당연히 길함이다), '이롭지 않음이 없다'는 것은 장차 그러하다는 것이다. 곧 장차 행하는 일에 이롭지 않음이 없을 것이라는 뜻이다.

육삼 감림 무유리 기우지 무구

달게 임함이라 이로운 바가 없으니, 이미 그것을 근심한지라 허물이 없다.

• 달 감(감초, 감언이설) • 이미 기(기존, 기득권, 기왕, 기성복) • 근심 우(우려, 우울증, 우수, 우환)

풀이 지나치게 달콤하고 들뜬 마주함을 경계하고 반성하도록 권하고 있다. 이 효는 유약하고 음이 양의 자리에 있으니 자신의 위치도 좋지 않아서 모두가 어딘가에 임하려 하는 이때 마음대로 안 되는 쪽이다. 그래서 겉으로만 감언이설로 남의 비위나 맞추면서 임하려 하니 오래 지속되지 못한다. 아래 두 양의 강한 기세를 막을 수 없으니 근심하는 것이고, 능히 처지의 위기와 두려움을 알고 스스로 고치기에 힘쓰므로 허물이 생기지 못한다.

육사 지림 무구

지극하게 임함이니 허물이 없다.

• 이를 지, 지극할 지(심지어, 하지, 동지, 지독, 지고)

풀이 지극한 정성으로 아래의 초구와 상대를 해서 임한다. 그 임함이 지극하여 아래의 초구를 신뢰와 화합으로 이끌 수 있다. 육사는 중을 얻지는 못했지만, 음이 음 자리에 왔으므로 바른 자리에 처하고 아래에 양강한 초구와 정응하며, 군주와 가까운 위치에서 정도를 지키고 아래의 현인을 신임하여 그에 임하고 있다. 따라서 허물이 없으며 처함이 바른 것이다. 육사는 대신의 자리에 있으면서, 아래로 정응인 초구에 자기를 낮추어(육사는 곤의 순한 괘에 속해 있음) 지극한 마음으로 임하니 허물이 없는 것이다.

지혜롭게 임함이니 대군의 마땅함으로 길하다.

• 알 지(지식, 도지사, 지혜, 지능, 지성)

[풀이] 한쪽에 치우치지 않고 중도의 길을 걷는 것을 보여주고 있다. 오효는 인군의 자리다. 아주 지혜로운 어른이다. 현명하고 능력 있는 아래의 둘째 효에게 일을 맡기고 본인은 중용의 덕과 지혜로운 마음으로 임해야 하며 대군의 역할을 해내면 길하다고 보았다. 부하들을 완전히 신뢰하여 재능과 능력을 맘껏 발휘하게 하는 지혜와 포용력을 가진 어른이다.

원래 육오의 자리에는 양이 와야 바른데, 지택림에서는 음이 자리하고 있다. 그래서 군주의 자리임에도 불구하고 힘이 없고 자신이 없다. 현명한 신하가 돕지 않으면 왕 노릇 하기 어렵다는 것을 알고, 자신을 낮추어 정응인 구이에게 모든 것을 맡기니 지혜롭게 임하는 것이다. 스스로 모든 일을 맡아 처리하지 않고, 적임자를 찾아 정사를 맡기는 것이 인군의 마땅함이니 길한 것이다.

상육 돈림 길 무구

돈독하게 임함이니 길하여 허물이 없다.

• 도타울 돈(돈독하다)

[풀이] 높은 자리에서 아래를 내려다보는 듯 마치 산처럼 중후하게 그

리고 도타운 마음으로 임한다. 젊고 유능한 부하들을 겸손한 태도로 친절하게 대우한다. 기업체의 회장이 저 아래의 유능한 신입사원에게 해외연수를 보내준다거나 기술 연마를 위해 지원해주는 모습과 같다.

상육은 곤괘의 극이므로 순함이 지극하다. 그리고 임괘의 끝이므로 임함에 도타움이 지극하다. 존귀한 사람이 비천한 사람들과 상응하고, 높은 사람이 아랫사람을 따르고, 현인을 존중하는 바가 곧 도타운 후덕이다. 그러므로 돈림이라 했으며 그 때문에 길하다. 돈은 '돈독한 마음'이라는 의미이며, 아래쪽에 있는 젊은이들과 함께 한다는 것을 의미한다.[2]

요약　지택림의 전체적인 괘상은 기쁨이 가득한 하괘(태괘)와 유약한 상괘(곤괘)가 부딪치는 형국이다.

초구는 굳세고 바르게 감동적으로 임하는 것이고, 구이는 중도에 맞게 자연스럽게 임한다. 육삼은 달콤하게 임하려 하지만 나중엔 후회하여 바로잡는다. 육사는 지극정성으로 임하여 길하고, 육오는 지혜로운 지도자답게 임하고, 상육은 돈독한 마음으로 후배를 키워주려 한다. 부패한 세상을 다스려서 새로운 세상을 건설하는 임괘는 비교적 길한 효가 많다.

1 　사자, 호랑이, 표범, 퓨마, 고양이에게 상자를 선물하면 어떻게 될까? 상자 하나를 그들과 함께 놔두면 그들은 여지없이 상자 속으로 쏙 들어간다. 작은 상자라 할지라도 그들은 편안한 모습으로 머무른다. 그들은 생물학적으로 계통이 같으며, 성품도 비슷하다. 주역에서는 호랑이, 고양이의 성질을 태(☱)로 표현하는데, 이를테면 연못을 상징한다. 연못은 물을 담아놓고 넘치지 않게 한다. 마음도 연못과 같으며, 태평하고 침착한 사람도 같은 이치다. 평정은 바로 마음이 태(☱) 상태를 유지하는 것을 뜻한다. 태(☱)는 침착함을 뜻하며, 도사린다는 뜻이 있다. 태(☱)의 기본적인 성품마저도 이러한데, 이것을 더 깊은 곳에 놔두려고 하는 것이 바로 땅 속에 들어가 있는 침착과 도사림이며, 주역의 괘상으로 표현하면 지택림이 된다. 곤(☷)괘가 위에, 태(☱)괘가 아래에 위치한, 양의 기운이 깊은 곳에 쌓여 있는 모양새인 대성괘가 바로 지택림괘다. 각 분야의 고수들도 바로 이런 자세를 취한다. 고수는 무서울 것이 없는 존재다. 그런데도 자신을 드러내는 것을 피하며 조심스럽다. 실력이 있는 사람의 모습이 원래 이렇다. 아는 것이 적은 사람은 자신을 드러내기 위해 몹시 말이 많고 부산스럽다. 시끄러운 사람은 실은 알고 보면 내면이 부실한 사람이다.

'인생도처유상수'라, 세상의 곳곳에는 나보다 나은 이들이 있으니 항상 삼가고 조심해서 겸손하고 경거망동하지 말아야 하며, '삼인행 필유아사언'이라, 세 사람이 길을 가면 반드시 거기에 나의 스승이 있다. 비슷한 맥락으로 《채근담》에서는 '응립여수 호행사병'이란 표현을 찾아볼 수 있다. 매가 서 있는 모습은 조는 것 같고 호랑이가 걷는 모습은 병든 것 같다는 것이다. 매와 호랑이와 같은 강자들도 좋은 기회가 올 때까지 조용히 자세를 낮추고 자신의 강함을 드러내지 않고 기다리다가 결정적인 순간에 필요할 때만 강함을 드러낸다. 호랑이는 원래 토끼 한 마리를 잡을 때도 최선을 다한다. 약한 동물이라고 깔보지 않는다. 이처럼 강한 자는 평소에는 조용하고 부드러우며 지혜를 숨기고 빛나는 재능도 드러내지 않는다. 원래 얕은 개울일수록 소리가 요란한 법이다.

2 　"나는 노인 같은 구석이 있는 젊은이를 좋아하듯이, 젊은이 같은 구석이 있는 노인을 좋아한다네. 그렇게 되려고 노력하는 자는 육체는 노인이 되었어도 정신은 그렇게 될 수가 없을 테니까 말일세." (키케로, 《노년에 관하여》)

20

풍지관

손상곤하

위에는 손괘☰, 아래에는 곤괘☷인 대성괘

괘사 관 관이불천 유부 옹약

관은 (제사를) 올리기 전 세수를 하고 손을 깨끗이 씻는 것처럼 정성을 다하면, 믿음을 두어 (백성이) 우러러볼 것이다.[1]

• 볼 관(관광, 관측, 객관적, 관찰, 주관) • 대야 관, 깨끗할 관, 씻을 관

• 천거할 천, 올릴 천(추천, 공천) • 엄숙할 옹, 우러러볼 옹, 힘셀 옹

풀이 　천하를 살핌에 있어서는 '제사를 올리기 전에 손을 씻을 때와 같은 마음'으로 해야 한다. 제사 음식을 올리기 전에 처음 손을 씻을 때야말로 공경한 마음이 가장 지극한 순간이다. 이러한 정성과 자세로 정치를 하면 백성들이 믿고 우러러본다는 것이다. 산풍고의 부패와 혼란을 해결하고 나서 윗사람이 아랫사람에게 임하여 (지택림) 잘 다스려 크게 이루었다. 만물이 크게 이루어진 연후에는 살펴볼 바(관)가 있으므로 풍지관괘로 받았다.

　관은 본다는 것이다. 두 양이 윗자리에 있고 네 음이 그 아래에 있는 것은, 위에 있는 군자들을 아랫사람들이 모범으로 우러러본다는 뜻을 가진다. 손(바람, ☴)괘가 위에 있고 곤(땅, ☷)괘가 아래에 있어 땅 위에 바람이 불고 있는 상이다. 땅 위에 바람이 불면 모든 것이 흔들려 움직인다. 움직이면 소리가 나는데, 움직임을 본다는 것은 결국 그 소리를 알아차리는 것이다. 인군은 세상의 모든 소리를 듣고, 그 움직이는 것을 보고 무엇을 구하는 소리인가를 알아차린다. 아래에서 무엇을 구하는지 알아차렸으니 이제 그것을 들어주는 일만 남았다. 그래서 백성들은 그 임금을 우러러본다. 세상의 모든 소리를 보는 '관세음'의 괘가 풍지관인 것이다.

초육 동관 소인 무구 군자 린

아이처럼 보는 것이니, 소인은 허물이 없지만 군자는 인색하다.

• 아이 동(아동, 동화)

[풀이] 아래의 모든 효가 구오 인군을 우러러본다. 초육은 가장 낮은 곳에 있어 인군과 거리가 너무 멀어 제대로 보지 못한다. 마치 어린애처럼 유치하고 좁은 소견으로 보기 때문에 군주의 위대한 덕을 알아볼 수 없다. 소견이 좁은 소인에게는 별로 문제가 되지 않지만, 적어도 남을 이끌어 가는 군자가 이렇게 관찰력이 없다면 부끄러운 일이다.

육이 규관 리여정

엿보는 것이니 여자의 바름이 이롭다.

• 엿볼 규

[풀이] 육이도 인군과 거리가 좀 멀다. 음이 음 자리에 바르게 있고 중을 얻었으며, 구오와 정응이므로 구오를 우러러보는 바가 있다. 하지만, 구오와 멀리 떨어져 있어 틈으로 엿보는 정도다. 마치 규방에 있는 여자가 문틈으로 바깥을 살피는 것과 같다. 엿본다는 행태는 떳떳하지 못한 일이며 시야도 좁다. 그러나 이런 관점을 가졌더라도 여자(소인)라면 문제 될 것이 없지만, 군자라면 추잡한 일이다.

육삼 관아생 진퇴

내가 한 바를 보아서 나아가고 물러선다.

　자기 자신이 누구인지 알아야만 나아가고 물러날 바를 신중하게 잘 판단할 수 있다.[2] 관괘에서 육삼은 내괘가 끝나는 자리에 있어 외괘로 나아갈 것인지, 내괘에 머물러 있어야 할 것인지를 결정해야 할 전환점에 처해 있다. 육삼이 나아가고자 하나 음효라 추진력이 부족해 섣불리 나아갈 만한 처지가 못 된다. 또한 맨 꼭대기의 상구와 정응하니 뿌리치고 물러나는 것도 도리가 아니다. 상황이 이러하니 방법은 스스로 살피는 수밖에 없다.

육사 관국지광 리용빈우왕

나라의 빛을 우러러 봄이니, 왕에게 손님 대접을 받는 것이 이롭다.

• 손(님) 빈(빈객. 국빈)

　[풀이]　육사는 음이 음 자리에 있고, 위로 중정한 구오 인군과 이웃하여 친밀한 관계다. 육사와 구오는 각기 음효와 양효로서 바름을 얻었으니, 제대로 된 신하와 군주의 만남이다.

　강건중정한 구오 인군을 육사가 가까이에서 관찰하는 것을 관국지광, 즉 '나라의 임금(빛)을 관찰함'이라고 했으니, 곧 나라가 덕치로 광명함을 보는 것이다. 군주가 빛나는 정치를 하면 육사는 그 빛을 본다. 여기서 '관광'이라는 말이 나오는데 관광의 본래 뜻은 그 나라의 정치가 잘 되고 있는지 어떤지를 보는 것이다. 따라서 육사는 인군의 손님이 되어 명군주의 통치를 지켜보는 것이 이롭다.

구오 관아생 군자 무구

내가 한 바를 보되(또는 백성을 보되) 군자면 허물이 없다.

풀이 육삼은 진퇴를 결정하기 위해 자기 자신을 돌이켜보았다. 그런데 구오는 인군의 자리이므로, 여기서 '관아생'은 자기가 한 정치를 스스로 돌아보는 것이다. 백성을 보면 인군 자신의 생김새를 알 수 있어 백성이 잘 못 살고 있으면 정치를 잘 못한 것임을 알아야 한다. 백성을 잘 살피는 것은 곧 자신을 잘 살피는 것이다. 인군이 정치를 잘했는가 못했는가는 '백성이 군자의 도에 가까운가, 소인의 도에 가까운가'를 보아서, 군자에 가까우면 정치가 잘되었다고 평가하는 것이다.

상구 관기생 군자 무구

그 생김새를 보되, 군자면 허물이 없으리라.

풀이 구오의 '관아생'은 나를 살핌으로써 결국 백성을 살피는 것이었지만, 상구의 '관기생'은 살피는 주체가 내가 아닌 타자다. 즉 타인에 의해 살핌을 당하는 것이다. 다시 말해 살핌의 주체였던 구오가 상구로 옮아가면서 살핌의 대상으로 전환된다.

상구는 이처럼 모든 사람으로부터 살핌을 당하니 편안하지가 않다. 군자라면 떳떳하여 허물이 없겠지만, 군자가 아니라면 어떨까? 아마도 그 사람은 얼마 지나지 않아 만신창이가 되고 말 것이다. 구설수에 휘말린 정치 인사들의 낙마가 그 좋은 예다. 남을 이끌어 갈 군자라면 백성들을 잘 살펴 바람직한 방향으로 이끌어야 하는 동시에 백성들로부터 철저히 살핌을 당해 그 자질을 검증받아야 한다. 이렇게 할 때 비로소 백성들을 이끌어가는 자리에 임할 수 있는 것이다.

요약 '관'의 도를 주재하는 자는 바로 나 자신이다. 초육은 소견이 좁은 아이가 보는 것이고, 육이는 여자가 문틈으로 바깥을 보는 격이니 떳떳하지 못하고, 육삼은 자신을 돌이켜보아 진퇴를 판단하라 했고, 육사는 나라의 발전을 보아 벼슬길에 나아갈 수 있고, 구오는 인군자신이 정치를 잘하고 못하는 것을 보려면 백성들의 생활을 보라 했고, 상구는 자신의 삶의 결과를 사람들에게 보여 주는 것이 된다.

땅 위에 바람이 불면 모든 것이 움직인다. 움직이면 소리가 나고 움직이는 모습을 보면 그 소리를 알 수 있다. 불가에서 말하는 '관세음보살'은 움직이는 세상의 소리를 보고(관세음) 무엇을 희구하며 갈망하는가를 알아 자비를 베풀어준다는 것이다.

1 '관이불천'을 '손을 씻었으나, 제물을 올리지 못함'으로 해석하는 책도 있다.

2 《손자병법》에서 손무가 강조한 것은 '지피지기면 백전불태, 나를 알고 남을 알면 백 번 싸워도 위태롭지 않다'라는 것이었다. 사람들이 자주 쓰는 잘못된 표현이 바로 '지피지기면 백전백승' 또는 '백전불패'다. 이것은 틀린 말이다. 손무는 승패에 집착하지 않았다. 정확한 표현은 '지피지기면 백전불태'다. '위태롭지 않다'라는 것이지 승패에 대해 한 말이 아니다.

21

화뢰서합

리상진하

위에는 리괘☲, 아래에는 진괘☳인 대성괘

괘사 서합 형 리용옥

서합은 형통하니 옥(형벌)을 이용함이 이롭다.

• 씹을 서: 깨물다, 삼키다 • 입 다물 합 • 옥 옥(감옥, 지옥)

풀이 불과 우레로 서합괘를 이루니 번개와 천둥이 서로 합한 것이다. 이는 우레가 울고 번개가 번쩍이는 엄숙하고 두려운 광경을 상징한 것이다. 서합은 범죄자를 씹는다는 뜻이다. 죄인이란 '씹을 수 없는 음식 같은 존재'다. 또 씹더라도 다른 것들과 섞이지 못하는 것이기도 하다. 그런데 만약 섞일 수만 있다면 소화가 되어 내 몸의 피와 살이 될 것이다. 이것이 형통의 의미다. 모든 사람이 서로 섞여 순환하는 사회가 되는 과정을 '씹는 것'으로 표현하고 있다.

서합은 합하는 것이다. 관찰한 후에 화합하는 것이므로 풍지관괘의 다음에 두었다. 입속에 음식물이 들어 있으면 잘 씹어서 넘겨야 입을 다물 수 있다. 괘의 상하는 양이고 그 사이는 음이 있어서 겉(상하의 턱)은 강하고 가운데가(입안) 비어 있는 모양이 마치 사람의 입과 같은 상이다.

가운데 끼어 있는 양효 하나는 입속에 있는 씹어야 할 음식물을 뜻하며 인간사에 있어서 곤란함, 장애물 등을 상징한다. 음식물을 잘 씹어 삼키면 몸에 이로운 것과 마찬가지로 이 어려움을 잘 극복하면 성취되는 바가 크다.[1] 만약 군신, 부자, 친척, 친구 간에 서로 등을 지고 원망하며 틈이 벌어지는 것은 그 사이에 간사한 악이 끼어있기 때문이다. 그러므로 이러한 악을 제거해야 화합이 이루어진다. 서합은 형벌을 세워서 쓰는 것이 최선이다.

초구 구교 멸지 무구

형틀을 신겨서 발을 멸함이니(족쇄를 채워 걸어 다니지 못하게 발을 묶어 두니) 허물이 없다.

• 신 구: 짚신, 신다 • 차꼬 교, 학교 교: 죄수를 가둘 때 쓰는 형구, 형틀

• 꺼질 멸, 멸할 멸(소멸, 멸망, 박멸, 불멸) • 발 지, 발가락 지

풀이 형벌을 받는 효다. 다만 경범죄에 해당한다. 초구는 가장 하층에 있는 범죄자이므로 죄가 가볍기 때문에 발목에다 형틀을 채워서 허물을 더 짓지 못하도록 징계하는 것이다. 죄가 작을 때 작은 벌을 주어서 큰 죄를 범하지 않도록 하는 것이므로 허물이 없게 된다. 초효와 상효는 지위가 없으므로 형벌을 받는 자가 되고 나머지 네 효는 모두 형벌을 가하는 사람이다.

육이 서부 멸비 무구

살을 물다가 물어뜯던 사람의 코가 찌그러졌으나 허물은 없다.

• 살갗 부(피부) • 코 비(비염, 비음)

풀이 벌을 주는 책임을 가지고 있다. 그러나 육이는 음의 자리에 음이 있으니 부드럽다. 죄인 초구는 육이에 비해 센 자다. 부드러운 육이가 강한 초구에게 형벌을 주니 힘에 부칠 수밖에 없다. 육이는 유로서 강을 제압하기 때문에, 강한 죄인을 다스림에 있어 자신이 다칠 수 있

다. 비록 코가 납작해져² 다치기는 해도 끝까지 물고 늘어져 끝장을 내면 마침내는 허물이 없다.

육삼 서석육 우독 소린 무구

마른고기를 씹다가 독을 만나니 조금 궁색하나 허물은 없다.

• 포 석, 육포 석, 말린 고기 석 • 만날 우(조우, 경우, 대우, 처우, 예우, 불우)

• 독 독(혹독, 독소, 독감, 독성, 지독, 해독)

풀이 죄인을 처벌해야 하는 법관이다. 육삼은 음이 양 자리에 있는 형국이다. 육삼은 유약한 재질에다 부중정한 상태로 형벌을 주니, 상대방이 반항하며 쉽게 복종을 하지 않는 것이다(우독). 그러나 형벌을 줌이 의에 어긋난 것은 아니므로(상구와는 정응 관계) 허물이 없는 것이다.

이때의 독은 형벌을 주는 사람 자신이 입게 될 재난이나 화로 해석할 수도 있다. 대형 정치 비리사건 같은 것을 조사하다가 옷을 벗는 등 불이익을 당하는 검사들의 경우를 생각해보면 된다. 그렇다고 해서 형인이 그것을 그대로 두어서는 안 된다. 아무리 강한 독을 품었을지라도 열심히 씹다 보면 서서히 해독이 된다. 범죄수사 도중 각종 음해와 권력층의 로비에도 불구하고 끝까지 수사를 해야 형인으로서 허물이 없다.

구사 서간자 득금시 리간정 길

뼈가 붙은 마른고기를 씹다가 화살촉을 얻으나, 어렵고 바르게 함이 이로 우니 길하다.

• 마를 간: 건괘에 나오는 '하늘 건'인데 여기서는 '마를 간'으로 읽음

• (뼈가 붙은) 마른고기 자, 밥찌꺼기 자, 허파 폐: 포, 육포

• 화살 시(고시례): 고시례는 산이나 들에서 음식을 먹을 때나 무당이 굿을 할 때, 귀신에게 먼저 바친다는 뜻으로 음식을 조금 떼어 던지는 일을 말하는데, 국어사전에서는 '고수레'가 맞다고 한다.

풀이 구사는 씹는 자 중에서는 유일한 양이며 군주와 가까운 자리에 다 이미 중을 지나쳐 있으므로 형벌을 처리하는 정도가 더욱 강력해진 다. 그러므로 서간자(뼈가 있는 말린 고기포를 씹는다)라 했다. 육삼이 대하는 소인보다 훨씬 강폭한 중죄인을 다룬다.

구사는 언제나 일을 어렵게 여기고 대쪽같이 곧게 처리하는 자다. 그래서 남들이 다 피하는 어려운 일을 과감히 맡는다. 뼈가 붙은 마른고기를 씹다가 뜻밖에 화살촉을 얻는다. 화살에 맞은 짐승의 뼈에 박힌 화살촉으로도 추측할 수 있다. 이것은 곤경 속에서 건지는 뜻밖의 횡재(또는 단서)를 상징한다. 쇠 화살촉은 뜻밖의 좋은 단서나 기회, 대박, 횡재일 수 있거나 난관을 돌파하여 높이 올라서거나 대성공을 거둘 수 있다는 의미다.

구사는 중정을 얻지 못한 자리에서 서합의 책임을 맡아 두 양을 더불어 씹어야 하므로, 항상 일을 어렵사리 여기고 정도를 굳게 지켜야 이롭고 길하다.

육오 서간육 득황금 정려 무구

마른고기를 씹어서 황금을 얻으니, 바르게 하고 신중히 경계하면 허물이
없다.

풀이 육오는 유순하며 중도를 지키는 사법부의 웃어른 격이다. 형벌
을 처리하는 데 사람들이 모두 복종하여 따른다. 황금을 얻는다는 것은
주변에서 도움을 받는다는 말이기도 하며, 또는 범죄수사의 결과로 생
각지도 못한 사회적 명예와 지위를 가지게 되는 것을 의미하기도 한다.
  구사는 대(상구)와 소(초구)를 모두 다스려야 하므로 뼈 있는 고기인
'간자'를 씹는다 했으나, 육오는 큰일(상구)만을 다스리고, 또 밝고 중한
덕이 있으므로 좀 더 씹기 쉬운 '간육'을 씹는다 했다.

  '정려 무구'는 육오가 비록 중은 얻었지만 실제는 음이라 부드러운 체
이므로 반드시 정도를 고수하며 항상 삼가는 마음을 품는다면 허물이
없을 것이라고 경계한 말이다. 험난한 시류에 굴하지 않고 자기의 소신
을 굳게 지키는 자다. 죄인을 바르게 선도하는 일을 신중히 조심스럽게
해 왔다는 것이다.

상구 하교 멸이 흉

형틀을 둘러메고 귀를 자르니 흉하다.

• 멜 하, 어찌 하: 둘러메다, 짊어지다

풀이 상구는 도저히 손을 댈 수 없는 죄인이다. 아무리 백성과 섞이도록 씹으려 해도 씹혀지지 않는다. 그들은 귀를 다쳤기 때문이다. 아무리 백성과 섞으려 해도 듣지 못하면 방법이 없다.[3]

상구는 목에 칼을 쓰고 귀가 베어 달아났다. 옛날에는 죄가 막중한 자에게 목에 칼을 씌우게 했으니, 이는 듣고 아는 바가 없어서 악덕만 쌓아 두었기 때문이다. 그러므로 칼을 목에 차서 귀를 상하게 한 것이니, 사람은 오로지 귀가 밝아야 함을 경계한 것이다. 잘못을 고치라는 충고를 제대로 듣지 못하는 우매함은 결국 흉하다는 뜻도 된다.

요약 서합은 범죄자를 다루는 일체의 사법 활동[4]을 말한다. 마치 입 안에서 음식을 씹어야 입이 편안해지듯이 죄인을 다스려 사회를 안정시켜야 한다는 것이다.

초구는 경범죄인이라 발에 족쇄를 채워 더 중한 범행을 막았고, 육이는 죄인을 다룸에 살을 깨물다가 코를 다치는 봉변을 당한다. 육삼은 마른 포를 씹다가 죄인이 품고 있는 반항에 부딪히고, 구사는 마른 뼈를 씹을 정도로 어려운 일을 하는데, 뜻밖의 좋은 일을 만나는 행운을 얻는다. 육오는 마른고기를 잘 씹어서 어려움 없이 잘 해결한다. 상구는 칼을 씌고 귀를 다치니 크게 흉하다.

1   막힘을 뚫어야 소통이 원활해질 수 있다. 한의학에서도 흐름이 막혀서 소통이 잘 안 되는 것을 치료하여 통하게 하는 여러가지 경우가 있다.

2   여기서 코를 멸함은 기세를 낮춤을 의미한다. 《동의보감》에서 폐기(허파 폐, 기운 기)는 코와 연결된다. 폐기는 흔히 '패기가 있다' 할 때 그 패기를 말하는데, 여기서 코가 납작해진다는 말은 무조건 폐기가 센 것을 선호하지 않는다는 뜻이다. 육이가 자신의 역량에 맞는 폐기를 사용해야 상황에 맞는 행동을 할 수 있기 때문이다.

3   육이에서 코가 폐의 기운을 뜻한다면 귀는 신장의 기운을 뜻한다. 신장은 인간의 모든 활동에 필요한 에너지가 응축된 곳이다. 원천의 에너지는 듣는 것에서 생성된다. 하여 듣지 못함은 새로운 에너지의 생성이 불가능함을 의미한다.

4   중국인은 오랫동안 '인간은 쉽게 믿어선 안 된다'라는 의식을 내면에 깔고 살아왔다. 드넓은 영토를 지배해야 했던 군주들은 특별한 신뢰 관계를 맺기 전까지는 신하는 물론 왕비와 아들도 믿지 않았다. 춘추전국시대의 사상가 한비자는 이런 인간의 악마성을 내면까지 읽어내는 데 성공했다. 그래서 그의 인간관과 정치관을 담은 《한비자》는 모든 군주들의 필독서였다.
이런 악마성을 순화하기 위해 순자는 교육을 강조했지만, 순자의 문하에서 공부했던 한비자는 법을 강조했다. 법이 명확하게 자리 잡아야 그나마 남아 있는 선한 마음도 자리 잡을 공간이 생기고 사회의 안정과 질서가 가능하다고 생각한 것이다. 춘추전국시대 정치와 사상의 최종 승자가 진시황과 법가가 된 이유는 한비자의 인간 이해가 춘추전국시대의 인간 현실에 가장 적합했고, 실제로 국가와 국민을 통합하는 데 성공했기 때문이다.

䷕

22

산화비

간상리하

위에는 간괘☶, 아래에는 리괘☲인 대성괘

비는 형통하니 나아감에 조금 이롭다.

• 꾸밀 비, 아름다울 비, 장식할 비

풀이   아름다운 장식은 사람의 마음을 기쁘게 하고, 그것은 예가 되어 사회질서를 이룬다. 산 밑에 태양이 있으니 산천초목이 저녁노을에 아름답게 물들어 있는 모습이다.

산화비괘는 '꾸미다'라는 뜻을 가지고 있다. 서합은 화합하는 것이니, 만물이 단지 화합하는 것만으로 끝나서는 안 되므로 산화비괘로 받았다. 실질 위에 꾸밈을 더하면 형통할 수가 있다. 그러나 꾸미는 도는 실질을 늘리는 것이 아니라, 있는 것을 조금 낫게 보이게 할 뿐이므로 나아감에 조금 이로운 것이다.

인문학의 '인문'이라는 표현은 주역의 산화비괘의 《단전》에서 처음 등장한다. "천문으로 시절의 변화를 관찰하고, 인문으로 사람을 바꿔 천하를 이룬다"라는 구절이 그것이다. 천문이 하늘이 만든 무늬를 의미한다면, 인문은 사람의 생각이나 고통, 희망, 좌절을 표현한 무늬, 곧 음악, 무용, 시, 소설, 역사, 종교 등을 의미한다. 인문에는 세상의 이치와 수많은 삶의 길이 녹아 있으며, 이것을 제대로 파악하고 이해하면 사람들을 잘 교육해 좀 더 살 만한 세상을 만들 수 있다는 사고가 이 구절에 담겨 있다.

초구 비기지 사거이도

그 발을 꾸밈이니, 수레를 버리고 걷는다.

• 버릴 사, 집 사: 포기하다, 버리다 • 맨발 도, 무리 도(도보, 도로): 걸어다니다, 보행하다

[풀이] 초구는 육사와 정응관계다. 그런데 바로 위에도 음이 하나 있다. '육이'다. 그러나 초구는 의리를 고수하여 가까이 있는 육이를 따르지 않고 멀리 있는 육사를 향해 수레를 버리고 걸어간다. 쉬운 것을 버리고 어려운 것을 따르면서도 꿋꿋하고 의연하여 묵묵히 제 길을 가는 사람이다. 수레를 버리고 도보로 가는 것을 부끄럽게 여기지 않으며 오히려 떳떳하게 생각하니 이것이 그 발걸음을 꾸미는 방법이다. 꾸밈을 받지 않음으로 완성되는 초구의 꾸밈이다. 쉬운 길(육이)을 버리고 멀리 어려운 길을 따르는 것, 세속 사람들이 부끄럽게 여기는 것을 이 사람은 귀하게 여기고, 세속 사람들이 귀하게 여기는 것을 이 사람은 천하게 여긴다.

육이 비기수

그 수염을 꾸민다.

• 수염 수, 모름지기 수(필수, 수요)

[풀이] 육이는 육오와 응이 아니라서 서로 꾸밈이 불가능하다. 하여 육이는 바로 위에 있는 양인 구삼에게 수염처럼 달라붙는다. 하여 육이 수염이 구삼을 따라 움직이는 것이니, 흉이나 길이 있더라도 구삼에게 딸

린 것이므로 육이에게는 흉이나 무구, 길을 말하지 않았다. 수염은 턱에 붙어서 턱을 따라 움직이는 처지다.

구삼 비여유여 영정길

꾸밈이 윤택하니 오래 정하면 길하다.

• 적실 유, 편안할 여: 베풀다, 윤기가 있다, 부드럽다, 은혜, 은택

풀이 구삼은 양이 양 자리에 있고 밝은 리괘에 있으며, 육사, 육이가 위 아래에서 다투어 상비관계로 꾸며주고 있으니, 꾸밈이 성대하고 그 장식이 윤택해지는 것이다. 그러나 구삼은 육이나 육사에게 조금도 정신을 빼앗기지는 않고 오래도록 한 쪽으로 기울어짐 없이 바르게 하므로 길하다. 그래서 육이, 육사 두 음들도 감히 구삼을 무시하지는 못한다.

육사 비여파여 백마한여 비구혼구

꾸밈이 희며 백마가 나는 듯하니 도적이 아니라 청혼을 하는 것이다.

• 흴 파 • 날개 한, 백마 한, 편지 한: 글, 깃털, 흰 말, 날다

• 비구혼구: 도적이 아니라 청혼을 하는 것이다. 수뢰둔괘 육이효 참고

풀이 산화비괘에서는 오직 초구와 육사만이 응의 관계다. 육이는 육오와 음양응을 이루지 못하므로 할 수 없이 바로 위의 양인 구삼과 꾸며야 하고, 육오도 이런 식으로 바로 위의 양인 상구와 꾸미는 것이다. 유

일하게 정응의 관계인 초구와 육사는 서로에게 가기 위해 가까이에 있는 효들을 뿌리치게 된다. 때문에 초구도 육이를 피하기 위해 수레를 타지 않았고 육사는 구삼을 의심한다. 그러나 알고 보니 구삼은 도적이 아니라 청혼을 하려는 것이기에 뿌리쳐버리고 백마를 타고 나는 듯이 초구를 향해 달려간다.

초구와 육사는 유일하게 정응하고 있기 때문에 그들은 운명적으로 서로를 꾸미는 관계를 타고났다. 그런데 그들에게는 이웃 효들이 더 화려하고 뛰어난 것처럼 보이고, 위치상 가까이 있어 더 유혹적이다. 게다가 육이는 이웃 구삼과 육오는 이웃 상구와 음양이 맞아 서로 꾸민다. 그러니 초구와 육사 입장에서는 '왜 우리만 가까운 이웃을 두고 멀리 가야 한단 말인가'라는 불평이 나올 수 있다. 이 모든 불편함을 감수하고 본질적으로 응하는 초구와 만나기 위해 육사는 이웃과 손쉽게 꾸미지 말고 마땅히 의심해야 한다. 그렇게 어려운 길을 기꺼이 가는 마음이 육사의 꾸밈이다.

육오 비우구원 속백잔잔(전전) 린 종길

언덕과 동산에서 꾸밈이니 묶은 비단이 적으면 부끄러우나 마침내 길하다.

• 구원: 언덕과 동산 • 묶을 속, 약속할 속(약속, 구속, 속박) • 비단 백(폐백): 견직물, 명주

• 잔약할 잔: 나약하다/ 적을 전, 나머지 잔: 나머지, 적다

풀이 오효는 임금의 꾸밈인데, 작은 동산 정도로 꾸미니 근본에 충실

하고 실질적이어서 꾸밈의 도를 제대로 이룬 자다. 육오는 육이와 같은 음이라서 음양응이 안 되어 상구를 만나서 꾸며야 한다. 상구와 만나서 검소하게 해야지 화려하게 해서는 안 된다. 폐백으로 드릴 비단 묶음도 작게 하여 조금 가지고 가라는 것이다. 임금이 나라 살림을 알뜰하게 해야 함을 말한다.

검소하면 인색한 것 같으나, '예가 사치한 것보다는 검소한 것이 낫다'라는 말처럼 결국에는 길한 것이며, 상구의 도움이 있으니 원하는 바가 이루어져 기쁨이 있게 되는 것이다. 꾸미지 않아야 빛나는 질박함. 그것이 육오의 꾸밈이다.

상구 백비 무구

소박하게 꾸밈은 허물이 없다.

[풀이] 꾸밈의 맨 마지막에 있고 화려한 꾸밈에 이젠 지쳤다. 인위적인 꾸밈이 없는 소박하고 단순한 모습에서 그 본질의 아름다움이 더 극대화되고 있음을 알게 된 것이다. 본래의 질박한 상태로 돌아가는 것이 가장 현명한 길이다. 꾸밈없는 본질을 숭상한다는 말은 곧 꾸밈이 전혀 없다는 것이 아니고, 허식으로 인하여 본질을 상실하지 않는 것을 말한다. 가장 아름다운 것은 꾸미지 않아도 자신의 내면에서 올라오는 아름다움이 자연스럽게 밖으로 드러날 때다. 꾸밈이 지극해져 오히려 본바탕으로 돌아간 모습. 그것이 상구의 꾸밈이다.

요약 산화비괘는 음양의 꾸밈이 그 내용이다. 산화비괘 전체를 보면 초구는 상응 관계에 있는 육사, 육이는 이웃의 구삼, 육오는 이웃의 상구와 서로 잘 꾸며지고 있다. 그런데 이 꾸밈에 있어서 가장 중요한 포인트는 문채(아름다운 광채)와 본바탕이 서로 맞아야 한다는 것이다. 《동의보감》에도 "형과 기가 서로 맞으면 장수하고 서로 맞지 않으면 요절한다"라고 나와 있다. 몸에서도 형체와 기운이 서로 맞아야 한다는 것이다. 때문에 기가 실하면 형도 실하고, 기가 허하면 형도 허한 것이 정상이다. 마찬가지로 문과 질은 항상 서로 부합해야 한다.[1]

비괘는 상응의 관계에 있는 음양의 꾸밈이 초구와 육사뿐이다. 이 두 효는 서로 합응이 되고 다른 효는 합응이 안 된다. 그래서 육이는 구삼과 수염과 턱으로 함께하고, 육오는 상구와 음양으로 서로 꾸며 준다. 여기서는 경계하는 말이 나온다. 초구에게는 수레(육이)를 버리고 육사를 향해 걸어서 가라고 했고, 육사에게는 육삼을 경계하여, 백마를 타고 처음 효에게 날아가라고 했다. 초구와 육사가 바르고 튼튼하게 만나서 서로 꾸며주어서 이 괘 전체의 구조가 살아난 것이다. 하나는 홀로 서지 못하고 둘이면 서로 꾸며준다고 했으니, 음양의 조화가 아름다움의 본바탕이다.

1 인간의 문화는 본질의 '질'과 외관(꾸밈)의 '문'이 균형을 이루어야 참된 문화, 건전한 문화일 수 있다. 그러기에 공자도 《논어》에서 "질이 문보다 치우치면 조야(천하고 상스러움)하고 문이 질보다 치우치면 문약에 흐르나니 문과 질이 혼연일체 조화를 얻어야 비로소 군자라 할 수 있다(질승문즉야 문승질즉사 문질빈빈 연후군자)"라고 했다. 산화비괘의 핵심은 "화려하다. 그러나 또 소박하다"다. 화려하면서도 소박한 일면이 있고 소박하면서도 화려함을 잃지 않는 그러한 문화야말로 문화의 극치가 아닐 수 없다.

23

산지박

간상곤하

위에는 간괘 ☶, 아래에는 곤괘 ☷인 대성괘

박 불리유유왕

박은 나아감에 이롭지 않다. 군자가 갈 곳이 없다는 뜻도 된다.

• 벗길 박(박탈, 박제, 박피)

풀이 박괘[1]는 64괘 가운데에서 가장 어려운 상황을 나타내고 있는 괘다. 초육에서부터 육오에 이르기까지 모두 음효다. 위에는 산, 아래는 땅, 즉 산이 땅에 붙어 있는 상이다. 산은 땅 위에 높이 솟아 있어야 함 인데, 땅에 붙어 있다고 하는 것은 산이 무너져 내리는 상이 된다.

음효가 극성하고 양효 하나가 위태롭게 남아 있는 극단적인 음양 부 조화의 괘이며, 상구의 양효 하나가 군자이고 종자를 남겨 놓은 형상이 다. 이는 여러 음이 장성하여 양을 몰아내는 때로, 소인배들이 극성을 부리며 악이 득세하는 말세적 상황이니 군자가 물러나 은둔하는 형태 다. 그러므로 군자가 나아감이 이롭지 못한 것이다. 오직 언행을 공손히 하고 자신의 종적을 감추어서 때에 맞게 진퇴할 줄 알아야 해악을 면할 수 있다.

그 유명한 '씨과실은 먹(히)지 않는다'라는 '석과불식'의 이야기가 산 지박괘에서 나온다. 열매가 모두 떨어지고 남아 있는 마지막 과일을 먹 지 않고 땅에 심어 미래의 싹을 도모하는 것이 주역의 순환이다. 이 절 체절명의 순간에도 미래를 생각하고 있는 것이다.

'박'은 '벗길 박, 깎을 박'이다. 부서지고 해지고 깎인다는 뜻이다. 꾸 밈(장식)을 의미했던 산화비괘 다음에, 그걸 다 쓰고 생명이 다한다는 뜻으로 박괘가 등장한다. 그래서 산지박 다음 괘는 박으로 깎이고 허물어진 것이 다시 회복된다고 보고 지뢰복괘를 놓았다. 이처럼 '산화비-산지박-지뢰복'이 순환한다. 여름에 무성하던 나무가 가을에 음기운으로 낙엽이 지고 과실이 박락(떨어질 락)하기 때문에 음력 구월을 박월이라고 한다. 그러므로 박월은 미래를 준비하는 시기다.

초육 박상이족 멸정 흉

박의 기운이 상다리를 깎아먹고 있어 정함을 없앰이라 흉하다.

• 평상 상(병상, 침상): 상, 마루

풀이 초육은 음이 양을 깎듯이, 평상 다리를 깎아먹어 들어가는 것을 말한다. 다리를 깎아버리면 반듯하던 평상이 쓰러진다. 즉 바른 것이 멸하는 상태가 된다. 그리하여 아래로부터 양이 소멸되기 시작한 것이다. 모든 것은 무너질 때가 되면 아래에서부터 무너진다. 지금은 음이 미미하여 상다리만 깎는 정도지만, 점차 자라서 양을 다 깎아버릴 것이다. 부정부패와 기강이 문란해져 사회의 기반을 무너뜨리기 시작하는 단계다. 초육은 비극의 서막이다.

육이 박상이변 멸정 흉

박의 기운이 상다리를 벗어나 평상의 언저리를 깎아먹기 시작함이니, 정함을 없앰이라. 흉하다.

• 분별할 변, 두루 편: 깎아내리다, 언저리

풀이   초육이 상다리를 깎는 것이라면, 육이는 평상의 언저리를 깎는 것이다. 육이는 원래 음이 음의 자리에 있고 내괘에서 중을 얻어 중정한 자리라고 해야 하지만, 산지박괘의 육이는 그렇지 못하다. 산지박괘에서 양은 상구 하나뿐이다. 그러다 보니 육이는 응할 곳이 없어 음양응이 되지 않아 고립 속에서 불안하다. 혼자서 착한 일을 할 수는 없는 노릇이다 보니 부득이하게 다른 음과 더불어 같이 나쁜 짓을 할 수밖에 없는 상태가 된다. 주변에서 돕는 양도 없고 이끌어 주는 응도 없으니, 다른 음들과 마찬가지로 양을 깎는 것이다. 이것 또한 바름을 멸하는 것이니 흉한 것이다.

육삼 박지 무구

깎음에 허물이 없다.

풀이   육삼은 부중정한 자다. '중'도 아니고, 음이 양의 자리에 있어 '정'도 아닌데 다행히 상구와 응하고 있으므로 상하의 다른 음과는 다른 바가 있다. 유일하게 위 양효인 상구와 응하여 그쪽의 후원을 받으며 선한 일을 배워서 나쁜 일에 발을 들여놓지 않는다. 따라서 뜻이 정도를 따르는 데 있으므로 박의 때에 있으면서도 허물이 없게 된다. 비극 속에 솟아난 출구다.

박의 기운이 상다리와 언저리를 깎아먹고 드디어 평상에 누워 있는 사람의 피부까지 다가왔다. 흉하다.

풀이 다리와 언저리가 깎이고 나서, 평상에 누워 있는 사람의 몸까지 깎이는 지경이다. 즉시 상황이 바뀌지 않으면 전체가 붕괴된다. 어려울 때에는 오히려 모든 것을 다 벗어버리면 박의 기운을 이겨낼 수 있다. 모든 것이 파괴되는 데도 안간힘을 써서 버티려고 하면 몸과 마음이 상해 후일을 도모하지 못한다. 육사가 제일 상황이 나쁜 효라고 할 수 있다.

육오 관어 이궁인총 무불리

물고기를 꿰듯이 아름다운 여인들(궁녀)을 줄줄이 세워 총애를 얻는다. 이롭지 않음이 없다.

- 꿸 관(관철, 일관성, 관통): 뚫다, 이루다, 통과하다, 돈꿰미

- 사랑할 총(총애, 은총): 교만하다, 사랑하다, 높이다, 첩

풀이 박의 기운이 군주의 자리에까지 이르렀음이니 그 흉을 알 수 있다. 그러므로 벗긴다는 말을 다시 하지 않고 별도의 뜻을 내어 소인에게 '개과천선'할 수 있는 길을 터놓은 것이다. 육오가 물고기를 꿰듯이 아래 음의 무리를 줄줄이 인솔하여 윗자리에 있는 양에게 궁인(궁녀)과 같은 총애를 받을 수 있도록 유도한다면 이롭지 않음이 없을 것이다.

육오는 박의 극에 이르렀으나, '중'을 얻고 또 상구 양과 음양으로 '상

비' 관계이니 악을 멀리하고 선을 따를 수 있는 자다.

상구 석과불식 군자득여 소인박려

큰 열매는 먹지 않음이니, 군자는 수레를 얻고 소인은 오두막집이 깎인다.[2]

• 클 석(석사, 석좌교수, 석학): 크다, 충실하다, 단단하다 • 수레 여(여론조사)

• 농막집 려(여)(삼고초려, 여인숙)

풀이 양이 모두 소멸하고 오로지 상구만이 남은 것은, 크게 잘 익은 과실은 먹지 않고 씨앗이 되어 다시 싹을 틔우게 되는 이치와 같다. 상구가 변하면 순음인 곤괘가 되겠지만, 양은 완전히 소진하여 없어질 수가 없다. 즉 위에서 변하여 음이 되면 아래에서는 다시 양이 생겨날 것이므로 없어질 틈이 없다. 전부 죽으라는 법은 없다. 이러한 이치는 양과 군자의 도는 완전히 없어질 수가 없음을 보여주는 것이다.

그동안 곳곳에 묻혀 숨어 있던 유능하고 선량한 사람들이 다시 사회에서 자리를 잡기 시작한다. 이 괘에서 유일한 양효인 이 효는 씨알 좋은 종자인 것이다. 박의 시대에도 후일을 기약하며 곡식이나 과일의 큰 씨앗은 남겨두었고 이것이 싹트고 자라나듯이 군자의 덕과 영향력이 살아나는 새로운 시대가 열리는 것이다.

산지박괘 상구에서 그 유명한 '석과불식'[3]이라는 말이 나온다. 이 말은 큰 과일은 모두 다 먹지 않고 남긴다는 말이고, 의역하면 종자용 씨

과실은 다 먹지 않고 씨앗용으로 남겨둔다는 뜻이다. 미래를 위해 준비하는 지혜다.

요약　박괘는 악한 음이 선한 양을 깎는다는 뜻에서 글자도 '칼로 근본 종자를 깎는다'라는 뜻이다. 무성하던 나무가 가을에는 낙엽으로 지고 과일도 익어 떨어진다.[4]

초육은 상다리를 깎는다. 육이는 상 언저리를 깎으니 지탱하기 어렵다. 육삼은 위의 상구와 어울려서 그 영향을 받아 다른 효와 달리 탈 없이 버틴다. 육사는 드디어 평상에 누운 사람의 피부까지 깎아 재앙을 당하여 흉하다. 육오는 과거의 잘못을 깨달아 모든 음을 물고기 꿰듯 하여 양에게 사죄하고 위로부터 총애를 받는다. 상구는 마지막으로 유일하게 남아 있어 희망으로 사회악을 구제한다. 씨가 될 큰 과일을 먹지 말라고 했다. 석과의 씨앗은 반드시 결실을 맺기 때문이다.

1 최악의 상태에 빠져 있을 때 이 괘가 나오면 오히려 운이 호전된다. 모든 것이 붕괴된 다음에는 새로운 창조가 시작되기 때문이다. 주역의 이치에 절망은 없다. 엄동설한이 되어야 소나무와 전나무의 잎이 늦게 떨어지는 것을 안다. 보름달은 기울어지고 초생달은 커 간다. 겨울이 오면 봄도 멀지 않다. '궁하면 변하고, 변하면 통한다'라는 것이 역의 근본 철학이다. 이러한 '영허성쇠'의 이치는 천지자연의 법칙인 것이다. 오직 우리가 명심해야 할 일은 다만 막연하게 멍하니 기다리기만 하는 것이 아니고 내일을 맞이하기 위한 마음의 준비와 노력이 있어야 한다는 것뿐이다. 《서괘전》에 실려 있는 64괘 배열 순서를 보면, 붕괴를 상징하는 산지박괘 다음에는 소생과 희망을 상징하는 지뢰복괘가 나온다.

2 1973년 장사 마왕퇴의 한묘에서 출토된 《백서주역》에는 '려'가 '노'로 기록되어 있다고 한다. 하여 어떤 학자들은 '소인은 냉이 뿌리를 캔다'라고 해석하기도 한다.

3 이런 이야기가 있다. 어느 날 갑자기 남편이 세상을 떠났다. 시누이가 가만히 보니 올케가 빈소에서 울지도 않고 밥을 챙겨 먹고 있는 것이 아닌가. 그래서 "남편이 죽었는데 밥이 넘어가느냐"라고 한마디 하니 그 모친 왈 "그러면 여기 있는 새끼들 다 시누이가 키워줄라요? 내가 밥 먹고 기운을 차리지 않으면 이 애들은 어찌 키울 거요?"라고 하더란다. 남편이 죽었으니 하늘이 무너지는 것 같았을 것이다. 그러나 그 순간, 남은 자식을 어떻게든 잘 키워서 부끄럽지 않은 엄마가 되기로 마음을 다잡은 것이다. 이런 어머니가 있었으니 그 자식이 훌륭하게 자란 것은 당연하지 않겠는가.

4 가빈사양처, 세란식충신, 질풍지경초: 가정이 어려울 때 좋은 아내가 생각나고, 세상이 어지러울 때 충신을 분별할 수 있으며, 세찬 바람이 불면 어떤 풀이 곧은 풀인지 알 수 있다.

24

지뢰복

곤상진하

위에는 곤괘☷☷, 아래에는 진괘☷☷인 대성괘

복은 형통하니, 출입에 병이 없어서(오고 감에 장애가 없음) 벗이 와야 허물이 없다. 그 도를 반복하여 7일[1]이면 회복하니 나아감이 이롭다.

풀이 땅 밑에 우레가 묻혀 있는 형상이다. 산지박괘가 9월이고 중지곤괘가 10월이며 지뢰복괘는 11월 괘다. 동지인 음력 11월에 양 하나가 비로소 살아나는 모습이다. 위쪽의 괘는 땅(☷), 아래쪽의 괘는 우레(☳)의 형상이다. 초구만 양이고, 나머지 다섯 효가 모두 음이다. '지뢰복[2]'은 새싹이 움트기 전 땅 아래에서 꿈틀거리는 봄의 씨앗이다.

천지자연의 운행 법칙은 돌고 도는 것이어서 가고 안 돌아오는 것은 없다. 음이 극에 달하면 반드시 양이 생한다. 산지박괘가 궁극에 이르면 다시 아래에서 돌아오게 되어 있으므로 복괘로 받았다.

일양이 내괘에서 다시 생하는 것을 '입'이라 하고, 성장하여 외괘로 나가는 것을 '출'이라 한다. '출입무질'은 양이 아래에서 생겨남을 해치는 세력이 없다는 것이고, 미약하지만 양의 기세가 점차 나아가 형통해지므로 허물이 없다고 했다.

일양이 생겨날 때는 기세가 미약하여 스스로 음을 극복할 수는 없기 때문에, 반드시 양의 무리가 규합되어 기운이 왕성해지기를 기다려야 하므로 '붕래무구'라 했다.

봄, 여름, 가을, 겨울은 매번 다르지만 계절이 순환하는 법칙 자체는 변하지 않으므로 그 도를 반복한다고 했으며, 건괘의 아래에서 일양이 처음으로 소멸되기 시작하는 천풍구괘로부터 거듭 일곱 번의 변화가 이루어지면 지뢰복괘가 되기 때문에 '칠일'이라고 말했다. 양이 나아가면 음이 물러나고 군자의 도가 성장하면 소인의 도가 소멸하는 것이므로 군자의 도를 회복하며 나아가면 이로운 것이다.

효사

초구 불원복 무지회 원길

머지않아 회복함이다(돌아오는 데 오래 걸리지 않는다.) 후회에 이르지 않으니 으뜸으로 길하다.

• 멀 원(원근, 영원, 원격, 원정, 망원경) • 다만 지, 공경할 지: 단지, 오직, 뿐, 겨우, 어조사

풀이 초구의 자리는 근본이 되는 곳이고 근본을 되찾는 복괘이기 때문에 회복함이 멀지 않다고 했다. 돌아오기를 가장 먼저 했다는 말이다. 잘못을 빨리 고치고 자기를 수양하여 자기의 본성을 회복했다. 잃어야 다시 회복하는 것이 이치인데, 잃은 것이 없다면 어찌 회복이라는 말을 쓸 수 있겠는가? 다만 완전히 잃어버리지 않고 다시 머지않아 회복하기 때문에 후회까지는 이르지 않는 것이므로 크게 선하고 길한 것이다.

육이 휴복 길

아름답게 회복함이니 길하다.

• 쉴 휴: 아름답다, 훌륭하다

풀이　육이는 음으로 유약하지만 중정을 얻었고, 어진 군자인 초구와 이웃하며 음양의 짝이 맞아 상비 관계이니 주저하지 않고 따르며 그 덕을 입는다. 예절 바른 초구의 덕에 감화되어 자신의 몸을 낮추어 선으로 돌아온다. 훌륭한 사람에게 몸을 낮출 줄 알기 때문에 아름답게 회복하는 것이고 길한 것이다.

육삼　빈복 려 무구

자주 회복함이니 위태로우나 허물이 없다.

　• 자주 빈(빈발, 빈도, 빈번)

풀이　육삼은 부중, 부정하면서 진괘(우레)의 극에 있고, '응'도 '비'도 없으므로 불안한 자다. 위 아래로 의지할 상대가 없으니 마음이 견고하지 못하여 자주 바뀌는 상태이므로, 자주 회복하고 자주 잃는 '빈복'의 상이 되어 위태하고 불안하다. 그러나 음이 양의 자리에 있어 회복하려는 마음으로 그러한 것이므로, 뜻에 허물이 있는 것은 아니다.

육사　중행 독복

　• 홀로 독(독일, 독도, 단독, 독립, 독백)

풀이　중용의 덕을 행하며 홀로 선을 회복한다.

여러 음들과 어울려 다니다가 초구가 그래도 좋은 상대이기 때문에 홀로 돌아온다. 초구는 아직 힘이 약하여 큰 도움을 줄 수는 없지만 그래도 자기 자리를 지키므로 스스로 도를 따르는 자다. 육사가 음의 무리의 한가운데에 위치하면서 혼자만이 도를 회복하여 정도임을 자처하고 있다. 아래로 초구와 정응하는 뜻이 가히 선한 것이다.

길흉을 말하지 않은 것은 육사는 음의 무리 속에 처하여 있고, 정응인 초구는 기세가 미약하므로 서로를 구원하기에는 역부족이다. 따라서 합세하여 도를 회복하는 이치가 없다. 그러므로 성인이 다만 스스로 도를 회복함을 말한 것이지, 홀로 도를 따른다 하여 반드시 흉하게 됨을 말하려는 것은 아니다.

육오 돈복 무회

돈독한 회복이니 뉘우침이 없다.

• 도타울 돈(돈독하다)

풀이 육오는 중정한 덕으로 회복하는 때에 군주의 위치에 있으니, 능히 스스로 두텁게 회복하는 것이다. 초구는 '무지회'라고 하고 육오는 '무회'라고 한 것은, 초구는 인(어질 인)의 시작으로 아직 미약하여 후회에 '이르지' 않고, 육오는 인을 굳게 이룬 것이니 후회가 '없는' 것이다. 선으로 돌아오기를 돈독히 하는 자다. 자신을 살피는 지혜와 덕이 있어 후덕한 마음으로 돌아온다.

상육 미복 흉 유재생 용행사 종유대패 이기국 군 흉 지우십년 불극정

회복함이 혼미하여 (혼미함이 반복되리니) 흉할 것이며, 재앙이 있어서 군사를 쓰면 마침내 크게 패하고, 그 나라는 임금이 흉하여 10년에 이르도록 능히 정복하지 못한다.

• 미혹할 미(미아, 혼미, 미로, 미궁): 헤매다, 어지럽게 하다, 혼미하다

• 재앙 재(이재민, 화재, 재해) • 패할 패(부패, 실패, 패배, 참패)

풀이 상육은 복괘의 끝이므로 혼미하여 선을 회복하지 못한 자이니, 회복의 길이 아득하여 흉하다. 육오 인군의 도에도 어긋나고 반대가 된다. 마찬가지로 초구와도 거리가 멀고 서로 등 돌리는 관계다.

'유재생'에서 '재'는 외부에서 닥치는 재앙이고, '생'은 자신으로부터 일어나는 것이다. 혼미하여 선을 회복하지 못한다는 것은 자신에게는 움직이는 바가 모두 과실이 되고, 밖에서 다가오는 재앙도 자신이 불러들이는 것이다. 혼미한 상태에서 군사를 일으킨다면 마침내 대패하게 될 것이고, 나라를 다스리려 한다면 군주의 흉이 될 것이다.

십 년이라 함은 수의 궁극을 말한다. 그러므로 '지우십년 불극정'은 끝끝내 정복할 수 없음을 이른다.

요약 복은 양이 돌아와 회복하여 선으로 돌아온다는 뜻이다.[3] 주역은 음을 악 또는 소인으로, 양을 선 또는 군자라고 규정한다. 사람이 타고 난 본성을 다시 회복하는 것도 '복'이다.

초구는 머지않아 돌아온다. 그것도 수양을 쌓고 힘을 길러서 회복한다. 육이는 어진 사람에게 몸을 낮출 수 있어 아름답게 돌아온다. 육삼이 돌아오기를 자주 하는 것은 견고하지 못해서이다. 육사는 여럿이서 함께 지내던 무리를 등지고 홀로 돌아와 정도를 따른다. 걸어온 길이 바른 길이 아니라는 것을 깨달았기 때문이다. 육오는 돈독하게 돌아와 후회 없다. 상육은 아득히 헤매다가 돌아와도 흉하고 뉘우침만 남는다.

1 숫자 7은 양기가 움직이는 수치로, 곤괘의 초효부터 일곱 번을 지나면 복괘가 되고, 양이 없어지는 천풍구괘에서 일곱 괘가 변해 양이 시작하는 복괘가 된다.

2 소강절 선생이 복괘를 놓고 시를 지었다.
"동지는 자시 반이요 하늘의 마음은 고치거나 옮김이 없다. 양 하나가 처음 움직이는 곳에 만물은 아직 나오지 못하고, 현주는 그 맛이 싱겁고 큰 소리는 정작 희미하다."
양 하나가 땅속에서 꿈틀거릴 뿐이고 하늘이 훤히 열리기는 하지만 아직은 만물이 나오지 않는 때가 지뢰복괘다. 현주는 '북방자수'의 물이고 술이 아직 익지 않아 물맛 그대로 담담한 상태다. 땅속의 우레는 참으로 소리가 크지만 사람의 귀에는 정작 희미하다는 것이다. 밝은 양의 기운이 아직 미미하므로 음습하고 사악한 기운으로부터 이를 잘 보호하고 길러야 한다.

3 지뢰복은 1년 24절기 가운데 동지를 상징하는 괘다. 음이 가장 많은 날이지만, 이제부터 양이 서서히 늘어나기 시작한다. 지뢰복을 주식으로 표현하면 밑바닥을 친 날이다. 이제 더 내려갈 일이 없다. 이제부터는 올라가는 일만 남았다. 카드빚에 몰려 자살을 생각하던 사람이 만약 주역점을 쳐서 이 지뢰복괘를 뽑았다고 한다면 자살을 잠시 보류하고 볼 일이다. 기다리면 반드시 수가 생기게 되어 있다.
우주의 모든 것은 돌고 돌기 때문에 시간이 흐르면 상황과 입장이 변할 수밖에 없다. 이것이 주역의 핵심 논리다. 문제는 준비를 하면서 이를 기다리는 일이다. 모르면 기다리지 못한다.
1634년 영국의 작가 존 밀턴이 처음 사용해, 오늘날 한국에도 널리 알려진 영국 속담이 있다. 바로 "Every cloud has a silver lining(어떤 구름이라도 그 뒤쪽은 은빛으로 빛난다. 즉 '괴로움이 있어도 언제나 희망은 있다'라는 뜻)"인데, 지뢰복괘와 딱 어울리는 말이다.

25

천뢰무망

건상진하

위에는 건괘☰, 아래에는 진괘☳인 대성괘

무망 원형리정[1] 기비정 유생 불리유유왕

크게 형통하고, 일을 맡아 처리함에 이로우니(또는 무망은 원–형–리–정,
인간의 삶이 이어지는 동안 항상 추구해야 하니) 그 바르지 않으면(무망
의 길이 아니면) 재앙이 있어 나아감에 불리하다.

• 망령될 망(망언, 망령, 망상, 경망, 망발)

사람은 원래 순수하고 망령됨이 없는 어질고 착한 본성을 타고
났는데 살면서 물욕에 가리고 사악함에 빠져 자기가 본래 갖고 있던 본
성을 스스로 다 깎아먹어 버린다. 산지박괘가 본성을 깎아먹어 망령될
괘라면 그다음 지뢰복괘는 본성을 회복함이다. 선을 회복하면 경거망동
하지 않을 것이므로, 복괘 다음에 그 본성을 찾아 망령되지 않는다는 무
망괘를 놓은 것이다.

천뢰무망괘는 '경거망동하지 마라', '함부로 움직이지 마라' 는 의미
에서 온 것이다. 보통 사람들은 무망보다는 '망'에 더 집착하여 상황이
좋지 않으면 좋게 만들고 싶어서 안달이 나고, 상황이 좋으면 더 좋게
하려고 조급해한다. 대자연이 움직이는 것처럼 사심이 없이 속임수를
버리고, 되는 대로 내버려 두는 것이 무망이요, 뜻하지 않았던 일에 부
닥쳐도 동요하지 않고 조용히 그것을 받아들이는 것이 무망이다. 예를
들면, 날마다 욕심을 버리는 게 아니라 아예 욕심이 무언지도 몰라야 하
고, 자연을 사랑하고 가까이하는 것이 아니라 아예 자연의 일부가 되는
것이 무망이다.[2]

무망은 하늘 아래 우레가 울리는 상으로 지극히 강건하게 나아가는

덕이 있고, 뇌성벽력이 일어날 때 누구나 하늘을 두려워하는 마음으로 스스로 반성하듯이 천명에 따라 정도로 바르게 행해야 함을 말한다. 정도를 지키지 못하면 허물이 되어 그 해악이 다시 돌아오게 된다. 이미 무망심이 있다면 동하는 것은 마땅하지 않으므로, 이를 어기고 나아간다면 망동이 된다.

효사

초구 무망 왕 길

망령됨이 없으니 나아가는 것이 길하다.

풀이 무망괘의 처음에 있으므로 천진난만하여 본성 그대로 움직인다. 무망 그 자체이기 때문에 어디를 가도 뜻을 이룬다. 그러나 착한 성품의 무망한 것을 변하지 않고 끊임없이 지속해야 길하다.

육이 불경확 불치여 즉리유유왕

경작을 하지 않고서 수확하며, 밭을 일구지 않고서 삼 년을 묵힌 좋은 밭이 되니, 곧 나아감에 이롭다.

- 밭 갈 경(농경, 경작) • 거둘 확(수확)

- 묵정밭 치, 재앙 재: 일구다, 개간하다, 묵어서 잡초가 우거진 밭, 우거진 풀, 재앙

- 새밭 여: 개간한 지 세 해, 또는 이태 지난 밭, 잡초를 불살라 일군 밭

풀이   육이는 중정이라 바른 덕을 가졌으며, 위로는 역시 중정의 덕이 있는 구오와 정응의 좋은 관계다. 그래서 밭을 경작함에 있어 자연에 맡겼더니 수확이 저절로 좋게 이루어진 것이다. 이루려고 하는 욕심이 없어도 하는 일마다 다 이루어진다. 사사로운 뜻으로 바라는 마음이 없는 것을 말한다.

다만 도를 추구하며 실천에 옮길 따름이지, 얻을 결과물에는 마음을 두지 않는다. 밭을 갈면 반드시 수확이 있게 되고 밭을 개간하면 반드시 비옥한 밭이 되는 것은 사리의 당연함이지 인위적으로 조작하여 그리 되는 것은 아니니, 이와 같은 것을 무망이라 하며, 망동하지 않으면 행하는 바가 이로워서 해가 됨이 없을 것이다.

육삼   무망지재 혹계지우 행인지득 읍인지재

무망의 재앙이니, 혹 소를 묶어 두었으나 행인이 그것을 얻어 가니 읍인에게는 재앙이다.

• 맬 계(연계, 계류)

풀이   육삼은 유약한 재질로 중을 못 얻고, 뜻만 강하므로, 상구 정응에게 망동해서 가는 것이다. 그러나 육삼의 바로 위에는 양인 구사가 있어 본래의 짝인 상구를 만나는 데 방해를 받는다.

육삼은 화를 입는 자로, 소를 매어놓아도 지나가던 사람이 소를 가져가 버리니 읍에 사는 사람들이 서로를 의심하고 경계하며 난리가 나서 '읍인지재'가 된다. 행인이 소를 얻는 것은 마을 사람들에게는 재앙이다. 이를 조금 더 확장해서 해석하면 세상에 산업이 번창하고 생산이 많아져서 많은 물건들이 만들어진다 할지라도 늘어난 재화와 생산물들 때문에 도둑이 생기고, 분배의 문제로 인해 다툼이 생기는 등 좋지 않은 일들이 많이 생길 수 있다는 것이다.

'행인이 소를 얻음이 마을 사람에게는 재앙'이라는 글귀는 다음과 같이 해석될 수도 있다. 단순히 소를 잃고 가져가는 문제가 아니라, 외부의 사람들 혹은 사회구성원 이외의 사람들이 더 많은 부를 가져가게 되면 내부에 남은 사람들, 혹은 사회 구성원이나 국민에게는 가난과 고통만 남을 수도 있을 것이다. 하여 이러한 고통은 곧 '재앙'이 되는 것이다.

천뢰무망괘에서 가장 힘들고 어려운 상황에 놓인 괘가 육삼이다. 초구의 행동력으로 육이는 득을 보지만, 육삼은 별 이익을 받지 못한다. 그래서 불만도 많고 잘못을 저지르기도 쉽다. 만약 육삼이 불만을 갖고 반항한다면 이것을 경거망동이라고 본다. 육삼은 큰 잘못을 하지 않아도 결과적으로 큰 손해를 보는 자리다.

구사 가정 무구

일을 겨우 할 만하니(또는 끝까지 바르게 살아가니) 허물이 없다.

풀이 구사는 양강으로 건괘의 가장 아래에 있는 데다 또한 '응'이 없으므로 무망한 자다. 강건한 사람이 사사로운 마음을 두지 않아 무망의 도를 정고하게 지킬 수 있으므로 스스로 허물이 없다. 무망의 삶을 살다 보면 당연히 춥고 배고픈 과정도 있을 것이다. 그러나 무망한 본성을 굳건히 지켜서 끝까지 지켜야 한다. 중간에 마음이 변해 욕심을 내지 말라는 것이다.

'가정'은 '리정'과는 의미가 다르다. '가정'은 자신이 처한 바를 정고하게 지킬 수 있음을 뜻하고 '리정'은 '정'함이 이로움을 말하는 것이다.

구오 무망지질 물약 유희

무망의 병에는 약을 쓰지 말라. (스스로 깨달아야) 기쁨이 있다.

• 약 약(의약품, 마약, 약국, 농약) • 기쁠 희(환희, 희열, 희극)

풀이 구오는 강건중정한 자질로 군주의 자리에 있고, 아래로 유순중정한 육이가 정응으로 도우니, 지극히 망령되지 않은 자다. 그러나 무망괘에서 음양의 정응은 스스로 병폐가 될 수 있으므로, '무망지질'이 된다. 무망의 병이란 '무망에 너무 집착한 것'이다. 무망의 병에는 약이 없다. 그냥 스스로 깨달아야 한다. 이는 약으로 치유할 수 있는 병이 아니고 자신의 마음에 달려 있는 것이니, 약을 쓰지 않고 자신을 다스리면 절로 치유되어 기쁨이 있게 된다.

상구 무망 행 유생 무유리

무망에서 더 나아가면, 재앙이 따르니 이로운 바가 없다.

풀이 무망의 삶을 추구하는 일은 참으로 어렵고 고달프다. 그만큼 무망의 삶을 달성하기가 쉽지 않다. 상구는 무망의 끝에 있으니, 그 자리에 그쳐야 무망이 되는 것이고 더 나아가면 스스로 화를 일으키게 된다. 상구 역시 양이 음의 자리에 있어 바름을 잃고, 또 아래로 육삼 '응'이 있으니 무망에서는 '기비정 유생 불리유유왕'한 자다. 상구는 지금 어디로 가면 안 된다. 가장 아끼는 육삼이 위험한 상황에 빠져 있기 때문이다. 그러므로 육삼을 달래고 설득하기 위해 자리를 지켜야 한다. 만약 상구가 자신의 역할을 하지 않고 가버리면 육삼의 문제가 해결되지 않아 곤궁한 처지에 빠지게 된다.

상구는 무망의 극이므로 무망에 지극하여 시세의 추이에 따른 변통을 모르는 상황이라 할 것이다. 변통을 모르는 것은 곧 마음이 닫혀있음과 같은 것이므로 행하는 바에 재앙이 따르는 것이다. 상구는 괘의 끝에 있으므로 '극즉반(궁극에 이르면 반대로 돌아옴)'의 이치를 모르고 행한다면 재앙을 피할 수 없게 된다.

요약 무망은 무위자연으로 살아가는 것이어서 실제로 성취하기가 쉽지 않다. 보통 사람들은 '망'에 더 집착하고 무슨 수를 써서라도 인위적인 방법을 통해 이득이 있기를 바라며 자연을 그대로 두지 않는다. 문제는 이 사회에서 힘을 가진 공직자들이다. 자신들이 누리는 복도 모자라서 요행까지 노리다가 그 속에 숨은 큰 재앙과 마주친다. 어느 시대를 막론하고 '청렴'과 '공정함'은 반드시 필요하다. 그것이 결여되는 순간

서로 믿지 못하는 사회가 되어 뜻하지 않은 재앙이 닥치고야 만다.

우리의 삶은 의외의 일로 가득 차 있으며, 무수히 돌발적이고 우연적이라 예측하기 어렵다. 사람들은 기대가 클수록 실망도 크고, 기대가 작을수록 실망도 작다. 속담에 "마음을 써서 심은 꽃은 피지 않고, 무심히 심은 버드나무는 그늘을 드리운다"라는 말이 있는데 무망괘는 바로 이런 심리 법칙을 말한 것이다. 기대하는 바가 없고 희망도 품지 않으면 마음이 가장 건강하다.

무망괘의 초구는 처음이라 순수한 자리여서 어디를 가도 길하다. 육이는 씨를 뿌리지 않았는데도 수확한다는 무위의 덕을 본다. 육삼은 소를 매놓고 잠깐 자리를 비운 동안 행인이 끌고 가버려 마을 사람들이 서로 의심하고 경계하여 난리가 나는 소동이 일어난다. 무망의 삶을 사는 자가 욕심을 내면 가까이 있는 사람에게 재앙이 일어나는 변고가 생긴다. 구사는 무망의 정신을 견고히 지켜 가면 탈이 없고, 구오는 무망의 병이므로 약을 쓰지 말고 스스로 치유하라고 했다. 상구는 무망의 삶이 현실에서는 얼마나 어려운가를 말했다.

1　'원형리정'이라는 글귀는 주역에서 지속적으로 나온다. 이 원형리정을 풀이하는 방법은 몇 가지로 나뉜다. 첫째는 한 글자씩 풀어서 해석하는 방법, 즉 '원하고 형하며 리하고 정함이라, 크고 형통하며 이롭고 바름이니라(곧아서 이롭다, 바르게 함이 이롭다)'라고 하는 것이다. 둘째는 두 글자씩 묶어서 풀이하는 방법, 즉 '원형하고 리정하니라, 크게 형통하고 이롭다는 점괘다'가 된다(이럴 때 정은 '곧다'가 아닌 '점을 쳐서 묻다'의 뜻이다). 셋째는 '원-형-리-정'을 네 단계로 분류하는 방식이며, 춘하추동 혹은 천지창조에서 멸극의 시기에 이르기까지, 작게는 한 생명의 잉태, 성장, 왕성한 활동, 죽음의 단계에 이르기까지의 모든 시간으로, 더 철학적인 해석에 가깝다.

2　노자의 무위자연: "총명과 지혜를 끊어버리면 백성의 이익이 백 배로 늘어날 것이다. 인(어질 인)과 의(옳을 의) 따위의 도덕을 끊어버리면 백성들이 효성스럽고 자애로워질 것이다. 정교하고 편리한 물건을 없애버리면 도적이 없어질 것이다. 무위(자연 그대로이며, 사람이 의도적으로 힘들여 함이 아닌 것)로 다스리면 다스려지지 않는 것이 없다. 천하는 불가사의한 그릇이어서 인위적으로 어찌할 수 있는 것이 아니다. 잘하려고 애쓰면 실패하고, 꽉 잡고 장악하려 하면 천하를 잃고 만다."

실제로 없는 것이 있는 것보다 낫고, 다스리지 않는 것이 다스리는 것보다 나으며, 모르는 것이 아는 것보다 나은 경우는 얼마든지 있다. 그러나 이처럼 모든 것을 있는 그대로 두기만 하는 것도 참으로 이르기 어려운 경지다. 어떤 때는 몰라서 무리하게 건드리고, 어떤 때는 알면서도 어쩔 수 없어서 무언가를 하려고 애를 쓰는 게 우리네 보통 사람들이다.

26

산천대축

간상건하

위에는 간괘☷, 아래에는 건괘☰인 대성괘

대축은 바르게 함이 이로우니 집에서 밥을 먹지 않아서[1] 길하다. 큰 내를 건너는 것이 이롭다.

• 쌓을 축, 짐승 축(축산, 가축, 축적)

풀이 망령됨이 없는 까닭에 견고하게 쌓을 수 있으니, 무망괘 다음으로 대축괘를 놓았다. 대축괘는 아래의 세 양이 위의 두 음에 의해 나아가지 못하고 있다. 그리고 두 음도 상구에 의해 막혀 있는 모습이다. 이괘는 나아가지 못하고 정지해 있다. 크게 발산되어야 할 삼양의 기운이 가로막혀 축적되니 대축의 의미가 된다. 아름답고 착한 언행을 많이 익히고 그 덕을 쌓아 이루니 이것이 대축이다.

크게 쌓는다는 것은 무엇인가? 돈이나 명예의 문제가 아니다. 즉, 일신의 영달을 위해 쌓는 건 대축이 아니다. '집에서 밥을 먹지 않는다'라는 것은 내가 쌓은 것을 내 소유에 그치지 말고 천하를 위해 쓰라는 것이다. 결국 대축의 방점은 쌓는 것이 아니라 천하를 위해 펼치는 마음에 있다.

대축의 큰 희망을 품는 자는 먼저 힘을 길러야 한다. 인덕, 지식, 인재, 자금을 충분히 저축해야 비로소 대사를 치를 수 있다. 하괘인 하늘의 기를 크게 저축하여 상괘인 산천의 초목을 길러낸다. 하늘이 산중에(산의 품속에) 있으니 강건한 덕이 쌓여서 축적된 상이다.

크게 쌓는 일이 마땅히 바른 도로 해야 하고, 쌓은 뒤에는 세상에 나아가 베풀어야 하므로 조정에 출사하여 직위를 얻어야 길하다. 덕과 학문을 크게 쌓아서 널리 베풀어야 천하의 어려움을 구제할 수 있으니, 이는 자신뿐 아니라 온 천하가 이로운 것이다. 산천대축의 상은 굳건한 기운을 품고 있는 큰 산의 모습이다. 큰 산은 하루아침에 이루어진 것이 아니다. 해와 달이 하루도 쉬지 않고 운행하듯이 덕을 새롭게 해야 한다. 이런 마음이 쌓이면 저절로 어질게 되고 세상을 위해 일할 수 있게 된다.

효사

초구 유려 리이 (또는 이이)

위태로움이 있으니 그침이 이롭다.

• 이미 이(부득이, 이왕, 이후): 그치다, 그만두다

풀이 초구는 아직 움직일 때가 아니다. 위로 올라 가야하는데, 육사가 저지한다. 겁 없이 올라가다 보면 위태로우니 그 자리에 머물러야 이롭다. 육사와 초구는 정응이 되어 서로 돕는 사이지만 대축괘에서는 '서로 저지하는 것'이 서로 응하는 방법이다.

초구는 양강하고 또 건의 굳센 체에 있으니 위로 오르려는 뜻이 있으나, 정응인 육사가 득위하여 그치게 하므로 오르지 못한다. 이를 무시하고 나아가면 반드시 위태롭게 되고, 순응하여 제자리에 있으면 재앙으로부터 벗어나 이로운 것이다.

수레의 바퀴살을 벗긴다.

• 바퀴살 복(복사열, 복사온도계)

풀이 수레의 바퀴살이 벗겨지기라도 한 듯 스스로 정지한다. 밝은 지혜와 덕이 있어 수레의 바퀴를 움직이지 않게 하여 스스로 멈추어버린다. 자신이 바퀴를 움직이지 않도록 하는 것은 중도를 지키기 위해서다. 구이 역시 건체에 있고 양강하니 위로 오르려는 뜻이 있으나, 위로 육오 인군의 제지를 받으니, 멈추는 것이다. 구이가 스스로 자신의 바퀏살을 빼는 것은, 성군의 부름을 기다리며 자신을 수양하는 상이니, 이윤²이 탕왕을 기다리며 밭을 갈고, 강태공이 문왕을 기다리며 낚싯대를 드리우는 상이다.

구삼 양마축 리간정 일한여위 리유유왕

좋은 말을 타고 추격함이니, 어려워도 바르게 함이 이롭다. 하루를 느긋하게 수레와 호위를 익히면 나아감에 이롭다.

• 어질 양(량)(양심, 개량, 불량, 한량, 선량): 좋다, 훌륭하다, 아름답다

• 쫓을 축(축출, 구축함): 쫓아내다, 따라가다, 도망가다, 따르다

• 한가할 한(등한시, 한량) • 지킬 위, 호위할 위(위성, 위생, 방위, 시위대, 위성방송)

풀이 구삼은 상구와 양효끼리 서로 어우러져 천리마처럼 잘 나아간다. 상구가 그치게 하지 않고 오히려 이끌어주니, 그 나아감이 마치 좋

은 말을 타고 가는 듯 빠르다. 그러나 수레를 끌지 못하거나 호위하고 방어하는 법을 익히지 못하면 나아갈 수 없으니 날마다 익혀서 상구의 뜻을 따라야 한다. 기회가 오면 그 방법은 스스로 노력하여 익혀야 한다. 재주가 없고 게으른 자는 기회가 와도 못 잡는 경우가 있다는 경계의 말이다.

육사 동우지곡 원길

송아지가 날뛰지 못하도록 미리 질곡을 씌우니 으뜸으로 길하다.

• 우리 곡, 막을 곡

풀이 육사는 초구와 짝꿍이다. 초구는 아직 움직이면 안 되는 때였다. 육사는 대신의 자리로 아래의 초구를 저지하는 임무를 맡았다. 그것을 송아지에 빗장을 대어 뿔을 상하지 않도록 하는 것에 비유했다. 이렇게 초구를 잘 조절하면 육사는 그것으로 기쁨을 얻게 된다.

대신은 위로는 인군의 간사한 마음을 저지하고 아래로는 백성들의 악을 저지하는데, 초구는 사납지 않은 어린 송아지이고 뿔도 나기 전이니 저지하기가 쉽다. 막는 자도 힘이 안 들고 저지당하는 자도 상하지 않아서 으뜸으로 길하다. 군자가 쌓아야 하는 초기에 육사가 방향을 분명하게 잡아서 잘 이끌어주면 초구는 이로써 스스로 수양하여 결과가 길하다.

불 깐 돼지의 어금니이니(돼지를 거세하여 어금니의 힘을 조절하니), 길하다.

> • 불 깐 돼지 분: 제거하다, 돼지의 어금니를 제거하다 • 어금니 아(치아, 상아)

풀이 육오는 인군의 자리에 있고 유순한 덕이 있는 자다. 정응 관계에 있는 양강한 구이를 막는 데 유약한 인군으로 그 힘을 당하기도 힘들고, 억지로 막는다 하더라도 서로 다치게 되니 요령 있게 대처해야 한다. 먼저 돼지를 거세함으로써 억센 어금니를 쓰지 못하게 해야 한다. 멧돼지는 강하고 조급한 성질이 있으며 어금니는 날카롭기 때문이다. 어금니의 힘을 조절하기 위해서는 존재 자체를 순하게 만들어야 한다. 그것을 돼지를 거세한 것에 비유하고 있다.

　세상의 악을 그치게 하는 데에도 마찬가지로 힘으로 밀어붙일 것이 아니라 기미를 살피고 요령을 얻어서 근본적인 처방을 해야 한다. 무릇 수많은 백성들이 발동하는 사욕을 임금이 힘으로만 제지하려 들면, 비록 제아무리 법이 치밀하고 형벌이 엄하다 해도 뜻을 이루지 못한다.

상구 하천지구 형

하늘의 길이 사방으로 통하니, 형통하다.

> • 네거리 구, 갈림길 구: 가다

풀이 상구는 모든 것을 다 쌓은 군자의 모습이다. 차곡차곡 덕을 쌓아 도가 통한 군자가 되어 천리를 깨닫고 하늘 위의 거리를 자유롭게 활보하니 크게 형통하다. 한 나라의 일로 보면 백성들이 안정되고 선비는 학문에 전념할 수 있어 훌륭한 인물이 많이 양성되는 시대다. '천구'는 하늘의 길로 허공 속에 있는 것이며, 구름과 새들이 왕래하는 하늘의 거리다.

요약 대축은 크게 쌓는 것으로 위에서 아래를 그치게 하는 내용이다. 나아감이 있으면 그침이 있으니 나아감만큼 중요한 것이 그침이다. 어떤 힘에 의해 저지당하고 그러는 동안 쌓아 두어야 하는 시기가 길어서 대축이 되었다.

초구는 힘이 약해서 나아가지 않아 위태롭지 않았고 구이는 스스로 그치는 지혜로 아예 수레바퀴를 빼 버렸다. 구삼은 좋은 말을 타고 날아가지만 배우고 익힐 것을 말했고 육사는 아래를 저지하는 데 송아지의 빗장을 지르듯이 하라고 했다. 육오는 멧돼지를 거세하여 억센 어금니를 못 쓰게 하라고 했고 상구는 아래가 그쳐 안정되니 대도를 행하는 대인군자가 하늘의 거리를 활보하여 형통하다고 했다.

1 사람이 학문과 도덕을 안으로 충실히 쌓아서 세상에 나가 큰일을 해야 하므로 집에서 밥 먹을 새가 없다. "하나라 우 임금이 9년 홍수를 다스릴 때 집 앞을 세 번이나 지나면서도 들어가지 못했다"라는 고사도 있다. 이렇게 집에서 밥을 먹지 못할 정도 바쁘게 일하면 큰일을 해낼 수 있다.

2 지도자가 되기 위한 덕목 중 하나가 바로 때를 기다리는 것이다. 두견새가 울지 않으면 바로 죽인다고 한 오다 노부나가, 울도록 만들겠다고 장담한 도요토미 히데요시가 하지 못한 일본 막부의 평정을 이룬 인물은 결국 '올 때까지 기다린다'라는 신념을 가졌던 도쿠가와 이에야스였다. 세상을 얻으려면 먼저 인재를 구해야 한다. 은나라의 탕왕은 삼고지례로 이윤을 얻었고, 촉한의 유비는 삼고초려 끝에 제갈량을 구해 세상을 호령했다.

사서삼경 중 하나인 《서경》은 중국 고대 하, 은, 주 시절 왕실에서 일어난 군주와 신하의 언행을 기록한 책이다. 《서경》에 등장하는 인물 가운데 한 사람이 이윤이다. 중국 역사상 최초의 명군과 명재상의 관계는 탕왕과 이윤이었다.
탕왕을 도와 천하를 바로잡은 이윤은 주특기가 따로 있었는데, 바로 요리였다. 이윤은 처음에 하나라 걸왕에게 여러 번 간언했지만 받아들여지지 않았다. 그러자 그는 이웃 나라인 상나라의 탕왕에게 갈 것을 마음먹는다. 그런데 탕왕을 만나고 싶어도 마땅한 경로가 없던 이윤은 탕왕에게 시집가기로 한 유신씨 딸의 노복을 자청해 취사도구를 등에 지고 가 탕왕에게 접근한다. 이윤은 자기의 재능을 탕왕에게 인정받기 위해, 어떤 때는 요리를 그의 구미에 맞게 하고 어떤 때는 조금 짜거나 싱겁게 했다. 한 번은 탕왕이 그를 나무라자 그는 때를 놓치지 않고 국정을 요리에 비유해 이야기한다.
"한 왕조를 다스리는 것은 요리하는 것과 같습니다. 소금을 너무 많거나 너무 적게 넣으면 요리를 망치게 됩니다. 양념은 적당해야 합니다. 한 나라를 다스리는 왕은 너무 서둘러서도 너무 느려서도 안 됩니다. 모든 것을 일목요연하게 배치할 때만이 정연하게 모든 것을 처리할 수 있습니다. 이럴 때에 백성들이 진심으로 환영하는 좋은 왕이 될 것입니다."

탕왕은 깊이 감명을 받았고 결국 그를 재상으로 삼았다. 탕왕과 이윤은 주지육림에 빠져 있던 하나라의 마지막 군주를 제압하고 은나라를 세워 왕도정치를 실천했다.

그 후 세월이 흘러 은나라의 마지막에 이르게 되면 또 다시 주색에 빠져 폭정을 일삼는 군주가 출현한다. 그때 그들을 토벌하고 주나라를 건국한 이가 주역 64괘의 주인 공인 문왕과 그의 아들 무왕이다. 문왕과 무왕 곁에는 세월을 낚았다는 명재상 강태공 '여상'이 있어서 주나라의 기틀을 확고히 다질 수 있었다.

27

산뢰이

간상진하

위에는 간괘☷☷, 아래에는 진괘☷☷인 대성괘

이는 바르면 길하니, 기르는 것을 보며 스스로 먹을 것을 구한다.

• 턱 이, 아래턱 이 • 열매 실(사실, 실천, 실제, 현실, 확실, 실험): 재물, 내용, 바탕, 본질

풀이 산뢰이의 모양은 입을 상징한다. 상구가 위턱을, 초구가 아래턱을, 육이, 육삼, 육사, 육오는 치아의 상이다. 위턱은 간괘(☶ 산)로 그쳐 있고, 아래턱은 진괘(☳ 우레)로 움직인다. 그 가운데 있는 치아가 음식물을 씹어 삼켜 몸을 기르는 것이다. 이렇게 괘상이 입의 모양을 본떴으니 '기른다'라는 뜻을 담아 '이'가 된다.

무릇 만물이 모이면 반드시 길러야 한다. 부모는 여러 자식을 길러야 하고 임금은 많은 백성을 길러야 하므로 크게 모으고 쌓인다는 대축괘 다음에 '기른다'라는 이괘를 놓았다.

사람은 입을 통해 음식을 섭취하여 몸을 기르고 수양을 쌓아 정신을 기른다. 병은 입으로 들어오고, 화는 입에서 나온다.[1] 음식을 먹는다는 것은 생명력을 기르는 가장 원초적인 행위다. 생명력은 입을 통해 들어왔다가 말을 통해 밖으로 나간다. 말은 내 오장육부의 표현이고, 내 에너지의 표현이 말이다.[2] 그러니 입은 생명력이 들고나는 입구이며 출구다.

산 밑에 우레가 있는 형상이다. 산에 있는 열매들은 떨림(우레, ☳)이 있어야 땅으로 떨어져서 사람들이 먹을 수 있게 된다. 이렇게 나무에 매달려 있다가 떨어지는 열매로 사람들을 기름에 있어서는 '이 정길', 즉 '바르게 기르는 것이 길하다'는 것이다. 각자의 실상을 잘 파악해서, 예를 들면 많이 먹지 못하는 사람은 조금 주고, 이가 튼튼한 사람에게는

딱딱한 과일을, 이가 약하거나 없는 사람은 부드러운 열매를 주는 등 각자의 실상에 맞춰서 길러야 한다.

기른다는 것에는 몸을 기르는 것 외에도 가르침을 베풀어 어진 사람을 길러내는 것이 있다. 그래서 '이'의 군자는 말을 신중하게 하고, 함부로 아무 음식이나 먹지 않는 절제의 힘을 기른다. 먹는 것에도 때가 있다. 배고플 때 먹고, 배부를 땐 먹지 말아야 하며, 때에 맞는 음식을 먹어야 한다. 공부하여 자신을 기르는 것도 때에 맞게 해야 한다. 그러려면 자신의 넘치고 부족한 점을 알아야 한다.

'관이'는 기르는 것을 본다는 뜻이니 상하의 두 양효(초구, 상구)를 말하고, '자구구실'은 스스로 먹고살 수 있는 방법을 찾아 몸을 기르는 도를 보는 것이니 가운데 있는 네 음을 가리킨다. 즉 초구와 상구는 실하기 때문에 다른 사람을 기를 수 있고, 가운데 네 음효는 허하기 때문에 다른 사람에게 도움을 요청해서 자신을 기르니, 이러한 기름이 모두 바르게 하면 길한 것이다. 즉 말을 삼가고 마음의 덕을 쌓고, 음식을 절제하여 몸을 기르라는 뜻이다. 무엇을 기를 것인가를 잘 살펴서 그 원칙이 정하여지면, 그것에 따라 스스로 길러야 할 바를 선택하여 노력하라고 말하고 있다.[3]

효사

초구 사이령귀 관아 타이 흉

너의 신령스러운 거북을 버리고 나를 보며 턱을 벌리니 흉하다.

• 버릴 사, 집 사(청사, 사랑방, 기숙사) • 너 이, 어조사 이 • 신령 영(령)(영혼, 유령)

• 거북 귀, 터질 균(귀감, 균열) • 늘어질 타, 움직일(벌릴) 타

풀이 여기서 '아'는 육사를 말한다. 초구는 양이 양의 자리에 있고 씹는 주체(진괘)에 있으니, 그 재질이 자신을 기를 수 있는 자이며 음을 길러 주어야 할 책임을 가졌다.

재능도 있고 지혜로워 충분히 바르게 길러줄 능력이 있으니, 음식을 먹지 않고도 오래 산다는 신령한 거북 같은 능력을 이미 갖고 있는 자다. 그럼에도 자신의 내적인 자립성을 포기하고 욕심이 발동하여 정응인 육사 음에게 아래턱을 벌린다. 흉하다. 자기가 갖고 있는 넉넉한 것을 남에게 베풀고 길러주어야 하는데 천박하게 남의 것을 노리며 탐내는 형상이다. 초구는 비록 강명한 재질을 갖고 있더라도 욕심으로 움직인다면 그 재질을 잃게 될 것이니 귀한 일은 아니라는 경계를 담고 있다.

육이 전이 불경 우구 이 정 흉

기르는 것이 거꾸로 되어 도리에 어긋난다. 언덕에서 먹을 것을 구하고자 하나 계속 정벌하러 나아가면 흉하다.

• 엎드러질(뒤집힐) 전, 이마 전(전도, 전복) • 떨칠 불(체불, 환불, 일시불): 거스르다, 값을 치르다

• 지날 경, 글 경(경제, 경험, 경영): 불경, 법, 도리

풀이 육이는 초구의 위에 있어 부양해야 할 위치인데도 반대로 초구에게 엎드려 먹을 것을 구하고 있다. 육이가 욕심이 발동하여 아래에 있

는 처음 효한테 엎드려서 먹을 것을 구하고 있다. 자신의 본래 짝인 육오를 버려두고 자기 상대가 아닌데 이웃에서 친하다는 것만으로 초구를 찾아가는 것은 부끄럽고 법도에 어긋난다.

그런데 육이는 한술 더 떠서 또 언덕에 길러줌을 구하러 간다. 언덕은 간괘(☶ 산)이니 상구를 말한다. 높은 데 있는 위 효에게 가서 먹을 것을 요구하는 것 역시 도와주는 사람이 하나도 없고 이웃했던 친구(육삼, 육사, 육오)마저도 모두 잃게 되어 흉하다.

육삼 불이정 흉 십년물용 무유리

기르는 것의 올바름을 거스르니, 흉하여 10년을 쓰지 못하므로 이로운 바가 없다.

풀이   육삼은 음이 양의 자리에 있어 바르지 못하고 중도 얻지 못했다. 유약한 재질이므로, 상구와 화합하면 도움을 받을 수 있다. 그런데 마땅히 정응인 상구의 기름을 기다려야 함이 바름인데도, 이를 어기고 초구에게 구하러 가니 흉한 것이다. 이에 10년이 되도록 얻지 못하니 이로울 바가 없다. 과욕이 화를 불렀다.

진괘는 진동하여 움직이는 괘다. 그러므로 진괘 내에 있는 초구, 육이, 육삼은 모두 욕심이 발동한다. 과한 것은 모자란 것만 못하다. 욕심이 진동할 때 멈추는 지혜, 모자란 듯할 때 숟가락을 놓는 지혜가 참으로 나를 기른다.

육사 전이 길 호시탐탐 기욕축축 무구

기르는 것이 거꾸로 되었으나 길하며, 호랑이가 눈을 부릅뜨고 노려보는 듯하여 그 의욕이 끊이지 않는 듯하면 허물이 없다.

• 호시탐탐: 호랑이가 눈을 부릅뜨고 먹이를 노려본다는 뜻으로, 공격이나 침략의 기회를 노리는 모양.

• 쫓을 축(축출, 구축함): 뒤쫓다, 뒤따라가다, 구하다, 찾다, 추구하다

풀이 육사는 중은 못 얻었으나 음이 음의 자리에 있으니 바름을 얻었고, 정응인 초구와 힘을 합해야 한다. 육사가 대신의 자리에 있으면서 아래로 초구에게 구하는 것이 전이, 즉 기르는 것이 거꾸로 되었으나 정응으로 구하기 때문에 구함을 이루니 길하다. 그러나 초구와의 사이에 가로막은 육삼, 육이도 초구를 원하므로, 육사는 마치 호랑이가 먹이를 노리듯이 오로지 초구를 보며, 그 구하려는 마음을 잠시라도 잊지 않으면(호시탐탐 기욕축축) 허물이 없다. 육사는 대신의 자리이고 초구는 백성이니 대신은 백성을 잘 살게 하기 위하여 베풀기 위하여 호시탐탐하는 것이다.

육오 불경 거정 길 불가섭대천

법도를 거스르지만 바르게 머물면 길하다. 가히 큰 내를 건널 수는 없다.

풀이 육오는 인군인데 음으로 약한 데다 육이와 음양응이 되지 않는다. 육오는 혼자 힘으로는 임무를 감당하기 어려워 위에 가까이 있는 상구한테 의지할 수밖에 없다. 법도에 거슬린다는 것은 육오가 상구에 가

르침을 구하여 길러짐을 말한다. 그러나 육오는 상구를 배경으로 삼아 바르게 다스려 행했으니 길하다. 비록 대천을 건너는 큰일은 못하지만 순하게 상구를 따르니 길하다는 것이다. 그러나 웃어른의 도움을 받아서 정치를 할 뿐이니 스스로 큰일을 하지는 못 한다(불가섭대천).

　스스로 큰일을 도모하지 못할 때는 유능한 사람에게 맡기는 것이 백성을 위한 바른길이다. 이는 주나라 어린 성왕이 은나라 추종 세력과 결탁한 삼촌들의 반란에 흔들릴 때 주공에게 정사를 맡기어 섭정의 길을 굳게 견지했던 역사적 상황을 생각하게 하는 효다.

상구 유이 려 길 리섭대천

말미암아 길러주니 위태롭게 여기면 길하다. 큰 내를 건너는 것이 이롭다.

풀이 　상구는 양이니 능력이 풍부하고 포용력이 있다. 상구로 말미암아 모두가 길러지고 있는 것이다. 상구는 아래의 육오 인군이 유약하여 자기가 천하의 큰일을 맡으니 천하의 어려움을 구제하고 교육을 맡아야 한다. 그러나 상효는 원래 권력을 지닌 자리는 아니니 항상 조심스럽고 위태롭게 여겨야 하며 자기 능력을 과신하고 교만해서는 안 된다. 항상 조심스럽게 해야 대천을 건널 수 있으니 모두가 잘 길러지는 경사가 있게 되는 것이다.

요약　천지는 만물을 기르고 성인은 선비를 양성한다. 양육과 교육은 어느 시대에서나 중요하다.

초구는 자기의 좋은 재능을 버리고 남의 것을 탐내는 어리석음을 말했고, 육이는 이것저것 탐내다가 아무 도움을 못 받는 처지가 되고, 육삼은 배경만 믿고 부도덕한 짓을 하다가 10년이 되도록 얻지 못하는 신세가 되며, 육사는 열심히 자기 임무에 충실하여 대가를 얻는다. 육오는 자신의 분수를 알고 윗사람을 믿고 따라 교육을 맡기고, 상구는 능력과 책임감이 강하여 모두를 길러 낸다. 아래 세 효는 욕심이 발동하여 흉하고, 위의 세 효는 욕심을 부리지 않고 절제하는 능력이 있어 모두 길하다.

1 구화지문, 설참신도: 입은 재앙이 들고나는 문이요, 혀는 몸을 망치는 칼이다.

경박하고 무책임한 말이 판치는 세상에 대한 경고다. 도가의 시조인 노자는 "말은 많이 할수록 궁해진다"라고 하며 "아는 자는 말하지 않고, 말하는 자는 알지 못한다"라고 극단적으로 말했다. 공자도 번드르르한 말과 진실하지 못한 말, 그리고 실천이 따르지 못하는 말을 하지 말 것을 되풀이해서 강조하고 있다.

공자의 가르침을 세 가지로 압축한 《논어》의 맨 마지막 문장은 다음과 같은 '삼부지'로 끝맺는다.

"천명을 모르면 군자가 될 수 없고, 예를 모르면 세상에 당당히 설 수 없으며, 말을 모르면 사람을 알 수 없다."

2 고려 말기의 문장가 이담은 "가장 비근한 일이면서 가장 중한 것은 음식과 말이다"라고 했다. 과연 음식과 말보다 인간에게 더 중요하고 더 조심해야 할 것은 없다. 사람의 건강뿐 아니라 생명이 바로 음식에 직결된 것이니 조심해야 할 것은 말할 나위도 없다.

그러나 말이란 것은 음식에 못지않게 중요하다. 미치는 영향에서는 음식보다도 훨씬 중대하다. 음식은 한 사람의 건강이나 생명에 그 영향이 그치는 것이지만, 말은 다른 사람에게, 온 나라에, 천하에 또는 길이 후세에까지 전하기 때문이다. 그러므로 말에 대하여는 공자도 노자도 누구도 모두 한결같이 근신하고, 진실하고, 과묵할 것을 가르치고 있다. 또 말의 잘못으로 인하여 초래될 수 있는 재난을 경계한 말은 동서고금을 통하여 너무나 많다. 그만큼 말은 중대하다.

3 현명한 사람, 즉 유능한 인재를 기른다는 것은 한 사람에게서 완전함을 기대해서는 안 된다. 신 외에 전지전능한 자는 존재하지 않기 때문이다. 한 사람에게 한 가지의 장점이 있으면 버리지 말아야 한다. 사람을 기른다는 것은 먼저 사람의 소중함을 알아야 하고, 한 가지의 작은 능력이라도 그 특기를 소중히 여길 줄 알아야 비로소 사람을 기를 수 있는 것이다.

자하가 스승인 공자에게 물었다.

"안연의 사람됨은 어떠합니까?"

공자가 대답했다.

"안연은 믿음이 있다. 나보다 나을 것이다."

자하가 다시 물었다.

"그러면 자공은 어떻습니까?"

"그는 민첩함이 나보다 낫다."

"자로는 어떻습니까?"

"그는 용맹함에 있어서 나보다 낫다."

"자장은 어떻습니까?"

"그는 장중함이 나보다 낫다."

이에 자하는 자리를 고쳐 앉으며 공자에게 물었다.

"그러면 이 네 사람은 무엇 때문에 선생님을 모십니까?"

공자가 설명했다.

"앉아라. 그 연유를 말해주마. 안연은 믿음에는 능하나 그 반복함이 모자라고, 자공은 민첩하나 능히 굽힐 줄을 모르며, 자로는 용맹하나 두려워하며 자제하는 마음이 없고, 자장은 장엄하지만 동화할 줄을 모른다. 이 네 사람의 뛰어난 점을 두루 갖추기는 나 역시 하기 어려운 일이다." 〈설원〉

아무리 뛰어난 사람이라고 해도 단점이 없는 사람은 없다. 그래서 《사기》에서는 "아무리 지혜로운 사람도 1,000번에 한 번은 실수를 하고, 아무리 어리석은 사람도 1,000번을 생각하면 한 번은 좋은 생각을 할 수 있다"라고 했다. 극단적인 예이기는 하지만 완벽하게 지혜로운 사람도, 완전히 어리석은 사람도 없다는 의미다. 그래서 《송명신언행록》에서는 "사람의 장점을 발휘하면 만사가 순조롭지만 단점을 밀어붙이면 일을 이룰 수 없다"라고 말하기도 한다.

28

택풍대과

태상손하

위에는 태괘☱, 아래에는 손괘☴인 대성괘

대과는 기둥이 휘어짐이다. 나아감이 이롭고 형통하다.

• 지날 과, 재앙 화(과정, 과거, 과잉, 사과, 통과, 초과)

• 마룻대 동(병동): 용마루 • 굽을 요(뇨): 휘다

풀이 연못(태괘)이 나무(손괘)를 삼켜 버리는 것이 대과의 괘상이다. 손괘를 나무로 보면('손'에 동방목의 뜻이 있음) 나무 위로 물(연못)이 차올라서 나무가 물속에서 썩는 모습이다. 집안의 기둥이 휘어질 정도로 위험한 때이기는 하지만 위험을 피하면 오히려 형통해질 수 있다. 위기가 곧 기회다. 가운데 네 개의 양효는 강하고 처음과 끝은 음효로서 약하다. 본말이 약하므로 대들보가 휘어진다. 손괘는 공손하고 태괘는 기뻐하는 뜻이 있어, 안으로 공손하고 밖으로 모든 사람에게 기쁘게 대하기 때문에 나아감이 이롭다.

산뢰이괘에서 너무 먹다 보니 영양을 과다하게 섭취하여 몸이 비대해졌다. 그래서 기른다는 이괘 다음에 지나치게 살이 찌고 힘이 강해졌다는 대과괘를 놓았다. 무릇 만물은 먼저 길러져야 성숙해지고, 성숙하면 분발하여 동할 수 있고, 동하면 또한 분수에 지나침이 있을 수 있으니 대과가 이괘의 다음이 된다.

대과는 큰 허물이 있다는 뜻과, 크게 지나침이라는 두 가지 뜻이 있다. 괘상을 살펴보면 기둥이 흔들리고 근본과 끝이 허약한 모습이다. 현재 우리는 물질적으로는 살기 좋아졌지만 불안 속에서 늘 위기의식을 갖고 살아간다. 식생활에 여유가 있어 이것저것 몸에 좋다고 마구 먹다

보면 몸이 살찌고 비대해지는 반면에 정신은 허약해진다.[2]

대과는 가운데의 지나친 네 양을 위와 아래의 두 음이 당하지 못하여 흔들리는 상이다. 대과는 지나치게 겸양을 한다는 의미의 대과와 행실의 실수가 지나치다는 대과가 있다. 전자는 군자의 도이지만, 후자는 소인의 도와 같은 것이다. 본(초효)과 말(상효)이 흔들리지만 강한 양이 가운데에 모여 있고, 그 지나친 것이 다름 아닌 군자이므로 나아갈 바를 둠이 이로우며 상통한 것이다.

효사

초육 자용백모 무구

자리를 까는 데 흰 풀을 쓰니 허물이 없다.

• 깔 자(빙자, 위자료): 깔개, 자리

풀이 초육은 대과의 때에 아래에 있고, 또 위로 여러 강한 양이 있으므로 스스로 두려워하고 있는 것이다. 손괘의 제일 아래에 있으니 겸손하고 삼가하여, 흰 띠(하얀 띠풀은 정결성을 상징함)를 깔고 정성을 드려 제사를 지내니, 처지가 위태하더라도 허물이 없다. 이는 곧 공경하고 삼가는 도다.

구이 고양생제 노부 득기여처 무불리

마른 버들에 싹이 나며 늙은 지아비가 그 처를 얻으니 불리함이 없다.

• 마를 고(고갈, 고사, 고엽): 시들다, 약해지다, 쇠하다

• 버들 양(양귀비) • 고양생제: 마른 버드나무에 새움이 돋는다는 뜻으로, 노인이 젊은 아내를 얻
    어 능히 자손을 얻을 수 있음을 비유해 이르는 말

풀이 구이는 그의 짝인 구오와는 둘 다 양이기 때문에 상응하기가 어렵다. 그런데 바로 이웃 아래에 초육이 있어 서로 음양의 짝이 맞다. 구이 양이 내괘의 중을 얻고 아래로 초육과 상비관계가 되니 늙은 지아비(구이)가 젊은 처자(초육)를 얻어 마른 버들에 싹(자식)이 나는 것이다. 노부가 젊은 처자를 얻음은 통상적 관계에서는 좀 지나친 일이기는 하나, 자식을 낳아 대를 이을 수 있으므로 흉한 일은 아니다.

구삼 동요 흉

기둥이 휘어지니 흉하다.

풀이 구삼은 대과의 때에 양이 양의 자리에 있으니 지나치게 강한 양의 성질이라 마치 기둥이 흔들리는 것 같아 흉하다. 구삼은 양이 지나치게 과하고, 손괘의 가장 위에 있으므로 이미 종국에 달하여 도와주는 사람이 없는데 과격하게 돌진하는 형국이다. 이는 붕괴를 자초할 뿐이다. 흉하다.

구사 동륭 길 유타 린

기둥이 높아짐이니 길하고, 다른 것을 두면 인색하다.

• 높을 융(륭)(융기, 융성): 높이다, 성하다 • 다를 타, 뱀 사

풀이   구사는 대신의 자리에 있고, 양이 음의 자리에 있으니 대과의 때에 있어서 강유를 겸비한 자다. 따라서 구오 인군을 도와 대들보를 높이듯이 융성하게 하면 길하다. 구사는 초육과 정응이지만 여기서는 구사가 초육의 젊은 여자를 만나면 꼴이 우스워진다('유타 린'). 앞에서 보았듯이 초육은 이미 이웃에 있는 구이의 아내가 되었기 때문이다. 그러므로 그 여자(초육)에게 정신을 팔리지 말고 대신의 자리에서 위의 인군을 잘 받들어야 한다. 대과괘의 여섯 효 가운데 유일하게 길한 효다.

  구삼은 '요'로 기둥이 휘었다고 표현하고, 구사는 '륭'으로 대들보가 높이 솟아 있는 것이 유지된다고 표현하고 있다. 대과괘는 지나침의 뜻이 있기 때문에 양이 양의 자리에 있는 구삼보다 양이 음의 자리에 있는 구사가 과도하지 않아 좋다.

구오 고양생화 노부 득기사부 무구 무예

마른 버들에 꽃이 나며 늙은 어미가 젊은 남자를 얻으니 허물은 없으나 명예도 없다.

• 빛날 화(화혼, 화려): 찬란하다, 호화롭다, 꽃

풀이 구오는 대과의 때에 군주의 자리에 있고 중정하나 아래로 도와주는 신하가 없다. 위로는 상육과 상비관계로 서로 사귀기는 하나 이미 극한 음(늙은 부인)이라, 고목에 새싹이 돋지도 않았는데 꽃이 피니 살짝 피다가 마는 꽃이 된다.

싹은 초효이고 꽃은 상효다. 싹이 새로 나는 것은 무럭무럭 자라서 오래가지만 꽃은 잠깐 피었다가 지고 만다. 늙은 남자가 젊은 여자와 살면 자식을 낳을 수 있어 대를 전해 오래가겠지만, 늙은 여자가 젊은 남자와 산다면 잉태할 수 없으니 어찌 오래갈 수 있겠는가? 늙은 부인이 어린 남편을 얻은 것은 지나친 일이고 대과로서 자랑할 일이 못된다.

상육 과섭멸정[3] 흉 무구

지나치게 건너다 정수리를 멸함이라. (머리 꼭대기까지 물에 잠겨) 흉하지만 허물은 없다.

• 정수리 정(정상회담, 정점, 절정): 이마

풀이 상육은 음으로 대과의 극한에 처했으니, 대과의 소임을 못 이루는 것이다. 자기 자신의 분수를 모르고 험난함을 건너다 머리 꼭대기까지 물에 잠기고 말았으니, 자신이 초래한 짓이라 누구를 탓할 수도 없다. 무모한 도전으로 흉하지만 남에게 피해는 주지 않았으므로 허물은 없다.

요약　크게 지나친 대과는 기둥이 휘는 지경이 되고 만다. 지나치면 모자란 것이나 마찬가지다(과유불급).[4] 대과의 시대에는 겸손과 절약이 필요하다.

　초육은 검소하고 성실하게 매사에 조심했다. 구이는 노부가 젊은 처자를 얻어 자식을 낳아 대를 이을 수 있으므로 불리할 것은 없다. 구삼은 지나치게 강하여 도움도 받지 못하고 심하게 흔들렸다. 구사는 딴 생각을 갖지 않고 자기 자리를 지켜서 대과의 시대에 유일하게 성공을 한다. 구오는 좋은 일을 만난 것 같아도 잠깐으로 그치고 상육은 지나친 짓이 극도에 달하여 화를 자초한다.

1 조선 중기의 문신인 택당 이식(1584~1647)은 이 택풍대과괘를 유별나게 좋아했던 것 같다. 그의 인생은 끊임없이 아래도 흔들리고, 위도 흔들려서 언제 집이 무너질지 모르는 불안의 연속이었다.

1610년 문과에 급제하여 7년 뒤 선전관이 되었으나 광해군 때 폐모론에 반대하여 벼슬을 버리고 시골로 낙향하여 택풍당을 지어 학문에만 전념했다. 자신의 호도 택당이다. 모두 '택풍대과'에서 유래한 명칭이다. 낙향하여 은거한 후 수차례에 걸친 왕의 출사 명을 계속 거부하여 1621년에는 왕명을 어겼다 하여 구속되기도 했다. 1623년 인조반정 후 이조좌랑 등을 역임했다.

병자호란 때는 척화파에 속했기 때문에 김상헌과 함께 중국 심양에 포로로 잡혀갔다. 포로생활이 풀려서 의주까지 돌아왔는데, 다시 잡아가려고 하니까 의주에서 탈주하여 돌아왔고, 이후 대제학, 예조판서 등을 역임했으며, 1647년 택풍당에서 세상을 떠났다.

2 몸에 좋다는 것을 하나 더 먹는 것보다는 몸에 좋지 않은 것을 하나 더 줄이는 것이 중요하다. 유비에게 제갈량이 있었다면 칭기즈칸에겐 야율초재가 있었는데, 그가 남긴 유명한 말이 있다.

"하나의 이익을 얻는 것이 하나의 해를 제거함만 못 하고, 하나의 일을 만드는 것이 하나의 일을 없애는 것만 못 하다."

칭기즈칸이 초원의 유목민에 불과한 몽골족을 이끌고 동서양을 아우르는 대제국을 건설할 수 있었던 것은 야율초재라는 걸출한 책사가 있었기 때문이다. 칭기즈칸은 중요한 일은 무엇이나 야율초재와 의논했다. 출신 성분을 따지지 않고 오직 능력만 보고 인물을 썼던 칭기즈칸이 한낱 피정복민의 젊은 지식인에 불과했던 야율초재를 그토록 신임했던 이유는 천문, 지리, 수학, 불교, 도교 할 것 없이 당대 모든 학문을 두루 섭렵한 그의 탁월한 식견 때문이었다.

스티브 잡스는 자신이 설립한 애플에서 쫓겨났다가 애플이 망해갈 즈음 다시 복귀했다. 그가 애플에 복귀한 뒤 맨 처음 시도한 것은 새로운 제품을 추가하는 것이 아니라 불필요한 제품을 제거하는 일이었다. 이렇듯 불필요한 제품을 솎아내고 선택과 집중에 몰입한 의사결정이 다 죽어가던 애플을 살려냈다. 다른 회사들이 잡다한 기능을 덕지덕지 붙일 때 스티브 잡스는 불필요한 기능을 하나하나 제거해 갔다. 그렇게 탄생한 제품이 아이팟, 아이폰, 아이패드였고, 다 망해가던 애플은 어느덧 혁신의 아이콘이 되었다.

위대한 제품은 하나같이 불필요한 것을 제거한 결과물이다. 미켈란젤로가 다비드 상을 완성하던 날, 수많은 사람들이 다비드 상을 보기 위해 피렌체로 몰려들었다. 커튼이 걷히고 5미터 높이의 다비드 상이 그 모습을 드러내자 사람들은 일제히 탄성을 질렀다. 인간이 만들었다고는 도저히 믿을 수 없는 완벽한 조각상에 압도된 대중은 하나같이 무릎을 꿇으며 신에게 감사의 기도를 올렸다. 사실 미켈란젤로가 조각한 대리석은 돌의 결이 특이하여 당대 내로라하는 조각가들도 모두 포기한 돌이었다. 그 모든 난관에도 불구하고 미켈란젤로는 그 대리석으로 최고의 작품을 만들어냈다. 작품이 완성된 후 어떤 방법을 써서 조각했기에 남들이 모두 포기한 그 대리석으로 그토록 훌륭한 조각을 할 수 있었냐고 물었다. 그러자 미켈란젤로는 다음과 같이 고백했다.

"나는 돌 속에 갇혀 있는 다비드만 보고 불필요한 부분을 제거했을 뿐입니다."

3 모험을 감행해야 한다고 가르친 것이 리섭대천이다. 모험과 실천의 중요함을 강조한 것이다. 그러나 과섭멸정은 무리한 실행, 자연의 질서에 위배되는 모험이다. 시공의 조화 속에서 실천함이 리섭대천이고, 시공의 조화를 얻지 못한 상태에서 무모하게 도전하는 것이 과섭멸정이다.

4 노자는 "굳고 강한 것은 죽음의 족속이요, 부드럽고 약한 것은 삶의 족속이다. 그러므로 사람도 살았을 때는 유약하지만 죽으면 굳고 딱딱하며, 초목도 살아 있는 것은 부드럽고 연하지만 죽는 것은 단단하고 모질다. 따라서, 병사가 강하면 멸망하고 나무가 강하면 부러진다"라고 말하여 유약한 것이 강한 것보다 낫다는 것을 가르쳤다.

29

중수감

감상감하

위에도 감괘 ☵, 아래에도 감괘 ☵인 대성괘

습감(거듭되는 어려움) 속에서도 믿음이 있어 오직 성실한 마음을 유지하면 형통하다. 행하면 숭상함이 있다.

- 거듭 습, 익힐 습(습관, 관습, 학습) · 구덩이 감: 험난하다
- 오직 유, 벼리 유(섬유, 유지): 오직, 밧줄, 그물 코를 꿴 줄, 매다, 유지하다
- 부: 새가 알을 품고 있는 모습으로, 미쁜 마음(믿음)을 의미한다.

풀이 위에도 감괘이고, 아래에도 감괘다. 다음 괘인 중화리가 위에도 불괘, 아래도 불괘인 것과 정반대다. 이렇게 같은 괘끼리 거듭된 것이 64괘 중에 여덟 개가 있다. 이중 중수감은 물이 거듭 겹쳐진 괘다. 그래서 거듭된다는 '중'을 써서 이 괘상에 중수감이라는 이름을 붙였다.

역의 64괘 중에서 불길함의 정도가 심한 것 네 개를 골라 '4대 난괘'라 하는데 택수곤, 수뢰둔, 중수감, 수산건이다. 이 난괘는 모두 감괘와 관계가 있다. '감'은 구덩이다.[1] 중수감괘는 위아래가 다 감괘로 겹쳐져 있으니 거듭 구덩이에 빠지는 설상가상의 형국이다.

그러나 궁즉통, 모든 주역의 괘가 그렇듯이 아무리 어려운 상황이라도 뚫고 나갈 길은 있다. 하늘이 무너져도 솟아날 구멍이 있다는 말처럼 어려움 속에서 성실의 미덕이 빛을 발한다. 사람이 비록 험한 일을 당했다 하더라도 믿음을 실하게 두고 마음속으로 흔들리지 않으면 어려움은 타개된다는 말이다. 그래서 험난을 극복한 뒤에는 사람들이 자기를 받들어 높이 추앙하게 된다.

감괘는 흐르는 물이다. 고여 있는 물은 연못(태괘)이다. 삼라만상의 최초는 물이다. 역에서는 양이 음 가운데에 있으면 '빠졌다'라고 하고, 음이 양 가운데에 있으면 '걸려 있다'라고 한다. 무릇 양이 3층 구조 중에서 위에 있으면 그치는 상이고, 가운데에 있으면 빠지는 상이며, 아래에 있으면 동하는 상이 된다. 음의 경우는 위에 있으면 기뻐하는 상이 되고, 가운데에 있으면 걸리는 상이 되며, 아래에 있으면 공손한 상이 된다.

안팎으로 험한 상태이나 내외의 '중'에 양이 거하여 중심을 바로잡고 있으니, 험한 곳에 처해도 중심이 흔들리지 않아, 마음은 형통하다. 믿음을 두었기 때문에 중용을 벗어나는 짓을 하지 않는다. 이런 마음이라면 어디를 가나 숭상함이 있다고 할 수 있다.

효사

초육   습감 입우감담 흉

습감(계속되는 어려움)에 구덩이에 들어감이니 흉하다.

• 바닥의 작은 구덩이 담: 구덩이

풀이   초육은 험한 것이 거듭되는 괘의 가장 아래이니 물이 깊은 구덩이의 맨 밑으로 패어 들어간 것이다. 물이 구덩이 맨 밑으로 들어가 흐르지 못하고 썩어버렸다. 도를 잃어버리고 물길을 잃어 흉하다. 늪에 빠져서 나오려고 발버둥치지만 오히려 깊숙이 가라앉을 뿐이다. 지극히 어려운 처지다. 늪이나 구덩이에 빠졌을 때는 늪 바깥의 어떤 것, 구덩이에 빠지지 않은 누군가의 도움을 받아야만 한다.

감 유험 구 소득

구덩이에 험난함이 있으나 구하는 것을 조금 얻는다.

> • 험할 험(위험, 보험, 모험)

[풀이] 구이는 강한 양으로 중을 얻었고 위로 같은 양인 구오의 응원이 있으나, 구이나 구오가 모두 험한 데 빠져서 서로 구원해 줄 수 있는 처지가 아니다. 비록 구덩이에서 나오지는 못하지만 중간 자리에 위치함으로 인한 중덕이 있어서 초육처럼 더 깊이 빠지지는 않으니, 구하는 바를 조금 얻은 것이다. 위험 중에는 빠져나오려고 허우적거리지 말고 위험에 더 빠져 들어가지 않는 것으로 만족해야 한다.

래지감감 험 차침 입우감담 물용

오고 감에 모두 다 험한 구덩이뿐이며, 험함에 또 베개를 베고 구덩이(초육)에 들어감이니 쓰지 말아야 한다.

> • 또 차(구차, 중차대) • 베개 침(금침, 목침, 침석)

[풀이] 육삼은 유약하며 '정'의 자리도 아니고, '중'을 얻지도 못했으며, 아래 감과 위 감 사이에 있으니 몹시 불안한 처지다. 오고 감이 모두 구덩이다. 험함에 또 험한 상이 되어 험한 구덩이 속에서 꼼짝 못 하고 누워 있는 꼴이다. 조용히 제 분수를 지키고 가만히 있어야지, 이를 무시하고 험난함을 구제하려고 한다면 더욱 곤궁해질 뿐이다.

　괘효사에 종종 등장하는 '물용'은 '사용 금지' 또는 '행동하지 말 것'

을 의미한다. 물구덩이에 빠졌으면, 쓸데없이 힘쓰지 말고 가만히 기다리라는 것이다. 구덩이 속에서 근신하며 수양하는 것이 요구된다. 역경과 고난을 통하여 사람은 내공을 깊이 쌓을 수 있다.

육사 준주 궤이 용부 납약자유 종무구

동이술과 대그릇 둘의 음식을 질박한 그릇에 담아 창문으로 올리는 간략한 방법으로 하면, 험난함을 구제하게 되어 마침내 허물이 없다.

• 술통 준 • 제기 이름 궤: 그릇 • 부: 배가 불룩하고 목 좁은 질 그릇

• 간략할 약, 맺을 약(약속, 계약, 절약): 검소하게 하다, 줄이다, 약속하다

• 들창 유: 들어서 여는 창

풀이 드디어 위험을 벗어날 수 있는 정황이 조성된다. 육사는 험한 때에 대신의 자리에 있으니, 위로 상비관계인 구오 인군과 은밀히 교섭을 해야 한다. 위의 인군에게 독대를 하러 가되, 격식보다는 성심을 가지고 소박하게 준비하는 것이니, 한 동이 술과 대그릇(안주 그릇) 둘을 질박한 그릇에 담아서 바치되, 그것도 정문으로 요란스럽게 들어가지 않고 창문으로 올리는 간략하고도 친밀한 방법으로 하면, 백성들에게 위화감을 주지 않아 험난함을 구제하게 되어 마침내 허물이 없게 되는 것이다. 이렇게 신중하고 조심성 있게 처신하니 감의 어려움을 극복할 수 있는 길은 열린다.

감에 차지 아니하니 이미 평평한 데 이르면 허물이 없다.

풀이 구오는 강한 재질로 중정의 덕을 얻었다. 험한 시대에 살기 힘들어 아우성인데, 인군 자신의 창고만 가득 채우고 있으면 안 된다. 또한 감불영은 아직 구덩이에 완전히 빠지지는 않은 상태, 즉 구덩이가 완전히 가득차지는 않은 상태다. 말하자면 어떤 궁지에 몰리기 직전의 상태를 말한다. 아직은 스스로 빠져나올 수 있는 상태다.

만일 물이 계속 흐르면 차지 않는 것처럼, 국가의 재물이 흘러서 험한 세상에 모두가 평등하게 살 수 있게 하면, 이는 정치를 잘 한 인군이 되어 백성들의 원성을 사지 않는다. 즉 정치란 '지기평'하는 것이다. 어려운 세상일수록 사람 관계를 공평하고 순수하게 해야만 서로의 살길이 열린다. 그래야 물이 한곳에 고이지 않고 흘러가 위험도 두려움도 사라진다. 험하고 어려울 때에 교만과 독선을 버리고 겸손하면서 내게 있는 것을 나누어주며 이웃과 손을 잡아야 허물이 없어지는 것이다.

끈으로 묶은 채 가시덩굴 옥에 가두어, 삼 년이 지나도록 얻지 못하니 흉하다.

• 휘묵: 옛날에 죄인을 묶는 데 쓰던 세 가닥으로 꼰 노와 두 가닥으로 꼰 노

• 둘 치: 그치다, 두다, 멈추다 • 총극: 가시덩굴, 감옥

상육은 음의 유약함으로써 험한 괘의 끝에 위치하니, 그 험한 데 빠짐이 깊어 나오지 못하는 것이다. 더 흐를 곳이 없어 막혀 있다. 마치 노끈으로 꽁꽁 묶어 옥에 가두어 3년이 지나도록 사면을 받지 못하는 것 같으니, 도를 잃음이 큰 것이다. 옛날에는 죄인을 감옥에 가두되, 가벼운 죄는 1년 만에 용서하고, 좀 무거운 죄는 2년, 더 무거운 죄는 3년 만에 용서했다고 한다. 그러므로 옥살이 3년이란 무거운 죄를 말한다. 그래서 흉한 것이다. 이런 캄캄한 어둠은 리괘로 밝아져야 비로소 빠져나올 수 있다. 상육은 초육보다 중죄를 지었다. 또한 초육보다 위에 있으니 그 형벌도 중하다.

험하고도 험한 세상이다. 그러나 확고한 신념과 희망을 가지고 지혜롭게 어려움을 이겨 내야 한다.

초육은 험한 곳에서 길을 잃고 구덩이로 빠져 들어가고, 구이는 험한 곳에서도 중심을 잃지 않아 간신히 지탱하며, 육삼은 꼼짝 못하여 험한 궁지에 빠진다. 육사는 어려울 때 중책을 맡아 슬기와 지혜 그리고 검소함으로 구제책을 강구한다. 구오는 자신만 배를 채우려 하지 않고 모두 다 어려울 때 이웃과 더불어 잘 살려고 노력하며, 상육은 꽁꽁 묶여서 험한 곳에서 헤어나지 못하는 가련한 신세다.

구덩이에 빠지지 않기 위해서는 모든 사람을 공평무사하게 대해야 한다. 인생에서 만나는 구덩이는 반드시 다른 누군가와 연관되어 있다. 누군가와 거래를 하고 다투는 과정에서 대부분의 구덩이가 생기고, 욕심 때문에 결국 그 함정에 걸려드는 것이다. 그러므로 타인들을 대함에 있어서 공평무사하게 한다면 대부분의 구덩이를 피할 수 있다. 또한 사람들에게 미리 인심을 얻어둔다면 나중에 구덩이에 빠졌을 때 틀림없이 도움을 받을 수 있다.

그렇다면 이미 구덩이에 빠진 사람은 어떻게 처신해야 하는가?

일단 구덩이에 빠진 사람은 어떻게든 헤어나려고 발버둥을 치게 마련이다. 온갖 수단과 방법을 동원하고, 모든 잔꾀와 인맥을 끌어들인다. 그러나 발버둥을 치면 칠수록 더 깊이 빠져드는 늪처럼, 얄팍하고 일시적인 술수로는 결코 구덩이에서 헤어날 수 없다. 그렇게 하다가는 구덩이에서 다시 더 깊은 구덩이로 빠져들고, 뜻하지 않은 죄까지 추가하게 된다.

그러므로 해결책은 다시 기본으로 돌아가는 것이다. 자신을 찬찬히 돌아보고, 구덩이에서 반드시 헤어날 수 있다는 믿음을 더욱 공고히 해야 한다. 그런 다음에는 자기희생을 무릅쓰더라도 남을 위한 일에 발 벗고 나서야 한다. 지은 죄가 있어서 구덩이에 빠졌다고 생각하고 남을 위한 봉사와 희생으로 그 값을 치러야 한다. 그렇게 하나하나 공덕을 쌓아나가야 구덩이에서 탈출할 길이 열린다.

1 《구약성서》에서도 '물'이나 '구덩이'는 고난과 시련을 상징한다.
"하나님이여 나를 구원하소서. 물들이 내 영혼에까지 흘러들어왔나이다. 나는 설 곳이
없는 깊은 수렁에 빠지며 깊은 물에 들어가니, 큰물이 내게 넘치나이다."(시 69:1-2,
14-15)

30

중화리

리상리하

위에도 리괘☲, 아래에도 리괘☲인 대성괘
'이위화' 라고도 부른다.

리 리정 형 휵빈우 길

리는 바르게 함이 이롭고 형통하니, 암소를 기르듯이 하면 길하다.

• 기를 휵, 짐승 축, 쌓을 축(축산, 가축, 축사) • 암컷 빈

풀이 '중'자는 '똑같은 것이 아래위로 나란히 있다'라는 뜻이고 '화'는 '불'이다. 불이 2개이니 화력이 강하다. 경솔한 행동을 할 우려가 있다. 그래서 암소를 기르듯이 하면 길하다고 했다. 중수감괘는 밝음(양효)이 안에 있기 때문에 강건하게 밖으로 행하라고 했고, 중화리괘[1]는 밝음이 밖에 있기 때문에 유순히 안을 기르라는 뜻에서 '휵빈우 길'이라고 한 것이다.

'리'는 '붙어 있다', '결합하다', '걸리다'라는 뜻을 가지고 있다. 불은 홀로 존재하지 못하고 재료에 붙어서 존재한다. 앞에서 나온 중수감은 험난한 물속에 빠져서 허우적대는 것을 나타내는 괘였다. 4대 난괘 중 하나다. 그러나 하늘이 무너져도 솟아날 구멍은 있다고, 중화리로 넘어오면 생사의 기로에서 겨우 무언가를 붙잡아서(혹은 걸려서) 의지할 수 있게 된다.

이처럼 주역에서는 길흉화복이 고정된 게 아니다. 중수감에서 힘들었다면 중화리에서 사정이 좀 나아진다. 그런데 꼭 중수감처럼 물구덩이에 빠지는 상황을 겪지 않더라도, 우리는 일상을 살아가는 과정에서 타자나 다른 사물에 의지하게 되는데, 이때 아무렇게나 의지해서는 안 된다. 무엇이든 모두 바른 것을 선택하여 붙잡고 있어야 한다.

초구 리착연 경지 무구

밟는 것이 어지러우나(밟으려다 이리저리 엉켰지만) 공경하면 허물이 없다.

- 어긋날 착(착각, 착오): 섞다, 어지럽히다

- 그럴 연, 불탈 연(자연, 당연, 개연성, 우연, 과연): 틀림없다, 명백하다, 허락하다, 불타다, 밟다

풀이 초구는 중화리괘의 맨 처음에 위치해서 활활 타오르고 있어 여차하면 앞으로 튀어나갈 기세지만, 이제 시작 단계이므로 함부로 나섰다가 위험에 처하게 된다. 겸손하고 신중하게 행동해야 허물이 없다. 불같이 타오르는 성질대로 하려고 하면 잘못된다.

위로 구사는 같은 양이므로 '응'이 되지 않아, 상비관계이며 중정한 덕이 있는 이웃의 육이에게 마음이 간다. 구사와 육이 사이에서 갈등하나, 덕이 있는 육이를 공경하면 허물이 없다.

초구 '리착연'의 '리'는 '밟을 리' 자로, 괘사의 '떠날 리'와 다르다. '밟을 리'를 '떠날 리'의 오자로 보는 시각도 있다.

육이 황리 원길

누런 리니 으뜸으로 길하다.

풀이 황색은 중용의 색이다. 노란색은 오행 가운데 모든 만물을 품어 안는 대지를 상징하는 '토'이며, 방위는 중앙이어서 주역에서 가장 중요시하는 중용의 덕을 의미한다. 중도를 밟아 광채를 발하고 크게 성공하는

것이다. 육이는 중정한 자리다. 동양에서는 중앙에 배속된 색을 황색이라고 본다. 중앙은 어디에도 치우치지 않은 중정한 자리다. 그리하여 '황리', 누런 리가 나왔다. 밝음과 따름이 이와 같다면 으뜸으로 길하다.

구삼 일측지리 불고부이가 즉대질지차 흉

해가 기울어져 걸림이니, 장구를 두드리고 노래하지 않으면 늙은이가 슬퍼하리니 흉하다.

• 기울 측 • 북 고(고취, 고무, 신문고, 고막) • 장군 부: 장군(배가 불룩하고 목 좁은 질그릇), 질
장구(타악기의 하나) • 노래 개(가수, 가요) • 늙은이 질 • 탄식할 차: 감탄하다, 탄식하다

풀이 구삼은 하괘의 끝에 있으므로 해가 기울어지는 때다. 중화리괘 육효를 하루로 본다면 내괘는 오전이고, 외괘는 오후다. 해가 기울어져 걸린다는 말은 해가 오전을 지나 오후에 걸린다는 말이다. 사람으로 치면 황혼에 접어들었다. 그러므로 황혼을 보내는 노인이 슬퍼하지 않도록 장구를 치고 노래를 불러야 한다. 그렇게 하지 않으면 큰 늙은이('문왕'을 의미한다는 주장도 있다)가 슬퍼하니 흉하게 된다는 뜻이다.

구사 돌여기래여 분여 사여 기여

돌연히 옴이라. 불타고 죽고 버리는 듯하다.

• 갑자기 돌(충돌, 돌입, 돌파, 돌연변이, 돌연, 돌풍, 돌출) • 불사를 분(분신, 분향)

• 버릴 기(포기, 폐기, 기각, 유기, 파기)

풀이 구사는 외괘의 시작이자 육오 인군 바로 아래에 있는 강한 신하다. 임금이 유약할 때 바르지 못한 신하는 못된 마음을 품는다. 그리하여 구사는 자신이 강한 것만 믿고 육오 인군을 치고 왕좌를 차지하기 위해 돌발적으로 난을 일으킨다. 그러나 난은 실패하고 구사는 죽고 불에 타고 버려지는 징벌을 당한다.

육오 출체타약 척차약 길

나오는 눈물이 물 흐르는 듯하며 슬퍼 탄식하는 듯하니 길하다.

•눈물 체: 눈물을 흘리며 울다 •물갈래 타: 눈물이 쏟아지는 모양

•근심할 척, 친척 척(친인척, 외척): 슬퍼하다, 친척 •탄식할 차: 감탄하다, 탄식하다

풀이 오효는 인군의 자리인데 보다시피 유약한 음이다. 아래로 강명한 신하의 도움이 없고 오히려 구사 역적의 난을 겪으며 핍박을 받았으니, 나라의 어려움을 걱정하여 '출체타약 척차약'하는 것이다. 백성을 위한 선정을 베푸느라 근심하고 두려워함이 깊어 눈물을 흘린다. 일편단심으로 나라 걱정을 하면서 흘린 눈물이기에 맘껏 울어서 오히려 길하다고 했다. 왕이 이렇게 성심성의를 다 바치니 나라가 편안하여 길하다.

상구 왕용출정 유가 절수 획비기추 무구

왕이 직접 정벌에 나서면 아름다움이 있으리니, 우두머리는 참수하고 그 부하들은 잡지 않으니 허물이 없다.

• 아름다울 가 • 꺾을 절: 자르다, 쪼개다

• 머리 수(수도권, 수긍) • 추할 추(추태, 추잡, 추행): 유사하다, 못생기다, 악당

풀이 상구가 강한 재질로 밝은 괘의 끝에 걸려 있으니, 육오 인군을 도와 나라를 바로할 수 있다. 왕이 군사를 출동시켜 세상을 어지럽히는 저항 세력을 무력으로 정복하니 정의로운 전쟁이라 명분이 아름답다. 강포한 괴수 구사를 제거하되(절수), 그 밑의 무리는 용서해주는 것(획비 기추)이니 허물이 없다.

　다만 음 자리의 양으로 세상의 이치를 바로잡는 데 너무 지나치게 처신할 우려가 있으므로 괴수만 잡고 졸개들은 풀어주는 아량을 베풀어야 허물이 없다고 경계했다. 그것은 이 출정의 목표가 악인을 처단해서 나라를 바르게 하는 데 있는 것이지 사람을 죽이는 데 있는 게 아니기 때문이다(또는 노획물은 취하지 말고 괴수를 노예로 삼으라는 뜻이 된다고 보기도 한다).

요약 초구는 처음이라 더듬거리고 방황해도 신중하고 공경한 마음으로 나가면 탈이 없고, 타오르는 혈기에 방황해도 조급하게 굴지 말고 신중하고 공경하는 마음을 가져야 한다. 육이는 황리로써 어디로든 치우치지 않고 중도를 지켜 중심을 잃지 않아서 크게 길하다. 구삼은 황혼에 접어들어서도 즐거운 마음을 가지며 노인을 위해 노래로 기쁘게 해드려야 한다. 구사는 불같은 성질로 강한 것만 믿고 덤비다가 패가망신당하니 조심해야 하고, 육오는 눈물까지 흘리면서 한 나라 어른 노릇을 하며, 상구는 무력 정벌까지 서슴없이 하여 나라의 평화를 지킨다.

1   주역은 곧 사서삼경의 《역경》인데, '상경'과 '하경'으로 나뉜다. 상경은 '중천건'을 시작으로 지금 나오는 '중화리'까지 30개를 말하고, 하경은 '택산함'에서 '화수미제'까지 34개를 말한다.

31

택산함

태상간하

위에는 태괘☱, 아래에는 간괘☶인 대성괘

느끼는 것은 형통하고, 일을 맡아 처리함에 이로우니(또는 형통하며 바르게 해야 이로우니) 여자를 취하면 길하다.[1]

• 다 함: 충만하다

풀이 함은 감(느낄 감)이다. 음과 양이 서로 느낌이 통하고 마음이 통하여 감응한다는 뜻이다. 주역은 총 64괘를 상, 하경으로 나눈다.[2] 상경은 '하늘의 도'이기 때문에 중천건과 중지곤을 맨 먼저 놓았다. 반면 하경은 '사람이 살아가는 도리'이므로 남녀가 만나 교감하는 함괘를 맨 먼저 놓았다. 하여 남녀가 만나는 것으로부터 인류가 시작됨을 알 수 있다. 전기의 플러스극(+)과 마이너스극(-) 사이, 자석의 남극(S)과 북극(N) 사이에 인력이 작용하듯, 젊은 남녀 사이에 사랑이 작용하는 것은 자연의 섭리다.

택산함괘의 상괘는 위가 끊어진 태괘(☱, 연못)이고, 하괘는 위가 이어진 간괘(☶, 산)이다. 함은 곧 젊은 남자(☶)와 젊은 여자(☱)의 교감으로, 남녀 간에 감응의 정이 깊기로는 소남 소녀보다 더한 것은 없으므로 두 체가 합하여 함괘가 되었다. 함괘는 산 위에 연못이 있어 연못이 물로 산을 고루 적셔 주어 못과 산 사이에 감응이 통하게 된다.

이것은 괘가 응하는 것을 보아도 확연히 드러난다. 상육은 음(⚋)이라 내려오기 좋아하고, 구삼은 양(⚊)이라 올라가기 좋아한다. 상육이 자기 짝인 구삼과 '응'으로 음양의 조화를 이루고 있다. 이렇게 가장 위에 있는 괘가 음양정응을 하고 있으니 그 아래에 있는 초육과 구사가 짝을 이루고, 육이와 구오가 짝을 이룬다. 모든 음과 양이 각각 짝을 이루어 전체가 조화를 이루었으니 마치 쌍쌍파티를 하는 모양새다. 음과 양, 남과 여가 결합하여 짝을 이루면 그다음에는 결실을 맺을 수 있다. 하여 함괘에서는 '여자를 취하면 길하다'라고 했다.

한 몸이 되려면 조건 없이 마음을 비워야 한다. 부드러운 것이 위로 가고(☷) 강한 것이 아래로 가야(☶) 한다.[3] 스펙 따지고 얼굴 따지고 이익을 따지는데 어떻게 감응이 되겠는가? 하여 '함'은 남녀의 느낌만을 이르는 것이 아니다. 남녀가 느끼는 것은 천지도 느낀다. 천지가 느끼면 그 느끼는 기운이 화하여 만물이 태어난다.

함은 31번째 괘로서 한 달(30일)을 마치고 새로운 달이 시작하는 때라고도 볼 수 있다. 함은 안으로는 산이 두터이 그치듯 사사로운 마음 없이 처하고, 밖으로는 기뻐하는 괘상이므로, 자신의 본분을 굳게 지키는 가운데 밖으로 기뻐하는 것이 함의 도인 것이다.

'느낄 감'에서 '마음 심' 자를 빼면 함이다. 그러므로 함은 무심의 경지를 나타내는 형이상학적인 말이다. 남녀의 교감은 인류의 시초이며 만물의 근원이다. 함괘는 남녀관계로 보면 처음으로 생명을 잉태하기 위하여 교감하는 형상이다. 간괘인 산은 볼록 형태이고, 태괘는 연못으로 오목 형태이니 상호 교감할 수 있다.

건괘의 괘사에는 '원형리정'이 있었으나 함괘의 괘사에는 '형리정'뿐이다. 원이 없는 이유는 절대성을 벗어난 상대성을 나타내는 것이다. 대자연에 순응하여 인위적으로 운명을 개척하고 변동할 수 있다는 것이다. 고정적으로 정해진 운명은 없다. '리정'은 서로 교감을 이룰 때 정도에 입각해야 함을 말하는 것이다. 바르지 못하면 부부의 도가 음란에 빠지고, 군신의 도가 아첨에 빠지고, 상하 간의 도가 사사로움에 빠진다. 잠시 스쳐 지나가듯 이름도 모르는 만남이라든지, 돈을 매개로 한 만남이라든지, 강요된 남녀 간 만남이라든지, 폭행에 의한 강제적 접촉은 모두 옳지 않을뿐더러 이롭지 않다는 것이다.

효사

초육 함기무

그 엄지발가락을 느낀다.

• 엄지발가락 무

풀이 초육은 구사에게 마음이 쏠린다. 초육은 아직 성장 초기 단계에 있다. 남자를 그리워하고 좋아하는 느낌이 아직 낮은 단계에 있다. 그래서 엄지발가락에 머물러 있다. 이때 사랑의 주도권은 자기와 음양응이 되는 외괘의 구사에게 있다. 초육은 아직 어리기 때문에 연애 감정이 생기지 않는다. 구사가 구애를 해오면 가만히 받아들이면 된다. 움직임이 너무 약해서 아직 길흉을 말할 단계는 아니다.

육이 함기비 흉 거 길

그 장딴지에 느끼면 흉하니 가만히 기다리면 길하다.

• 장딴지 비 • 살 거(거주, 주거, 거처)

풀이 육이는 사춘기에 접어든 여자다. 육이는 짝을 구하고자 하는 마음이 고조되어 상부의 '응'인 구오에게 가고 싶어서 장딴지에 느낌이 와 있다. 엄지발가락을 지나 장딴지가 서로 맞닿아 느끼는 것이다. 느낌이 장딴지에 있다고 한 것은 짝을 찾아 자꾸 돌아다니고 싶은 마음을 표현한 것이다. 그렇다고 섣불리 돌아다닌다면 성급하고 경솔한 남자를 만나게 되어 흉하다. 장딴지는 경망스럽고 수동적이어서 제어가 안 된다. 장딴지는 발을 따라 움직이는 것이지 자신의 능력으로 움직이는 것은 아니므로, 정응인 구오의 구함을 기다려 순응하여 움직이면 길하나, 자신의 중정한 도를 버리고 조급히 움직이면 흉하다. 중도를 잘 지켜야 길하다.

구삼 함기고 집기수 왕 린

그 넓적다리를 느낌이다. 그 따르는 사람을 붙드니, 나아가면 인색하리라.

• 넓적다리 고(고관절)

풀이 구삼은 느낌이 고조되어 넓적다리에까지 와 있다. 하체가 완전히 느껴지니 사랑을 구하기 위해 행동에 나서기 쉽다. 구삼과 함께 아래에 있는 초육과 육이의 음은 구삼을 든든한 오빠처럼 여기고 따른다. 이런 상황에서 구삼이 초육과 육이의 감정을 애정으로 착각하여 그들에게 구애하고 결합하려 하면 곤란하다. 왜냐하면 그들의 짝은 따로 있기 때문이다.

초육의 짝은 구사이고, 육이의 짝은 구오다. 구삼이 초육이나 육이에게 구애하면 구사나 구오에게 원망을 듣는다. 구삼은 이런 상황을 잘 파악하여, 자신의 짝인 상육과 짝을 이루어야 한다. 연애하는 데에도 '도'가 있다. 자기에게 어울리는 짝을 찾는 것이 연애의 도다. 최고의 상대를 구하는 것이 아니라 자신에게 맞는 상대를 구하는 것이다.

구사 정길 회망 동동왕래 붕종이사[4]

일을 맡아 처리한 것이 길하여 (또는 바르면 길하여) 후회가 없을 것이니, 자주자주 오고가면 벗이 네 뜻을 따를 것이다.

• 동경할 동, 어리석을 동: 그리움(왕래가 끊이지 않는 모양) • 너 이

풀이 구사는 양이고 상괘에 소속되어 있으면서, 하괘를 직접 지휘하는 실무 책임자이기 때문에 초육과 육이의 두 음이 잘 따른다. 그런데 바로 여기에 구사의 갈등이 있다. 구사가 구애해야 하는 대상은 초육인데, 성숙한 육이에게 자꾸 눈길이 간다. 그러나 육이는 이미 짝이 있는 몸이다(육이의 짝은 구오). 설사 육이에게 마음이 끌린다 하더라도 참아야 한다. 구사가 이를 극복하고 초육에게 구애하면 바르게 되어 길하다. 아직 어린 초육은 이를 잘 받아들이지 못하더라도 좋아하는 마음을 가지고 지속적으로 구애하면 결국 초육이 응하여 따르게 되니 좋은 성과가 있다. 그래서 '자주자주 오고 가면 벗이 네 뜻을 따른다'라고 했다.

구오 함기매 무회

등에서 감응을 느낀다. 후회할 바가 없다.

• 등심 매

풀이 구오는 인군의 자리요, 전체를 이끌어 가는 중심적인 위치다. 그래서 몸의 중추적 역할을 하는 등으로 느낀다. 등심으로 느낀다는 것은 온몸으로 느낀다는 것이다. 그러니 사랑의 감정도 가장 왕성하다. 왕성한 느낌의 등심으로 육이와 짝을 이루게 되니 뉘우칠 일이 없다. 이때는 느낌대로 움직이기만 하면 된다. 더 생각하거나 망설일 필요가 없다. 느낌대로 움직여도 그릇됨이 없다.[5]

상육 함기보협설

그 볼과 뺨과 혀로 느낀다.

• 광대뼈 보, 도울 보(보필, 보좌관) • 뺨 협 • 혀 설

풀이 상육은 노쇠했기 때문에 사랑의 감정을 주로 얼굴과 말로 표현한다. 지혜의 말과 너그러운 포용력으로 강한 성격의 구삼과 조화를 이룬다. 그러나 상육이 구삼과 짝을 이루기 위해 말로만 감동시키려 한다면, 즉 허풍을 떨면 구설수에 오르게 된다. 그러니 나이가 들수록 지혜가 필요하다.

요약　남녀가 만나 교감하는 함괘는 사람이 살아가는 도리를 말한 하경의 맨 처음에 놓인다. 그만큼 음양의 통함은 사람살이의 근본이 된다. 택산함괘는 '느낀다'라는 것으로 음양이 교감하여 감응하는 이치를 말한다. 나이에 맞게, 때에 맞게, 내 몸의 느낌을 조화시키는 기술, 그것이 택산함괘가 일러주는 연애의 '도'다. 그 최고 경지는 단연 느낌대로 움직여도 그릇됨이 없는 것이다.

　'함'이 남녀 합궁의 장면을 그림처럼 그려준다면 초육은 아직은 서로가 쑥스러워 슬그머니 엄지발가락을 갖다 댄다. 육이는 장딴지가 닿게 되어 흥분을 감출 수 없고, 구삼은 허벅지까지 감응이 되어 서로 포옹하고, 구사는 어린 초육이 아직 연애를 잘 받아들이지 못하더라도 좋아하는 마음을 가지고 지속적으로 구애하면 결국 초육이 응하여 따르게 되니 좋은 성과가 있다. 구오는 왕성한 느낌으로 육이와 짝을 이루게 되니 뉘우칠 일이 없고, 상육은 볼을 부비며 달콤한 말을 속삭인다.

1 '형리정'을 '무극의 시절을 제외하고 사람은 한번 태어나면 평생 함과 더불어 살아가게 된다'라고 해석할 수도 있다.

2 산화비괘 다음에 나오는 괘는 산지박괘다. 즉 꾸밈(비)이 오래되면 다하여 벗겨진 모습(박)이 나타난다. 조개로 예쁘게 꾸며 옻칠을 한 자개장도 오래되면 귀퉁이가 떨어져 나가거나 군데군데 옻칠이 벗겨져 흉하게 됨과 같다. 그래서 아름다운 꾸밈(비) 뒤에 다가올 벗겨짐(박)을 대비하라는 것이다. 박괘 다음에 오는 것은 지뢰복괘다. 벗겨져 부서져도 다시 회복될 수 있음(복)을 말하며 좌절하지 말 것을 강조한다.

복괘 다음에 오는 괘는 천뢰무망괘다. 회복(복)은 바르고 망령됨이 하라는 뜻이다. 무망괘 다음에 오는 괘는 산천대축괘다. 회복되어(복) 헛되이 함이 없으면(무망) 이윽고 크게 쌓을 수 있음(대축)을 뜻한다. 대축괘 다음의 괘는 산뢰이괘다. 이(기를 이, 턱이)는 '기른다'라는 의미로 많이 쌓여야만 온전하게 길러낼 수 있기에 대축괘 다음에 이괘가 온다. 이 괘 다음은 택풍대과괘다. 다 길러진 다음에는 움직여서 바깥세상으로 크게 나가게 됨(대과) 혹은 큰 실수(대과)를 저지를 수 있기 때문에 조심할 것을 강조한다.

대과괘 다음으로는 중수감괘가 온다. 감괘는 크게 지나치거나 허물이 생기면 강물에 빠지듯 험난한 지경에 빠지게 되나 믿음을 갖고 나아가면 벗어날 수 있다는 것이다. 감괘 다음에는 중화리괘다. 감괘의 빠짐이 계속되면 어느덧 무엇인가 걸리는 것(걸릴리)이 있게 마련이라는 뜻으로 감괘 다음에 리괘가 온다. 이 리괘까지가 30개의 괘로서 역의 상경을 마치게 된다. 그리고 나머지 34개의 괘로서 하경을 이루며 하경의 맨 처음 나오는 괘가 바로 택산함괘다.

함괘를 하경의 맨 처음에 놓은 이유는 상경은 천지만물이 생겨나는 이치이므로 건괘와 곤괘로서 맨 처음을 시작했고, 하경은 인간 세상의 이치를 설명하므로 남녀의 짝이룸을 주된 주제로 택산함괘를 맨 앞에 두었다. 남녀가 짝을 이루어 부부의 연을 맺으면 변하지 않고 오래가야 하는 것(항)이므로 함괘 다음에는 뇌풍항괘가 온다.

3 대체로 강자는 위에 군림하고 약자(부드러움)는 아래에서 복종하지만, 여기서는 그것이 뒤바뀌게 된다. 왜 이렇게 바뀌게 되었을까? '역'이 말하는 도리 중 하나가 바

꿈이다. '역'이라는 글자 자체가 '바뀔 역'이다. 더구나 '쉬울 이'라는 풀이도 가능하다. 그러므로 바뀌는 것이 때로는 쉽다고도 할 수 있다.

이러한 이치를 암시하고 있기 때문에 역사적으로 위정자들, 특히 왕권이나 기득권을 지닌 지배층 입장에서 보면 결코 달가운 논리가 아니다. 영원한 정권, 영원한 집권, 불멸의 지배를 꿈꾸는 것이 승리한 집단의 공통된 특징이다. 그래서 현재의 지배구도나 사회구조가 바뀌지 않기를 원한다. 자연히 '역'의 이치를 가까이하고 싶지 않은 것이다. 결과적으로 백성들이나 어린 사람들의 교육체계에서 《역경》을 덜 접하도록 만들어 놓았을 수도 있을 것이다. 물론 《역경》이 점서의 모습을 하고 있다든지, 아니면 너무 내용이 어려워 보편적인 교육체계의 주된 커리큘럼에 포함시키기가 힘들었을 수도 있다.

'혁명'이라는 엄청난 의미를 나타내는 단어도 《역경》에서 나온다(택화혁괘). 무엇을 바꾸는 것이 참 어렵지만 한편으로는 쉽다는 것이 바로 '역'이 '이'가 되는 이치다. 해는 그렇게 무겁고 뜨거움에도 불구하고 아침에는 동쪽에 나타나 한낮에는 위로 올라오고 저녁이 되면 서쪽으로 내려가 없어진다. 저녁에는 달이 슬그머니 나타나서 해가 간 길을 비슷하게 지나가서는 새벽녘에는 다시 저 땅 아래로 없어진다. 그렇게 해와 달이 나타났다 없어졌다 하루하루 바뀌는 것이 어렵지 않다. 그러나 우리 인간은 많은 어려운 일들 속에서 하루하루를 헤쳐나가고 있다. 주역의 이치를 거스르려 하기 때문이다. 때가 되면 바뀐다. 세상 모든 것은 변한다. 이것만 알고 나면 세상 모든 일이 그리 어려울 것이 없다.

4   동동왕래 붕종이사는 '자주자주 오고 가면서, 벗이 너의 생각을 따른다'라는 뜻으로 자주자주 만나면서 서로의 생각을 따른다는 말이다. 이 말에 대하여 공자는 《계사전》에서 이렇게 말했다.

"천하에 무얼 생각한다는 말이냐? 생각이란 게 썩 좋은 것은 아니다. 도대체 무얼 생각한다는 말이냐? 천하가 돌아가는 곳은 한 곳뿐이다. 길은 다 다르지만, 이루는 것은 하나인데 생각은 모두 달라서 백가지나 되는구나. 무얼 생각한다는 말인가? 생각을 한다고 되는 것이 아니다. 동동왕래라고 하면 벌써 잡된 생각으로 오가는 것이다. 무사무위로 감이수통해야 하는 것이다."

옛날에는 뽕나무밭에서 뽕잎을 따다가 눈이 마주쳐 뜨겁게 사랑해도 남녀의 결합이 이루어졌다. 남녀의 만남은 음양의 자연스러운 화합으로 우주의 섭리다. 아무 생각도 없고 그 어떤 인위적인 것도 없이 고요함 속에서 느껴서 통하면 되는 것이다(감이수통). 느껴서 통하는데 무슨 생각이 필요하며 뭘 생각할 게 있느냐는 것이다. 생각이란 썩 좋은 건 아니다. 생각이란 인간이 만든 행위다. 아예 생각이 없는 속에서 순수하게 통하는 것이다.

동동왕래 붕종이사는 어느 시절에나 있었다. 잡된 생각으로 서로 왕래했다. 그러나 그 시절에는 모두들 가난했기 때문에 생각도 간단했다. 그런데 지금은 풍요의 세대이기 때문에 생각의 겹이 층층이 올라 쌓여간다. 남녀의 결합에 앞서 조건도 많고 요구도 많고 바라는 것도 많아 생각이 몇 층을 올려 쌓다가 무너지고 만다. 하늘의 해와 달은 무사무위 속에서 서로 느끼고 통하는 일이 이루어지는데 인간만이 자연의 순리와 멀어지며 동동왕래 붕종이사의 인위에 빠져 있는 것이다. 생각의 더미에 묻혀 돌아가는 길을 잃어버릴 것을 공자는 염려하고 있었다.

5   이런 경지가 아마 공자가 나이 칠십이 되어서 이르렀다는 '종심소욕불유구'의 때가 아닐까?

"열다섯에 배움에 뜻을 두고, 서른에는 뜻이 서서 독립적 인격체로 자립하려 노력하고, 마흔에는 판단에 혼란을 일으키지 않아 세상일에 미혹되지 않기 위해 노력한다. 쉰에는 하늘의 뜻을 알기 위해 노력하며, 예순에는 남의 말을 그대로 듣고 받아들이려 노력하고, 일흔이 되면 마음이 하고 싶은 대로 좇아도 법도에 어긋나는 법이 없도록 노력하라(오십유오이지우학, 삼십이립, 사십이불혹, 오십이지천명, 육십이이순, 칠십이종심소욕불유구)."

32

뇌풍항

진상손하

위에는 진괘☳, 아래에는 손괘☴인 대성괘

항은 형통하고 허물이 없다. 바르게 함이 이로우니, 나아감이 이롭다.

• 항상 항(항상, 항구적)

풀이 하경의 첫 번째 괘인 택산함에서는 남녀 사이에 가장 원초적이고 근본적인 일인 '남녀상열지사'를 다루었다. 남녀가 느껴서(함) 부부의 인연을 맺었으면 오래오래 함께 해야 한다는 의미에서 '늘 그러함'인 뇌풍항을 함괘 다음에 놓은 것이다. 물론 택산함괘가 단지 '남녀의 느낌'만을 이야기하는 것이 아니듯, 뇌풍항괘도 단지 '부부의 도리'만을 이야기하는 것은 아닐 것이다. 부부의 도리와 비슷하게 해석될 수 있는 다른 여러 가지 인간관계를 논하고 있다고 할 수 있다.

인간사에는 남녀 관계 외에도 많은 만남이 있다. 만남, 즉 '인연'을 맺는 것에는 당연히 '느낌'이 따라오게 되어 있다. 어떨 때는 짜증이 날 때도 있다. 이런 만남에는 느낌이 오래 지속될 수 없다. 연못과 산이 만나는 듯이 즐겁고 느낌이 좋은 만남이어야만 오래하고 싶고, 계속하고 싶어서 '항상' 하게 될 수 있을 것이다. '항'은 '변하지 않고 오래간다'라는 뜻이다.

택산이 기운을 통하는 것은 남녀가 만나는 것이고, 우레와 바람은 서로 크게 움직이며 함께 움직인다. 우레와 바람이 함께 휘돌면서 천지 살림이 이루어지고, 인간 사회는 장남(☳)[1]과 장녀(☴)의 성숙한 만남이 부부가 되어 가정을 꾸리어 살림하며 살아간다. 손괘는 공손한 성질을 가지고 있고, 진괘는 밖에서 힘차게 활동하니, 부부가 협력하고 화합해서 항구한 가정을 이루는 데 손색이 없다. 이 괘는 음과 양의 효들이 모두 상응하여 결속력이 좋아 '항'의 기능을 가졌다.

남녀가 만나 부부가 되는 것은 천지의 조화를 따르는 일이니 형통하고 허물이 없는 것이 당연하다. 그렇다고 되는대로 행동해서는 안 된다. 부부가 지켜야 할 도리를 어기고 제멋대로 행동하면 가정이 편안하지 못하다. 부부 간에는 어떻게 해야 하는가? 우레와 바람처럼 항구하게 관계를 맺어야 한다. 그러나 알다시피 남녀 사이에 항구하기란 매우 어려운 일이다. 효사에는 다양한 어려움이 나온다.

효사

초육 준항 정 흉 무유리

항상 만나려고 파고드는지라, 고집해서 흉하니 이로울 바가 없다.

• 깊게 할 준: 치다, 깊이 파다, 약탈하다

풀이 초육은 음이 아래에 있어 그 힘이 미약하나, 위로 정응인 구사가 응원해주기를 일방적으로 바라고 간절히 기다리는 상이다. 항구함을 너무 깊이 파고 들어갔다. 그러나 구이와 구삼이 가로막고 있는 데다, 그 남자(구사)가 진괘에 있어 동적인 양의 성질이 강하여 밖으로만 발동하는 것을 모르고 철석같이 믿고만 있는 것이다. 따라서 그 뜻을 얻지 못해 원망만 쌓여 흉하게 되므로 이로울 바가 없는 것이다. 세상은 변화하고 사람은 항상 같은 자리에 있지 않은데, 자기만 그 자리에 머물러 있으니 결국 퇴보다.

주역에서 손괘의 성질은 안으로 파고 들어가는 것이다. 반면 진괘의 성질은 밖으로 움직여 나가는 것이다. 이것을 인간사에 대입해보면 손괘의 부인(초육)은 남편에 대한 믿음을 굳건하게 가지고 있는데 반해, 진괘의 남편(구사)은 밖에서 허튼짓을 하고 돌아다니는 것으로 풀어볼 수 있다.

구이 회망

후회함이 없다.

풀이 주역에서는 중(괘의 중간에 위치하는 것)과 정(양이 양의 자리에, 음이 음의 자리에 위치하는 것. 홀수는 양의 자리이고 짝수는 음의 자리)을 지키는 것을 대부분 좋게 해석한다. 구이는 양이 음 자리에 있어서 '정'은 아니다. 하여 부부 생활을 하는데 온갖 궂은일이 생긴다. 그러나 다행히도 구이가 '중'의 자리를 얻었고, 육오가 정응 관계로 응원하니 바르게 돌아오는 것이다. 중덕을 가지고 항구함을 지키므로 후회할 일이 모든 게 잘 해결된다.

구삼 불항기덕 혹승지수 정 린

그 덕을 오래 하지 못하면 혹 부끄러움이 따라오게 되니 바르게 해도 인색하다.

• 이을 승(승인, 승낙, 계승): 잇다, 계승하다 • 부끄러울 수(수치심)

구삼은 하괘에서 상괘로 가는 길목에 있으므로 불안정하고, 양의 자리로 자리가 강하기 때문에 주역에서는 3효를 대부분 좋지 않게 해석한다. 양이 양의 자리에서 강한 것만 믿고 경거망동하기 때문에 부부의 덕을 항구히 하지 못한다. 그렇게 부끄러움을 얻었는데도 불구하고 계속 고집을 부리면 인색하게 된다.

사람이 진득하지 못하면 어떤 직업에서도 견뎌내지 못한다. 더욱이 부부가 인연을 맺어 가정 살림을 꾸려나가는 데 항심이 없다면 외도까지 하다가 수치를 당하게 될지도 모른다.

구사 전무금

사냥에 나섰는데,(또는 들판에) 사냥할 짐승이 없다.

• 밭 전, 사냥 전 • 새 금, 짐승 금

풀이 여기서 사냥이란 부부가 살림하는 것을 은유적으로 표현한 말이다. 사냥하는데 새가 없다는 것은 부부의 살림살이가 텅 비었다는 뜻이다. 구사는 양인데 음 자리에 있으니 바른 자리가 아니며 중간 자리도 아니다. 게다가 구사는 초육과 응하는 관계인데 자기를 믿고 있는 순진한 아내(초효)를 배신하고 밖에서 온갖 못된 짓을 다한다. 그러니 어찌 새를 잡겠는가. 사냥을 한다는 일은 가정 살림에 필요한 먹을 것을 구하는 일인데, 먹을거리를 얻지 못하니 생활비도 대주지 못하여 기본이 무너지고 있는 것이다.

육오 항기덕 정 부인 길 부자 흉

그 덕을 항상 지키면 바르니, 부인은 길하고 남편은 흉하다.

풀이　오효는 양의 자리이고, 중의 자리이며, 군주의 자리인데 음이 와 있다. 아내가 가장인 남편의 자리를 빼앗은 꼴이다. 부인의 입장에서는 가장의 자리를 얻어서 길하지만 남편의 입장에서는 제 자리를 빼앗겼으니 흉하다.

《상전》에서는 부인이 비록 남편을 휘어잡았지만 한 남자를 따라서 그 생을 마치기 때문에 길하다고 했고, 남편은 집안의 법도를 바로 세우지 못하고 부인의 위세에 눌려 살기 때문에 흉하다고 풀이했다.

아내가 열심히 일하여 한 가정의 경제력을 쥐고 있으나 남편은 무능하여 할 일이 없다. 부인은 남편만을 사랑하기 때문에 가정생활은 바르고 길하다. 그러나 남편은 가장으로서의 권위를 잃고 체면이 서지 않아 살아도 사는 게 아니다. 남편은 아내와 자식에게 존경을 받고 본보기가 되어야 하는데, 부인한테 그 자리를 빼앗겨 허망하게 산다. 남편으로서의 법도를 잃었다. 고개를 떨군 남편의 모습이다.

상육 진항 흉

항을 떨침이니(항구함을 흔드니) 흉하다.

• 떨칠 진(진작, 부진, 진흥, 진동)

풀이　상육은 뇌풍항괘의 맨 위에 위치한다. 주역은 조화와 균형을 중요시한다. 한데 상육은 이미 괘의 극단에 치달았으므로 자신의 분수를 지키지 못하여 아래로 정응인 구삼에게로 조급히 움직이는 까닭에, 항상한 덕을 무너뜨리게 되어 흉하고 끝내 이룸도 없게 되는 것이다. 과도한 변화를 요구하여 격렬하게 몸부림치는 상황이 그동안 지켜왔던 가정을 힘없이 무너뜨린다. 너무 지나치게 고집 피우고 진동하면 공든 탑도 무너질 수 있다는 것으로도 해석할 수 있다.

요약　뇌풍항괘는 괘사와 효사가 완전히 딴판이다. 괘사에서는 형통하다고 했지만 효사로 들어가 보면 그다지 좋지 못하다는 것을 알 수 있다. 구이가 중을 얻어서 겨우 후회가 없는 정도이고 나머지 효는 남편이 바람을 피우고, 경거망동하고, 부인에게 자리를 빼앗기고 결국 부부 사이가 멀어지는 지경에 이른다. 이처럼 부부관계도, 더 나아가 인간의 삶도 항구하기란 어려운 일이다.

초육은 아내가 지나치게 남편만 믿고 있다가 외도하는 것도 파악하지 못했다. 구이는 항상심을 유지하여 가정을 꾸려간다. 구삼은 전혀 안정성 없이 부끄러운 짓만 하고 다닌다. 구사는 밖으로만 떠돌며 가정경제가 엉망이다. 육오는 부인이 야무지게 가정 살림을 꾸려가고 남편은 무력하다. 상육은 변화의 소용돌이에 가정이 파탄 난다.

1   주역에서는 소성괘 팔괘를 한 가족으로 본다. 아래 표를 참고.

팔괘 가족							
건 ☰	곤 ☷	진 ☳	손 ☴	감 ☵	리 ☲	간 ☶	태 ☱
아버지	어머니	장남	장녀	중남	중녀	소남	소녀

건곤은 만물을 낳는 부모고, 건곤이 낳은 자식이 나머지 여섯 괘다. 그런데 이들에게
도 순서가 있다. 진, 손이 장남과 장녀이고, 감, 리가 중남과 중녀, 간, 태가 소남과 소녀
다. 이러한 순서는 무엇으로 결정되는가? 여섯 괘가 내포하고 있는 효의 모양으로 결
정된다.

진괘는 양효 1개와 음효 2개로 이루어져 있는데 양효가 첫 번째 자리에 위치한다. 그
러므로 '장남'인 것이다. 손괘는 음효 1개와 양효 2개로 이루어져 있는데 음이 첫 번
째 자리에 있으므로 '장녀'가 된다. 감괘는 양효 1개와 음효 2개로 이루어져 있는데
양효가 두 번째 자리에 있으므로 '중남'이 된다. 리괘는 음효 1개와 양효 2개로 이루
어져 있는데 음효가 두 번째 자리에 있으므로 '중녀'가 된다. 간괘와 태괘도 마찬가지
다. 정리하면, 소성괘를 구성하는 3개의 괘 가운데 음효 또는 양효가 홀로 있을 때 양
효는 남자, 음효는 여자로 성별이 결정되고, 홀로 있는 효가 어떤 위치에 있느냐에 따
라 장, 중, 소가 정해진다.

33

천산돈

건상간하

위에는 건괘 ☰, 아래에는 간괘 ☶ 인 대성괘

괘사 돈(둔) 형 소리정

돈(둔, 물러남)은 형통하니 정하면 조금 이롭다.

• 달아날 둔, 숨을 돈(은둔): 대부분 '천산돈'으로 읽으나, 간혹 '천산둔'으로 읽는 책도 있다. 수뢰
둔과 혼동을 피하기 위해 천산둔을 천산돈으로 읽는다는 주장도 있고, 둔을 '새끼 돼지 돈, 숨을
돈'으로 보는 주장도 있다.

풀이 모든 것이 항구 보존될 수만은 없으므로 항괘 다음 물러나 숨는
돈(둔)괘를 놓았다. 항은 변하지 않음이다. 만물은 무상하므로 변함없이
항상 그 자리에 있을 수 없기 때문에 돈(둔, 물러남)으로 받았다. 돈(둔)괘
는 6월괘다. 괘상을 보면 밑의 2개의 음효가 4개의 양효를 먹어 들어가
는 형상이다. 즉 양이 물러가는 형상이라서 괘 이름을 돈(둔)이라 했다.
세상에 소인이 난무하면 군자는 물러가게 마련이다. 대인이나 군자가
난세를 파악하고는 은퇴하여 숨는 형상이다.[1]

돈(둔)은 은둔의 뜻이다. 주위의 소인들이 성가시게 굴어서 뒤로 물러
나는 형상이며, 하늘 아래 산이 있는 형상이다. 늘 그 자리에 있는 하늘
은 도에 뜻을 둔 대장부를 뜻하고, 산은 그 자리에서 움직이지 못하는
소인을 뜻한다. 소인은 도가 아닌 것들에 욕망이 묶여 있기 때문에 움직
이지 못한다. 군자는 소인을 멀리할 수밖에 없지만 그렇다고 그들을 무
조건 미워하지는 않는다. 소인은 현재 도를 모를 뿐, 언제든지 깨달을
수 있는 존재이기 때문이다.

구오와 육이가 서로 잘 응하고 있어 아직은 헤쳐나갈 의지가 있으나
아래의 음효가 세게 육박하면서 올라오고 있어 비록 자기주장이 옳다

고 하더라도 앞장서지 말 것이며, 상대가 소인이라도 겨루어 볼 생각을 가져서는 안 된다. 몸을 피하는 것이 상책이다.

천산돈(遁)은 은둔의 괘다. 돈(遁)은 물러난다는 뜻이다. 물러나야 형통하고 이롭다. 지금은 나서서 행할 때가 아니라는 뜻이다.[2] 대장부는 자신을 알아주는 왕과 시대를 얻지 못한다면 조용히 때를 기다리는 게 최선이다. 이런 선택도 아무나 할 수 있는 것은 아니다. 그래서 은둔이라는 최선의 선택을 하면서도 '이롭다'가 아니라 '조금 이롭다'로 표현했다.

효사

초육 돈미 려 물용유유왕

물러나다가 꼬리를 밟혀 위태로우니 나아가는 바를 두지 말라.

• 꼬리 미(미행)

풀이 물러나다가 꼬리를 밟혀 붙잡히는 형국이다. 초육의 힘이 미미하여 미처 물러나지 못하니, 꼬리를 밟혀 위태한 지경이다. 이럴 때는 차라리 제자리에 그쳐 안정하고 있으면 큰 재앙은 없다. 나아가 위험을 자초하는 것은 나아가지 않음으로써 재앙을 입지 않는 것만 못한 것이다. 때는 바야흐로 난세다. 그러나 아직은 때가 아니라 지금 은둔하면 꼬리를 밟혀 화를 당할 수도 있다. 이때는 버텨야 한다.

육이 집지용황우지혁 막지승설

잡는 데 누런 소의 가죽을 쓴다. 이겨서 말하지 못한다.

• 없을 막(삭막, 막강, 막중): 말다, ~하지 말라, 불가하다

풀이 물러나고자 하는 의지가 황소 가죽처럼 확고하다. 육이는 중정한 덕을 얻고 위로 구오와 정응인 관계에 있으므로 상응이 되어 중정한 도리로 서로 결속하니 소가죽으로 잡아맨 것 같다. 오행에서 황색은 목화금수를 매개하는 중앙의 '토' 기운을 뜻한다. 어떤 상황에서도 중도를 잘 잡아서 때를 기다리라는 것이다.

이겨서 말하지 못한다는 것은 군자의 상태를 표현한 것이다. 사실 속은 소인과 다른 뜻을 품고 있는데 말을 못 하고 있는 형편이다. 그럼에도 황소 가죽을 쓰고 뜻을 다져야 한다('막지승탈'로 해석하여 '빠져나가지 못한다'로 보는 시각도 있다).

구삼 계돈 유질 려 흑신첩 길

매여서 물러남이라. (인간관계가 복잡하게 얽혀 물러나야 하는데 뜻대로 안 되니 속이 썩어 마음에) 병이 들어 위태로움이 있으니 신첩을 기르는 것이 좋으리라.

풀이 구삼도 아직은 은둔할 때가 아니다. 구삼은 양이 양의 자리를 얻어 바름을 얻었으나 위로 응원해주는 정응이 없으니, 아래로 상비관계인 이웃 육이에 매여서 빨리 물러나지 못하는 것이다. 마땅히 물러날

때에 물러나지 못하여 몸은 위태롭지만 신하나 첩을 돌보는 작은 일은 길하다. 이왕에 아랫사람들과 인연을 맺었으니 그들을 잘 돌보라는 것이다. 소인을 키운다고는 하지만 그 행위 자체가 군자의 병을 고치는 치료제다.

구사 호둔 군자 길 소인 비

좋아도 물러남이니, 군자는 길하고 소인은 비색하다.

• 좋을 호(선호, 호황, 호전, 우호, 애호, 호기심): 사이좋다, 아름답다

풀이 강한 결단력이 있어 아무리 좋아하는 사람이 있어도 자기의 뜻을 펼쳐야 한다. 그래서 어지러운 세상을 미련 없이 떠난다. 좋아하는 여자가 붙잡아도 제 갈 길을 가는 대장부의 당당한 물러남이다.

구사는 양이 음의 자리에 있어 바름을 얻은 것은 아니나, 중정의 덕을 갖춘 구오에 가까운 신하이고 건괘에 있으니, 강과 유를 겸비한 군자다. 초육과 정응이 되어 좋아하나, 물러갈 때를 알아서 사사로운 정을 끊고 물러가니 길한 것이다. 다만 바른 자리가 아니고 음 자리에 있어 뜻이 약하므로, 초육에 매일 것을 경계하여 경계를 두었다. 소인이라면 눈앞의 이익에 급급하여 물러갈 때를 알지 못하기 때문에 비색하다고 말하고 있다. 비색이란 '운이 막힌다'라는 뜻이다.

구오 가돈 정 길

아름답게 물러남이니 정하여 길하다.

풀이 물러날 때를 알고 물러나는 아름다운 은둔이다. 아름답게 물러
난다는 것은 때를 잘 알아서 미련 없이 물러난다는 것이다. 욕심을 버려
벼슬자리를 마다하고 자신의 뜻을 따르기 위해 자연과 더불어 유유자
적하는 것이다.

  구오는 중정의 덕을 갖추고, 때에 따라 행하고 그치니 그 행실이 아름
답다. 아래로 육이와 정응이 되어 정사를 행할 수 있을 때는 바르게 정
사를 베풀고, 돈의 때를 맞아 물러날 때가 되면 물러나니, 중정한 덕으
로 뜻을 바르게 하지 않으면 불가능한 것이다. 육이와 더불어 세상을 경
영하다가 물러날 때에 물러나니 아름답다.

상구 비돈 무불리

살이 찐 물러남이니(여유롭게 물러나 앉으니) 이롭지 않음이 없다.

• 살찔 비(비만, 비료, 비대, 비옥)

풀이 소인이 권력을 쥐고 흔드는 세상을 미련 없이 떠난다. 아무런
구속도 없이 초연하게 멀리 떠나니 오히려 마음이 풍요롭기까지 하다.
상구는 그간에 누리던 모든 영예를 뒤로 물리고 인생무상의 진리를 삶
의 현실로써 보여주는 은자의 위치다. 아무도 원망하지 않고 부러워함
도 없다. 일에 얽매이는 고통도 없으며, 여유롭게 흐르는 물과 같이 유

유자적하는 것을 낙으로 일삼는 경지라 할 것이다. 강한 양으로 물러나
는 괘의 끝에 있고 아래로 응하여 매임도 없으니, 마음이 편안해져 이롭
지 않음이 없고 의심할 바도 없는 것이다.

이제 속세를 떠나 멀리 왔다. 지금은 백성에게 이로운 정치를 펼칠 수
없으니 혼자라도 도를 지켜야 한다. 은둔은 도를 펼치기 위한 선택이므
로 도피는 아니다. 그러므로 군자는 은둔하더라도 충만하다. 이것을 살
이 쪘다고 표현한 것이다.[3] 자연의 섭리를 따라 살다 보면 개구리가 더
멀리 뛰기 위해 움츠리듯 그렇게 움츠려야 할 때가 있는 법이다.[4]

요약 초육은 꼬리가 밟힐 위험이 있으니 가만히 있으라 했고, 육이는
중도를 지켜 굳건히 하라 했고, 구삼은 처자식들에게 매인 몸이니 가족
을 돌보며 머물러라 했다. 구사, 구오, 상구는 제각기 좋아서, 아름답게,
여유롭게 은둔하는 것이다.

1   옛날 은둔자들의 이야기 중에 중국 요 임금 시대의 소보와 허유라는 자가 있었다. 요가 어느 날 허유에게 천자의 자리를 맡아 달라고 했다. 그 말을 들은 허유는 친구인 소보에게 그 말을 전했더니 소보는 더러운 말이라고 흐르는 시냇물에 가서 자기의 귀를 씻었다고 한다. 이들은 그 시대의 은둔자들이었다.

우리나라에서도 퇴계 선생이 벼슬자리를 열한 번이나 사양했고 호가 '퇴계(물러날 퇴, 시냇물 계)'인 것도 '깨끗한 시냇물이 흐르는 곳으로 물러난다'라는 뜻이다.

2   《맹자》'등문공' 편에는 대장부(군자)란 어떤 존재인가에 대한 답으로 "천하의 길을 걸어가서 목적을 달성할 때는 백성과 함께 행동하고, 목적을 달성하지 못할 때는 혼자 자기 길을 걸어가서 부귀도 그 사람의 마음을 어지럽게 하지 못한다"라고 되어 있다. 어지러운 세상에서 도를 말해봤자 위태로워질 뿐이다.

3   《소동파 사선》에는 이런 글이 있다.

"등용되거나 버림받는 것은 시국에 달려 있고 나아가고 물러남은 내 마음에 달렸으니."

군자는 어떤 상황 속에서도 원망하지 않는 자다. 그때마다 자신이 해야 할 일이 정확히 있기 때문이다.

4   어지러운 속세가 싫어서 은둔하는 것이어서 예전에는 주로 산속으로 피해 들어갔다. 당나라 이태백의 시 '산중문답'에도 은둔이 아름답게 그려져 있다.

"내게 물었다 무슨 일로 청산에 사느냐고. 웃으며 대답하진 않으나 마음은 절로 한가롭다. 복숭아 꽃잎이 흐르는 물에 가득히 흘러가니. 여기는 별천지요 인간 세상 아니로세."

34

뇌천대장

진상건하

위에는 진괘☳, 아래에는 건괘☰인 대성괘

대장은 바르게 함이 이롭다.

• 장할 장(웅장. 장관. 굉장. 장렬. 장정)

풀이 우레(☳)가 하늘(☰) 위에서 위엄 있게 울리고 있다. 대장은 하늘 위에 우레가 울리는 상이다. 천산돈(둔)이 밤이었다면 뇌천대장[1]은 낮의 모습이다. 어두운 밤이 가고 밝은 낮이 도래했다. 쇠하여 물러나는 바가 있으면 다시 왕성해지는 것이 자연의 이치이므로, 뇌천대장이 돈(둔)의 뒤를 이어받았다. 소인이 판을 쳐서 군자가 물러나는 것이 '돈(둔)'괘였고, 이번에는 초구부터 구사까지의 네 양이 크고 강하므로 군자가 힘이 강해져서 소인을 몰아내는 형국이다.

그러나 군자 또한 늘 바르게 해야 하며, 자기 수양 속에서만 군자로 거듭난다. 진실로 크고 강한 힘은 어리고 약한 것들을 보호하는 힘이다. 그래서 강한 힘을 가진 사람이 올바른 사회정의를 세워야 사회가 더욱 편안해질 수 있다.

효사

초구 장우지 정 흉 유부

발가락에 장함이니, 정벌하러 가면 흉함에 믿음이 있다.

풀이 초구는 발에 기운이 몰린 듯이 최하위에서 무리하게 전진하려고만 한다. 아직은 때가 아니며 이제 시작일 뿐인데, 자신의 힘을 과신하는 그릇된 용기다. 무슨 일이든 급하게 추진하면 안 된다. 지혜가 결여된 힘, 생각보다 행동이 앞서는 저속한 힘은 파멸을 불러온다. 반드시 흉하다.

구이 정 길

바르게 해서 길하다.

풀이 대장은 바름이 이롭다. 힘을 가졌을 때일수록 바르게 되어야 천지를 이롭게 한다. 구이는 양이 음의 자리에 있어 정을 얻지는 못했으나, 하괘의 중을 얻었으므로 중덕으로 인해 그 바름을 잃지 않는 것이다. 또한 인군인 육오와 응하여 신임을 받으므로 바르게 나아가면 길하게 된다.

구삼 소인용장 군자용망 정 려 저양촉번 리기각

소인은 장함을 쓰고 군자는 없음을 쓰니 바르게 하여도 위태하다. 숫양이 울타리를 들이받아 그 뿔이 걸림이다.

・그물 망, 없을 망(망측하다) ・숫양 저

・저양촉번: 숫양이 무엇이든지 뿔로 받기를 좋아하여 울타리를 받다가 뿔이 걸려 꼼짝도 못 한

다는 뜻으로, 사람의 진퇴가 자유롭지 못하게 됨을 이르는 말 ・파리할 리(이): 걸리다

풀이 구삼은 양이 극성하여 힘이 넘치므로 자신의 힘을 너무 믿는다.

자기의 강성함만 믿고 무리하게 밀고 나간다면 아무리 바른 길이라도 위태롭다. 그래서 결국 숫양이 울타리를 받아서 그 뿔이 울타리에 걸리는 것과 같은 신세가 된다는 것이다. 구삼은 양이 양의 자리에 있고 건의 가장 위에 있으니 지나치게 강하다. 소인은 자신의 강함만을 믿고 마치 숫양이 울타리를 향해 돌진하다 그 뿔이 걸려 꼼짝 못하여 위태하게 되는 격이고, 군자는 이 소인의 돌진함을 힘으로 막지 않고 잘 이용하여 소인 스스로 따르게 하는 것이다.

구사 정 길 회망 번결불리 장우대여지복

바르게 하면 길해서 후회가 없으리니, 울타리가 확 트여 걸리지 않으며 큰 수레바퀴가 강하게 굴러간다.

• 우거질 번, 울타리 번(번식, 번성) • 결단할 결, 터질 결(결정, 해결, 판결, 대결, 결렬)

보기 구사는 앞이 확 트여 울타리가 열린 상태다. 앞으로 나아가도 절대 걸리지를 않는다. 그래서 큰 수레바퀴가 강한 힘으로 굴러간다. 구사는 중을 얻지도 못했고 자리도 바르지 못한 데 날뛰거나 덤비지 않고 신중해서 후회가 없다. 막힌 것을 뚫고 당당하게 수레를 타고 대로를 활보하니 대장의 모습이다.

구삼은 자신의 강한 기운을 과신했기 때문에 숫양이 울타리를 들이받는 꼴이 된 것이지만 구사는 이런 자신의 상태를 인식하고 뉘우치고 있다. 그렇게 자신이 과도하게 힘을 썼음을 인정하고 사태 파악을 하게 되면 아무리 상황이 울타리 안에 갇힌 것 같더라도 곧 울타리가 터져서 큰 수레바퀴가 굴러가듯 다시 바름으로 굴러갈 수 있다는 것이다.

이 대목에서 군자 또한 완생의 존재가 아니라 미생의 존재임을 알 수 있다. 군자도 실수하고 어려움에 부닥칠 수 있다. 소인은 사태 파악을 못 하고 계속 불구덩이 속으로 함몰하지만, 군자는 바로 자신의 문제를 알아차릴 수 있고 곧장 다르게 방향 전환을 할 수 있는 자다. 이는 뜻을 바르게 두었기 때문이다.

육오 상양우역 무회

길 잃은 양떼들의 힘을 잘 이용해 바꾸면 후회함이 없다.[2]

• 바꿀 역, 쉬울 이(무역, 안이하다)

[풀이] 육오는 음이 양의 자리에 있으니 제자리가 아니다. 이런 상황에 아래의 네 양효들이 길 잃은 양떼처럼 밀고 올라오니 감당이 안 된다. 이럴 때는 힘으로 감당하기는 어려우므로 양의 속성을 잘 이용해 양의 힘을 약하게 바꾸어 잘 몰고 가야 한다.

힘은 힘으로 맞부딪쳐 막아서는 안 되고 태극권처럼 들어오는 힘을 이용하여 그 힘을 약하게 바꾸어서 막아야 한다. 천하를 다스리려면 엄격한 형벌이나 제도를 정비하는 게 급선무가 아니라 아랫사람들과 마음을 통하게 하여 막힌 것을 제거하는 데 주력해야 한다.

상육 저양촉번 불능퇴 불능수 무유리 간즉길

숫양이 울타리를 떠받아 뿔이 걸리는 것과 같이 능히 물러나지 못하며, 능히 나아가지도 못해서 오도 가도 못 한다. 이로운 바가 없으니, 어렵게 하면 길하다.

풀이 상육은 대장의 때에 극에 처했으며, 자신의 유약함을 생각하지 않고 큰 힘을 쓰려는 자다. 이는 마치 숫양이 울타리를 들이받아 뒤로 물러나지도 못하고 앞으로 나아가지도 못해 진퇴양난이 된 상황이니 이로울 바가 없다. 이 상황을 어렵게 여기면서 본래의 유순함으로 힘써 돌아오면 길하다. 빨리 해결하려고 하지 말고 어렵게 된 상황을 직시하여, 위태로울수록 더더욱 근본을 살펴야 한다.

요약 뇌천대장은 군자의 괘다. 즉, 군자가 세상을 호령하는 형국이다. 그럼에도 주역은 계속 바르게 해야 함을 강조하고 있다. 군자가 이러할진대 보통 사람들이야 말할 것도 없다. 가장 강한 것은 자신을 이기는 것이며, 자신을 이기는 길은 예를 따르는 것이다.

초구는 무작정 앞으로 나가기만 하다가 궁색해지고, 구이는 강한 힘을 바르게 지키라고 했다. 구삼은 자신의 강한 힘만 믿고 날뛰다가 난처해진다. 구사는 불리한 조건을 극복하여 앞길이 훤히 열린다. 육오는 강한 자에 힘으로 맞서려고 하지 말고 슬기롭게 대처하라 했고, 상육은 무모하게 행동하다가 진퇴유곡에 빠진다.

1 64괘 중 화천대유, 산천대축, 택풍대과, 뇌천대장의 네 괘가 사대괘이며, 이소괘로는 풍천소축, 뇌산소과가 있다.

2 고힐강(1893~1981)은 〈연경학보〉에 게재한 논문 '주역 괘효사 속의 고사들'에서 '상양우역' 등의 괘효사는 상나라와 주나라 시대의 고사와 연관되어 있다고 주장했다. 고사란 다름 아닌 이야기이니, 고힐강의 주장을 참고하면, 이러한 문장들은 서사적 관점에서 해석해야 한다. 고힐강에 따르면, 이 효사는 왕해라는 인물이 유역 땅에서 양을 잃어버린 고사와 연관되어 있다고 한다(마찬가지로 화산려괘 상구 효사의 '상우우역'도 왕해가 유역 땅에서 소를 잃어버린 고사와 연관되어 해석해야 한다고 한다).
왕국유(1877~1927)는 갑골 연구를 통해 왕해가 상나라의 선조라는 사실을 밝혀냈다. 그에 따르면 이 효사에 나오는 '역'은 지명으로서 본래의 명칭은 '유역'인데, 대하의 북쪽에서 물길이 좌우로 갈라져 물의 흐름이 바뀌는 곳이라는 뜻의 '역수'에서 유래되었다고 한다. 이 장소는 유목에 좋은 지형이어서 소나 양을 기르는 데 적합했다. 그런데 왕해는 비단과 소를 교역하던 상인이었는데(왕해는 최초로 소에 멍에를 씌워 길렀다고 하며, 상나라 때는 무역이 활발해 '상인'이라는 말이 이때 생겨났다고 한다), 유역 땅에 이르렀다가 유역씨 일족에 의해 살해당했다고 한다. 이 효에서 "양을 잃어버렸는데도 후회가 없다"라고 한 데 비해 화산려괘 상구에서는 "소를 잃어버려 흉하다"라고 한 것은 아마도 그 피해의 정도가 다르기 때문이었을 것이다. 하여 이것은 양을 잃어버려도 큰 손실에 이르지는 않지만 소를 잃어버렸을 때에는 큰 위험에 처하게 된다는 것을 의미한다. 참고로 정약용은 이 '역'을 '교역' 혹은 '교역의 장소'를 의미하는 것으로 보아, 시장에서 교역하다가 소나 양을 잃어버리는 것으로 해석했다. 화산려괘 참고.
어떤 학자는 "양을 잃어버렸지만 후회가 없다"는 이 구절을 "변방의 늙은이가 말을 잃었는데 어찌 복이 아님을 알겠는가"라는 새옹지마의 고사와 유사하게 해석하기도 한다. 이는 화와 복이 서로 의지한다는 변증법적 해석이다.

35

화지진

리상곤하

위에는 리괘☲, 아래에는 곤괘☷인 대성괘

진 강후 용석마번서 주일삼접

**진은 나가는 것이다. 주나라 무왕의 친동생인 강후[1]가 정벌에 나가 하루
에도 여러 번 이겼다. 정벌에서 잡은 많은 말들을 왕에게 바친다(또는 '강
후에게 말을 많이 주고 하루에 세 번 접한다'라고 해석하기도 한다).**

• 나아갈 진(진주시) • 용석마번서: 많은 말을 바친다 • 주일삼접: 하루에 여러 번 이긴다. 여기

서 '삼'은 구체적인 횟수가 아니라 '여러 번'이라는 것이며, 접을 '첩'으로 보고, '이긴다'라고 해

석하기도 한다. • 이을 접(직접, 접근, 접촉, 대접, 면접, 접속)

|풀이| 대장괘는 군자의 힘이 강해진 상태였다. 군자가 힘을 길렀으니
이제 나아가야 한다.[2] 그래서 대장괘 다음에 나아간다는 뜻을 가진 진
괘가 나온다. 진은 밝은 해가 땅 위로 나와서 중천에 떠 있는 형상이다.
사회적으로 평화롭고 안정된 밝은 세상이 되었다. 도통한 성인군자의
형상이다. 진은 태평한 시기에, 위로 크게 밝은 천자가(☷) 아래로 백성
을 잘 다스리는 제후에게 상을 주며 어루만지는 상이다. 진은 안으로 유
순하고 밖으로 밝은 덕성이 드러난다.

진여최여 정 길 망부 유 무구

**나아가 꺾이는 듯함에 바르게 하면 길하고, 믿지 못하더라도 여유 있게
하면 허물이 없다.**

• 꺾을 최: 꺾이다, 근심하다, 멸망시키다, 배척하다

• 넉넉할 유(여유, 부유층)

풀이 초육은 진괘의 아랫자리이므로 나아감의 시작이다. 그러나 음으로 아직 어리기 때문에 쉽게 나아가지를 못한다. 자꾸만 꺾여 못 나감이 반복되면 혹시나 자신감을 잃게 될지도 모른다. 그러므로 자꾸 꺾이더라도 언젠가는 나아갈 때가 올 것이라 믿고 넉넉한 마음을 갖고 기다려야 한다. 그렇지 않다면 자신을 믿지 못해 열등감에 빠질 수 있다. 아직 명을 받지 않은 상태이기 때문에 나아가든 꺾이든 간에 큰 허물이 없다.

육이 진여수여 정 길 수자개복우기왕모

나아가는 것이 근심하는 듯하나, 바르게 하면 길할 것이니 이 큰 복을 그 왕모로부터 받을 것이다.

• 근심 수(향수, 우수, 애수) • 받을 수(수용, 수락, 인수, 접수, 감수, 수신, 수험생)

• 이 자, 검을 현: 이, 이에, 여기, 지금 • 길 개(소개, 개입, 매개, 중개인): 크다, 소개하다

풀이 육이는 중정한 덕을 갖추고 있으나 위로 육오와는 음과 음이라 음양응을 이루지 못하고, 구사에 가로막혀서 나아가는 데 고달프고 근심이 많다. 그러나 조급해 하지 말고 성실하게 중정한 덕을 오래 하면 저절로 그 덕이 밖으로 드러나, 왕모인 육오로부터 큰 복을 받게 되는 것이다.

오효는 왕의 자리이지만 여기서는 음이기 때문에 왕모가 된다. 왕모는 상고시대 여자 통치자이므로 여왕 또는 권세가 남아 있는 할머니 격이다. 모성적 너그러움을 지닌 인물의 큰 도움을 받게 된다는 말이다.

육삼 중윤 회망

무리가 믿고 따르니 후회가 없다.

· 무리 중(공중, 대중, 민중, 군중)

· 맏 윤, 진실로 윤(윤허하옵소서): 진실, 믿음, 진실로, 미쁘다

풀이　육삼은 곤체의 가장 위에 자리하여 지극히 유순한 자이고, 아래의 세 음은 모두 윗사람에 순종하는 뜻이 있다. 이는 곧 육삼이 초육과 육이를 이끌고 윗사람에게 순종하려는 행실이 바름에 무리가 믿음을 두는 뜻이 된다. 이렇게 초육과 육이의 무리(든든한 대중의 지지자)가 자기 뒤에서 밀어주고 믿음을 주기 때문에 육삼은 음이 양 자리에 있고, 중도 얻지 못했지만 후회가 없다고 한 것이다. 대중의 지지를 받고 대중을 감동시키는 것보다 더 큰 힘은 없다. 권력의 근본은 대중에게 있으므로 옛말에도 "계책은 여러 사람이 따르면 곧 천심이 된다"라고 했다.

구사 진여석서 정 려

나아가는 것이 다람쥐니, 고집부리면 위태롭게 된다.

· 석서 석: 다람쥐과에 속하는 동물, 땅강아지 　· 쥐 서

풀이　구사는 양이 음의 자리에 있으니 바른 자리가 아니다. 자신의 자리가 아닌데도 대신의 자리에 연연하여 아래로는 유순한 음들이 너도나도 밝은 세상으로 나아가기 위해 올라오는 것을 보고 행여나 자기를 해치려고 오는 게 아닌가 하여 다람쥐[3]처럼 의심을 품는다. 다람쥐

는 의심이 많은 동물이다. 위의 인군 밑의 대신의 자리에서 그런 의심이나 가지고 고집스럽게 나가면 위태로울 것이다.

진은 기본적으로 승진이나 이름을 크게 떨치는 것과 관계가 있다. 속담에 "사람은 유명해지는 것이 두렵고, 돼지는 장성하는 것이 두렵다"라고 했으니 사람이 이름을 날리는 것은 대단하기도 하면서 또 매우 번거로운 일이기도 하다. 하여 진여석여를 "거리를 가로지르는 쥐는 몸집이 클수록 사람들이 싫어한다"고 해석하기도 한다.

육오 회망 실득 물흉 왕 길 무불리

후회가 없을진대 잃고 얻음을 근심치 말 것이니, 나아가면 길해서 이롭지 않음이 없다.

[풀이] 육오는 음이 양의 자리에 왔으므로 본디 제 자리가 아니라 허물이 있다. 그러나 리괘의 중에 임하여 밝으며 아랫사람이 모두 순종하여 따르기 때문에 후회가 없어진다. 자신의 밝은 덕으로만 모든 것을 판단하여 득실에 대한 근심을 갖지 말고 정치만 바르게 잘 해나가면 길하여 이롭지 않음이 없다.

상구 진기각 유용벌읍 려 길 무구 정 린

그 뿔을 나아가게 함이니, 읍을 치면 위태로우나 길하고 허물이 없을 것이다. 고집하면 인색하다.

풀이   너무 욕심껏 올라왔다. 더는 나아갈 수 없는 꼭대기인 뿔 위까지 나아가게 되었다는 말이니 더 큰 권력에 욕심을 내는 모습이다. 권력은 쥐면 쥘수록 더 큰 권력을 탐내는 속성이 있다. 육효는 극의 자리이니 과오를 범할 수 있다. 양의 나아감이 궁극에 달했다는 것은 중도를 크게 벗어난 것이므로, 오로지 자신의 덕을 다스리는 데 집중한다면 비록 위태로움이 있지만 길하여 허물이 없어질 것이다.

읍을 친다는 것은 자기의 영향권 아래 있는 자신의 터전을 다스리는 것이므로 '벌읍'이라고 한 것은 스스로 자신의 내면을 다스리는 것을 말함이다. 이제는 더 욕심을 부려서는 안 된다. 그 과정은 어려우나 결국에는 허물을 벗어나게 된다.

진기각은 '뿔을 뻗친다'는 뜻으로, 예리한 기세나 재주가 모두 드러남을 가리킨다.

요약   밝음이 땅 밖으로 모습을 드러낸 사회에 모두가 나아가려고 하는 시대다. 그러나 초육은 아무리 밝은 사회라도 초행길이니 시기를 기다리라고 했고, 육이는 쉽게 인정을 받지 못하지만 바르게 처신하여 출세길이 열린다. 육삼은 대중들이 밀어주고 앞날을 개척하는 데 후회가 없다. 구사는 불확실한 자기 위치 때문에 남까지 의심하는 다람쥐 같은 불안정한 상태이고, 육오는 이해득실을 따지지 말고 신념대로 밀고 나가면 성과가 크다. 상구는 욕심껏 나아가려 하지 말고 이제는 물러나 마음을 다스릴 때다.

1   주역은 주나라의 입장에서 최초에 기록된 것이다. 하여 주역에는 고종의 귀방 정벌의 고사, 제을이 딸을 시집보낸 고사, 기자 명이의 고사, 강후의 고사의 내용 등을 응용하는 사례가 많다. 진괘는 무왕의 친동생인 강후(강숙 '희봉'을 말함)의 고사를 빌어 진괘를 설명했다. 기원전 1112년(기축)에 성왕이 작은아버지인 희봉을 강후로 봉했다는 기록이 있다.

강후의 강은 '편안할 강'이지만 성씨로는 '강'씨가 되는데, '편안할 강'을 쓰는 본관은 신천강씨를 비롯하여 곡산강씨, 재령강씨, 제주강씨 등이 있다. 그 외에도 충원, 진주 등 10여 개 본관으로 흩어져 있는데, 모두 신천강씨에서 갈라져 나온 것으로, 요즈음엔 신천으로 통합하여 관리하고 있다. 신천강씨는 '신천강씨대동보'에 의하면 중국 주나라 문왕의 아들이며 무왕의 동생인 '강숙'에서부터 시작되었다고 한다.

재미있는 것은 화지진괘의 '진'은 진주시의 '진'자다. 진주하면 또 유명한 게 진주강씨다. 고구려 강이식 장군을 시조로 하고 있는 진주강씨는 고려시대에는 강감찬 장군, 조선시대에는 강희맹, 병자호란 때는 강홍립 장군이 있다. 또한 일제강점기에도 부임하는 일본 총독에게 폭탄을 던진 강우규 의사, 독립운동가 강우석 등이 있어 뿌리 깊은 명문가로 이름을 떨쳤다. 진주강씨는 해방 이후에 수많은 인재를 배출했다.

2   공자는 삼십 대에 이미 높은 학문적 성취를 이루었고, 세상에 나아가고자 했다. 그러나 소인의 시대가 계속되므로 후학 양성에 힘쓸 뿐 정치에 선뜻 나가지 않았다. 한번은 노나라 정치를 쥐락펴락했던 양화가 공자를 청한 일이 있었다. 양화는 소인을 대표하는 인물로 공자는 그를 피하려고 온갖 애를 썼다. 양화가 새끼 돼지를 선물로 보냈을 때도 공자는 양화가 집에 없는 것을 틈타 답례 인사를 하러 갔다. 그런데 돌아오는 길에 양화와 마주치고 말았다. 이때 양화는 공자에게 "능력이 있는데도 나라 사정이 혼란한 것을 그대로 내버려 두어서야 어진 사람이라고 할 수 있겠는가?"라고 한다. 이에 공자는 옳은 말이라고 승복하며 장차 관직에 나아갈 생각이라고 답을 하지만 속으로는 '양화 너 같은 소인이 득세하는 시대가 지나면 나도 정치에 나갈 것이다'라는 뜻을 품고 있었다. 공자는 양화가 세력을 잃자 그제야 관직에 나아갔고, 당시 공자 나이는 쉰 살이었다고 한다.

3 《설문해자》에 "다람쥐는 날되 집을 넘지 못하고, 나무를 타되 가지 끝까지는 타지
못하고, 헤엄을 치되 계곡을 건너지 못하고, 구멍을 파되 자신을 가리지 못하고, 달리
되 사람보다 늦다"라고 했다. 다람쥐는 다섯 가지 기술이 있으나 하나도 제대로 능한
것이 없어서 의심이 많다고 본 것이다.

36

지화명이

곤상리하

위에는 곤괘☷☷, 아래에는 리괘☲☲인 대성괘

명이는 어렵게 하고 곧게 함이 이롭다.

• 오랑캐 이(동이족): 상하다, 죽이다, 멸하다

풀이 동쪽 하늘에 해가 뜨는 것이 진괘라면 서쪽 하늘로 해가 지는 것이 명이괘다. 음양의 끊임없는 순환이 바로 천지자연의 법도이며, 이 세상에 고정된 것은 아무것도 없다. 영원한 빛도, 영원한 어둠도 없다. 달도 차면 기울고 꽃도 활짝 피고 나면 시든다. 진의 시대가 가면 다시 명이의 혼란한 사회가 도래한다. 명이는 밝은 것이 어두운 것에 가려져서 손상된 것이다. 어둡고 캄캄한 세상을 만나면 더욱 바르게 처신해야 살아남는다. 밝은 것이 땅속으로 들어가 있어 밝은 빛을 발휘하지 못하니 중국 은나라(상나라) 말기 주지육림으로 유명한 폭군 주왕이 지배하던 시대를 그대로 말한 것이다.[1]

당시 문왕은 백성의 신망을 한 몸에 받는 성인이었으나 내면에 밝은 덕을 감추고 유순함으로 주왕을 섬기면서 환난을 무릅쓰고 혼란기를 잘 이겨냈다. 또 주왕의 삼촌인 '기자'는 이 괘의 주인인 육오효에 해당되는데, 그는 죽음을 면하기 위해 똑똑한 모습을 감추고 거짓으로 미친 척했다. 그러면서도 기자는 자기의 뜻을 끝까지 바르게 지켰다.[2]

땅속에 불이 들어가 있고 해가 묻혀 있으니까 군중과 상대할 때 밝은 체하고 잘난 체하는 것보다 어두운 체하고 모르는 체하면서 밝아져야 한다는 것이다.[3] 상대방을 너무 꼼꼼히 살피면 너그러운 도량이 없어진다.[4] 아량을 베풀어 용납함이 있어야 화합하고 친애하는 마음이 생긴다. 어둡게 살피는 것이 바로 밝게 살피는 것이 된다. 옛 성인이 면류관 앞에 술을 달고 문 앞을 가리개로 가린 것은 지나치게 밝게 살피는 것을 삼가기 위함이었다. 옛말에도 "수지청즉무어 인지찰즉무도, 즉 물이 너무 맑아도 고기가 놀지 못하고 사람이 지나치게 꿰뚫어 보면 곁에 사람이 붙지 않는다"라고 했다.

군자는 소인이 득세한 어려운 때에는 조심조심 처신하여 자신의 바른 도를 지키되 그 덕을 드러내지 않아야 해치려는 자가 없어서 이로운 것이다.

효사

초구 명이우비 수기익 군자우행 삼일불식 유유왕 주인유언

명이가 나는 데에 그 날개를 드리우네. 명이가 둥지를 떠나듯이 군자가 길을 떠나니 삼 일을 먹지 않아서, 가는 바를 둠에 주인이 말을 한다.

· 날 비(비행기) · 드리울 수(현수막) · 날개 익(좌익. 우익)

풀이 초구는 충절의 아이콘인 백이, 숙제의 이야기다. 백이, 숙제는 결코 날아오르지 못하고 날개를 접는 비극을 겪는다. 자신의 절개를 지키려다 먹을 것도 제대로 못 챙기는 눈앞이 캄캄한 때다.

주 무왕(문왕의 아들)이 은나라 폭군 주를 멸하기 위해 혁명을 일으켰을 때 백이, 숙제는 이를 막아섰다. 그러나 백이, 숙제는 결국 자신들의 뜻이 받아들여지지 않고 무왕이 주왕을 쳐서 스스로 천자의 자리에 자

리에 오르자, 벼슬이고 뭐고 그만두고 주나라의 녹을 먹을 수 없다며 수양산으로 은둔하여 고사리를 캐먹다가 굶어 죽었다.[5]

초구는 불을 뜻하는 리괘의 가장 아래에 있다. 불은 그 타오르는 모양처럼 위로 솟아올라야 한다. 백이, 숙제도 자신의 이상에 맞는 때를 만났다면 벼슬길로 나아가 천하를 경영했을 것이다. 그러나 백이, 숙제에게는 주나라 또한 암흑이긴 마찬가지였으며, 역성혁명으로 세워진 무례한 나라일 뿐이었다. 하여 백이, 숙제는 날개를 접고 둥지에 들어앉은 새처럼 자신의 이상을 접고 수양산에 은거한다. '주인이 말을 한다'라는 말은 무왕이 백이, 숙제를 불렀지만 끝내 응하지 않았다는 것을 뜻한다.

그러나 정약용은 명이괘 초구의 효사가 미자계의 사건에 해당되는 점사라고 말한다. 미자계는 제을의 맏아들이었지만 어머니의 지위가 미천했기 때문에 왕위를 계승하지 못했다. 반면에 작은아들 신, 즉 주왕은 어머니가 정비였으므로 왕위 계승자가 될 수 있었다. 서형인 미자계는 주왕의 폭정을 보고 세 번에 걸쳐 간언을 하고, 간언이 받아들여지지 않자 종사를 보존하기 위하여 신주를 훔쳐 달아났다.

정약용 방식으로 초구를 해석하면 "명이새가 날아오르다가 (화살에 맞으니) 그 날개를 드리운다. (명이새가 둥지를 떠나듯이) 군자가 길을 떠나니, 삼 일 동안 먹지 않게 된다. (군자가) 가야 할 곳이 있는데, 주인으로부터 험담하는 말이 있다"가 된다.

육이 명이 이우좌고[6] 용증마 장 길

명이에 왼쪽 다리를 상함이니, 구원하는 데 사용하는 말이 건장하면 길하다.

• 건질 증: 구원하다, 돕다, 돕다, 받다

풀이 육이는 리괘(내괘)의 가운데에 있다. 이를 주역에서는 '중을 얻었다'라고 한다. 게다가 음이 음의 자리에 있어 위치도 바르다. 주역에서는 이것을 '정의 자리에 있다'라고 한다(1, 3, 5효는 본래 양의 자리이고, 2, 4, 6효는 음의 자리다). 하여 육이는 밝은 재주로 중정을 얻어 어두운 시대를 잘 순응하고 있는 자다. 그러나 혼란기에 상해를 피할 길이 없어 가볍게 왼쪽 다리를 다친다. 그 부상이 심하지 않고 스스로 구원할 길이 있으니 건장한 말을 타면 어려움에서 벗어난다. 구원의 말을 타고 용감하게 도망하라는 것이다. 머뭇거리다가는 목숨이 위태하다. 나아가 뜻을 펼 때는 아니다. 길하다는 것은 간신히 위험을 면했다는 뜻이다.

육이는 성인들 가운데서도 문왕을 나타내는데 문왕은 64괘를 지었고, 주나라의 기틀을 세운 인물이다. 효사에서 왼쪽 다리를 상했다는 것은 유리옥에 갇힌 것을 은유적으로 표현한 것이다. 참고로 동양문화권에서 오른쪽은 앞으로 나아가는 것, 왼쪽은 뒤로 물러나는 것을 뜻한다.

'용증마 장 길'도 은유다. '구원하는 말'은 바로 문왕의 아들 무왕을 말한다. 무왕이 주왕을 치고 문왕을 구원하는데, 무왕 자신은 물론하고 무왕을 따르는 이들이 굳건하고 장대하면 주왕을 이길 수 있으니 길하다. 정리하자면, 문왕이 비록 감옥에 갇혀있지만 아들 무왕이 구해줄 것이므로 길하다는 것이다.

명이우남수 득기대수 불가질정

명이에 남쪽으로 사냥해서 그 큰 머리를 얻으니, 빨리 서둘러서는 바르게 할 수 없다.

• 사냥할 수(순수비) • 병 질, 빠를 질(고질병, 질환, 질주, 질풍노도)

풀이 구삼은 육이에서 말한 '구원하는 말', 즉 무왕을 뜻한다. 양이 양의 자리에 있어 강하기 때문에 무력을 행사한다. 3효와 상응하는 상육이 한바탕 붙는 것이다. '큰 머리를 얻는다'에서 큰 머리는 상효인 주왕이다. 밝은 것이 손상을 입어 어둡고 혼란한 시대에 무왕이 폭군 주를 치기 위해 남쪽으로 사냥하러 가는 것이다. 그래서 우두머리인 주를 제압한다. 그러나 폭군 주왕을 제압했다고 해도 오랫동안 부패한 사회악을 갑자기 한 번에 고칠 수는 없으니 점진적으로 개혁해야 한다. 주왕의 무리가 아직도 많이 남아 있어 함부로 건드리면 상처를 입으니 서둘러서는 안 된다.

육사 입우좌복 획명이지심 우출문정

왼쪽 배에 들어가 명이의 마음을 얻어서 문정에 나온다.

• 배 복(포복, 복통) • 뜰 정(가정, 정원, 법정, 친정): 궁중, 궁궐, 관청, 장소, 사냥하는 곳

풀이 육사는 음이 음의 자리에 있고 곤의 순한 체에 있으니, 바름과 순함을 갖춘 자다. 명이의 때에 있어서, 순함으로 상육을 섬겨 안심시키며 은밀한 방법으로 군주에게 깊이 접근한다. 왼쪽 배로 들어간다는 것

은 깊이 사귀어 마음을 얻는 것의 은유다. 신하가 지혜로 인군의 마음을 빼앗는다는 말이다. 지금은 때가 아니라는 것을 깨닫고 새로이 나갈 길을 모색해야 하니, 주의 서형(서모, 즉 아버지의 첩에게서 난 형)인 미자('미자계'라고도 부름)의 이야기다.

　미자계는 간사한 신하인 척하여 임금의 마음을 유혹한 후에 신주(죽은 사람의 넋이 담긴 위패)라도 보존하려고 신주를 빼내어 대궐문을 벗어난다. 그는 동생 주에게 여러 차례 간을 했으나 거부당했고, 어둡고 어리석은 임금의 마음이 바뀔 수 없음을 깨달은 후, 아부하여 자신의 본심을 숨기고 신주만 빼내어 몰래 조정을 떠나 문왕의 밝은 땅으로 은둔했다. 주가 망한 후에 그는 돌아와 송나라의 시조가 되었다.

육오 기자지명이 리정

기자의 명이니, 일을 맡아 처리함에 이롭다.[7]

풀이　원래 주역에서 5효는 군주의 자리다. 그래서 주왕이 5효에 오는 게 맞다. 그러나 맹자의 말대로 주왕은 인의를 해친 도적에 불과하며[8], 임금이 아닌 필부이기 때문에 5효에 자리하지 못했다. 육오는 어둠의 극치인 상육과 가까이 있으니 만약 자신의 밝음을 드러내면 즉시 상해를 입는다. 그러므로 밝음을 감추어야 어려움을 벗어날 수 있다.

　여기서 육오는 기자[9]를 말한다. 기자는 거짓으로 미친 척하고 노예 노릇을 하면서 상해를 피했다. 기자는 어려울 때 자신을 낮추고 바르게 지켰고, 새로운 세상이 열렸을 때는 무왕에게 천하를 경영하는 비전을 전해줬다. 기자야말로 지화명이의 지혜를 삶으로 보여준 인물인 것이다.

상육 불명 회 초등우천 후입우지

밝지 아니하여 그믐이니, 처음에는 하늘에 오르지만 나중에는 땅에 들어간다.

풀이 주역에서 상육은 괘의 맨 끝자리로 '지나치다' 또는 '극에 이르렀다'라는 뜻이 있다. 그래서 대부분의 상효는 좋지 못하게 해석된다. 지금 상육은 내괘인 리괘(불)로부터도 가장 멀리 떨어져 있어서 어둡고, 외괘인 곤괘(땅) 자체가 속이 텅 비어 있어 어둠의 정점이다.

상육은 폭군 주왕을 말한다. 하여 효사부터 암울하다. 주왕이 밝지 못한 짓을 하니 온 세상이 캄캄한 그믐이 되었다. 주왕도 처음에는 천자가 되어 천하를 호령했으나 마침내 어두운 권력으로 변해 그 어둠 때문에 나라도 망하고 자신도 죽게 되었다.

요약 밝음이 상하는 명이의 때에는 내가 직면한 어려움을 외면하지 말고, 똑바로 응시하며, 나 자신을 바르게 지키면서 앞날에 대한 대비를 해야 한다.

은나라를 망친 주왕의 폭정으로 어두운 명이의 시대다. 초구는 덕과 능력을 갖춘 자도 불우한 시대에는 날개를 접고 지조를 지키어 이 시대를 피한다. 육이는 그래도 중정하여 가벼운 상처를 입으나 구원을 받는다. 구삼은 무력을 써서 어두움을 걷어낸다. 육사는 간교한 지혜라도 써서 목적을 이루어내고, 육오는 숨길 것은 숨기고 지킬 것은 꼭 지켜서 좋은 날을 맞이한다. 상육은 한때는 하늘이라도 나는 듯했으나 추락하고 만다.

1 역사의 아이러니는 난세에 성인이나 영웅이 출현한다는 점이다. 주왕의 시대도 마찬가지였다. 시대는 더없이 암울했지만, 시대를 밝혀줄 성인은 여럿 나타났다. 백이, 숙제, 문왕, 기자, 미자, 비간 등이다. 특히 비간, 기자, 미자는 주왕과 한 가족으로 이들의 가족사는 파란만장하기 그지없다. 먼저 주왕의 삼촌인 비간은 조카인 주왕에게 선정을 베풀라고 간언했다가 주왕이 "성인의 심장에는 일곱 구멍이 있다고 하니 좀 보자"라며 비간의 심장을 꺼내 죽였다. 반면 주왕의 배다른 형제인 미자는 주왕이 얼마 못 가 천명을 잃을 것을 알고 조상의 신주를 훔쳐 달아나 송나라의 시조가 된다.

주왕의 또 다른 삼촌인 기자는 번민한다. 간언을 해서 죽거나, 먼 땅으로 도망치는 것 모두 조카인 주왕에게는 물론 자신의 조국인 은나라에게도 누가 되는 일이기 때문이다. 그리고는 묘안을 생각해낸다. 거짓으로 미친 척을 해서 주왕의 시선에서 벗어나는 것이었다(이는 후에 귀곡자 선생이 손빈에게 전해주는 비기가 되기도 한다).

기자가 주왕의 마수를 피한 데 반해 당시 은나라 서쪽 지방의 제후였던 문왕(이때는 서쪽의 우두머리라는 뜻에서 '서백'으로 불렸다)은 주왕의 시샘과 노여움을 한몸에 받게 된다. 이유는 문왕이 선정을 베풀어서 백성들의 칭송을 받았기 때문이다. 아무리 폭군이라고 해도 민심을 무시할 수는 없는 법. 주왕은 문왕을 유리옥이라는 감옥에 유폐한다. 그러나 문왕은 주왕을 원망하거나 시대를 한탄하지 않고 감옥 속에서 64괘를 지었다.

이처럼 암울한 시대를 살았던 성인들은 모두 고난의 행로를 밟았다. 죽거나, 도망치거나, 미친 척하거나, 갇히거나. 그러나 어두운 시대에도 자신을 바르게 지키면서 언젠가 다가올 빛을 기다린 자가 바로 기자와 문왕이었다. 이들은 안으로는 자신의 신념과 새로운 시대를 위한 비전(문왕은 64괘, 기자는 홍범구주[10])을 품고서, 겉으로는 주왕을 따르지도 거스르지도 않았다. 그리고 드디어 때가 도래했을 때 속 깊이 품고 있던 밝음을 세상에 널리 쓰이도록 했다.

2 조선 왕조 말기, 왕실의 외척들이 나라의 모든 권력을 한 손에 쥐고 안하무인으로 횡포하던 때, 뒷날 고종의 섭정이 된 흥선대원군인 이하응이 한낱 비굴하고 타락한 방탕아로 가장하여 자신을 위장하고 살았던 이야기 역시 유명하다. 《초한지》에 나오는 유방의 대장군 한신도 비슷한 이야기가 있다. 젊은 시절 시정 무뢰배의 바짓가랑이 사

이를 태연히 지나며, 속으로 이를 악물고 참고 이겨낸 세월 이후 한나라의 대장군이 되는 한신 역시 그러했고, 중국 명나라 말기 홍자성의 어록인 《채근담》에 나오는 "자신의 뛰어난 재능을 졸렬한 듯 감추는 것은 어둠을 이용하여 빛을 더욱 밝게 하는 것이고, 맑고 깨끗함을 혼탁함 속에 깃들게 하는 것은 자신의 몸을 낮추면서 뜻을 펼쳐 나가게 함이다(장교어졸 용회이명 우청어탁 이굴위신)"란 글귀도 그러하다.

현실이 아무리 어려워도 자신의 현명을 숨기고 위장하여 바보처럼 사는 것, 그리고 비굴하리만큼 유순한 것도 모두 내일의 대성을 위해서다. 밤을 고요히 쉬는 것은 나태나 안이를 즐기기 위한 것이 아니라 내일의 비상을 위한 준비인 것이다.

3 지화명이괘는 특히 부정적인 감정, 즉 분노, 짜증, 괴로움, 두려움, 슬픔 등의 감정이 올라올 때 어떻게 대처할 것인지를 잘 보여주는 괘다. 명이괘는 '어둠의 도'를 말한다. 즉 자신이 경험하기 싫은 부정적 감정이 올라올 때 이를 어떻게 처리할 것인지를 잘 보여준다.

명이괘의 교훈은 '용회이명'이다. 용회이명이란 어둠을 이용해서 밝아지는 것이다. 즉 자신의 부정적인 모습과 감정을 인정하고 수용함으로써 이를 밝은 곳으로 끌어내는 것이다. 어둠을 이용해서 밝아지는 방법은 융이 말하는 '무의식의 의식화'와 같은 원리다. 융은 의식을 통해 자신의 내면에 있는 그림자와 아니마, 아니무스를 의식화함으로써 진정한 자기를 실현할 수 있다고 주장했다.

4 대인춘풍, 지기추상: "나는 무지하다, 나는 틀릴 수 있다. 나는 서로의 다름을 인정하며 다양성을 수용할 수 있다"를 항상 머릿속에 넣고 살아야 한다. 다양성의 대전제는 '허용'이다. 타인의 생각을 있는 그대로 받아들이기 위해서는 내가 모르는 게 얼마든지 있다는, 나도 얼마든지 틀릴 수 있다는 사실을 알아야 한다. '남을 대하기는 봄바람처럼 관대하게 하고, 반면에 자기에게는 가을 서리처럼 냉정하고 엄격하게' 해야 한다. 우리는 대체로 반대로 한다. 자기한테는 관대하고, 다른 사람에게는 까다롭게 군다.

5 사마천이 말하는 백이와 숙제는 기원전 10세기 사람으로 주 무왕이 은나라 주왕을 정벌하려고 할 때 등장한다. 고죽국의 왕이 숙제를 그 후계로 세우려고 하다가 미

처 행하지 못하고 죽었는데, 숙제가 왕위를 백이에게 양보하려고 하자 백이는 '부왕의 명이었다'라고 말하면서 달아나버렸다. 숙제도 왕위에 오르는 일을 달갑게 생각하지 않고 나라 밖으로 달아났다.

백이와 숙제는 주나라 서백 창(문왕)이 노인들을 잘 공경한다는 소문을 듣고 귀의하려고 했다. 그들이 당도했을 때 서백 창은 이미 죽었고, 그의 아들 주 무왕이 군사들을 이끌고 동쪽으로 나아가 은나라의 주왕을 정벌하려고 했다. 백이와 숙제는 주 무왕을 향해 "부친이 죽어 아직 장사도 지내지 않았는데 군사를 일으켜 전쟁을 일으키니 이것을 하늘의 도리에 따른 효라 할 수 있습니까? 더욱이 신하가 자신의 군주를 살해하려고 하는 행위를 인의라고 할 수 있습니까?"라며 전쟁을 막고자 했다.

그러나 주 무왕은 은나라를 공격하여 천하를 모두 주나라에 속하게 했다. 이에 백이와 숙제는 자신들이 주나라의 백성이 되었음을 치욕으로 여기고 인의를 지켜 주나라의 곡식을 먹지 않겠다고 결심하고 수양산으로 들어가 고사리만 캐먹다가 굶어죽었다고 한다.

백이, 숙제라는 이름의 핵심은 '충절'로 상국인 은나라를 제후국인 주나라가 징벌하는 것이 예에 어긋난 것에 대한 반발이었다. 조선 건국을 반대한 정몽주나 태조 이성계에게 두 임금을 섬기지 않는다며 벼슬을 거절한 길재, 세조를 몰아내려다 죽은 성삼문 등 사육신 역시 백이, 숙제와 함께 충절이라는 의미로 남아 있다.

이처럼 백이, 숙제가 수천 년 넘게 평가받는 것은 동양의 주류 철학인 유학이 가지고 있는 기본 가치에 부합했기 때문이다. 공자가 가장 존경했던 인물이 주공인 반면, 백이, 숙제는 주공의 은나라 정벌에 반대해 수양산으로 들어갔다. '주공이 꿈속에 나타나지 않는다'며 한탄할 정도로 주공을 롤모델로 여긴 공자가 주공의 전쟁을 반대하며 아사한 백이, 숙제를 높이 평가한 것은 아이러니다. 한편, 《당서》에는 고죽국이 지금의 베이징 근처이며 고려의 뿌리라고 표현하는 것으로 보아 백이, 숙제를 고려인으로 보는 사람도 있다.

6 《상서》에 실려 있는 '정강이를 잘린 사람'에 관한 이야기는 은 주왕의 포악한 성격을 잘 드러내준다. 어느 추운 겨울날 주왕이 달기와 더불어 성곽 위에서 한 소년과 노인이 강을 건너는 광경을 내려다보고 있었다. 그런데 소년은 강을 잘 건너지를 못하는

데 오히려 노인이 잘 건너는 것을 보고 사람들이 그 까닭을 궁금히 여겼다. 주왕은 그 이유를 이렇게 설명했다. "노인이 강을 잘 건너는 것은 뼈 속에 골수가 비어 있기 때문이며, 소년이 잘 건너지 못하는 것은 골수가 차 있기 때문이다." 주왕은 자신의 가설이 맞음을 증명하기 위하여 그들을 붙잡아다 다리를 베어 실제로 그런지 아닌지를 확인했다. 정약용에 따르면, 명이괘 육이 '이우좌고', 즉 "왼쪽 다리를 다치게 된다"라는 효사가 바로 이를 의미한다고 한다.

7   정약용은 이 효사를 기자동래설을 지지하는 언급으로 간주했다. 즉 '기자지명이'는 "기자가 오랑캐를 개명시키기 위해서 갔다"라는 뜻으로 풀이되어야 한다는 것이다. 그에 따르면,《서경》'홍범'에 나오는 바와 같이 기자는 선왕의 도를 품고 있었지만 중국 내에서 교화를 펼 수가 없었으므로, 이에 동쪽 조선으로 가서 동이족의 나라에서 이 선왕의 도를 밝혀 그 도가 끊어지지 않도록 했다고 한다. 그러나 학계에서는 기자동래설을 정설로 인정하지는 않는다.

8   《맹자》에 나오는 말이다. 제선왕이 물었다.
"탕왕이 걸왕을 내쫓고, 무왕이 주왕을 정벌했다고 합니다. 그런 일이 있었습니까?"
맹자가 대답했다. "전해오는 기록에 그런 말이 있습니다."
제선왕이 다시 물었다. "신하가 임금을 죽여도 괜찮습니까?"
맹자가 대답했다.
"인(어질 인)을 해치는 자를 '도적'이라고 합니다. 의를 해치는 자는 '잔악'하다고 합니다. 잔악하고 도적 같은 사람을 필부라고 합니다. 일개 필부인 주의 목을 베었다는 말은 들었어도 임금을 죽였다는 말은 듣지 못했습니다."

9   본명은 '서여'이며, 은나라 마지막 왕 주의 숙부다. 기자는 주왕이 상아 젓가락을 사용하는 것을 보고 그가 장차 사치와 향락에 빠져 나라를 망칠 것이라고 예견했다. 여기서 '미미한 것을 보고 앞으로 드러날 것을 안다'라는 '견미지저'라는 고사성어가 나왔다. 이와 관련하여 사마천은《사기》'송미자세가'에서 다음과 같이 기록했다.
"주 임금이 상아 젓가락을 사용하기 시작하자 기자는 '상아 젓가락을 쓰기 시작한 이

상 이제 옥잔을 사용할 것이 틀림없고, 옥잔을 쓰면 곧 먼 지방에서 올라온 귀하고 기이한 기물들을 사용하려 들 것이다. 앞으로 수레와 말 그리고 궁실의 사치스러움도 이렇게 시작되어 진정시킬 수 없을 것이다'라며 탄식했다."

기자의 예견대로 주왕은 날이 갈수록 음탕한 생활에 빠졌고, 기자의 충고도 듣지 않았다. 주위에서는 기자에게 차라리 떠나라고 충고했으나 기자는 "신하된 자가 자신의 충고를 듣지 않는다 하여 떠나버리는 것은 군주의 잘못을 부추기는 꼴이 되고, 나 자신도 백성들의 기쁨을 뺏게 되니 차마 그럴 수 없다"라며 머리를 풀어헤치고 미친 척하다가 잡혀서 노예가 되었다. 미친 척하다가 감옥에 갇혀서 화를 피한 기자는 훗날 주무왕이 은나라를 정벌하여 멸망시키고 주나라를 건국한 다음에야 감옥에서 석방되었다. 무왕이 기자를 조선에 봉하고 그에게 통치의 이치를 묻자, 기자는 '홍범구주'로 통치의 요체를 설파했는데 이것이《상서》'홍범'편이다.

10 　홍범구주:《서경》에 기록되어 있는, 하나라 우 임금이 정한 정치 도덕의 아홉 가지 원칙. 우 임금은 홍수를 다스린 전설상의 황제로 하나라를 건국한 인물이다. 홍범구주는 그가 이전부터 전해오던 요순 임금의 정치 철학을 집대성해 만든 것으로 오행, 오사, 팔정, 오기, 황극, 삼덕, 계의, 서징, 오복과 육극을 가리킨다.

37

풍화가인

손상리하

위에는 손괘☴, 아래에는 리괘☲인 대성괘

가인 리녀정

가인은 부녀의 일에 이롭다.

• 집 가(가족, 국가, 전문가): 가족, 집안, 학파

풀이 '화지진'은 동쪽에서 태양이 떠오르는 기세와 같고, '지화명이' 는 서쪽으로 태양이 저무는 것과 같다. '명이'는 밝음이 손상을 받는 것 이니, 밖에서 상한 자는 반드시 집으로 돌아오기 때문에 명이괘 다음을 가인괘로 받았다. 집안이 화목하기 위해서는 무엇보다 집안 여성들의 역할이 중요하다. 아내로서 남편에게 온화하게 응해주고, 어머니로서 자식을 보듬어 안아주는 따듯함이 곧 자신감 있는 사회생활의 원동력 이 된다.[1]

가인괘는 밖에서 일하는 남자(구오)와 안에 있는 여자(육이)가 중정을 얻어 제각기 바른길을 가고 있다. 가정 안의 남녀가 서로 사랑하여 각기 바르게 생활해나가면 천지의 대의에 합치되는 일이 된다.

주역에서 말하는 음양의 도는 하늘과 땅의 조화로 만물이 만들어지 고 번성하듯이 남자와 여자의 사랑으로 이루어진 가정에서 자녀들을 낳아 성장하는 것이 일치된 논리다. 음양으로 보자면 남자는 양이고, 여 자는 음이다. 천지에는 두 가지의 방향성이 다른 운동이 있다. 하나는 양이고, 하나는 음이다. 양은 바깥을 향해 나아가려는 힘이고, 음은 안을 향해 집중하는 힘이다.

가인은 바로 바람이 타오르는 불길로부터 나오는 것같이, 바깥세상

을 다스리는 영향력이 집안에서부터 시작된다고 말한다. 하괘는 불, 상괘는 바람이다. 바람과 불은 서로가 서로에게 기대는 관계다. 불꽃을 살리기 위해 부채질을 하고, 불길의 뜨거운 바람으로 음식을 만들 수 있다. 석탄을 주연료로 하거나 가솔린을 연료로 하는 엔진 등도 모두 뜨거운 화력을 공기의 폭발력으로 바꾸어서 기차나 자동차를 움직이게 하는 동력 기관이다. 이처럼 불과 바람은 우리를 이롭게 한다.

효사

초구 한유가 회망

집에 있어서 막음을 두면(미리 방비함을 두면), 후회가 없어진다.

• 한가할 한, 막을 한: 익히다. 막다. 아름답다. 조용하다

풀이 집안에는 어린이도 있고 여러 친척도 같이 지내는 경우가 많은데, 너무 기강이 없이 무질서하면 후회가 많아질 것이다. 집안의 법도는 처음부터 엄격히 세울 필요가 있다. 아무리 세상이 변하여도 변해서는 안 되는 것이 있다. 지킬 것은 지키고 기본적인 예절을 바탕으로 자리 잡은 다음에 그 가정이 편안한 안식처가 되는 것이다.

또는 가장이 집을 방비하는 것을 뜻하기도 한다. 집안의 일로 해석하면 가정의 법도가 문란해지는 것을 예방하는 일이 될 것이요, 집 밖의 일로 해석하면 도적으로부터 집을 미리 방비함을 뜻할 것이다.

직접 나서서 이루려 하지 않고, 규중에 있으면서 음식을 장만하면 일을 맡아 처리한 것이 길하다.

• 드디어 수, 따를 수(수행, 미수, 완수) • 보낼 궤: 음식을 보내다, 음식을 권하다, 먹이다

풀이   육이는 중정한 덕을 갖춘 며느리 상이다. 부인은 규중(안방 규, 가운데 중)에 있으면서 음식을 주관하는 자다. 그러므로 중궤라 이른 것이다. 음식 장만 등 소소한 일은 크게 빛나지 않는다. 그러나 그로 인해 온 식구가 즐겁게 먹고 행복해진다면 그 또한 최고의 기쁨이다. 가족 사랑은 식탁 위에서 이루어진다.

당시 시대상을 반영했을 때, 한 가정의 주부는 밖에 나가서 자기의 일을 이루려는 뜻을 접는 것을 권장했을 것이며, 사회진출을 무리하게 추구하려 하지 말고 기존의 책무에 조용히 머물러 집 안에서 가족의 식생활을 보살피고 그 밖의 집안 살림을 맡는 것이 무엇보다 중요했을 것이다. 식생활이란 가족의 건강을 책임지는 대단히 중요한 일에 속한다. 더욱이 주역의 시대에는 음식 장만의 의미가 제사를 받드는 일과 손님 대접이라는 한 가정의 중대 행사였다. 그래서 주부의 음식 솜씨는 가문의 영광에 관계되는 문제였다.

집안 사람이 엄하게 하면 유감이고 위태로우나 길한 것이고, 며느리와 자

식이 시시덕거리면 마침내 인색하여 흉함으로 나아간다.

• 엄할 학

풀이 구삼은 양이 양의 자리에 있고 하괘의 위에 있으니 안을 다스리는 자다. 구삼은 너무 강하여 집안사람들이 어려워한다. 이로 인해 단기적으로는 위태하고 후회할 일이 생기지만, 큰 맥락에서는 집안의 바름을 잃지 않으니 결국은 길하다.

만약 부녀자들이 희희낙락하게 되면 절도가 없어져서 나중에는 좋지 않은 상황이 될 수 있으니 차라리 엄하게 하라는 것이다. 물론 자녀교육이 지나치게 엄하면 때로는 후회가 따르고 자녀의 반항이라는 위험도 있을 수 있다. 그래도 과잉보호로 인해 '마마보이'로 길러져서 문제가 더 많아지는 것보다는 엄격한 편이 낫다는 가르침이다.

육사 부가 대길

집안을 부유하게 하니 크게 길하다.

풀이 육사는 하괘의 초구와 상응하고 상괘의 구오를 받들고 있으며 음의 자리에 음이 왔으니, 현재의 자리에 기꺼이 순응하고 성실하여 부자가 될 사람이다. 작은 부자는 부지런함에 달려 있고 큰 부자는 하늘이 만들어 준다고 했으니 하늘이 도우면 큰 부자도 될 수 있다.

왕격유가 물휼 길

왕이 유가에 이름이니(집안에 이르면, 즉 집안의 도를 지극히 함이니), 근심하지 않아도 길하다.

• 거짓 가, 이를 격: 거짓, 용서하다, 너그럽다, 아름답다, 이르다

[풀이] 왕이 지극히 집안에 마음을 두니 걱정하지 않아도 좋다는 것이다. 왕의 가족 사랑은 어떠한 근심도 거뜬히 헤쳐나갈 수 있는 힘이 된다. 왕이 그 가정을 지극하게 사랑하니 온 나라가 본받아 가정마다 화목하다. 구오는 밖에서 몸가짐을 바르게 하고, 육이는 안에서 바르게 가정의 도를 지키며 내외가 덕을 함께하므로 가인의 도가 지극하다. 중정한 덕으로 서로 믿고 사랑하니 근심할 것이 없는 것이고 길한 것이다.

[상구] 유부 위여 종길

믿음을 두고 위엄이 있으면 마침내 길하다.

[풀이] 상구는 음의 자리에 양이 왔으며, 집안의 가장 높은 자리에 있다. 보통 상구의 자리에 있는 경우 안 좋게 해석되는 경우가 많은데 가인괘에서는 나쁘게 풀이되지는 않는다. 신뢰는 사람 사이의 기본요건이며, 가족 사랑의 원천이다. 믿음으로 사랑이 깊어지고 오래 이어지는 것이다. 가족을 이끌어 나감에도 믿음을 가장 중요한 바탕으로 삼되, 너무 나약하지 않게 때로는 위엄 있는 모습으로 대하는 것이 필요하다. 어른이 존엄을 잃고 젊은이가 공손하지 못하면 집안이 반드시 어지러워진다.

부부뿐만 아니라 부모와 자식 사이에도 믿음이 굳건하게 자리 잡아야 모든 오해와 갈등을 믿음으로 풀어낼 수 있다. 때로는 자기 고집을 버리고 잘못이 있으면 반성하고 마음을 열 때는 열어서 젊은 세대와 소통하는 노력이 필요하다. 집안을 다스리는 기본 원칙은 '성실'이며, 집안의 어른이 직접 모범을 보여야 한다. 그것이 바로 '수신제가 치국평천하'[2]다.

요약 옛사람들은 가까운 것들부터의 관계를 중요시했다. 가족 역시 마찬가지다. 단란하고 행복한 가정은 온 가족이 자기의 도리를 다하면서 사랑하고 존중하는 가운데 이루어진다. 모든 사람에게 가정은 소중한 안식처요 삶의 발판이요 사랑의 샘터다. 건강한 가정이 많아야 사회도 건강해진다.

초구는 모여 사는 데 기본 질서가 있고 지켜야 할 법도가 있음을 강조했다. 육이는 주부는 무엇보다 가족의 건강을 위한 식생활에 정성을 들여야 한다는 것이고, 구삼은 자녀교육으로는 엄격함이 시시덕거리는 것보다 낫다 했고, 육사는 근면 성실해야 가정 살림이 윤택해진다는 것이고, 구오는 웃어른의 가족 사랑이 온 사회에 좋은 영향을 준다는 것이고, 상구는 어른답게 믿음과 위엄으로 가정을 꾸려가라는 것이다.

1   이와 관련하여 《단전》에 이런 말이 나온다.

"아버지는 아버지답고 자식은 자식답고 형은 형답고 동생은 동생답고 남편은 남편답고 아내는 아내다우면(부부자자 형형제제 부부부부), 집안의 도가 바르니 집안을 바르게 해야 천하가 평안하리라(이가도정 정가이천하정의)."

가족의 구성에는 당연히 부모가 있어야 하고 그 자녀는 서로 형이 되고 아우가 되는 것이니 부모는 부모 노릇을 해야 하고 남편은 남편 노릇을 하고, 아내 노릇, 형 노릇, 누나 노릇을 각자가 성실하게 하면, 즉 가정이 바르게 서야 세상이 바로잡힌다는 말이다.

2   한나라 말기에 '진번'이라는 사람이 있었다. 그는 어려서부터 뜻을 크게 품고, 늘 방에서 책을 읽었다. 어느 날 아버지의 친구가 찾아와 그의 방을 들렀다. 그런데 방 안이 너무 지저분했다. 진번에게 왜 방이 지저분하느냐고 묻자 그는 "대장부가 천하를 쓸어야지 어찌 방 안을 쓸 수 있겠나이까?"라고 대답했다. 그러자 그 어른은 웃으면서 "방 안을 쓸지 않는 자가 어찌 천하를 쓸 수 있다더냐?"라고 말했다. 그렇다. 자기를 다스릴 줄 알아야 집안이 평안할 것이요, 집안이 평안해야 천하를 잘 다스릴 수 있다.

38

화택규

리상태하

위에는 리괘☲, 아래에는 태괘☱인 대성괘

괘사 규 소사 길

규(어긋남)는 작은 일로써, 길한 것이다.

• 사팔눈 규: 노려보다, 어그러지다, 등지다, 반목하다

풀이 괘사를 '서로 어긋난 상태에서 큰일을 도모하는 것은 위험을 자초한다. 이럴 때는 작은 일을 하면서 소소한 기쁨을 누리는 것이 낫다'라는 뜻으로 해석하기도 한다.

불이 위에 있고, 연못이 아래에 있어서 불은 불대로 위로 오르려 하고 연못은 연못대로 아래로 흐르려 하니, 서로 만나지 못하고 따로 놀아 어긋나게 됨(어긋날 규)을 의미하는 괘가 화택규괘다. 규에는 정을 얻지 못한 효가 다섯 개다. 양의 자리인 오효와 삼효에 음이 자리하고, 음의 자리인 이효와 사효에 양이 자리하니 어긋나는 것이다. 따라서 대중이 모두 뜻을 합해 일해야 하는 대사는 불가능하지만, 소사 즉 의식주 등 기본적인 일을 기뻐하면서(태괘) 밝게 하여(리괘) 이룰 수 있으므로 길한 것이다. 어긋났을 때는 작은 일부터 단계적으로 해결해나가야 하므로 '소사 길'이다.

만나지 못하면 통하지 못하고, 통하지 못하면 합하지 못한다. 주역에서는 이렇게 합하지 못한 상태를 '어긋났다'라고 한다. 집 안에서 여러 사람이 생활하다 보면(가인) 의견이 서로 다른 경우가 있다. 그래서 가인괘 다음에 규괘가 온다. 다만 이렇게 어긋나는 것은 '큰 위험'이 아니라 '작은 일'로써 좋은 것일 수 있다. 사람들은 보편적으로 서로의 다름을 틀림으로 혼동하여 조금이라도 다르다는 것 때문에 어긋난다. 그러

나 모든 사람은 생김새도, 생각도, 가치관도 다 다르다.[1]

사람뿐만이 아니다. 하늘과 땅은 어긋나지만 하는 일이 같아 만물이 나온다. 남자와 여자도 성질이 달라 서로 어긋나지만 서로의 뜻이 통하므로 혼인하여 아이를 낳는다. 만물이 만 가지로 어긋나 있기 때문에 만물이 될 수 있다. 세상 만물은 다른 듯 보이나 본질적으로 같은 의미를 갖고 있다.

효사

초구 회망 상마 물축 자복 견악인 무구

뉘우침이 없어지니 말을 잃어버려도 쫓아가지 말라. 스스로 돌아올 것이다. 악인을 만나도 허물은 없으리라.

풀이 초구는 양이 양의 자리에 있고 기뻐하는 태괘에 있으니, 위로 나아가려고 하는 자이며, 위의 구사와 정응은 아니나 같은 부류(양)여서 친한 사이다. 그런데 타고 갈 말을 잃어버렸으니 당장은 그를 만날 수가 없지만, 말을 찾아다니지 않아도 잃어버린 그 말이 다시 돌아온다. 이럴 때 그 말을 타고 만나고 싶은 사람을 찾아가면 된다. 그러니 초구는 후회가 없다고 했다.

보내기 아까운 것이 가더라도 안타까워하지 말라는 것은 언젠가는 다시 나에게로 돌아온다는 것을 암시한다. 그런데 문제는 자기가 싫어하는 사람을 만나 봐야만 허물이 없다고 했다. 여기에서 만나기 싫은 사람은 육삼인데 구사를 만나러 가는 길목을 지키고 서 있다. 만나기 싫어도 어쩔 수 없이 이 사람을 꼭 만나야만 하는 것이다. 만나고자 하는 사람을 만나기 위하여 넘고 가야 하는 과정이다.

　피하고 거부하는 것보다 참고 만나는 것이 오히려 원수를 맺지 않고 피하는 방법이다. 규의 때는 인정이 어그러지고 어긋나는 때이니, 화합하기를 청하더라도 될까 말까를 걱정해야 할 판인데, 만약 뜻을 달리한다고 하여 모두 단절해버리고 나면, 장차 사람들이 군자 보기를 원수와 같이 할 것이므로 이는 화를 자초하는 격이다. 그러므로 반드시 악인(뜻을 달리하는 사람)과 상통하는 것은 원망과 허물에서 벗어나는 길이다.

구이　우주우항 무구

주인(임금)을 거리(궁궐의 통로)에서 만나면 허물이 없다.

• 만날 우(경우, 대우, 처우, 예우, 불우, 조우)

• 거리 항(항간): 궁궐의 통로나 복도, 문밖, 거리, 동네

풀이　구이는 신하이고 육오는 인군이다. 규는 어긋난 때이므로 이 어긋난 세상을 해결하기 위해서는 구이가 남이 보는 앞에서 떳떳하게 자신과 응하는 육오를 만나면 안 된다. 그렇게 되면 더욱 어긋나고 어려워지니 남의 눈을 피해 후미진 곳에서 만나야 한다. 인군에 해당하는 육오를 후미진 곳에서 만난다는 것은 규괘에서만 해당한다. 어긋나는 시기인지라 매사에 조심하는 것이다. 어긋난 때에는 그렇게 만나도 도를 잃는 것이 아니니 허물이 없다고 했다.

육삼 견여예 기우체 기인 천차의 무초 유종

수레를 당기고 그 소를 막으며 그 사람이 머리가 깎이고 코가 베이는 것을 보니, 처음은 없고 마침은 있다.

• 끌 예(예인선) • 끌 체, 당길 철 • 하늘 천: 형벌의 이름(이마에 먹물로 죄수의 표식을 새겨 넣거나 머리를 깎이는 형벌) • 코 벨 의: 코를 베다, 코를 베는 형벌

풀이 어긋나 있는 상황이니 육삼은 상구를 만나러 수레를 타고 간다. 그런데 수레바퀴가 구르지 못하게 뒤에서 구이가 잡아끌고, 그래도 끌고 가는 소를 이번에는 위에서 구사가 소의 뿔을 받친다. 만나지 못하게 방해하는 것이다. 이것은 육삼 음이 음의 자리가 아닌 양의 자리에 있기 때문이다. 그러거나 말거나 어떻게 해서든 만나려고 발버둥치다가 머리를 깎이고 코를 베이게 된다. 그러나 결국 어렵게 만날 사람을 만나게 된다. 처음엔 어려움도 많고 아무 성과도 없지만 끝은 결과를 본다는 뜻이다.

구사 규고 우원부 교부 려 무구

규가 외로워서 훌륭한 남자를 만나 미덥게 사귐이니 위태로우나 허물은 없다.

• 외로울 고(고아, 고립, 고독)

풀이 구사는 위아래 두 음효 사이에 끼어 있어서 외롭다. 착한 지아비인 초구를 만나야 한다. 지금은 규의 시절이라 어긋난 때라서 불신이

팽배해 있으니 더욱더 믿음으로 사귀어야 불신이 없어진다. 비록 미덥게 사귀어도 모함을 받아 위태로울 수 있다. 그러나 미덥게 사귀기 때문에 허물이 없다.

육오 회망 궐종 서부 왕 하구

후회가 없어지니 그 종족(무리)이 살(고기)을 씹어서 나아감에 무슨 허물이 있겠는가.

풀이 육오는 구이와 응하는 자리다. 육오는 구이를 만나게 되어 후회가 없다. 육오가 같은 일족에 해당하는 종당인 구이를 만나려고 해보니까 응해오는 것이 순순히 잘 응해 와서 연한 살을 씹는 것처럼 부드럽게 잘 먹혀들어간다는 것이다. 종당이 살을 씹는다는 것은 그렇게 서로 의사소통이 되고 서로 마음이 맞는다는 것이다. 구이가 딱딱하게 굴거나 불친절하면 힘들 텐데 환영하고 만나주니 다행인 것이다. 그렇게 육오가 구이를 만나러 갔기 때문에 온 나라에 경사가 있다.

상구 규고 견시부도 재귀일거 선장지호 후탈지호 비구혼구 왕우우 즉길

규가 외로워서 돼지가 진흙을 짊어진 것과 귀신을 한 수레 실은 것을 본다. 먼저 활줄을 당겼다가 뒤에 활줄을 풀어놓아, 도적이 아니라 혼인하자는 것이니, 가서 비를 만나면 곧 길하다. [2]

• 질 부(부담, 부채, 승부, 포부, 자부심): 짐을 지다, 떠맡다, 업다

• 칠할 도(도배, 도료): 더럽히다, 길, 도로, 진흙, 칠하다

• 실을 재(게재, 등재, 기재, 탑재, 적재, 연재) • 활 호(괄호)

풀이 상구는 어긋나는 괘의 끝에 있고 밝은 리괘의 위에 있어 지나치게 밝으니 살피는 자들이 많고 의심이 많아 외로운 데다가 망령스럽기까지 하다. 상구에게 오고 있는 육삼의 모습을 보고 '돼지가 진흙까지 짊어지고 온다', '귀신을 실은 수레가 오고 있다'라는 등의 의심을 품는 것이다.

상구는 육삼이 이렇게 험한 모양으로 올 뿐만 아니라 자기를 해치려 온다는 의심까지 품어 활을 쏘려고 한다. 그러나 일촉즉발의 순간, 가만히 보니 그는 해치러 오는 사람이 아니고 청혼을 하려고 오는 사람이다. 나중에야 그 사실을 알고 상구는 다시 활을 벗겨 활집에 넣고 전쟁을 하지 않고 의심을 씻어내고 만나게 된다.

상구가 육삼을 만나는 것을 비를 만난다고 표현하는 것은 양이 음을 만나기 때문이다. 남자가 여자 집에 가서 혼례를 치르고 첫날밤을 자는 것을 '우우'라고 하며, 주역에는 양이 음을 만나는 것을 '우우'로 표현한다. 비가 내리면 의심이 다 풀리고 서로 화합이 되는 것이다. 서로 헐뜯고 의심했던 감정들이 다 풀린다. 하늘과 땅, 음양 화합이 잘 되어야 비가 온다.

비가 내리면 땅은 축축해지고 만물이 생겨난다. 남녀 음양도 합하면 역시 비가 내린다. 그래서 남녀가 합을 이루는 것을 '운우지정'이라고

했다. 음양이 만나서 비를 내리면 터무니없는 모든 의심이 다 없어지고
어긋남은 해결된다.

요약 화택규는 어긋남의 괘다. 규는 대립과 불화로 인해 서로의 유대
가 깨져 혼자 남게 되었다가 작은 성공들을 쌓아서 공동성과 유대를 찾
게 된다는 괘다. 지금은 어긋나 있지만 언젠가는 서로 기꺼이 만날 때가
온다는 것이다.

　초구는 어긋난 시기의 초기에 우여곡절을 겪으며 만나지만 만나고자
하는 사람을 만나기 위해서 싫은 사람도 만나야 하는 상황에 놓인다. 구
이는 만나야 할 사람을 남의 눈을 피해서 으슥한 곳에서 만나야 한다.
육삼은 상대를 만나기 위해 온갖 고초를 다 겪은 뒤에야 간신히 만난다.
구사는 외롭게 지내다가 진실한 방법으로 만나는 길을 찾아 뜻을 이룬
다. 육오는 비교적 순조롭게 만나서 기쁘고 중요한 사람들의 만남은 나
라에도 경사를 가져온다. 상구는 의심과 오해로 뒤틀리다가 결국은 만
나서 모든 것을 풀어 화합한다.

1 "군자는 화이부동하고, 소인은 동이불화하다"라고 말했던 공자는 나와 상대방이 서로 다르다는 사실, 즉 차이를 인정한 바탕 위에서 대화를 통해 공감대를 형성하려 했다. 타인과 자신의 관계를 정립하고 그 존재를 이해하는 것을 우리는 '인정'이라 부른다. 헤겔은 "인간의 자기의식은 현실 속에 살아 있는 타자의 존재에 대한 반성을 통하여 완성된다"라고 말했다. 이러한 인정이 이루어지지 않으면 개인은 서로를 이해하지 못하고 적대적 관계가 된다. 심할 경우 상호 간에 폭력까지 난무하게 되고 우리는 오직 자신을 관철시키기 위해 다툴 수밖에 없다. 타인에 대한 비인정은 타인뿐만 아니라 자신 또한 야만의 상태에 빠지게 만들어버린다.

'화(화합할 화)'는 나와 상대방이 서로 다르다는 사실, 즉 차이를 인정한 바탕 위에서 공감대를 형성하는 것이다. 우리가 얼마나 일상 속에서 '화'를 망각하고 사는지는 '다르다'와 '틀리다'의 빈번한 표현 실수에서 엿볼 수 있다. 방송에 입문했을 때 가장 많이 지적받는 것 중 하나도 바로 '다른 것(different)'과 '틀린 것(wrong)'을 혼동하여 사용하는 것이다. "색깔이 틀리네"가 아니라 "색깔이 다르네"가 맞다. 방송에서 누군가 "색깔이 틀린데?"라고 잘못 말하면 자막에서는 '다르다'로 표현되어 나온다('틀리다'는 문제 따위를 틀렸을 때 쓴다). 많은 사람들이 무의식중에 '다름'과 '틀림'을 동일시한다. 이는 '나와 같은 의견이 아니라면 저 사람은 틀려먹은 거야'라고 생각하는, 타자를 인정하지 않는 뿌리 깊은 생각이 원인일 수 있다.

이것은 남녀 간 연애에도 당연히 적용되는데, 상대방을 고치거나 바꾸려 하는 사람과는 아예 만나지 않는 것이 정신건강에 이롭다. 인간은 생겨먹은 대로 사는 동물일 뿐, 사랑의 힘으로 쉽사리 고쳐질 수 있는 존재가 아니다. 사람은 고쳐쓰는 게 아니다. 특히나 요즘 같은 개성시대에 성격 궁합은 더욱 중요하다. 이 글을 적고 있는 이 순간에도 세상에는 수많은 헤어지는 커플들이 생겨난다. 그들은 왜 헤어졌고, 왜 헤어지려고 고민중일까? 사실 이것은 연인들만의 문제가 아니라 모든 인간관계를 관통하는 이슈다. 바로 '서로가 다름'을 인정하지 않는 것이 문제의 시발점이다.

나는 회를 좋아하고 그녀는 삼겹살을 좋아한다고 치자. 어떻게 그를, 또는 그녀를 내 취향으로 바꿀 것인가를 궁리하다가는 어김없이 싸우게 된다. 그걸 좋아하도록 그대로 두던지, 내가 취향을 포기하던지, 아니면 싸우지 않는 한도 내에서 서로의 양보를 유도해 접점을 찾는 선에서 마무리를 해야 '성격 차'로 인한 헤어짐을 미연에 방지할 수 있을 것이다. 성격 차로 헤어졌다는 말은 결론적으로 그 사랑을 서로가 지켜내지 못한 것에 대한 허울 좋은 핑곗거리밖에 되지 않는다.

사람은 보고 싶은 것만 보고, 믿고 싶은 것만 믿는 '확증 편향'에 쉽게 빠져든다. 아무래도 인간이다 보니 자신의 관심사만 눈에 보이게 마련이고, 무엇이든 자기에게 맞게끔 교묘하게 재해석하려고 한다. 그러니 한 발짝 떨어져서 스스로 자신을 바라보며 냉정히 성찰할 수 있어야 한다. 이것이 바로 '메타 인지'다. 나는 과연 상대를 오롯이 인정하는 사람인가? 나는 다름과 틀림의 차이를 인정하는 사람인가? 끊임없이 자신에게 물어보고, 한 발짝 떨어져서 자신을 바라보며 경계해야 한다.
바둑이나 장기를 둘 때 최고의 고수는 다름 아닌 구경꾼들이다. 우리 모두 자기 자신의 구경꾼이 되자.

2 정약용의 관점에서 규괘 상구의 효사를 해석하면 다음과 같다.
"아비를 잃은 고아(의 점괘)로다. 돼지가 진흙을 뒤집어쓰고 있는 것을 본다(그것은 비가 올 징조로다). 시체를 한 수레 가득 싣게 될 것이다. 저 활을 당겼다가, 나중에 활을 벗기게 될 것이다. 도적이 아니라 혼인하게 될 상대다. 길을 가다가 비를 만나면 (다른 재앙은 없겠기에) 길할 것이다."

39

수산건

감상간하

위에는 감괘☵, 아래에는 간괘☶인 대성괘

• 질뚝발이 건

건은 서남은 이롭고 동북은 이롭지 않으며, 대인을 봄이 이로우니, 정하면 길하다.

풀이 건은 어려움의 도를 말한다. 앞에는 거친 강물이 가로막고 뒤로는 높은 산이 버티고 서 있는 괘상이기 때문이다. 험한 산과 거친 강물, 즉 극복하고자 하는 온갖 어려움은 스스로 만든 것이며, 이러한 어려움은 결국 진정한 자기 자신에게로 돌아오기 위한 것이다.

수산건은 산 위에서 비를 만나는 형국, 또는 물이 깊고 산이 높은 형국이니 큰 어려움이 있는 경우다. 수산건은 주역의 4대 난괘(수뢰둔, 수산건, 택수곤, 중수감) 중에 하나이므로 어려운 시기다. 그러나 위기는 곧 기회다. 험난한 중에 우리는 중도를 행함으로써 중용을 찾아야 한다. 그래야 길하다. 위험이란 '극복할 수 없다'라고 생각하는 마음의 상태를 말한다. 극복할 수 없는 위험은 없다. 다만 자포자기하는 마음만이 있을 뿐이다.

위험의 시기는 중요하다. 우리는 위험을 통해 새롭게 태어날 수 있기 때문이다. 위험을 오롯이 받아들일 때, 위험에 자신의 전체를 내맡길 때, 과거의 나는 죽고 새로운 내가 태어난다. '건'은 '다리를 절다'인데 파자를 하면 그 뜻이 더 다가온다. 한(얼 한)과 족(발 족)이 합해진 것으로 발이 얼어서 걷기 어려운 모습이다.

살면서 어려움을 겪지 않고 살아갈 수 있을까? 그것은 우리 힘으로 되는 일이 아니다. 그러므로 일이든 사람이든 내 뜻대로 안 될 때, 험난함이 닥쳐왔을 때, 누구를 탓하거나 절망하거나 그만둘 것이 아니라, "아, 그렇구나"하고 그 상황을 오롯이 인정한 후, 다시 도전하거나 험난함을 이겨낼 방도를 찾으면 된다. 바꿀 수 없는 것은 그냥 두고, 내 힘으로 바꿀 수 있는 것만 바꾸면 된다. 괜한 선입견으로 두려워하기보다는 어려움을 정면 대결하는 법을 터득해야 한다.

중요한 것은 어려움을 불행으로 연결하지 않는 지혜다. 하여 어려울 때는 문제를 해결해줄 수 있는 유능한 인물을 찾아보고 가르침을 받으면 좋다(리견대인). 앞을 가로막은 위험을 보고 험한 데에 빠져들지 않고 그쳐서 헤아릴 수 있는 지혜가 있으면 어려움은 얼마든지 극복할 수 있다.

문왕후천팔괘에서 서남은 곤(땅)에 해당하고, 동북은 간(산)에 해당한다. 곤은 평탄하고 쉬운 뜻이 있고 간은 높고 험준한 뜻이 있다. 어려운 때를 당하여 쉽고 평탄한 데에 순히 처해야 하며, 험한 곳에 무모하게 가려하면 어려움이 더욱 심해질 뿐이다. 보편적으로 사람들은 어려움에 봉착하면 그 원인을 항상 밖에서 찾는다. 그러나 군자는 수산건의 상을 보고서 자신을 돌이켜 덕을 닦으니, 험난함을 만나면 반드시 반구저기[1]한다.

초육 왕건래예

가면 어려움이 있고, 오면 명예가 있을 것이다.

• 기릴 예, 명예 예

| 풀이 | 아직 어려움이 깊지는 않아 서두르지 않고 슬기롭게 대처해야 한다. 초육은 음유한 재질에다 위로 응이 없으니, 앞으로 나아가고자 하면 오히려 모함에 빠져 몸을 더럽히고 이름을 더럽힐 것이나, 스스로 수양하고 기다리면 큰 공을 이룰 때가 오니 명예가 있는 것이다. 여기서의 '래'는 그쳐서 나아가지 않는 뜻이 있고, '왕'은 위로 나아간다는 뜻이 있다. 나아가면 어려움을 당하고, 멈추고 나아가지 않으면 기미를 보고 때를 아는 슬기로운 자가 된다.

| 육이 | 왕신건건 비궁지고

왕과 신하가 절고 저는 것이 자기 때문이 아니다.

| 풀이 | 신하인 육이가 어려움을 무릅쓰고 난국을 구제하기 위해 노력한다. 자신의 개인적인 이익 때문이 아니라 왕과 나라를 위한 것이다. 육이는 중정의 덕이 있고 구오 중정한 인군과 정응이 되니, 힘을 합해 건의 어려움을 구제하고자 하는 자다. 그러나 구오 인군도 험난함에 빠져 있고, 육이 자신도 험난함에 빠져 있으니 그 어려움이 말로 형언할 수 없는 것이다.

| 구삼 | 왕건래반

가면 어려우니 다시 돌아온다.

풀이 가면 어려우니 다시 돌아오라고 말한다. 절뚝거리는 상태로 밖에 나가면 여러 가지 험난한 일들이 일어날 것이고 되돌아오면 그런 어려움으로부터 반전되어 오히려 안에 있는 사람들과 더불어 기쁘하게 될 것임을 말한다.

구삼은 양이 양의 자리에 있고 하괘의 위에 있으니, 아래의 두 음이 의지하는 바가 된다. 그러나 중을 얻지 못했고 지나치게 강하니 위로 정응인 상육에게 가려 하면 험난함을 당할 것이요, 그 자리에 그쳐 있으면 육이와 초육이 기쁘하며 의지하여 같이 구오를 도울 수 있으니 자신을 지킬 수 있는 것이다. 구삼은 바른 위치에 있으면서 아랫사람들로부터는 인심을 얻으므로 편안함을 찾을 수가 있다.

육사 왕건래연

가면 어렵고 오면 이어진다.

• 잇닿을 연(련)(연계, 연결, 연루, 연쇄, 연속, 연대): 이어지다

풀이 나아가면 험한 길이다. 돌아와 연합의 길을 구해야 한다. 어려운 상황이라 단독으로 감당하기가 어려우니 동지를 구하여 모아야 난관을 극복할 수 있다. 육사는 대신(재상)의 자리에 있어 임금을 보필하면서 어려움을 해결해야 하지만 자신은 그 어려움을 해결할 능력이 부족하다.

육사는 음이 음의 자리에 있으니, 재질은 유약하지만 바름을 얻은 자다. 그 유약함으로써 건이 어려울 때를 구제하려고 하면 어렵지만, 제자리에서 구삼과 연합하면 그 처한 자리가 실해진다.

구오 대건붕래

크게 어려움에 벗이 온다.

풀이 나라의 어려움을 풀어야 하는 임금이 크게 어렵다. 정말 어려울 때 돕는 사람이 친구라는 말이 있듯이 구오가 어려움에 부닥치자 친구가 모여들기 시작한다. 그냥 어렵다고 친구가 오는 것은 아니다. 구오가 중절을 지키기 때문에 그 뜻을 아는 친구들이 함께하는 것이다.

구오가 비록 중정한 덕이 있으나 어려운 때에 감괘의 험난한 체에 있으니, 자신의 본분을 지키고 기다리고 있으면, 정응인 육이의 도움은 물론 초육의 '래예', 구삼의 '래반', 육사의 '래연', 상육의 '래석'의 도움이 오는 것이다.

상육 왕건래석 길 리견대인

가면 어렵고 오면 크다. 길할 것이니 대인을 봄이 이롭다.

풀이 이제 어려움의 끝에 도달했다. 가면 어렵고 오면 크다는 것은 마지막이라고 방심하면 더 어려워진다는 말이다. 어려울 때일수록 한결같은 마음으로 해야 새로운 길이 열리게 된다. 상육은 어려운 시대를 살아온 만큼 저력을 쌓아 포용력이 큰 인물로 성장했다(석과불식의 '석'). 귀한 신분인 구오 임금을 만나면 이미 모인 동지들과 규합할 것이니 나라의 큰 어려움을 구제하는 일에 동참하여 큰 성과를 볼 것이다.

상육은 음유한 재질로 험난함의 끝에 있으니, 험한 것을 무릅쓰고 나아가기보다는 되돌아와 정응인 구삼을 구하고, 인군인 구오를 도와 건의 어려움을 건너면 큰 공을 얻어 길한 것이다. 음유한 자는 스스로 건을 헤쳐나갈 수 없으므로 양강하고 중정한 대인군자를 만나 도움을 받음으로써 어려움을 극복할 수 있으니 리견대인이라고 했다. 대인은 구오를 말하는데 상육과 상비의 관계에 있으므로 이러한 뜻이 나온 것이다.

요약　세상을 살아가다 보면 누구나 험한 어려움을 겪게 될 때가 있다. 험하고 어려운 일 앞에서 그친다는 의미는 그 험난함 속에 빠져 허우적거리지 않고 냉철한 정신으로 헤쳐나갈 최선의 방책을 찾는다는 것이다.

어느 일에서나 해서는 안 되는 일이 있다. 바로 '그쳐야 할 곳에서 그칠 줄 모른다'라는 것인데, 그것은 욕심을 부리는 것이고, 판단을 그르쳐 허둥대는 것이고, 힘이 있는데도 열심히 하지 않는 게으른 태도다. 그래서 험한 일 앞에 그칠 능력이 있으면 어려움을 이겨낼 수 있다. 위기 앞에 서 있을 때일수록 자신을 바르게 하지 않으면 안 된다.

초육은 어려움을 참고 견디면 칭찬을 들을 일이 있다. 육이는 신하의 자리에서 나라의 어려움에 몸 바쳐 일만 했고 구삼은 가면 어려우니 돌아와 자기를 의지하는 사람들을 보살펴야 한다. 육사는 여러 사람과 연합할 길을 모색하라고 했다. 구오는 정의로운 동지들이 모여들어 어려운 난국을 구제한다고 했다. 상육은 돌아와 유능한 사람을 만나 도움을 청한다.

1   자기 자신을 아는 일, "모든 것은 내 탓이다"라고 인정하는 일, 그것만큼 어려운 일도 없다. 어떠한 사건의 원인을 남에게서 찾지 않고 나에게서 찾는 사람, "모든 것은 내 탓이오"라고 인정할 줄 아는 사람만이 진정 성숙한 사람이다. 제자들을 가르치는 사람이라면, 더더욱 무거운 의무감을 갖고 자신을 돌아볼 줄 아는 사람이 되려 노력해야 한다.

소인배는 자신을 방어하는 일에 길들여져 있다. 그들은 부정, 회피, 자기 합리화의 방어기제와 그럴듯한 변명의 달인이다. 남의 탓을 하는 것은, 불편한 죄책감을 벗어던지기 위한 하나의 방어기제라고 할 수 있다. 성숙해지기 위해서는 내 안에 있는 것들을 깊이 들여다봐야 한다. 어떤 일이 잘못되었거나 자신에게 불리할 때 다른 사람의 탓으로 돌리는 것은 비겁하고, 어리석은 짓이다. 모든 원인과 결과는 내 안에 있으므로 모든 것을 내 탓으로 돌려야 한다. 언제나 자신을 돌아보는 마음을 잃지 않는 것, 이것이야말로 진정한 성찰이다.

'반구저기'가 바로 그런 말이다. '일어난 결과와 상황에 대해 책임을 지고 그 원인과 잘못을 자신에게서 찾아 새로운 모색을 한다'. 이 말은 《맹자》〈이루 상〉편과 〈공손추〉편, 《논어》〈위령공〉편, 《중용》 등에 여러 번 나온다.

"행하여도 얻지 못하거든 자신에게서 그 잘못을 찾아라. 자신의 몸가짐이 바르면 세상이 내게로 돌아올 것이다."

"어질다는 것은 활을 쏘는 것과 같다. 활을 쏘는 사람은 쏜 화살이 과녁을 바로 맞히지 못해도 자신을 이긴 사람을 원망하지 않고 그 원인을 자신에게서 찾을 뿐이다."

"군자는 허물과 잘못을 자신에게서 찾고 소인은 허물과 잘못을 다른 사람에게서 찾는다."

제대로 된 사람들은 남의 탓을 하지 않는다. 자신을 잘 알기 때문이다. 남을 탓한다고 해서 자신의 잘못과 허물이 덮어지는 것은 아니다. 학식과 덕행이 높고 깊은 군자는 어떤 일의 원인과 결과를 자신에게서 찾고 그 책임 또한 스스로 진다. 그러나 마음이 좁고 비천한 소인배는 어떤 일의 원인과 결과를 모두 다른 사람의 탓으로 돌린다. 이렇게 하면 자신의 잘못과 허물을 찾을 수 없음이 자명하다. 모든 게 내 탓일 뿐이다.

40

뇌수해

진상감하

위에는 진괘☳, 아래에는 감괘☵인 대성괘

괘사 해¹ 리서남 무소왕 기래복 길 유유왕 숙 길

해는 서남이 이롭다. 갈 곳이 없으면 돌아와서 회복함이 길하고, 갈 곳이 있으면 빨리하면 길하다.

• 풀 해(해결, 이해, 해소, 해석, 해법) • 이를 숙(숙성): 빠르다, 어린 나이

풀이 사물은 끝내 어려운 이치는 없으니, 어려움이 지극하면 마침내 흩어진다. 해는 흩어짐이니, 수산건괘 다음이 되었다. 위로는 진괘가 있고 감괘가 아래에 있으며 진괘는 동함이요 감괘는 험함이니, 험난함의 밖에서 동하면 험함에서 나올 수 있는 것이다.

감괘는 북쪽 방향의 '수'로, 계절로 치면 겨울에 해당한다. 진괘는 동쪽 방향의 '목'으로 봄에 배속된다. 봄은 목 기운으로 따뜻하다. 이렇게 따뜻한 봄은 수 기운이 왕성한 겨울로부터 나온다. 겨우내 추워 얼어 있던 것이 풀리는 것이다. 그래서 뇌수해는 구속으로부터 해방되어 자유로워진다는 의미도 담고 있다.

해는 모체 양수 속에서 길러진 어린 생명이 마침내 태어나 우는 형상으로서 계절로는 해동, 즉 북방수기로 대표되는 한겨울이 물러가고 동방목기로 대표되는 봄기운이 밀려와 생명이 험한 데로부터 풀려나옴을 뜻한다. 겨울의 고난이 끝나고 봄의 희망이 열리는 때다.

서남쪽은 '곤'의 방향이라 평평한 곳이니 험하지 않아 이롭다. 수산건괘처럼 험하고 어려운 것이 있으면 그것을 풀기 위해서 가야 하지만, 뇌수해는 일이 다 풀렸기 때문에 갈 곳이 없다. '유유왕'은 아직도 해결해

야 할 일이 있다는 의미다. 아직도 해야 할 일이 남아있다면 속히 처리해야 길하다. 서둘러 나아가 해산시키면 공을 이루고, 미적거려서 늦어지면 악이 불어나 피해가 커지게 된다.

효사

초육 무구

허물이 없다.

풀이 초육은 음으로서 양의 자리에 있으니 바름을 얻지 못한 자다. 그러나 풀리는 때의 초기에 있고 위로 구사와 정응이 되니, 설사 허물이 있다 하더라도 의리에 어긋남이 아니다. 구사가 왕 밑의 대신이라면 초육은 백성에 해당한다. 모든 일이 풀리는 때에 강한 대신이 위에서 이끌어 주므로 백성은 편안하게 휴식할 수 있다.

구이 전획삼호 득황시 정 길

사냥에 세 마리 여우를 잡아서 누런 화살을 얻으니, 정해서 길하다.

• 여우 호(구미호)

풀이 구이는 능력 있는 신하로 중심 효인 인군을 보필하여 사회악을 제거해야 한다. 호는 여우이자, 여기에서는 소인 또는 혼탁한 무리들을 비유한 말이다. '황시(누런 화살)'는 중용의 도를 말하고, 삼음의 소인을 군자로 만드는 일을 뜻한다. 구이는 양강함으로써 중을 얻고 위로 육오 인군과 정응이 되니, 유약한 인군을 도와 간사함을 막고 아부하는 소인을 제거하여 그 중도를 펴는 것이다.

육삼 부차승 치구지 정 린

짐을 짊어진 데다 또한 올라탔으니 도적이 오게 되어 정해도 부끄러운 일이다.

• 질 부(부담, 부채, 승부, 포부, 자부심)

풀이 짐을 짊어진 데다 또한 올라탔다는 것은 '자기 분수에 맞지 않는 일을 한다'라는 뜻이다. 구사를 짊어지고, 구이를 타고 있는 것을 말한다. 물건들이 많이 생기면, 어느덧 어려웠던 시절(수산건)을 잊고 욕심을 부려 재물을 등에 잔뜩 지고 수레에 올라타서 나아가면 당연히 도적들이 찾아들 가능성이 높다.

육삼은 양의 자리에 음이 왔으니 정을 얻지 못했고 중을 얻지도 못한 자리이며 위로 상육과도 정응이 아닌데도, 자기 능력과 분수에 맞지 않는 자리를 차지한 자다. 이에 조심하여 바르게 하더라도 인색할 것인데, 위로 구사를 속이고 아래로 구이를 업신여기니(부차승) 다른 사람이 그 자리를 뺏으려 하는 것이다(치구지). 자신의 잘못으로 이런 도적을 부르게 되었으니 누구를 탓할 수 있겠는가?

이 구절에 대한 공자의 해석은 다음과 같다.

"'짊어져야 할진대 탔다. 도적을 이르게 했다'라고 하니, 지는 것은 소인이 행할 바이고 타는 것은 군자의 도구이니 소인이 군자의 도구를 탄고로 도적이 약탈할 것을 생각하며, 윗사람에게 오만하고 아랫사람에게 난폭하면 도적이 침략할 것을 생각한다."

구사 해이무 붕지 사부

묶은 엄지발가락을 풀면 벗이 이르러 이에 미덥다.

• 이 사, 천할 샤: 이것, 잠깐, 죄다, 모두, 쪼개다, 떨어지다, 하얗다, 낮다

풀이 엉킨 실타래는 남을 탓할 일이 아니다. 먼저 자신의 잘못된 응어리를 풀어야 한다. 구사의 입장에서는 자기와 호응하는 백성의 자리인 초육이 엄지발가락에 해당된다. 백성부터 풀려야 온 국민 전체가 다 풀리는 것이다. 그래서 엄지발가락인 백성의 자리부터 시작해서 풀어야 한다는 것이다. 정응인 초육과의 사사로운 관계를 일소하여 양강한 의지를 지킨다면 벗이(구이)와서 신임을 줄 것이라는 의미다.

구사는 육오 인군 밑의 대신으로서 사회의 모든 문제를 해결해야 할 책임 있는 자리다. 스스로 자신의 강한 힘과 사사로운 붕당을 풀고 육오 인군에게 복종하면, 구이와 같은 양강한 군자가 와서 서로 믿음으로 정치를 잘해 나갈 것이다.

육오 군자 유유해 길 유부우소인

군자가 오직 풀어버림이 있으면(해결할 능력이 있으면) 길하니 소인에게 믿음이 있다.

풀이 육오는 비록 음이지만 외괘에서 중을 얻은 인군자리이기 때문에 군자다. 인군이 나라의 모든 문제를 풀어나가고 있으니 아래 소인들까지도 신임한다. 육오는 군주로서 '해'의 주체이므로 인군의 '해'다. 군자는 반드시 군자와 가까이해야 하고 소인은 떨쳐내야 한다. 그러므로 군자가 소인을 해산시키면 길하다. 스스로 권위를 내세우기보다는 덕으로서 다스려 소인이 스스로 승복하여 물러나도록 해야 한다. 소인이 물러나면 군자의 도가 행해지므로 길한 것이다.

상육 공용석준우고용지상 획지 무불리

공이 기물을 갖추고 높은 담 위에 있는 새매를 쏘아 잡으니 이롭지 않음이 없다.

• 쏠 사, 맞힐 석(발사, 사격, 주사, 난사, 복사열, 방사선과, 사거리): 쏘아 잡다

• 송골매 준: 매, 비둘기, 맹금류의 총칭 • 담 용: 담장, 벽, 보루

풀이 상육은 존엄한 지위이나 군주가 아니므로 공이라 한 것이다. 매는 사납고 해를 끼치는 맹금이므로 해로운 짓을 하는 소인을 뜻하고, 담장은 내외를 구분하는 한계다. 새매가 담장 위에 있다는 것은 해악이 안에서는 떠났지만 밖으로는 완전히 나가지 않은 모양이다.

상육은 해의 극에 이른 것인데 홀로 해악이 풀어지지 않은 것은, 곧 그 해악이 견고하고 고질적이기 때문이다. 상육은 해의 도가 지극하므로 아직도 남아 있는 뿌리 깊은 고질적인 해악을 쏘아 잡는 상이다. 매를 잡고 나면 천하의 해악이 모두 해산하게 되어 이롭다.

사납고 해치는 물건이 담 위에 있다. 그동안 준비된 무기가 있으니 때를 기다려 적시에 쏘면 제거하게 된다. 만인을 괴롭히던 원흉을 대중 앞에서 공개적으로 처벌한다. 여섯 효 중에서 유일하게 바른 위를 차지하고 있어 상황을 올바르게 파악할 경륜과 능력이 있다. 비록 실권이 없는 자리이나 언행을 명확하게 행해야 한다. 그렇지 않으면 은밀하게 뒤에서 변혁을 반대하는 세력을 조정하고 있다는 의심을 받기 쉽다. 이것이 높은 담장 위에서 행하는 이유다.

요약　어려웠던 일들이 풀리는 일도 쉬운 것만은 아니다. 초육은 힘없는 선량한 백성이 위의 큰 도움을 받아 무사히 풀린다. 구이는 해결의 총대를 메고 사회악 제거에 뛰어든다. 육삼은 분수 모르고 날뛰며 혼란을 야기하여 척결당하는 무리들이다. 구사는 동지와 손을 잡고 풀려고 노력하며, 육오는 정치적인 해결로 저항의 무리를 자진해서 물러나게 하며, 상육은 담까지 올라가 있는 마지막 남은 혼란상을 몰아내어 풀리게 한다.

1   매듭은 맺은 자가 풀어야 한다. 이것을 '결자해지'라고 하는데, 마치면 곧 새로움이 있다는 '종즉유시'와도 통한다.

41

산택손

간상태하

위에는 간괘☶, 아래에는 태괘☱인 대성괘

손은 믿음을 두면 크게 길하고 허물이 없어 행하여도 좋다. 나아감이 이로우니 대그릇 둘의 음식으로도 가히 제향할 수 있다.[1]

• 덜 손, 줄일 손(훼손, 손해, 손실, 손상, 파손) • 어찌 갈: 언제, 어느 때에, 누군가

• 누릴 향, 삶을 팽(향락, 제향, 향유, 향춘객): 제사 지내다, 드리다, 잔치, 연회

풀이 위의 산에는 수목이 울창하고, 아래 못에는 물이 고인 상이므로 못의 기운을 덜어내 산의 수목을 길러준다는 뜻에서 '손'이 된다. 손은 덜어낸다는 것으로 아래를 덜어서 위를 더해준다. 나라로 말하면 백성이 세금을 내어 나라의 빈 창고를 채워주는 것이다. 손해를 본다는 생각이 아니라 믿음과 정성으로 덜어내면, 손해는 앞으로 더 큰 이익이 되어 크게 좋은 일이 생긴다.

옛사람들은 '해' 이후에 '손'이 온다고 보았다. 풀어지고 난 뒤에는 자신에게 있는 무언가를 덜어내야 하는 상황, 즉 손해 볼 상황이 온다고 생각한 것이다. 그런데 덜어내는 것이 엄청난 부담은 아니다. 믿음이 있다면, 대그릇 두 개에 담긴 것만으로도 가히 제사를 지낼 수 있다.

효사

일을 마치면 빨리 가야 허물이 없다. 헤아려 덜어야 한다.

• 빠를 천 • 술 부을 작, 잔질할 작(짐작, 무작정, 참작, 대작, 자작): 짐작하다, 헤아리다

풀이 양의 자리에 양이 왔다. 손은 아래에서 덜어 위에 더하는 것이다. 양강한 초구는 육사와 상응하므로 자신을 덜어 음유한 육사에게 더해준다. 위로 더해줌에 있어서 아랫사람은 자신에게서 덜어내는 것을 공으로 여기지 말 것이며, 일을 마치거든 속히 떠나서 받는 사람들의 민망함이 생기는 것을 피해야 하며, 공과를 탐하지 말아야 허물이 없다. 그러나 무작정 덜어내는 것이 아니라 얼마나 자신의 것을 덜어내어 남을 도울 수 있을지 헤아려봐야 한다.

구이 리정 정 흉 불손익지

정함이 이로우니 함부로 정벌하러 가면 흉하다. 오히려 덜어내지 말아야 보탤 수 있다.

풀이 구이는 선비의 자리다. 강직한 선비답게 바르게 행동해야지, 경솔하게 나아가면 흉하다. 중을 떠나면 본질을 잃어 흉하게 되고, 중을 지키는 것이 정도다. 이 효는 덜어내어 도와주지 않는 것이 오히려 도와주는 결과를 가져오는 사례다. 불손익지는 스스로 자신의 강중한 덕을 덜어내지 않는 것이 곧 위에 보탬이 된다 함이다. 구이는 하괘에서 중앙에 위치하며 중요한 자리이므로, 자신의 자리를 지키는 것이 좋다. 구이는 스스로 중도를 지킴으로써 위에 보탬이 된다.

육삼 삼인행 즉손일인 일인행 즉득기우[2]

세 사람이 가는 데는 곧 한 사람을 덜고, 한 사람이 가는 데는 곧 그 벗을 얻는다.

[풀이] 육삼의 해석은 지천태괘를 기준으로 한다. 갑자기 웬 지천태인가? 손괘의 근본은 사실 지천태괘다. 지천태는 상괘가 전부 음효, 하괘는 전부 양효다. 하여 지천태의 구삼을 아래에서 위로 상효에 덜어주고, 지천태의 상육을 삼효로 내려보내 주면 산택손괘가 된다. 하여 산택손 육삼효사의 '삼인'은 지천태괘의 아래 세 양과 위의 세 음을 말한다.

지천태 하괘 세 양이 함께 가다가 구삼을 덜어 위에 더함으로써 산택손의 상구를 만들고, 지천태 상괘 세 음이 함께 하다가 상육을 덜어 아래에 더함으로써 산택손 육삼을 만드는 것을 일컬어 '세 사람이 함께 가면 한 사람을 덜어낸다'라고 했다.

그럼 '일인행 즉득기우'는 무엇인가? 산택손의 육삼은 정응인 상구를 만나러 가야 하는데, 조용하고 은밀하게 혼자 가서 상구와 협력하는 것이 좋다. 세를 규합하여 여럿이 같이 상구에게 나아가면 의심을 받게 되어 서로 등을 돌릴 수가 있다. 차라리 혼자 가는 것이 그 진정성을 알릴 수 있고 상구와 잘 만나서 난국을 타개할 방법도 찾을 수 있다.

지천태괘에서 구삼을 덜어서 이루어진 손괘는, 모두 음양이 짝을 얻어 조화하고 있다. 초구와 육사는 '천왕'과 '사천', 구이와 육오는 '리정'과 '원길', 육삼과 상구는 '득기우'와 '득신'으로 음양의 화합이 효사에 잘 나타나 있다.

육사 손기질 사천 유희 무구

그 병을 덜되 빨리하게 하면 기쁨이 있어 허물이 없다.

• 하여금 사, 부릴 새(사용, 노사분규, 대사관)

풀이   육사는 아래의 초구가 서둘러 도우러 오고 있으니 자신이 앓고 있는 나쁜 병을 먼저 치유하고 기쁘게 서로 만나야 한다. 구이와 상구는 양이 음 자리에 있고, 육삼과 육오는 음이 양 자리에 있으니 음양을 겸비하여 음이나 양으로 치우친 병이 없다. 그러나 초구는 양이 지나치고 육사는 음이 지나치니, 초구와 육사는 상호보완하여 치우친 병을 덜어 조화를 얻어야 하는 것이다.

'사천'은 '초구를 빨리 오게 하면'이라는 뜻이다. 초구가 육사에 더해준다는 뜻은 육사의 유약함으로 인한 결점을 덜어내고 강을 더해주는 것이므로, 곧 육사의 불선을 덜어내는 것이다. 그러므로 결점을 덜어낸다고 했다. 불선이 있음을 알면 속히 덜어내야 행복이 있고 허물이 없다. 사람이 허물을 덜어내는 일은 오로지 신속히 하지 못할까를 걱정해야 한다.

육오 혹익지 십붕지귀불극위 원길

혹자가 그에게 더한다. 십붕의 거북점도 어긋나지 않으니, 으뜸으로 길하다.

• 어긋날 위(위반, 위헌, 위법): 어기다

풀이   군주의 지위인 육오는 정은 얻지 못했으나 중을 얻었으며 구이와 상응하고 있다. 이는 인군이 겸손을 자처하여 아래의 현인을 따르는 바가 된다. 군주의 덕이 이와 같으니(마치 비싼 거북점을 쳐도 어긋나지 않으니) 사람들이 서로 나서서 자기를 덜어 보태주려고 할 것이다.[3] 많은 사람 또는 타인이 더해져서 좋은 결과를 나타내는 형국이라는 뜻이다.

상구 불손익지 무구 정길 리유유왕 득신무가

덜어내지 말고 더해줘야만 허물이 없고 바르게 하여 길하다. 나아감이 이로우니, 집이 없는 사람들까지도 신하가 되려고 몰려든다.

풀이 백성들이 위에다 너무 많이 더해주면 수탈이 된다. 그러므로 이럴 때는 오히려 받은 것을 아랫사람들에게 나누어 주어야 한다. 그럴 경우 비록 상구가 왕은 아니지만 집이 없는 사람들까지도 서로 신하가 되려고 모여들 것이다. 나눔이 국민의 마음을 얻을 수 있다는 것을 알려주고 있다.

구이의 불손익지와 상구의 불손익지는 뜻이 다르다. 구이의 불손익지는 육오를 돕는 데 있어 스스로 자신의 강중한 덕을 '덜어내지 않는 것이 곧 위에 보탬이 된다' 함이었으며, 상구의 불손익지는 '아래에서 덜어내는 것이 아니라 맨 윗자리에서 아래에 베풀어 더해 준다'라는 뜻으로 본다. 상구는 양이 음의 자리에 있으니 손의 때에 있어서는 강유를 겸비한 자이고, 손의 극에 처해 있으니 오히려 아래를 더하려 하는 자다. 아래를 덜어 자신에게 보태지 않고 오히려 자신의 것을 덜어 아래에 보태려 하니 허물이 없고 바르게 해서 길한 것이니, 하는 일마다 사람들이 돕는 것이다.

요약　손은 뜻이 세 가지가 있다. '자기를 덜어 남을 따름'과 '스스로 덜어 남에게 더해줌'과 '손의 도를 행하여 남에게서 더는 것'이다. 자기를 덜어 남을 따르는 것은 '의'로 옮기는 것이고, 스스로 덜어 남에게 더해줌은 남에게 영향을 주는 것이고, 손도를 행하여 남에게서 덜어내는 것은 '의'를 행하는 것이다.

육사와 육오는 자기를 덜어 남을 따랐고 초구, 구이, 육삼은 스스로 덜어 남에게 더해 주었다. 손의 시대적인 활용은 손의 도를 행하여 천하에 마땅히 덜어야 할 것을 더는 일이다.

1 하나의 이익을 더하는 것보다는 하나의 해로움을 덜어내는 것이 중요하다. 예나 지금이나 우리의 일상생활에는 덜어내야 할 것이 참으로 많다. 혼사와 상례에서도 덜어내야 할 허례가 많지만, 제례도 너무 형식에 치우쳐 번거로웠다. 손의 정신은 제사를 지낼 때에도 성찬으로 차리지 말고, 대그릇 둘에 간략하게 지내는 것이다. 없을 때는 없는 대로 하라는 것이지 풍요로운 데도 제사만 검소하게 하라는 것은 아니다. 이는 곧 덜고 더하고 채우고 비우는 것을 때에 맞게 하라는 것이다.

인간의 도덕적 수행에도 손의 도가 중요하다. 《계사전》에도 손괘를 '덕지수'라고 했다. 마음에서 덜어내야 할 것들이 많다는 것이다. 그릇됨을 덜어 없애고 의리로 나아가야 한다. 허황함을 털어내고 본질로 나아가야 한다. 지나친 꾸밈을 덜어내어 정성을 보존해야 하고, 욕심을 덜어내어 천리로 돌아가는 것이 바로 손의 도학적 의미가 된다.

2 천지, 남녀, 변화, 생성의 모든 일이 결국은 음양의 교감에 따르는 것이므로, '손일인'과 '득기우' 역시 음양화합을 이루기 위한 것이다. 남녀가 만나 부부의 연을 맺은 뒤 자식을 낳으면 곧 '세 사람'이 된다. 그러나 세월이 흘러가면 그 자식이 자라나서 부모의 곁을 떠나(손일인), 자기의 짝을 만나(득기우) 새 가족을 만들어간다. 즉, 자식이 성인이 되면 자신의 배필에 대해 자꾸 생각하고 부모님 곁을 떠날 고민을 하는 것이 자연스러운 일이다.

3 붕은 고대의 화폐단위로는 조개 열 개를 하나로 묶은 것을 뜻한다. 하여 '십붕지귀'를 값비싼 거북점으로 해석했다. 거북점은 주로 은, 주 시기에 많이 행해졌는데, 거북의 배껍질이 95퍼센트 이상 사용되었고, 등껍질은 5퍼센트 이내로 사용되었다고 한다. 거북의 배껍질은 비교적 평평하고 얇은 데 비해 등껍질은 둥근 형태에다 더 딱딱하여 이용하기 힘들었기 때문이라고 추정한다.

42

풍뢰익

손상진하

위에는 손괘☴, 아래에는 진괘☳인 대성괘

익 리유유왕 리섭대천

익은 나아감이 이롭고, 큰 내를 건너는 것이 이롭다.

• 더할 익(이익, 국익, 유익, 실익, 공익)

풀이   손이 극에 이르면 반드시 익이 되는 것은 자연의 이치이므로 익괘가 손괘의 다음이 되었다. 지천태에서 하괘의 구삼이 음으로 변하고 상육이 양으로 변하면 산택손이 되고, 천지비괘에서 초육이 양이 되고 구사가 음으로 변하면 풍뢰익이 된다. 우레와 바람은 서로 간에 유익함을 더해주는 사물이다. 바람이 맹렬하게 불면 우레도 빨라지고, 천둥소리가 격렬하면 바람도 따라 거세어지므로 서로 도와서 세를 더해준다.

익의 괘상은 군주 자신에게는 박하게 하고 민생을 후하게 하는 괘다. 아랫사람을 우대하면 윗사람이 편안해지므로 아래로 더해주는 것이 곧 익이 되는 것이다. 풍뢰익은 위를 덜어서 아래를 더해주는 것이니 백성들이 기뻐한다.

익괘는 가만히 있으면 저절로 이로워지는 것이 아니라 큰 내를 건너듯 해야 한다고 말한다. 술과 향락에 빠진 걸왕을 치려고 탕왕이 일어서는 것이나, 폭군 주왕을 멸하기 위해 무왕이 나서는 것도 리섭대천이라고 볼 수 있을 것이다. 사업에서도 먼저 투자를 해야 수익이 있고, 자신의 마음을 먼저 주어야 상대의 마음을 얻게 마련이다.

나아감이 이롭다 한 것은 구오가 양강으로 중정하여 군주의 자리에 있고, 육이 또한 중정하여 상응하므로, 군신 간에 중정한 도로써 상응하여 천하를 유익하게 하기 때문에 천하가 그 경사스러운 복을 누리게 된다는 것이다. 내가 도움을 받든지 아니면 거꾸로 내가 누구의 힘을 보태어 주든지 간에 '보탬의 시기'는 바로 뭔가 큰일을 벌이는 시기다. 새로운 사업을 벌일 수도 있으며, 새로운 자리에 취직하는 경우도 해당된다. 이럴 때는 잘못된 것을 지적하여 깎아내리기보다 잘하는 것을 치켜세워 힘과 기를 보태주어야 한다. 한의학적인 관점으로 보자면 보(도울 보, 보약 보)법이 사(쏟을 사, 설사 사)법에 우선해야 하는 경우다.

효사

초구 리용위대작 원길 무구

크게 지음을 사용하는 것이 이로우니, 으뜸으로 길하고 허물이 없다.

풀이 아랫사람은 스스로 큰일을 할 수는 없으나, 만약 윗사람이 응하고 도와준다면 윗사람을 보필하여 천하에 유익한 일을 할 수 있는데, 이것이 곧 '대작에 이롭다'라는 것이다. 여기서 아랫사람은 초구를 의미하고, 윗사람은 정응인 육사를 의미한다.

육이 혹익지 십붕지귀불극위 영정 길 왕용향우제

혹자가 그에게 더한다. 십붕의 거북점도 어긋나지 않으니, 길이 바르게 해야 길하다. 왕이 상제에게 제향하더라도 길하다.

풀이 '혹익지 십붕지귀불극위'는 손괘의 육오 효사[1]와 같다. 대개 익과 손의 두 괘는 서로 반대가 되는데 익괘의 육이는 곧 손괘의 육오다. 육이는 중정으로 마음을 비우고 겸허한 자이므로 많은 사람들이 도와주려고 한다. 육이는 비싼 거북점에서도 한치의 어긋남이 없이 점괘가 나올 정도로 도움을 받을 수 있는 자이지만, 겸허하면서도 유약하여 견디지 못할까 하는 걱정이 있어 '영정(길이길이 바르게 하라)'의 도를 지켜야만 길하다고 경계한 것이다.

육이는 음이 음의 자리에 있고 중을 얻었으며, 위로 구오의 응원함이 있으니, 누구라도 와서 따르며 믿고, 거북점도 어긋나지 않게 된다. 이렇게 되면 하늘도 저절로 도와줄 것이기에 하늘에 감사의 제사를 지내라는 것이다.

육삼 익지용흉사 무구 유부중행 고공용규

더함을 흉사에 쓰면 허물이 없으나, 믿음을 두고 중도를 행해야 공에게 아룀에 규를 쓰듯 할 것이다.

• 서옥 규, 홀 규: 서옥(상서로운 구슬), 홀(제후를 봉할 때 사용하던 도장 또는 임금이 신하에게 나누어 주는 신표), 고대에 자신의 신분을 증명하기 위해 옥으로 만든 증표.

풀이 육삼은 음으로서 양의 자리에 있으니 강과 유를 겸비했고, 진괘의 제일 위에 있으니 제후의 자리다. 제후가 지방을 다스리는데 흉함(재난이나 흉년)이 생겼으니 창고를 열어 마땅히 곤경에 빠진 백성을 구제하여 유익함을 더해주어야 허물이 없다. '유부중행'이라 함은 모든 백성이 신뢰를 갖도록 중도를 행하여 공정하게 분배함을 말하는 것이다. 이렇게 해야 상부에 보고할 때 떳떳할 수 있다(중행을 중연, 즉 미자계의 동생으로, 공은 주공으로 해석하는 학자도 있다).

육사 중행 고공종 리용위의 천국

중도로 행하면 공에게 고하여 따르게 할 것이니, 의지함을 써서 나라를 옮김이 이롭다.

• 의지할 의(의뢰, 의존, 의탁) • 옮길 천(천도, 좌천, 변천)

풀이 육사는 대신의 자리에 있으며, 음이 음의 자리에 있어 바름을 얻고 또 아래로 초구 양강한 군자에 순응하니, 인군을 도와 '익'의 때를 다스리는 자다. 다만 육사가 중을 얻지 못하고 응원하는 초구도 역시 중을 얻지 못한 관계로 중행의 경계를 두었다. 그러므로 구사는 중도를 잘 행하여 나랏일을 해야 하는데, 그중 가장 큰 중대사는 도읍을 옮기는 일이다. 대신은 백성이 살기에 불안해하는 것을 알면 공(구오)에게 이 사실을 고해서 허락을 얻은 후, 그 신임에 의지하여 나라를 옮기면 백성이 편안해져서 이롭다.

본래 익은 천지비의 구사효가 맨 아래로 내려가서 이루어진 괘다. 곤은 국토, 나라의 뜻이 있으니, 나라를 부강하게 하기 위해 진괘로 움직여서 나라를 옮긴 형상이 된다. 상고하는 사람의 뜻이 오직 천하를 유익하게 하는 데 있다면 윗사람이 반드시 믿음을 두고 따를 것이다. 그러므로 군주를 섬기는 자는 윗사람이 자신의 의견을 따라줄 것인가의 여부에 근심을 둘 것이 아니라, 자신의 뜻이 혹 성실하지 않을까를 걱정해야 하는 것이다.

구오 유부혜심 물문 원길 유부 혜아덕

믿음을 두어 마음을 은혜롭게 함이다. 물을 필요도 없이 크게 길하니 믿음을 두어 나의 덕을 은혜롭게 한다.

풀이 구오는 아래를 더하는 때에 손괘의 겸손한 체에 있으며, 양강중정으로 존위에 있다. 또한 아래로 유순중정한 육이와 응하니, 믿음으로 은혜를 주는 힘 있는 인군이다. 인군이 백성에게 믿음을 주고 은혜를 베풀 생각으로 가득 차 있으니 물을 필요도 없이 크게 길하다. 백성들도 모두 인군의 은혜에 감사하여 따르니 그 이상 뭘 더 바라겠는가? 임금은 큰 뜻을 이룬 것이다. '혜아덕'이란 왕이 백성에게 믿음을 준 만큼 백성도 따라서 믿음을 두어 왕의 선정을 은혜롭다고 느낀다는 것이다.[2]

상구 막익지 혹격지 입심물항 흉

더함이 없다. 혹 치려 할 것이니 마음을 세워 항상하지 못하니 흉하다.

풀이 풍뢰익괘가 이익을 뜻하지만, 너무 지나치면 달이 기울 듯이 이익을 기대하기는 어렵게 된다. 이익이 지나치면 자신의 사리사욕을 추구하게 된다. 상구는 양강으로 이득을 추구함이 극에 달했으므로 사람들이 모두 증오하여 오히려 공격해오는 것이다. '혹격지'는 정응인 육삼이 자신을 더해주지 않는 상구를 친다는 뜻이다. '입심물항 흉'은 마음을 수양하여 항구한 덕을 견지하지 못하니 흉하다는 경계다.

육이는 중정하므로 더하려 하지 않아도 혹익지하는데, 상구는 부중정하고 종극에 처했기 때문에 '혹격지'가 붙었다. 또한 구오는 '유부혜심'하여 원길하나, 상구는 '입심물항'하여 흉하게 되니, 길흉의 원천은 우리의 마음 여하에 달린 것이다.

요약 풍뢰익[3]괘는 홍익인간 정신과 일맥상통한다. 이롭게 해주는 대상은 백성이다.

초구는 낮은 자리에서 위의 도움을 받아 큰일을 해나가는 일이 쉽지는 않지만 선한 일에 목표를 세워야 한다. 육이는 강직한 선비답게 바르게 하면 모든 사람이 돕고 임금에게 등용된다. 육삼은 지방관리로 그 지방의 재난을 구제하기를 바르게 하고, 육사는 임금에게 신임을 얻어 도읍을 옮기는 큰일도 가능하다. 구오는 은혜 가득한 임금에게 백성들이 고마워한다.[4] 상구는 이익의 끝이 비참하다. 지나친 이익 추구로 사욕을 채워서 온 국민의 비난의 대상이 된다.

1 《본의》에서 손괘 육오에 대하여 풀이하기를, "십붕의 거북은 큰 보배다. 혹자가 이것을 더하여 주는데 사양할 수 없다"라고 했으니, 주자의 뜻은 '혹익지십붕지귀'를 한 구로 본 것이다. 그러나 예로부터 선대 학자의 말은 대다수가 '혹익지'를 한 구로 보고, '십붕지귀불극위'를 한 구로 보았다.

곽옹의 《전가역설》에는 "혹익지라는 것은 사람이 더하여 주는 것이고, 십붕지귀불극위라는 것은 귀신이 더하여 주는 것이며, 왕용향우제길이라는 것은 하늘이 더하여 주는 것이다. 하늘도 어기지 않는데, 더구나 사람과 귀신이겠는가"라고 했다. '혹익지'라고 한 것은 곧 《서경》 홍범에서 '경사가 따르고, 서민이 따른다'라고 한 것과 같은 것이고, '귀불극위'라고 한 것은 곧 홍범에서 '거북도 따르고, 시초도 따른다'라고 한 것과 같은 것이라고 했다. 이 책에서는 '십붕지귀불극위'를 '비싼 거북점을 쳐도 어긋나지 않으니'라는 뜻으로 해석했다.

2 기자는 무왕에게 홍범을 통해 다음과 같이 말한다.

"비뚤지 않고 기울지 않게 임금의 의로움을 지키라. 혼자만 좋아하는 일을 하지 말고 임금의 도를 따르라. 혼자만 싫어하는 일을 내치지 말고 임금의 길을 따르라. 비뚤지 않고 치우치지 않으면 임금의 길은 넓으리. 치우치지 않고 비뚤지 않으면 임금의 길은 평평하리. 거꾸로 하지 않고 기울게 하지 않으면 임금의 길은 바르고 곧으리. 법칙을 지키는 이들만 모으면 법칙을 지키는 이들이 따르게 되리." (《서경》, 홍범)

3 경영학에 나오는 주요 재무제표 중 하나인 '손익계산서'는 왜 '익손계산서'라 하지 않는가? 우리의 회계제도는 서양에서 도입된 것이고 서양에서는 의례적으로 '이익계산서' 또는 '익손계산서'라고 쓰는데 말이다. 이런 의문은 주역을 공부하면서 손괘 다음으로 익괘가 나오는 것을 알고 나면 풀린다.

주역 64괘의 인과성을 발견하고 그 순서를 부여해 《서괘전》을 쓴 공자는 정말로 위대하다. 주역의 40번째 괘는 뇌수해괘이고, 해괘 다음이 산택손괘, 손괘 다음이 풍뢰익괘다. 《서괘전》에서 공자는 다음과 같이 말한다.

"해는 느슨함(풀어짐)이니 느슨하면 반드시 잃는 바가 있으므로 손으로 받았고, 덜어내고 그치지 않으면 반드시 더하므로 익으로 받았다."

손괘는 산택손으로 산이 위에 있고 아래로 못이 있는 상이고, 이것은 지천태괘의 아래 3효에 있던 양효를 맨 위 6효(상효)에 보탠 모양으로 '아래를 덜어 위를 더한' 것이라고 본다. 반대로 익괘는 풍뢰익으로 위에는 바람이 있고 아래는 우레가 치는 형상으로 천지비괘의 위의 4효 양이 맨 아래 초효로 내려간 모양으로 '위를 덜어 아래를 더해 줌'을 나타낸다.

이와 같이 손은 '아래를 덜어 위를 보탬'이고, 익은 '위를 덜어 아래에 보탬'이니 백성이 기뻐하고 그 도가 크게 빛난다는 것이다. 이것은 아랫사람인 백성을 중심으로 말했다는 데 의미가 깊다. 《회남자》의 인간훈에서 "공자가 주역을 읽을 때 손익괘에 이르러 소리치면서 말하기를 '손괘와 익괘야말로 바로 왕의 일'이라고 했다"라는 기록은 매우 의미 있는 대목이다.

4 우리 역사에서 위민군주로 불리는 상당수의 국왕들이 있다. 그중 가장 대표적인 이가 바로 조선 22대 국왕인 정조다.

그는 역적으로 몰려 뒤주에 갇혀 죽은 사도세자의 아들이었기에 국왕으로 즉위하는 과정이 순탄치 않았다. 그리고 겨우 즉위했지만 계속해서 자신을 시해하려는 세력들로 인해 즉위한 지 1년도 안 되어 일곱 번이나 살해 위기를 겪기도 했다. 그러나 이런 어려움 속에서도 그는 자신의 역할에 충실했고, 백성들을 올바로 이끌어가기 위해 관료와 사대부들에게 크게 두 가지를 실천하라고 당부했다.

첫째는 '사중지공'이다. 늘 공적인 일을 위해 자신을 희생하라고 한 것이다. 당시 관료들은 공적인 것을 핑계 대고 사적 이익을 취하는 것이 한둘이 아니었다. 더구나 아버지 사도세자를 죽인 신하들은 자신들이 한 행동은 나라를 위한 것이라고 말하며, 정조가 사도세자를 위해 묘소를 명당인 수원으로 옮기려 하자 사사로운 목적 때문에 그리하는 것으로 매도했다. 이에 정조는 신하들에게 일갈한다.

"경들은 내가 사적인 행동을 한다고 하지만 결코 그렇지 않다. 난 비록 처음엔 사적인 것으로 출발할 때도 있지만 반드시 공적인 것으로 연결한다. 그러나 경들은 공적인 것을 이야기하면서 결국 사적 이익으로 연결한다. 과연 누가 옳은 것인가?"

둘째는 '손상익하'다. 이 말은 지금 공부한 풍뢰익괘에 나오는 것으로, '윗사람이 손해를 봐서 아랫사람을 이롭게 한다'라는 뜻이다. 그는 이 단 네 글자를 실천하기 위해 많은 노력을 기울였다. 자신 먼저 솔선수범해 덜 입고 덜 쓰며 백성들의 아픔을 알기 위해 끊임없이 노력했다. 가난한 사람, 질병 환자, 부모 잃은 어린이들이 온전히 살아갈 수 있도록 최선을 다했다. 잘못된 행정처분을 발견하면 그 즉시 시정하고, 악정을 행한 탐관오리들은 엄하게 처벌했다.

43

택천쾌

태상건하

위에는 태괘☱, 아래에는 건괘☰인 대성괘

쾌 양우왕정 부호유려 고자읍 불리즉융¹ 리유유왕

상육이 왕의 뜰에서 드날리며 다섯 양을 타고 있으니, 믿음으로 부르짖어도 위태롭다. 이런 상육을 결단할 때는 자신이 수양한 덕으로 스스로 반성하면서 다스려야 하며, 나아가는 것이 이롭되, 힘으로 나아가서는 이롭지 않다.

• 터놓을 쾌: 결정하다, 나누다: 활시위를 당기기 위한 깍지를 손가락에 낀 모양을 본뜸

• 날릴 양(찬양, 부양책, 게양, 선양)

풀이 택천쾌는 연못이 하늘로 올라가 비가 되어 내리는 모습이다. 만물을 적시니 좋은 시절이고 모든 것이 잘 돌아가는 상황이다. 《서괘전》에서는 그침 없이 더하기만 하면 반드시 터지므로 쾌로 받았다고 했다. 익이 극에 달하면 반드시 터진 뒤에야 안정을 찾게 된다. 세상의 이치는 항상 더하기만 할 수는 없다. 지나치게 자신의 이익만을 추구하면 반드시 결딴이 나게 마련이다. 더하기를 그치지 못하면 마침내는 결단을 감행해야 하므로 쾌괘가 익괘의 다음이 되었다.

태괘가 위에 있고 건괘가 아래에 있다. 택은 물이 모이는 것인데, 지극히 높은 곳에 올라가 있으니 무너져 터지는 상이다. 다섯 양이 아래에서 자라나 장차 극에 오르고, 한 음은 위에서 곧 소진될 운명에 처해 있으니, 이는 여러 양이 위로 나아가 한 음을 결단하고 몰아내는 형세다. 하여 군자의 도는 자라나고 소인은 사라지게 되는 때인 것이다.

쾌는 양효인 군자가 음효인 상육의 소인을 결단하는 모습이며, 선이 악(음효)을 제거하는 상황이다. 쾌는 '결단할 쾌'로서 결단한다는 뜻이

다. 양이 다섯이나 있으니 올라가 마지막 남은 음을 결단한다. 하나의 음을 결단하고 나면 전체 괘는 하늘괘인 중천건이 된다. 괘 모두가 양인 시대가 도래하는 것이다. 이 시대는 군자의 시대요, 군자가 다스리는 태평성대가 된다. 하나를 얻으면 다른 하나는 포기해야 한다.[2] 그 상황에서 둘을 견주어 어떤 것이 이익일까 따지다 보니, 쉽사리 어느 한쪽을 포기하지 못한다. 결단의 이면에는 이득을 따지는 마음, 하여 어느 것 하나 포기하고 싶지 않은 마음이 도사리고 있다.

쾌는 마지막 남은 음인 상육을 왕의 뜰에서 몰아내는 것이니, 상육이 살려달라고 울부짖으며 호소해봐도 소용이 없고 위태롭다. 그러나 상육을 몰아낼 때 반드시 자신이 수양한 덕으로 다스려야 하고(고자읍[3]), 힘으로 다스려서는 안 되며 화합을 이루어 나아가는 것이 이로운 것이다. 불리즉융은 건장한 힘과 무력만을 앞세우는 것은 좋지 않음을 말한다.

초구 장우전지 왕 불승 위구

앞 발가락에 장함이니, 가서 이기지 못하면 허물이 된다.

풀이 초구는 양이 양의 자리에 있고, 결단하는 쾌의 때에 있으니 나가려 하는 자다. 그러나 위로 정응이 없고 이제 처음 나와 아직 그 힘이 미미하여 저 높은 곳의 상효를 제거하기에는 모자라니, 제자리에서 힘을 길러야 한다. 그럼에도 상육을 결단하려고 무모하게 발가락을 꼼지

락대다가 나아가서 이기지 못하면 죄를 더 짓게 되니, 허물을 만드는 것이다.

너무 서둘러서 준비 없이 하면 오히려 일을 그르쳐 낭패를 당하기 쉽다. 사람은 모름지기 때를 아는 것이 중요하다. 대장괘의 초구는 '장우지'라 했으나, 괘의 초구에는 위의 음이 더욱 쇠약해졌기 때문에 '전(앞전)'자를 더해서 나타냈다.

구이 척호 모야 유융 물휼

두렵게 부르짖음이니 저문 밤에 군사가 있더라도 근심할 것이 없다.

• 없을 막, 저물 모, 덮을 멱: 날이 어둡다

풀이 구이는 강한 양이 중을 얻고, 소인을 결단하는 때에 음의 자리에 있으니 중도를 행하는 자다. 그러나 구이는 초구처럼 무모하게 나가서 싸우려고 하지 않는다. 능히 뭇 양을 이끌고 상육을 결단할 수 있지만 오히려 조심하여 중도로써 백성의 호응을 얻고자 두렵게 호소하니(척호), 스스로 경계하여 대비했으므로 날 저문 한밤중에 상육의 군사가 들이닥치더라도 근심하지 않게 되는 것이다.

세상의 잘못된 것을 결단하려 하면 혼자서는 힘들다. 그러므로 주변의 사람들에게 도움을 얻어야 하는데, 그러기 위해서는 사람들의 마음을 움직여야 한다. 구이가 혼자 싸우는 것이 아니라 서로 호응해서 같이 싸워줄 사람이 많은 이유는 중용의 덕을 행하기 때문이다.

구삼　장우규(구) 유흉 독행우우 군자 쾌쾌 약유유온 무구

광대뼈에 장함이니 흉함이 있다. 홀로 행하여 비를 만났다가, 군자는 결단
할 것을 결단하는지라, 젖은 듯이 여겨 노여워함이 있으면 허물이 없다.

• 광대뼈 규, 광대뼈 구 • 적실 유: 젖다, 베풀다, 윤기가 있다, 부드럽다, 견디다, 습기, 은택, 은혜

• 성낼 온: 화, 노여움

풀이　하괘의 가장 위에 있으므로 구삼은 어느 정도 세력이 강해진 상
태다. 광대뼈는 신체의 윗부분(얼굴)에 있기는 하지만 가장 윗자리는 아
니다(구삼은 하체의 윗자리이지만 최고위가 아니다). 따라서 자기보다 윗사
람이 있음에도 불구하고 잘난 척 으스대면 흉함이 있다고 한 것이다. 구
삼이 광대뼈의 장함을 믿고 혼자 나아가다가는 비를 맞을 수 있다는 것
이다. 비를 맞는다는 것은 상육을 결단하려다 정응인 관계임에 마음이
약해져서 사사로운 정에 이끌릴 위험이 있다는 경계이며, 강한 양이 음
을 만나 마음을 빼앗겨 한풀 꺾임을 말한다.

　쾌는 다섯 양 모두가 힘을 합해서 상육 소인을 물리치려는 때이므로,
절대 사사로운 정에 이끌려서는 안 된다. 그러나 이렇게 분위기가 처지
기 쉬울 때 구삼은 젖는 듯하다가 정신을 차리고는 분연히 떨쳐 일어나
(약유유온) 결단 내야 할 일을 과단성 있게 해낸다면 홀로 나선 것에 대
한 허물됨이 마침내 소멸될 수 있다. 사사로운 사랑에 빠져들지 않고 단
호하게 결단을 하는 것을 말하여 '군자쾌쾌'라 했다.

**엉덩이 볼기짝에 살이 없으며 그 행함을 머뭇거리니, 양을 끌어내듯 하면
후회가 없겠으나 충고를 듣고도 믿지 않는다.**

• 볼기 둔: 궁둥이

• 또 차, 공경스러울 저: 또한, 우선, 장차, 만일, 구차하다, 공경스럽다, 머뭇거리다, 어조사

구사는 결단하는 때에 양이 음의 자리에 있으니 과감하게 결단
하지 못하는 자다. 외괘의 태괘는 동물로는 양을 나타낸다. 양은 고집이
센 동물로 유명하다. 구사는 자기 자리가 아니기 때문에 어정쩡한 모습
을 하고 있으며 상효를 결단하자고 나서야 하는데 과감하게 나가지 못
하고 마음이 불안하여 마치 볼기에 살이 없는 듯 딱딱하고 불편하다. 좌
불안석이다.

구사는 임금을 도와 나라를 어지럽히는 간신들을 제거해야 하는 자
리다. 그래서 양을 몰고 가듯, 너무 다그치지도 말고 너무 놓아주지도
않는, 그런 강약을 적당히 사용하는 자세로 사람들을 이끌어야 좋다. 그
렇게 자기에게 맞는 자리를 잡아야 후회가 없다. 그런데 본래 태괘는 그
상으로 보면 귀의 고막이 막힌 상이다. 하여 구사는 말을 해줘도 고막이
막힌 상태라 그 말을 믿지 않는다. 이런 충고를 듣고도 실천하지 못하면
결국 우매함을 벗어나지 못한다.

구오 현륙쾌쾌 중행 무구

현륙을 결단하고 결단하면 중으로 행함에 허물이 없다(비름나물을 뜯듯

이 결단할 바를 쉽게 결단하되 중용의 길을 행하면 허물이 없을 것이다).

• 비름 현, 비름 한: 비름(비름과의 한해살이 풀. 어느 곳에서나 잘 자라며, 폭염에 말려도 죽지

않고 비가 오면 다시 살아나는 끈질긴 생명력을 가진 풀. 비름나물은 부드러워서 손으로도 매

우 쉽게 뜯을 수 있다.)

[풀이] 구오가 비록 중정한 군주의 지위에 있어 다른 때 같으면 좋은
자리다. 그러나 지금 구오는 상육과 이웃으로 아주 가까이에 있다. 상육
은 괘중의 유일한 음효이므로 본능적으로 양이 친하려고 하는 바가 있
다. 구오는 음을 결단하는 주체인데도 오히려 음을 가까이해버리면 허
물이 크다 할 것이다. 그러므로 반드시 소인을 결단하기를 쇠비름을 결
단하듯이 결행하면 중도의 덕행에 허물을 짓지 않는 것이다.

구삼이 촉촉하게 젖은 상태를 뿌리치고 분연히 일어나 소인을 결단
하기로 마음먹었듯이, 구오도 쇠비름의 뿌리를 뽑듯이 과감하면서도 단
호하게 결단할 것은 결단해야 한다. 그래야 극단에 치우치지 않음이요
(중행), 곧 허물이 없게 되는 것이다.

쾌괘는 3월괘다. 모두가 음인데 동짓달에 양이 하나 생기고, 섣달에
양이 하나 더 생긴다. 이렇게 양이 생겨 3월이 되면 양이 다섯 개가 된
다. 3월이 되면 땅속에 있던 것들이 땅 밖으로 나온다. 움츠려 있던 것
들이 모두 나와 완전히 새로운 때를 만나는 것이다. 화창한 봄 날씨에
꽃 피고 새 우는 춘삼월 호시절이 된다. 하여 어려움 속에서 내린 구오
의 부드러운 결단은 새로운 세상을 만든다. 진흙탕 속에서 피어난 꽃처
럼 세상의 탈바꿈은 어려움 속에서 피어난다.

상육 무호 종유흉

호소할 데가 없으니 마침내 흉함이 있다.

[풀이] 한때는 기세등등했던 소인이 마지막까지 남아 있다가 군자의 세력에 의해 드디어 결단되고 만다. 그러므로 울부짖으며 호소해보아도 소용이 없는 것이니 반드시 흉이 닥친다. 다시 양이 다스리는 세상이 온다. 여기에서 소인을 결단한다는 것은 형벌이나 물리적인 힘으로 없애는 것을 의미하는 것이 아니라, 교화시켜 선을 힘써 행하도록 만드는 것을 의미한다.

[요약] 택천쾌[4]는 때에 따라 결단할 것을 종용한다. 나의 결단을 보류하지 않을 때 삶은 나아간다. 결단이 필요한 순간에 결단할 용기를 우리는 택천쾌로부터 배워야 한다.

택천쾌의 내괘는 건괘로서 굳세고 모두가 강하다. 외괘인 태괘는 즐기고 기뻐한다. 안으로는 마음이 강건하고 굳세면서도, 밖으로는 모두에게 기쁘게 대한다. 택천쾌의 결단은 강건한 건괘로서 결단을 하되, 웃고 즐기는 태괘로서 화합해야 한다. 이렇게 하면 비록 제일 윗자리에 있는 상육을 결단하지만 바르게 결단하기 때문에 사회가 혼란에 빠지지 않는다.

초구는 아직 힘이 약하므로 결단할 처지가 아니다. 가만히 있어야 한다. 구이는 중도를 행하여 민심을 얻었기 때문에 어떤 혼란이 와도 걱정이 없다. 구삼은 상육에 끌리지만 의롭게 할 일을 해낸다. 구사는 머뭇거리면서 우유부단하게 결단을 내리지 못한다. 구오는 이웃인 상육과 부드러운 관계임에도 중도를 행하여 과감히 결단한다. 상육은 홀로 처단을 받는 입장이다. 호소할 데도 없고 흉하다.

1 《논어》에 나온 '즉융'을 참고.
공자께서 말씀하셨다. "선인이 백성을 7년 가르친다면, 또한 전쟁터에 내보낼 수 있다
(자왈, 선인교민칠년 역가이즉융의)."
(즉: 나가다, 맡다(임무), 앞세우다, 임하다, 종사하다 / 융: 오랑캐, 전쟁하다, 전투하
다, 군사, 돕다 / 즉융: 전쟁에 나가 싸우다. '즉'은 나아감, '융'은 전쟁이다.)

2 절대적 진리, 그것은 과연 존재하는가? 이 세상 그 어떤 누구도 반박하기 힘든 명
제는 과연 무엇일까? 그것은 아마도 '등가교환의 법칙'일 것이다. 하나를 얻으면 하나
를 잃어야 한다. 태어나면 죽어야 하고, 오르막이 있으면 내리막이 있고, 만나면 결국
헤어진다. 영원한 사랑? 영원하고픈 마음은 이해한다만 그런 건 없다. 평생을 함께 산
다고 해도 결국엔 죽음이 그들을 갈라놓게 된다. 돈? 권력? 명예? 아름다움? 젊음? 사
랑? 이 세상에 영원한 건 아무것도 없다. 이것은 단언해도 되는 몇 안 되는 진리 중 하
나이며, 바로 그것이 주역이 말하는 핵심이다.
주역하면 또 빼놓을 수 없는 인물 중 한 명인 양만리가 "화무십일홍, 인불백일호, 세불
십년장(아무리 아름다운 꽃도 10일이 지나면 시들게 마련이고, 아무리 좋은 사람도
100일을 못 가며, 아무리 긴 권세도 10년을 못 간다)"을 이야기한 것은 결코 우연한
일이 아니다.

3 직역하면 '자기 안의 영지를 잘 다스려야 한다'라는 뜻. 읍이라는 것은 사람의 도
읍지, 곧 마음을 말한다. 남의 죄를 다스리기에 앞서 자신을 바르게 반성하고 자신의
잘못을 깔끔하게 청산한다는 의미다. 자기로부터의 각성을 의미하여 결단은 통절한
자기반성에서 나아갈 때 새로운 시대가 열린다.

4 택천쾌의 괘사를 '너른 광장에서 자신의 의견을 펼쳐내듯, 속에는 강한 설득력을
지닌 상태로 평화로이 계속해서 나아가면 결국에는 마지막 여섯 번째 효도 양효로 바
뀌게 되어 중천건의 커다람으로 자랄 수 있다'라고 해석하는 책도 있다.

44

천풍구

건상손하

위에는 건괘☰, 아래에는 손괘☴인 대성괘

구는 여자의 기세가 강하니 여자를 함부로 대하지 말아야 한다.

• 만날 구: 만나다, 우아하다

풀이 천풍구괘는 위에는 하늘이 있고, 아래에는 바람이 있는 형상이다. 위에는 전부 양으로 되어 있는데, 맨 밑에 음이 하나 자리를 잡고 있다. 위는 튼튼한 것 같아도 맨 밑에는 바람이 솔솔 들어오고 있는 형국이기도 하다. 비유하자면 튼튼하게 쌓아놓은 저수지 제방 밑부분에 구멍이 뚫리고 있는 상황이다. 지금은 엄지손가락 크기지만 시간이 지나면 주먹이 들어갈 만한 크기로 커지게 마련이다. 지금은 최고점에 도달해 있지만 내일부터는 슬금슬금 문제가 발생하면서 내리막길이 시작된다는 의미인 것이다.

만약 주식투자하는 사람이 괘를 뽑아서 천풍구가 나왔다고 하면 보유하고 있던 주식을 즉시 내다 팔아야 한다. 지금이 최고 상한가다. 내일부터는 주가가 떨어지기 시작한다. 반대로 상황 파악을 하지 못하고 이 시점에서 주식을 매입하는 사람이 있다면 그 사람은 소위 말하는 상투를 잡은 것에 해당한다.

'택천쾌'에서는 결단에 대해 이야기했다. 만남이 있으면 필연적으로 헤어짐이 있고, 헤어진 뒤에야 비로소 새로운 인연이 시작된다. 천풍구괘는 바로 이러한 '만남'에 대한 이야기다. 상괘는 건괘이고 하괘는 손괘다. 하늘 아래 바람이 부는 모습을 떠올리면 된다. 바람이 온 세상을 다니며 수많은 것들을 만나는 것이 이 괘의 이름인 '구'이다. 여섯 개의 효 중 다섯 개는 양효이고, 초효만 음효다. 천풍구는 음력으로 5월이다. 음력 4월까지는 천지에 양기가 가득한 시기다. 천지 만물이 생장의 흐름을 타고 있기 때문이다. 생장의 정점을 찍고 나면, 이제 수렴의 흐름을 타야 한다.[1] 자라기만 하면 결실을 볼 수 없기 때문이다. 그래서 음력 5월인 지금, 충만한 양기 속에서 하나의 음이 움트기 시작한다. 그 모습을 형상화한 것이 '천풍구'다.

택천쾌에서 소멸당한 음의 기운이 천풍구에서는 다시 생성하여 점차 강해지므로 '여장'이라고 했다. 여자에게 필요한 부드럽고 따스한 음의 기운이 아니고, 양의 기운이 넘치는 남자 같은 여자다. 이런 여자는 함부로 대하지 말라고 한다(물용취녀). 음이 자라나면 양은 소멸하는 것이 이치이듯이 여자가 건장해지면 남자는 반대로 약해지게 되므로 경계한 것이다.

산수몽괘 육삼의 '물용취녀'는 육삼이 정응인 상구를 두고도 가까이 있는 구이에 이끌려 행실이 불순하기 때문이고, 천풍구괘에서 '물용취녀'는 초육이 아래에서 시샘하여 집안을 화목하고 바르게 해야 할 본분을 저버리고, 위의 양에 맞서려 하기 때문이다. 5대 1의 싸움에서 굳세게 버티고 있는 것이 바로 천풍구괘 초육의 음효, 즉 어리지만 굳센 여자다. 나중에 여자 왕후가 될 수도 있는 강한 여자이므로 만났다고 해서 함부로 대하면 안 된다는 것이다('여'자가 '후'자와 합쳐지면 '만날 구'가 되지만 각각 독립적으로 있으면 '여자 왕후'가 된다. 그러므로 구괘에서 여자의 씩씩함을 논한다고 할 수 있다).

꼭 남녀 문제만이 아니다. 나와 대면한 상대방, 혹은 나와 경쟁하는 상대방이 지금은 보잘것없고, 약해서 쉬운 것 같이 생각될지도 모르지만, 만만히 보아서는 안 된다. 지금은 맨 아래에 있는 나약하고 부드러운 존재이지만 언젠가는 강하고 장한 위치에 서 있을 수 있다. 그러므로 함부로 대하지 말아야 하는 것이다.

초육 계우금니 정길 유유왕 견흉 이시부척촉

자라지 못하도록 튼튼한 쇠말뚝에 매면 바르게 되어 길하고 만약에 나아가게 하면 흉한 것이 마치 마른 돼지가 날뛰는 것과 같다.

• 무성할 니(이): 고동목(수레바퀴의 회전을 멈추게 하는 나무) • 파리할 리(이): 핏기가 전혀 없다. 고달프다, 지치다, 괴로워하다 • 돼지 시 • 머뭇거릴 척 • 머뭇거릴 촉: 밟다

풀이 음이 아래에서 아직 기세가 미약하지만 마음속에는 기력을 왕성하게 하여 양을 해하고자 하는 뜻을 품고 있다. 이 여자가 결혼하지 말라고 했던 바로 그 여자인데 여기서는 야윈 돼지로 비유했다. '이시'는 굶어서 파리해진 돼지인데, 이는 배가 고파 난리를 치는 모습을 의미한다.

초육은 야윈 돼지처럼 날뛰지 말고 쇠말뚝에 붙들어 매라(계우금니)고 경계했다. '금니'는 수레를 멈추게 하는 장치다. 돼지는 성질이 급한데 마른 돼지는 더더욱 급하므로 안정시켜야 한다. 그대로 가게 두면 흉한 꼴을 당하니까 가만히 있게 해야 한다(유유왕 견흉 이시부척촉). 음이 점차

강해지면 양을 해치므로 날뛰지 못하도록 이를 견제해야 하는 것이다.

구이 포유어 무구 불리빈

꾸러미에 고기가 있으면 허물이 없으나 손님에게는 이롭지 않다.

[풀이] 구이와 초육은 음양으로 이웃하므로 가까이서 편하게 만난다. 초육은 원래 구사와 정응이 되나 구괘에서는 정응보다는 만남이 중요하기 때문에, 이웃에서 만남의 횟수가 많은 구이와 사귀는 것이다. '포'는 꾸러미에 싸는 것이고, 물고기는 음물이다. 여기서 물고기는 초육을 말한다.

구이가 초육을 확실하게 자기의 품속에 매어놓을 수 있다면(물고기를 꾸러미에 감싸듯이) 둘의 만남에는 허물이 없다. 그러나 초육은 유일한 음이므로 구사 정응을 비롯한 뭇 양들이 다들 사귀기를 원한다. 하여 초육 역시 구사와 구오의 구애에 응답하려고 하지만, 꾸러미 속의 물고기처럼 구이에게 붙들려 있다(포유어 무구). 구이가 상비관계로 초육을 독점하며 다른 양들에게 가지 못하도록 제지하니 다른 손님(양)에게는 좋지 않은 것이다(불리빈).

구삼 둔무부 기행차저 려 무대구

엉덩이 볼기짝에 살이 없으며 그 행함을 머뭇거리니, 위태롭게 여기면 큰 허물이 없다.

풀이　구삼도 초육과 만나기를 열망하지만, 구이와 초육이 이미 만남을 이루었으니 안절부절이다. 보기 싫은 구이가 가까이에 있으므로 마음이 편치 못하고, 또 한편으로는 구이로부터 시기와 미움을 사고 있어서 마음이 편하지 못하니 곧 엉덩이에 살이 없어 딱딱하여 불편한 것과 같다. 좌불안석이다. 구삼은 아래의 구이가 못마땅하고 질투가 난다. 모두 포기하고 떠나면 되는데 머뭇거리고 주저한다(기행차저, '차저'는 나아감이 어려운 모양을 뜻하므로, 떠나야 함을 대번에 결단하지 못하고 망설이는 모양을 말한다).

행여나 초육을 만날 수 있을까 미련을 갖는 것이다. 그러나 그 여자에 대한 미련과 집착이 부정이라는 것을 알고 허욕을 부리지 말아야 한다. 그러므로 자기 생각이 부정함을 알아차리고 스스로 두려워하는 자세를 가져서 망동하지 않는다면 큰 허물은 없는 것이다.

'엉덩이에 살이 없다'는 건 무슨 뜻일까? 구삼은 하괘의 중심에서 벗어나 있다. 하괘의 중앙에는 구이가 떡 버티고 있기에 구삼으로서는 초육을 만날 기회도 없고, 주목받지도 못한다. 옛사람들은 소나 말의 힘을 가늠하기 위해 그 엉덩이를 보았다. 엉덩이에 살집이 두둑하면 힘이 있다. 구삼의 엉덩이에 살이 없다는 것은 '움직일 힘이 없다'는 뜻이다.

구사　포무어 기흉

꾸러미에 고기가 없으니, 흉함이 일어나리라.

• 일어날 기(제기, 야기, 기소, 기립): 시작하다. 비롯하다. 돕다. 오르다

풀이 구사는 대신의 자리로 백성을 잘 살펴야 하는데, 중정의 덕을 잃어서 정응인 초육에게만 마음이 쏠리는 상태다. 그러나 정응인 초육 (물고기)을 철석같이 믿었는데 초육의 마음이 이미 구이에게 가버렸으니, 백성의 마음을 얻지 못하여 장차 흉함이 일어나는 것이다. 그래서 구사의 꾸러미 안의 초육인 물고기가 없다고 한 것이다(포무어).

정치적 관계로 보면 구사는 고관대작이고 초육은 백성이다. 구사의 지역구 안에 지지하는 백성이 없다는 뜻이다. 구이가 절대적인 지지를 받아 민심을 얻고 있는 반면, 구사는 민심이 이반하여 외로운 처지로 전락했다. 흉하다. 이 효가 민심을 잃은 것은 바로 자신이 백성을 멀리하고 자기 욕심만 챙겼기 때문이다.[2]

구오 이기포과 함장유운자천

기나무 잎으로 오이를 포장한 것과 같은 형상이니, 아름다움을 바탕으로 하여 정성을 다하면 하늘에서 떨어진 것처럼 반드시 현인을 얻게 될 것이다.

• 구기자 기: 소태나무, 나무 이름 • 오이 과, 참외 과, 모과 과 • 떨어질 운(운석)

풀이 임금이 정성을 다하여 정당한 도리로 천하의 현인을 구하면 반드시 얻게 된다. 구오는 강건 중정한 도를 실현하여 천하 백성을 포용하는 정치를 크게 행한다. 기나무는 키도 크고 잎도 크다. 높은 지위에서 모든 것을 감쌀 수 있는 구오의 능력에 비유된다.

오이는 아름다운 열매가 아래의 땅에 붙어 있으니 흙을 파면서 일하는 백성인 초육을 비유했다. 구오의 기나무가 잎사귀로 초육인 오이를 감싸준다(이기포과). 인군이 내려와서 자신을 낮추어 백성을 포용해 주는 것이다. 구이와 구사는 여자를 생선과 포(꾸러미)로 풀이했고, 구오는 백성을 포용하고 감싸준다는 뜻으로 풀었다. 인군이 이런 방법, 즉 기나무 큰 잎사귀로 오이를 감싸는 포용력으로 백성들과의 만남이 이루어진다는 것이다.

구오와 초육은 나이 차이가 너무 많이 난다. 초육이 구오를 따른다 해도 구오의 힘 때문에 마지못해 그러는 것이지 결코 좋아서 그런 것이 아니다. 그러니 구오는 초육을 취하려 하지 말고 화합을 추구하는 것이 좋다. 이러한 모습을 보면 초육은 존경심을 갖게 되고, 나이를 초월해 구오를 따르게 될 것이다.

그리하여 초육의 존경과 사랑을 받고, 백성에게도 존경을 받으니 "아름다운 마음을 머금고 있으면 하늘에서부터 떨어져 내려옴이 있다"라고 한 것이다. 훌륭한 정치는 백성을 잘 살게 함으로 빛나는 정치가 실현되고 빛나는 사상을 품고 있는 임금에게 하늘은 복을 내려준다.

상구 구기각 린 무구

그 뿔에 만남이라 인색하여 부끄러우나 이를 경계한다면 허물은 없다.

풀이 상구는 양강으로 가장 윗자리이기 때문에 뿔의 상을 취했다. 서로간의 만남은 자신을 낮추고 굽히면서 따라야 이루어지는 것인데, 상구는 자존심만 세우고 높고 또한 지극히 강하기 때문에 더불어 할 사람이 따르지 않는다. 이와 같은 자세로 사람을 만나기를 구하는 것은 부끄러운 도이며, 이는 자초한 것이다. 따라서 남이 상구를 멀리하는 것은 그 사람의 허물이 아니라 상구 자기 자신으로 말미암은 것이다. 그러므로 이를 경계해야 허물이 없다.

요약 갓 태어난 아기가 부모에게 안기어 첫 만남이 이루어지고 학교에서 친구를 만나고, 사회에서 동료를 만나 살아가는 동안 우리는 얼마나 많은 만남을 맺는지 모른다. 구는 만남이다. 여기서는 남자가 한 여자를 만난다. 때로는 야윈 돼지, 물고기 등으로 표현되지만 다 음물에 속한 것을 비유했다.

초육은 하나뿐인 여자를 행여 도망갈까 하여 붙들어 맨다. 구이는 이미 내 품안에 들어와 있음을 확인하며 다른 남자와의 만남을 막는다. 구삼은 이웃 여자에게 미련을 못 버리고 망설인다. 구사는 만남의 때에는 가까운 거리가 정응보다 우선이다. 자주 만나는 것이 제일 친한 것이다. 멀리하여 여자를 놓친 것이다. 구오는 높은 자리에서 소박한 여자를 품에 안는다. 상구는 아예 만날 생각도 못하고 자존심만 세운다.

1 《동의보감》 '잡병편'에는 '천지운기'가 나온다. 하늘에는 다섯 가지 기운인 목-화-토-금-수가 흐르고, 땅에는 여섯 가지 기운인 풍, 한, 서, 습, 조, 화가 흐른다. 음력 2월은 입춘이 있다. 입춘에는 하늘에 봄이 도래하지만, 땅에서는 아직 겨울의 냉기가 사라지지 않아 춥다. 다른 계절도 마찬가지다. 하늘과 땅의 속도는 절대 같지 않다. 그러나 이러한 차이 때문에 우리를 포함한 모든 것들이 태어나고, 성장하고, 열매 맺고, 사라질 수 있는 리듬이 만들어진다. 이렇듯 천지의 기운이 서로 만나니 만물이 모두 빛을 발휘한다.

2 《상전》에서는 백성과 멀어진 것이 바로 구사 자신의 잘못에서 비롯되었다고 말한다. '과전불납리 이하부정관'이라는 말이 있다. 참외밭에서 신을 고쳐 신지 말고, 오얏나무 아래에서 갓끈을 고쳐 매지 말라는 뜻이다. 참외밭에서는 참외를 딴다고 오해받기에 십상이고, 오얏나무 밑에서 갓끈을 매만지다 괜한 오해를 불러일으킬 수 있다는 의미다. 그러므로 구사는 신중하게 행동해야 한다.

45

택지췌

태상곤하

위에는 태괘☱, 아래에는 곤괘☷인 대성괘

백성을 모은다. 왕이 제사를 지내기 위해 사당에 온다. 대인을 만나는 것이 이롭다. 형통하고, 일을 맡아 처리함에 이롭다. 제사에 큰 짐승을 제물로 쓰면 길하고, 나아감이 이롭다.

• 모을 췌(발췌, 출췌) • 거짓 가, 이를 격 • 사당 묘(종묘, 묘당)

• 희생 생(희생자, 희생양): 제사에 쓰는 짐승

풀이 천풍구는 만남이니, 사물은 서로 만난 이후에 모인다. 그러므로 췌괘로 받았다. 췌는 모인다는 것이다. 사물은 서로 만나면 곧 무리를 이루니, 구괘 다음이 췌괘가 된다. 연못이 땅 위에 올라가 있으면 물이 모인다. 췌괘의 상괘는 태괘로 기쁨을 뜻하고 하괘는 곤괘로 유순함을 뜻한다. 그러므로 물이 지상에 모여 못을 이루니 만물을 윤택하게 하고 백성들이 편하게 살 수 있게 한다는 뜻을 담고 있다.[1]

췌는 모든 백성을 모으는 것이다. 천하의 인심을 모으려면, 위로는 신명을 받들고 아래로는 백성을 어루만지는 제사를 지내는 것이 좋다. 왕이 백성을 모아서 다스리는 데 있어 가장 중요한 일 중의 하나가 바로 종묘를 세우는 일이다. 하여 구오 왕이 지극한 정성을 가지고 종묘에 이르는 것이다(왕격유묘).

많은 사람을 모으는 것은 소인은 감당하지 못하는 일이다. '대인'이라야 할 수 있다. 온갖 것들이 모여드는 때에 대인이 아니면 자신을 곧고 바르게 지키기가 힘들기 때문이다. 따라서 중정한 대인인 구오와 육이가 서로 만나는 것이 이로우며, 이렇게 서로 도우면 모든 사람의 뜻이

하나로 모여 형통하게 되니, 그 도는 바르게 되는 것이다. 췌의 시기는 많은 것들이 모이는 때이니만큼 큰 제물을 바쳐야 길하다.

국민들의 뜻을 하나로 모으는 데는 나라의 조상들을 모신 곳에서 고인들의 뜻을 기리고 감사함에 기도를 드리는 행사만 한 것이 없다. 대통령이나 지도자들도 취임할 때나, 국가의 중요한 일이 있으면 현충원에 참배하는 경우가 많은데, 이러한 것이 모두 많은 사람의 뜻을 모으는 것의 일환이다. 많은 사람을 모을 때 먼저 조상들에게 예를 올리는 것은 공통된 의식을 행하고 서로 간의 연대의식을 부여하는 계기를 만들 수 있다.

효사

초육 유부 부종 내란내췌 약호 일악위소 물휼 왕 무구

미더움을 두었으나 그 믿음으로 끝까지 마치지 않으면 이에 어지러운 모양으로 모일 것이니, 만약 호소하는 듯하면 다른 음들이 일제히 비웃을 것이다. 그럴더라도 근심하지 말고 가면 허물이 없다.

• 어지러울 란(난)(혼란, 요란, 교란, 음란, 소란, 문란, 난리, 대란, 임진왜란)

• 췔 악(파악, 장악, 악수, 악력) • 일악: 한 줌, 적은 양

풀이 초육은 음이 양의 자리에 있어 바름을 얻지 못하고, 곤괘의 유순한 체에 있으니 유약한 여자다. 택지췌의 괘상을 보면 아래는 곤괘(☷ 세 개의 효가 모두 음효)이고, 위는 태괘(☱ 가장 위의 효만 음효)다. 주역에서 음괘(--)는 여인을 나타내는데 그렇게 보면 초육은 위로

언니가 둘 있다(첫째 언니 육이, 둘째 언니 육삼).

음양은 서로 끌리게 마련이다. 하여 초육은 자신의 짝인 구사 양을 믿고 시집가고 싶어 한다. 초육과 구사는 음양이 합치되므로 당연히 서로 끌린다. 그러나 구사는 너무 멀리 있어 초효는 선뜻 결정을 내리지 못하고 중간에 마음이 흔들리는데, 언니들을 두고 시집가기가 영 마음에 걸리는 것이다. 게다가 철없는 언니들도 동생이 시집가는 것을 도와주기는커녕 감언이설로 가지 못하도록 방해한다. 그런데, 시집을 가지 않고 언니들과 모여 살아도 마음은 혼란스럽기만 하다(내란내췌). 이때 의지할 것은 구사뿐이다.

초효는 구사에게 좀 데려가라고 도움을 청하며 부르짖는다(약호). 그 모습을 보고 당연히 언니들은 한 줌의 웃음으로 초효를 비웃겠지만(일악위소), 그렇다고 하더라도 그것에 개의치 말고 자기 뜻대로 나아가면 결국엔 허물이 없다(물휼 왕 무구).

육이 인 길 무구 부내리용약

이끌면 길하여 허물이 없으리니 미더워 이에 간략히 제사를 올리는 것이 이롭다.

• 봄 제사 약: 종묘 제사의 이름

풀이 '인'은 서로 끌어당긴다는 뜻이다. 육이는 중을 얻었고, 음의 자리에 음이 왔으므로 중도를 잘 지키는 신임할 만한 인물이니, 정응관계인 구오 대인이 이끌어준다. 양의 자리에 음이 자리해서 우물쭈물했던 초육과 달리 정중한 자리에 있는 육이는 안달을 내거나 욕심내지 않는다. 구오가 잘 이끌어주는 덕분에 길하고 허물없이 구오를 도와 정치를 하게 된다. 하여 그에 대한 보답으로 믿음을 가지고 간략하게 제사를 지내라는 것이다(부내리용약).

패사에서는 큰 제물을 바치라고 했지만 그것은 어디까지나 '대인'에게 해당되는 말이다. 분수에 맞지 않는 짓을 하면 아첨이 되고 오히려 독이 된다. 육이는 신하답게, 자신의 분수에 맞게 정성껏, 소박하게 제사를 올리면 된다. 지성이면 감천이라, 성심성의껏 지내는 제사를 통해서도 충분히 마음을 전달할 수 있다. 신뢰는 형식이나 물질의 화려함이나 그 양이 중요한 게 아니다. 변하지 않는 마음이 가장 중요하다.

육삼　췌여차여 무유리 왕 무구 소린

모일 듯 모일 듯 하더니 결국은 아무도 상대 안 해주니 한탄스럽다. 이로운 바가 없으니, (상육이라도 찾아) 가면 허물은 없지만 다소 부끄럽다.

• 탄식할 차

풀이　육삼은 음이 양의 자리에 있어 바르지 못하다. 육삼이 아래위로 같이 모이고 싶어 시도를 해봐도 상대해 주는 사람이 없다. 구사도, 육이도 제각기 짝을 찾아가버렸기 때문이다. 그러니 탄식이 절로 나오는 것이다. 상하가 모두 상대해주지 않으므로 비록 음양응의 짝은 아니더라도 높은 곳에 있는 상육이라도 찾아가면 허물은 없게 될 것이지만, 이곳저곳 기웃거리며 눈치를 살피다가 퇴짜를 맞고 어쩔 수 없이 찾아가니 다소 수치스러운 바가 있다.

대길 무구

크게 길하여 허물이 없다.

풀이 구사는 구오 임금 밑에 있는 대신의 자리다. 한데, 음의 자리에 양이 왔으므로 자리가 바르지 않다. 주역에서는 양을 음보다 길한 것으로 해석하므로 비록 부정한 자리에 있는 구사라도 현명한 신하라고 본다. 구사는 상하에 두루 모임을 이루어 위로는 인군의 신임을 받아 군신의 결속을 이루었고, 아래로는 하괘의 여러 음의 지지를 얻어서 민중들과도 모임을 이루었다. 그러나 대신이라는 지위는 언제나 위태로운 자리다. 재물과 권력의 유혹이 항시 작동하니 사사로운 욕심은 아예 버려야 하는 자리다. 하여 끝까지 정성을 다하여 직분을 수행해야 크게 길하여 허물이 없을 것이다.

구오 췌유위 무구 비부 원영정 회망

사람들이 많이 모여 지위를 얻음은 허물이 없는 것이지만, 만약 신뢰를 얻지 못하게 되었을 때는 반성하여 오래 지속되게 하면 (또는 길이 바르게 하면) 장차 후회됨이 없을 것이다.

풀이 구오는 모으는 때에 있어서 강건중정한 덕으로 인군의 자리에 있다. 한 집단의 지도자는 사람들로부터 신뢰를 얻는 것에 대해 늘 고민해야 한다. 만약 인군을 믿지 않고 저항하는 세력이 있다면, 신하나 백성들을 탓하지 말고 솔선수범하는 자세를 보임으로써 오래오래 곧게 하여 자신의 진심을 믿도록 해야 한다. 원, 영, 정, 넓은 마음으로 선량하게 대하고(원), 멈추지 않고(영) 계속 바르게 나아가면(정) 모두가 믿고 따르게 되어 뉘우침이 없다.

상육 자자체이 무구

탄식하여 눈물을 흘림이니, 허물할 데가 없다.

• 가져올 재, 탄식할 자 • 물을 자, 탄식할 자 • 눈물 체 • 콧물 이, 콧물 체

풀이 대부분의 상효가 그렇듯 택지췌의 상효도 그다지 좋지 못하다. 지위는 높으나 아무 힘을 못 쓰는 자리다. 췌의 때에는 사람들이 많이 모이는 것이 당연하지만 상육처럼 너무 높은 데에 올라가 있으면 오히려 가까이 오는 사람들이 없어져 홀로 남게 된다. 모이기를 바라지만 사람들이 곱게 보지 않고 아무도 상대해주지 않으므로 통한의 눈물과 콧물을 줄줄 흘린다. 이 모든 것이 자업자득이니 누구를 탓하리오. 그래서 허물할 데가 없다고 한 것이다(그래도 잘못을 반성하여 울 줄 아니 허물은 없다). 높이 있어 슬퍼하기보다는 오히려 낮은 곳에 겸손히 임함으로써 사람들과 함께 하는 기쁨을 얻어야 할 것이다.

요약　택지췌는 땅 위에 연못이 있는 형상이다. 여기저기에서 흘러들어온 물이 모여드는 연못이다. 이 연못은 어느 때는 적당하게 모이지만 극에 이르면 물이 넘쳐서 둑이 터져버린다. 군자는 그것을 보고 인간사에 경계할 바를 적용했다. 사람의 부귀영화도 이와 같아 적당하면 온전하지만, 과도하면 자기 자신을 파멸시켜버린다. 하여 부귀영화를 누릴 때, 잘 나갈 때, 미리 불의의 사고나 사변을 준비해야 한다.

췌는 모임이다. 가족이라는 작은 단위의 모임에서 국가에 이르기까지 모든 모임을 이루어 이끌어가는 일을 설명하고 있다. 모임의 단합을 위해서는 임금에 취임하면 즉시 종묘를 세워 제사를 지내야 정통성을 확보하여 만인의 지도자가 될 수 있다. 물질적인 쌓임이 커질수록 밖으로는 도둑을 막아야 하고 관리들의 부정부패로 인한 재정손실을 막아야 할 것이며, 임금이 솔선수범하여 청렴한 정신을 길이길이 지켜야 한다.

초육은 평생 자신을 이끌어줄 멘토를 찾아 주변의 방해를 물리치고 찾아간다. 육이는 믿음으로 결합된 군신 간의 단합을 보여준다. 육삼은 의지할 소속이 없어 방황한다. 구사는 대신의 자리에서 능력을 발휘한다. 구오는 최고의 권력을 가지고 사람을 모으고 재물도 모았으나, 오래 유지하기 위해 더욱 임금의 덕을 베풀어야 한다. 상육은 높은 데서 외롭게 눈물을 흘리는 곤궁한 처지다.

1 노자는 《도덕경》에서 상선약수, 즉 물을 최고의 선이라고 한다. 이유는 세 가지다. 첫째, '수선리만물', 물은 만물을 이롭게 하기 때문이다. 물은 곧 생명이다.

둘째, '부쟁'이다. 물은 다투지 않는다. 유수부쟁선, 흐르는 물은 선두를 다투지 않는다. 산이 가로막으면 돌아가고 큰 바위를 만나면 몸을 나누어 지나간다. '유수불영과 불행', 물은 웅덩이를 만나면 다 채우고 난 다음 뒷물을 기다려 앞으로 나아간다.

셋째, '처중인지소오'다. 모든 사람이 싫어하는 곳에 처하기 때문에 물은 최고의 선이다. 싫어하는 곳이란 낮은 곳, 소외된 곳을 말한다. 물은 높은 곳으로 흐르는 법이 없다. 반드시 낮은 곳으로 흐른다.

이 세 가지 이유로 노자는 최고의 선은 물과 같다고 한다. 우리는 세상의 가장 낮은 곳이라는 뜻에 대해서 생각해야 한다. 이 구절에 근거하여 《노자》를 '민초의 정치학'이라고 한다. 가장 약하고 낮은 곳에 살고 있는 사람들이 민초다. 먹이사슬의 최말단에 처해 있다. 전쟁에 동원되어 죽고, 포로가 되어 노예가 되고, 만리장성의 축조에 동원된다. 고향을 잃고 가족과 헤어져야 한다.

노자의 물은 이처럼 민초의 얼굴이다. 《노자》에는 도와 물, 민초가 같은 개념이다. 더욱 중요한 것은 이처럼 약하고 부드러운 물이 강한 것을 이긴다는 '유능제강'의 메시지를 선포하고 있다는 사실이다. 제왕을 이긴다는 민초의 정치학이다. 민초에게 희망을 선포하고 있다. 물은 궁극적으로는 바다가 된다. 바다는 가장 큰 물이다. 그리고 어떠한 것도 대적할 수 없는 압도적 위력을 지니고 있다. 그 위력은 가장 낮은 곳에서 모든 시내를 다 받아들이기 때문에 생긴다. 그래서 이름이 바다다.

46

지풍승

곤상손하

위에는 곤괘 ☷, 아래에는 손괘 ☴인 대성괘

승은 크게 형통하니 대인을 보는 것을 쓰되 근심하지 말고 남쪽을 정벌하면 길하다.

• 오를 승(상승, 승마, 승강기)

풀이 지풍승은 땅 밑에 있는 나무가 싹이 터서 땅을 뚫고 올라와 무럭무럭 자라는 형상이다. 모이다 보면 쌓여 올라가게 되므로, 택지췌 다음에 오르는 지풍승괘를 놓았다. 천풍구는 '만난다', 택지췌는 '모인다', 지풍승은 '오른다'의 뜻이다. 이 셋을 합치면 만나서 모이고 쌓이면 위로 올라간다는 스토리가 구성된다.

나무가 땅속에서 나와 점점 커 올라가듯이 지위도 올라가 크게 형통하다. 육오는 인군의 자리이고 구이는 신하인데 여기서는 신하가 유능하고 현명하여 대인이다. 《삼국지》의 제갈량과 같은 인물이다. 주역에서는 자리를 중시하는데 구이는 강한 양이 중의 자리를 잘 지키고 있다. 하여 대인이라고 하는 것이다. 그런데 아무리 자리가 좋아도 구이가 있는 이효는 신하의 자리다. 군주의 자리는 오효이기 때문이다. 지풍승에서 군주는 육오다. 육오가 외괘에서 중, 그러니까 군주의 자리에 앉아 있다. 아쉬운 점은 육오가 음이므로 유약한 군주라는 것이다. 유약한 군주 육오는 초야에 묻힌 대인 구이를 만나 도움을 받아야 한다. 구이도 육오의 부름을 받아 중앙 정계로 나아가야 원대한 포부를 실행할 수 있다.

일취월장의 시기에는 위축되어 지내면 안 된다. 성장의 시기에는 대망을 품어야 한다. 그러므로 폭군 '주'를 정벌하러 나서듯이 뜻을 활짝 펼칠 수 있는 광대한 땅으로 진출하려는 기개가 있어야 할 것이다. 남쪽 은 문왕 당시에는 폭군 '주'의 방향이다.

효사

초육 윤승 대길

믿어서 오름이니 크게 길하다.

• 맏 윤, 진실로 윤(윤허): 믿음, 믿음성이 있다

풀이   상승의 초기 상황이다. 초육은 음이 양의 자리에 있으므로 뜻은 올라가고자 하나, 위로 응원함이 없고(자신의 짝인 육사와는 음음 커플로 자석의 같은 극처럼 서로를 밀어냄) 재질도 유약하니 자신의 힘으로 오르지 못하는 자다. 그러나 구이 강중한 양이 이웃으로 상비 관계이고 같은 손 괘에 있으므로, 믿고 같이 올라가면 크게 길하다. 초육은 성격이 모나지 않고 부드럽기에 망설임 없이 구이를 따라 올라가고, 구이는 강명한 신 하로 육오 인군의 신임을 받아 백성을 구하고자 하니, 초육의 오르고자 하는 뜻과 합치된다. 믿음으로 따라 올라가면 대길한 것이다.

지풍승을 땅을 뚫고 자라나는 나무로 비유하면 초육은 새싹인 셈인 데, 새싹은 무한한 가능성이 있다. 바로 위에 있는 구이에게 의지해서 쑥쑥 자라니 길하다. 비록 상괘의 좋은 짝을 만나진 못했지만 대신 이웃 에 자신을 키워줄 든든한 조력자를 만났다.

구이 부내리용약 무구

믿어서 이에 간략한 제사를 씀이 이로우니 허물이 없다.

풀이 구이는 내괘의 가운데 자리, 즉 중을 얻은 강중한 신하이며, 육오 인군에게 대인의 몫을 한다. 승괘에서 올라가는 주인공이다. 위로 유약한 인군인 육오를 섬기는데, 믿음과 정성을 가지고 간략하게 제사 지내는 형식을 갖춘다는 것이다.

사람의 마음이란 힘이 비범하고 능력이 출중하면 오만해지기 십상이다. 그러나 구이는 '대인'이다. 자신의 출중한 능력만큼, 자신을 다스릴 내공이 있다. 구이가 육오에 대한 믿음을 돈독히 하면서 소박하고 정갈한 제사를 지내는 것처럼 정성 어린 마음을 다한다는 것을 뜻한다. 자신의 뜻을 펼쳐 나아가는데 화려한 외양에 신경 쓸 필요는 없다. 이는 자신의 능력만 믿고 군주를 업신여기지 않는다는 말이니, 무슨 허물이 있겠는가?

구삼 승허읍

빈 읍에 오른다.

풀이 구삼은 양이 양의 자리에 있어 바름을 얻고, 또 손괘의 공손한 체에 있으니 강유를 겸비한 자다. 오르는 때에 위가 모두 음으로 트여 있어 막힐 것이 하나도 없고 또 상육의 응원함이 있으니, 올라감에 있어 마치 무인지경을 가듯이 텅 빈 읍으로 올라가서 저항 없이 무혈입성, 승승장구한다. 의심할 바가 없이 거침없이 가는 것이다.

혹은 '빈 마을'을 '빈 마음'으로 보아, 겉치레를 하지 않고 욕심을 비워서 뜻을 행하고 덕을 쌓아 나가는 것으로 이해할 수도 있다. 믿음을 갖고 자신의 뜻을 펼칠 때는 당장 빈손으로 얻는 바가 없어도 흔들리지 않는다.

육사 왕용향우기산 길 무구

왕이 기산에서 제사를 지냄을 사용하면 길하고 허물이 없다.

풀이 육사는 음이 음의 자리에 있고 곤괘의 순한 체에 있으니, 바르고도 지극히 유순한 자다. 대신의 자리에서 순한 덕으로 바름을 지켜, 위로 육오 인군에 순종하고 아래로는 손괘의 나무가 올라옴에 또 순하게 하니, 마치 문왕이 기산에 있을 때, 위로 천자에게 신하의 도를 다하고 아래로는 현명한 신하를 등용하여 선정을 베풀되, 항상 천명에 순응하는 마음을 가진 것과 같으니 길하고 허물이 없는 것이다.

육사는 주역의 주인공인 문왕의 이야기다. 그 옛날 폭군 주왕의 치세 때 은나라의 서쪽을 다스리던 제후가 바로 문왕이었다. 문왕은 서쪽 땅의 기산에 있었는데 천자인 폭군 '주'와는 다르게 인자하고 바른 정치를 해서 백성들에게 덕망이 높았다.

'왕용향우기산'은 두 가지로 해석할 수 있다. 하나는 문왕이 기산에서 백성들을 다스리니 길하고 허물이 없다는 말이다. 주의 폭정 속에서도 신에게 제사를 올리듯 정성을 다해 백성들을 보살핀 것이다. 다른 하나는 문자 그대로 문왕이 서쪽 기산에 올라서 하늘에 제사를 지냈다고 보는 것이다. 주의 폭정으로 고통받는 천지를 위해 문왕이 제사를 지내니 길하고 허물이 없다는 뜻이다.

육오 정 길 승계

정해야 길할 것이니, 섬돌에 오른다.

• 섬돌 계(단계, 계층, 계급, 계단, 층계)

풀이 육오는 상괘의 중을 얻어 존위에 있는 자다. 아래로 구이 강중한 신하와 정응이고 육사와 같은 훌륭한 대신도 있으나, 그 자신이 음이라 본래 유약하므로 바르게 행동해야 길하다는 경계를 두었다. 육오가 음이라 자칫 잘못하면 바르지 못한 곳에 빠질 염려가 있으므로 충고를 한 것이다. 자신이 유약하므로 구이에게 신임을 주어 다스리게 하면 계단을 오르듯 쉽게 백성의 뜻을 얻을 수 있다. '계'를 천자가 즉위하여 제사를 지낼 때 오르는 계단으로 해석하면 승계는 '천자가 즉위한다'라는 뜻이 있다. 현인에게 의지하고[2] 중도를 지키므로 천하를 다스리는 대도를 이루는 것이다.

상육 명승 리(이)우불식지정

어둡게 오름이니, 쉬지 않는 곧음이 이롭다.

풀이 상육은 음이 오르는 때의 극에 있고 곤괘의 맨 위에 있어 인색함이 극하니, 어두워서 나아갈 줄만 알고 그칠 줄을 모르는 자다. 그렇게 해서 수단과 방법을 가리지 않고 아등바등 높이 올라가도 결국에는 아무것도 없는 암흑뿐이다. 그러므로 쉬지 말고 바르게 해야 이롭다고 경고하는 것이다. 어두운 채로 욕심을 내어 계속 가면 흉하나, 바름을 지켜 더 나아가지 않으면 이로운 것이다.

뇌지예괘의 상육에도 명예라 했으니, 음이 극에 이른 것을 '명(어두울 명)'이라 한다. 또 음이 양을 덮어서 어두운 상을 이르기도 한다. 올라감이 극에 이르렀다면 이제 물러갈 일만 남았다.

끊임없는 순환을 전제하는 주역에서 극에 이른다는 것은 변화를 준비해야 할 때가 다가왔다는 말이다. 변화는 순환을 위해 반드시 필요한 과정이지만 굉장히 혼란한 시기이기도 하다. 하여 주역에서는 이 극단의 시기를 길게 해석하지 않는다.

요약 지풍승은 '오른다'는 뜻을 가지고 있다. 유약한 초육은 구이의 도움을 받아 쑥쑥 자라나고, 구이는 육오 천자의 부름을 받아 등용된다. 구삼은 앞길이 탁 트여서 거칠 것 없이 질주하며, 구사는 산에 올라 제사를 지내고, 백성들을 보살핀다. 육오 천자는 섬돌에 올라 천하를 호령하는 왕위에 오르고, 상육은 욕심에 눈이 멀어서 부정하게 오른다.

여섯 개의 효사는 달리 보면 우리가 무언가를 성취해 나갈 때의 과정과도 비슷하다. 초육은 시작의 단계이고 구이는 내가 가진 능력을 발휘할 때를 만나는 단계이고, 구삼은 승승장구하는 단계이고, 육사는 나에게 닥친 어려움을 견디며 나아가는 단계이고, 육오는 일정한 지위에 올라 지휘하고 결단해야 하는 단계다.

이것은 세상만사 어디에나 통용되는 과정이다. 우리는 항상 빨리 오르고, 빨리 나아가기를 원한다. 남들보다 빨리, 남들보다 많이. 그래서 주역에는 효마다 경계의 말을 덧붙였다. 상육에서는 강하게 충고한다. 욕심을 내서 부정하게 오르지 말라고. '쉬지 말고' 오르려고만 하지 말고, 대신 바르게 순리대로 오르도록 '쉬지 말고' 노력하라고 경계한다.

1   한의학에서 나오는 '승'의 중요한 개념은 '수승화강'이다. 신수는 위로 올라가서 심화를 촉촉이 적셔주어야만 건조함이 없고 윤택함이 상부에 흐르며, 심화는 아래로 내려와서 신수를 따뜻하게 덥혀줌으로써 하초와 요슬에 냉습통이 생기지 않게 하고 하원을 충실케 할 수 있다. 수승화강이 제대로 되지 않으면 여러 가지 질병이 생길 수 있으며, 한번 생긴 병도 잘 낫지 않는 경우가 많다.

2   치세를 이야기할 때 또 빼놓을 수 없는 사람이 당 태종 이세민이다. 그의 치세는 '정관의 치'로 표현되며 당을 세계적 번영국으로 이끌었던 인물이다.

태종 곁에는 아예 목을 내놓고 쓴소리를 아끼지 않았던 위징이라는 신하가 있었다. 하루는 위징이 얼마나 쓴소리를 해댔는지 황제가 분을 삭이지 못하고 그를 죽이겠다고 씩씩댔다. 그 광경을 지켜보던 황후는 곧 예복으로 갈아입고 황제 앞으로 나아가 축하드린다는 인사를 한다. 황제가 무슨 일이냐고 의아해하자 황후는 "저런 직언을 하는 충신이 곁에 있으니 황제께서는 얼마나 성군이십니까? 그 때문에 하례 드리는 것입니다"라고 말한다. 이에 황제도 마음을 고쳐먹고 신하의 의견에 더욱 귀를 기울였다는 일화가 전한다. 이를 통해 위대한 군주는 혼자 이뤄지기 어려움을 알 수 있다.

47

택수곤

태상감하

위에는 태괘☱, 아래에는 감괘☵인 대성괘

곤경에 처해도 형통하고 바르게 할 수 있다. 대인은 곤경 속에서도 불굴의 의지로 더욱 견고하게 나아가므로 오히려 길하고 허물이 없다. 곤의 때에는 곤경에 처한 사람의 말을 사람들이 믿어주지 않는다.

• 곤할 곤(곤란, 곤경, 피곤, 빈곤): 괴로움을 겪다, 위험하다, 가난하다, 살기 어렵다, 난처한 일

풀이 지풍승괘 다음에 나오는 괘가 택수곤괘다. 너무 올라가기만 하다 보면 결국 낭패스럽게 곤란해질 때가 있다. 그래서 승괘 다음에 곤괘가 온다. 곤괘의 위는 연못을 상징하는 태괘이고, 아래는 물을 상징하는 감괘다. 연못에 물이 빠져버려서 메마른 형상이다.

곤은 곤란, 곤경을 말한다. '곤'의 한자를 살펴보면 나무가 우리 안에 갇혀 자라지 못하는 모양을 나타낸다. 못이 말라 물이 없어 곤궁하니 이미 벗어날 수 없는 운명이라면, 바꿀 수 없는 일에 마음을 쓰지 말고 오로지 자신의 뜻을 행해여야 한다.

형은 '형통하다'라는 뜻이다. 주역에서 형은 여름에 해당한다. 봄은 시작하는 기운, 여름은 펼치는 기운이다. '곤'은 침체되고 곤란한 상황이다. 그런데 괘사에서는 이를 돌파하는 힘이 있다고 보았다. 왜 그럴까?

몸은 비록 곤경에 처해 있어도 자신을 닦아가야 한다는 것이다. 강한 사람은 곤경에 빠져 위험을 겪고 나서도 밝고 기쁜 마음을 유지하려고 노력한다. 이러한 대인의 마음은 훗날 성공의 토대가 된다. 어려운 상황에서도 웃을 수 있는 사람은 자신을 이겨내고 있다는 증거인 것이다. 비록 곤란한 때이나 형통한 마음으로 바르게 할 수 있는 사람이 바로 대

인이다. 고달픈 현실 속에서 균형 감각을 지니고, 지조와 절개와 아울러 융통성을 갖추어 처신하면 길하다.

이렇게 나아가는 대인의 길은 좋을 것이고, 허물도 없지만, 대신 이러쿵저러쿵 불평과 변명을 일삼는다면 궁색해져 신뢰를 얻지 못한다. 그저 무소의 뿔처럼 묵묵히 어려움을 헤쳐나아가는 모습으로 믿음을 얻을 수 있다. '유언 불신'의 상황은 곤경에 처한 사람의 말은 믿어주지 않는다는 슬픈 상황이다. 섭섭히 여길 것도 없다. 침묵하며 하늘의 이치를 기꺼이 여기고 자신의 운명을 편하게 받아들여야 한다.[3]

구오가 강건 중정하고, 구이가 강중으로 험한 가운데서도 바르게 하니 대인이며, 곤한 가운데서도 능히 천명에 순응하고 도를 지키니 길하고 허물이 없는 것이다. 양이 극에 달하면 음이 시작되는 것처럼 궁핍하면 변화를 모색하게 된다. 그래서 곤궁함을 뚫고 나가려 하고, 뚫고 나가면 새로운 길이 열린다. 아래의 양은 두 음 사이에 빠져 허우적거리고 있고 위의 두 양은 강력한 상육에 눌려 있어 곤란한 상황이다. 그러나 험한 중에도 기뻐함이니 곧 안빈낙도의 생활이다. 이는 소인은 참아내기가 곤란하고 오직 대인이라야 가능하다.

효사

초육 둔곤우주목 입우유곡 삼세 부적

그루터기 모양의 나무에 엉덩이가 불편함과 같고, 계속 깊은 골짜기에 들어가 3년 동안이나 보지 못한다.

•볼 적: 만나다, 뵈다

풀이 초육은 음으로써 곤의 처음에 있으며 험한 감괘의 아래에 있으니, 스스로 곤함을 헤쳐나갈 능력이 없는 자다. 위로 구사와 정응이 되나, 구사 역시 음에 가려져서 자기 앞가림하기도 힘들어 남 걱정할 때가 아니므로 도움이 되지 못한다. 이럴 때에는 상황을 피해 은거한 후 상황이 풀리기를 기다려야 한다. 위 구사가 정응이나 큰 힘이 되지 못함은 둘 다 마땅한 자리에 있지 못하고(초육은 음이 양의 자리에 있으며, 구사는 양이 음의 자리에 왔으므로) 힘도 없기 때문이다.

구이 곤우주식 주불방래 리용향사 정 흉 무구

곤궁하여 먹고살 길이 막막한데 주불이 바야흐로 올 것이니, 제사 올림을 사용함이 이롭다. 정벌하러 가면 흉하니 그것을 경계하면 허물이 없다.

•주불: 붉은 인끈(관인의 끈). 붉은 옷. 그 옷에 버금 '아'자 모양을 새김. 벼슬.

풀이 구이는 초육과 육삼, 두 음 사이에 끼어 있다. 가운데 자리, 즉 '중'은 얻었지만 음의 자리에 양이 왔기에 '정'은 아니다. 하여 구이는 먹고 마심에 곤궁함이 있으나, 스스로 덕을 닦고 있으면 그 소문이 인군에게 알려져 부름이 있게 되니, 제사를 올리는 것 같은 정성으로 이를 대하는 것이 이롭다. 만약 육오의 부름을 기다리지 않고 먼저 찾아가면, 이제까지 지키던 도를 굽혀 어려움을 스스로 범하는 꼴이 되어 흉하다.

주불방래는 제사 지낼 때 입는 붉은 옷을 받는 높은 관직에 오르게 된다는 의미다. 구이가 정성으로 제사를 드리고 최선을 다하면 인군이 구이를 발탁하는 경사가 일어난다는 말이다. 주불(주홍색 장식띠를 찬 임금)이 오기 전에 마음이 급해져서 먼저 간다거나 하면 난처하게 되니, 제사를 드리는 정성으로 조용히 기다리고 있으면 귀인이 이끌어주어 등용된다는 반가운 소식이다.

비록 지금 내가 살기 힘들지만 그렇다고 밖에서 살길을 찾지 말고 안에서 정성을 들여 해결책을 찾다 보면 외부로부터 도움이 찾아올 것이다. 길은 가까운 곳에 있다. 단지 내가 무시하고, 지나치기 때문에 풀리지 않는 것이다. 하늘은 스스로 돕는 사람을 돕는다고 했다.

육삼 곤우석 거우질려 입우기궁 불견기처 흉

돌에 곤하며, 가시에 웅거함이라. 그 집에 들어가더라도 그 처를 만나지 못하니 흉하다.

• 근거 거(증거, 점거, 논거, 근거지, 본거지): 살다, 굳게 지키다, 근원, 증거, 의지할 곳, 의지하다, 의거하다

풀이 육삼은 부중정하여 감괘의 위에 있으며 위로 정응이 없으니, 곤의 때에 곤궁함의 극에 이른 자다. 위로 상육을 찾아가고자 하니 구사에 막히고, 강중한 구이에 거하려 하나 양을 올라탄 꼴이니 그 자리가 불안하여 가시에 앉은 꼴이고(거우질려), 제자리에 있더라도 상육인 처를 보지 못하니 돌아갈 곳조차 없어 흉하다.

육삼은 마치 죄인이 처벌을 받는 가석에 앉는 곤경에 처했다가 감옥으로 가는 상황처럼 곤궁함의 극에 이른 상황이다. 죄인이 감옥에서 나와 집에 갔으나 처를 볼 수 없다. 흉하다. '석'은 '가석'으로 죄인을 처벌하기 위해 앉히는 돌이다. 질려는 가시나무를 말하며 감옥을 비유하는 말이다.

구사 래서서 곤우금거 린 유종

천천히 오면서 쇠수레에 곤란함이 있다. 어려움을 겪지만 끝맺음이 있다.

풀이 구사와 초육이 정응이지만 초육은 애초에 정응인 구사를 버리고 구이를 따라갈까 하는 망설임이 있었다. 그러므로 초육이 구사를 찾아 천천히 더디게 오는 것은 구이가 가로막고 방해하기 때문이다. 초육을 만나야 하는데 못 만나 곤하게 된 구사는 마음이 조급하고 인색해진다. 아직도 이 곤란함을 벗어나려면 시간이 필요한 것이다.

비록 구사의 처한 위치가 '정'위가 아니어서 선하지는 못하지만, 성실함으로 기다리면 결국에는 정응과 화합을 이루게 되므로 '유종'이다. 포기하지 않고 꾸준히 한다면 마침내 좋은 결과가 있을 것이라는 얘기다.

구오 의월 곤우적불 내서유열 리용제사

코 베이고 발꿈치를 잘리니, 붉은 인끈을 찬 신하에게서 곤란을 당하지만 서서히 기쁨이 있으리니, 제사 지냄을 사용하는 것이 이롭다.

• 의월: 코를 베고 발꿈치를 베는 형벌

풀이 구오는 군주의 지위이니, 군주의 곤궁함은 상하가 함께 더불어 협조하지 못하는 데 기인한다. 구오는 강건중정하여 존위에 있는 자이나, 곤궁할 때에 같이 더불어 곤을 구제할 신하를 못 만난 상태다.

구이가 음효들 사이에 갇혀 있는 바람에 구오에게 오지 않았기에 구오 혼자서는 정치를 못 한다. 그 뜻을 얻지 못함이 자신은 상육에게 코를 베이고 응원해 줄 구이는 초육에게 발꿈치를 베이는 꼴이 되었으니, 인군의 자리에서 신하에게 곤궁한 것이다. 그러나 중도를 행함에 늦게나마 구이와 만나서 기쁨이 있게 되니, 제사 지내는 것 같은 정성으로 하면 복을 받게 되는 것이다.

적불(신하의 의복)⁴에 곤을 겪는다는 것은 훌륭한 신하가 없어서 봉변을 당할 정도로 곤하게 되었다는 것이다. 문왕에게는 강태공 같은 훌륭한 신하가 있었고 유비는 제갈량이 현명하게 보필했는데 곤괘의 구오는 이렇게 자기를 보필하는 신하가 없어서 정치가 엉망이 되고 백성들의 원성이 높다. 대신인 구사에게서도 전혀 도움을 얻지 못한다. 그러나 구오는 편벽된 생각을 하거나 중도에서 이탈하는 짓을 하지 않고 끝까지 버티어 나간다. 그래서 상황은 점차 풀려간다.

여기까지 오는 과정에서 강하게 마음을 다지며 수시로 정성을 바쳐 제사를 지내야 한다. 결국 하늘에서 정성스러운 마음을 보고 복을 내려준다(내서유열). 마지막에는 자기의 동지인 구이가 오게 되니 기쁨이 있게 되고 서로 만나 뜻을 맞추어 정치를 하게 되어 힘든 것이 모두 해결된다.

《상전》에서는 제사가 이로운 것이 복을 받기 때문이라고 했다. 제사를 지낸다는 것은 어떤 의미일까? 고대 중국 사회에서는 제사를 전쟁보다 더 중요하게 생각했다. 전쟁은 눈에 드러나는 무력으로 적과 싸워 자신들의 안전을 보증했지만, 제사는 눈에 보이지 않는 힘을 빌려 자신을 지킬 수 있다고 믿었기 때문이다. 바람, 구름, 천둥, 비와 같은 자연계에 있는 현상이나 산, 강, 돌, 나무 등과 같은 사물뿐 아니라 자신들의 조상들 또한 이러한 믿음의 대상이었다.

'제사'라는 단어의 '제'에는 '서로 접하다', '사귀다'라는 뜻이 있다. 제사가 일방적인 관계가 아니라 신령과 인간의 사귐이라는 것이다. '복'은 제사 지낼 때 쓴 고기와 술을 의미한다. 제사를 지낸 후에는 이 고기를 함께 나누어 먹으며 신령들의 기운을 받았다. 또한 제사 고기를 먹는 것에는 '우리는 하나'라는 의미가 담겨 있다. 어려운 곤괘에서 구오가 마침내 화합의 장을 연 것이다.

상육 곤우갈류 우얼올 왈동회 유회 정 길

칡넝쿨과 위태함에 곤함이니, 말하되 움직이면 후회한다 하여 뉘우침을 두면 정벌을 하러 감에 길하리라.

• 갈류: 칡덩굴 • 얼올: 얼울의 원말. 일이 어그러져서 마음이 불안함

[풀이] 상육은 은퇴해야 하는 자리다. 그런데 버티고 있으면서 구오와 구사를 골치 아프게 만든다. 게다가 상육은 구오와 구사를 무시한다. 하

괘와 상괘가 서로 불통인 상태인데, 상육마저 이런 식이니 구오와 구사는 답답한 지경이다. 그래서 상육을 움직일 수 없게 만드는 것이다. 넝쿨에 감겨 곤란하게 되는 것은 바로 이 때문이다. 움직일수록 후회하게 된다는 것은 수갑을 찬 사람이 수갑을 벗으려 안간힘을 쓸수록 더 조여드는 것과 마찬가지다.

이런 경우에는 자신의 고집을 버리고 잘못을 바로잡아야 한다. 자신의 욕심을 버리고 구오와 한마음이 되어야 곤란한 상황에서 벗어날 수 있다. 구오와 함께 육삼 등을 설득해야 한다. 그래서 뉘우침이 있으면 길하다고 했다.

사물은 극에 달하면 반전하게 되어 있으므로 곤이 극에 달했다면 당연히 변화가 뒤따른다. 상육은 곤괘의 극이므로 '곤'이라는 넝쿨에 묶여서 가장 위태로운 지경에 처해 있는 모양이 곧 '곤우갈류'와 '얼올'이다. 칡넝쿨이 잔뜩 있는 산비탈 위태로운 곳에 서 있다. '동회'는 움직일 때마다 후회가 뒤따르는 것이므로 어디를 가나 곤궁하지 않는 바가 없는 것이며, 유회는 앞서 범했던 잘못을 스스로 뉘우치면서 앞으로 나아간다면 길하게 됨을 말한 것이다. 곤의 극에서 앞으로 나아가는 것은 곧 곤에서 벗어나는 것이므로 길하다.

이 곤란함으로부터 탈출하기 위해선 정면 돌파의 정신이 필요하다. 약간의 후회가 있을까 두렵지만, 움직여 나아가야만 나를 얽매는 온갖 굴레로부터 빠져나갈 수 있다. 지금 이 일 저 일로 어쩌지 못하고 속박되어 있더라도 용기를 가져야 한다.

요약　택수곤은 이름에서는 '곤란함'을 의미했지만 뜻을 살펴보니 형통한 괘다. 길흉은 따로 있는 것이 아니라 어떤 사건이라도 거기에서 배우는 것이 있으면 길하고, 배우지 못하면 흉하다. 곤궁한 상황은 오히려 나를 단련시키는 장인 셈이다. 정말 흉한 것은 어떤 것도 듣지 않고, 어떤 것도 보려 하지 않는 상태다.

초육은 곤궁함을 만나 산골 깊이 들어앉아 꼼짝 못한다. 구이는 끼니 걱정을 하는 중에 등용의 길이 열린다. 육삼은 곤의 어려움에 빠져 헤어나오지 못한다. 구사는 늦게라도 짝을 만나니 다행이다. 구오는 곤의 시대를 인군도 겪을 수밖에 없다. 지도층의 이반과 신하들의 저항으로 주변에 심복이 없어 곤궁했으나 충직하기 때문에 벗어난다. 상육은 극도의 곤궁에서 오직 뉘우쳐서 벗어난다. 가장 위험한 상태에서도 벗어나는 길은 개과천선으로 나아가는 것이다.

1   실패, 탈락, 곤경. 1+1 행사처럼 늘 우리를 따라다니는 단어들이다. '곤'괘는 실패에, 탈락에, 곤경에 힘들어하는 모든 사람을 위한 것이다. 공자가 진, 채의 국경 근처에서 곤경에 빠져 배를 곯고 있을 때였다. 그런데도 공자는 노래를 부르고 있었다. 이에 자로가 한마디 쓱 던진다.

"선생님께서는 이 지경에서도 노래를 부르시니 그것도 예입니까?"

공자는 들은 척 만 척 노래를 다 마친 다음에 말했다.

"군자가 음악을 좋아하는 것은 교만을 없애기 위함이며, 소인이 음악을 좋아하는 것은 두려움을 없애기 위함이다. 옛말에 '팔을 세 번 부러뜨려 보아야 좋은 의사가 될 수 있다'라고 이르지 않았더냐. 이 진채지간의 일은 나에게 불행이 아니라 오히려 큰 다행이다. 내가 듣기로 군주된 자가 곤경에 처해보지 않으면 왕도를 이룰 수 없고 뜻을 가진 선비가 곤경을 겪어 보지 않으면 그 뜻을 이룰 수 없다고 했다."

역사 속에는 널리 배우고, 깊게 도모했으면서도 때를 만나지 못한 사람이 숱하게 많이 등장한다. 지혜롭고 어리석은 것은 타고난 재능이고, 하고 아니하는 자유는 인간에게 있고, 만나고 만나지 못하는 것은 때이며, 죽고 사는 것은 운명이다. 그러므로 어려운 곤경에 처했더라도 좌절하지 않고, 끊임없이 배우며 때를 기다려야 한다.

공자는 인간의 힘으로 바꿀 수 없는 일과 인간이 선택하여 할 수 있는 일을 구별하여 운명을 바라보았으며, 인간이 선택하여 할 수 있는 일을 통해 '운명을 만들어가는 것'에 더 주목했다. 타고난 재능, 이것은 나면서부터 타고난 조건이므로 인간이 바꿀 수 있는 영역 밖에 있다. 자신의 운명에 대하여 우리가 할 수 있는 일은 삶의 지혜와 능력을 기르는 것이다.

우리는 보통 곤경에 처했을 때 세상 탓, 남 탓을 한다. 그러나 곤괘 괘사에서도 나오듯이, 분노에 가득 찬 불평불만이나 변명을 일삼는 행위는 신뢰를 떨어뜨려 일을 그르칠 뿐 이로울 것이 없다. 구차스럽기만 할 뿐이다.

《해리포터》를 내기 전 작가 조앤 롤링의 삶은 실직과 결혼 실패로 궁핍 그 자체였고, 이혼한 채 혼자 키우던 갓난아기를 맡길 곳이 없어 유모차를 밀며 글을 썼다. 지그문트 프로이트는 쉰 살이 넘어서야 비로소 명성을 얻었는데, 심리학의 입문서로 불리는

《꿈의 해석》은 당시에는 아무도 출판해주려 하지 않았기 때문에 고작 600부를 자비로 출판했다. 한비자는 진나라 감옥에 갇혀 있을 때 불후의 고전을 썼으며, 손자는 황제가 다리를 절단하라는 명령을 내린 후에 《손자병법》을 썼다. 사마천은 격분한 황제에 의해 궁형을 당했으면서도 끝내 《사기》를 완성했다. 오직 자신을 바르게 하고 삶의 기예를 쌓아 나가는 것, 그리고 때를 기다리는 것이 어쩌면 인간이 할 수 있는 최선의 방책인지도 모른다.

2 마음 그릇이 크다는 건 어떤 것인가. 《사기》에 나오는 순 임금을 보자. 아버지와 배다른 동생, 계모가 합심해 몇 번이나 그를 죽이려고 했다. 한번은 창고 지붕을 수리하러 올라갔을 때 아버지가 불을 질렀다. 그때 순은 부인이 만들어준 옷을 입고 안전하게 내려올 수 있었다. 또 한번은 우물을 수리할 때였다. 순은 그때에도 아내들이 만들어준 새 옷을 입고 가는데, 아니나 다를까 작업 중에 흙과 돌덩어리들이 우물을 가득 채워버렸다. 동생이 순을 죽이려고 한 것이었다. 순은 이때에도 무사히 탈출할 수 있었다. 다시 집으로 돌아오자 동생이 순의 집에 앉아 있었다. 죽은 줄 알았던 형을 보고 당황한 동생은 죽은 줄 알고 걱정했다고 말한다. 순이 말했다. "그래, 나도 네가 나를 생각하고 있는 줄 알았다." 그리고 순은 더 말하지 않았다. 천성이 온후했던 순은 죽을 뻔한 사건을 두 번이나 겪고서도 부모와 동생을 대함이 전과 마찬가지로 효성스럽고 우애로웠으며 아무 다른 점이 없었다.

3 사마천은 40대의 젊은 나이에 궁형을 당하여 절망과 비탄의 시련 속에서도 《사기》 저술에 집념을 쏟았다. 처음 얼마 동안은 수치심과 슬픔을 못 이겨 죽음보다 더 무서운 고통에 빠졌지만 그는 다짐했다. 목숨을 던져서라도 자신의 뜻을 이룰 수 있는 일을 해야겠다고. 그러한 결심을 가지고 그는 그 방대한 《사기》를 쓰기 시작했다. 자신을 망각하기 위하여 오로지 그 기록에만 매달렸다. 처절한 집념이었다. 끝 모를 절망이 그를 다시 일으켜 주었다. 오직 한 가지 그의 염원은 역사를 저술하는 일이었다.

4 주나라 때는 나라에서 적색을 숭상했으므로 임금이 입는 옷을 '적불'이라 일컬었는데 이것이 역의 효사에서 적불과 주불의 용어로서 상하 감응의 상징으로 삼는 이유

가 된다. 그때의 '적'이란 오행에서 보면 남방의 근본 위치를 상징하는 색이다. 그게 조금 농도가 진하면 '홍'이 되고 너무 진하면 '자(자줏빛 자)'가 되는데 이들은 모두 사람의 바른 도리를 상징함에 있어서 어긋나고 본질을 빗나간 색상이 된다. 또 '적'은 다른 어휘로 바꾸면 '주(붉을 주)'가 된다. 그러나 '주'로 나타내건 '적'으로 표시하건 왕이 세상의 만물을 어루만져 융성해지도록 다스리려는 의도가 반영된 남방의 방위로 통하기는 마찬가지다. 따라서 임금의 덕은 신하에게서 동시에 추구되어야 하므로 주불이 임금의 신분을 상징한다면 적불은 신하에 해당하는 차이만 있을 뿐이다.

구이에서 식사와 술을 먹기에 곤란하나 주홍빛 인끈(주불)을 차려입은 임금이 바야흐로 이른다고 했고, 구오에서는 코를 베이고 발꿈치를 잘리니 붉은 인끈(적불)을 찬 신하에게서 곤란을 당하지만 천천히 기쁨이 있게 되므로 제사 지냄이 이롭다고 하고 있다. 결론적으로 적불이 있는 자리에서는 주불이 와서 돕는다고 했고, 주불이 있는 자리에서는 적불이 와서 돕는다고 했다. 이는 적불과 주불이 모두 상하의 중을 지키고 있으므로 물이 못 밖으로 송두리째 빠져나가 곤궁한 상태에서도 중을 지키는 일의 중요성을 한층 강조하는 말이기도 하다. 우리가 세상을 살아가면서도 어떤 상황 아래서나 중정함을 잃지 않는다면 반드시 하늘이 돕는다는 뜻이 이 구절의 의미 속에는 반영되어 있기도 하다.

48

수풍정

감상손하

위에는 감괘☵, 아래에는 손괘☴인 대성괘

사람이 모여 사는 도읍은 고칠 수도 옮길 수도 있다. 그러나 우물은 그렇지 않다. 고을은 바꾸어도 우물은 바꾸지 않는다. 우물은 아무리 길어 마셔도 없어지지 않고 줄지 않으며 안 마시고 놔두어도 넘쳐흐르지 않는다. 가는 이도 떠 마시고, 오는 이도 떠 마시는 곳이 바로 우물이다. 우물물을 퍼 올리려면 두레박줄이 길어 밑바닥에 닿아야 하는데, 줄이 우물물에 닿을락 말락 하다가 닿지 못하고 두레박마저 깨뜨려 흉하다.

• 우물 정 • 고칠 개(개혁, 개선) • 거의 흘: 물이 마르다 • 또 역(역시)

• 아닐 미(미흡, 미래, 미만, 미숙) • 두레박줄 율 • 병 병, 두레박 병(화염병)

풀이 정은 우물이다. 우물은 생명의 원천이다. 우물물은 열 길을 파야 나온다. 만약 아홉 길만 파고 중지하면 물이 나오지 않는 것처럼, 무슨 일이든지 시작하면 끝까지 노력하여 완성을 보아야 한다. 고을은 바꾸어 다른 곳으로 갈 수 있으나 우물은 옮길 수가 없다. 그러므로 고을은 바꾸어도 우물은 바꿀 수 없다고 한 것이다.

고인 물은 썩으므로 위정자들이 오랫동안 정사를 장악하고 부정부패를 일삼으면 나라가 혼란에 빠진다. 이때는 나라를 병들게 하는 탐관오리들을 내쳐야지, 백성을 억압하거나 핍박해서는 안 된다. 우물의 더러운 물을 퍼다 버리되, 우물의 물구멍은 막아버리지 않는 것과 같은 이치다.

마을을 건설할 때는 백성들의 목마름을 해갈해줄 우물을 먼저 파야 한다. 우물은 시원하고 깨끗한 물이 늘 차 있다. 물을 퍼낸다고 금방 바닥이 드러날 정도로 없어지지도 않고, 그렇다고 물이 넘쳐서 우물 밖으로 철철 흐르는 것도 아니다. 그래서 오고 감에 늘 비슷한 모습으로 평상스러운 모습을 유지하고 있다.

군주는 아무리 길어 마셔도 고갈되지 않고, 그대로 두어도 넘치지 않는 우물처럼 욕심이나 방탕에 빠지지 않고 평정을 유지하는 무상무득의 정치를 해야 한다. 그러면 물을 먹기 위해 우물로 모여드는 것처럼 백성들이 저절로 군주에게 모여든다.

군주는 정치하는 데 있어 살얼음판을 걷는 것처럼 조심해야 한다. 샘물을 퍼올리기 위해 두레박을 내리는데 두레박의 줄이 짧거나, 우물의 물이 충분히 차오르지 않았을 때 무리하게 되면 자칫 두레박이 깨져버린다.[1]

'흘지 역미율정 이기병'은 우물이 말라 바닥까지 드러났으니 물을 긷지 못하고 두레박을 깬다는 뜻이다. 왕이 인재를 등용한다는 시각으로 보면 등용할 인재가 없고, 인재를 중용할 노력도 안 한다는 뜻이 된다. 우물물을 먹기 위해서는 두레박을 우물 속 깊이 집어넣어야 한다. 우물에서 좋은 물을 얻기 위해 끈기를 갖고 두레박질을 계속 시도하는 것과 마찬가지로 세상에서 좋은 결과를 얻기 위해서는 좌절하지 말고 계속 노력해야 한다.

택수곤괘 다음에 나오는 괘가 수풍정괘다. 너무 위로만 올라가다가 (지풍승) 곤란해져서 낭패를 보게 되면(택수곤), 결국 곤란함을 겪게 된 후에 먹을 물을 구하기 위해 우물을 파는 이야기로 수풍정괘가 이어진다. 괘의 상으로 풀이해보면, 나무(손괘) 위에 물(감괘)이 생기는 형태로 나무로 만든 두레박에 물을 담아 위로 끌어올리는 것이다. 물은 만물이 먹고 자라기 위해 필수적이지만, 이 물을 끌어올리기 위해서는 나무(두레박)의 도움이 필요하다.

효사

초육 정니불식 구정 무금

우물에 진흙이 있어 먹지 못한다. 오래된 우물이라 새들조차도 찾아오지 않는다.

풀이 흙탕물은 혼란과 부정이 오래되어 썩어버린 세상을 뜻한다. 고인 물은 썩는 법이다. 시대의 변화에 대처하지 못하고 낡은 가치와 편견만을 고집하여 구시대의 찌꺼기만 가득하다면 시대에 의해서 버려질 뿐이다.[2]

초육은 음으로서 아래에 있고 위로 응원함도 없으니 위로 나아가지 못하는 상이다. 물이 밖으로 나아가 쓰이지 못하고, 또 아래에 있는 까닭에 물은 없고 진흙[3]만 있으니 사람에게 버림을 받고, 새들도 오지 않는 것이다. 우물이 스스로 맑음을 유지하기 위해서는 기다리는 자기 수양의 시간이 필요하다.

한때는 사람들에게 찬 샘물을 마시게 했던 우물이 관리 소홀로 폐정이 되고 말았다. 사람도 자기 관리가 안 되어 게으르고 무능하거나 쓸모 있는 사람이 되고자 노력하지 않으면 주위에서 아무도 찾아주지 않는다.

우물물이 계곡으로 흘러 내려가 두꺼비(또는 붕어)에게나 닿으니(쏟아지니), 독이 깨져서 새어나감과 비슷하다.

・쏠 사, 맞힐 석, 쏘아 잡을 석(발사, 사격, 주사) ・붕어 부, 두꺼비 부 ・독 옹, 항아리 옹(옹기,

옹진군) ・해질 폐, 깨질 폐, 황폐할 폐(폐사, 폐점) ・샐 루(누)(누락, 누설, 탈루, 누출)

풀이　구이는 강한 양이 중을 얻었으나 위로 응원함이 없다. 구이는 자
신의 짝인 구오와 음양응을 하지 못한다. 자석이 다른 극이 끌리듯 음양이
달라야 끌리는 법인데 구이와 구오는 양과 양이기 때문에 끌리지 않는다.
하여 구이는 상비관계로 이웃해 있는 아래의 초육과 같이 어울린다. 우물
물은 위로 올라가 만인을 길러야 하는데, 골짜기 물과 같이 아래로 흐르고
더러워져서 두꺼비(또는 붕어)에게나 간신히 닿으니(쏟아지니), 독이 깨져서
새는 형상과 같은 것이다. 구이는 신하, 구오는 임금인데 신하와 임금이 더
불어 정사를 논하지 못하니 정치가 도탄에 빠지게 된다.

　수풍정에서는 주역의 다른 괘와는 다르게 풀이되는 게 있는데 그중
하나가 구이다. 보통은 양이 내괘의 중을 얻었다고 하여 좋게 해석하지
만 여기서는 다르다. 이유는 물구멍에서 나온 정갈한 물이 우물에 차오
르지 않고 터진 틈을 타고 골짜기로 흘러가 버리기 때문이다. 구이도 물
을 먹지 못하는 상황으로는 초육과 다를 바가 없다.

구삼 정설불식 위아심측 가용급 왕명 병수기복

우물이 깨끗한데도 먹지 못하여, 내 마음이 슬프다. 가히 길어 쓸만하니, 기다렸다가 지도자의 정신이 밝아지듯 정치가 맑아지면 모두 함께 깨끗한 우물물의 복됨을 받는다.

• 파낼 설(준설) • 슬퍼할 측(측은) • 길을 급(급급, 황급): 물을 긷다, 푸다, 당기다

• 나란히 병(병행, 병렬)

풀이 맑은 우물물인데도 사람들이 먹지 않으니 내 마음이 슬프다. 자신의 능력을 펼칠 수 있는 중요한 지위에 오르지 못한 경우다. 맑은 덕을 가지고 있지만 자신을 알아주는 군주와 때를 만나지 못했다. 인군이 밝으면 구삼을 등용하여 서로 뜻을 합하여 정치를 잘 할 터인데, 구삼의 능력을 몰라주어 슬프다는 것이다.

등용되느냐 등용되지 못하느냐 하는 문제는 내가 미리 대비할 수 있는 일은 아니다. 내가 할 수 있는 것은 나에게 주어지는 상황에 대해 안정된 평정심을 유지하는 것이다. 그러나 주어진 상황에 안정된 평정심을 갖는 것은 '체념하는 것'이 아니다. 오히려 등용되는 것을 억지로 구하려고 조급해하는 것은 그것을 얻는 데 전혀 도움이 되지 않는다는 점을 잘 알기 때문에 구하지 않을 뿐이지, 체념하거나 포기하는 것이 아니다.

구삼은 양이므로 위로 오르는 성질이 있으며 상육과 상응하는 바가 있고, 중을 벗어났기 때문에 위로 오르기에 매우 급급해 하는 상이다. 이와 같은 정황을 말하여, 우물을 쳐서 물이 청결함에도 퍼 올려 쓰이지 못하는 것이 마음을 슬프다고 했다. 현명한 재사가 등용이 된다면 신하

는 자신의 도를 펼치고 군주는 그 공과를 누리게 되며, 백성은 그 혜택을 입게 되는 것이니, 베푸는 자와 받는 자가 모두 복을 받는 것이다.

육사 정추 무구

우물을 수리하면 허물이 없다.

• 벽돌 추: 우물 쌓는 벽돌, 우물, 우물을 수리하다, 벽돌을 쌓다

[풀이] 구오 임금 밑에 있는 육사 대신은 마땅히 임금의 명을 받고 백성이 깨끗한 물을 먹을 수 있도록 우물의 벽을 수리하고 새로 쌓아야 허물이 없다. 육사는 음이 음의 자리에 있어 바름을 얻었지만, 아직 우물 위로 나오지 못했고 재질과 뜻이 모두 유약하니, 스스로 닦으면서 본분을 지키면 허물이 없다.

우물 입구에 벽돌을 쌓아 수리했다. 우물에 벽돌을 쌓았기 때문에 물이 깨끗하게 유지된다. 사람도 스스로 고치려고 노력하는 시기가 있다. 자기를 개혁하는 것은 가치 있는 것이다. 내면의 성장을 통해 자기의 힘을 발휘할 수 있기 때문이다.

구오 정렬한천식

우물이 맑고 차서 찬 샘물을 먹는다.

• 맑을 렬(열): 차갑다, 춥다 • 찰 한(한로, 대한, 소한, 한심, 오한, 한랭) • 샘 천(원천, 온천)

풀이 구오는 양이 양의 자리에 바르게 자리한 데다, 외괘에서 중을 얻어 중정하다. 이 좋은 자리에 걸맞게 구오의 물은 아주 차고 맑다. 이는 구오가 강건한 군주로 나라를 다스리고 백성들을 기르는 데 아무런 탈이 없다는 뜻이다.

상육 정수물막 유부 원길

우물을 거두어서 장막을 덮지 않고 믿음을 둔다. 으뜸으로 길하다.

• 거둘 수(수렴, 흡수, 철수, 수습) • 장막 막(개막, 폐막, 현수막)

풀이 상육은 정괘의 끝에 있어서 물을 긷는 공을 이루는 자다. 우물을 사용함에 뚜껑을 덮지 않아서 누구라도 물을 퍼서 쓸 수 있다는 믿음을 주면, 크게 길하게 된다. 깨끗하고 시원한 물을 마실 수 있게 된 우물을 혼자만 먹으려고 덮어놓는다든지 하는 것은 지도자가 할 일이 아니다. 좋은 것을 모두 함께 공유할 수 있을 때 커다란 성공이 뒤따를 것이다.

구이와 마찬가지로 상육도 다른 괘와는 달리 수풍정에서는 예외적으로 풀이된다. 대부분의 상효는 풀이가 나쁘다. 상효의 자리가 극단에 올라선 위태로운 자리기 때문이다. 그러나 수풍정 상육에서는 우물에 물이 넉넉해서 쉽게 퍼먹을 수 있는 형상이기 때문에 좋다. 한데 이렇게 차갑고 시원한 물이 가득하면 자연히 욕심을 부리게 된다. 우물의 뚜껑을 덮고 독차지하려는 것이다. 수풍정의 마지막 상효에서는 그것을 경계하여, 욕심부려서 물을 독점하지 말고 누구나 고르게 마시도록 하라고 한다. 그래야 크게 길하다.

요약　초육은 물을 먹을 수 없도록 우물[4]에 진흙이 차고, 새들도 찾지 않는 오래된 우물이고, 구이는 우물물이 계곡으로 흘러내려가 두꺼비에게나 닿을 정도고, 구삼은 우물이 깨끗한데도 먹지 못하여, 내 마음이 슬프다. 아직은 못 먹으나 앞으로 먹을 수 있다. 육사는 우물 입구에 벽돌담을 쌓아 우물을 고쳤고, 구오는 흙탕물이 가라앉고 시원하고 찬 샘물을 마신다. 상육은 누구나 다 마실 수 있도록 우물 뚜껑을 덮어놓지 말라고 했다.

1 양만리는 이렇게 두레박에 물을 퍼올리다가 두레박을 깨버린 인물로 한신을 들고 있다. 그는 목앵부(나무통을 이어 만든 다리)를 사용하여 군사를 도하시켜 위도 안읍을 습격한 이후 항우를 무너뜨리는 데 그 공이 장량보다 덜하지 않았다. 그러나 한신은 그의 공적에 대한 자신의 오만 때문에 결국 죽임을 당하고야 만다. 두레박으로 물을 길어 올려 공을 이루려다가 오히려 두레박을 깨버린 꼴이다.

한신은 죽기 전에 "날랜 토끼가 죽으니 사냥개도 삶아지고, 높이 날던 새가 다 없어지니 좋은 활은 감추어 둔다. 적국이 격파되자 지모의 신하는 죽는구나"라고 말해 토사구팽의 일화를 남겼지만, 태사공의 평가는 다음과 같다.

"만약 한신이 도리를 배워서 겸양한 태도로 자신의 공로를 자랑하지 않고 자신의 능력을 과시하지 않았다면 한 왕조에 대한 공훈이 저 주공, 소공, 태공망 등의 주 왕조에 대한 공훈에 비길 만하여 후세의 자손에 이르기까지 녹을 받았을 것이 틀림없다. 그러나 이렇게 되려고 힘을 쓰지 않고 오히려 천하가 이미 통일된 후에 반역을 기도했으니 일족이 전멸한 것도 또한 당연하지 않은가?"

2 공자도 이와 유사한 충고를 했다.
"지위가 없는 것을 근심하지 말고 그 지위에 설 수 있는 자격을 갖출 것을 걱정하며, 자기를 알아주지 않는 것을 근심하지 말고 알아줄 만하도록 애써야 한다."

3 수풍정에서는 양효가 맑은 물에 해당하고 음효는 진흙이나, 벽, 뚜껑 같은 어둡고 탁한 것에 해당한다. 동양의 사유에서 양은 밝고 경쾌하고 긍정적인 것, 음은 어둡고 탁하고 부정적인 것이라는 이미지가 있다. 그렇다고 좋고 나쁘다는 이분법으로 판단해서는 안 된다. 맑은 물, 진흙, 벽, 뚜껑 같은 구성물이 있어야 온전한 우물이 이루어지듯이 음양이 조화를 이루어야 물체가 만들어지기 때문이다.

4 인류의 생활은 물과 더불어 시작되었다. 인간의 조상들은 유랑생활을 이어가는 동안 항상 물 있는 곳을 찾아다녔다. 그러는 사이에 그들은 물 있는 곳에 생활의 근거를 두고, 점차로 정착하게 되었다. 그들은 홍수의 위험이 있고, 때에 따라서는 가물면 물이 말라 버리는 흐르는 물가에서 살기보다는 언제나 맑고 깨끗한 물이 가득 샘솟고 있

는 안전한 샘터를 찾아 살기를 더 좋아했다. 그들은 드디어 천연의 샘물을 우물로 만들고 또 새로운 우물을 개척하곤 했다.

인간이 샘물에다가 우물을 시설하기에 이른 것은 인류의 생활에 놀라운 발전을 가져왔다. 우물을 중심으로 자연발생적인 부락이 구성되고 부락이 생기니 공동생활이 시작되고 추장이 생기고 다른 부락과의 교섭이 일어나 싸움이 있고 또 협력관계가 생기곤 했다. 정착하게 되니 마침내는 농경에 눈을 뜨게 되었다. 이렇게 따지고 보면 인류의 사회생활과 문화와 역사도 우물과 더불어 시작되고 우물과 더불어 있어 왔던 것이다. 인간이 우물을 쓰기 시작한 것이 언제부터였는지는 알 수 없다. 그러나 고대 인류가 우물을 쓰기 시작한 뒤로 몇 천 년, 몇 만 년 혹은 몇 십만 년을 인간은 우물과 더불어 살아왔다. 그 유구한 세월을 우물은 인류의 목을 축여주고 마음을 적셔주고, 정서를 길러주고 생명을 키워주었던 것이다. 인간의 생활이 있어 온 이래 우물은 인간에게 있어서 생명의 원천이었으며 행복의 상징이었음은 누구도 부인할 수 없다. 그러한 우물을 상징한 것이 수풍정괘다.

49

택화혁

태상리하

위에는 태괘☱, 아래에는 리괘☲인 대성괘

• 가죽 혁, 고칠 혁(개혁, 혁신, 혁명)

혁은 날이 차야 (때가 되어야) 이에 믿으리니, 크게 형통하고, 일을 맡아
처리함에 이로워서 후회가 없다.

풀이   수풍정괘 다음에 나오는 괘는 택화혁괘다. 우물이 오래되면 자
꾸 흙벽이 부스러져 흙탕물이 되기 쉬우므로 새로이 고치는 것이 필요
하다.

여름을 달구던 기운도 절기가 변하면 그 기세가 누그러진다. 이러한
우주의 대변화를 '금화교역'이라 한다. 이 시기가 바로 택화혁이다. 기
존의 관습을 갑자기 변화시키면 민중이 쉽사리 믿지 않는 것이니, 반드
시 혁신에 나설 수 있는 조건이 완성된 때라야 인심이 믿고 따르게 된
다. 나쁜 폐단을 변혁하는 것은 곧 소통을 이루는 것이므로 크게 형통하
는 것이고, 혁은 정도를 따라야 이롭게 마치고 오래도록 유지할 수 있어
야 변동에 따르는 후회가 없게 된다.

주역은 3000년 전에 이미 혁명을 논하고 있다. '명을 바꾼다'라는 것
은 하늘의 명령을 바꿨다는 의미, 또는 하늘의 뜻에 따라 하늘이 부여한
명으로 바꾼다는 것이다. 오늘날 혁명의 가장 큰 의미는 '국가정권의 교
체'다. 물론 과거의 역사에서도 그랬다. 고려 왕조를 폐하고 조선 왕조를
새로이 시작한 것을 우리는 '역성혁명(1392년)'이라고 부른다. 봉건 왕국
의 시절에는 부자 간의 왕위 세습으로 국가 권력을 하나의 성씨 가족에
게만 이양했다. 고려의 '왕씨'에서 조선의 '이씨'로 바뀌면서 나라 이름

도, 통치 철학도 같이 바뀌었다. 그러므로 그 대물림 왕의 성씨를 바꾸는 것이 자연스럽게 정권을 교체하는 것이었으며, 그것을 '혁명'이라 했다.[1]

혁명을 하려다가 실패하면 그야말로 가족은 물론이고 친족, 부하, 동료들도 죽거나 다치게 되어 처참한 보복을 당하지만, 하늘의 뜻에 응하여 사람들의 믿음을 바탕에 두고 진행한다면 구태에 빠진 인류 문명의 난관을 극복하고, 새로운 역사의 장을 열게 되는 것이다. 역경이 봉건왕조시대 이후로 '점치는 책'으로 치부되어 소외된 이유 중에는 이러한 혁명 정신이 크게 알려짐을 두려워한 집권층의 의도적 배제도 포함되어 있을 것이다.

짐승의 갓 벗겨낸 가죽을 '피'라 하고, 피에서 털을 뽑아 쓸모 있게 만든 것을 '혁'이라 한다. 피를 혁으로 바꾸기 위해서는 짐승 가죽의 털과 기름을 발라내는 작업인 '무두질'을 해야 하는데, 이 과정을 거쳐야 짐승의 날가죽은 비로소 새로운 쓸모와 면모를 갖춘 새 가죽이 된다.

택화혁괘는 연못(또는 냄비나 그릇, ☱)이 위에 있고 불(☲)이 아래에 놓여 연못 아래 불이 있는 상이다. 아래의 불이 위로 타올라 위의 냄비를 끓이면 냄비 속 물질은 성질이 변한다. 그것이 바로 혁이다. 혁은 연못 속에 불이 들어 있는 형상으로서 솥단지에 쌀을 넣고 물을 부은 다음 불로 가열하여 밥을 하거나, 풀무질 즉 불로 쇠붙이를 녹여 주물한 다음 물로 냉각시켜 도구를 새로이 만드는 뜻을 담고 있다.

계절로는 화극금, 즉 부풀어 잘 익은 열매가 마침내 단단히 맺히고 여무는 때로서 화기가 극성한 삼복 여름으로부터 서늘한 금기운의 가을로 바뀜을 나타낸다. 혁괘 괘사에 '시기가 무르익어야 미덥게 된다('이일 내부')고 했듯이 술병 속의 숙성한 과실이나 곡정 등이 마침내 발효되어 술로 바뀌는 것에 해당한다.

그런데 아무 때나 혁명을 할 수는 없다. 혁명의 그날을 기다려야 한다. 바야흐로 민심에 불이 붙어야 잘못된 폐단을 바로잡고 다시 새롭게 시작할 수 있다. 그러면 크게 형통하고, 바르고, 이로워서 후회할 일이 없어진다. 역사적으로 본다면 폭군의 폭정으로 백성들의 원망이 천지를 뒤덮을 때, 새로이 천명을 받은 자가 나타나 폭군을 몰아내고 천하를 다스리는데, 이것이 택화혁의 원리다.

효사

초구 공용황우지혁

누런 소의 가죽을 단단히 묶어서 쓴다.

• 굳을 공, 묶을 공(공고히 하다)

풀이 초구는 택화혁의 가장 아래에 있다. 택화혁은 혁명을 말하는 괘지만 초구는 위치상 혁명을 말하기에는 시기상조다. 하여 소가죽으로 묶어놓은 것같이 중도를 굳게 지키며 괜히 나서지 말고 때를 기다려야 한다. 초구에서는 이것을 황소의 누런 가죽을 쓴다는 말로 표현했다. 이는 질기고 단단한 황소의 가죽을 쓴 것처럼, 혁명으로 불붙은 마음을 다잡고 엎드려 있으라는 말이다. 위로 응도 없고 아직 때도 이르므로 상비관계인 육이의 중순한 도를 따라 자신의 본분을 지키고 움직이지 말아야 한다.

육이 이일 내혁지 정 길 무구

날이 차야 (시기가 무르익어야) 이에 고치니, 정벌을 하러 가면 길해서 허물이 없다.

풀이 주역의 효사는 자리가 굉장히 중요하다. 길한 자리는 크게 두 가지로 결정된다. 초효는 양, 이효는 음, 삼효는 양, 사효는 음, 오효는 양, 상효는 음, 즉 '음양에 합당한가(정을 얻었는가)'와 '중앙에 위치했는가(중을 얻었는가)'이다. 택화혁의 육이는 두 가지 사항을 모두 만족한 길한 자리다. 음이 음의 자리에 있는 데다가 내괘의 중앙이기 때문이다. 이것을 정중(또는 중정)한 자리라고 한다. 혁명을 말하는 이 괘에서 정중한 자리에 처했다는 건 달리 말해 혁명의 때를 만났다는 말이다. 고로 혁명을 실천하여 잘못된 폐습을 고치면 길하고 허물이 없다.

개혁해야 할 때가 되어 개혁하는 것이니, 개혁에 착수하면 일이 잘 되어 잘못되는 일이 없게 되고 행동도 민첩해진다. 위의 개혁 주도세력과도 뜻이 잘 맞아 척척 진행이 잘 된다. 육이는 중정한 덕이 있고, 리괘의 밝음 가운데 있으며 위로 강건중정한 구오 인군과 정응이 된다. 그러나 신하의 위치에 있으니 마땅히 구오의 명이 있은 후에 고쳐야 하고, 또 그 고칠 때를 잃지 않고 행해야 사람들이 모두 찬성하게 되어 허물이 없게 되는 것이다.

구삼 정 흉 정려 혁언 삼취 유부

정벌하러 가면 흉하니, 일을 맡아 처리함에 위태롭다. 개혁의 말이 세 번

나면 믿음이 있다.

• 나아갈 취, 이룰 취(취업, 취임, 성취)

[풀이] 구삼은 양이 양의 자리에 있으니 바름을 얻은 자이나, 하괘의 가장 위에 있고 중을 얻지 못했으니 빨리 고치고자 서두르는 자다. 그러나 혁이란 큰일이므로 심사숙고하여, 고치자는 말이 여러 번 나왔을 때에야 비로소 신중히 움직여 고쳐야 모두가 믿게 된다.

개혁이란 아무나 아무 때나 함부로 나간다고 되는 일이 아니다. 자기의 본분을 알아 늘 바르게 행동하면서, 조심스러운 마음으로 민심과 여론의 흐름을 살피면서 대비해야 한다. 조급하고 무분별한 행동은 위험을 불러온다. 사람들에게서 변혁해야 한다는 말이 거듭 들려오고 자신도 깊은 확신을 갖게 되면 변혁에 앞장서서 나아가야 한다.

[구사] 회망 유부 개명 길
후회가 없어지니 믿음을 두면 명을 고쳐서 길하다.

[풀이] 결국 혁명을 함에도 사람의 마음에 믿음을 두는 것이 중요하다는 것이다. 내 마음에 굳은 신념을 가지는 것뿐만 아니라, 다른 사람의 마음에도 변화와 변혁에 대한 믿음을 줄 수 있는 혁명이야말로 성공할 수 있다. 구사는 내괘인 리괘(☲)에서 외괘인 태괘(☱)로 넘어간 자리다. 여기서 육이에서 시작된 혁명이 한번 매듭지어진다. 내괘

에서 모든 폐단을 몰아내고 변혁했기 때문에 아무런 뉘우침도 후회도 없다고 말한다.

혁명은 두 가지 단계로 나누어진다. 내괘(육이, 구삼)가 흉한 것을 몰아내는 '혁'의 단계라면, 구사는 새로운 세상을 위한 여러 가지 방법들을 내놓는 '명'의 단계다. 이 두 가지가 온전히 이루어져야 혁명이 완성되는데 구사가 바로 그러한 단계다. 이때는 혁명이 실패할까 봐 전전긍긍하지 않아도 되니 길하다.

구사는 양이 음의 자리에 있어 바름을 얻지 못한 자이나, 혁의 때에 대신의 자리에 있고, 하괘에서 상괘로 넘어간 자리다. 이미 고치는 때가 성숙했으므로 구오의 명을 받아 믿음을 갖고 고치니, 상하가 다 그 뜻을 믿고 따라서 공을 이루게 되어 길한 것이다.

구오 대인 호변 미점 유부

대인이 호랑이로 변함이니, 점치지 않고도 믿음이 있다.

• 변할 변(변화, 변경, 변수, 변동)

풀이 구오는 양이 양의 자리에 바르게 있고 외괘에서 중을 얻어 중정한 대인(임금)이다. 호변은 오랜 세월 훈련하고 계획하고 준비하며, 때를 기다리던 개혁의 지도자가 탁월한 광채를 발하며 개혁을 관철시킨 것을 말한다.

구오는 강건중정하여 존위에 있으니 대인의 상이다. 대인의 덕으로 천하의 일을 고쳐나가니, 마치 호랑이가 털갈이하는 것처럼 그 무늬가 빛나고 드러나게 되어 점을 하지 아니하더라도 그 당연함을 믿게 되는 것이다.

상육 군자 표변 소인 혁면 정 흉 거정 길

군자는 표범으로 변함이요, 소인은 얼굴만 고치니, 정벌하러 가면 흉하고 머무는 일은 길하다.

풀이 택화혁의 마지막 효인 상육은 혁명이 끝난 상황이다. 구오에서는 군자(임금)를 호랑이라고 표현했는데 상육에서는 표범이라고 한다. 그 이유는 상육이 임금의 자리가 아니기 때문이다.

상육은 혁명 이후의 군자와 소인에 행동에 대해 말한다. 군자는 그 속마음을 변하여 표범의 털과 같이 성하게 빛나는 것이요, 소인은 어쩔 수 없이 낯빛만 변하여 겉으로는 인군을 따르는 것이다. 다만 상육의 재질이 유약하므로 변혁의 때에 나아가 활동하려 하면 흉하고, 자신의 바름을 지키고 있으면 혁을 이루어 길한 것이다.

소인은 군자가 혁명으로 이뤄놓은 세상에서 겉으로는 폐습을 고치는 듯하지만 속으로는 역심을 품고 있다. 그렇다고 군자가 호랑이의 기운으로 소인을 벌해서는 안 된다. 이제 갓 혁명의 소용돌이가 지나간 시기에 소인들을 충동질하면 반란을 일으킬 수도 있기 때문이다(막다른 골목에 달하면 쥐도 고양이를 물어뜯는다. 그러므로 흉하다). 이때 군자는 자신의 행실을 바르게 하면서 새로운 세상을 잘 다스리면 된다.

  개혁이 완수되었다고 해도 세상이 일시에 천국으로 바뀌는 것은 아니다. 지식인은 좀 더 구체적으로 치밀한 부분까지 변혁을 위해 노력을 하지만, 대중들은 새로워진 질서만 겨우 따를 뿐이고, 정신적 개조는 좀 더 세월이 흘러 교육이 행하여져야 한다.

요약 초구는 아직 활동하기에는 이르다. 능력을 길러 때를 기다리며 엎드려 있어야 한다. 육이는 개혁할 수 있는 때가 왔으며 능력도 있다. 때가 도래했기 때문에 혁명을 실천에 옮겨야 한다. 구삼은 서두르거나 분별력을 잃지 말고 여러 번 생각해서 하라고 했다. 심사숙고해야 한다. 구사는 '혁'의 단계를 잘 갈무리하고 '명'의 단계를 잘 전개해야 한다. 개혁의 실천적인 일이 개시되고 있다. 육오는 개혁의 리더로 '호변'하듯이 더 좋은 사회를 이루어간다. 혁명의 책임자인 임금으로 폐습의 뿌리까지 뽑아내는 호랑이 기운이 필요하다. 상효는 혁명으로 만든 새로운 세상을 부지런히 다스려서 겉만 따르는 소인을 경계해야 한다. 모두가 정신적인 표변이 필요하다.

1 탕왕과 무왕은 혁명을 하여 하늘의 명에 따르고, 백성의 바람에 응해주었다. 탕왕은 하나라 걸왕의 포악한 정치에 칼을 뽑아들어 하나라를 멸하고 은나라를 세웠다. 무왕은 은나라의 주왕이 폭정을 하여 백성의 원성이 들끓자, 은나라를 쳐서 주나라를 세웠으니, 이들은 도탄에 빠진 백성을 구하기 위한 성군의 혁명이었다. 결과 주는 포학한 군주의 표본적 존재요, 탕왕과 무왕은 성왕(성인, 걸출한 인물)의 표본으로 추앙되는 이상적 제왕이다. 맹자는 이들의 혁명을 설명하면서 "인도를 해치는 행위를 '적'이라고 하고, 의리를 해치는 행위를 '잔'이라고 한다. 잔적의 행위를 하는 자를 필부라고 한다. 필부인 주를 베었다는 말은 들었으나 임금을 죽였다는 말은 아직 듣지 못했다"라고 극언하여 그들의 혁명을 합리화했다.

군주라는 사람이 어질지도 못하고 의롭지도 않다면 하늘의 이치와 인륜을 거스르는 것이니 군주가 아니라 '필부'에 불과하다는 가르침이다. 인과 의를 행하지 않는 군주는 당연히 백성이 따르지 않으니 어찌 군왕의 자리에 있을 수 있겠는가? 《서경》 〈태서〉편에서도 '군주가 군주답지 못하면 홀아비에 지나지 않는다'라고 했다. 백성과 함께하면 천자가 되지만 천하가 등을 돌리면 천자도 일개 홀아비일 뿐이라는 이야기다.

50

화풍정

리상손하

위에는 리괘☲, 아래에는 손괘☴인 대성괘

정은 으뜸으로 길하여 형통하다.

• 솥 정

풀이 '정'은 고대에 사용했던 세 발 달린 솥의 모습을 형상화한 글자다.[1] 솥은 식재료를 한곳에 넣고 끓이거나 볶아 음식을 만드는 데 사용된다. 솥은 무엇인가를 배합해 가치를 만들어내는 물건으로 비유될 수 있다.

화풍정은 밑에서 부는 바람이 위의 불을 활활 타도록 부채질을 하는 형상 또는 나무가 밑에 있어 불이 타오르는 상황이다. 하괘인 손괘는 오행으로는 목(나무)이고 상괘인 리괘는 오행으로 화(불)다. 마치 땔감을 넣어 불을 지피는 형국이다. 이렇게 솥에 음식을 삶는 요리의 과정으로 괘를 설명하는 것이 바로 화풍정이다.

솥은 삶고 익히는 그릇이다. 국가의 가장 큰 행사인 신과 조상에 대한 제사를 지내는 일에 솥은 필수적이다.[2] 수풍정, 즉 우물의 도는 바뀔 수밖에 없는 상황이기에 변혁의 때인 택화혁괘가 이어지며, 사물을 바꾸는 것 중에 솥 안에서 곡식을 밥으로 바꾸는 솥단지만 한 것이 없기 때문에 화풍정으로 그 뜻을 받았다.

솥은 바르게 걸려 균형을 잡아야 밥이 설거나 타지 않고 골고루 잘 익는다. 나라를 다스리는 사람도 저마다의 자세를 바르게 취해야 하고, 바르게 정치를 해야 그 명령이 모두에게 골고루 시행될 수 있다. 그래야 모든 백성이 평등하게 잘 살 수 있다.

정괘는 솥단지의 모습에서 취한 뜻이다. 맨 아래에 있는 초효는 음효다. 이는 솥의 다리를 의미하고, 구이, 구삼, 구사의 양효는 솥의 몸통을 의미한다. 육오는 솥의 귀를 뜻하고, 맨 위의 상구는 손잡이의 모습을 본뜬 것이다.

효사

초육 정 전지 리출비 득첩 이기자무구

솥 발꿈치가 엎어지면 솥 안의 더러운 것들이 모두 떨어져 나올 수 있는 이로움도 있으니, 본처 이외의 여자로부터 자식을 얻음과 비슷하게 허물이 없다.

풀이 초육은 솥의 다리다. 다리가 위로 올라가게 확 뒤집힌 상황이다. 솥에 있던 더러운 것들을 깨끗이 씻어낸 다음에야 밥을 지을 수 있다. 새 음식을 만들기 위해 솥 안에 있던 더러운 찌꺼기들을 깨끗이 씻어내려고 솥을 엎어놓은 것이다. 이렇게 씻어 낸 다음에 새로 쌀을 넣는다. 새 쌀을 넣고 불을 때면 잘 익어서 밥을 먹을 수 있으니 허물이 없다. 초육은 구사에게 첩으로 가기 위해 과거에 사랑했던 남자와의 모든 것을 뒤집어놓고, 털어내듯이 다 정리하고 새로운 마음으로 시집간다.

구이 정유실 아구유질 불아능즉 길

솥에 실물이 있으나, 내 짝이 병이 있으니, 내가 능히 가까이 대하지 않으

면 길하다.

• 열매 실(사실, 실제, 실시, 실천) • 원수 구, 짝 구: 동반자, 원수, 적, 해치다, 죽이다

[풀이] 구이는 양으로써 득중을 했으니 솥에 실물이 있는 상이다(솥 안에 쌀과 물을 가득 담아 바야흐로 밥을 하는 형상). 구이는 위로 정응인 육오 인군을 도와야, 뜨겁게 열이 올라 음식이 잘 익어 만인을 구제하는 공을 이룰 수 있게 된다. 그런데, 이렇게 좋은 먹거리가 만들어지기 시작하면 그것을 노리고 접근하는 사람들이 있게 마련이다. 구이의 바로 밑에 초육(여자)이 구사에게 첩으로 시집가야 하는데도, 구이를 좋아하여 병이 날 지경이다. 그래서 그런 사람들을 함부로 가까이하지 말라는 것이다. 그런 사람들의 말에 솔깃해서 가까이하면 아래로 솥이 기울어 음식을 익히지 못하고 오히려 일을 망치게 된다. 동지가 아니라 원수로 바뀌게 되는 것이다. 하여 '아구'의 '구'는 곧 초육을 말한다.

[구삼] 정이혁 기행 색 치고 불식 방우 휴회 종길

정에 솥귀가 변하니 나아갈 바가 막혀 꿩고기(지위와 봉록)를 먹지 못하나, 마침내 단비가 내려서 후회가 없어지고 길하다.

• 막힐 색, 변방 새(경색, 어색, 요새) • 꿩 치(치악산) • 치고: 꿩고기, 지위와 봉록 • 이지러질 휴

[풀이] '솥의 귀가 바뀌었다'라는 것은 왕이 바뀌었다는 뜻이다. 육오는 중을 얻었으나 양의 자리에 음이 왔으므로 부정하고 구삼은 정하나 중이 아니어서, 서로의 덕이 다른 까닭에 군주에게 신임을 얻지 못하므로

자신의 도를 펼칠 수가 없다. 새로운 왕은 아직 구삼을 알아보지 못하니 등용되지 못한다. 그래서 구삼이 육오의 녹, 꿩의 기름을 먹지 못한다고 표현한 것이다. 그러나 구삼은 양으로서 양의 자리에 있고, 현명한 재능을 지니고 있으니 결국 새로운 왕이 그를 알아보고 등용하게 된다.

여기서 '바야흐로 비가 내린다'는 것은 육오가 구삼에게 오게 됨을 이야기한다. 누구나 참고 기다리는 시기가 필요하다. 그러나 현명한 재능은 감추어지지만은 않아서, 결국은 윗사람이 인정해 주고 채용해준다. 이는 수풍정괘의 구삼과 비슷하다. 수풍정의 구삼도 깨끗한 우물인데, 처음에는 왕이 알아보지 못하다가 나중에 등용되니 후회가 없어지고 길하게 된다고 했다.

구사 정 절족 복공속 기형 악 흉

솥의 다리가 부러지는 바람에 공의 밥을 엎으니, 그 얼굴이 젖어 흉하다.

- 다시 복, 덮을 부(번복, 전복, 복개, 반복) • 죽 속: 솥 안에 든 음식물
- 절족복공속: '솥 발을 부러뜨려 음식을 엎지른다'는 뜻으로, 나라를 다스리는 데 있어서 소인을 쓰면 그 임무를 감당하지 못하여 나라를 위태롭게 만듦을 이르는 말.
- 모양 형, 얼굴 형, 몸 형(형편, 형태, 형식) • 두터울 악, 젖을 악, 적실 악, 담글 우

풀이 구사가 초육을 사사로운 정 때문에 잘못 등용하여 대사를 그르쳤기 때문에 흉악스러운 몰골을 하고 있다. 양이 음의 자리에 있고 중도를 못 얻었으니 덕은 없는 사람이 지위만 높으며, 지혜는 짧은데 도모하는 것은 크며, 힘은 약한데 책임이 무거워 실패하거나 망하기가 쉽다.

아내 역시 행실이 부정하고 현명한 구석이라곤 없는 여자인 초육을 만났다. 이는 곧 솥발이 부러지는 것과 같으니, 공에게 바치려고 애써 만든 음식을 엎어버리는 꼴이 되는 것이다.

대신의 지위에 있으면서 훌륭한 사람을 등용하지 못하고 나랏일을 그르치게 하는 것은 자신의 대임을 제대로 수행하지 못하는 것과 같으므로 이는 심히 부끄럽고도 창피한 일이 아닐 수 없다. 기형악은 무안하여 얼굴을 들지 못하고 땀을 흘리는 모양이니 그 흉한 꼴을 보기가 딱하다.

육오 정황이금현 리정

솥이 누런 귀에 금 고리이니 정함이 이롭다.

・솥귀 현

풀이 육오가 중앙의 자리를 얻었다. 황색은 중앙이자 천자의 상징이기 때문에 솥의 귀가 누렇다고 했다. 중으로 문명한 군주와 강중한 신하가 조화롭게 상응하는 모양을 말한다. 육오는 솥귀의 상이다. 솥을 들었다 놓았다 하려면 귀가 있어야 하므로 곧 정괘의 주체가 된다.

육오는 중덕이 있으므로 '황이'이며, '금현'은 솥귀에 달아 놓은 귀고리로 구이가 이에 해당한다. 육오는 중덕으로 존위에 있으면서, 아래로 강중한 신하인 구이와 응하고 있고 상구가 양강한 재질로 보필하고 있으니, 능히 천하의 일과 사물을 새롭게 고칠 수 있는 자다. 다만 그 재질이 유약하므로 '리정'의 경계를 두었다.

중도의 자세를 잘 지켜 불의 온도와 물의 분량을 잘 맞추니 밥이 잘 익었다. 구이가 아래 초육에게 내려가지 않고 신조 있게 육오와 응하여 밥이 잘 익은 것이다. 밥을 하면 처음에 넣은 쌀의 양보다 더 늘어나게 된다. 그것처럼 육오의 자리도 처음엔 비어 있지만, 밥이 익으면서 육오의 자리까지 차오른다.

상구 정옥현 대길 무불리

솥이 옥고리이니, 크게 길하여 이롭지 않음이 없다.

풀이 상구의 자리는 본래 음의 자리이나 음의 자리에 양이 있으니, 강하고 부드러운 것이 함께 있어 강유를 겸비한 형상이다. 공을 이룰 때 강함과 유함을 적절히 하니 크게 길해서 이롭지 않음이 없다. 정옥현, 즉 옥고리라는 것은 옥은 강하면서도 쇠보다 따뜻하니 강과 유를 겸비했다는 뜻이다. 하여 금현에서 옥현으로의 변했다는 것은 강한 것과 부드러운 것을 절도 있게 조화시키므로 대길하여 이롭지 않음이 없다는 것이다.

이제 밥이 다 되었다. 밥을 먹게 되니 길하고, 정치를 잘하니 모든 백성이 배불리 먹게 된다. 그래서 크게 길하고 만사가 이롭게 된 것이다. 밥이 다 되면 불 위에서 솥을 옮겨야 한다. 그때 잡아야 하는 것이 솥고리다. 여기서는 솥고리를 '옥'이라고 표현했다. 금은 그냥 단단하기만 한데, 옥은 강한 것과 부드러운 것을 겸한 것이다.

요약　폭풍과도 같은 혁명이 성공한 뒤 다시 평범하고 부드러운 시기로 넘어올 때는 쇠(금현)의 단단함보다는 옥(옥현)의 부드러움이 더 알맞다. 초육은 솥에 새 음식을 넣기 위해 더러운 찌꺼기를 씻어내느라 솥을 엎는다. 구이는 쌀을 솥 안에 담는다. 순조로운 인생을 위해 한눈팔지 말고, 천생배필을 찾아 올라가야 밥을 익힌다고 말했다. 구삼은 자신의 능력을 인정받지 못해 방황하나, 결국은 만나서 채용의 기쁨을 누린다. 구사는 다 된 밥을 뒤엎었으니 사람을 잘못 만난 탓이다. 육오는 솥에 밥이 잘 익었다. 세상살이 중에 가장 중요한 먹고사는 일이 성공적으로 해결된 것이다. 상구는 밥을 퍼서 즐겁게 먹는다.

솥^{3}의 다리는 세 개다. 이 균형이 잘 맞아야 제대로 서 있을 수 있다. 그것처럼 솥 안에 있는 밥이 잘 익으려면 쌀과 물과 불, 세 요소의 균형이 잘 맞아야 한다. 불이 너무 세면 밥이 타고, 불이 너무 약하면 밥이 설익기 때문이다. 잘 지은 밥은 함께 먹는 사람들을 기쁘게 한다. 또, 정치에서 필요한 자리에 적절한 사람이 있으면 나라가 평안하다.

1 《봉선서》에는 오제 중의 한 명인 황제가 '정(鼎)'을 만들어 완성되자 수염을 늘어뜨린 용이 하늘에서 내려와 황제를 태우고 하늘로 올라갔다고 나온다. 《중국신화전설》에서는 우 임금이 천자가 된 후 구주의 금속을 모아 보정을 만들었다고 한다. 정은 다리가 셋 달리고 손잡이가 두 개 있는 솥이다. 우 임금이 만든 보정은 9만 명이 있어야 겨우 들 수 있는 크기였다. 우 임금은 솥에 구주에 있는 요괴, 짐승들의 모습을 새기도록 했다. 그리고 길에 이 솥단지를 내놓고 사람들이 언제든지 볼 수 있도록 만들었다. 여행을 갈 때 솥에 새겨진 것들을 조심하라는 일종의 여행 가이드북이었던 셈이다.

시간이 흐른 후 주나라 때부터 정은 궁궐 안의 보물이 된다. 이제 이 솥은 아무나 볼 수 없었다. 오직 천자만이 솥을 볼 수 있고, 소유할 수 있었다. 몇몇 제후들이 이 솥단지를 갖고자 했는데, 진시황제의 증조할아버지인 소양왕이 옮기다 1개를 잃어버렸고, 그 후에도 어디론가 사라져버려서 1개만 남아 있다고 한다. 이처럼 정은 여행 가이드북이었으며, 권력의 상징이기도 하고, 요리를 하는 도구이기도 하다.

2 고대 제정일치의 시대에 있어서 국가의 가장 크고 소중한 행사는 신과 조상에 대한 나라의 큰 제사다. 이 제사에 으뜸가는 제물로 바칠 희생을 이 솥에 넣어서 삶는다. 국가의 운명을 좌우할 신의 가호를 받으려면 이 제물이 정결하고 알맞게 익혀져야 한다. 그 중대한 임무를 가진 것이 솥이다. 또 제왕은 이 솥에서 만든 음식으로 천하의 어진 이들을 향응한다. 천하의 유능한 인재를 부르고 그들의 지혜를 모음으로써 국정의 바른 수행을 원하는 마음에서 하는 일이다.

솥은 안정과 협력을 상징한다. 솥은 세 개의 발을 가지고 있다. 세 개의 발은 안정을 표현한다. 세 개의 발이 있으면 솥은 어느 편으로 기울거나 쓰러지거나 치우칠 근심이 없다. 안정을 위해서는 세 개의 발이 이상적이다. 네 개 이상의 발이 그릇을 안정시킬 수는 있다. 그러나 그것은 이미 무의미한 복잡이요, 허식이요, 낭비이기도 하다. 안정을 위해서라면 세 개의 발이면 충분하다. 크게 안정한 것은 언제나 질박하고 간소한 것에 있다. 땅이 그러하고 태산이 그러하다. 또 이 세 개의 발은 협력을 상징한다. 세 개의 발 중에서 한 개라도 협력을 거부한다면 솥은 안정을 얻지 못한다.

3 인간은 생존을 위해 망각을 선택하는 '망각의 동물'이다. 모든 것을 기억하는 게

과연 좋을까? 천만에! 모든 것을 기억한다는 건 그야말로 불행의 극치다. 망각이 없다면 얼마나 끔찍할지 생각해보라. 이별, 상처, 실수, 미움 등의 기억이 수십 년이 지나도록 잊히지 않는다면 어떨까? 매번 그 당시처럼 똑같은 강도로 미움이, 슬픔이, 부끄러움이 느껴진다면, 그야말로 삶은 고통 그 자체일 것이다.

인간에게 망각이 필수라면, 꼭 기억하거나 마음에 담아둘 일은 끊임없이 되새김질해야 한다. 하여 망각의 동물인 우리에게는 자신을 일깨우는 격언인 '좌우명'이 꼭 필요하다. 좌우명은 늘 자리 옆에 두고 생활의 지침으로 삼는 말이나 문구다. 글자 그대로 풀이하면 '자리 오른쪽에 둔 명심할 내용'이란 뜻인데, '명'은 한문 문체의 일종이다. 고대에는 주로 종(Bell)이나 정(발이 세 개 달린 솥)에 새기는 문장을 뜻했다. 그러니까 좌우명은 자기 스스로 일깨우거나 다른 사람의 업적을 널리 기리기 위해 명문을 새긴 것이다.

좌우명이란 말은 후한의 학자 최원의 《문선》에 실린 '좌우명'이란 글에서 비롯되었다고 한다. 최원은 어려서부터 배움에 뜻을 두어 18세 때 낙양으로 유학을 떠났는데, 그곳에서 천문을 익혔고 주역을 배웠다. 특히 글을 잘 지었고 서예에도 능통했다. 그러나 형인 최장이 타살당하자 최원은 분노를 참지 못하고 직접 나서 원수를 죽여버린다. 그 후 관아의 추적을 피해 숨어 지내며 유랑생활을 해야만 했다. 몇 년 뒤 조정의 사면을 받아 고향에 돌아온 뒤 그는 자신의 살인행위를 깊이 뉘우치고 덕행을 기르고자 글 한 편을 지었다. 이 글을 명문으로 만들어 책상 머리맡에 두고 시시각각 자신의 언행을 경계했는데, 이 문장을 '좌우명'이라 칭한 것이다.

과거에는 지금과 달리 책을 오른쪽에서 왼쪽으로, 위에서 아래로 읽었기 때문에 오른쪽이 시작 부분이 된다. 그래서 책을 읽거나 문장을 쓸 때에도 늘 오른쪽부터 시작했다. 즉, 좌우명이란 책상 오른쪽에 둔 문장이라기보다는 책상 머리맡에 두고 늘 바라보는 문장이라고 하는 편이 더 정확할 것이다.

51

중뢰진

진상진하

위에도 진괘☳, 아래에도 진괘☳인 대성괘
'진위뢰' 라고도 한다.

진은 형통하다. 우레가 옴에 두려워하는 마음을 가져 처음에는 벌벌 떨고 조심해야 하지만 나중에는 즐거운 웃음소리가 그치지 않을 것이다. 우레가 백 리를 놀라게 하더라도 그 소리에 놀라 제주의 지위를 잃지 말라.

• 우레 진(지진) • 두려워하는 모양 혁, 범 놀랄 색 • 웃음 소(미소, 담소) • 벙어리 아, 웃을 액

• 놀랄 경(경칩, 경악, 경이) • 비수 비, 숟가락 비: 날이 예리하고 짧은 칼 • 울창주 창

풀이 중뢰진은 두 개의 진괘(☳)가 겹쳐 있는 모양이다. 《설괘전》에서는 진괘를 발이라고 하여 '움직인다'는 뜻도 있다고 했다. 하늘을 뜻하는 건괘(☰)는 아버지, 땅을 뜻하는 곤괘(☷)는 어머니다. 천지의 교합으로 천지간에 만물이 탄생하는데 이 탄생의 움직임이 바로 진괘이며, 천지(건곤)의 첫 번째 자식인 장남에 해당한다. 지하에 있는 우레와 지상의 우레를 합한 것으로 지뢰와 천뢰를 합한 형상이다. 쇠로 만든 솥은 주로 남자들이 다루어야 하는데, 아버지는 이미 나이가 많이 들어서 힘이 약해지기 시작하므로 자식들 중에 제일 많이 자란 장남이 쇠솥을 다루어야 한다. 그 장남의 괘가 바로 중뢰진이다. 하여 화풍정 다음이 중뢰진이 되었다.

'진래혁혁'은 천둥이 오면 놀라서 두려워하고 자신이 행여 나쁜 일을 하지는 않았는지 반성한다는 뜻이다. '소언액액'은 천둥이 조용히 지나가면 안도의 숨을 내쉬고 깔깔거리며 웃을 수 있다는 말이다. 먼 옛날에 천둥은 사람의 죄와 벌을 징계하는 역할을 했다.

우레가 울려 퍼져 백 리를 간다고 하는 것은 멀리 있는 사람들은 놀라게 하고 가까이 있는 사람들은 두렵게 만드는 것이다. 비록 무섭고 놀라

운 때이지만, 이럴 때일수록 자신의 행적을 돌이켜보고 반성하는 동시에 사당에 바친 제물에 숟가락을 올려놓고 향기로운 술로 제사를 지내야 한다. 또한 무서움에 온몸이 떨린다 할지라도, 이내 정신을 차려 한바탕 웃어젖히고는 위기에 빠진 나라를 지켜야 한다. 두려움에 떨며 바닥에 숨거나, 정신을 못 차리고 덜덜 떨면서 제기와 술잔을 바닥에 떨어뜨리면서 있을 게 아니라 하늘을 지극히 받들어서 군주는 종묘사직을 지키고, 가장은 집안을 보전해야 한다.

효사

초구 진래혁혁 후 소언액액 길

우레가 옴에 두려워하는 마음을 가져 처음에는 벌벌 떨고 조심해야 하지만 나중에는 즐겁게 웃을 수 있어 길하다.

풀이 초구는 괘의 맨 아랫자리이므로 진동의 시초다. 진동이 일어날 것을 알고, 진동의 시초에 처하여 스스로 두려워하며 주변을 살피고 삼가는 자세를 가질 수 있다면 결국에는 반드시 길하다. 그러므로 혁혁한 연후에 즐겁게 웃을 수 있는 것이다.

　내 힘이 세다고 생각하여 세상 무서운 줄을 모르고 나대면, 그 자만감으로 인하여 꽃도 못 피우고 쓰러질 수 있다. 때로는 천둥소리에 놀라 두려운 마음을 갖고 '내가 뭐 잘못한 것은 없는가?' 하며, 자기 자신을 되돌아볼 수 있는 반성의 시간을 한 번쯤은 가져보라는 것이다.

중뢰진을 보면 두 개의 양과 네 개의 음으로 이루어졌다는 것을 알 수 있다. 초구는 두 개의 양 가운데 하나로 중뢰진의 주인공이다. 초구의 효사는 괘사와 크게 다를 바가 없다. 천둥이 천지를 뒤흔들 때 두려워하면서 자신을 돌이켜보아야 길하다.

육이 진래려 억상패 제우구릉 물축 칠일득

우레가 옴에 위태함이다. 재물 잃을 것을 헤아려 구릉에 오름이니, 잃어버린 것을 쫓아가지 않더라도 칠일 만에 다시 얻을 것이다.

• 억 억(억대, 억겁): 헤아리다. 추측하다 • 오를 제: 승진하다. 올리다. 높고 가파르다. 추락하다

[풀이] 우레와 같이 큰 위험이 다가온다고 느낄 때는 재물에 집착하지 말고 빨리 안전한 곳으로 피해야 한다. 상황이 급할 때는 포기할 건 포기해야 한다. 육이는 초구 가까이에 있으며 초구를 올라타고 있다. 초구는 진동하는 중뢰진의 주인공이다. 하여 초구의 진동이 맹렬하게 올라오면 육이는 위태로움에 빠진다. 육이가 위태로운 것은 초구라는 강한 양을 탔기 때문이다. 그러므로 육이가 살기 위해서는 천둥치는 초구를 타고 있을 게 아니라 재물을 다 버리고 구릉으로 올라가야 한다. 여기서 구릉이란 높은 언덕을 말한다.

사람 욕심이란 게 목숨이 경각에 달렸는데도 재물에 대한 집착을 버리지 못하는 경우가 대부분이다. 그렇게 재물에 대한 미련에 휘둘려 쫓아가면 목숨을 보전하기 어렵다. 형세를 헤아려 화가 미칠 것을 예견하

고 멀리 피하여 중정의 도를 통해 행실과 말을 스스로 조심하여 지키고 있으면 평상을 회복하는 때가 돌아온다는 것을 두고 '물축 칠일득'이라 했다.

효는 여섯이기 때문에 '칠'은 다시 시작함을 말하는 뜻이니, 일이 이미 끝나서 새롭게 변역하는 것이다. 자신의 도를 잃지 않으면 비록 일시적으로는 다가오는 위기를 막지 못한다 하더라도 때가 지나면 다시 평상을 회복하게 된다는 것이 '칠일득'이다.

육삼 진소소 진행 무생

우레에 까무러쳤다가 소생함(깨어남)이니, 정신을 차리고 나아가면 재앙이 없다.

• 되살아날 소(소련, 소동파, 소생)

육삼은 음으로서 양의 자리에 있으니 부정한 자다. 그런 탓에 육삼은 초구의 천둥소리에 혼비백산으로 까무러쳤다가 간신히 깨어나니, 깨어난 뒤에는 정신을 바짝 차리고 몸을 움직여 그 자리를 피해 어디론가 가야 한다. 이럴 때일수록 두려워하고 수양하며 반성해야 재앙이 없어지는 것이다.

육이는 내괘의 중앙에 위치한 데다 음이 음의 자리에 바르게 있어 중정이므로 스스로 쫓지 않더라도 저절로 평상을 회복하지만 육삼은 부정하므로 동하여 나아가야만 부정을 탈피하여 정이 되고 허물이 없어진다.

구사 진 수니

천둥이 진흙탕에 빠졌다.

• 드디어 수, 따를 수(수행, 미수, 완수)

풀이 구사는 양이 음의 자리에 있고 중을 얻지 못한 자다. 더욱이 네 음의 험난함에 빠져 나아가는 뜻을 잃게 되었다. 이는 위엄을 잃고 진흙탕 속에 빠진 것과 같다. 초구와 마찬가지로 구사도 양효로서 천둥을 의미하지만 둘이 가진 기운은 다르다. 초구가 위풍당당하다면 구사는 의기소침하다. 그래서 비유하기를 진이 진흙 속에 있다고 한 것이다. 진은 천둥이면서 발이고 움직임을 나타낸다. 한데 진흙 속에 빠져 있으니 제대로 발동하지 못하는 우레다.

육오 진 왕래려 억 무상유사

우렛소리가 오고 감에 위태하다고 느낄 수 있으나 걱정하고 조심한다면 상황을 잘 헤아려 사람들을 구제하는 일을 한다.

풀이 육오는 음이 양의 자리에 있어 바름을 잃었으나, 중덕이 있으니 자신을 지킬 수 있는 자다. 만약 중덕을 지키지 않고 위로 나아가면 음이 진의 때에 극에 처하게 되어 위태하고, 아래로 가도 구사 양을 올라타게 되어 역시 위태하니, 자신의 처지를 잘 분별해 중덕을 잃지 않으면 크게 잃음은 없는 것이다.

육오가 상육으로 가는 것은 '왕'이고, 구사로 내려가는 것은 '래'다. 육오는 인군의 위에서 자신의 중덕을 지켜야지, 진의 때라고 부화뇌동하는 것은 위태로운 것이다. 육이는 존위가 아니기 때문에 승강한 것만을 말해 '진래려'라 했고, 육오는 존위이니 위와 아래를 모두 살펴야 한다는 뜻으로 '진왕래려'라 했다. '유사'는 '제사'를 뜻하기도 한다.

외괘의 중을 얻은 다섯 번째 자리는 지도자의 자리다. 육오 지도자는 천둥이 치는 위기의 순간에 백성을 구제하는 역할을 한다. '억'은 육이에서도 나왔는데, 육이에서 억은 수많은 백성이 제 살 길을 찾아 재물을 버리고 구릉으로 피하는 것을 말했다. 그러나 육오에서 억은 현명하게 지도하여 수많은 백성을 보호한다는 의미다.

상육 진 삭삭 시확확 정 흉 진불우기궁 우기린 무구 혼구유언

우레가 차츰 흩어지고 흩어져서 잦아듦에 두리번거리며 주변을 살펴보지만, 멀리 정벌하러 나아가는 것은 흉하다. 우레가 나에게 떨어지지 않고 이웃에게 떨어짐은 내게 허물은 없을 것이나, 동행하던 무리가 나를 원망할 것이다.

• 찾을 색, 노 삭(모색, 검색, 수색, 삭막): 헤어지다 • 두리번거릴 확

풀이 상육은 천둥소리에 놀라 정신이 흩어져서 두려움에 떨고 있다. 이럴 때는 꼼짝 말고 있어야지 나가면 좋지 않다. 상육은 음이 약하기가 지극하므로 앞이 캄캄하여 지향하는 곳도 없이 어찌할 바를 모르고 있으니, 이와 같은 모습으로 나아가면 중심을 잡지 못해 흉하게 될 것이다.

벼락이 아직 자기 몸에 직접 오지는 않았으나 이웃이 당하고 있다. 진동이 내 몸에 직접 미친 것은 아니고 이웃에 미치고 있을 따름이니 이로 인하여 두려워하며 수양하고 반성하면 가히 허물이 없을 것이다. 이러한 상황에서 혼인을 추구하면 우레 때문에 피해를 본 이웃의 원성을 살 수 있다.

요약　옛사람들은 천둥을 보고 자신의 몸과 마음가짐을 바로잡았다. 그 구체적인 행동방침이 중뢰진의 여섯 가지 효다. 여섯 가지 효 중에서도 가장 특이한 것은 육오다. 육이나, 육삼 같은 평범한 백성들은 재물에 대한 집착을 버리고 제 살길을 찾아가면 된다. 그러나 육오는 백성을 재앙에서 건져내야 하는 막중한 임무가 있다. 오히려 그 임무를 수행하면서 자신을 온전히 지켜낸다.

천지가 진동하는 재난은 벼락과 지진 등이다. 사람들은 벼락을 매우 두려워했고, 하늘의 소리 앞에 자신을 반성하는 계기로 삼았다. 초구는 우렁차게 진동하는 벼락 천둥이다. 모두 두려움 앞에 자신을 돌아보고, 살아난 다음엔 서로 안심하고 웃는다. 육이는 재물이고 뭐고 다 버리고 목숨을 살려낸다. 육삼은 진동소리에 정신을 잃는다. 정신을 차려 일단 그곳을 벗어나야 한다고 했다. 구사는 기세가 약해진 천둥이어서 번개도 안 치고 사라진다. 육오는 이웃의 재난을 구제하려는 능력 있는 사회적 지도자다. 상육은 이웃을 잘 두어 도움을 받고 위험에서 벗어난다.

1 '비'는 숟가락, '창'은 술을 담는 단지를 가리키는 말로, 종묘에서 쓰는 제기를 말한다. 즉 솥에서 삶은 제물을 꺼내는 수저와 땅에 부어 신을 강림하게 하는 창금주를 말하는데, 하여 '비창을 잃지 않는다'는 것은 '제주(제사를 주장하는 사람 혹은 주장이 되는 상제)의 지위를 잃지 않음'을 말한다.

52

중산간

간상간하

위에도 간괘 ☶, 아래에도 간괘 ☶인 대성괘
'간위산' 이라고도 한다.

괘사 간기배 불획기신 행기정 불견기인 무구

그 등에 그치게 되어 몸이 붙잡히지 않고 뜰 안에 돌아다녀도 눈에 띄지 않게 되니 허물이 없다.

• 괘 이름 간, 그칠 간: 한계, 그치다, 어렵다 • 등 배, 배신할 배(배경, 배치, 위배, 배반)

풀이　간괘는 육효가 전부 상응이 없다. 서로 정지된 상태이니, 조화가 없는 형상이다. 서로가 호응하지 않고 모두가 대립하며 서로가 배척하는 형상이다. 남과 나 사이에 마음의 연결이 없고 세상과 나 사이에 장벽이 있어서 서로의 대화가 막혀 있다. 중산간은 위에도 산, 아래에도 산, 산이 이중으로 겹쳐 있는 괘다. 산을 뜻하는 간은 그쳐 머무른 상태, 멈춤을 뜻한다. 하여 중산간은 그침의 괘다.

　사람의 몸 가운데 등은 욕심이 하나도 없는 곳이다. 그래서 그 등에 그쳐야 자기를 잊어버리는 무아지경의 그침이 된다는 것이다. 뜰 앞이란 좁은 공간이어서 그 뜰에 사람이 왔다 갔다 하면 사람이 다 보이게 마련이지만, 등 뒤에 있으니 지극히 가까울지라도 보지 못하게 된다. 외물과의 접촉이 없으니, 욕심이 싹트지 않아 그침의 도를 분명히 할 수가 있다. 등에 그쳐 자기를 잊어버리는 것은 그치는 상태에서 그치는 것이고, 뜰에 나가서도 사람을 보지 못함은 가면서 그침이니, '동'과 '정'이 각각 제자리에 머물러 허물이 없고 그 도가 더욱 빛난다.

　간의 그침은 행할 때는 행해야 하고 그칠 때는 그침,[1] 즉 때에 알맞게 중도를 행할 때, 제대로 그치는 것이 된다. 간은 위아래의 효가 적으로 대응하는 상충관계다. 그런데 수행하는 데 가장 방해가 되는 것은 오히려 음양이 합응 관계에 있을 때다. 남녀가 서로 정에 끌리면, 마음이 흔들려 제대로 제자리에 그치지 못한다. 그래서 간괘는 음양합이 되지 않아 서로 친하게 얽히지 않으니, 잘 그칠 수 있다. 천지를 흔들어대는 우레의 울림도 결국에는 멈추게 되어 있다. 그래서 중뢰진괘 다음에 '그친다'라는 의미의 중산간괘가 온다.

우리 몸의 앞쪽, 즉 눈, 코, 입, 귀는 보고, 듣고, 냄새 맡고, 맛보고, 말하는 다양한 활동들과 동적인 상태와 관련되어 있다. 이에 비해서 등은 주로 등을 대고 누워 편안히 쉰다든지 세상에 등을 지고 조용히 살아간다는 표현에서 알 수 있듯이 비활동성, 정적인 상태와 연관된다. 그러므로 '그 등에 그친다'라는 말은 우렛소리가 사방으로 울려 퍼지고, 덜덜덜 떨리는 상태와 같이 시끄럽고 흥분된 상태를 벗어나 고요하고 안정됨의 상태에 들어섬을 뜻한다고 할 수 있다.

또 이렇게 차분하고 안정된 자세를 유지하면 눈에 잘 안 띄어서 누군가에게 잘 잡히지 않게 된다. 중산간괘에서는 조용히 침잠할 것을 권하고 있다. 세상에 내가 두드러지지 않도록 등허리에 그쳐 잠잠하게 되면 사람들도 나를 잘 몰라보고 그냥 지나치게 된다.

복잡다단한 세상일에 구태여 많이 얽힐 필요가 없다. 말을 조심하고, 행동을 조심하게 되면 여러 사람이 드나드는 정원 같은 곳에서도 사람들 눈에 안 띄고 그저 조용히 지나갈 수 있다. 그러면 나를 노리는 사람의 눈을 비켜갈 수도 있어서 허물이 없다. '과유불급'이라는 말도 결국에는 너무 지나치게 나아가지 말고 적당히 그쳐야 할 때 그치라는 교훈이다.

효사

초육 간기지 무구 리영정

발가락(발꿈치)에 그침이다. 허물이 없으니 오랫동안 바르게 함이 이롭다.

풀이 초육은 음이 맨 처음에 있고, 자리로는 맨 아래에 해당한다. 인간의 맨 아래에 있는 것은 발꿈치다. 초육이 몸의 맨 아래에 해당하는 발꿈치에 그쳤으니 허물이 없다고 했다. 발꿈치를 나무에 비유하면 뿌리라고 할 수 있는데, 뿌리가 들썩거리지 않도록 그쳐 있으니 나무가 안정되게 잘 자랄 수 있다.

초육은 음으로서 그치는 때의 처음에 있고, 간괘에 있으니 제자리에 그치는 자다. 처음부터 그칠 바를 알아 그치니, 바름을 잃지 않게 되어 허물이 없는 것이다. 발이 그치면 몸 전체가 멈춘다. 발은 나무로 말하면 뿌리이고, 나라로 말하면 백성이다. 아래가 잘 그쳐야 위가 제대로 멈춘다. 그러나 음효라서 뜻이 견고하지 못하므로 '리영정', 즉 일관성 있게 머리끝까지 바르게 그쳐야 한다고 경계했다.

육이 간기비 부증기수 기심불쾌

장딴지에 그침이니, 구원하지 못하고 따른다. 그 마음이 불쾌하다.

• 장딴지 비, 피할 비

• 건질 증: 구원하다, 돕다

풀이 육이는 중정한 덕을 갖고 있으며, 사람으로 치면 장딴지에 그친

상이다. 장딴지는 다리가 움직이는 대로 따라갈 뿐이다. 육이는 중을 얻었고 바르지만 음이라 강하지 못하고, 다리의 움직임을 제지하지 못하고 따라갈 수밖에 없어 마음이 불쾌하다.

구삼 간기한 열기인 려훈심

한계에 그침이니, 그 한계를 벌려 상하가 어울리지 못하는 위태로움에 마음을 태운다.

• 한할 한(제한, 한계, 권한, 최소한) • 벌일 열(렬)(열차, 진열, 대열, 행렬)

• 조심할 인: 심가고 두려워하다, 연장되다, 이어지다, 잇닿다, 한계

• 향초 훈(훈풍, 훈훈, 훈증, 훈육): 향내, 교훈, 태우다

풀이 구삼은 중을 얻지 못했으나 양이 양의 자리에 있으며, 간괘의 위에 있으니 그침의 책임을 맡은 자다. 책임은 막중하나 중덕이 없으니, 그 힘들어함이 위태로움에 마음을 태우는 것 같다. 구삼은 양이다 보니 자꾸 움직이려 한다. 그런데 한계에 그쳐 있으니 잠자코 그치지를 못한다. 그러니 구삼의 그침은 위태롭고, 그 위태로움에 몸과 마음이 불편하여 애가 탄다.

구삼은 한계에 멈춰 있다. 가고 멈춤을 때에 맞게 적절하게 하지 못하고 한쪽으로 치우쳐 고집스럽게 경직되어 있으니, 이렇게 되면 사람들과 반목하여 교제가 끊어지기 쉬워서 위태롭다. 한 귀퉁이에 집요하게 멈추어서, 세상과 타협하지 못하고 쉽게 적응하지 못한 자는 그 마음을 태우기만 하고 매사에 해결 능력이 약하다.

그 몸에 그침이니 허물이 없다.

풀이 육사는 대신의 지위이나 유약한 자질이면서 양강한 군주를 만나지 못했다. 다만 자신의 분수에 바르게 그칠 수 있으면 허물은 없다. 구삼은 양이 양의 자리에 있어 강하게 움직이지만, 육사는 그 자리가 중을 얻진 못했으나, 음이 음의 자리에 있어 부드럽게 자신의 몸에 그친다. 온갖 허물이 다 몸으로부터 일어나는 것인데 이제 부드러운 음으로 득정하여 자신의 몸을 그치고 있는데 무슨 허물이 있겠는가? 무구가 되는 까닭은 스스로 바르게 멈추기 때문이다.

육사는 높은 지위에 오른 자인데 자기 자신이 멈추어야할 데를 알고 멈추는 자다. 그러나 지도력 있는 윗사람을 만나지 못해서 더불어 힘을 합해 모든 사람을 멈추게 하는 데는 영향력을 발휘하지 못한다. 오직 자기 자신만 멈추니 자기는 선하지만 멈추는 능력에 한계가 있는 자다.

육오 간기보 언유서 회망

그 볼에 그침이다. 말을 함에 순서가 있음이니, 후회가 없어진다.

풀이 육오는 음으로서 양의 자리에 있지만 중을 얻었으므로 언동에 절도가 있다. 육사에서 몸통까지 온 기가 등줄기를 타고 정수리를 거쳐, 얼굴 쪽으로 코와 입을 통과하는 것이 볼에 그침이다(간기보). 욕심과 삿

된 기운이 없어지니, 이렇게 됨은 중정한 마음과 자세로써 비롯되는 것이다.

육오는 볼에 그쳤으니 자연히 입이 다물어져서 함부로 말하지 않는다. 꼭 해야 할 말만 하고 순서를 갖추어 조리 있게 말을 하니 말로 인해 생기는 시비가 없고 후회 또한 없다.

상구 돈간 길

돈독하게 그침이니 길하다.

풀이 육효 가운데 오직 상구만이 길하다. 상구는 양으로서 그치는 때의 끝에 있으니, 그침의 공을 이루는 자다. 끝까지 잘 지키는 것은 매우 어렵다. 상구가 능히 돈독하게 그친다는 것은 끝맺음을 잘하는 것이고 이 때문에 마침을 잘 이루는 것이다.

중산간괘의 그침은 언제 어디서나 반드시 그쳐 있어야 한다는 뜻은 아니다. 그쳐 있어야 할 때 그치고, 움직여야 할 때 움직이되, 항상 자기의 욕망이 그쳐야 할 마땅한 자리를 벗어나지 않는 데 있다는 것이다. 진득하니 두터운 느낌으로 그쳐서 끝내면 그것 자체가 훌륭한 마침이 된다.

모든 일은 끝까지 지키는 일이 중요하니, 그침에 돈독하다는 것은 후하게 끝을 마치는 자다. 후하게 마쳤다는 것은 완전히 그쳐서 산의 모습을 제대로 갖추었다는 것이다. 어진 사람은 산을 좋아하니[2] 산은 고요하며 편안하고 덕이 있어 마음을 옮기는 일이 없다.

요약   초육은 발꿈치에서 그치나, 시작이 좋아야 하니 바르게 하라고 했고, 육이는 장딴지에서 그쳐 다리가 가는 데로 따르니 원하지 않은 곳에라도 가야 해서 마음이 즐겁지 않다. 구삼은 한계에 멈춰서 고집스럽고 융통성이 없다. 육사는 자신은 바르게 멈추었으나 남을 돌볼 능력은 없다. 육오는 말을 삼갈 줄 아는 수행을 쌓은 지식인의 그침이다. 상구는 도탑게 그친 산으로 끝이 아름답다.

1 중국 명나라 말기 홍자성의 어록《채근담》에 이런 글이 있다.

"뛰어난 재주는 어리석음으로 감추고, 지혜는 드러내지 않되 명철함을 잃지 않으며, 청렴은 오히려 혼탁 속에 깃들게 하고, 굽힘으로써 몸을 펴는 것, 이것이야말로 험난한 세상을 건너는 배이며 몸을 보호하는 안전한 곳이 된다(장교어졸 용회이명 우청어탁 이굴위신 진섭세 지일호 장신지삼굴야)."

이굴위신, 즉 굽힘으로써 몸을 펴는 것은 멈출 때 멈추고 갈 때 갈 줄 아는 것이며 그것이 바로 자연의 법칙에 합일하는 것이다.

2 《논어》〈옹야편〉에 이러한 이야기가 나온다. 공자는 "지혜로운 자는 물을 좋아하고(지자요수), 어진 자는 산을 좋아한다(인자요산). 지혜로운 자는 움직이고(지자동), 어진 자는 고요하다(인자정)"라고 했다.

53

풍산점

손상간하

위에는 손괘▆▆, 아래는 간괘▆▆인 대성괘

점은 여자가 시집가는 것과 같으니 길하고 일을 맡아 처리함에 이롭다.

• 점점 점(점차, 점진적)

풀이 풍산점은 산 위에 나무가 점점 자라는 상이다. 어떤 나무라도 씨앗이 발아하고 싹이 트고 점진적으로 자라는 과정을 거쳐야 한다. 자란다는 것은 봄의 기운을 타는 것이다. 얼어붙은 땅을 뚫고 새롭게 솟구치려면 단단하게 응축하는 과정이 수반되어야 한다. 우리는 과정을 거치지 않고 결과부터 내려고 달려들지만 그럴수록 삶은 공허해질 뿐 성장은 일어나지 않는다.

자연의 법칙은 한 번 수렴해야 한 번 발산하는 운동성을 반복한다. 하루만 봐도 알 수 있다. 낮이 오면 어김없이 밤이 온다. 그러므로 화려해지고 싶다면 음지에서 묵묵히 훈련하는 과정을 거쳐야 하는 법이다. 그 힘으로 우리는 자라고 성장한다.

점은 여자가 시집을 가는 것을 말하는데, 시집가는 데 있어 절차도 없이 그냥 가는 것이 아니라, 천천히 육례를 밟아서 나아가는 것이기 때문에 효사에서는 홍점, 즉 '큰 기러기'를 예로 들어 설명했다.

기러기는 이동에도 질서가 있어 반드시 그 점차적 순서에 따른다. 기러기는 짝을 한번 정하면 이후 다른 짝을 구하지 않으며, 날아갈 때도 줄을 지어 난다. 이 괘는 가운데 네 효가 모두 바른 자리를 얻었으므로 여자가 시집가는 데 바른 도리를 지켜야 모든 일이 순조롭다고 말해 준다.

항상 멈춰 있을 수만은 없기 때문에 한동안 정지해 있다가도 어느 순간에는 문득 나아가게 되어 있다. 하여 중산간괘 다음이 풍산점괘가 되었다. 그쳐 있다가 움직여 나아갈 때는 너무 서두르면 안 된다. 천천히, 마치 여자가 혼인을 준비하여 나아가듯 차근차근 해나가야 한다. 그렇게 차근차근한 것이 이로우면서도 바르게 할 수 있기에 좋다는 것이다.

《시경》에서도 기러기가 나타날 때면 언제나 남녀 간의 사건이 벌어진다. 이러한 예들은 자연 세계의 어떤 현상을 먼저 배치시킨 뒤에, 이어서 사회적 삶의 어떤 양태를 거기에 연관시킴으로써 양자가 비유적으로 유비될 수 있음을 암시한다. 주역과 《시경》은 자연세계와 인간 영역을 상관적으로 파악하는 사고방식을 공유하고 있으며, 또 그러한 상관적 사고방식에 의해 형성된 세계관을 반영하고 있다.

효사

초육 홍점우간[1] 소자려 유언 무구

기러기가 점차 물가로 나아감이니, 어린아이의 위태로움과 비슷하여 이런저런 말들이 있을 수 있으나 허물은 없다.

• 기러기 홍(홍학, 홍안) • 방패 간, 몸 간, 줄기 간(간섭, 약간, 천간, 간지)

풀이 초육은 음으로서 점의 처음에 있고 위로 응원함이 없으니, 나아가는 데 조심조심하는 첫 단계에 있다. 물가에 있는 기러기는 아직 어리고 앞길을 예측하지 못하며 맨 뒤에 처진 것이 위태롭지만, 어쨌든 나아가고 있으니 허물이 없다고 보았다.

　어린 여자아이가 어느덧 자라서 시집갈 준비를 하게 되면 주변에서 말들이 오고 가게 되어 있다. 그러나 미혼의 여자가 혼례를 준비하는 것은 어찌 보면 당연한 일이다. 바른 일이기 때문에 잘못됨은 없다는 것이다.

육이　홍점우반 음식 간간 길

기러기가 점차 단단한 바위에 나아감이다. 마시고 먹음이 즐겁고 즐거우니 길하다.

　• 너럭바위 반(반석)　• 즐길 간, 기뻐할 간(간간대소)

풀이　육이는 중정의 덕을 갖추고 위로 구오와 정응이 되니, 점차적으로 나아가는 도를 갖춘 자다. 구오와 응이 되어 그 녹을 먹는 것이, 마치 기러기가 반석 위에 앉아 여유 있게 먹이를 먹는 것 같아 길하나, 그것은 배부르려는 것이 아니라 천하를 편안히 하기 위한 것이다. 음식이 즐겁고 즐겁다는 것은 공연히 배부르게 한 것이 아니라 반석에 올랐기 때문에 즐겁고 즐거우니 길하다고 말한다.

　성숙한 기러기가 안전하게 반석 위에 내려앉듯이 혼인 준비를 잘한 여인은 결혼생활도 충실하게 잘할 수 있다. 또한 힘들고 어려운 상태에서 준비한 음식들이야말로 아주 맛있게 먹을 수 있는 것이며, 배고픈 상태에서 먹는 밥이야말로 꿀맛이다. 어려웠던 어린 시절을 잘 보내고 나서 진실한 마음으로 혼인을 준비했다면 그 결혼생활이 맛있는 음식을 먹듯 행복할 것이다.

구삼 홍점우륙 부정불복 부잉불육 흉 리어구

기러기가 점차 뭍에 나아감이니, 지아비가 전장에 가면 돌아오지 못하고 지어미가 잉태하여도 기르지 못하여 흉하다. 도둑을 막는 것이 이롭다.

• 아이 밸 잉(잉태) • 기를 육(교육, 육성)

풀이 구삼은 양이 양의 자리에 있고, 점의 때에 하괘의 위에 있으니, 위로 나아가고자 하는 자다. 그러나 위로 응원함이 없고, 또 점진적으로 나아가는 때에 지나치게 나아가 상비관계인 육사와 어울리니, 구삼은 '부정불복'하고 육사는 '부잉불육'의 상이 되어 흉하게 된다. 기러기는 하늘로 날아야 하는데 뭍으로 나아가니 잘못된 곳으로 가고 있다. 이것을 구삼이 짝도 아닌 육사를 탐내서 부적절한 관계를 맺는다고 본 것이다.

구삼 남자는 돌아오지 못하게 되고 육사 여자는 임신을 하지만 기르지 못하기 때문에 흉하다. 이렇게 흉하니 도적을 막는 것처럼 흉하지 않도록 하라는 것이다. 따라서 자신이 처해 있는 간괘의 무리인 초육, 육이와 더불어 본분을 지키는 것이 이로운 것이다.

결혼을 해서 살다 보면 여러 가지 어려운 일이 있을 수 있다. 특히 부부가 젊은 시절에는 서로 아직 젊은 혈기로 자신의 주장들을 꺾기 어려워 부부싸움을 크게 하는 날도 있다. 부부싸움 후에 남편이 화가 나서

집을 나가서 안 들어오는 경우도 있고, 둘 사이에 아이가 생겨도 잘 키우지 못하게 되는 경우가 많다. 이렇게 부부간에 불화가 있다 보면 집안에 도둑이 들 수도 있고 상대방에게 다른 이성이 나타날 수도 있다. 뭔가 좋지 않은 일들이 생길 수가 있기 때문에 그런 것을 방지해야 한다는 것이다.

이렇게 좋지 않은 상태를 기러기가 메마른 땅 위로 올라온 것에 비유한 것이다. 기러기는 하늘을 날아다니든가, 아니면 물가에 있어야 물도 마시고, 먹을 것도 잘 찾을 수 있다. 물도 없는 척박한 땅에 앉아 있다 보면 사냥꾼 눈에 띄어 잡히기 쉬운 것이다.

육사 홍점우목 혹득기각 무구

기러기가 점차 나무에 나아감이니, 혹 내려앉기 좋은 평평한 가지를 얻으면 허물이 없다.

풀이 육사는 음으로서 음의 자리에 있으나, 하괘를 떠나 상괘에 처음 들어섰고, 더구나 구삼 양을 올라탔으니 안정되지 못한 자다. 비록 불안정한 처지이나, 손괘의 겸손한 덕으로 위로 구오를 따르고 또 바름을 얻었으니, 평평한 가지를 얻어 앉게 된 것 같아 허물이 없는 것이다. 기러기가 평평한 가지를 얻는다는 것은 사람이 순하고 공손하게 행동하면 마음이 편하고 아무 탈이 없다는 것이다.

나무 위도 역시 불편한 곳이다. 그러나 평평한 가지 하나를 얻으면 그런대로 편하게 앉을 수 있다. 척박한 땅에서 이리저리 헤매다가 가까스로 위험을 피할 수 있는 나뭇가지를 얻어 그 위에 기러기가 순한 모습으로 앉아 있음을 비유했다.

결혼생활 중에 잠시 부부 사이가 벌어져서 위험한 상태일지라도 더 큰 싸움을 피하기 위해서 잠시 겸손하게 한쪽으로 피해 있으면 해결의 기미가 보일 것이다. 너무 요란하게 일을 해결하려 하면 더 그르칠 수 있다. '순하고 겸손한 덕'으로 부부간의 불화를 안정시키라는 의미다.

구오 홍점우릉 부삼세불잉 종막지승 길

기러기가 점차 언덕에 나아감이니, 부인이 삼 년 동안 잉태하지 못하나 마침내는 어려움을 이겨내고 원하는 바를 얻으니 길하다.

[풀이] 기러기가 오를 수 있는 가장 높은 곳이니 군위를 상징한다. 구오는 강건 중정하여 아래로 육이와 정응이 된다. 하여 구오는 육이와 만나야 잉태를 하는데 중간에서 방해하는 자들이 많다. 바로 구삼, 육사가 방해꾼들이다. 그들이 구오가 육이를 만나는 것을 방해하고 있다. 이들의 모함으로 구이는 제 짝을 만나지 못한다.

그러나 중정한 도는 반드시 형통하는 이치가 있어서 부정한 자가 오래도록 가로막고 해를 끼칠 수는 없으므로 사필귀정으로 결국 만나게 되니, 소원을 이루어 길한 것이다. 구삼과 육사의 방해를 이겨내고 구오가 아내를 만나는 기간이 3년이나 걸렸다.

기러기가 멀리 날아가기 위해서 드디어 탁 트인 시야를 확보할 수 있는 언덕 위에 날아 올 수 있게 되듯이 멀어진 부부 사이 때문에 아이를 가질 수 없었던 아내와 남편이 결국에는 화해의 길을 찾게 되어 다시 사랑을 하게 되고 아이까지 얻을 수 있을 것이라는 해결의 기미를 보여주고 있다. 높은 언덕은 높이 나는 새들이 선망하는 곳이다. 구오는 하늘로 날기 전 마지막 단계이므로 언덕에서 좀 더 힘쓰면 마음껏 날 수 있다.

상구 홍점우규 기우가용위의 길

기러기가 점차 하늘에 나아감이니, 그 깃이 의를 삼을만하니 길하다.

• 길거리 규: 한길(사람이나 차가 많이 다니는 넓은 길), 아홉 방면으로 통하는 큰길

• 거동 의(조의, 의식): 법도, 법식, 본보기, 예절, 선물, 본받다

풀이 상구는 양으로서 점의 때의 극함에 처했으니, 점의 공을 이루는 자다. 물에서부터 날기 시작한 기러기가 여섯 단계 거쳐 이제 하늘을 날게 되고, 또 그 나는 모습이 질서 정연하여 모범을 삼을 만하니 길한 것이다. 지금 상구는 세상을 뒤로하고 초연한 자이며 아래에 정응이 없어서 세속에 물들지 않기 때문에 길하다.

드디어 기러기가 사통팔달의 하늘거리인 '규'로 나아갔다. 물가에 있는 어린 기러기가 반석과 뭍과 나무와 언덕을 거쳐 하늘을 날게 된 것이다. 날기 위한 과정을 하나도 생략하지 않고 밟은 덕분에 날개를 쭉 펴고 기세 좋게 날고 있다. 그 기세가 본받을 만하니 길한 것이다. 하늘에

서 깃을 쭉 펴고 날아다니는 모습이 질서 정연하여 어지럽지가 않다. 부부간의 불화를 극복하고 다시 사랑스러운 모습을 보이는 가족은 쉽게 흔들리거나 어지럽게 되지 않을 것이며, 다른 사람들 보기에도 좋을 것이다. 그래서 기러기 모양의 나뭇조각을 예전부터 혼례식에서 사용했던 것 같다.

요약　풍산점은 점차 나아가고 자란다는 괘다. 초육은 물가로 나가는 기러기로 몸소 먹을 것을 구해 먹어야 하니 걱정이고, 육이는 반석 위에서 탄탄한 가정생활을 누리고, 구삼은 제자리가 아닌 곳에 내려앉아, 부정한 짓을 하여 망신을 당한다. 육사는 나무 위라서 안정되지는 않아도, 가지를 찾아 의지하면 미래는 열린다. 구오는 해안 언덕에 둥지를 틀었으나, 장애가 많아 어렵게 짝을 만나지만 잘 살아낸다. 상구는 하늘을 훨훨 날며 그것도 질서 정연하게 줄지어 날아가니 그 모습은 만인의 의표가 된다.

1 '간'에 대해《백서주역》[2]에는 '연(못 연)'으로 되어 있으며,《시경》〈벌단〉에 "감감 벌단혜 치지하지간혜"의 구절이 "쾅쾅 박달나무 베어 황하의 물가에 놓고 보니"로 해석됨을 참고했다.

2 《백서》란 '비단에 쓴 책'이란 뜻이다. 종이가 발명되기 이전에 비단에 남겼던 글을 '백서'라고 하는데, 1973년 중국 호남성 장사에 있는 마왕퇴 3호분(한묘)에서 발굴한 것이《백서주역》이다. 이《백서주역》에는 기존의 주역에 대한 해석과는 다른 새로운 해석들이 많다.

54

뇌택귀매

진상태하

위에는 진괘☳, 아래는 태괘☱인 대성괘

결혼하는 여자가 정벌을 하러 나아가면 흉하니 이로운 바가 없다.

• 누이 매(남매, 자매)

풀이 귀매는 고대에 여자를 정략적으로 출가시키는 것이므로 정상적인 혼례의 절차를 거쳐서 부부가 되는 풍산점과는 사정이 다르다. 잉첩은 귀인이 출가할 때 데리고 가는 소녀다. '정 흉'은 충동적인 감정에 희열하여 능동적으로 남자를 따르기 때문에 혼례의 상도에 어긋나므로 흉하다고 했다. 또한 소녀(태괘)가 장남(진괘)에게 출가하는 것은 혼인의 때를 잃음도 된다.[1]

'정 흉'은 괘중의 여러 효가 모두 바른 자리가 아니기 때문이니, 처한 바가 부정하기 때문에 동하면 흉한 것이다. 상도를 따르지 않고 사사로운 정과 욕심에 사로잡혀 희열로써 동한다면 부부의 도가 문란해지고, 남자는 정욕에 끌려서 강건한 도를 잃고 여자는 열락에 물들어 손순한 도를 망각할 것임을 말했다.

여자가 남편을 버리고 다른 곳으로 가버리고, 신하가 군주를 버리고 다른 곳으로 가버리면 반드시 흉을 초래할 것이다. 괘중의 음효가 모두 부당위이므로, 여자가 남편의 사랑을 업고 오만을 부리고 신하가 군주의 총애를 업고 권세를 남용하는 것은 이로울 바가 없는 것이다.

괘에는 정해진 음양의 자리가 있다. 맨 아래 효(초효)는 양이다. 두 번째 효는 음이고, 세 번째는 다시 양, 이런 식으로 6개의 효가 양-음-

양-음-양-음의 순서가 원래 정해진 자리다. 양의 자리에 양이 오거나 음의 자리에 음이 오면 '정'이라고 하여 자리에 맞아 합당하다고 본다. 그런데 뇌택귀매는 첫 번째 효가 양, 두 번째 효가 양, 세 번째 효가 음, 네 번째 효가 양, 다섯 번째 효가 음, 여섯 번째 효가 음이다. 첫 번째와 여섯 번째 효만 자리의 음양이 맞고 나머지 네 개는 맞지 않은 상황이다. 그래서 정식 절차를 밟지 않는 결혼이고, 이로울 바가 없다고 본 것이다.

괘에 남녀 배합의 뜻이 있는 괘가 넷 있는데, 바로 함괘, 항괘, 점괘, 귀매괘다. 함괘는 남자와 여자가 서로 느끼는 것인데, 남자가 여자의 아래에 있어 두 기가 감응하며 그치고 기뻐하니 남녀의 정이 서로 느끼는 상이다. 항괘는 떳떳함이니, 남자가 위에 있고 여자가 아래에 있어, 손순하고 동하여 음양이 다 서로 응하니, 이는 남녀가 집에 거하여 남편이 선창하고 아내가 따르는 떳떳한 도다. 점괘는 여자가 시집감에 그 바름을 얻는 것이니, 남자가 여자에 아래함으로 각각 정위를 얻으며, 그쳐서 고요하고 손순하여 점점 나아가니, 남녀의 배합이 도를 얻은 것이다.

귀매괘는 여자가 시집가는 것인데, 남자가 위에 있고 여자가 아래에 있어, 여자가 남자를 따르고 소녀가 기뻐하는 뜻이 있다. 기뻐함으로써 동함이니, 기뻐하여 동하면 곧 바름을 얻지 못할 것이다. 고로 자리가 다 마땅하지 못하다. 함은 그쳐서 기뻐함이요, 귀매는 동하여 기뻐함이다. 항은 공손하여 동하고, 점은 그쳐서 공손하니, 남녀의 도와 부부의 뜻이 여기에 구비되어 있다.

귀매는 여자의 일생에 대한 것을 나타내고 있다. 말 많은 시집살이를 슬기롭게 덕을 발휘하여 잘 넘긴다면 마침내는 길할 것이다. 귀매는 고립해 있던 여자가 남자에게 의지하여 결혼을 전제로 만나는 것이다.

뇌는 우레고 택은 연못이니 연못 위에 우레가 치는 모습이다. 점차적으로 나아가는 것은 반드시 돌아오는 바가 있기 때문에 풍산점 다음에 귀매괘가 온다. '귀'는 시집간다는 뜻이고, '매'는 손아래 누이라는 뜻이다. 풍산점괘에서도 여자가 시집가는 것을 주제로 설명했는데, 귀매괘도 마찬가지다.

고대 중국에서는 결혼 전 '육례'라는 절차가 있었다. 먼저 중매인을 통해 혼인 의사를 밝힌다. 신부 측에서 결혼을 허락하면 기러기를 신랑 측에 선물로 보낸다. 그다음으로는 신부 집안 어른들의 이름과 관직, 재산 상황, 신부의 이름과 생년월일을 받은 후 신랑이 점을 쳤다. 이런 식으로 총 여섯 번의 절차를 차례로 지켜 결혼하는 것이 풍산점괘였고, 뇌택귀매는 이와 같은 절차를 밟지 않는 혼인에 대한 이야기다. 정식 절차를 따르지 않았다는 것은 당사자들끼리 눈이 맞은 연애결혼이기도 하고, 첩을 들이는 것을 의미한다. 그래서 풍산점은 정실의 일생, 뇌택귀매는 첩의 일생으로 보기도 한다.

이 귀매괘에 대한 괘사는 "결혼하는 여자가 나서서 앞서가면 흉한 것이니 이로울 바가 없다"라고 했다. 결혼하는 여자가 너무 앞서 나가서 여기저기 설치고 돌아다니면 흉한 모습이 된다는 것이다. 신부가 신랑을 만나 기뻐하며 결혼하는 당연한 일이지만 기쁨에 들떠서 너무 설치며 나서는 것은 보기에 좋지 않다는 것이다. 그래서 기쁨에 들떠 너무 흥분하지 말고 차분히 신랑의 뜻에 따라야 함을 말하고 있다.

초구 귀매이제 파능리 정 길

귀매에 잉첩으로서 가니, 절름발이가 능히 밟음이라. 정벌하러 가면 길하다.

• 손아래 누이 제, 손아래 동서 제

풀이 중국 춘추시대의 제후들 사이에는 아내를 맞이할 때 본 부인의 여동생을 동시에 맞이하기도 했다. 귀매괘는 여자가 남자를 따라 시집 가는 것이기 때문에 음효나 양효를 가리지 않고 다 여자로 말한다. 이런 경우 양효는 씩씩하고 강한 여성이며, 음효는 부드럽고 약한 성격을 갖 는 경향이 있다.

초구는 품성이 바르지만 남의 첩이 되며, 맨 아랫자리에 있어서 잉첩 으로 시집간다. 그래서 이미 자기의 윗사람인 본처나 동서들이 하는 대 로 무조건 뒤따라야 한다. 마치 절름발이 걸음을 걷듯이 뒤뚱거리며 뒤 를 따라가야 하는 것이다. 본처와 동서들이 자기보다 현명하지 못해도, 아무 말 못하고 못난 척 뒤따라가면 편하게 지낼 수는 있다고 했다.

초구와 구이는 잉첩으로 따라가는 자이며, 구사가 귀매의 주체가 되 고 육오는 제을귀매의 주혼(혼인에 관한 일을 주관하는 책임을 맡음, 또는 그 사람)이 된다. 초구는 양으로서 귀매의 때에 아래에 있고, 위로 정응이 없으니 첩의 상이다(귀매이제). 비록 첩으로서 시집가지만 강하고 밝은 재질이 있으니 항상함을 지키는 것이고, 남의 첩으로 있으니 단지 정실부인을 이어 도울 따름이니, 앞서나가지 말고 절름발이가 걷듯이 뒤를 따르면 길한 것이다. 초구는 위로 정응이 없으므로, 같은 태괘인 구이를 따라 육오에게 첩으로서 시집가는 것이다. 따라서 구이가 밟는 대로 따라 밟아야 하니 '파능리'의 상이다.

구이 묘능시 리유인지정

소경이 능히 보는 것이니, 숨어 있는 선비가 참고 기다리는 것처럼 하는 것이 이롭다.

풀이 구이도 남의 첩으로 시집간다. 구이는 중을 얻었으므로 모든 것을 잘 보고 판단하는 능력을 갖추고 있다. 그러나 아는 체하고 현명한 체하면 시기를 당한다. 그래서 자신이 편하게 살려면 잘 보이는 것도 소경이 보듯이 안 보인 척 행동하라는 것이다. 보여도 안 보이는 척할 뿐만 아니라, 깊은 산속에서 수행하는 수도인처럼 처세하면 좋다고 했다. 벙어리 삼 년, 귀머거리 삼 년도 부족하여, 도 닦은 스님처럼 살라는 것이다.

구이는 양으로서 중의 덕을 갖추었으니, 현명하고 중덕을 갖춘 여자다. 다만 위로 정응인 육오가 유약하니 부군을 도와 큰일을 하기보다는, 자신의 바름을 지키고 있는 것이 이롭다. 하여 구이가 육오에게 시집가는 것을 '눈이 하나 먼 사람이 멀리 보지 못하는 것과 같다'고 한 것이다. 조용한 곳에서 기다리며 정도를 지켜야 이롭다. '유인지정'은 '마치 세상을 피하여 조용히 수도하는 사람의 올바른 자세가 변하지 않는 것과 같음'을 뜻한다.

육삼 귀매이수 반귀이제

귀매에 종으로 감이니, 다시 제자리로 돌아와 시집가기를 잉첩으로 함이다.

• 모름지기 수, 수염 수(필수, 수요): 틀림없이, 결국, 마침내, 반드시, 드디어

> 풀이   육삼은 음으로서 양의 자리에 있고 중을 얻지 못했으니, 여자로서는 못난 계집의 상이다. 아무도 배필로 삼으려 하지 않으니 할 수 없이 첩으로 시집을 보내는 것이다. 중정한 덕이 없고, 기뻐하는 태괘의 위에 있으니 예를 취하지 않고 먼저 사내를 구하는 상이며, 더욱이 양을 올라탄 상이니 행실도 불순한 것이다. 초구나 구이와 같이 처지로 인해 어쩔 수 없이 첩으로 가는 것이 아니라, 자신의 못남으로 첩으로 가는 것이다.

육삼은 결혼 적령기를 놓친 여동생이다. 양의 자리에 음이 왔기에 바름을 잊었다. 육삼은 양을 무시하니 정실이 되려고 하면 도리어 첩으로 가게 된다. 그래서 무모하게 일을 추진하면 좋지 않다. 앞의 초구와 구이는 학식도 있고 잘난 여자임에도 어쩔 수 없이 손아래 각시로 시집갔지만, 육삼은 못나고 무능하여 어차피 손아래 각시로 시집가는 수밖에

없다. 행실도 바르지 못하여 누구도 데려가지 않으니, 기다리다 못해서 남의 잉첩도 사양할 처지가 아니다.

구사 귀매건기 지귀유시

누이동생을 시집보내는데 기약을 어김이니, 늦게 시집가는 것이 때가 있느니라.

- 허물 건: 잘못하다, 지나치다, 위반하다

- 기약할 기(기대, 기간, 시기): 약속하다, 기다리다, 기대하다

풀이 결혼을 진행함에 있어 조금 늦더라도 적당한 때에 맞추어 천천히 해 나가는 것이 좋다는 것이다. 구사는 정응이 없으니 짝을 기다리며 있는 자다. 구사는 혼기를 놓쳤으나높은 신분에 어질고 현명하니, 망동하지 않고 때를 기다려 좋은 짝을 얻어 시집을 가는 상이다. 너무 조건을 따지지 말고 적당히 추진해야 한다. 급하게 추진하려는 육삼과 반대되는 상황이다.

육오 제을귀매 기군지몌 불여기제지몌 량 월기망 길

제을이 누이동생을 시집보내는 것이니, 그 본처의 소매가 그 잉첩의 소매의 아름다움만 못하니, 달이 거의 보름달 같으니 길하다.

- 소매 몌 • 어질 양(량)(개량, 양심, 불량)

상나라 왕인 제을이 자신의 누이동생을 신하에게 시집보내는 상황이다. 제을은 상(은)나라의 황제로 폭군 주왕의 아버지다. 제을이 그 여동생을 신하에게 시집보내기 전에는 궁중의 결혼이 왕족끼리만 이루어졌는데, 제을 이후에 타성에게 혼인을 시킨 풍습이 되었다고 한다.

육오는 비록 유약하지만, 중덕으로 인군의 자리에 있으니 귀한 신분의 여자다. 아래로 구이와 응하니 어진 신하에게 시집가는 상이다. 육오가 낮은 신분의 집으로 시집을 가되, 중덕을 잃지 않으면서 검소하게 하여 가면, 마치 달이 거의 보름에 이른 경우와 같아서 길한 것이다. 보름은 달에 음기가 가득 찬 때로 음기가 극성하면 양기와 대적하기에 이르는 것인데 기망(음력으로 열나흘 날 달)은 아직 보름달에 미치지 않은 상태다. 즉 육오는 보름달과 같이 가득 차는 법이 없으므로 남편에게 대항하지 않아 길하다는 것이다.

공주가 화려하게 시집가는 것이 아니라 검소하게 간다. 공주의 옷소매가 신분이 낮은 첩들의 옷소매보다도 더 장식이 소박하다는 것이다. 육오는 존귀한 신분인 공주인데, 화려한 꾸밈보다는 검소하게 예를 갖추는 데 충실하고, 첩들의 호화의상에 비해 수수한 것이다. 겉모습뿐만 아니라 마음가짐도 겸손하게 비우고 부족한 듯이 행동한다. 마치 덜 차오른 달처럼 공손한 몸가짐이다.

공주가 이렇게 겸손한 마음과 검소한 예를 갖추어 평민과 결혼한다는 것이 당시에는 화제에 오를 만했다. 그러나 그 시대에도 왕족보다는 아래 신하 쪽에 오히려 뛰어난 실력과 인재들이 있을 수 있고, 신분의 허세보다는 힘 있는 가문과의 결혼일 수 있기 때문에, 공주의 결혼은 제대로 좋은 신랑을 만난 바람직한 결혼일 수도 있다.

상육 여승광무실 사규양무혈 무유리

여자가 광주리를 이는데 그 안에 든 것이 없다. 남자가 양을 칼로 찔러도 피가 흐르지 않으니, 이로운 바가 없다.

• 광주리 광 • 찌를 규

[풀이] 상육은 음으로서 귀매괘의 극에 있으니, 귀매를 마치는 자다. 귀매를 마침에 현명하지도 못하고 아래로 응함도 없으니, 상육은 '승광무실'하고 육삼은 '규양무혈'이 되는 상이다. 이렇게 된다면 시집가더라도 헤어지게 되니 이로운 바가 없다. 부부는 함께 종묘를 받드는 것이므로 부인이 제사를 받들지 못하면 남편 또한 제사를 받들 수 없고, 남편이 양을 찔러도 피가 없으면 이 또한 제사를 받들 수 없는 것이다. 부인이 제사를 받들 수 없다면 부부의 연은 단절될 수밖에 없다. 이는 곧 부부의 도가 끝맺음이 없음과 같으니, 이와 같은 도는 어디에도 이로울 바가 없다.

결혼식에서 여성들은 폐백을 할 때 어른들로부터 바구니에 대추와 밤을 받았다. 이는 많은 후손을 보라는 축원인데, 바구니가 비었으니 자식을 낳아 대를 잇지도 못하여 좋지 않다. 또, 신랑은 동물을 잡아 천지에 제사를 올리는데, 피가 나오지 않으니 제사를 지내 조상을 받들지도 못하여 좋지 않다. 남자가 점을 해서 이 효를 얻으면, 그 여자에게 장가

들어 봤자 하나도 좋을 것이 없다. 여자가 이 효를 얻으면 애를 못 낳아 쫓겨나는 신세가 될 수 있다.

요약　초구는 첩으로 들어가니 본처 뒤에서 뒤뚱거리며 따라가야 한다. 구이 역시 첩의 생활을 하니 보고도 안 본 듯, 총명한 것은 숨겨야 하고, 수행한 도인이 되어야 편하다고 말했다. 육삼은 못난이도 짝이 있으니 기다리라 했고, 구사는 실력 있는 여자가 혼기를 놓쳤으나 때가 되면 늦게라도 가게 된다고 했다. 육오는 공주가 왕족이 아닌 장래성 있는 남자를 만난다. 상육은 며느리가 빈 광주리를 들고 여자구실을 못 하여 가문의 근심이 된다.

1 《상전》에서는 군자가 '위는 우레이고 아래는 연못'인 모습을 보고 시집을 가야 할 사람이 가지 않을 때 나타나는 폐단이 어떤 것인지 잘 살피라고 했다. 고대 중국의 사유에서는 사람의 일과 천지의 일이 다르지 않다고 보았다. 그래서 홀로 사는 사람이 많으면, 특히 과부가 많으면 천하에 음기가 가득해지고 이것이 기후나 우리의 삶에 영향을 준다고 생각했다. 그래서 각 지방을 다스리는 관리들은 가장 먼저 환과고독의 인원을 파악했다. 환과고독은 홀로 사는 남녀, 아이들을 뜻하는 말이다. 관리들은 기후가 이상해지면 음기가 천지에 가득 찼기 때문이라고 생각해서 단체 미팅과 합동 결혼을 추진하고 지원했다.

55

뇌화풍

진상리하

위에는 진괘☳, 아래는 리괘☲인 대성괘

풍 형 왕 격지 물우 의일중

풍은 형통하다. 왕이 오니 근심치 않아도 된다. 해가 중천에 떠서 밝게 비춤이 마땅하다.

• 풍년 풍(풍년, 풍족, 풍부) • 거짓 가, 이를 격 • 근심 우(우려, 우울) • 마땅 의(편의점)

풀이 풍괘는 태양이 중천에 도달한 정오의 때를 상징한다. 가장 밝은 것을 뜻하니 문명이 최고도로 발전된 시기가 풍이다. 만물이 돌아갈 바를 얻게 되면 많은 것이 모이게 되니 반드시 커지고 풍성해지므로 뇌택귀매 다음이 뇌화풍이 되었다. 뇌화풍은 '풍성하다, 풍만하다'라는 뜻이다. 모든 것이 한곳에 모이니 풍성할 수밖에. 그래서 괘명도 '풍년 풍'을 써서 뇌화풍이다.

집에 처첩이 있으면 풍성함이요 나라에 현자가 많으면 풍성한 것이니 풍은 곧 형통함이다. 세상이 풍요로우면 자칫 너무 번잡하고 무질서해질 것 같으나, 곧 그것을 정리하고 적당히 조절할 줄 아는 훌륭한 지도자가 나타날 것이므로 해가 중천에 떠 있어서 만물이 화창하게 번성하는 때임을 자각하라고 하는 것이며, 한낮에 해가 하늘 꼭대기에 있어 온 세상을 다 비추어 만물이 화창하게 피어나더라도 언젠가는 해가 질 때가 있듯이 현재는 풍요로움이 세상에 넘쳐나더라도 언젠가는 부족할 때가 생길 것이니 미래를 조심해서 대비해야 함을 덧붙여 알려주고 있다. 이른바 '풍요로운 식탁에서 내일의 모자람을 생각하라'는 것이다.

우리는 주역을 읽으며 복이 다하면 재앙이 오고, 달도 차면 기운다는 것을 배운다. 뇌화풍에서도 다르지 않다. 뇌화풍의 성한 기운도 때가 다

하면 곤궁해지게 마련이다. 뇌화풍《상전》에는 "일중즉측 월영즉식 천지영허 여시소식 이황어인호 황어귀신호"란 말이 나오는데 "해가 중천에 뜨면 기울고, 달이 차면 이지러지니, 천지가 차고 빔도 때가 더불어 줄고 부는데, 하물며 사람이며 하물며 귀신이랴"라는 뜻이다.

효사

초구 우기배주 수순 무구 왕 유상

그 짝 되는 주인을 만나되, 비록 평등하게 해도 허물이 없다. 가면 숭상함이 있다.

• 나눌 배, 짝 배(지배, 배려, 분배, 배우자) • 비록 수 • 열흘 순(중순, 하순)

풀이 초구는 구사를 '배주'라 하고 구사는 초구를 '이주'라 한다. 초구는 구사보다 지위는 낮지만 양이 양의 자리에 있어 바르고, 구사는 초구보다 지위는 높지만, 양이 음의 자리에 있어 부정하다. 고로 여기서는 둘을 평등하다고 본다. 초구가 자신이 강한 것만 믿고 구사를 업신여기지 않으면 구사도 지위의 고하를 따지지 않고 초구를 극진하게 숭상하고 대우한다.

초구는 양으로서 풍의 처음에 있고 리괘의 밝은 체에 있으니, 위에 있는 구사와 동덕으로 짝이 되어 대등하게 하나, 풍의 때에 서로 돕는 것이니 허물은 없다. 또 서로 도우면서 나아가니 그 의리가 숭상할 만하나, 대등한 것을 넘어 오히려 구사보다 앞서려 하면 흉하게 된다. '배주'의 '배'는 구사가 초구를 취하여 오는 것을 뜻하며, '이주'의 '이'는 초구가 구사에게 취함을 당하는 것을 말한다. 둘 다 평등의 뜻이 있으나, 초구가 구사보다 낮은 지위에 있기 때문에 우월한 관계를 가지려 해서는 안 된다.

초구는 바른 자리에 있으며, 짝은 구사다. 음양의 원리가 담긴 주역은 곳곳에 음양이 배치되어 있다. 가령 가장 아랫자리인 초효는 양, 이효는 음, 삼효는 양, 사효는 음, 오효는 양, 상효는 음이 본래의 자리다. 여기서 각 효의 음양과 자리의 음양이 합치되면 '정'하다고 한다. 뇌화풍의 경우 초효가 양의 자리이고, 효도 양효(—, 숫자로는 9로 표시)이므로 '정'하다고 하는 것이다. 짝으로 말하면, 초효는 사효와 짝이고, 이효는 오효와 짝이며, 삼효는 상효와 짝이다.

보통 주역에서는 아래에 있는 효보다 위에 있는 효의 지위가 높다고 본다. 고로 초구와 구사 두 짝꿍에게도 엄연히 지위의 차등이 존재한다. 한데 뇌화풍에서는 좀 다르다. 초구는 구사보다 지위는 낮지만 정한 자리에 있고, 구사는 초구보다 지위는 높지만, 양이 음의 자리에 있어 부정하다. 고로 여기서는 둘을 평등하다고 본다.

육이 풍기부 일중견두 왕 득의질 유부발약 길

그 큰 포장이 풍함이다. 대낮에 북두성을 보니 나아가면 의심과 병을 얻으므로, 믿음으로 자신의 뜻을 펼쳐야 길하다.

• 빈지문 부: 차양, 덮개, 작다, 덮다, 어둡다

'부'는 차광 덮개를 뜻하고, 차광막을 치면 그 안은 빛이 차단되어 어둡다. 낮이 밝은 데 큰 포장을 덮어 씌어 놓으면 안은 어둡다. 어느 정도 어두운가 하면 밤하늘에서나 볼 수 있는 북두성이 보일 정도다. 곧 차광막이 풍성하게 덮어진 집은 한층 더 컴컴할 것이므로 대낮임에도 북두성을 볼 수 있을 정도라는 뜻이다(정약용은 '일중견두'란 한낮에 북두칠성을 본다는 뜻이니, 그러한 현상은 일식이 아니면 나타날 수 없다고 하여 이를 일식 현상에 관련된 것으로 풀이한다).

육오가 유약한 인군이어서 풍성함을 이루지 못하고, 오히려 극도로 어두워졌다는 뜻이다. 육이는 비록 밝고 중정한 자이지만 유약하고 부정한 군주를 만났으니, 군주가 아래의 육이와 동행하려는 의지가 없는 것이다. 그런데도 만약 육이가 군주에게 도움을 청하여 간다면 도리어 의심과 미움을 사게 될 것이다.

육이는 음이 음의 자리에 바르게 있다. 게다가 리괘의 가운데 자리에 있으니 더욱 좋다. 이것을 정중을 얻었다고 한다. 반면 짝인 육오도 음이므로 음양응은 되지 않아 짝과의 음양은 부조화를 이룬다.

여섯 효를 지위로 구분하면 초구는 백성, 이효는 재야의 신하, 삼효는 외직 신하, 사효는 중앙 관료, 오효는 제왕, 상효는 상왕이라고 본다. 한데 재야의 신하인 육이와 인군 육오가 서로 맞지 않아 몰라보는 것이다. 게다가 음효인 육오는 식견이 어둡고 몽매한 군주다.

이런 상황을 효사에서는 육이가 큰 포장에 둘러싸인 것으로 표현한다. 밤하늘에 떠 있는 북두성이 보일 정도로 칠흑같이 어두운 포장 안에 갇힌 탓에 육오가 육이를 알아보지 못하는 것이다. 이때는 육오에게 발탁되려고 애쓰기보다 조용히 자신의 덕을 갈고닦으며 때를 기다리는 게 현명하다. 괜히 나섰다가 의심을 받고 내쳐질 수 있기 때문이다. 정성과 믿음을 보여줄 기회를 마련하여 접근해 가면 그 뜻을 감동시켜 좋은 관계를 이룰 수 있도록 해야 한다.

구삼 풍기패 일중견매 절기우굉 무구

그 깃발에 풍함이다. 한낮에 작은 별을 봄이요, 그 오른팔을 끊으니, 허물할 데가 없다.

• 비 쏟아질 패, 늪 패: 깃발 • 지명 매: 별 이름 • 팔뚝 굉

보기 구삼은 양이 양의 자리에 있어 바름을 얻었으며, 하괘의 가장 위에 자리하여 지나치게 강한 자다. 문제는 자신을 알아줄 만한 군주가 없는 불우한 시대를 타고났다는 것이다. 능력은 있으나 운명 자체가 어긋나 있다. 하여 포장보다 더 두껍고 어두운 큰 깃발에 갇혔다고 한 것이다. 얼마나 어두운지 해는 중천에 있는데 북두성보다 더 작은 매성이 보일 정도로 캄캄한 환경을 만난 것이다.

구사에 가리어져 한낮에 작은 별을 볼 수 있을 정도로 어두워졌는데도(풍기패 일중견매), 자신의 힘만을 믿고 가다가 그 오른팔을 쓰지 못하게 되었다. 오른팔이 꺾어져 못쓰게 되어도 허물이 되지 않는 것은 어차피 큰일(국가의 대사)에는 적당치 않아서 결국 무용지물이 될 처지였기 때문이다.

겉치레가 요란한 포장보다 더 심하게 화려하고 풍성함을 휘두르는 듯 위용을 뽐내지만 그렇게 설쳐대다가는 오른팔이 꺾여서 못 쓰게 되는 사고도 당하기 쉽다. 그렇게 중요한 오른팔을 다쳤건만, 별로 안타까워하는 사람도 없다. 내실이 없이 겉치레만 더욱더 열중하다 보면 세상과 나라의 중요한 일에 적합하다고 인정받기 힘들게 된다. 세상의 큰일에 참여할 수가 없기 때문에, 결국 자신의 능력을 제대로 사용할 수도 없게 된다. 제 잘못이라 누구를 탓할 수도 없다.

구사 풍기부 일중견두 우기이주 길

그 포장에 풍함이다. 한낮에 북두성을 봄이니, 그 대등한 주인을 만나면 길하다.

풀이 구사도 캄캄하기는 마찬가지다. 어두운 육오 인군이 바로 위에 있으니 그 영향으로 포장을 덮어놓은 듯 짙게 드리운 그늘이다. 구사는 대신 자리에 있으면서 현명한 자이나, 정위가 아닌 데다 위로 육오 인군이 우매한 까닭에, 육이와 같은 '풍기부 일중견두'의 처지다. 만일 초구와 같은 동덕의 도움을 얻는다면 풍의 때를 이루어 길할 수 있게 된다 (우기이주 길).

구사의 사정도 구삼과 크게 다르지 않다. 양이 음의 자리에 있어서 자리도 바르지 않고, 바로 위에 있는 육오 군주는 어둡다. 구이처럼 어두운 포장에 둘러싸여서 북두성을 바라보는 처지인 것이다. 물론 구삼과 달리 구사에게는 솟아날 구멍이 있다. 자신의 짝인 초구를 만나러 가면 되기 때문이다.

재미있는 건 구사가 초구를 만나러 가는 모습을 '이주'라고 표현한 것이다. '이주'란 산의 언덕이 무너져서 평평해지는 것을 말한다. 구사가 자신보다 지위가 낮은 초구에게 가는 것을 에둘러 표현한 것이다. 이는 달리 말하면 중앙 관료인 구사가 어두운 인군을 대신해 백성인 초구를 만나서 민심을 수습하고 나라를 안정시키는 것을 말한다.

육오 래장 유경예 길

빛나는 것을 오게 하면 경사와 명예가 있어 길하다.

풀이 육오는 중을 얻고 존위에 있으나, 음이 양의 자리에 있어 유약한 재질이므로 아래의 능력 있고 어진 신하들을 의심하여 멀리한다. 만약에 이들을 의심하지 않고 등용하면 풍을 이루게 되니, 경사와 명예가 따르는 길함이 있는 것이다.

효사에서 '빛나는 것'은 현명한 재사인 육이를 두고 한 말이지만 초구, 구삼, 구사가 모두 양강한 재사이므로 육오가 자신의 부정한 덕을 뉘우치고 몸을 낮추어 현인을 등용하기만 하면 이들이 줄줄이 따라올 것이다. 육이는 비록 음이지만 중정한 덕을 지니고 아래에 있는 현인이며, 육오와 육이는 음양으로서의 정응은 아니지만 지금과 같은 때에는 서로 쓰임이 될 수 있으므로, 육오가 현명한 재사를 등용하여 쓸 수만 있다면 경사과 명예를 회복하여 길하게 되는 것이다.

상육 풍기옥 부기가 규기호 격기무인 삼세부적 흉

그 가옥을 성대하게 지었으나, 그 집안을 덮개로 가렸음이다. 그 문 안을 엿보아도 적막하고 사람이 없다. 삼 년이 지나더라도 (사람을) 보지 못하게 될 것이니 흉하다.

• 집 옥(가옥, 옥상)

풀이 상육은 음으로서 풍성한 때의 극에 있으니 그 풍성함을 감당하지 못하여 감추기에 급급한 자다. 욕심이 하늘 끝까지 이르러 그 집을 풍성히 하고 그것을 다른 사람이 볼까 봐 감추니, 더불어 할 사람이 없어 흉하다. 집안이 부유하여 휘황찬란한 겉모습을 나타내고 있다 한들, 가족들의 마음이 감추어져 있어 서로 왕래함이 없는 삭막한 세월이 몇 년 씩 이어진다면 그 무슨 소용이 있겠는가?

  상육은 풍대하고 기운이 성한 뇌화풍의 끝자리다. 보통 상육은 괘의 힘이 극단에 이르렀을 때다. 효사에서는 집으로 그걸 설명하는데 상육은 과하다 싶을 만큼 크고 높은 집을 짓는다. 하여 그 집을 엿보니 그 큰 집에 사람은 없고 적막과 고요만 가득하다. 그러기를 삼 년, 흉가도 이런 흉가가 없다. 풍요가 극도에 달한 뒤, 사람들은 쌓고 쌓아도 만족할 줄 모르게 되어 결코 행복하지 못한 것이다. 풍요의 극에 이르면 오히려 불행한 시대가 도래한다는 것을 경계하는 말이다.

요약　성대하고 풍성한 게 좋은 것만은 아니다. 음양의 법칙상, 화려하고 풍요로운 시대의 이면에는 어두운 그림자가 반드시 존재하게 마련이다. 풍요의 시대에 인정은 점점 메말라가고 있다. 함께 밥을 먹기가 어려워지고, 등잔불이 아닌 눈부신 조명 아래 가족의 마음은 그늘에 묻혀 산다.[1]

초구는 따지지 말고 동등하게 동업자를 만나고, 육이는 윗사람에게 신임을 얻도록 노력해야 하고, 구삼은 불우한 시대를 만나 오른팔까지 꺾여 못 쓰고, 구사는 자신을 겸손하게 하여 아랫사람을 만나며, 육오는 능력 있는 사람을 믿고 키워주며 의지하면 큰일을 해낸다. 상육은 호화주택에서 과소비하며 풍요의 극치를 누리지만 결코 행복하지 않은 이유가 무엇인가를 말했다.

1 행복이란 대체 무엇인가? 아주 간단하다. 행복이란 지금 내가 가진 모든 것을 소중히 여기는 것이다. 소비가 사람의 지위를 나누고, 학벌이 성공을 보장하는 사회는 개인들을 끊임없는 경쟁 속으로 밀어넣고, 끊임없이 비교한다. 거기서 비롯되는 피로감, 경쟁과 비교의 사슬을 끊어야만 초연하고 자유로운 삶을 꿈꾸게 되는 것이다. 부러움, 시기심, 질투 이 모든 것들이 비교에서 시작된다. 비교는 불행의 씨앗이다.

니체는 《인간적인, 너무나 인간적인》에서 "하루의 3분의 2를 자기 마음대로 쓰지 못하는 사람은 노예다"라고 말했다. 한 조사에서 사람들에게 중요하다고 생각되는 것들에 대해 순위를 매겨달라고 부탁했는데, 그중 68퍼센트가 자유 시간을 갖는 것이 매우 중요하다고 대답했다. 시간적 풍요, 즉 시간을 누리는 것이 성공적인 경력을 갖는 것보다 더 중요하다는 것이다(참고로 아빠와 자녀가 하루 동안 함께하는 시간이 스웨덴은 평균 5시간, 한국은 평균 6분이라고 한다).

컨설턴트가 멕시코의 작은 마을에 사는 어부에게 조언을 해주는 이야기가 있다. 어부는 고기를 딱 먹을 만큼만 잡고 나머지 시간은 낮잠을 즐기고 행복한 시간을 누리며 사는 시간 부자다. 그러나 컨설턴트는 어부에게 어선을 더 많이 사기 위해 대출을 받으라고 권한다. 컨설턴트의 관점에서 보면 뉴욕 주식시장에 상장될 때까지 어부의 사업은 계속 확장되어야 할 것이다. 그러는 동안 어부의 시간은 마치 미하엘 엔데의 《모모》에 나오는 회색 신사들의 시간저축은행에 시간을 뺏긴 사람들처럼 온데간데없이 사라질 것이며, 매일을 쳇바퀴 돌듯이 바쁘게 살아가야 할 것이다. 어부의 하루는 점점 더 짧아질 것이며, 삶은 바빠지고, 친구들의 이야기를 들을 시간이 없어질 것이다. 컨설턴트에게는 돈과 지위를 위해 상장이 필요하겠지만, 어부에게는 그게 필요 없다. 어부는 행복을 위해 평소와 다름없는 시간적 풍요가 필요할 뿐이다.

사람은 저마다 추구하는 가치가 다르다. 컨설턴트에게는 수십만 평의 대저택과 전용 헬기, 몇십억 원의 슈퍼카가 필요하겠지만, 어부는 그런 것을 갖고 싶지도 않다. 어부는 있는 차도 잘 안 끌고 다닌다. 어부는 비록 천천히 가지만 뒤로는 가지 않는다. 성공의 정의는 '하고자 하는 바를 이룸'이다. 하고 싶은 일을 하고 있고, 여전히 즐겁다면 그걸로 된 거다. 다산 정약용도 〈어사재기〉에서, "천하에 지금 누리는 것보다 더 즐거운 것은 없다"라고 했다.

"내게 없는 물건을 '저것'이라 한다. 내게 있는 것은 '이것'이라 한다. 지구는 둥글고 사방 땅덩어리는 평평하다. 천하에 내가 앉아 있는 곳보다 높은 곳이 없다. 그런데도 백성들은 자꾸만 곤륜산을 오르고 형산과 곽산을 오르면서 높은 것을 구한다. 가버린 것은 좇을 수 없고 장차 올 것은 기약하지 못한다. 천하에 지금 눈앞의 처지만큼 즐거운 것이 없다. 그러나 백성들은 오히려 높은 집과 큰 수레에 목말라하고 논밭에 애태우며 즐거움을 찾는다. 땀을 뻘뻘 흘리고 가쁜 숨을 내쉬면서 죽을 때까지 미혹을 못 떨치고 오로지 '저것'만을 바란다. 하여 '이것'이 누릴 만한 것임을 잊은 지가 오래되었다."

《국부론》으로 유명한 애덤 스미스는 사실 그보다 먼저 《도덕감정론》이란 훌륭한 책도 썼다. 《도덕감정론》에서 애덤 스미스의 결론 중 하나는 부나 명예는 결코 인간의 행복을 완성하지 못한다는 것이다. 사람들은 이미 어느 정도를 가졌음에도 불구하고 가진 것보다 더 많은 재산과 더 높은 명성을 원한다. 더 많은 돈과 명예가 더 큰 행복을 가져다줄 것처럼 생각하지만, 사실 더 많은 부를 얻기 위해서는 그만큼의 힘겨운 대가를 추가로 치러야 한다. 세상에 존재하는 모든 것은 등가교환의 법칙을 따른다.
특별히 그 일을 좋아하지 않으면서도 힘든 일을 하는 사람이 있다. 그 사람은 돈을 많이 벌기 때문에 참는 거라고 말하지만, 결과적으로는 건강을 잃었고, 시간을 잃었고, 그의 아이들은 아빠와 소통하지 못한 채 자란다. 그 사람은 강도 높은 스트레스에 대해 불평을 늘어놓으면서 늘 조언을 구한다. 대답은 명료하다. 당장 그 일을 그만두거나 일을 줄이고, 아내와 아이들하고 더 많은 시간을 보내는 것이다.

《플루타르크 영웅전》에는 다음과 같은 이야기가 나오는데, 나는 이 이야기를 참 좋아한다.
에피로스의 왕, 피로스는 로마를 공격할 계획을 세우고 있었다. 피로스 왕이 자신의 대리인으로 내세웠을 만큼 훌륭한 문장가이자 협상가였던 키네아스는 왕의 계획이 옳지 않다고 생각했지만 왕에게 직접적으로 말하는 건 훌륭한 생각이 아니라고 판단하여 우회적인 방법을 택했다.
"폐하, 로마인은 훌륭한 전사이자 수많은 강국을 정복한 민족으로 알려져 있습니다.

만약 우리가 그들을 이긴다면, 우리는 무엇을 할 수 있겠나이까?"

왕은 대답했다.

"일단 로마를 정복하고 나면, 이탈리아반도를 통째로 정복할 수 있을 것이다."

키네아스는 그럼 그다음은 어떻게 하겠냐고 물었고, 왕은 대답했다.

"그다음엔 시실리를 정복할 것이다."

키네아스는 다시 그다음은 어떻게 하겠냐고 물었고, 왕 또한 다시 대답했다. "리비아와 카르타고가 우리에게 무너질 것이다." 키네아스는 포기하지 않고 "그럼 그다음은 어떻게 하시겠나이까?"라고 묻고 왕은 역시 "그리스 전역을 정복할 것이다"라고 대답했다. 마지막으로, 키네아스가 그다음에는 어떻게 되겠느냐고 묻자, 왕은 마지막으로 미소를 지으며 대답했다.

"내 소중한 친구여, 우리는 편안하게 살 것이다. 술을 마시고 즐거운 대화를 나눌 것이다."

그러자 키네아스가 왕에게 일격을 가했다.

"그럼, 지금 폐하는 무엇 때문에 그렇게 하지 못하시나이까?"

우리는 우리 삶을 만족시킬 도구들을 이미 모두 갖고 있다. 삶의 기본적인 즐거움을 누리기 위해 꼭 목숨을 걸고 이탈리아반도를 정복할 필요는 없다. 인생은 경주가 아니라 음미하고 즐기는 기나긴 여정이다. 이미 가졌음에도 더 많은 것을 가지려는 과도한 욕구, 그것은 역설적으로 우리를 행복이 아닌 불행으로 이끈다. 《플루타르크 영웅전》은 약 2,000년 전에 씌었고, 플루타르크는 자신이 살던 시대보다도 300년 전 얘기를 책에 썼다. 이처럼 돈과 권력이 인간을 행복하게 만들지 못한다는 사실은 실로 오래된 진리다. 고전은 그래서 오래된 미래다.

56

화산려

리상간하

위에는 리괘☲, 아래는 간괘☶인 대성괘

려는 조금 형통하고 나그네가 여행을 하듯 돌아다닐 때에는 정숙하게 해야 길하다.

• 나그네 려(여)(여행, 여권)

풀이　화산려는 아래에 산이 있고 그 위에 불이 있는 괘다. 산의 육중하게 그쳐 있는 상태이고, 불은 이리저리 흩어지는 형상이다. 산 위에 불이 나 있어 마치 여기저기 옮겨붙음이 여행을 다니는 것과 비슷하다. 내괘인 집은 산으로 가만히 있고, 외괘인 사람은 밖으로 흩어져서 떠돌아다닌다. 바람 따라 구름 따라 떠돌아다니는 나그네의 상이다.[1]

풍요로운 것은 큰 것이다. 그러나 지극히 큰 것은 그 거처를 잃을 것이니 나그네의 모습으로 이어져 뇌화풍 다음이 화산려가 되었다. 집안에 풍요로움이 느껴지고 많이 가지게 되어 여유를 느끼게 되면 문득 여행을 떠나고 싶어진다. 이렇게 여행을 떠날 때는 정숙함을 가지라고 충고하고 있다. 자칫 집을 떠나 멀리 여행을 간다 하면 마음이 들떠서 경솔해지기 쉽다. 경솔하면 실수를 하게 되거나 다치게 되거나 봉변을 당할 수도 있다. 그래서 바르게 함이 좋을 것이라고 말해주는 것이다.

《단전》에서는 화산려가 조금 형통한 까닭을 천지비에서 왔기 때문이라고 했다. 천지비괘의 육삼 음이 오효 자리로 올라가 육오가 되고, 구오 양이 삼효자리로 내려와 구삼이 되었다. 이러한 자리바꿈이 소형한 것은 천지비괘의 부드러운 육삼 음이 밖으로 나가 중을 얻었고 상하에 있는 강한 양들에게 순종하기 때문이다. 유순한 음은 강한 양에게 순종해야 도리에 맞고 형통하다. 육오가 위에 있는 상구에게도 순하고 아래 있는 구사에게도 순하므로, 그것이 조금 형통하다는 것이다.

초육 려쇄쇄 사기소취재

나그네가 자질구레함이니, 이로 그 재앙을 취한다.

• 자질구레할 쇄 • 이 사, 천할 사

풀이 초육은 유약한 재질로 려의 때의 처음에 있으니 곤궁한 자다. 위로 구사와 정응이 되나 구사는 리괘의 올라가는 체에 있으므로 아래로 구원하지 않으니, 초육이 의지할 데 없이 방황하다가 지치고 쇠약해지는 것이다. 이렇게 쇠약해지는 것은 의지가 약하여 스스로 얻은 재앙이다.

초육은 자리가 가운데 있지 않아 '중'하지 않고, 양의 자리에 음이 왔으니 '정'하지 않다. 이것은 이제 처음으로 나그네 신세가 된 초육이 자질구레한 보따리를 싸 들고서 준비 없이 길을 나서고 있는 것이다. 나그네가 객지에서 행색이 초라하고 볼품이 없으면 경멸당하고 천대받는다. 자잘한 일로 시비나 걸고 야비하게 굴면 주변의 도움은커녕 몰매를 맞으니, 여행길에 곤경을 당하지 않으려면 조심하고 공경한 마음을 가져야 한다.

육이 려즉차 회기자 득동복정

나그네가 여관, 즉 거처를 얻게 되었고, 그 노자를 품고, 자신을 도와줄 어린 종을 얻는다.

· 버금 차, 머뭇거릴 차(차례, 차원, 절차, 점차): 곳, 장소, 장막, 임시 거처, 여관

· 품을 회(회의적, 회유) · 재물 자(투자, 자료, 자금)

풀이 육이는 유순 중정한 자다. 나그네가 겸손한 덕이 있으니 거처할 곳과 여비, 그리고 사람의 마음까지 얻어 여유 있고 편안해지는 상이다. 여행객이 길을 떠남에 품 안에 많은 돈을 가지고 나왔는데, 여행 중간에 날이 어두워져서 가진 돈을 누군가에게 뺏길까봐 걱정이 되었는데, 마침 적절한 처소를 얻게 되고 자신을 도와줄 사람도 만나서 근심이 해소된다는 말이다.

육이는 음이 음의 자리에 있고 내괘에 중을 얻어서 나그네 괘에서는 최고로 좋은 자리다. 여행 중인 나그네에게 편안한 잠자리가 제공된다면 이보다 좋을 수 없다. 육이는 내괘이니 집안이 되고, 음이 음의 자리에 있으니 여관을 찾아들어 부드럽고 편한 잠자리를 취하고 품에 노자도 많이 품었다.

구삼 려분기차 상기동복정 려

나그네가 그 여관을 불태우고, 그 동복을 잃으니, 위태롭다.

풀이 구삼은 양으로서 양의 자리에 있으니, 려의 때에 있어서 지나치게 강한 자다. 구삼은 중을 못 얻고, 강하기만 하므로 중도를 벗어나 거

칠게 행동한다. 나그네는 마땅히 유순하고 겸손해야 함에도, 하괘의 가장 위에 있어서 스스로 자만하여 위를 업신여기고 여관을 불 지르니 거처할 바를 잃어 상하게 되고, 지나치게 강하여 아래를 포학히 하니 동복의 마음이 멀어지게 되어 위태해지는 것이다.

여행객으로서 조심하지 않고 자칫 돈 많은 것을 자랑하다 보면 그 돈을 훔치려 누군가 내 숙소에 불을 질러 돈도 잃고, 나를 도와주던 심부름꾼들도 혼란한 틈을 타서 모두 도망가게 될 수 있다. 객지에서 의지할 사람이 하나도 없고 난처한 지경에 빠져 있다. 나그네의 본분을 망각해서 그런 것이다.

구사 려우처 득기자부 아심불쾌

나그네가 머무는 곳에서 그 노자와 도끼를 얻으나, 내 마음은 불쾌하다.

[풀이] 구사는 양으로서 음의 자리에 있으니, 이는 정도에 어긋난 실정이고, 그 위치가 중에 있지 않으니 부중하다. 그러나 구사는 외괘의 가장 아래에 위치하여 태도가 겸손하므로 노자와 도끼를 얻는다. 려의 때에 있어서 강유를 겸비한 것이 되어, 나그네로서는 부족함이 없는 자다. 나그네에게 노자가 풍부하다는 것은 부자로 사는 것이고, 도끼를 갖게 되었다는 것은 권좌에 앉아서 권력을 행사하게 되었다는 뜻이다.

나그네가 노자와 권력까지 갖게 되었으니 희희낙락해야 할 터인데 웬일인지 마음이 좋지 않다. 왜냐하면 구사의 자리가 제자리가 아니므로 거처하는 곳이나 가지고 있는 금권력이 모두 구사 자신에게 해당하지 않기 때문이다. 아심불쾌, 즉 '내 마음이 불편한 것'은 잠시 머무름이요, 내가 자리 잡을 곳은 아니기 때문이다.

육오 석치일시망 종이예명
화살 하나로 꿩을 쏘아 적중하니, 예명을 이룬다.

풀이 육오는 유순하여 중덕을 얻고, 리괘의 주효가 되니 나그네의 덕을 갖춘 자다. 상구 양효와 구사 양효에게 순응하여 그 뜻을 얻음이, 화살 하나로 꿩을 잡는 것 같은 것이다. 이렇게 중덕으로 행하니, 하늘로부터 도움이 있게 되어 명예와 이름을 얻는다.

　화산려괘에서 오효자리는 인군으로 보지 못한다. 인군의 자리이긴 하지만, 앉아서 정치해야 할 군주가 떠돌아다닌다면 그 나라엔 정치가 없는 것이나 다름없기 때문이다. 다만 외괘에서 중을 얻었기 때문에 '한번 쏜 화살에 모든 꿩이 다 잡혔다'라고 말하는 것이다. 육오가 화살 한 대로 꿩을 맞춰서 잡아버렸으니, 그 능력이 출중하다. 마침내 육오의 명예는 치솟고 인군의 귀에까지 들려 그의 명을 받게 되었다.

상구 조분기소 려인 선소후호도 상우우역 흉
새가 그 둥지를 불태우니, 나그네가 먼저는 웃고 뒤에는 울부짖는다. 소를 쉽게 잃으니 흉하다.[2]

• 새집 소(난소, 귀소본능, 소굴)

풀이 　상구는 양으로서 려의 극에 처해 있고, 또 리괘의 타오르는 체의 위에 있으니 조급히 동하는 자다. 그 쉽게 동하는 마음 때문에 거처하고 있던 집을 태우고 다른 데로 가려 하나, 구삼과 응하지 못하고 려의 극에 있으니 갈 데가 없는 것이다. 그래서 처음에는 집을 태우면서 시원하다고 웃다가, 뒤에는 늙고 병들어 죽게 된다. 이것은 사람이 죽음을 스스로 초래하고 스스로 멸망한 것이다. 이것을 두고 소를 쉽게 잃었다고 한 것이다.

사람이 나그네로 살려면 소와 같은 순한 본성을 지키고 살았어야 하는데, 그 본성을 아무렇게나 굴리고 사니 모두 다 상실해버렸다. 이것이 둥지를 불태운 거나 마찬가지이고, 처음에 태어날 때는 좋았다가 잘못 살다 보니 뒤에 죽게 되어 호소하며 울게 된다.

지나친 강성으로 온 세상을 다 얻은 것같이 기고만장하여 웃음꽃을 피우는 것은, 곧 조급히 망동하고 경솔함으로 유순한 덕을 잃는다는 것이다. 즉 끝내 자신의 현실을 깨우치지 못한다는 뜻이니, 스스로 깨달아 알 수 있으면 극단에까지 이르러 울부짖지는 않을 것이다.

불태운 것으로 구삼과 상구를 비교해보면, 구삼은 여관을 불태웠으니 임시로 머무는 곳을 불태운 것이다. 또 자신이 타고 가는 소는 남아 있고 마부만 잃어버렸을 뿐이다. 이에 비해 상구는 둥지를 불태웠고 여기에 소까지 잃어버렸으니 완전히 끝난 것이다.

소는 순하고 성실한 짐승이며, 타고난 사람의 본성에 비유된다. 소와 같이 순수한 본성을 그대로 간직하지 못하고, 험한 나그네의 삶 속에서 거칠고 피폐해져서 그만 본성을 상실해버린 것이다. 이 본성을 끝까지 지키고 살았다면 참으로 성공적인 삶인데, 파도치는 인생 행로에서 둥지를 태우듯이, 본성을 잃어버리고 앙상하게 늙어버렸다는 울부짖음이다.

요약 삶은 여행과 같다. 화산려의 초육이 힘든 여행일 수밖에 없는 것은 처음 가보는 길이기 때문이다. 누구나 인생길은 처음 가보는 길이다. 다만 어디로 갈 것인지 정해지면 쉽 없이 갈 뿐이다.

초육은 나그네의 첫걸음이라 자질구레하게 궁색한 짓일랑 하지 말고 당당하면서도 겸손하라는 경계를 했고, 육이는 노잣돈에 하인까지 대동하고 편안한 나그네 길을 간다. 구삼은 거처하는 여관이 불타고 하인들도 둥지고 도망가니 외롭고 위태하다. 구사는 거처할 곳도 있고 무기도 지녀서 남 보기는 좋은 데도 본인의 마음은 불만이 그득하다. 육오는 화살 하나로 꿩을 잡는 것 같은 것이니, 하늘로부터 도움이 있게 되어 '예'와 '명'이 있다. 상구는 둥지도 타 없어지고, 소처럼 우직한 본성도 잃어, 울부짖어도 빈 메아리만 남는다.

1 '인생은 나그네 길'이라고 맨 처음 노래한 사람은 장자였다. 그에 따르면 이 세상은 하나의 거대한 여인숙이고, 우리는 모두 거기 머무는 나그네들이라는 것이다. 조만간 다시 어딘가로 떠날 존재들, 그런 나그네들이기에 지금 머무는 이 세상에 집착하고 매달리는 것은 어리석다는 것이 장자의 가르침이다.

2 뇌천대장괘에서도 이야기했듯이, 고힐강에 따르면 이 효사에 나오는 '려인'은 왕해를 가리키며, 왕해가 유역 땅에서 소를 잃어버린 고사와 연관되어 있다고 한다. 이 효사에 나오는 '역'은 지명으로서 본래의 명칭은 '유역'인데, 대하의 북쪽에서 물길이 좌우로 갈라져 물의 흐름이 바뀌는 곳이라는 뜻의 '역수'에서 그 이름이 유래되었다고 한다. 이 장소는 유목에 좋은 지형이어서 소나 양을 기르는 데 적합했다. 그런데 왕해는 비단과 소를 교역하던 상인이었는데, 바로 유역 땅에 이르렀다가 유역씨 일족에 의해 살해당했다고 한다.

뇌천대장 육오효에서 "양을 잃어버렸는데도 후회가 없다"라고 한 데 비해 화산려괘 상구에서는 "소를 잃어버려 흉하다"라고 한 것은 아마도 그 피해의 정도가 다르기 때문이었을 것이다. 하여 이것은 양을 잃어버려도 큰 손실에 이르지는 않지만 소를 잃어버렸을 때에는 큰 위험에 처하게 된다는 것을 의미한다. 참고로 정약용은 이 '역'을 '교역' 혹은 '교역의 장소'를 의미하는 것으로 보아, 시장에서 교역하다가 소나 양을 잃어버리는 것으로 해석했다. 뇌천대장괘 참고.

57

중풍손

손상손하

위에도 손괘 ☴, 아래에도 손괘 ☴인 대성괘

손 소형 리유유왕 리견대인

손은 조금 형통하니, 갈 바를 둠이 이롭고 대인을 보는 것이 이롭다.

• 부드러울 손(겸손)

풀이   손은 바람을 뜻한다. 바람이 두 번 연이어 있어서 중풍손이 되었다. 바람은 부드러운 기운으로 공손함을 뜻한다. 바람은 남과 충돌하기를 싫어하며, 언제나 태도를 부드럽게 하여 겸손하게 그 옆을 비켜간다. 아무리 어려운 상황에서도 공손하다면 막힐 일이 없을 것이다. 또한 어려울 때일수록 공손한 태도로 대인을 만나야 한다. 그리고 대인의 도움을 받아야 이롭다는 것이 중풍손괘가 전하는 바다.

손은 '겸손하다'의 뜻이며, 손괘(☴)가 두 개나 겹쳐 있으니 겸손의 의미가 더욱 강하다. 한쪽 문은 항상 열려 있어서 외부의 기운과 늘 소통하는 괘다. 《서괘전》에서는 "여행을 다님에 있어 때로 받아들여지는 바가 없을 수 있다. 그러므로 공손함으로 이어짐이다. 나그네가 손순하지 못하면 어찌 남에게 용납될 수 있겠는가? 스스로 손순하면 비록 나그네로서 곤궁하더라도 어디를 간들 용납됨이 없겠는가? 손이 려의 다음이 된 것은 이 때문이다"라고 했다.

나그네가 여행을 다니다 보면 어떤 곳에서는 잠자리와 먹을 것을 쉬이 제공하지만, 어떤 곳에서는 제대로 잠잘 곳도, 먹을 것도 용납하지 않을 수 있다. 그러므로 공손하게 처세를 해야 거절을 덜 당할 것이다. 현재의 상황이 그리 쉽지는 않지만, 공손한 자세로서 조심조심 나아간다면 그나마 일이 조금씩 풀릴 것이며, 어려운 상황이기에 누군가의 도움이나 조언을 받는 것이 낫다.

자신이 강하다고 너무 거칠게 밀어붙이면 나약하고 부드러운 사람들은 오히려 겁을 먹고 잘 따라오지 않는다. 일이 형통하게 잘될 리가 없다. 그러므로 자신이 강하지만 공손하게, 한쪽으로 치우치지 말 것을 제시하고 있다. 그렇게 하면 유순한 세력이 적응하여 따라오기 쉬울 것이며, 무슨 일을 펼쳐나가더라도 성공할 수 있다. 더욱이 자신의 생각대로만 하지 말고 여러 사람의 말을 잘 귀담아들어야 할 것이다.

효사

초육 진퇴 리무인지정

나아가고 물러남은 무인의 일에 이롭다.

풀이 초육은 가장 아래에 있고 약하기 때문에 나아가고 물러남에서 과감성이 필요하다. 곧은 무인의 자세로 함이 좋을 것이라는 말은 곧 자신의 뜻에 회의를 품지 말고, 지조를 굳게 지켜나가라는 뜻이다.

초육은 음으로서 손괘의 처음에 있으며, 겸손한 체의 최하위에 있으니, 지나치게 겸손한 자다. 유약한 재질이라서 지나치게 겸손하면서 불안해하니, 오히려 무인의 곧은 뜻을 세우면 그 불안하고 의심스러움이 다스려지는 것이다.

손이 평상 아래에 있으니, 사와 무를 씀이 어지러운 듯하면(많은 듯하면) 길하고 허물이 없다.

• 어지러울 분(분쟁, 분규, 분란, 분실)

[풀이] 구이는 양으로서 중을 얻고 겸손한 손괘에 있으니, 중정의 덕으로써 겸손한 자다. 그러한 중덕으로써 지극한 정성을 가지고 행해 나가면 길하고 허물이 없게 된다. 구이가 중덕을 가진 유능한 인재인데도 상 아래에 있다는 것은 겸손함이 조금 지나친 것이다. 이렇게 겸손하게 하는 것은, 구오와 동덕이기 때문에 혹시라도 인군 자리를 탐한다는 의심을 살까봐 신하로 자처하는 까닭이다.

구이는 평상 밑에 납작하게 엎드려 공손하니 사와 무를 씀이 어지러운 듯하면(많은 듯하면) 길하고 허물이 없다. '사'란 점치는 자를 말하고, '무'란 굿하는 무당을 의미한다. 정신이 없더라도 보이지 않는 존재에게 지극하게 비는 것이 공손함의 표현이라는 것이다.

자주 겸손함이니 부끄러움이 있다.

• 자주 빈(빈발, 빈도, 빈번)

[풀이] 구삼은 양이 양의 자리에 있고, 하괘의 위에 있으니 지나치게

강하고 교만한 자다. 손괘에 있고 겸손한 때이니 힘써 겸손하고자 하나, 그 뜻을 자주 잃으니 인색해지는 것이다. 너무 지나치게 공손하면, 그것도 실례가 되는 것이며, 심지가 약해보인다.

손괘는 전체가 공손해야 하는 상황이다. 구삼의 속마음은 공손해지고 싶지 않지만 분위기상 공손하려고 애써야 하니 공손함이 잘 되지 않아서 인색하다고 한 것이다. 겉으로 공손한 척하지만 남들이 다 그 거짓됨을 모를 리가 없다. 자주 공손하려고 하니 오히려 궁색해진다. 내키지 않는 일을 억지로 하려다가, 거듭 실수하여 사죄하는 일까지 생긴다.

육사 회망 전획삼품[1]

후회가 없어지니, 사냥하여 삼품을 얻는다.

풀이 육사는 음유한 재질로 구삼 양을 타고 있어 후회가 있는 상이다. 그러나, 음이 음의 자리에 있어 바름을 얻었고, 겸손한 체의 아래에 있어 손순하게 처신하므로 후회가 없어지고(회망), 오히려 그 신임을 얻게 되어 모두를 화합하게 하는 손의 공을 이루는 것이다.

상하에 모두 손순하는 상이 마치 '전획삼품'하여 고기가 상하에 고루 나누어지는 것과 같은 공과를 이룸을 말한다. 육사는 구오 인군 밑에 있는 대신이다. 대신은 구오 밑에서 공손하게 왕의 명령을 시행하는데 그것을 사냥으로 표현했다. '전획삼품'이란 사람을 잘 발굴해서 정치를 잘하도록 한다는 것이다.

구오 정 길 회망 무불리 무초유종 선경삼일 후경삼일 길

일을 맡아 처리한 것이 길하여 후회가 없어져 이롭지 않은 것이 없으니, 처음에는 실마리가 보이지 않지만 결국 유종의 미를 거둔다. 이 변화의 시기에 앞뒤로 조심조심하면 좋을 것이다.

풀이 구오는 바르고 중을 얻은 자리에 있으므로 강건 중정하여 존위에 있고, 아래로 구이와 정응은 아니나 동덕으로 상응하는 자다. 다만 유순하고 바른 육사와 이웃에 가까이 있어 친하게 되므로 육사가 마음을 흔들 수 있다. 중정한 덕으로 회복하면 이롭지 않은 바가 없으며 유종의 미를 거둔다. 아래로 명을 내리기 전 삼일을 생각하고 내린 후 삼일을 다시 생각하는 마음으로 하면 길하다(선경삼일 후경삼일 길).

천간에서 '경(일곱째 천간)'은 '고칠 경'으로 변혁의 글자다. 경에서 먼저 사흘이란 천간의 글자 '정'을 뜻한다. 그리고 경에서 나중 사흘은 '계'이며, '계'는 '헤아린다'라는 뜻이다. 즉 변경하기 전에 신중히 하고, 변경한 후에 잘 헤아려야 길하다는 것이다.[2]

상구 손재상하 상기자부 정흉

손(겸손한 것)이 상 아래에 있어서 그 몸에 지닌 도끼를 잃으니 일을 맡아 처리한 것이 흉하다.

풀이 상구는 양으로써 음의 자리에 있으니, 재질은 강하나 뜻이 약한 자다. 상 아래에서 엎드리는 것은 공손함이 지나쳐서 비굴해지는 것

을 의미한다. 공손함이 지나치면 비굴하다 못해 자기 망신을 당하게 된다. '자부'란 노자와 도끼로, '상기자부'는 권력을 위해 아첨을 하다가 하루아침에 다 잃게 된 것을 말한다. 이렇게 권력이 목표가 되면 비굴해질 뿐이다. 안 그래도 상류층에 있는 사람들이 조금 더 많은 재물과 권력, 명예를 얻으려고 통치자나 지도자에게 아첨하며 상아래 무릎을 꿇게 되면, 오히려 자기가 가지고 있던 부와 명예, 권력들을 잃게 된다. 지나친 아첨을 떨었기 때문에 지금 와서 아무리 바르게 해도 믿지 못하니 흉한 꼴이다.

요약 초육은 과감하지 못하여 결단력이 없다. 구이는 공손함이 지나쳐 귀신에게 엎드려 굿을 바치니 길하다. 구삼은 겉으로 공손하지만 진심이 아니다. 육사는 공손하고 능력도 있어 윗사람에게 선물까지 바치니 공손함의 실천이다. 구오는 공손함이 좋은 마음으로 바뀌어 마무리까지 잘한다. 상구는 아첨으로 욕심을 채우다가 모든 것을 한꺼번에 다 잃는다.

1 《예기》에 따르면 천자와 제후들은 전쟁이 없을 때 매년 세 차례 전렵(사냥)을 행하는데, 그때 잡은 사냥감을 세 가지로 분류했다. 우선 일품은 심장에 쏘아 잡은 것으로 말려서 제사에 사용하고, 이품은 넓적다리나 정강이를 쏘아 잡은 것으로 손님을 대접할 때에 쓰며, 삼품은 배에 쏘아 잡은 것으로 군주의 식탁에 올린다. 그러므로 삼품을 잡았다 함은 군주나 임금에게 올릴 진상품을 얻었다는 말이다.

2 '경'의 본래 의미는 '고친다'라는 뜻으로 '일이 변하는 것'을 의미한다('기'는 다스린다는 뜻이며, '무'는 백성, 즉 민초를 뜻하며, '정'은 신중을 기한다는 뜻이다. '신'은 몸과 마음의 고생을 뜻하며, '임'은 아첨이나 젊어진 짐을 뜻하며, '계'는 어려움을 미리 헤아린다는 뜻이다). 선경삼일은 십간의 경(일곱째 천간 경)에서 앞으로 세 번째 날이라는 말이므로 '갑을병정무기경신임계'의 십간에서 '정'에 해당한다. '정'은 그 변하는 것에 앞서서 당부하는 바이며, 신중함을 뜻한다. 후경삼일은 '계'에 해당하는데, '계'는 그 변하는 것의 뒤에서 헤아리는 바이며, 어려움을 미리 헤아려 계획을 세운다는 뜻이다. 그러므로 선경삼일, 후경삼일은 '신중하게 어려움을 헤아린다', 또는 '중대사일수록 신중하게 결정해야 한다'라는 뜻이다(《성종실록》에 나오는 선갑후갑, 선경후경에 대해서는 산풍고괘 참고).

이 상황에서 법령을 새로 만드는 것을 '갑'이라 하면, 백성들이 익숙하지 않기 때문에 새로운 법령을 선포하기 앞서 3일 동안 은근하게 말하고 법령을 선포한 뒤에도 3일 동안 다시 정녕하게(틀림없이) 말한다는 뜻으로 선갑삼일, 후갑삼일이 된다. 즉 주의 깊게 신중히 대처한다는 것이다. 또한 법령을 펴는 것을 '경'이라 하면, 백성들이 암미(어둡고 미혹되다)한 지 오래되어 법령을 갑자기 펼 수 없으므로, 앞서 3일 동안 거듭 알리고 편 뒤에 다시 3일 동안 알린 뒤에 위반자를 처벌한다는 뜻으로 선경삼일, 후경삼일이 된다. 즉 주의 깊게 신중히 대처한다는 뜻이다.

중풍손괘의 구오가 음으로 변하면 상괘의 손괘가 간괘로 변한다. 그러면 중풍손괘가 산풍고괘로 바뀌는데, 이미 앞에서 본 것처럼 그 산풍고괘 괘사에는 '선갑삼일, 후갑삼일'이라는 말이 나온다. 여기서 고(좀먹을 고)는 세상이 모두 썩어서 부패한 세상을 말하는데, 그런 세상을 '경'으로 뜯어고쳐야 한다, 또는 갑이라는 목(나무)을 경이라는 금으로 고쳐야 한다는 의미로 확장이 가능하다.

58

중택태

태상태하

위에도 태괘☰, 아래에도 태괘☰인 대성괘

기뻐함은 형통하고, 일을 맡아 처리함에 이롭다.

• 바꿀 태, 기쁠 태, 기뻐할 열

풀이 연못은 갇혀 있는 물을 말한다. '태'는 물이 일렁이듯 밖으로 기쁨을 표출하는 상이다. 손괘가 성숙한 장녀로서 시집 가 안정하는 때라면, 태괘는 아직 어린 소녀로서 동심의 세계에서 즐겁게 노는 때이며, 손괘는 안으로 공손해 하는 상이라면, 태괘는 밖으로 즐거이 발현하는 상이다. 가을을 맞아 단단히 결실을 맺는 뜻이 있고, 음효가 위에 있어 웃고 말하고 기뻐하는 상이다.

《서괘전》에서는 들어간 후에 기쁘게 되는 것이니, 그래서 손괘 다음에 태괘가 오는 것이라고 설명한다. 누구의 집에 들어가든, 어떤 모임에 가입하여 들어가든 처음에는 공손한 자세로 들어가게 되어 있다. 그렇게 들어가서 그 집단의 일원이 되면, 그다음에는 함께하는 기쁨이 생기게 마련이다. 그래서 공손한 들어감 다음에 즐겁고 기쁨이 온다고 했다.

중택태괘의 괘사에는 '원형리정' 중에 '으뜸'이라는 뜻의 '원'이 빠져 있다. 중천건괘에 비하여 크지는 않지만, 대신 기쁨이 충만하여 형통하면서도 이로울 수 있다는 것이다. 그러면서도 '바르게 할 것'을 덧붙여 놓았다. 너무 기뻐하다 보면 자칫 흐트러진 모습이나 지나친 흥분이 나타날 수 있기 때문에 바르게 함을 빼놓지 않고 있는 것이다.

효사

초구 화태 길

조화로움으로 기뻐함이니 길하다.

풀이 초구는 양으로 태괘의 최하위에 있으며 상괘에 상응하는 자가 없다. 따라서 자기 자신을 낮추어 온화하고 기쁘게 따르되 편벽되고 사사로운 마음이 없다. 속마음에 다른 뜻을 품고 남과 화목하는 것은 간교하고 아첨하는 행실이다. 초구는 때에 맞게 유순한 덕으로 처신하므로 마음에 불손한 생각이 따로 없어서, 사사로운 마음으로 화목하려는 뜻이 없고 오직 조화를 꾀할 따름이므로 길하다.

처음 친구들을 만나서 기쁘게 놀게 됨은 모두들 조화롭게 잘 지내기 때문이며, 누구도 의심나는 행동들을 하지 않기 때문이다. 이렇게 기쁨의 처음은 조화로우며, 의심이 없다.

구이 부태 길 회망

믿어 기뻐함이니 길하고 후회가 없다.

풀이 구이가 중을 얻었고, 구오와 동덕으로 응하니 '부태'이다. 자칫 구이가 육삼에게 홀려서 지나친 기쁨을 탐닉한다면 흉하다. 그러나 구이가 자신을 잘 지켜서 행동을 미덥게 한다면 후회가 없고 길하다. 육삼 여자가 무슨 짓을 하든지 흔들리지 말고 신의와 믿음을 가지고 나아가라는 경계다.

래태 흉

와서 기뻐하니 흉하다.

풀이 육삼은 양효라면 가리지 않고 기쁨을 탐하기에 흉하다. 육삼은 음유한 재질로 부중정하니, 기뻐하는 도에 있어서 바름을 잃은 자다. 육 삼은 이 남자 저 남자를 쫓아다니면서 기쁘게 해주려는 것이다. 여자의 처신이 신중하지 못하고, 내려와서 기쁘게 해주니, 근본을 알 수 없는 쾌락은 추한 일이다. 바름을 잃은 상태에서 같은 체에 있는 구이와 초 구에게로 와서 기뻐함을 구하니, 그 기뻐하는 도를 잃어 흉하다. 이것은 음유한 소인이 높은 직위에 있어, 아래에 있는 강명한 군자를 자기편으 로 삼으려 하나, 강명한 군자가 이에 응하지 않고 오히려 척결한 생각을 갖게 되니 흉한 것이다. 주역에서는 위로 가는 것을 '왕', 아래로 내려오 는 것을 '래'라고 표현한다.

구사 상태미령 개질유희

잘 헤아려서 기쁨을 취하지 않으면 마음이 편안하지 못하다. 잘못된 것을 분별하여 미워하면 기쁨이 있다.

풀이 구사는 양이 음의 자리에 있으므로 뜻이 약한 자다. 아래로 동덕이 아닌 육삼 음과 이웃해있어 상비관계로 기뻐하여, 그 잘못됨을 알면서도 이를 쉽게 멀리하지 못하므로 편안치 못하다(상태미령). 그러나 이를 분별하여 결단하고 위로 구오를 도우면, 군자로서의 도를 이루게 되어 경사가 있게 된다(개질유희).

무턱대고 아무렇게나 기쁨을 취할 것이 아니라, 짝이 아니면 보내야 하고, 너무 많이 쌓이면 잘 분배를 해야 뒤탈이 없다. 지나친 것은 모자란 것과 같다는 말처럼, 기쁨이 너무 무턱대고 많기만 해도 좋지 않을 것이다. 때때로 쓸데없는 것을 솎아내야(개질) 할 필요가 있다.

구사는 육삼과 구오 인군 사이에서 누구를 선택해야 할지 갈팡질팡하고 있다. 위의 구오는 평생 일을 함께하면서 도움을 받아야 하는 상관이고 아래의 육삼은 자기를 유혹하는 예쁜 여자다. 둘 다 갖고 싶은 욕심에 속으로 재고 따지고 계산을 하느라 마음이 불편하다. 물론 올바른 계산법은 육삼을 버리고 구오를 선택하는 것이다.

구오 부우박 유려

깎는데 믿으면 위태함이 있다.

풀이 양을 해치는 음이라서 '박'이다. 상육은 극에 다다른 상태로 지나쳐 자제할 줄 모르는 자다. 그러므로 구오가 이웃이라고 해서 가까이해서는 안 될 자이니, 믿지 말라는 것이다. 상육인 음에 끌려 들어가면 위태롭다. 구오가 인군으로서 마땅히 천하를 기쁘게 해야 하는 위치인

데도 불구하고, 상육과 개인적으로 친한 것은 위태한 일이다. 태괘 여섯
효중에 유일하게 오효만 '태'를 말하지 않은 것도 이러한 이유다.

　구오는 높은 지위도 가졌고 능력도 출중하다. 그런데 지금 기쁨을 주
는 상육 여인의 유혹에 흔들릴 위험이 있다. 상육은 아래의 육삼의 여자
와 달리 노련하고 강렬한 매력이 있어 구오를 그냥 두지 않는다. 음이
양을 깎아먹는다는 말이 있듯이, 아무리 똑똑하고 현명한 남자이지만,
그 여자에게서 빠져나오기는 쉽지 않다는 말이다. 그러나 구오는 믿음
직한 남자이고 자신의 사회적인 위치가 있어 위기를 벗어날 힘을 가졌
다. 끝내 무너지지 않고 위의 강한 여자의 유혹을 이겨 내야만 위태로움
에서 벗어날 수 있다.

상육　인태

이끌어서 기뻐함이다.

　상육은 노련한 여자여서 가만히 앉아 뭇 남성들을 끌어들인다. 단지
기뻐하기를 그치지 못한다고 했을 뿐, 길흉이나 선악은 나타내지 않았
다. 상육은 음으로서 태괘의 극에 처하여, 그 기쁨에 연연하는 자다. 기
뻐함이 다하면 흩어지게 마련인데, 이를 모르고 아래로 구오, 구사 두
양을 이끌어서 기쁨을 구하니 빛나는 일은 아닌 것이다. 또 구오가 강건
중정하여 이를 절제하므로 실질적으로는 기쁨이 없게 된다.

요약   중택태는 기쁨의 괘다. 지나친 기쁨을 탐닉하지 말라고 경계했으며, 백성을 기쁘게 하는 것이 도리어 나를 이롭게 하는 일이다.

초구는 진정한 어울림으로 기뻐하니 순수하다. 사랑하는 남녀의 자연스러운 기쁨이다. 구이는 믿음으로 충실한 사람은 주변의 가벼운 기쁨에 흔들리지 않는다. 신뢰에서 생기는 미더운 기쁨이다. 육삼은 가볍게 쫓아다니며 기쁨을 뿌리지만 처신이 불량하다. 굴러온 즐거움은 근본을 알지 못하는 쾌락일 뿐이다. 구사는 처음에는 선택하느라 생각이 많았지만 바른길로 간다. 구오는 노련한 여자에게 끌려가지만 결국은 자기 자리로 돌아온다. 상육은 이끄는 매력을 가졌으나 오래가지 못한다.

59

풍수환

손상감하

위에는 손괘☴, 아래에는 감괘☵인 대성괘

환 형 왕격유묘 리섭대천 리정

환은 형통하다. 왕이 제사를 지내기 위해 사당에 이르며, 큰 내를 건너는 것이 이로우니, 바르게 함이 이롭다.

• 흩어질 환

풀이   왕이 종묘사직에 제사를 지내는 것은 흐트러진 민심을 모으는 방법이다. 역대의 왕조가 묘당을 두어 조상신을 모신 이유가 여기에 있다. 환은 흩어지는 것이다.[1] 이러한 때에 정성을 모아 잘 이겨나가야 이로우니, 흩어지는 때일수록 바름을 지켜야 하는 것이다. 환은 손괘 아래에 감괘가 있는 상이니, 바람으로 인해 물결이 일렁여 수면 위에 퍼져서 흩어지는 형상이다. 기뻐한 뒤에는 기운이 흩어지는 법이므로 중택태 다음이 풍수환괘가 되었다. 모두가 모여서 즐겁고 기쁜 일들을 치르고 나면, 이제는 흩어져야 할 때가 온다.

풍수환은 흩어지는 괘이지만 형통하다고 했다. 풍수환괘가 형통한 것은 왕이 사당을 지어놓고 조상의 혼령을 지극하게 받들기 때문이다. 역대 왕의 혼을 모신 곳을 '종묘'라 하고, 국토를 수호하는 신을 '사직'이라 한다. 종묘사직이 흩어지면 그 나라는 망한다. 그래서 왕은 사당을 지어 흩어진 백성들의 마음이 조상을 받드는 마음으로 집약되도록 한다. 이렇게 백성들의 마음이 취합되면 나라가 영화롭게 된다. 큰 내를 건너는 것과 같은 힘들고 어려운 일도 너끈히 해낸다.

《단전》에는 풍수환괘가 본래 천지비괘에서 유래한 것으로 설명한다.

천지비괘의 구사가 풍수환괘의 구이로 내려와 중을 얻었다는 것이다. 양이 아래로 내려와 중을 얻었으니 조금도 궁한 데가 없어서 형통하다. 이를 달리 말하면, 두 번째 있던 음이 외괘로 올라가 네 번째 자리에 있게 된다. 이렇게 네 번째 양과 두 번째 음이 서로 자리바꿈을 함으로써 신하로서 자리하니 형통하다. 구오는 외괘에서 중을 얻어 임금이 되고, 육사는 임금 밑에서 자기 자리를 얻은 신하가 되므로 구오의 임금과 육사의 신하가 서로 뜻을 같이 한다.

효사

초육 용증 마장 길

구원함을 사용하되, 말이 건장하니 길하다.

• 건질 증(증흘)

풀이   흩어진 마음은 모아야 한다. 서로 뜻을 같이하고 힘을 모아야 한다. 초육은 지금 흩어진 상태에서 혼자서 살 능력이 없다. 그래서 위의 구이에게 매달려야 한다. 초육은 음으로서 흩어지는 때의 처음에 있고, 육사와 음양응이 되지 않아 위로 응원함이 없으니 미약한 자다. 그러나 뜻은 강해서 흩어짐의 때를 구제하고자 하고(용증), 또 이웃에 위치하여 상비관계인 강중한 구이에게 의탁하여 구원을 받게 되는 것이 마치 건장한 말을 얻어 타고 먼 길을 가는 것과 같음이니 반드시 뜻을 이루게 되어 길하다. 초육에 입장에서 구이는 건장한 말과 같다.

구이 환분기궤 회망

환에 그 책상으로 달아나면 후회가 없다.

• 달릴 분(광분, 분주) • 책상 궤

풀이 구이는 감괘의 중앙에 있으므로 시급히 험난함에서 탈출하여 궤로 나아가야 한다. 궤는 '책상'이라는 뜻인데 초육이 음으로서 자리가 부드러우므로 편히 앉을 수 있는 책상으로 비유했다. 여기서 책상은 공부하는 것만이 아니고 사람이 편하게 있는 자리인 평상 또는 침대를 말한다.

구이가 초육과 힘을 합하는 것이 흩어짐을 구제하는 첫걸음이 됨을 말한다.

구이는 초육을 궤라 하고, 초육은 구이를 말이라고 한다. 구이가 재빨리 초육에게 다가가 편안해지면 후회할 바가 없어진다. 구이는 강중한 자이지만 구오와 응이 안 되고 흩어지는 때에 있으니 만날 수 없다. 이에 구이가 상비관계인 초육에게로 달려가서 같이 더불면, 서로 돕는 바를 얻게 되어 후회가 없어지는 것이다.

구이를 '(제사를 위해 준비한) 그 희생을 올려놓은 궤를 흩트려 달아남'으로 해석하는 책도 있다.

육삼 환기궁 무회

환에 그 몸이 후회가 없다.

풀이 육삼은 유약한 재질이나 하괘 감의 험난함을 벗어나려 하는 때에 있고, 위로 상구와 정응이 되니, 비록 중정을 얻지 못한 유약한 재질이어서 천하의 큰 흩어짐을 구제하지는 못하지만, 자신의 작은 흩어짐은 구제하게 되어 후회가 없다.

육삼은 음이 양의 자리에 있고 중을 못 얻었으니 다른 괘 같으면 좋지 않겠지만 풍수환괘에서 육삼은 상구와 음양응이 잘되어 있으므로 흩어지는 때를 당해서 더불어 함께 할 사람이 있어 그 몸에 별 탈이 없다. 육삼은 음이 양의 자리에 있고, 또 구이 양을 올라탔으니 '회'가 있는 상이므로 상구와 상응하여 자신의 환을 면해야 후회가 없다.

육사 환기군 원길 환 유구 비이소사

환에 그 무리를 지음이다. 크게 길하니, 환에 언덕이 있음이 보통 이들이 생각할 바가 아니다.

풀이 처음엔 깨끗이 흩뜨려야 하고, 그런 후에 새로 깨끗한 정신으로 모두가 하나로 결집해야 한다. 육사는 음으로서 음의 자리에 있으니 '정'을 얻은 자다. 흩어짐의 때에 대신의 자리에 있고, 아래로는 사사로이 응함이 없으니, 구오 인군과 더불어 흩어짐을 구제하는 자다(환기군). 자신의 부드럽고 바른 재질로 강건중정한 구오 인군을 도와 흩어짐을 구제하니, 으뜸으로 길하다(원길). 모든 것이 흩어지는 때에, 언덕같이 큰 모임이 있는 것이 예사로이 볼일이 아닌 빛나고 큰일인 것이다. 육사의 공이 커서 재질이 같은 초육, 육삼의 두 음이 쉽게 생각할 바가 못 되게 큰 것이라는 뜻이다. 환괘에 있어서 하괘 감은 흩어지는 대상이고 상괘 손은 흩뜨리는 주체다.

육사는 손괘의 주효로 그 책무가 막중하다. 험난해진 세상을 개혁하려면 그 무리를 모두 흩어지게 하지 않고는 안 된다. 그래서 육사가 그무리를 다 흐트러뜨렸는데 오히려 무리가 모인다고 했다. 흩어진 후에는 모이게 되고 모이게 되면 흩어지는 것이 자연의 법칙이다. 즉 '환기군'은 그동안 잘못된 모든 사람의 마음을 흩뜨려야 한다는 것이고, 다음의 '환유구'는 그 흐트러진 마음을 다 모으니 언덕처럼 쌓인다는 것이다. 그동안 잘못한 것을 모두 다 흩뜨리고, 새로 깨끗한 정신 상태에서모두가 하나로 집약된 것이다.

구오 환한기대호 환 왕거 무구

환에 그 크게 부르짖음이 땀나듯이 하면, 환에 왕이 거함이니 허물이 없다.

풀이 구오는 양이 양의 자리에 바르게 있고 외괘에서 중을 얻어 중정하다. 비록 흩어지는 환괘이지만 중정한 자리에 있어서 이때를 능히 잘다스린다. 구오는 인군의 자리이므로 흩뜨리지 않고 모이라고 크게 호소하며 정치를 새롭게 해나가는 것이다. 구오가 혼신의 힘을 기울이니온몸에서 땀이 날 정도다. '흩어지면 죽으니 뭉쳐보자'라며 크게 호소하여 모든 이를 모이게 한다. 구오와 육사는 군신이 합덕을 이룸이다. 이와 같이하면 가히 천하의 흩어짐을 구제하여 군주로서의 위엄을 갖추게 되므로 허물이 없게 된다.

상구 환기혈거척출 무구

그 피가 제거되며, 두려움에서 벗어나 허물이 없다.

상구는 흩어짐을 마무리하는 자다. 강한 재질로 손괘에 있으니, 강하면서도 겸손하여, 능히 그 험함을 멀리하여 나오니 허물이 없게 되는 것이다. 흩어짐의 극에 처했으므로 혈거, 즉 피 볼 일이 없어지는 상태다. 환의 위험한 시대, 피를 보는 위기가 사라졌으니, 두려움에서도 벗어나게 되었다.

요약 풍수환은 괘상 자체는 흩어지는 괘이지만 흩어짐을 흩어짐으로 내버려두지 않는다. 사람의 마음은 흩어지기 쉬우므로 위태롭고, 우주적 마음은 흩어져 있으므로 미약하다. 하여 사람이 해야 할 일은 자기 밖에서 새로운 경험과 지식을 개발하고 지식을 축적하는 것이 아니다. 육신에 덮이고 욕망에 절어 부자연스럽게 된 우주적 마음의 힘과 가치를 되찾는 일이다.

초육은 구이한테 의지해야 하고, 구이도 초육을 만나야 한다. 육삼은 상구를 만나서 외롭지 않고, 육사는 구오와 함께 흩어짐의 난세를 다스리며, 악이 뭉친 것을 다 흩뜨리고, 군중을 하나로 다시 모으는 큰일을 해낸다. 구오는 백성들에게 혼신의 힘을 다해 호소하고, 상구는 그 극한 상태에서 위험한 일도 사라지고 다시 평화로운 사회가 된다.

1   동양의학은 몸과 마음을 따로 보지 않는다. 이는 몸과 마음이 한통속으로 엉겨 붙어 유기적으로 관계한다는 말이다. 병의 회복 또한 이와 다르지 않다. 암울한 감정은 토하는 신체적 행위에서 흩어지고, 울체되고 뭉친 기운은 기침과 콧물을 다 쏟아낸 후 멈춘다.

60

수택절

감상태하

위에는 감괘☵, 아래에는 태괘☱인 대성괘

절제함은 형통하다. 그러나 괴롭게 절제하는 것은 오히려 옳지 못하다.

• 마디 절(절차, 절기, 절약, 조절): 예절, 절도, 절약하다, 절제하다, 제한하다

풀이 절은 마디를 말한다. 마디란 대나무[1]의 마디처럼 묵은 것이 끝나고 새로운 것이 시작되는 지점이다. 이 세상에 있는 것치고 마디가 없는 건 없다. 동물은 관절이 있고, 식물은 마디가 있다. 4계절, 24절기, 72절후 같은 천지자연의 변화도 하나의 마디라고 할 수 있다. 만일 마디가 없다면 천지 만물은 끝없이 팽창하다가 터져버렸을 것이다. 천지 만물이 분수에 맞게 절도를 지키는 건 전적으로 마디의 덕분이다. 고로 주역에서는 수택절을 형통하다고 한다.

절괘는 인간생활의 절도와 절제를 가르친다. 절은 사물의 절차를 말하고 알맞은 절이 있어야 안락을 얻는다는 것이다. 사람의 욕망에는 한계가 없으므로 절도로서 규제하지 않으면 사치와 방종에 빠져서 재물을 상하고 백성에 해를 끼치게 된다. 그러나 절도가 지나쳐서 고통에 이른다면 이는 오히려 옳지 못하다. 절은 중용을 귀하게 여기므로, 지나치게 절을 주장하면 큰일을 이룰 수 없다. '고절'이란 중도를 지나친 절제를 말한다.

수택절은 연못(☱) 위에 물(☵)이 넘치지도 모자라지도 않게 알맞게 찬 모양이다. 연못에 물이 하나도 없이 말라버린 것이 택수곤괘의 이미지라면, 연못에 물이 들어차 있는 것이 절괘의 이미지다. 이는 택수곤괘

와 뒤바뀐 상이다. 연못에 물이 풍부하게 있으므로 그 양을 잘 살펴보아서 다른 곳에 물을 가져다줄 수도 있고, 물이 필요한 사람들에게 연못을 개방할 수도 있다. 적재적소에 필요한 양을 잘 헤아려서 나누어줌을 절도 있게 하는 것이 바로 착한 정치라 할 수 있을 것이다.

흩어짐은 헤어져 멀리 감이다. 그러나 사물이 끝끝내 떨어져 나갈 수만은 없기 때문에 마디가 생기게 마련이다. 그래서 풍수환괘 다음이 수택절이 되었다. 흩어져서 멀리 떨어져나가지만, 무한정 멀어질 수는 없고 중간에 마디가 생겨서 멈추는 계기가 있다. 대나무가 뿌리에서부터 계속해서 자라 뻗어나가지만, 중간중간 마디가 생김으로 한 번씩 멈춤이 있는 것을 보면 알 수 있다. 마음의 흥분을 가라앉혀, 내가 너무 많이 나갔다고 생각되면, 그칠 줄 아는 것이 곧 마디를 두는 것과 비슷하다. 그래서 절제함이 형통할 수 있다고 했다. 그러나 너무 강제적으로 억제하고, 절제하면 오히려 아니 함만 못하게 된다. 그래서 괴로워하면서 절제함은 올바른 자세가 아니라고 덧붙였다. 지나친 고행은 오히려 수양을 그르칠 수 있어 스트레스의 이유가 된다. 자신의 한도를 넘어서서 현실을 감당하지 못한 채, 힘들게 지켜나가는 지조와 절개는 굳게 오래 지속될 수도 없고, 그렇기 때문에 올바를 수 없다.

효사

초구 불출호정 무구

집안의 뜰에서 나오지 않음이니 허물이 없다.

풀이 　초구는 양으로서 절의 처음에 있고, 위로 육사와 음양응이 되니 위로 나아가고자 하는 자다. 그러나 앞에 구이가 가로막고 있어 나아가지 못할 것을 알고, 제자리에 머무르니 허물이 없다. 삼가며 근신하기를 안 뜰에도 나가지 않듯이 하면 허물이 없다고 경계했다. 무슨 일이든지 처음에는 절도를 지키다가도 끝에 이르면 변심하는 것이 보통인데, 일의 시초에 삼가지 못하면 유종의 미가 있을 수 없다. 그러므로 절의 시작을 엄히 경계한 것이다.

　중문 밖에도 나서지 않는다는 것은, 행동은 물론 말조차 밖으로 나가지 않는다는 뜻이다. 때를 헤아려서 통할 것 같으면 행하고 막힐 것 같으면 그쳐야 하는 것이다. 살다 보면 나서야 할지 말아야 할지를 아는 게 굉장히 중요하다. 쓸데없이 나섰다간 일을 그르치게 되고, 때가 되었는데도 쭈그리고 앉아 있다가는 낭패를 당한다.

구이 　불출문정 흉

문 옆에 있는 뜰에서 나오지 않고 있으니 흉하다.

풀이 　초구와 달리 구이는 나가야 하는 때다. 양으로서 중을 얻었으니, 위로 구오와 동덕으로 힘을 합해 절의 공을 이루어야 함에도 불구하고, 같은 태괘에 있는 육삼과 사사로이 친하여 구오에게 나아가지 않는 것이다. 마땅히 나아갈 때 나가지 못하니 때를 잃게 되어 흉하다. 칩거를 하고 있다가도 때가 되면 다시 세상과 소통을 해야 한다. 구이가 흉하게 된 것은 나아가야 할 때를 놓쳤기 때문이고, 무조건 절제만을 고집스럽게 지키며 융통성이 없기 때문이다.

육삼 부절약 즉차약 무구

절제하지 않으면 곧 탄식할 것이니 만약 스스로 절제하면 허물이 없다.

풀이 육삼은 음으로서 부정중하고 구이 양을 올라탔으며, 위로 응원함도 없으니 마땅히 본분을 지켜야 한다. 스스로 절제하지 못하면 허물을 지을 것이요, 절제한다면 허물이 없을 것이다. 육삼은 음이 양의 자리에 왔으므로 유약한 재질에 뜻은 강한 자다. 더구나 태괘의 극에 있으니, 먹고 기뻐하고 말함에 절제가 없는 것이다. 절도를 지키면 허물을 면할 수 있음에도 절제하지 못하면 탄식을 초래한다.

육사 안절 형

편안히 절제함이니 형통하다.

풀이 육사는 음이 음의 자리에 바르게 있으며 이웃인 구오하고도, 짝인 초구와도 음양의 조화가 맞다. 대신의 자리에서 위로 강건중정한 구오인군과 상비관계이니, 중정의 덕으로 절을 지켜나가므로 형통한 것이다. 육사는 억지로 절도를 행하는 것이 아니라 절도에 안주하고 있는 것이다. 절도는 즐거운 마음으로 행하는 것을 최선으로 삼기 때문에 억지로 절제하여 마음이 편하지 않으면 항구하지 못하여 형통할 수 없다.

주역에서는 다섯 번째 자리를 왕의 자리라고 하고 네 번째 자리를 신하의 자리라고 한다. 신하인 육사가 편안하게 절제하며 임금인 구오를 도와 도를 펼치므로 형통하다.

구오 감절² 길 왕 유상

달게 절제함이다. 길하니 가면 숭상함이 있다.

풀이 구오는 강건 중정하여 존위에 있으니 절제의 도를 다스리는 자다. 중정의 덕으로 천하의 '절'을 다스리니 길하고, 하는 일마다 이루어지는 것이다. 자신은 즐거운 마음으로 절제하고, 천하는 기쁨으로 따르기 때문에 절도의 최고선으로써 길하다. 이와 같은 절도로 나아가면 크게 공을 이루어 숭상함이 있을 것이다. 지도자에게는 이와 같이 한쪽으로 치우치지 않고 중심을 잡으며, 끊을 때 끊을 줄 아는 지혜가 필요하다.

상육 고절 정 흉 회망

괴로운 절제이니, 고집하면 흉하고 뉘우치면 흉함이 없어질 것이다.

풀이 상육은 고절이라고 한다. 고절은 쓴맛이 나는 절도란 말이다. 상육은 수택절의 끝자리다. 자리가 변하고 시간이 흐르니 구오의 달달한 절도도 쓰게 변질된다. 그런데도 상육이 계속 고집을 부리면 흉해진다. 상육이 자신의 과실을 뉘우치면 쓰디쓴 고절도 사라진다. 끊고 맺는 절제와 절도가 너무 엄격하면 누구나 견디지 못한다. 상육은 자신이 하는 일이 바른 줄 알고 계속 고집을 부리니 문제다. 절제의 도가 궁색한 것이다.

요약 초구는 문밖에도 나가지 말고 가만히 있으라 했고, 구이는 나가도 되는데 방안에만 있어서 흉하다고 했고, 육삼은 절제가 안 되어 슬픈 것이고, 육사는 윗사람과 호흡이 잘 맞아 편안히 따르니 편안한 절제이고, 구오는 중정하게 통하니 달게 절제함이다. 상육은 괴로운 절제로 궁색해진다.

1   소동파는 "고기 없는 식사는 할 수 있지만 대나무 없는 생활은 할 수 없고, 고기를 안 먹으면 몸이 수척해지지만 대나무가 없으면 사람이 저속해진다"라고 했다. 대나무는 매화, 난초, 국화와 함께 사군자로 불렸고, 특히 사시사철 푸르고 곧게 자라는 성질로 인해 지조와 절개의 상징이다. 일연의 《삼국유사》에 나오는 상상 속의 만능피리 '만파식적'도 대나무로 만든 것이다.

과거 사마염이 위나라를 물리치고 진나라를 세우면서 전횡을 일삼았던 시절에 세상을 등지고 숲으로 들어가 노장의 무위자연 사상에 심취한 지식인들이 있었는데, 그렇게 모인 선비 7명은 '죽림칠현'이라 불렸다. 이들이 모인 곳도 대나무숲이었다. 죽림은 '대쪽 같은 선비'를 상징하기에 가장 적절한 곳이다.

'소년등과에 패가망신', '진예자 기퇴속', 즉, 나아가는 것이 빠른 자는 그 물러남도 빠르다. 최고의 가치는 오로지 꾸준함에 있다. 이는 '모죽'이란 대나무가 성장하는 것과 비슷하다. 모죽은 심은 지 4년 동안은 큰 변화가 없다가 4년이 지나면 하루 70센티미터씩 쉬지 않고 성장해서 나중에는 27미터까지 자란다. 4년 내내 조용히 뿌리를 뻗어 기초를 다지는 것이다. 당장 결과를 바라기보다는 모죽처럼 멀리 볼 필요가 있다. 임계점을 넘는 순간을 기다려야 한다. 이것은 대나무를 쪼개는 '파죽지세'로도 설명이 가능하다. 대나무는 처음 두세 마디만 쪼개면 그다음부터는 칼날이 닿기만 해도 저절로 쪼개지는 법이다.

대나무의 삶은 두꺼워지는 삶이 아니라 단단해지는 삶이다. 더 자라지 않고 두꺼워지지도 않고, 다만 단단해진다. 대나무는 인고의 세월을 기록하지 않고, 아무 흔적을 남기지 않는다. 대나무는 나이테가 없다. 나이테가 있어야 할 자리가 비어 있다. 대나무가 가늘면서도 바람에 꺾이지 않는 것은 속이 비었고 마디가 있기 때문이다. 욕심을 비우고 고난의 마디가 있어야 모진 세파에도 삶이 꺾이지 않고 대나무처럼 쑥쑥 자랄 것이다.

2   오행의 목, 화, 토, 금, 수를 방위로 배정하면 목은 동쪽, 화는 남쪽, 금은 서쪽, 수는 북쪽이다. 토는 중앙에서 목, 화, 금, 수를 조절하는 역할을 한다. 하여 토를 왕의 자리라고 보는데, 토에 해당하는 맛이 단맛이다(목은 신맛, 화는 쓴맛, 금은 매운맛, 수는 짠맛). 중앙 토의 성격답게 구오는 백성을 달고 기름지게 보살피니 자연히 민심이 구오를 따른다.

61

풍택중부

손상태하

위에는 손괘☴, 아래에는 태괘☱인 대성괘

**믿음이 돼지와 물고기 같은 보잘것없는 짐승까지 미치면 길하니, 큰 내를
건넘이 이롭고 바르게 함이 이롭다.**

• 미쁠 부: 믿음성이 있다, 기르다, 붙다

풀이   돼지와 물고기는 감각이 둔하며 무례하여 사람이 감동시키기
어려운데, 신의가 이런 미물에게까지도 미쳤다면 가히 통하지 못할 곳
이 없으므로 길하다. 진짜 믿음이란 사람을 믿게 하는 것은 물론이고 돼
지와 물고기 같은 미물까지 믿게 할 수 있어야 한다는 뜻이다.

풍택중부의 내괘는 연못을 상징하는 괘인데 기뻐한다는 의미가 있
고, 외괘는 바람을 상징하는 괘로 공손하다는 의미가 있다. 그러니 사
람도 풍택중부의 형상대로 안으로는 기쁜 마음을 가지고 밖으로 공손
하게 하면 믿음이 온 나라 사람은 물론 돼지나 물고기에게까지 미치게
된다.

중부괘의 상은 밖의 강건한 양에 의해 유약한 음이 안으로 길러지는
상으로 부모 품에서 어린 생명이 자라나는 모습이다. 중간에 유약한 음
(육삼, 육사)을 양들이 에워싼 형상이며, 내외괘의 중심 효에 양(구이, 구
오)이 처하여 서로 미더운 모습이다. 이렇게 서로가 믿음으로 충만하니
어떤 큰일도 헤쳐나갈 수 있다. 믿음을 가지기 위해서는 어떤 욕심이나
목적을 버리고 자신을 비워야 한다.

연못 위에 바람이 불면, 연못에 끼어 있던 자욱한 안개가 살며시 걷히
게 된다. 연못 위의 안개가 걷히듯, 사람에 대한 불신과 의심이 걷히게

되면, 그 사람에 대한 믿음이 생겨나게 된다. 풍택중부는 믿음을 말하는 괘로 수택절의 뒤에 위치한다. 때에 맞게 절도를 가지고 행동하면 믿을 수 있으니 수택절 다음이 풍택중부가 되었다. 주역에서 줄기차게 나오는 단어인 '미쁠 부'라는 글자는 '손톱 조'와 '아들 자'가 합쳐져 어미새가 알을 발로 위치를 바꾸며 품고 있는 것을 뜻한다.

효사

초구 우 길 유타 불연

믿음을 잘 헤아리면 길하지만, 그 밖에 다른 것을 생각하면 편안하지 않을 것이다.

- 염려할 우(우범지역): 근심하다(속을 태우거나 우울해하다), 경계

- 제비 연: 잔치, 향연, 연회, 즐겁게 하다, 편안하다

풀이 초구는 백성의 자리로 인군인 구오를 믿어야 한다. 그런데 초구는 응을 이루는 육사와 음양의 조화가 맞다. 하여 초구는 인군 구오를 믿어야 할지, 육사를 믿어야 할지 고민한다. 육사 대신과 구오 왕을 헤아리되, 구오 왕을 믿고 따르면 길하고, 정응이라고 육사 대신에게 부합하여 사사로이 친하면 중부의 바른 길이 아니므로 편안하지 않은 것이다(유타불연). 오로지 육사에만 응하는 것은 곧 유타가 된다.

멀리 울어대는 어미 학이 어두운 곳에 있어 보이지 않지만, 그 아기 학은 엄마인지 알고 화답을 한다. 어미 학이 좋은 자리를 발견하고서 아기 학과 더불어 얽힌다.

• 벼슬 작(공작, 후작): 참새, 술, 술잔 • 쓰러질 미: 쓰러지다, 쓰러뜨리다, 멸하다, 호사하다

풀이 누가 가르치고 시키는 것도 아닌데 마음에서 우러나와 서로 대화하는 것이다. 순수한 자연에서 우러나는 믿음, 어미와 새끼의 관계라는 것은 자연적인 믿음이다. 훌륭한 덕을 지닌 은사가 뜻을 품고 숨어 살아도 그 덕성이 널리 퍼지니 재야의 덕 있는 군자들이 화답해온다.

구이는 양으로 중을 얻어 위로 구오와 동덕으로 응하니, 중부의 지극함이 있는 자다. 마치 어미 학이 우는데, 그 자식이 듣지 못하는 자리에 있어도 능히 느껴서 화답할 정도니, 진실로 마음속으로부터 원하는 것이다. 이것이 바로 구오는 구이에게 좋은 벼슬을 주고 구이는 구오의 명을 따라 백성을 잘 다스리며 화답하는 것이다. '아유호작 오여이미지'는 '내게 좋은 술(또는 술잔)이 있어 내 너와 함께 취하고 싶다'로 해석할 수도 있다.

적을 얻어서, 혹 두드리고 혹 그만두며 혹 울고 혹 노래한다.

• 마칠 파(파업, 파면): 그만두다, 놓아주다

'혹고 혹파 혹읍 혹가' 하는 것은 나약하고 부정한 육삼의 행실이 상대방에 따라 갈피를 못 잡는 상황을 말한다. 육삼은 자신의 위치가 불안정하고, 진실성이 없고, 남을 믿지 못하는 우유부단한 사람이다. '혹고 혹파'는 거짓된 덕으로 남의 마음을 사려고 나섰다가 잘 안되면 그만두는 행실을, '혹읍 혹가'는 두려움에 하소연하면서 눈물을 흘리다가 안도감에 쾌재의 노래를 부르며 기뻐하기도 하는 행실이니 모두가 다 불안정한 모습이다.

'적'은 '대적함'을 말하므로 육삼과 정응인 상구를 말한다. 육삼과 육사는 모두 중부를 이룬 주체이나 각자 처한 바는 다르다. 육사는 음이 음의 자리에 왔으므로 바른 자리를 얻었지만 육삼은 부중부정하므로 정응에 매달리는 바다. 유약한 자로써 정응을 따르는 것은 믿는 바가 있어서 그러하다. 육삼이 불안하고 믿음이 없는 이유는 자리가 바르지 않기 때문이다.

육사 월기망 마필 망 무구

달이 거의 보름이니, 말의 짝이 없어지면 허물이 없다.

• 짝 필(배필, 필부, 필적)

풀이 육사가 이미 구오를 따르면서 다시 아래의 초구에 얽매인다면 믿음직하지 못하므로 허물이 될 것이다. 위로 구오를 따르고 초구에 얽매이지 않는 것을 짝을 잃음에 비유했다. 육사가 초구에 얽매여 있으면 나아감에 공을 이루지 못한다. 육사는 달이 차오르기는 했지만 보름달에 약간 미치지 못하여 덜 찬 달의 모습으로 겸양하게 구오 인군을 모셔야 한다. 자기가 똑똑하고 잘났어도, 다 찬 달이 되면 윗사람에게 적대감을 줄 수도 있으며, 그렇게 되면 이지러질 일만 남을 것이다. 덜 찬 달의 겸양으로 믿음과 지성을 다하여 인군을 모셔야 한다. 마필은 초구인데, 그 남자한테 사사로운 정으로 접근하지 말고, 과감하게 끊어 정리하고 나서 오직 인군인 구오에게 일편단심으로 충성을 바치라는 것이다.

구오 유부련여 무구

믿음을 두어 잡아당기는 것 같으면 허물이 없다.

풀이 구오는 양이 양의 자리에 있고, 외괘에서 중을 얻었다. 사람은 물론 돼지나 물고기에게까지 믿음을 얻는 인군인 것이다. 구오는 모든 사람에게 신뢰를 받고 그 믿음의 영향력으로 만인을 결속시킨다.

　구오는 중정함으로 존위에 있고 아래로 구이와 동덕으로 상응하니, 하늘의 덕과 응하는 자다. 믿음을 가지고 중정한 도로써 백성을 이끌면, 인군으로서 허물이 없게 되는 것이다. 구오가 모두에게 믿음을 전하고 얻을 수 있는 것은 바른 자리에 있어 흔들리지 않기 때문이다.

상구 한음 등우천 정 흉

푸드덕거리며 날아오르려는 날갯짓 소리가 하늘로 올라가니, 고집하여 흉하다.

마음만 있다고 모든 것이 다 해결되는 것은 아니다. 비록 내가 신념을 가지고 있더라도 현실과 맞지 않는 주장을 계속한다면, 그것은 고집이 되고 아집이 된다. 마치 하늘을 날 수 없는 닭이 자꾸 푸드덕거리며 날갯짓을 해서 하늘을 날아보려고 하는 것과 비슷하다. 빈 하늘에 날갯짓 소리만 요란하게 퍼지다가는 제풀에 쓰러질 것이다.

상구가 위치한 손괘는 동물로는 닭에 해당하는데 닭은 멀리 날 수 없는 동물이다. 그런데 상구가 엉뚱한 믿음을 지나치게 고집하는 탓에 정작 날아오르지는 못하면서 나는 소리만 하늘에 닿을 지경이다. 요란하고, 꼴사납고 흉하다. 상구는 양으로 믿음의 때의 극에 처했으니, 위로 올라가는 것만 믿고 그칠 줄을 모르는 자다. 믿음에 너무 집착하여 궁극에 이르렀음에도 변통할 줄 모르면 오래갈 수 없다. 고집스럽게 지키기만 하고 변통하지 못하므로 흉한 것이다.

요약 초구는 잘 헤아려서 믿을 사람 못 믿을 사람 구분해서 믿으라는 것이고, 구이는 진심은 어디에서나 통한다. 육삼은 믿을 능력도 없는 사람이고, 육사는 겸손하게 믿을 만한 인물을 믿고 있어 앞날이 보장된다. 구오는 믿음으로 사람을 끌어모은다. 상구는 현실과 맞지 않는데 계속 주장해 나가니 지나치게 고집스러워 흉하다.

1　'돈어'를 '복어'로 해석하는 경우도 있으나, 이 책에서는 다르게 해석했다. 한자사전이나 국어사전에도 돈어는 '돼지와 물고기' 또는 '미천한 사람이나 사물을 비유적으로 이르는 말'이라고 되어 있다.

'돈어'는 풍택중부괘의 괘사로 처음 연문으로 사용된 이래 다양한 해석과 오해를 낳았다. 그러나 송대까지는 돈어를 돼지와 물고기 두 종으로 보는 것이 일반적이었다. 주역의 괘효사가 창작된 이후로 송대까지 2,400여 년간 공자의《단전》을 위시하여 '돈어'는 돼지와 물고기 같은 보잘것없는 짐승으로 이해되었고, 두 종의 짐승으로 이해되었다.

2　기만전술은 전쟁이 시작된 이래 사용된 가장 고전적 전술 중의 하나다. 기만전술이란 위장 혹은 은폐의 방법으로 적을 속여서 방비를 허술하게 한 다음에 허를 찔러 전쟁에서 승리하는 전법이다. 전술전략의 모범답안이라고 평가받는《손자병법》의 제1편 '시계'에서는 "병법이란 기만전술이다"라고 정의하고 있다.

기만전술의 사례는 전쟁사를 통해 종종 나타난다. 제2차 세계대전 때에 '사막의 여우'라고 불리던 독일의 롬멜(1891-1944) 장군은 북아프리카의 사막에서 전차의 수적 열세를 숨기기 위해 앞에는 진짜 전차를 세우고 뒤에는 군용차량에 나무 모형을 씌워 전차처럼 위장함으로써 영국군이 혼비백산하여 도망가게 만들었다. 트로이 전쟁에서 목마에 군대를 숨기고 마치 도망간 것처럼 속인 것도 그리스군의 승리를 이끌어낸 성공적인 기만전술의 사례로 평가된다. 정약용은 이러한 위장전술의 예로서 풍택중부괘의 육삼 효사를 들고 있다.

육삼: 적을 만남에, 혹은 북을 치기도 하고 혹은 그만 그치기도 하며 혹은 (소리 없이) 눈물을 흘리거나 혹은 노래를 부른다.

위의 효사에서 '혹고혹파'라고 한 것은 '북을 치기도 하고 그만 그치기도 하는 것'을 가리키며, '혹읍혹가'라고 한 것은 '눈물을 흘리거나 노래를 부르기도 하는 것'을 가리킨다. 그렇다면 왜 적과 맞서 싸워야 하는 위중한 순간에 이러한 상황을 연출하고 있는 것일까?

고형(1900-1986)에 따르면 이 효사는 적군을 사로잡은 뒤에 북을 두드리고 노래를 부르며 축하하는 상황을 서술하고 있는데, 다만 힘든 전쟁을 치른 뒤에 피곤에 지쳐 있는 병사들의 입장에서는 이러한 상황을 기뻐할 수만은 없기에 신세 한탄을 하면서 울고 있는 것이라고 해석했다.

반면에 정약용은 이 효사가 위장전술의 전형적 예를 보여준다고 주장했다. 즉 적과 마주 싸우다가 우리 편의 장수가 전사했는데, 만약에 그 상황을 적군이 알게 된다면 적은 이 기회를 놓치지 않고 우리 편을 거칠게 밀어붙이게 될 것이다. 따라서 우리 편의 장수가 죽은 사실을 비밀로 하고 적을 속이는 것이다. 정약용은 강유가 제갈공명의 죽음을 숨기고 위장한 것이 '혹고혹파, 혹읍혹가'의 상황에 해당된다고 말한다. 《삼국지연의》에는 제갈공명이 죽은 후에 강유가 마치 제갈공명이 살아 있는 것처럼 위장함으로써 적을 물리치게 된 이야기가 나오는데, "죽은 공명이 산 중달을 달아나게 했다"라는 고사는 바로 여기에서 유래되었다.

62

뇌산소과

진상간하

위에는 진괘 ☳, 아래에는 간괘 ☶인 대성괘

괘사 소과 형리정 가소사 불가대사 비조유지음 불의상 의하 대길

소과[1]는 형통하고, 일을 맡아 처리함에 이롭다. 작은 일은 가하고, 큰일은 불가하여 나는 새가 소리를 남김에 높이 올라감은 마땅치 않고, 낮게 날 아감이 마땅한 듯하면 크게 길하다.

• 지날 과, 재앙 화(과정, 과거, 과잉, 사과, 통과, 초과)

• 남길 유, 버릴 유, 따를 수(유감, 후유증, 유전자)

풀이 '중부'에서 알을 품고 있다가 알을 깨고 나온 새가 '소과'다. 믿음이 있는 곳에 반드시 움직임이 있으니, 그래서 '조금 지남'으로 이어진다. 하여 풍택중부괘 다음이 뇌산소과괘가 되었다. 괘의 모양은 아래위의 음효가 양쪽 날개이고, 가운데 양효가 몸뚱이 모양이다. 소과괘는 날아가는 새의 모습을 그리면 된다. 새가 소리를 내며 나는데, 그 소리가 위로 올라가면 마땅치 않고, 아래로 내려가는 것이 마땅하다는 것이다.

소과의 '소'는 음을 뜻하니 음이 조금 지나쳤다는 의미다. 소과는 산 위에 우레가 있는 상으로, 우레(나무)가 두터운 산(토) 위로 조금씩 생장하여 나아가는 상이다. 새가 자꾸 올라가려고만 한다면 대과로 욕심을 부리는 꼴이 되니 이치에 맞지 않다. 소과일수록 순해야 하니 소과에서 순리대로 하지 못하면 대과가 되고 만다. 작은 일이 좋고 큰일은 불리하다.

뇌산소과는 비록 조금 지나치나 형통하다고 했다. 그 형통함은 바르게 하는 데서 온다. 근본이 이미 조금 지나쳐 있는데, 때도 모르고 자꾸 지나치기만 하는 것이 아니라, 갈 때가 되면 가고 설 때가 되면 서서 때와 더불어 행하는 것이 '바르게 지나치는 것'이다. 하여 이때는 작은 일

은 길하다. 그렇지 않고 큰일을 벌리면 좋지 않다. 소과에서는 순하게 내려가 살아야 한다. 그렇지 않으면 영영 크나큰 잘못을 치르는 대과가 되고 만다. 이미 소과는 중용에서 이탈한 상태이므로 더 큰 욕심을 부리지 않는 것이 관건이다.

효사

초육 비조 이흉

나는 새라, 흉하다.

풀이 초육은 음으로서 '조금 지나친' 때의 처음에 있으니, 날 능력이 없는 새끼 새에 해당한다. 아직 어린 새가 날개가 겨우 생기기 시작했는데 시원찮은 날개로 능력도 안되는데 자꾸만 날아오르려 하는 모습이 좋지 않다. 나아갈 수 있는 적당한 때가 될 때까지 시간을 두고 기다려야 한다.

능력이 없으니 하괘의 간괘로 그쳐 있어야 함에도, 위로 구사와 정응이 됨을 믿고, 또 초육과 상효는 새 날개의 끝에 해당하여 날아가려 하므로 흉한 것이다. 능력도 없이 날아가려는 뜻만 강하여 나니, 그 흉함을 막아볼 도리가 없다.

육이 과기조 우기비 불급기군 우기신 무구

그 할아버지를 지나서 그 할머니를 만남이니, 그 인군에 미치지 않고 그 신하를 만나면 허물이 없다.

음이 지나친 때이므로 할아버지의 짝인 할머니(육오)가 존위에 있는 것이다. 육오는 인군이고 할머니다. 구사는 대신이고 할아버지다. 육이가 인군을 만나는데 곧바로 만나러 가지는 못한다. 인군 밑에서 모든 명을 받아 정치를 맡아하는 대신인 구사를 거쳐서 만나야 하는 것이다.

육이가 육오를 대번에 만나려고 구사를 지나치는 것은 대과한 일로서 불가하다. 지금은 소과의 때이니 육이가 육오 인군을 만나기 위해서는 구사 신하를 먼저 만나라는 것이다. 소과의 때이므로 육이가 이렇게 하면 더는 허물을 짓지 않게 된다. 육이에서 소과의 때는 절차를 따르는 것이 무엇보다 중요함을 말하고 있다. 신하가 자신의 분수를 넘어서면 안 됨을 경계한 것이다.

구삼 불과방지 종혹장지 흉

지나쳐서 막지 못하면 쫓아가다 다칠 수 있으니 흉하다.

풀이 구삼은 양이 양의 자리에 있으니 바름을 얻은 자다. 그러나 지나치게 강하여 자신의 능력만 믿고 방비를 하지 않고 있으며, 음이 지나친 때이므로 음을 막지 못하게 되어 상함을 입게 되니 흉한 것이다. 소인의 도가 성대해지면 반드시 군자의 도를 침해당하므로 이를 방비함에는 마땅히 지나치게 해야 한다.

소과괘인데 구삼은 너무 강하기만 하니까 적이 많다. 그래서 구삼의 아래에 있는 육이와 초육이 구삼의 뒤를 밟으며 해치려고 한다. 그러므로 구삼은 자기의 뒤를 따르는 육이와 초육을 강하게 방어하지 않으면 그들이 구삼의 뒤를 따라와 해쳐서 흉할 것이라는 말이다. 구삼은 소과의 때를 맞아 삼가고 삼갈 수밖에 없다.

구사 무구 불과 우지 왕 려 필계 물용영정

허물이 없다. 지나치지 않으면 만나니, 나아가면 위태로울 것이라는 것을 반드시 명심하라. 끝끝내 고집 피우는 것은 쓸모없다.

• 경계할 계: 고하다, 분부하다, 명령하다, 훈계하다, 경계, 경고

풀이 　구사는 양이 음의 자리에 있으니, 소과의 때에 강과 유를 겸비한 자다. 강함을 드러내지 않고 소과의 때에 맞게 처신하는 것이다. 만약 소과의 때를 구하려고 육오에게 가면 오히려 능멸을 받아 위태하니(왕려필계), 고집하지 않아야 하는 것이다. 소과괘는 겨울에 양이 땅속(네 음효 가운데)으로 들어간 상이다. 한겨울에 초목이 싹터 나오면 죽듯이, 자신을 보존하려면 분수를 지키며 나아가지 말고 때를 기다려야 하는 것이다. 음이 득세하여 지나침이 있는 때에는 양이 스스로 움츠리고 물러나 자신을 보존하는 것으로 만족해야 하는 것이니, 건강한 본성을 고수하고 나아가면 위태로우니 반드시 조심하고 두려움을 가져야 한다.

　구사는 양이 음 자리에 있어 자리가 부당하고 중을 얻지 못했다. 그러나 구사는 육오 인군 밑에 있는 대신으로서, 육오가 음으로 어둡지만 구사는 양으로 어진 신하다. 이 현명한 신하 구사가 지나친 짓을 하지 않으니 허물이 없다. 다시 말해 구사가 허물이 없는 것은 구사가 육오를

지나치지 않고 육오 밑에서 받들고 있기 때문이다.

만약 구사가 육오를 우습게 보고 경솔한 짓을 하게 되면 사람들이 구사를 경계하고, 육오 인군 또한 구사를 가만 놔두지 않게 되어 위태롭다. 그러나 그렇다고 하여 윗사람한테 아부하여 그들이 하는 대로 내맡겨도 안 된다. 할 말은 하면서 조금은 지나치게 해도 된다는 것이다. 끝까지 길이길이 지키고만 있어도 안 된다는 것이다.

육오 밀운불우 자아서교 공 익취피재혈

구름이 빽빽한데 비가 오지 않음은 내가 아직 서쪽 교외에 있기 때문이다. 공이 저 구멍에 있는 것을 쏘아 취한다.

• 주살 익: 새그물, 빼앗다, 사냥하다, 취하다 • 저 피(어차피, 피차): 저, 그, 저쪽, 덮다, 아니다

풀이 구름이 빽빽하게 차 있는데 비가 오지 않는다. 일이 될 듯 말 듯 하면서 결국은 안 되는 것을 말한다. 아래로 내려가 어진 신하를 발굴해서 등용시켜야만 이 난국을 해결할 수 있다. 소과에 처한 육오는 이런 때에 사람을 잘 써야 한다. 나라의 어려움을 해결해줄 능력이 있는 어진 신하를 찾아서 등용하여 자기를 보필하게 하고 나라를 다스려야 한다. 이처럼 구멍에 깊숙이 들어가 있는 어진 신하를 발굴해내서 자기를 보필하게 하여 선정을 베풀라는 말이다.

육오는 음유로 부정하고 아래에 응이 없어서 비록 천하의 군주이지만 백성에게 은택이 돌아가지 않는다. 이는 육오가 음으로 너무 높이 올라서 바름을 어긴 것과 같다. 곧 주왕이 태공을 쓸 수 없었기에 오히려

문왕이 그를 쓸 수 있었던 것과 같다.

불우 과지 비조 리지 흉 시위재생

만나지 못하여 지나쳐 감이니, 마치 새가 날아올라 멀리 떠남과 비슷하여
흉하다. 이를 일러 재앙이라 한다.

• 이를 위(소위): 일컫다. 가리키다. 알리다. 고하다

[풀이]　상육은 소과가 너무 지나쳐서 대과가 된 상태다. 이를 두고 새
가 떠난 것으로 말하고 있다. 이렇게 너무 지나친 짓을 하다 보니까 내
외적으로 화가 생기게 된다. 천재지변으로 생긴 재앙은 '재'라 하고, 자
기가 잘못해서 생긴 재앙은 '생'이라고 하는데 소과가 지나치다 보니 재
와 생이 끊이지 않는다. 상육은 지나침이 극에 이르러 이제 내려가지도
못하고 흉하게 된다.

　상육은 소과의 극에 있으니 소과를 마무리 지어야 하나, 유약한 재질
로 진동하는 진괘의 극에 있는 까닭에, 아래로 정응인 구삼을 구하지 않
는 것이다(불우). 이에 구삼이 그냥 지나가니, 마치 나는 새가 떠난 것 같
아 흉하다(과지 비조 리지 흉). 이는 상육이 이미 높을 대로 높아져서 스스
로 재앙을 부르고, 때 역시 이미 극해서 온 재앙이다(시위재생).

[요약]　'과유불급'이란 말이 있다. 지나침은 미치지 못함과 같다는 뜻이
다. 지나침은 언제나 경계해야 할 덕목이긴 한데 그것을 절제하기란 매

우 어렵다. 뇌산소과에서 소과는 이미 조금 지나친 상태다. 살아가면서 대부분의 사람이 이와 같은 상태를 매 순간 겪는다.

초육은 날개가 실하지 못한데 날려고 하듯이 능력도 없으면서 일에 뛰어든다. 육이는 모든 일을 절차에 따라서 하려 하고, 구삼은 해치려는 자들이 있어 철저하게 방어해야 하고, 구사는 어른에게 함부로 해도 안 되지만, 그러나 아부해서 방심하고 있어도 안 된다. 육오는 항상 사람을 제대로 쓰는 일에 최선을 다해야 한다. 상육은 지나치게 높이 날다가 내려가지도 못하고 흉하게 된다.

1   세상살이에서 조금 지나쳐도(소과) 좋은 것이 세 가지가 있다. 행실에 공손함이 지나친 것, 상을 당해서는 지나치게 슬퍼하는 것, 쓰는 데 지나치게 검소한 것은 괜찮다고 했다.

63

수화기제

감상리하

위에는 감괘☵, 아래에는 리괘☲인 대성괘

괘사 기제 형 소 리정 초길 종란

기제는 이미 건너간 것이니 형통함은 작고 바르게 해야만 이로울 수 있다. 처음은 길하고 끝은 어지럽다.

• 기제: 일이 이미 처리되어 끝남

풀이 기제괘는 6개 효의 위치가 전부 바른 자리다. 양은 양의 자리에, 음은 음의 자리에 모두 위치했다. 모든 효가 다 제자리를 얻고 있어 완성을 뜻한다. 음양이 이상적 조화를 이룬 괘가 기제괘다.

기제는 '큰 어려움이 이미 지나갔다', 혹은 '평정이 잘 되었다'는 의미다. 수화기제의 기제는 '이미 기', '건널 제'의 의미를 가지고 있다. 이미 건넜다, 말 그대로 산 넘고 물 건너 목적지에 도착했다는 말이다. 그러나 완벽하게 제자리에 놓여진 것은 오히려 발전의 여지가 없다. 초기에는 길하다는 것은 일의 완성을 말하고, 종말에 혼란하다는 것은 일이 이루어진 뒤에는 또다시 혼란이 오는 것을 말한다.

나아가는 물건은 반드시 건너가게 되어 있으니, 뇌산소과괘 다음이 수화기제괘가 되었다. 물이 불 위에 있는 것이 기제이니, 불이 물을 따뜻하게 데워주기도 하지만, 반대로 물이 불을 꺼버릴 수도 있는 형국이다. 그래서 언제나 환란을 미리 생각하여 예방해야 한다는 경계를 한다. 이미 클 대로 큰 기득권자는 더 욕심을 부리지 말고 조심스럽게 자리를 지켜야만 이롭다.

처음은 길하지만 마침내는 흉하리라는 것은 기제가 모든 것을 이룬 괘이기 때문이다. 달도 차면 기울고, 꽃도 피면 지는 일만 남는다. 기제 역시 모든 것을 이루었으니 이제 차차 허물어지게 마련이다. 더는 올라갈 데가 없으면 내려올 일만 남는다.

초구 | 예기륜 유기미 무구

그 수레바퀴를 끌며 그 꼬리를 적시면 허물이 없다.

• 끌 예(예인선)

풀이 수레바퀴를 뒤에서 잡아당기듯이 하고 여우가 꼬리를 물에 적셔 강을 건너가지 못하듯이 나아가기를 삼가야 허물이 없다는 것이다. 초구는 모든 일을 이룬 상태에도 불구하고 더 앞으로 나아가려는 욕심을 부린다. 초구는 양이 양의 자리에 있고 위로 육사와 정응이며, 그 있는 체가 리괘이니 앞으로 나아가려는 뜻이 있으나, 욕심은 화를 부르기에 당연히 막아야 한다. 주역에서는 그것을 '수레를 끈다'와 '꼬리를 적신다'라는 말로 표현한다. 초구가 수레라면 앞으로 튀어나가려는 초구를 뒤에서 잡아끌어서 막고, 초구가 여우라면 꼬리를 물에 적셔 기를 꺾는 것이다. 그리하면 허물이 없다.

육이 | 부상기불 물축 칠일득

부인이 그 얼굴 가리개를 잃음이니, 잃어버린 것을 쫓아가지 않더라도 칠일 만에 다시 얻는다.

• 풀 우거질 불: 덮다. 머리 꾸미개

풀이 육이는 기제괘의 실질적인 주효로 유순중정한 덕이 있다. 문제는 인군의 자리인 구오가 기제의 시대에는 모든 것이 다 이루어졌으므로 어진 신하 발굴을 게을리하니, 육이가 벼슬하러 나아갈 수가 없다(부상기불). 그러나 유순중정한 덕이 있으므로 중도로써 그 덕을 오래 하면 그 쓰임을 얻을 수 있다(칠일득). 여기서 '물축'이라고 한 것은 자기의 중정한 도를 버리고 험한 것을 좇음을 경계한 것이다.

리괘는 중녀이고 음 자리에 음효가 있으므로 '부인'이라 했고, 이효와 오효 사이에는 험하고 막히는 상이 있으므로 '불(얼굴 가리개)'을 잃었다고 한 것이다. '칠일득'이라고 한 것은, 괘에는 여섯 효가 있으므로 한 주기를 마치고 새로운 상태가 되면 다시 기회를 얻는다는 것이다. 중정한 도가 지금은 비록 쓰이지 않는다 하여 끝내 쓰이지 않을 수는 없다. 스스로 중도를 고수하면 반드시 다시 쓰일 때가 온다. 그러므로 가리개를 잃었더라도 때가 돌아오면 다시 찾게 된다.

구삼 고종벌귀방[1] 삼년극지 소인물용
고종이 귀방을 쳐서 삼 년 만에 승리하니, 소인은 쓰지 말아야 한다.

풀이 기제의 세상이 흘러가 다시 또 어지러워졌다. 밖으로부터는 그동안 억세진 오랑캐가 침략해 들어오고, 안으로는 이제까지 꼼짝 못 하고 있던 저항 세력이 반란을 일으켜 침범하니, 하는 수 없이 무력으로 물리쳐야 한다. 이 같은 상황을 은나라를 중흥시킨 고종에 비유했다. 고종은 은나라 폭군 주의 선대왕인데 강력한 지도력이 있어 북방을 침범하던 오랑캐 귀방을 물리치고, 약해진 은나라를 다시 일으켜 세운 현군이다.

구삼은 양강한 효가 강한 자리에 처하여 지나치게 강하니, 은나라 고종이 북방 오랑캐를 치는 상이다. 그런데 이 오랑캐가 얼마나 막강한지, 삼 년이 흘러서야 겨우 정벌한다. 왕도로써 하지 않고 힘으로 다스리는 것은 고종 같은 훌륭한 인군도 곤란한 일이므로, 오랜 기간을 필요로 하는 것이다(삼년극지). 이렇게 험한 일에 소인은 자신의 이익을 탐하고 포학하여 일을 그르치기 때문에, 소인은 쓰지 말라고 했다.

육사 유 유의여 종일계

젖는데, 걸레를 가지고 종일토록 경계한다.

• 젖을 유, 고운 명주 수 • 해진 옷 여(녀)

풀이 육사는 대신의 자리로 득위했고, 초구와도 상응인 자리이나 감괘의 아래에 처했기 때문에 배가 새는 모양새다. 감괘가 시작되는 육사는 완성의 시대가 찰나같이 지나고 혼란의 시대가 시작되는 첫 단계다.

주역에서는 이 상황을 '물 위에 떠 있는 구멍 난 배'로 비유한다. 배 안으로 물이 스며들기 시작한다. 이대로 두면 배는 자연히 가라앉는다. 틈이 작을 때 빨리 막아야 한다. 헌 옷가지라도 준비하여 물구멍을 막아 종일 경계해야 한다. 종일토록 경계하고 두려워하는 것은 환란이 언제

닥칠지 모르기 때문이다. 기제의 때에는 두려워하고 삼가기를 이와 같이 해야 한다.

구오 동린살우 불여서린지약제 실수기복

동쪽 이웃의 소를 잡음이 서쪽 이웃의 간략한 제사를 지냄만 같지 못하다. 진실로 그 복을 받는다.

풀이 '동린살우'는 폭군인 주왕이 제물을 많이 차례 놓고 제사하는 것을 비유했고, '서린지약제'는 서쪽에서 정성으로 간략하게 제사를 하는 것을 비유했다. 주역에서는 구오를 설명하기 위해 은나라 폭군 주왕과 주나라 건국의 초석을 다진 문왕의 이야기를 끌어온다. 동쪽의 주왕은 큰 소를 잡고 온갖 진귀한 음식을 마련해 제사를 지내도 하늘은 꿈쩍도 하지 않는다. 이미 천명이 주왕을 버렸기 때문이다. 반면 서쪽의 문왕은 소박한 제사만으로도 하늘을 감동하게 한다.

만사의 이치가 극에 달하여 종국에 이르면 뒤집히지 않음이 없으므로 이미 극에 이르렀다면 어찌할 도리가 없다. 구오는 양이 양의 자리에 바르게 있고, 외괘에서 가운데 자리에 자리 잡고 있다. 다른 괘였다면 분명 좋게 여겼겠지만, 기제에서는 다르다. 혼란의 중심에 자리 잡고 있으니 오히려 흉하다. 때가 이러한데 정성 들여 제사를 지낸다 한들 무슨 소용이 있겠는가? 구오의 재덕이 불선한 것이 아니라 육이가 시중에 처하고 있는 것보다 못함을 말했다. 육이는 아래에 있기 때문에 위로 나아가 할 일이 있는 때다. 따라서 중정하고 신의가 있으면 길하여 공을 이루는 대가로 복을 받는다는 뜻이다.

상육 유기수 려

그 머리를 적심이다. 위태롭다.

풀이 기제의 종국에서 소인의 도로서 자처하면 부서지고 무너질 것이 확고하게 기다리고 있음을 말한다. 물을 건너는 것은 모험이다. 기제의 끝에 이르니 머리까지 적신다. 물속에 빠져버린 것이다. 상육은 음이 음 자리에 있으나 기제의 끝에 있고 감괘의 위에 있으니 머리까지 적시는 상이다(유기수). 기제가 궁극에 달하여 위태로움이 머리를 적시기에 이르렀는데 어찌 스스로 오래갈 수 있겠는가? 물길과 같이 위험함을 피해 건너갈 때는 마지막까지 주의를 기울여야 함을 당부하고 있다.

요약 초구는 뒤에서 수레를 잡아끌 정도이니, 앞으로 나가지 말고 가만히 있어야 하고, 육이는 성공을 하고도 겸손하게 가만히 있으면 또 기회가 온다. 구삼은 외부의 침입 등의 일이 터져 수습하는 데 3년이나 걸린다. 육사는 배에 물이 새기 시작한다. 구오는 성대하게 제사를 지내도 지는 해를 막지는 못한다. 상육은 항해의 배가 점점 침몰당하듯이 기제의 세상도 끝이 보인다.

1 《한서》〈광형전〉에는 "성탕이 오랑캐들의 다른 풍속을 교화하고 귀방을 회유했다"라는 기록이 있다. 흉노를 가리켜 귀방이라고 한 것은 고대 중국의 생활관습과 연관이 있는데, 《예기》〈단궁〉편에 따르면 옛날에는 사람이 죽으면 머리를 북쪽으로 하여 장례를 치렀던 까닭에 북쪽의 나라를 귀방이라고 했다는 것이다. 또 《한서》〈서강전〉에는 "은나라 왕실이 중간에 쇠미함에 여러 오랑캐가 반란을 일으켰는데, 고종 대에 이르러 서융과 귀방을 정벌함에 3년 만에 승리를 거두었다"라는 기록이 있다.

64

화수미제

리상감하

위에는 리괘☲, 아래에는 감괘☵인 대성괘

미제는 아직 건너가지 못함이며 장차 형통해질 수 있다. 작은 여우가 거의 건너서 그 꼬리를 적심이니, 이로울 바가 없다.

• 미제: 처리하는 일이 아직 이루어 끝나지 아니함. (영구 미제 사건) • 거의 흘

풀이 미제는 기제가 되기 위한 것으로 형통하다는 뜻이다. 늙은 여우는 얼음 위로 건너면서도 금이 가는 소리를 들으려 할 정도로 의심과 두려움이 많기 때문에 그러하고, 어린 여우는 그와 같은 경계심이 없으므로 용감하게 건너다가 뜻을 이루지 못한다. 미제의 때에는 지극히 신중하게 행하면 형통할 것이다. '미제'란 '아닐 미', '건널 제'로 건너지 못했다, 또는 완성하지 못했다는 뜻이다. 반면 '기제'는 '이미 건넜다', 또는 '완성했다'는 뜻이다.

주역이란 무엇인가? 변화의 도를 담고 있는 책이다. 하여 주역의 순서는 자연의 순서와 함께 간다. 봄-여름-가을-겨울, 그리고 겨울이 지나면 다시 봄이 온다. 이렇듯 자연에 완성이란 없다. 오직 순환만 있을 뿐이다. 세상의 모든 사물은 완성에만 머물러 있을 수 없으며, 계속 진화하고 발전해도 늘 미완성인 미제로써 끝을 맺는다. 주역도 마찬가지다. 미제를 끝에 둠으로써 새로운 시작의 토대를 만들어 두었다.

어린 여우가 물을 건너려고 겁 없이 뛰어들었다. 거의 건너다가 결국은 꼬리를 적셨다가 못 건너고 만다. 이렇게 되면 그간 공들인 모든 노력이 수포로 돌아가고 만다. 미제의 시기에는 주의 깊은 심사숙고와 조심스러운 행동이 필요하다.

형통한 때를 잘 보내기 위해서는 무모한 짓을 하지 말고 조용히 때를 기다려야 한다. 한 과정을 마치면 또다시 시작하여 끊임없이 이어지듯, 물건이 가지런할 수만은 없으므로 기제괘 다음이 미제괘가 되었다. 미제괘는 건너지 못했다는 뜻이므로 기제가 되기 위하여 노력하고 자기 수양을 게을리하지 않아야 한다. 전체의 효가 부정위다. 질서가 없는 시기이니 실력 배양에 노력해야 한다.

효사

초육 유기미 린

> 그 꼬리를 적심이니 부끄러운 일이다.

풀이 초육은 음으로서 미제의 처음에 있고 또 험한 감괘의 아래에 있으니, 자신의 힘으로는 나아갈 수 없는 자다. 그러나 분수를 생각하지 않고, 위로 정응인 구사만을 믿고 욕심만 가지고 겁 없이 험한 물속에 들어가, 건너지 못하고 꼬리를 적시니 인색한 것이다. 작은 여우가 물에 뛰어들어 꼬리를 적시는 것은 무지한 것이 극에 달했기 때문이다.

구이 예기륜 정 길

> 그 수레를 당기면 정하여 길하다.

풀이 구이는 초육에 비해서는 한 단계 성숙한 단계다. 하여 위험에 무모하게 뛰어들지 않는 지혜가 있다. 효사에서는 그것을 수레를 당겼다고 표현한다. 위험으로 굴러가는 수레를 당겨서 바른 데 두었다는 것이다. 지금은 미제의 시대라 못 건너는 상황임을 알고 타고 갈 수레를 굴러가지 못하게 잡아당긴다. 구이는 아직 행동할 때를 만나지 못한 것이다. 인내심을 가지고 기다리되, 때가 올 때까지 전진할 힘을 내부에서 길러야 한다. 바른 행동이고 그래서 길하다.

구이는 양으로써 중을 얻고 육오 인군과 응하니, 능히 인군을 도와 미제를 건널 수 있는 자다. 그러나 험한 감괘의 가운데 처해 있으며, 구사 또한 대신의 자리에서 의심하여 막는 것이다. 따라서 제자리에서 때를 기다리며 중덕을 행해 나가면, 험난이 없어져 길한 것이다.

육삼 미제 정 흉 리섭대천[1]

미제에 정벌하러 나아가면 흉하나, 큰 내를 건너는 것이 이롭다.

풀이 건너면 흉하긴 하지만 여기서는 그래도 건너가라고 한다. 여기서 못 건너면 영영 좌절하고 말지도 모르니, 조심조심 건너보라는 것이다. 육삼은 음으로서 부중정한 자이고 감괘의 험한 체에 있으니, 혼자 힘으로는 자신의 처지를 빠져나올 수 없는 자다. 중을 잃은 데다 실위했고, 감괘의 험난함에 처한 까닭에 미제괘 가운데 가장 어려운 상태다. 그러나 미제는 구제될 수 있는 도가 있는 것이고, 험이 극에 이르면 험을 벗어나는 이치가 있는 것이다.

상구가 양강한 덕으로 상응하고 있으므로 육삼은 스스로 험을 벗어나 상구를 따르면 구제를 받을 것이다. 그러므로 큰 내를 건넘이 이롭다고 했다. 처음에 위험에 뛰어들어 흉하지만 그 위험을 헤쳐나가면 결국 이롭게 된다고 말한다. 육삼은 음이 양의 자리에 있어서 합당하지 않기 때문에 흉하다고 풀이한다. 이는 때가 불가함이 아니라 스스로 재능이 부족한 것이다.

구사 정 길 회망 진용벌귀방 삼년 유상우대국

점을 치면(일을 처리하면, 또는 바르게 하면) 길하여 후회가 없으리니, 움직여 귀방을 쳐서 삼 년이 되어서야 대국으로부터 상을 받을 것이다.

풀이 험한 것이 거의 다 지나고 다시 기제의 시대가 오고 있다. 성공 시대를 만들어 안정된 사회를 이루기 위하여 외부 침입자인 오랑캐 귀방을 쳐야 한다. 무장한 군대를 이끌고 전쟁터로 나가는 것이다. 3년 동안 전쟁을 하여 이기고 돌아와 나라에서 큰 상을 받게 된다.

구사는 양이지만 음위에 처하므로 정도를 지키면 길하여 후회할 바가 없어진다고 경계했으니, 바르지 못하면 구제할 방도가 없으므로 후회가 따른다. 움직여 정벌하여 3년 만에 성공하고 대국의 상을 행했으니, 반드시 이래야만 천하의 간난을 구제할 수 있는 것이다. 천하를 구제하는 도는 정고함이 이와 같아야 하는데, 구사가 음위에 처하고 있기 때문에 경계하는 말이다.

구사는 양으로써 대신의 자리에 있고, 위로 육오 밝은 인군이 있으니 미제의 때를 건널 수 있는 자다. 강한 양의 재질로 인군을 보필하여 힘써 미제를 구한다면, 뜻이 행해져 뉘우침이 없게 되고 길하다는 것이다.

육오 정 길 무회 군자지광 유부 길

바르게 하면 길하여 후회가 없으니, 군자의 빛남에 미더움이 있는지라 길하다.

풀이 육오는 군자의 자리이지만 자리가 부당하다. 그러니 바르게 하면 길하다고 재차 강조한다. 그런데 육오는 외괘(☲)의 중간에 위치하기 때문에 자연히 바르게 된다. 바른 군주는 자연히 바른 정치를 한다. 게다가 외괘는 리괘(☲)니 하늘에 뜬 태양처럼 백성들을 보살피는 군주가 바로 육오다. 육오는 존위에서 오래 닦아온 학식과 인덕을 만인이 믿고 존경하여 따른다. 군자다운 인격이 환하게 빛나 이를 중심으로 사람들이 모여든다. 성공의 시대가 오고 있는 것이다.

육오는 음이 양의 자리에 있으나, 중덕으로 존위에 있고 마음을 비워 아래로 강중한 신하인 구이와 응하며, 강명한 구사 대신이 도우니 길하여 후회가 없어지는 것이다. 또 그 다스림의 빛남으로 인해 길하다. 군자가 충만하게 쌓아서 이룬 크고 훌륭한 덕이 빛이 나는 것은 지극히 선한 일이다. 그야말로 태양과 같은 군주의 화려한 치세다.

상구 유부우음주 무구 유기수 유부 실시

믿음을 두어 술을 마시면 허물이 없지만, 그 머리를 적실 정도로 마시면

미더움을 두는 데 바름을 잃는다.

또는, 믿음을 두어 술을 마시면 허물이 없지만, (지나치게) 술을 마시는 것과 (물을 건넘에) 머리를 적시는 것은 (어느 것이나 간에) 역시 (자신을) 절제할 줄 모르는 데에서 말미암은 것이다.[2]

풀이 상구는 양으로써 미제의 극에 있는 자다. 미제의 때가 이미 극에 이르렀다. 어떤 것을 성취한 뒤에 그것을 즐기며 자신을 지키면 허물이 없으나, 너무 즐거움에 탐닉하면 바름을 잃어 해로운 것이다. 술독에 머리가 빠지도록 술을 마신다는 건 주역에서 중히 여기는 중용과 절도를 잃은 것이다. 즐기자고 마시는 술을 과하게 마시어 정신이 혼미해질 정도가 되면, 서로의 믿음이 깨져버려 옳지 못한 행동이 된다.

요약 초육은 어두운 시대에 어리석고, 구이는 무지한 행동이나 허욕은 없지만 아직 힘이 없고, 육삼은 어려울 때에 어떻게 해볼 엄두를 못 내고 있다. 구사는 미제를 구제하는 능력 있는 지도자이고, 육오도 존경받는 인물로 추앙받는다. 상구는 세상일에서 물러나, 살아온 삶을 음미하면서 술을 마시는 도를 말해준다.

1 이 문장은 논란의 여지가 많다. 즉, '리섭대천' 앞에 '불'이 빠진 것으로 '큰 물길을 건너는 것 또한 이롭지 못하다'라는 것으로 해석해야 한다는 주장도 있다. 그렇게 되면 '큰 물길과 같이 위험한 상황을 완전히 해결하지 않은 상태에서 멀리 정복을 떠나는 것은 좋지 않다'라는 의미로 해석될 수 있다.

2 정약용의 역주에 의거하여 미제괘 상구의 효사를 해석하면 다음과 같다. "(서로) 믿음을 두고 술을 마시니, 허물이 없을 것이다. (소나 말이 물을 건넘에) 그 머리를 (물에) 적시게 될 것이며, (서로) 믿음이 있으나 (오히려 그 지나친 믿음 때문에) 과실을 범하게 될 것이다."

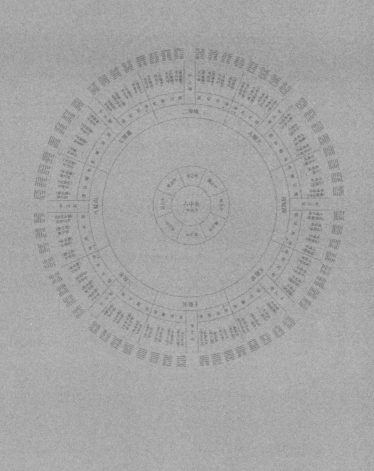

삶의 경로를
재탐색하는 법

운전을 하다 보면 '경로를 벗어났습니다'라는 말을 자주 듣게 된다. 그때마다 내비게이션은 꿋꿋하게 경로를 재탐색한다. 내비게이션은 결코 좌절하거나 포기하지 않는다. 길은 하나만 정해져 있는 게 아니며, 변함없이 영원히 그대로인 길도 없다.

주역은 '변화의 도'를 통해 하늘이 우리에게 보여주는 인생의 내비게이션이다. 그것을 활용하면 인생살이의 큰 변화의 흐름을 알 수 있고, 큰 흐름을 알면 어떤 상황이 와도 당황하거나 좌절하지 않을 것이다. 중요한 것은 내가 어디로 가려고 하는 것인지 그 목적지를 분명히 알고 있어야 한다는 것이다. 가는 동안에 만날 수많은 상황의 대처 방안을 미리 파악해 마음을 먹고 있다 보면 어떤 문제가 와도 능동적으로 해결할 수 있다.

우리는 욕쟁이 할머니 가게에 가서 욕을 들었다고 해서 할머니와 싸우지는 않는다. 왜? '저 할머니는 원래 욕을 하는 사람이다'라는 사실을 이미 기본값으로 받아들이고 가기 때문이다. 주역을 공부했다고 해서 앞으로 우리에게 닥칠 험한 길과 오르막, 내리막, 좌회전, 우회전 구간들을 사전에 없애버릴 수는 없을 것이다. 그러나 적어도 '곧 오르막, 내리막, 좌회전, 우회전 구간이 펼쳐질 것이다'라는 상황을 미리 알고 가면, 조심할 때는 조심하고, 좋을 때는 교만을 경계하고, 어려움이 오면 '이 또한 지나간다'라는 생각으로 버텨나갈 수 있는 무한 동력이 주어진다. 그것이 바로 주역이라는 내비게이션이 우리에게 갖는 의미일 것이다.

아, 물론 내비게이션이 없어도 차를 타고 다니는 데는 문제가 없다. 마찬가지로 주역을 읽지 않았다고 해서 세상살이가 불가능한 것은 아니다. 그러나 이것 하나는 분명하다. 내비게이션을 이용하면 목적지까지의 운행에 '큰' 도움이 되리라는 것이다.

인생에 완성이란 게 있는가? 인생에 정답이란 게 있는가? 어차피 인생에서 모험은 불가피하다. 인생이란 출발부터가 부조리한 것이다. 내가 원해서 이 세상에 태어난 사람 있는가? 내 뜻과는 무관하게 이 세상에 던져지는 자체가 부조리의 출발이다.

"세상이란 원래 부조리한 것이다." 이것만 인정하면 되는데, 이걸 인정하지 못하니 내 뜻대로 되지 않으면 좌절하고, 슬퍼하고, 한탄하고, 분노가 치밀 수밖에. 세상은 원래 불공평하며 내 뜻대로 안 된다는 것을 인정해야 수많은 실패와 부조리 앞에서도 초연해질 수 있다. 세상이 왜 이러냐고 한탄한다고 변하는 것은 없다. 변화를 꾀하고 싶다면 한탄할 것이 아니라 예전과는 다른 방향으로 실천하고 움직여야 한다.

사마천 《사기》의 '백이 열전'에 있는 글을 잠깐 보자. 이 부분은 2,000여

년이 지난 지금도 여전히 우리에게 유효한 질문이다.

"매일 죄 없는 무고한 사람을 죽이고 그 간을 꺼내어 회 쳐서 먹으며 흉악무도한 짓을 저지른 도척은 결국 천수를 누리고 죽었다. 그것은 도대체 도척이 행한 어떤 덕행에 의해서인가?

선한 사람이 비참하게 죽고 악인들이 천수를 누리다 죽은 일들은 하늘에 도가 없다는 지극히 크고 뚜렷한 사례들이다. 근자에 들어서서, 올바르지 않은 품행으로 정도를 걷지 않고, 오로지 사람이 꺼리고 금하는 일만 골라서 하면서도, 그 몸은 종신토록 인생을 즐기며 부귀와 영화를 대대로 이어 끊어지지 않게 하는 사람이 있는가 하면, 그와 반대로 발을 내디딜 때는 항상 조심해서 마른 땅만을 고르고, 자기의 생각을 말할 때는 몇 번이고 생각한 다음에 행하고, 길을 갈 때는 지름길이나 좁은 길을 택하지 않으며, 공명정대하지 않은 일에는 결코 힘써 행하지 않는 사람이 오히려 화를 입게 되는 경우가 말할 수 없이 많이 있는 것은 도대체 어찌 된 일인가? 나는 이것을 참으로 이해하지 못하겠다. 만약에 이것이 하늘의 도라고 한다면 과연 하늘의 도가 옳은 것인가, 옳지 않은 것인가?"

이렇듯 세상은 부조리하고 불공평하다. 어쩌면 모든 인간은 누구나가 도척이 될 가능성을 품고 살고 있는지도 모른다. 그럼에도 불구하고 나는 주역을 내 인생의 내비게이션 삼아 결코 도척처럼 살지는 않겠다. 노자의《도덕경》에 나오는 '예'와 '유'처럼 조심스럽게 살다 가겠다.

'예'는 코끼리란 뜻이다. 거대한 코끼리가 살얼음 덮인 겨울 시냇가 앞에서 주저하고 있는 모습을 연상하면 된다. '유'는 원숭이를 뜻한다.

사방을 두려워한다는 이미지와 관련되어 있다. 인생을 살아가는 지혜는 두려움이다. 여기서 두려움이란 위기 상황에 대한 공포를 말하는 것이 아니라, 다양성을 포용하지 못하여 타인에게 말과 행동으로 폭력을 가하는 것에 대한 우려를 뜻한다.

어떤 분야든 소위 성공이라는 것을 경험한 사람들은 저마다 자기만의 방식이 있다. 남을 따라 해서는 일시적으로 성공처럼 보일 수는 있어도 영영 자신은 행복할 수 없는 껍데기일 뿐이다.

주역을 읽다 보면 수없이 반복되는 단어들이 있는데, 그중 하나가 바로 '리섭대천'이다. 큰 강을 건넘이 이롭다는 뜻이다. 이것이 바로 모험을 뜻하는 게 아니고 무엇이랴?

도척 스타일이 아니라, 착하게 살며 스스로 개척해나가려는 자는 학문이든 예술이든 미지의 세계를 끊임없이 탐험하고 꿋꿋하게 개척해나가야 한다. 도중에 여러 실패가 있더라도 좌절하지 말고 더 큰 도전을 해야 한다. 가진 것 없이 혼자의 힘으로 끊임없이 노력하는 모습은 얼마나 아름다운가?

"주역을 공부하려면 삼대가 덕을 쌓아야 한다"라는 말이 있다. 막상 주역을 접하고 나니 주역은 책을 잡고 넘기는 것 자체가 쉽지 않았고, 64괘 전체를 읽어나가는 것은 더욱 어려웠다. 어쩌면 내가 주역을 선택한 것이 아니라, 주역이 나를 선택한 것일지도 모르겠다. 처음엔 내가 공부를 하려고 주역을 집어들었으나, 공부를 하면 할수록 승부욕이 발동했다. 주역과 싸워 이기고 싶었고, 주역을 주변 사람들에게 알리고 싶었다. 왜 이 책이 사서삼경의 끝판왕인지, 왜 변화의 책인지, 꼭 알리고 싶었다.

칼 구스타프 융도 주역에 매료된 사람 중 한 명이었다. 그는 과학적 세계관이 모든 것을 지배하고 있는 자신의 환경에서 주역을 소개한다는 것이 어떤 의미인지, 또 주역의 입장은 어떠한지, 영문판 주역의 서문을 쓰는 자신의 행위가 어떤 의미가 있는지 고민했다.

"이 특별한 책이 뒤흔들어놓을 오만 가지 의문, 의심, 비판들에 대해서 난 답할 수가 없다. 주역은 증거와 결과를 거저 주지 않는다. 그것은 스스로 자랑하지 않고, 접근하기도 쉽지 않다. 자연의 일부분처럼 그것은 발견될 때까지 기다린다. 그것은 사실이나 힘을 주지 않으며, 자신에 대한 깨달음이나 지혜를 사랑하는 사람을 위한, 그런 사람이 있다면, 바로 그를 위한 책일 것이다." (칼 구스타프 융, 영문판 주역 서문의 일부)

퀸시 존스가 한국에 방문했을 때, 전성기가 언제였냐는 기자의 질문에 그는 일말의 고민도 없이 "Tomorrow"라고 답했다. 추사 글씨도 그가 죽기 사흘 전에 쓴 봉은사의 〈판전〉을 최고로 친다.

그렇다, 최고의 작품은 아직 쓰여지지 않았다. 가장 넓은 바다는 아직 항해되지 않았고 가장 먼 여행은 아직 끝나지 않았다. 불멸의 춤은 아직 추어지지 않았으며 가장 빛나는 별은 아직 발견되지 않았다. 기억하겠지만, 주역의 마지막 괘는 '화수미제' 괘다. 모든 것은 아직 끝나지 않았다.

-글 쓰는 DJ 래피

| 참고도서 |

《다산 정약용의 〈주역사전〉, 기호학으로 읽다》, 방인, 예문서원

《주역철학》, 김창식, 도서출판 청어

《주역강의》, 서대원, 을유문화사

《주역에게 길을 묻다》, 맹난자, 연암서가

《새벽에 혼자 읽는 주역인문학》, 김승호, 다산북스

《주역 계사전》, 정진배, 지식을만드는지식

《주역과 운명》, 심의용, 살림

《역경》, 이태룡, 살림

《무학비결》, 윤봉윤, 정유동, 도서출판 그림책

《주역이 계시하는 처세훈》, 권장영, 김경열, 에세이퍼블리싱

《주역해설》, 김동수, 도서출판 영원

《시로 읽는 주역》, 김재형, 내일을여는책

《주역과 21세기》, 성태용, EBS

《세상을 움직이는 100가지 법칙》, 이영직, 스마트비즈니스

《주역으로 보는 이제마의 사상체질 》, 백승헌, 중앙생활사

《주역》, 정의천/심의용, 글항아리

《복희씨가 들려주는 주역 이야기》, 최영진, 자음과모음

《운명 앞에서 주역을 읽다》, 이상수, 웅진지식하우스

《돈보다 운을 벌어라》, 김승호, 쌤앤파커스

《리링의 주역 강의》, 글항아리

이 도서의 국립중앙도서관 출판예정도서목록(CIP)은

서지정보유통지원시스템 홈페이지(http://seoji.nl.go.kr)와 국가자료공동목록시스템(http://www.nl.go.kr/kolisnet)에서

이용하실 수 있습니다.(CIP제어번호: CIP2018022379)

내 인생의 주역

1판 1쇄 발행 2018년 8월 1일

지은이 DJ 래피
기획마케팅 조민호
펴낸이 최창욱
펴낸곳 윌링북스
주소 서울시 은평구 갈현로1길 11 B-602
대표전화 02-381-8442 **팩스** 02-6465-9425
이메일 willingbooks@naver.com
출판등록 제25100-2017-000010호

ISBN 979-11-963441-0-8 03140